KB248527

이종인의 문화정책과 문화행정

이종인의 문화정책과 문화행정

2011년 12월 5일 초판 인쇄
2011년 12월 9일 초판 발행

지은이 ｜ 이종인
펴낸이 ｜ 이찬규
펴낸곳 ｜ 북코리아
등록번호 ｜ 제03-01240호
주소 ｜ 462-807 경기도 성남시 중원구 상대원동 146-8
　　　 우림2차 A동 1007호
전화 ｜ 02) 704-7840
팩스 ｜ 02) 704-7848
이메일 ｜ sunhaksa@korea.com
홈페이지 ｜ www.bookorea.co.kr
ISBN ｜ 978-89-6324-152-4 (93300)

값 35,000원

이종인의
문화정책과 문화행정

이종인 선생 희수기념 글 모음집 간행위원회 엮음

북코리아

이종인 선생의
문화정책과 문화행정 글 모음집
발간에 부쳐…

이 책은 지난 40여 년간 우리나라 문화정책과 문화행정 분야에 선구자적인 활동을 해 오신 이종인 선생님의 글을 모아 엮은 책이다. 수록한 글은 '문화정책 강의초록'과 '지역문화 강의자료'에서 발췌한 글이 다수이고, 그 밖에 관련 간행물에 기고한 글과 각종 세미나 발제 및 공무원교육원 등 연수교육 자료집에 수록된 글 중에서 주제별로 선정하여 꾸몄다.

이종인 선생님은 그간 한국문화예술진흥원(한국문화예술위원회의 전신)의 기획실장과 부설 문화발전연구소 소장, 한국문화정책개발원(한국문화관광연구원의 전신)의 상임이사 겸 연구실장으로 재직하시며 우리나라 문화정책과 지역문화, 예술행정과 예술경영 등 다양한 주제에 천착하여 문화정책의 제반 영역에 창조적이며 선도적인 업적을 남기셨다.

현직에서 은퇴하신 이후에도 서울대학교, 서울여자대학교, 신구대학, 중앙대학교, 서울시립대학교, 서일대학, 한국전통문화학교, 추계예술대학교, 성공회대학교 등에 출강하시면서 그 때 그 때 시의에 맞는 주제들에 대하여 강의 자료로 활용하기 위해 작성해 둔 자료가 많아, 이러한 자료들을 중심으로 그간 여러 저널에 발표하신 글과 각종 세미나 및 연수교육 자료집에 수록된 강의록 원고를 모을 수 있었다.

책의 편제는 크게 세 분야로 나누었다. 먼저, 제1부는 문화정책 일반을 다룬 '문화정책과 문화행정론' 관련 글로 묶었고, 제2부는 '지역문화와 문화자치론' 관련 글로 엮었으며, 제3부는 '외국의 문화정책 사례' 등을 수록하였다. 수록된 글은 이론적인 체계와 내용에 관계없이 편년체 형식에 따라 발표한 연대순으로 수록하여 당대의 문화정책 및 예술행정의 이슈와 그 대안을 모색한 글로서 발표 당시의 세간의 관심사와 문화정책의 변천사를 살펴볼 수 있다는 점에서 특별한 의미를 부여할 수 있을 것이다. 끝으로 이종인 선생 글 모음집 간행위원회를 대표하여 여기저기 산재한 글과 자료들을 발굴하고 편집에도 남다른 노력을 기울여준 가톨릭대학교의 임학순 교수와 송보란 양 및 이유리 양의 특별한 정성에 감사드린다.

2011년 12월
이종인 선생 희수기념 글 모음집 간행위원회
공동대표 정홍익 · 강준혁 · 박양우, 간사 이원태

제1부 문화정책과 문화행정

제2부 지역문화와 문화자치

제3부 외국의 문화정책 사례

문화정책과 문화행정

이종인, '문화정책' 강의 초록, 2002에서 발췌.

1. 문화정책 산고(散考)

이종인

1. 문화정책의 일반이론

문화정책은 나라에 따라 그 역사가 다양하다. 구·미에서는 1945년 이후부터 문화예술에 대한 정부정책(지원)이 확대되기 시작했다. 우리나라에서는 1973년 '제1차 문화예술 진흥계획'이 수립되고부터 본격적인 문화정책이 전개되었다고 할 수 있다.

그 이후 문화정책은 예술 부문뿐만 아니라 국민의 삶의 질과 국가경쟁력을 높이는 데까지 그 영역을 확대해 왔으며, 정부정책에서 차지하는 위상도 점차 커지고 있다.

이러한 문화정책은 다른 분야와 마찬가지로 정책학이나 행정학의 연구대상임에도 불구하고 그 연구의 움직임이 나타나기 시작한 것은 그 역사가 매우 짧다. 이와 관련해 본 장에서는 문화정책의 일반 이론에 관해 살펴보기로 한다.

1) 문화정책의 본질과 구성요소

(1) 문화정책의 개념

① "문화정책이란 무엇인가?"에 대한 학자들의 견해는 다음과 같다.
- 얀치(E. Jantsch): 당위성에 입각한 사고와 행동의 첫 번째 표현
- 오즈 베칸(H. Ozbekhan): 가치에서 도출되고 당위성의 관점에서 규정되는 것
- 린드 블룸(Charles E. Lindblom): 복합적인 사회집단이 상호타협을 거쳐서 도달한 결정
- 이스톤(David Easton): 권위 있는 기관이 행동지침으로 채택한 의사결정규칙
- 라즈웰(H. Lasswell): 목표가 되는 가치와 실제를 투사해서 얻은 행동계획
- 로빈슨(James Robinson): 사회체계의 목적 및 이 목적달성을 위해서 선택된 수단

  이상의 여러 의견을 종합해 보면 "정책이란 정부기관이 공적목표의 달성을 위해 가치와 실제를 투사해서 얻은 행동방안(course of action) 또는 행동지침(guidelines)"이라고 할 수 있다.

② 문화정책이란 "정부기관이 문화발전이라는 공적목표를 달성하기 위해 형성된 행동방안 또는 행동지침"이라고 할 수 있다(1986, 이종인, 한국의 문화정책에 관한 연구).

③ 글로버만(Steven Globerman, 1987)은 문화정책을 "정부가 공공재원을 활용해 예술을 지원하는 데 우선순위를 설정하는 것"이라고 정의하고 있다.

④ 유럽의회(Council of Europe, 1997)는 문화정책을 "문화 분야에서 정부, 지방정부, 기타 공공기관 등 공공 부문의 행동수단의 총체적 틀(Publich measares)"을 의미한다고 하고 있다.

⑤ UNESCO(1982년 멕시코 선언)는 문화정책을 "문화 활동의 근거가 되는 집행원리 및 행정, 예산, 절차들의 총체"를 의미한다고 하고 있다. 그러나 모든 국가에 들어맞는 단일의 문화정책이란 있을 수 없고 각국은 자국의 문화정책을 그 나라의 문화가치와 목적에 맞게 선택하고 결정한다고 부연하고 있다.

⑥ 최근에 임학순(1999)은 문화정책을 "정부 등 공공기관이 예술을 발전시키고, 국민들의 예술복지 수준을 높이기 위해 예술 부문에 개입하는 일련의 행위 및 상

호작용"이라고 규정하고 있다.

(2) 문화정책의 성격

정책의 개념만으로 정책의 본질을 이해하기는 어렵기 때문에 정책의 성격과 정책 내부의 구조 등을 함께 고찰해야 한다.

① 당위성
정책은 '마땅히 있어야 할 것', '당연히 바람직한 것'을 찾아서 구현시키는 의도이다. 따라서 정책은 반드시 가치관적인 사고의 판단을 내포한다.

② 미래지향성
정책은 가치와 행동을 미래에 연관시키는 것이지 결코 현재만의 문제가 아니다. 정책의 행동은 장래성에 입각해 판단─설계─집행되는 것이다.

③ 행동지향성
정책은 바람직한 가치관을 지향하지만 현실적인 행동으로 연관되어야 한다. 정책은 당위적인 가치의 구현을 위도하면서도 현실 속에 들어 있는 구체적인 문제를 해결할 수 있는 행동으로 표현되어야 한다. 즉 실현가능성을 문제 삼아야 한다.

④ 변동유발성
정책은 반드시 사회에 어떤 영향을 미치고 그것에 양적·질적 변화를 유발시킨다. 변화시킨다는 것은 인간이 닥쳐올 환경 속에서 생존하기 위한 적응방법을 모색하는 하나의 방법이다.

⑤ 인본주의적 의의
정책이 일으키는 필연적인 변화는 반드시 인간에게 영향을 준다. 즉 정책은 궁극적으로 인간에게 이익과 손해를 주기 마련이어서 인간의 삶의 질에 변화를 일으킨다. 그러므로 변화는 반드시 보다 나은 '인간의 삶의 질'을 지향해야 하는 것이다.

⑥ 체계적 의의

정책은 그 자체가 다른 정책과 완전히 독립해 단절될 수는 없는 것이다. 즉 모든 정책은 더 큰 정책체계의 한 부분에 불과한 것이다. 따라서 정책결정자는 어떤 정책이든 그 정책에 대한 직간접적인 관심과 영향력이 전체 사회에 파급된다는 것을 인식하고 사회과정성 확보와 전체 체계의 윤리성을 확보해야 한다.

⑦ 비용유발성

아무리 좋은 정책이라도 반드시 비용을 가져오게 한다.

⑧ 불완전성(가변성)

어떤 정책이든 완전무결한 최선의 정책은 있을 수 없다. 정책은 언제나 변하는 것이고 또 그래야만 한다. 어떤 정책이든 필요할 때는 언제든지 그 정책의 목적과 전제까지도 수정할 수 있다.

⑨ 광의의 합리성

정책의 합리성은 기계적·경제적 합리성뿐만 아니라 비합리성(감성), 초합리성(직관과 창의력), 우연성, 비정립지식(상식, 경험, 막연한 이론) 등의 인간적 합리성까지도 포함되는 것이다.

(3) 문화정책의 구성요소

① 당위적 목적(바람직한 미래상) : 제1구성요소

당위적인 가치관에 입각해 탐색되는 목적, 즉 한 사회가 마땅히 지향해야 할 바람직한 미래사회의 모습이다. 이것은 당위성의 차원에서 탐색되는 것이기 때문에 현실 여건이나 필요성에 구애받지 않고 인간이 당연히 이룩하고자 소원하는 이상적인 사회상이다. 그러므로 이것은 한 사회의 기본방향을 제공해 준다.

② 효과성 체계: 제2구성요소

바람직한 미래상을 실현시키기 위해 마땅히 해야 할 일들을 당위적인 차원에서

체계화시킴으로써 얻게 되는 효과성체계가 제2의 구성요소이다.

그러므로 이 요소는 현실성이 약하고 구체성은 낮지만 바람직한 미래사회로 지향하는 발전 방향감을 제시하고 이 방향감 속에서 마땅히 해야 할 일들이 무엇인가를 제공한다(미래사회의 전 체계 설계).

③ 선호의 행동노선: 제3구성요소

당위적인 미래상(제1요소)을 실현시키기 위해 설계된 효과성체계(제2요소) 안에 들어있는 효과를 달성시킬 현실적인 행동들을 찾아내어 시간차를 두고 배열시킴으로써 얻어지는 일련의 행동들이다. 이런 행동노선들은 현실적인 실현가능성과 능률성에 입각해 개발되는 여러 가지 대안으로 나타난다.

④ 정책인지: 제4구성요소

정책에 관련된 사람들이 앞의 제1·2·3구성요소에 대해 갖는 의도의 내용과 적극성을 말한다. 정책의지는 관련된 사람들이 정책에 대해 갖는 평가·동기·태도 및 감정 등의 미묘한 조합에 의해 결정되는 것이다. 그러므로 정책의지는 사회·정치적인 역학관계에 밀접히 연관된다. 때문에 정책가는 복잡한 사회·정치적 환경조건과의 갈등 속에서도 개인가치가 아닌 사회가치를 위한 정책의지가 집약되어 있을 것이 바람직하다.

⑤ 공식성: 제5구성요소

정책은 공식화를 요한다. 하나의 정책은 정책의지에 의해 밖으로 표명된 뒤에 정책대상으로부터 정당성을 인정받아야 한다. 정책은 공식화에 의해 권위와 정당성을 확보할 수 있을 뿐만 아니라 필요한 자원과 인력을 합법적으로 동원할 수 있어 집행이 가능해진다.

2) 문화정책형성의 제약요인과 정책환경

(1) 문화정책의 제약요인

정책형성은 합리성을 지향하지만 실제행정의 세계에서는 합리성 확보를 어렵게 하는 요인이 광범하게 존재하고 있다.

① 인간적 요인: 정책결정자와 참여자의 자질

- 정책결정자의 특유한 가치관, 사회적 경험, 전문지식, 리더십, 성격, 기회, 집무 방법 등 다양한 국면에 걸쳐 결정에 영향을 미친다.
- 정책결정에 관해 고급관료나 정무관의 비중이 큰 나라에서는 개인적 차이가 중요한 제약요인이 되고 있다.
- 관료주의적 타성: 변화에의 저항, 쇄신·발전에 대한 무관심, 무사안일주의, 형식주의 및 권위주의적 행태 등이 제약요인이 된다.

② 행정구조적 요인
- 집권적 구조로 인한 제약성: 정책결정권이 하부기관에 분권화되지 못하고 상부기관에 집중화된 구조 속에서는 각 수준에서 전문적으로 관장되어야 할 효과적인 대안의 모색이 어렵고, 정책형성에 관계되는 모든 사람들의 지혜를 동원할 수가 없어 정책형성의 질적 저하를 초래하게 된다.
- 정책전담기구의 결여: 정책수립·정책분석·정책집행에 대한 평가 등을 효과적으로 관리할 정책전담기구가 부족할 경우 합리적인 정책형성이 어렵게 된다 (행정은 있으나 정책이 빈곤한 이유).
- 기타 구조적 제약요인: 행정조직의 규범, 라인과 스태프 간의 갈등, 부처이기주의, 부하에 대한 불신감 등도 제약요인이 된다.

③ 환경적 요인: 여론, 정당, 이익단체, 국회 등 외부의 압력 정도와 시간적 요인
- 외부의 압력·통제가 상대적으로 약할 때에는 자의적 정책형성의 우려가 있다.

- 정무관의 재임기간이 짧으면 단기간 내에 두드러진 업적을 올리기 위한 전시효과적 정책, 즉흥적인 정책형성의 우려가 높다.
- 현재 집행중인 정책·계획 등으로 이미 투입된 경비·노력·시간 등 매몰비용 때문에 대폭적인 조정정책을 형성하기 힘들다.
- 사회적 관습도 정책형성의 중요한 제약요인이다. 공무원도 사회의 일원임으로 사회적 관습에게 배치되는 정책을 형성한다는 것은 사실상 곤란하다.

(2) 정책환경

정책환경이란 정책결정체제의 외부에 있는 객관적인 환경을 의미한다. 여기에는 기후, 지리적 상황, 지정학적 조건, 사회경제적 조건, 정치문화, 물리적 환경, 인구 등을 비롯해 역사적 문화자원, 생활문화자원, 관광문화자원, 문화시설자원, 문화예술인의 활동상황 등도 포함된다.

① 정치문화
- 정치문화란 광의로 볼 때, 정부가 시도해야 할 것은 무엇이며, 정부가 어떻게 작용해야 하는가 하는 의문과 시민과 정부 간의 관계에 대해 널리 공유된 가치·신념·태도를 말한다.
- 정치문화는 정치저 사회회 괴정을 통해 한 세내에서 다음세대로 전승된다. 정치문화는 개개인에 의해 획득되고 그들의 심리적 구성의 일부분이 되며, 행동으로 나타나게 되기도 하고, 정치적 형태를 구체화 시켜주기도 한다.
- 정치문화는 도덕주의적·개인주의적·전통주의적 정치문화로 구분하기도 한다.

② 확실성·불확실성·모험상황
- 정책결정이 이루어지는 상황의 복잡성과 확실성에 따른 분류
- 확실성 상황: 정책대안에 대한 명확한 결과와 결과의 확률을 알 수 있는 상황
  → 이 상황에서는 결과를 예측하기 위한 방법으로 관습·경험·표준운영절차(SOP) 등이 사용되며, 결정의 기준은 최선의 대안을 선택하는 것이다.
- 불확실성 상황: 대안에 대해 다수의 결과가 있어 결과를 명확히 알 수 없으며,

경과의 확률도 알 수 없는 상황 → 이 경우 결과를 예측하는 데 준거할 과거의 경험도 없으며 SOP도 사용할 수 없다. 주관적인 기준이 적용된다.
- 모험상황: 결과를 알 수는 있지만 확실하지는 않으며, 결과의 확률을 알 수 있는 상황 → 결정의 기준은 각 대안의 가능한 모든 결과에 입각하거나, 어떤 규칙에 따라 선택된 하나 또는 그 이상의 결과에 입각한다.

③ 사회·경제적 조건

- 공공정책은 상이한 이익과 욕구를 지닌 상이한 공적·사적 집단 간의 갈등을 통해 결정된다고 볼 수 있는데 이것이 정책의 사회·경제적 조건이다.
- 분배과정에 정부가 관여하게 되고, 경제적 자원의 희소, 경제발전수준과 사회적 갈등 및 변동 등이 정책형성에 영향을 주기도 한다.
- 사회경제적 요인이 정치적 요인보다 지배적이냐 아니냐 하는 논쟁의 여지가 있다.

3) 문화정책형성의 참여자와 정책평가

(1) 정책형성의 참여자

① 고급공무원
직책이 요구하는 전문지식과 경험을 갖춘 일반공무원

② 전문가
행정부 외에 있는 특정 분야에 고도의 전문성을 지닌 사람들

③ 이익단체
결정대상의 문제와 관련 있는 이익단체들

④ 정당·국회
민의에 충실한 정당·국회에서 여러 가지 이질적인 의견·이해관계를 조정·통

합해 정책형성에 반영한다.

⑤ 공중(여론)

정책형성에 국민의 여론이 반영됨으로써 정책의 적용 가능성이 높아진다.

⑥ 정무관

정책대상문제를 인식하고 그 연구와 방향을 지시하며, 건의된 대안을 선택하는 역할을 한다.

(2) 정책평가

① 정책평가

정책이 집행되면 공공문제에 작용해 영향을 주게 되며 국민들은 정책에 대해 반응한다. 이러한 국민의 반응을 확인하고 정책의 효과를 판단하는 활동이 정책평가이다. 평가의 결과는 환류기능을 통해 기존문제를 재정립하거나 정책의 목표까지도 수정하게 된다.

② 정책평가의 기능적 활동

집행완료후의 평가뿐만 아니라 정책 전 과정을 통해 정책의 내용, 집행, 효과 등을 평가·측정·사정하며, 환류기능을 통해 정책의 형성·집행에 유용한 정보를 제공한다. 즉 정책순환·정책수정과 평가결과에 의한 정책의 합리화 기능을 한다.

③ 평가의 종류
- 총괄성과 평가: 집행완료 후 성과의 총체를 목표에 대비해 그 효과성을 측정하는 것
- 영향평가: 정책의 영향을 평가하는 것
- 사전평가: 정책형성단계에서 실시하는 것
- 집행평가: 집행단계에서 행하는 과정형성평가
- 종합평가: 각각의 단계에 따른 평가가 아니라 모든 것을 종합해서 평가

④ 올바른 평가를 위한 기본적 전제
- 정책의 명확성: 정책내용이 무엇인지 바르게 알 수 있어야 함
- 정책의 목표 · 기대효과가 명확하게 제시되어야 함
- 정책의 목표와 효과사이에 인과관계가 성립되어야 함
- 이러한 전제조건이 충족되지 않으면 평가를 할 수가 없으며, 평가를 한다 하더
  라도 효과성 측정과의 무의미한 노력이 된다.

(3) 정책효과

정책의 효과(성과)는 산출(output), 결과(outcome), 영향(impact)의 세 가지 국면으로
분류할 수 있다.

① 산출은 단기간 내에 서비스가 실제로 이루어진 상태로서 정량적으로 측정하기
  가 수월하다.
② 결과는 직접 나타난 산출보다는 시간적으로 오래 걸리는 정책이나 사업의 효
  과로서 복합적이고 계측하기가 어렵다.
③ 영향은 결과보다는 시간적으로 장기간이고, 변화의 규모도 크다. 왜냐하면 태
  도와 행태의 변화도 염두에 두어야 하기 때문이다. 그러므로 인과를 따지기가
  불확실하고 측정도 매우 어렵다.
④ 영향은 정부의 정책이 사회나 인간의 삶의 질에 미치는 영향뿐만 아니라 정책
  이 끼치는 영향을 정책대상자들이 직접 느끼는 주관적 느낌까지도 포함하고
  있다.

2. 문화발전과 문화정책

1) 문화발전과 국가의 책무

오늘날 우리 국민들의 문화에 대한 지향(志向)은 여가시간의 증대나 고령인구의 증

가에 따라서 점점 더 높아질 것으로 예상된다. 국민 스스로가 보다 주체적이고 적극적으로 문화활동에 참가함과 아울러 지역의 문화적 자율성 확립, 문화적 환경의 충실을 향한 노력이 계속될 것으로 생각된다.

또한 사회 전체가 개성화·다양화의 방향으로 나가고 있는 오늘날, 경제도 차츰 소프트화, 서비스화의 방향을 향하고 있다. 그것은 부가가치가 높은 문화성을 갖춘 경제활동이 요구된다는 것이 지나지 않으며, 경제사회에 있어서 문화가 차지하는 중요성은 점점 더 증대해 나갈 것으로 생각된다.

따라서 우리도 발전하는 국제사회 가운데서 전통을 계승하면서 뛰어난 문화를 창조하고, 세계의 문화발전에 공헌한 필요가 있는 것이다. 그러기 위해서는 다원적으로 존재하는 세계의 여러 문화와 교류를 통해 개성이 풍부한 보편성을 갖춘 문화를 가꾸어 세계를 향해서 환류시켜 나가는 것이 필요하다.

한편 과학기술의 눈부신 발전은 새로운 창조활동의 전개를 촉진하고 있다. 미디어 기술의 발달에 따른 전달수단의 다양화와 고도화, 사진이나 인쇄기술의 발달은 국민들이 질 높은 우수한 문화를 보다 넓게, 보다 높은 수준에서 향수할 수 있게 한다. 최근의 멀티미디어의 개발은 한층 더 이것을 촉진하고 있다. 이는 동시에 예술가들에게 새로운 소리(音)나 영상에 의한 표현수단을 제공해 새로운 예술 분야의 개척과 창조활동의 의욕을 환기시킴과 동시에 기존의 장르에서도 보다 효과적인 연출이나 표현을 가능하게 할 것으로 생각된다.

빈번 과학기술의 발달은 국민생활의 안정을 저해하려 하고 있다. 그것을 극복하는 하나의 방향으로서 오랜 역사 가운데서 가꾸어진 전통문화를 다시 찾아내어 보다 자각적으로 파악하려는 움직임이 나타나고 있다. 특히 지역사회에서는 사라진 축제나, 예부터 전승되어온 예능을 부활하면서 널리 지역개발의 일환으로 자리잡아가고 있다. 이와 같은 경향은 복잡한 현대사회 속에서 전통을 계승한 문화의 존재 양식을 모색하려는 것이고, 문화지향(文化志向)의 하나의 방향을 나타내고 있는 것이라 하겠다.

이러한 상황 아래서 현대국가에서는 문화발전을 통해 상실된 인간성을 회복시키기 위한 여러 가지 활동과 정책을 전개하고 발전시키는 것이 국가의 책무가 되고 있다. 그러한 결과로 '문화의 발전'은 '국가의 총체적인 발전'이라는 개념 속에서 '경제발전'과 연관성을 맺으면서 추진되어야 비로소 실효를 거둘 수 있다는 귀중한 교훈을 세계 각국이 얻게 된 것이다.

다시 말하면 문화발전은 급격하게 변모하는 사회에 부과되는 하나의 필연이라는 인식이 확대되었다는 것이다. 따라서 '문화발전'이라는 것은 이제 사회나 개인에 있어서 굳이 필요가 없는 사치나 풍요의 장식물이 아니라 그것은 전체 발전의 조건 그 자체와 결부되어 있는 것이라는 생각이다. '삶의 질'과 현세에 대응하는 '인격의 주체성'은 경제발전만으로써는 만족시킬 수 없는 근원적 욕구라 하겠다.

오늘날의 시계가 국가발전의 개념을 인간조건의 순수 경제적 개선의 측면을 넘어서서 사회문화적 측면을 포괄적으로 수용하고 있는 소이도 바로 여기에 있는 것이다. 즉 경제발전과 더불어 참다운 인간적 삶을 가능하게 할 수 있는 삶의 질을 높이고, 개인·민족·국가의 존엄성과 긍지를 고양하는 데 기여할 수 있을 때 비로소 참된 국가발전이 이루어질 수 있다는 것이다.

문화발전이란 개인에게는 새로운 세계를 이해하고 적응(지배)하며, 자기시대의 언어를 사용해 집단 속에서 자기의사를 표현하고 전달하는 능력을 부여하는 것을 의미한다. 그리고 이것은 문화에 대한 인간의 권리(文化圈)이기도 하다. 유엔인권선언에는 "모든 인간은 공동사회의 문화생활에 자유롭게 참여할 수 있는 권리를 지닌다(1948년 UN 인권선언 제27조 1항)"고 천명하고 있다.

모든 인간이 인간의 존엄성의 긴요한 일부로서 공동사회의 문화유산과 문화활동에 참여할 수 있는 권리를 지닌다고 할 때, 이 공동사회를 책임지고 있는 국가(행정당국)는 이 같은 참여가 실현될 수 있는 가능한 한의 최대의 수단을 제공(지원)할 의무가 있는 것이다. 즉 문화에 대한 권리는 정부의 책임을 요구한다는 점에서 문화발전을 위한 문화정책은 국가의 책무임을 강조하지 않을 수 없다.

따라서 궁극적으로 문화란 사회가 그것이 없이는 스스로 파멸되는 고차적(高次的)인 공동재산으로서 정부가 사회발전을 위해 반드시 수립해야 되는 계획 속에서 우선해야 될 특수한 위치에 있는 것이다. 문화는 가장 드높은 인간의 요구, 즉 인간으로서의 존엄을 주고 인간답게 만드는 욕구에 대응하는 것이기 때문에 문화발전의 필연성은 삶의 질을 향상시키고, 충만시키며, 인격의 주체성을 회복하고 확립시키는 데서 찾게 되는 것이라고 하겠다.

2) 문화발전과 문화행정

(1) 발전의 의미

발전이란 진보적 변화를 통한 점진적 성장을 의미한다. 어기에는 목표 지향적 성격과 질적 변화와 양적성장을 포함하는 가치 지향적 성격의 변화를 포함하고 있다. 예를 들면 다음과 같다.

① 사회분화

전통사회 → 전이사회 → 근대사회 → 산업사회 → 정보사회 등

② 계획된 변동

환경의 결정력보다 인간의 조직력을 중시해 발전의 의도적 측면(특정한 종류의 계획된 사회변동)을 중시하는 것

③ 변화대응 능력의 증진

한 체계(조직)가 성공적이며 계속적으로 새로운 형태의 목적과 수요에 대응하고 새로운 형태의 체계를 창조해 나갈 수 있는 능력을 증진해 나가는 과정

(2) 사회학적 의미의 발전

① 간단하고 낮은 단계로부터 보다 복잡하고 보다 높은 단계로 이행하는 운동·변화의 가장 높은 형식을 의미한다. 그러므로 발전은 단순히 사물의 상태가 아니라 사물의 본질까지 변화하는 경우를 말한다.
② 단순한 운동이나 변화의 개념과 달리 독자적인 의의와 법칙을 발전의 개념에 넣은 것은 변증법의 입장이었다.
   - 비변증법의 입장에서의 발전이라는 개념은 모순 없이 점진하는 양적 증대로 이해하는 경우이다.
   - 변증법의 입장에서의 발전은 점진적·양적 변화의 집적으로서의 질적 변화

이며, 순환운동으로서가 아닌 전진적·상향적 운동으로서 사물에 내재하는
모순에 바탕을 둔 투쟁으로 이루어지는 변화를 의미한다.

(3) 문화발전의 3차원

일반적으로 문화정책은 문화발전에 관해 세분화된 분야에 치중한다. 문화발전이
란 "인간의 관념·사상 및 여러 창작품을 전달함으로써 사회생활의 질을 향상시키기
위해 취하는 제반수단(Augustin Girard)"이라고 말한다. 그러나 이것을 실무적이고 구체
적인 의미로 이해할 경우 문화발전에는 세 가지 차원이 있다.

① 예술적 차원

예술은 문화적 요소 가운데서 가장 강력한 것이다. 즉 예술은 문화의 정화(精華)이
다. 따라서 예술 그 자체의 발전이 필요하다는 것이다. 이를 위해 국가가 사회 계층을
예술로부터 소외시켰던 경제적·심리적 장애들을 감소시킴으로써 되도록 많은 사람
들에게 예술작품을 전달하고 보급할 수 있는 방향으로 나아가야만 한다는 것을 의미
한다.

예술은 문화의 질을 높이고, 문화의 흐름에 낳게 함과 아울러 국민 개개인의 문화
적 수익을 증대하고, 국민의 문화적 활동에 중요한 영향을 끼친다. 즉 예술은 문화의
정점(頂点)에 위치해 문화일반을 견인하는 중요한 역할을 담당하고 있으며, 그 수준은
한 나라의 문화의 질을 측정하는 척도가 되고, 국가의 품격과 국민의 품위를 가장 상
징적으로 표한다. 또한 최근에는 다양화와 개성화를 지향하는 소비성향에 부응해 부
가가치가 높은 상품개발에 고도로 세련된 예술적 감성이 요구되어 예술의 경제사회
적 의의가 인식되고 있는 현상에 비추어 볼 때도 예술적 차원의 발전은 절대적으로
필요한 일이다.

② 실존하는 문화적 차원

실존하는 문화란 문화환경을 의미한다. 이는 환경이 인간에 미치는 문화적 영향
을 말한다. 환경이란 자연적인 것이든 인위적인 것이든 인간을 둘러싸고 있는 물리적
상황이며, 도시든 농촌이든 인간이 살고 있는 삶의 터전(무대)이다. 뿐만 아니라 환경

이란 우리를 둘러싸고 있는 정보 · 신호 · 화제(話題) 등이 뒤범벅된 밀물이며, 노동과 휴식에 따라 살아가는 생명체이기도 하다.

문화발전에 이러한 면을 모두 포괄시키기 위해서는 자연적, 건축학적인 도시화된 환경의 개선과 정보 · 오락 · 예술 등을 위해 매스컴을 이용하는 일정한 기준의 유지, 그리고 여가의 선용 등에 관한 계획이 필요한 것이다.

③ 국민 문화수준의 차원

문화가 발전하기 위해서는 국민적인 문화수준이 향상이 필요하다. 국민은 문화의 수요자인 동시에 창조자이기도 하다. 바꾸어 말하면 국민은 문화의 향수자인 동시에 참여자이기도 한 것이다. 그러므로 국민의 문화인식과 관심, 그리고 예술적 감수성과 창조능력의 함양은 문화발전을 위한 중요한 계획 중의 하나임에 틀림없다.

(4) 문화행정

문화발전을 위해서 살펴본바와 같이 정의한다면, 문화행정은 '문화발전계획'이라고 말할 수 있다. 그런데 이러한 문화발전계획은 일반적으로 문화행정을 통해 형성되고 집행된다.

"문화행정이란 문화발전이라는 목표를 향해 공권력의 배경 하에 문화정책을 형성 또는 결정하며, 이를 능률적이고 효과적으로 집행하는 협동적인 집단행위이다"라고 정의할 수 있다(이종인, 석사논문, 1986).

① 즉 문화행정은 다음과 같은 의미를 내포하고 있는 것이다.
- 문화발전을 위한 공공정책형성 내지 합리적 구체화의 활동과정
- 문화발전을 위한 수단이며 계획적인 협동노력과정
- 문화발전을 위해 인적(人的) · 물적(物的) 자원을 동원 · 조정 · 관리 · 통제하는 활동과정이라고 하겠다.

② 주의할 점은 현대의 행정은 정체적인 것이 아니라 계속 반복되는 동태적인 과정을 거친다는 점이다. 현대적 행정과정의 7단계를 살펴보면 다음과 같다.
- 1단계 목표설정(Goal Setting) 과정: 창조적 · 민주적 과정

- 2단계 정책결정(Policy Making) 과정: 활동방향결정(가이드라인 제시)
- 3단계 기획(Planning) 과정: 합리적 수단제공(준비과정)
- 4단계 조직화(Organizing) 과정: 인사, 재정, 조직 및 분업, 자원 배분
- 5단계 동기부여(Motivating) 과정: 창의성 개발, 사기 진작, 리더십 발휘
- 6단계 통제(Controling) 과정: 중간 체크, 계획과 현실의 간격조정
- 7단계 환류(Feed Back) 과정: 평가분석, 차기행정에 환류

3) 문화정책행정의 목적과 기능

(1) 문화정책의 목적

Augustin Girard는 문화정책의 목적을 다음 여섯 가지로 설명한다.

① 예술적 자원을 보급함으로써 대중의 문화접근기회 확대: 문화생활의 민주화 지향, 문화복지 증진, 문화수요창출, 문화인구의 저변확대 등
② 문화매체의 질적 향상: 문화시설, 보도기관, 문화행정 등의 서비스 향상 등
③ 창작기반조정: 예술인 지원, 예술교육, 창작여건 조성 등
④ 전통문화 보존과 발전: 문화유산·유물의 보존과 관리, 전통예능의 보존과 관리, 전통문화를 활용한 현대적 재창조 등
⑤ 문화적 생산을 위한 국민적 잠재력 개발: 생활의 문화화를 통한 국민적 창조역량 제고 등
⑥ 문화의 국제교류와 자주문화 형성: 상호주의에 입각한 문화의 국제교류, 문화적 정체성 확립과 세계문화에의 기여 등

(2) 문화정책(행정)의 기능

① 문화적·예술적·역사적 유물의 보존과 전승
② 문화예술의 교육과 훈련
③ 문화예술의 창작과 연구촉진

④ 문화예술의 보급과 확산

⑤ 문화산업의 육성

(3) 문화정책의 역할

오늘의 문화적 상황과 문화창조의 주체가 국민 자신에게 있다는 것을 생각할 때 문화정책의 역할은 첫째, 국민의 자발적 활동을 자극하고 신장시킴과 동시에 국민 모두가 문화를 향수할 수 있게 하기 위한 제반조건을 마련하는 것을 기본으로 하면서 개인의 활동으로는 한계가 있는 분야를 찾아 그것을 채워주고, 불균형을 시정함으로써 전체로서의 문화예술진흥을 도모할 수 있는 필요한 조치를 강구하는 것이라고 요약할 수 있다.

둘째, 문화예술활동의 내용(콘텐츠)에 관여함이 없이 문화예술인들의 자주적·자발적인 활동을 측면에서 자극·신장시키는 것이 문화정책의 가장 중요한 포인트이다. 여기에는 공권력의 관여에 의해 문화예술의 발전이 저해되었다는 것에 대한 반성과 함께 한편으로는 문화예술의 자유·활발한 전개에서 어느 정도의 지원이 필요하며 그것을 위해서는 내용에 관여함이 없이 측면적인 조건정비와 지원이 있어야 한다.

셋째, 국민 모두가 문화를 향수하게 하기 위해 개인활동으로는 한계가 있는 곳을 찾아 불균형을 시정한다는 것은 문화활동을 하는 개개인을 지원하는 데 그치지 않고 평균적 수준의 문화적 환경을 확보하기 곤란한 지역에도 문화를 균점시켜 이것을 향수할 수 있게 해야만 한다는 뜻을 지닌다.

넷째, 최근에 와서 문화의 영역에 민간 부문의 참여가 현저해져 문화정책에도 공사(公私)의 역할분담과 제휴가 필요하게 되었다. 따라서 앞으로의 문화정책은 종래의 정책개념에서 벗어나 이제부터 민간 부문의 동향을 포괄한 종합적인 매니지먼트로서의 성격을 강화하려고 하고 있다. 지역에서도 지역문화진흥이 지역개발의 중핵(中核)으로 자리 잡아 지역정책의 모든 측면이 이념적으로 문화정책에 수렴되는 경향이 나타나고 있다. 그런 의미에서 지방자치단체의 문화정책은 '단순한 행정'의 영역을 넘은 종합정책으로 바뀌어 나가야 할 것이다. 문화정책은 금후에는 이러한 종합정책의 성격을 짙게 하고, 그 역할도 새로운 내용이 첨가될 것이 예상된다.

(4) 문화정책행정의 과제

① 문화기반의 정비
- 문예진흥을 위한 전반적인 제도(저작권 등 법률, 예산, 세제) 등 마련
- 문화예술에 관련된 정보 시스템의 정비
- 문화예술단체 등의 조직과 형성 운영 및 지원·육성
- 문화시설 등 물적 기반의 정비
- 예술가 등의 인재육성(아트 매니지먼트에 관한 인재양성 포함) 등

② 예술활동 지원(권장·장려·촉진)

직접적으로는 '문화정점의 신장(文化頂点伸長)'을 구체화시키는 것이다. 예술가 내지 예술단체가 고도의 예술활동을 전개하고, 창조의 선구적·야심적인 실험을 가능하게 하기 위한 활동에 대한 재정적 지원과 공·시 간의 적절한 파트너십 조성, 예술제 등의 장소제공(설정) 등이 필요하다.

③ 국민의 문화 참가 및 향수기회 확충

국민의 일상생활권에서 구체화될 것이 요청되고 있기 때문에 지역문화 내지 생활의 진흥과 필연적으로 연결되어 문화예술의 보급과 확산을 도모하는 과제다. 이를 위해 특색 있는 문화개발과 문화격차의 시정(문화의 균점화)을 도모하는 각종 인적·물적·재정적 조치와 지원이 필요하다. 여기에는 문화활동의 무대(마당) 및 문화의식 계발을 위한 문화예술의 사회교육(문화학교) 등도 포함된다.

④ 문화재 보호와 활용

문화재는 그 자체가 우리 문화의 역사를 상징하고, 또한 장래의 문화양상 발전의 기초가 된다. 국가나 자치단체를 통해 적절한 보호를 도모함과 아울러 그 활용의 촉진이 요망된다. 특히 문화재는 지역과의 연관이 밀접하기 때문에 지역문화 진흥의 중요한 일익을 담당하는 것으로서 그 활용이 절실하다고 하겠다.

⑤ 국제문화교류

우리나라와 우리 국민이 국제사회 속에서 문화적으로도 적극적인 역할을 담당하고, 세계문화에 기여해 나가는 것이 필요하다. 또한 국제적 평가 속에서 우리 문화가 발전해 나가기 위해서는 다우원적으로 존재하는 세계의 여러 문화와 상호교류가 필요하다. 문화의 국제교류는 앞으로의 우리 문화 발전에 중요한 관건이 될 것이다.

⑥ 기타

이 밖에도 지역문화의 진흥과 발전, 문화콘텐츠산업의 보호·육성, 문화관광산업의 진작, 문화복지의 확충, 문화다양성의 진작 등의 과제가 있다.

(5) 문화정책의 수단

① 재정적인 수단: 보조금, 지원금 등
② 법제적인 수단: 각종 법률, 각종 제도 등
③ 조직적인 수단: 문화기구·기관·단체조직 등
④ 행정적인 서비스와 통제: 법규에 의한 서비스와 통제 등
⑤ 각종시설운영: 박물관, 도서관, 극장, 미술관, 문예회관 등
※ ①은 직접지원의 수단이고, ②~⑤는 간접지원의 수단임.

3. 주요 문화정책 현안

1) 창조활동에 대한 공공지원

(1) 예술가(창조자)의 위상

문화정책에 있어서 창조활동의 문제는 가장 의미심장하고 어려우며 또한 해결해야 할 문제이다. 왜냐하면 현대사회의 문화생활이 창조에 기초를 두지 않는다면 문화란 단순한 부차적인 산업의 하나 정도에 불과할 것이며, 예술은 대중의 여가에 덧붙

이는 장식이 되고 말 것이기 때문이다. 즉 창조행위는 하나의 문명과 뗄 수 없는 관계를 맺고 있어서 다른 많은 인간 활동 중에서도 문명을 가장 잘 종합하고 요약해서 표현하고 있는 것이다.

그러므로 창조자가 사회 속에서 차지하는 위치는 문자 그대로 두드러진 위치임에 틀림이 없다. 그래서 역사상 몇몇 군주(君主)들은 이 사실을 이해하고, 예술과 문예를 지원함으로써 그들의 권력을 특징지었던 시대도 있었다. 그런데 현대의 많은 민주주의 국가체제 속에서는 예술가들이 외곽으로 밀려났고, 그들의 작업대가로 얻을 수 있는 수입은 몇 사람을 예외로 하고는 가장 저소득 노동자와 비교해도 더 나을 것이 없는 실정이다. 그 결과 창조 작업을 지속하기 위해서는 제2의 직업을 얻거나 다른 사람의 재정적 원조에 의존하기도 해 법적·사회적·경제적인 조건이 불안전한 상황이다.

현대사회에서 창조활동의 후진성을 야기한 원인은 예술적 창조활동에 대한 지원정책의 진로를 밝혀주는 구체적인 목표가 없었다는 데 있기도 하겠지만, 예술이란 특권층의 사치, 살롱의 장식품, 미학자(美學者)들의 독점적인 쾌감이라는 19세기적 예술개념이 그대로 20세기로 전달되어 예술가는 사회적인 역할을 잃었고, 자기 자신만의 예술행위에 파묻혀 전혀 주관적인 소임에만 몰두하게 되어 사회로부터 소외되고 말았는지도 모른다.

그러나 경제생활에 어느 정도의 안정을 찾은 오늘날의 사회에서는 사회를 위한 가장 큰 노력의 핵심은 '삶의 질'을 향상시키는 데 바쳐져야 한다는 사실을 깨닫게 되었다. 이 '질(質)'의 가장 중요한 형태를 제공하는 것을 직업으로 하는 예술가의 존재가 다시 필요 불가결한 존재로 재등장하게 되었다. 오늘날 예술가는 저주받은 사람도 아니고, 귀족도 아니며, 빚쟁이나 아카데미 회원도 아니다. 건축가나 기술자처럼 일상생활의 환경을 창조하는 사람들 중의 하나인 것이다.

이러한 자격으로 예술가들도 당연히 다른 직업인들과 마찬가지로 정당한 대가를 받고 사회보장의 혜택을 받아야 마땅한 것이다. 더 나아가 민주사회는 예술가의 생활을 보장하던 군주들이나 주교(主敎)들의 역할을 대신해야 할 것이며, 창조자들이 탁월하고 당연한 위치를 갖도록 해 줄 수 있어야 할 것이다. 예술가와 그 역할에 대한 새로운 개념(생활환경의 창조자)에서 볼 때 사회가 예술가에게 지불해야 하는 것, 즉 창조활동에 대한 지원은 사회의 중요한 임무중의 하나임에 틀림이 없다.

(2) 예술과 정부

역사적으로 예술과 정부의 관계가 오랜 기간에 걸쳐 원만하게 결합된 적은 거의 없었다. 양자 간의 관계는 일반적으로 서로 의심과 불신을 동반해 경원하는 관계였으며, 또 그것이 당연한 것이라고 보기도 하였다.

예술은 자유를 요구하며 예술가는 자신에 의한 자기 수련이 아닌 그 어떤 통제도 거부한다. 예술은 사람들에게 강력한 영향을 끼치기 때문에 거기에는 항상 정부로 하여금 예술을 정치화하고, 다스리는 국민들의 사고(思考)와 생활을 조작하려는 데 활용하고자 하는 유혹이 뒤따른다. 정부가 이러한 유혹에 이끌리게 되는 나라에서는 예술이 죽어버린다. 한 사회에서 예술이 쇠퇴하는 것을 주시해 보면 그 사회에서 자유가 죽어가는 것을 알 수 있다.

독일은 역사상 예술적으로 가장 풍부한 나라중의 하나였다. 그런데 히틀러 치하의 독일예술은 예술을 위한 환경이 죽었기 때문이 죽어버렸다. 즉 정치화되었다는 것이다. 나치당은 상당량의 예술품을 약탈하기는 하였으나 그들 자신의 예술작품은 하나도 생산할 수 없었다. 다시 말하면 예술가들에게 창작의 자유를 허용하지 않았기 때문에 예술을 낳지 못했던 것이다. 고야의 〈1801년 5월 3일의 처형〉, 피카소의 〈게르니카〉(1930년대)를 생각하면 아주 역설적이다.

독일 사람들이 피카소에게 "당신이 게르니카를 그렸소?"라고 질문했더니 피카소는 "아니오! 당신들이 만들어낸 것이오"라고 대답하였다고 한다. 피카소는 오직 위대한 예술가만이 할 수 있는 것을 기록해 사람들이 전제정치를 자세히 볼 수 있게 하고, 그 모습을 결코 잊지 못하도록 한 것이다.

시몬느 시뇨레와 그의 남편 이브 몽탕이 공산주의자들과 친교를 맺었던 사실에도 불구하고 공산당에 가입하지 않았던 이유는 "공산주의가 잔학한 예술을 만들어 내기 때문"이었다고 한다(시뇨레의 자서전).

결국 예술의 생명성은 예술이 갖는 자유와의 관련성에 관계되는 것임을 알 수 있다. 우리는 그 사회가 가장 부유할 때, 즉 경제적·사회적·학문적·정치적 자유가 가장 풍부했을 때, 가장 풍부한 예술을 만들어 왔다는 사실을 확인할 수 있다. 그리고 이러한 자유가 사라질 때는 훌륭한 예술도 그것들과 함께 사라져 버렸던 것도 알고 있다.

창조의 자유가 보장되지 않고서는 예술이란 존재할 수 없다는 사실은 재론의 여지가 없다. 그러므로 창조활동지원이 예술을 보호한다는 미명하에 그들을 거느리며, 대가를 요구한다는 것은 창조적 활동에 상치되는 일이다. 전체주의 국가나 사회주의 국가에서처럼 예술가를 부려먹는 관리로 만들어서도 안 되며, 예술작품의 생산을 지시하는 것도 치명적인 일이다.

(3) 지원의 원칙과 실천적 지원방안

오늘날 자유경제체제의 국가정부들이 직접적인 예산편성을 통하거나 공공단체를 매개로 해 예술가들에게 직간접적인 지원을 증대하고 있는데 그 지원원칙은 앙드레 말로의 표현으로 요약할 수 있듯이 "영향력을 행사하지 않는 지원"이다. 즉 예술가의 창조행위의 자유와 다양성을 보장하는 내용불간섭의 원칙을 담보하는 지원이라는 뜻이다.

이와 관련해 존슨 전 미국대통령은 "어떤 정부도 위대한 예술잡품을 탄생하게 하는 마력은 없지만 적어도 예술의 개화를 촉진시키는 풍토를 조성하는 것이 좋을 듯하다"고 밝혔으며, 팔뫼 전 스웨덴 수상은 "정부가 격려를 하고 재정적으로 지원은 할 수 있지만 창작행위에 개입해서는 안 된다"고 하였고, 과거에 예술가를 관리화시켰던 유고슬라비아에서도 "국가의 개입은 조건 없는 재정적 지원에 국한해야 한다"고 하였다.

그러나 실제적인 집행 면에서 돈을 지불하는 자가 그 대가에 무관심할 수 있을 것인가? 또 이것이 창조활동지원에서는 예외가 될 수 있을 것인가? 행정의 운명적 귀착점을 추적해 보면 돈을 지불하는 자가 결국 주문자요, 선택하고 평가하는 자다. 그러므로 창조활동 지원정책에 분명한 목표가 표명되어야만 할 것이다. 이러한 상극성을 극복할 수 있는 방안은 무엇인지 고찰해 보기로 한다.

창조활동지원의 실천적 방안으로는 여러 가지 방법이 있고 이 여러 가지 방안들의 복수성(復數性)에서 상극성을 극복하고, 해결책을 찾는 방법을 강구하는 것이 바람직하다. 실제로 창조행위의 자유와 다양성을 보장한다는 것은 창조행위를 위해 제공되는 재원규모가 아니라 ① 지원재정의 원천이 가진 복수성과, ② 심사(평가)절차의 복수성 및, ③ 절차의 정기적 경신으로 가능할 수 있을 것이다.

그러나 이 경우에 유의해야 할 점은 예술에 관한 사이비 민주주의를 경계해야 한다는 것이다. 예술사를 통해서 볼 때 미래를 값진 것으로 만들어 줄 예술작품과 단지그 시대의 취향에 영합하는 것일 뿐인 작품을 구별하는 것이 동시대의 예술가들에게 있어서 얼마나 어려운 문제인가를 알아야 한다.

창조활동을 지원하는 수단으로는 예술가(또는 단체)의 창조활동을 위한 직접적인자금지원을 비롯해 법률적·제도적인 지원으로 예술가의 사회적 신분을 향상시키는방법, 저작권 보호로 예술가에게 수익을 보장해 주는 방법, 각종 사회보장제도, 작업장의 제공, 세정지원을 통한 지원, 조형예술과 도시계획 및 건축예술의 결합, 장학금,연금, 상금 등의 다양한 방법이 있다.

다시 정리하면 예술가의 자유와 안정을 동시에 만족시켜 주기 위해서는 복수적인 실천방안을 결합시켜야 한다는 것이다. 1970년 베니스에서 개최된 유네스코회의에 모인 문화장관들은 "예술가의 자유는 인간의 기본적인 권리이다. 그러나 이 자유가 실질적인 것이 되려면 예술가가 작업할 수 있도록 하는 물질적 조건이 요구된다.그 회의는 '지불하는 자가 거느린다'는 속담에 동의할 생각이 없다. 예술가들은 문화정책을 결정하는 기관 내에서 그들의 할 말을 할 수 있어야 한다"는 뜻을 재확인한바있었다.

(4) 공공지원의 필요성에 관한 논의

오늘날 문화예술 분야에 대한 공공정책개입의 정당성은 여러 측면에서 찾아 볼수 있는데 대표적인 논의로는 바우몰과 보웬의 이론, 시장실패에 관한 논의, 복지와관련된 논의, 국가발전 전략과 관련된 논의, 그리고 사회문제를 해결하는 차원에서의논의 등으로 요약된다.

① 바우몰과 보웬의 이론

바우몰(W. J. Baumol)과 보웬(W. G. Bowen)은 공공지원의 필요성을 공연예술단체의재정적 한계(재정위기와 운영위기)에서 찾고 있다. 즉 공연예술활동은 매우 노동집약적이기 때문에 노동을 자본으로 대체하는 기회나 기술혁신을 통한 생산성 향상의 기회가다른 부문과는 달리 공연예술단체에서는 실현되기 어렵기 때문에 정부지원이 요청된다고 하였다(1996, 공연예술: 경제적 딜레마).

② 시장실패(Market Failure) 이론

문화예술 분야 중에는 시장의 기능에 의해서는 효율적인 재화의 생산과 분배가 이루어질 수 없는 영역이 있으므로 공공 부문에서 정책개입이 불가피하다는 논의가 있다. 대표적인 예가 전통문화의 보존영역이다. 이 분야는 이윤추구의 동기에 의해 지배되는 시장의 기능에 의해서는 각종 문화재의 보존, 전승 등은 효율적으로 이루어질 수 없는 것이므로 지원이 필요하다.

한편 문화예술의 생산이 외부성(Externalities)을 지닌다는 점에서 정부개입의 근거를 찾기도 한다(D. Netzer). 이것은 문화예술의 산물은 실제거래에 참여하는 사람들보다 일반대중에게 혜택을 준다는 것이다. 즉 첫째는 일부 예술형식들은 상호의존적이기 때문에 상호 간에 기본지식이나 고용기회를 제공한다는 것이다. 둘째는 예술작업은 본질적으로 실험성이 강하기 때문에 실패할 가능성이 있으며, 이러한 실패는 다음의 창조적 작업에 지식을 제공하는 외부성을 지니고 있다. 셋째는 고급문화 유산의 보존과 관리를 통해서 미래세대에게 이용 가능하도록 하기 위한 외부성이 있다. 넷째는 문화예술이 미치는 지역 경제적 파급효과가 있다는 등에서 지원이 필요하다는 것이다.

또 다른 시장실패의 논의는 정보의 부적절성을 들기도 한다. 이것은 많은 사람들이 예술에 대해 잘 모르며, 문화활동에 참여하지 않는 것은 참여의 효과에 대한 무지에서 비롯된다는 전제하에 이러한 문제를 해결하기 위해 정부지원이 필요하다는 것이다.

③ 복지에 관한 논의

문화예술관련 재화는 그 자체로서 가치 있는 것, 즉 가치재(Merit Goods)에 해당되기 때문에 누구에게나 기본적인 향유의 기회를 제공해야 하는 복지정책적인 차원에서 적극적으로 지원해야 한다는 논의이다. 예컨대 장애인을 위한 문화예술 프로그램, 소외계층과 소외지역을 위한 프로그램 등이다.

④ 국가발전 전략과 관련된 논의

기존의 경제제일주의 국가발전 전략에 이의를 제기하며 문화발전 없이는 진정한 의미의 국가발전과 경제발전에 한계가 있으므로 문화 분야를 발전의 필수적 요소로 인식해야 한다는 주장들이다. 이러나 관점은 유네스코를 중심으로 1970년대부터 제기되어 주목을 받아 왔고, 1988년부터 10개년 계획으로 추진되었던 유네스코의 World Decade for Cultural Development에서는 기존의 국가발전정책의 패러다임 변화를 주창하였다. 정보화사회인 21세기에 들어와 지식산업으로서의 문화산업의 중요성이 더욱 부각되고 있다.

⑤ 사회문제해결의 차원에서

청소년 문제, 마약의 문제, 가치관의 문제들은 단기적인 대중적인 해결수단보다는 장기적으로 문화예술을 통한 인간의 심성문제, 사회가치의 문제에 접근해야 한다는 주장들이다. 뿐만 아니라 문화예술의 소외계층에 대한 예술접근기회의 확대를 위해서도 정부지원이 필요하다는 문화예술의 사회교육과 관련된 논의도 있다.

2) 문화복지

(1) 사회복지와 문화복지

① 근대화에 의한 인간소외

경제적인 측면에서 볼 때 근대 시민사회는 '개인의 자유와 평등'이 조화되는 '합리적이고 모순이 없는 사회'를 이념으로 해서 등장했다. 산업의 발전과 과학기술의 진보에 힘을 얻어 지탱해 온 자본주의사회는 종래에 억압된 '신분제도'와 '빈곤'으로부터 인간을 해방시켜 주는 것으로 기대되었다. 왜냐하면 여러 가지 과학적으로부터 인간을 해방시켜 주는 것으로 기대 되었다. 왜냐하면 여러 가지 과학적 발명·발견은 물질생활이나 생활환경을 경이적인 속도로 개선하고, 누구에게나 생산 기술의 향상이 행복을 가져다 줄 것으로 확신을 심어 주었기 때문이다. 그리하여 자본주의사회는 얼핏 보기에는 '넉넉한 사회'를 실현한 것처럼 생각되었다.

그러나 현실적으로는 과학을 응용한 기술을 구사한 '영리기업'이 지배하는 '산업

사회'이고, '제한이 없는 자유경쟁의 원리가 지배하는 약육강식의 세계'이었다. 그것은 다수 인간의 부자유와 비인간적 생활을 토대로 해서 구축된 사회이기도 했다. 자본가의 무제한적인 이윤추구와 노동자의 저임금에 의한 장시간 노동, 무계획적인 경제활동에 의한 공황의 발생, 그리고 불황과 다수의 실업자 출현, 노동조건과 사회문제의 발생, 자본가와 노동자의 계급투쟁을 격화시켰다.

자유와 평등을 이념으로 해서 등장한 시민사회는 새로운 부자유와 불평등을 가져오고, 물질적 '넉넉함'을 추구한 사회가 반대로 물질적인 '빈곤계급'을 낳았다고 하지 않을 수 없다.

한편 사회적 측면에서 볼 때 개성을 중시하는 시민사회는 과학기술의 고도한 발전에 의해서 인간을 기계의 노예로 변화시켜 대규모적인 산업사회 조직의 일부로 만들고 말았다. 이것은 인간의 획일화를 초래하고 반대로 개성을 상실하는 결과가 되고 말았다. 물질문명과 과학만능주의는 인간의 자유로운 주체성을 강하게 억압하고, 생활의 불안을 전보다 더 증대하고, 최종적으로는 전쟁이라는 사태(2차 대전)를 초래해 인류생존의 위기를 말할 만큼 되었던 것이다.

이러한 근대화의 모순은 자본주의의 고도화와 함께 '인간소외'라고 불리는 협상을 빚고 말았다. 인간의 노동력은 상품화되고, 노동의 창조성이 상실되고, 노동은 고통이 되고, 노동은 단순한 임금문제로 전락하고 말았다.

이상과 같은 경제적·사회적 배경에서 필연적으로 성립·발전한 것이 '사회복지'이다. 사회복지는 자본주의체제에서 생겨난 '인간소외'로부터 생긴 여러 가지 생활문제에 대응하기 위해서 성립·대두되었다고 말할 수 있다.[*]

② 사회복지의 의미

일반적으로 쓰이는 사회복지의 개념은 'Social Welfare'의 번역어로서 문자 그대로 '사회의 복지(행복)' 또는 '사회의 이상적 상태'를 의미한다. 사회의 구성하는 개인의 행복을 실현할 수 있는 '이상적인 사회상태'를 의미하고, 개인이나 사회가 달성해야 할 목적과 목표를 뜻하는 '목적개념'으로 쓰인다.

---

[*]　이 글은 1987년 7월 아산사회복지대잔 창립 10주년기념 심포지엄에서 '문화복지와 지방문화'라는 제목으로 발표한 발표문의 일부임을 밝혀둔다.

이러한 목적개념으로서의 사회복지를 실현하기 위한 제도·정책, 그리고 이를 위한 시설을 총칭해서 사회복지라고 하는 경우를 '광의의 사회복지'라고 한다. 영국에서 1950년 이후에 일반적으로 쓰이게 된 'Social Services(사회적 서비스)'가 여기에 해당된다. 이 개념은 전 국민을 대상으로 해서 그 생활의 모든 측면에서 개인과 사회의 복지 증진을 목적으로 하는 제도 전체를 칭하고 있는 것이다. 즉 Social Services라는 말은 사회적 적응이 되지 않는 경우의 원조과정을 말하는데 여기에는 교육정책, 소득보장, 의료보험, 고용정책, 주택정책 등과 같은 협의의 사회복지가 포함된다.

사회복지가 협의의 개념으로 쓰이는 경우, 그것은 자선사업, 박애사업, 사회사업 (미국은 Social Warks)이라고 부르던 일련의 흐름가운데서 찾아볼 수 있는 생활보호, 아동복지, 장애자복지, 정신박약자복지, 노인복지, 모자복지 등 사회복지사업으로 한정해서 쓰이는 경우이다.

이상과 같이 광의의 사회복지가 사회구성원 일반을 대상으로 하는 것에 대해서 협의의 사회복지는 그 대상을 통상 '사회적 약자' 또는 '사회적 부적응자'라는 구빈적 (救貧的) 성격을 가졌다고 볼 수 있다. 그러나 오늘날에는 협의의 사회복지는 광의의 사회복지에 포함되고 있다.

즉, 사회복지라는 개념은 자본주의 사회의 필연성에서 성립·발전해온 역사적 개념이라는 데서 그 의의를 찾을 수 있고, 새로운 빈곤이라고 말할 수 있는 인간소외의 문제도 사회복지의 대상과 범위에 들어간다고 말할 수 있다.

③ 사회복지 영역의 광역화

현대복지국가가 지닌 기본적인 특징의 하나는 사회복지의 대상자가 전 국민이라는 것과 사회복지 서비스의 내용이 빈곤을 포함한 국민의 사회생활의 모든 곤란에까지 미친다는 점이다. 민주국가의 정부는 국민에게 서비스를 위해 존재하는 것이고, 그러기 때문에 정부가 하는 일체의 활동은 사회의 이익을 증진하는 것을 목적으로 한다는 말이다. 이와 같은 입장에서 볼 때 사회복지의 역영(개념)도 그 대상자를 사회의 특정계층, 특히 사회적 결함을 가진 사회적 약자나 사회적 낙오자에 한해 그들을 예방·치료하는 기능에만 국한했던 좁은 의미의 영역에 머무르지 않고, 모든 국민의 생활상의 요구 내지는 필요성에 부응해 환경조건을 개선·정비하고, 개인이 직접 필요로 하는 서비스를 제공해 개인의 생활을 개선·향상시키는 광범한 대상자와 광범한 기능을 가진 사회적 서비스라는 넓은 의미의 개념으로 옮겨가고 있다는 것을 알 수가 있다.

이와 같이 사회복지를 '개인 전체'와 '사회환경 전체'와의 관계에서 결함을 예방하고 치료하는 광의의 개념으로 해석한다면, 사회복지는 단순한 사회보장만이 아니라 교육·보건·위생·주택·문화·오락·환경 등 국민생활의 각 방면에 걸친 사회적 서비스를 확대하는 것을 의미하게 된다.

사회복지란 개인과 그 사회환경과의 사이의 상호적응을 지원하는 것을 목적으로 하는 조직적 활동이며, 이 목적을 달성하기 위해 개인·집단·지역사회가 그들의 욕구를 충족시키고, 변동하는 사회의 생활양식에 적응해 가는 문제를 해결하기 위해 강구된 기술과 방법을 이용하기도 하고, 사회적·경제적 상태를 개선하기 위한 협동적 대책행동을 이용하기도 한다. 또 사회복지 고유의 특징은 가족으로부터 지역사회 및 국가사회에 이르기까지의 각종 집단성원으로서의 개인에게 관계된다는 점이다. 즉 사회복지는 개인이 인간으로서의 요구를 만족시키고, 그가 속하는 집단과 지역사회의 성원으로서의 기능을 수행할 수 있는 사회적 환경(분위기)을 만들도록 노력하고, 각종 서비스가 영구적 또는 일시적으로 지역사회 성원에게 이용되도록 보장하는 것이다.[*]

사회복지의 개념은 보완적 개념에서 제도적 개념으로, 자선에서 시민권으로, 특수한 서비스에서 보편적 서비스로, 최저조건에서 최적조건으로, 개인적 개혁에서 사회적 개혁으로, 자발성에서 공공성으로, 빈민복지에서 복지사회로 변하고 있다.[**]

이와 같이 사회복지는 인류사회의 궁극적인 목적이고 그 가치는 인간의 존엄성·자유·평등·박애정신·인도주의·생존권의 사상과 연계되며, 공통적인 복지의 내용은 '살기 좋은 사회(well-being society)', '풍요로운 사회(abundance society)' 또는 인간의 기본적인 생활욕구가 충족된 상태 등 이상사회의 규범으로 이해하는 경향이 짙다고 하겠다.

---

[*] UN 경제사회이사회, 〈사회복지전문가 회의보고서〉, 1959.

[**] John M. Romanyshin, *Social Welfare, Charity to Justice*, 1971.

(2) 문화복지와 문화정책

① 문화복지개념의 도입

위에서 살펴본 바와 같이 사회복지의 영역을 넓게 생각할 때 '문화복지'라는 용어는 결코 생소한 것은 아니라고 하겠다. 사회복지의 가치를 인간의 존엄성·자유·평등·인도주의 또는 생존권에서 구하고 살기 좋은 사회, 풍요로운 사회 또는 인간의 기본적인 생활욕구가 충족된 상태를 내용으로 할진대 문화예술이 이것들과 관련이 없다고 할 수는 없을 것이다.

오늘날 문화예술은 어느 특정계층만의 전유물도 아니고, 전 시민, 전 국민 나아가서는 전 세계인이 공유하는 것이며, 인간의 '삶의 질'을 향상시키고 변화하는 세계에 대응하는 인격의 주체성을 확립시키는 데 가장 본질적인 요소이다. 특히 인간성 회복이 인류가 당면한 과제라고 지적되고 있는 현대사회에서 산업화와 도시화로 인한 생활방식의 획일화와 생활환경의 동질화는 인간의 창조력을 감퇴시키고, 다원성 계층의 다양한 문화적 욕구를 충족시키는 데 저해요인이 되고 있다. 개인에게 새로운 세계를 이해하고 지배할 수 있게 하며, 자기시대의 언어를 사용해 집단 속에서 자기의 사를 표현하고 전달하는 능력을 부여한다는 것은 문화에 대한 인간의 권리로서 인간 존엄성의 긴요한 일부인 것이다.

이상과 같은 배경에서 문화복지란 좁은 의미로는 문화적 결함을 가진 문화적 약자나 문화적 낙오자를 예방·치료하는 것이라고 하겠으며, 넓은 의미로는 모든 국민의 문화생활상의 요구 내지는 문화적 필요성에 부응해 문화한경을 개선·정비하고 개인이 직접 필요로 하는 문화서비스를 제공해 문화생활을 개선·향상시키는 사회문화적 서비스라고 하겠다. 즉, 개인 전체와 문화환경 전체와의 관계에서 결함을 예방하고 치료하여 문화적 욕구가 충족되고 삶의 질을 향상시켜 살기 좋은 사회를 지향하는 문화민주주의의 실현수단이라고 할 수 있다.[*]

그리고 개인이 문화권(文化權)을 행사할 수 있는 가능한 수단(서비스)을 제공하는 문화복지의 책무는 적게는 가정으로부터 시작해 직장단체·지역사회·국가에 이르기까지 광범하기도 하지만 공동사회를 책임지고 있는 정부당국에 더 큰 비중이 놓여 있

---

[*] 이종인, "문화복지와 문화지표", 아산문화재단, 『한국의 사회복지: 현재와 미래』, 1987.

다는 점에서 문화복지는 국가 문화정책의 주요한 부분임에 틀림이 없다.

② 우리나라 문화복지 정책의 전개과정

1960~1970년대의 경제성장 우선정책은 상대적으로 다른 분야의 낙후와 현상답보를 야기했으며 사회적 불균형성장의 결과를 초래했던 것이다. 이를 극복하기 위해 균형과 복지의 발전논리가 제기되고 이것을 안정적 번영이라는 사회발전의 기본방향으로 삼게 된 것은 1980년대이다. 균형발전논리가 대두되면서 문화예술 부문에 대한 새로운 인식과 관심이 쏠리게 되어 문화복지적인 시책과 투자가 늘어나기 시작했다.

문화에 대한 인식의 변화는 헌법에 표출된 문화창달의 의지와 문화권의 보장으로 나타났다. "국가는 전통문화의 계승·발전과 민족문화의 창달에 노력하여야 한다(구헌법 제8조 → 신헌법 제9조)"는 조항은 문화창달, 즉 문화복지의 실현이 국가의 책무임을 의미하는 것이며, 균형발전과 복지분배라는 사회발전구상의 구현방안으로서 문화의 영향력을 표명한 것으로 볼 수 있다.

그리고 "모든 국민은 인간으로서의 존엄과 가치를 가지며 행복을 추구할 권리를 가진다. 국가는 개인이 가지는 불가침의 기본적 인권을 확인하고 이를 보장할 의무를 진다(구헌법 제9조 → 신헌법 제10조)"고 규정함으로써 인간존엄성의 유지와 행복추구권을 보장하고 있으며, "모든 국민은 법 앞에 평등하다. 누구든지 성별·종교 또는 사회적 신분에 의하여 정치적·경제적·사회적·문화적 생활의 모든 영역에 있어서 차별을 받지 아니한다(헌법 제11조 1항)"고 규정하고, 다시 "모든 국민은 인간다운 생활을 할 권리를 가진다(헌법 제34조 1항)", "국가는 사회보장, 사회복지의 증진에 노력할 의무를 진다(헌법 제34조 2항)"고 함으로써 인간다운 문화적 생활을 누릴 권리를 인정하고, 이로써 문화적인 의미와 문화적인 수준에서 최저 및 최적 생활권을 보장하는 등 문화권의 신장과 문화복지 의지를 표방하기에 이른 것이다.

한편 국가정책에서도 문화정책의 비중이 달라졌다. 제5공화국은 국정지표로서 "교육혁신과 문화창달"을 채택함으로써 헌법의 문화창달의지를 국정에 반영한 것이다. 구체적으로는 제5차 경제사회발전 5개년 계획의 수정계획에 문화예술 부문이 포함되었고, 제6차 5개년 계획(1987~1991)에서는 국민생활 부문 계획 중 '새로운 생활 복지의 증진' 계획 속에 '문화예술 및 여가생활의 진작'으로 포함됨으로써 국민생활복지의 개념에 문화예술의 진작을 인정한 것이다.

문민정부는 1995년에 경제적·사회적·문화적 삶의 질을 선진국 수준으로 향상시키기 위한 '국민문화복지 향상' 시책을 천명하기에 이른다. 선진형 문화생활의 달성과 건강하고 쾌적한 여가생활의 충족을 기본방향으로 하여 시설의 확충, 지원수단의 다원화, 문화복지 프로그램의 개발, 재정확충, 인력 및 시설의 전문화 등의 정책 지원수단을 동원하는 시책을 전개했다.

③ 문화복지정책의 과제
○ 지역 간 문화적 격차를 해소하기 위한 지역문화의 육성 및 활성화
　　— 문화예술의 대도시(특히 수도권) 집중현상으로 인한 지역문화의 낙후현상을 개선하기 위한 제반 시책강구 및 균점화 조치

○ 기본적인 생활문화공간의 확충
　　— 마을(읍·면·동) 단위의 도서관, 영상·음악 감상기능을 갖춘 시설(문화의 집) 등
　　— 기초생활권역(시·군·구)별 공공도서관, 문예회관, 전시관 등
　　— 광역생활권역(광역시·도)별 국공립 박물관·미술관·종합문예회관·대중공연장 확충 등
　　— 도시환경의 문화적 조성(문화지구, 문화의 거리 등)

○ 국민 문화향수기회의 확대
　　— 문화향수인구의 지변확대를 위한 문화기관의 서비스 개선
　　— 향수능력 제고를 위한 문화예술 사회교육(문화학교)의 확충
　　— 문화예술(품)의 유통체계의 건전화와 정보서비스기능 확대
　　— 순회 문화 프로그램 확대(찾아가는 문화 프로그램) 및 교류활동 강화
　　— 가족단위 문화활동의 권장 및 활성화 도모(주 5일 근무제 이후)

○ 건전한 청소년문화의 육성과 활성화
　　— 생활권역별 청소년 수련시설 확충
　　— 청소년 문화 프로그램의 개발 및 활성화(체험 프로그램 등)
　　— 청소년 유해문화의 정비

○ 문화적 소외계층 및 소외지역에 대한 문화복지 실현
　　— 장애인을 위한 문화복지 시책 적극 추진

　　　　－ 노인대상의 문화복지 프로그램의 강화

　　　　－ 고아원 · 교도소 · 군인 · 공단근로자의 문화복지운동

　　　　－ 공단근로자를 위한 문화시설 설치 권장 · 지원

　　　　－ 새터민, 다문화가정, 외국인 근로자 등을 위한 문화복지 시책 및 지원방안

　　○ 인력 및 시설운영의 전문화

　　　　－ 문화복지관련 전문인력의 양성과 체계적 관리

　　　　－ 전문인력 연수교육의 체계화 및 강화

　　　　－ 전문인력의 효율적 활용(인증제도, 자격증 등)

　　　　－ 문화시설 운영의 활성화 및 경영개선(책임경영제, 독립채산제 등)

3) 문화예술 사회교육

(1) 사회교육의 개념

사회교육은 국가적 특성과 사회문화적 발전 정도에 따라서 그 개념이 다르다. 개발도상국가 일수록 국가가 중심이 되어 기초문자교육, 기초교양교육, 국민계몽교육, 의식화교육, 생산소득증대교육 등 국가적 관심사나 국민적 관심사를 해결하기 위한 측면이나 또는 권력유지 차원에서 실시되는 경우가 많다.

반면 선진국가일수록 개개인의 교육적 욕구충족과 삶의 질적 개선, 그리고 복지증진 차원에서 교양교육, 취미교육, 여가선용교육, 승진 · 취업 · 부업 · 자격증 획득, 문화예술 부문 등 다방면의 가치추구를 위한 다양한 형태와 다양한 내용의 교육이 실시되고 있다.

사회교육이란 용어는 그 자체가 상당히 포괄적이고 광범위한 것이기 때문에 국가에 따라서 또는 학자에 따라서 여러 가지로 정의되고 있으므로 때로는 혼란을 초래하기도 한다.

① 국내 학자들의 정의

우리나라의 사회교육법 현재의 평생교육법에 의하면 "사회교육이라 함은 다른 법률에 의한 학교교육을 제외하고 국민의 평생교육을 위한 모든 형태의 조직적인 교육

활동을 말한다(사회교육법 제2조)"고 정의하고 있으며, "이 법은 모든 국민에게 평생을 통한 사회교육의 기회를 부여하여 국민의 자질을 향상하게 함으로써 국가사회의 발전에 기여함을 목적으로 한다(사회교육법 제1조)"고 하고 있다.

그리고 "모든 국민은 사회교육의 기회를 균등하게 보장받으며, 사회교육은 학습자의 자유로운 참여와 자발적인 학습을 기초로 이루어져야 한다(사회교육법 제4조)"고 함으로써 기회균등과 자율성을 보장하고 있다는 점에서 사회복지적인 의미를 내포하기도 한다. 또한 "사회교육은 정치적 파당적 기타 개인적 편견의 선전을 위한 방편으로 이용되어서는 안 된다(사회교육법 제5조)"고 함으로써 사회교육의 중립성을 강조하고 있다. 이와 같은 법규정 내용으로 볼 때 우리나라의 사회교육은 개발도상국형이 아니라 선진국형에 속한다고 할 수 있다.

몇몇 국내 학자들의 사회교육에 관한 개념을 살펴보면 다음과 같다.

"학교의 정규교육과정에 의한 교육활동을 제외한 청소년과 성인이 정보, 지식, 기능, 태도 등의 변화를 목적으로 평생 계속하는 자기교육이며 평생학습 활동이다."
―김도수

"학교 외에서 전개되는 조직적이고 계속적인 교육활동의 총체이며 그것은 성인교육보다 훨씬 넓은 개념을 포함하고 있다." ―이규환

"평생 계속되는 통합적 인간교육의 일환으로서 가정과 학교 외에서 이루어지는 사회화 과정을 총칭한다." ―장진호

"취학 이전의 유아교육을 비롯하여 학교 외에 있는 청소년을 거쳐 노년기에 이르기까지의 모든 성인대중, 직장인, 주부, 도시·농촌인 등 광범위한 국민을 대상으로 하는 개인의 지적, 정서적, 문화예술적, 직업적 창조능력의 함양과 발전으로 인정되는 일체의 조직적 교육활동이다." ―김승한

이와 같은 정의들의 골자를 분석해 보면, 사회교육은 ① 평생 계속된다, ② 인간교육이다, ③ 가정과 정규학교 밖에서 이루어진다, ④ 사회화 과정이다, ⑤ 취학 전 아동으로부터 노인층까지를 포함한다고 요약할 수 있다.

② 국외 학자들의 정의

외국의 학자들은 우리가 사용하는 사회교육이라는 용어 대산에 성인교육(adult education)이라는 말을 사용하고 있는데 대표적인 정의를 살펴보면 다음과 같다.

"학교교육의 전통적 교육체제가 경직성, 비효율성, 부적합성, 교육재정의 한계 등으로 인하여 심각한 위기에 처해 있음을 지적하면서 이에 대한 대안적 탈출구로서 비형식적 교육체계인 성인교육을 내세우고 있다." —Coombs

"인간성 향상을 위한 보다 많은 성인들의 학습참여를 통하여 풍부하고 의미 있는 삶을 실현시키고자 노력하는 인간의 계속적 학습활동이다." —M. E. Wlich

"지시적이거나 강제성이 없이 스스로 자기발전을 위하여 수행하는 모든 의지적 노력이다." —Reevers & Fansler

"직접적인 법률적 강요나 특수 분야의 전공에 구애됨이 없이 특정교육 장소를 불문하고 학습자 개인이 자기발전을 위해 자발적으로 탐구활동을 전개하는 합목적적인 교육적 노력이다." —Bryson & Houle

"인격의 조화적 발달과 사회에 있어서 개인의 역할수행에 따른 기능의 전 영역을 포괄하는 교육활동이다." —UNESCO

이상 국내외의 여러 학자들의 견해를 종합해 볼 때 우리나라 학자들은 개인적, 사회적 측면을 포괄하는 통합적 교육활동이라는 측면을 강조하고 있는 데 반하여 외국 학자들은 개인적 측면을 중시하여 인간성 향상과 자발적이고 능동적인 참여를 강조하고 있음을 엿볼 수 있다.

다시 한 번 사회교육의 주요 핵심을 요약하면, ① 인간성 향상, ② 인간의 성장, ③ 인격의 조화적 발달, ④ 학습자의 자발적 참여, ⑤ 사회화 과정, ⑥ 장소의 공공성, ⑦ 모든 대상의 인간을 망라한 평생교육의 총체라고 할 수 있겠다.

사회교육과 유사한 용어로는 성인교육(Adult Education), 평생교육(Career Education, 일본에서는 생애교육), 비정규교육(Nonformal Education), 지역사회교육(Community Education) 등이 있다.

(2) 사회교육의 특성

사회교육을 성인교육과 같은 개념으로 간주한다면, 성인학습자는 본질적으로 아동학습자와 다른 특성을 지니고 있으므로 사회교육은 아동을 대상으로 하는 학교교육과 다른 측성을 지니고 있다.

UNESCO에서도 사회교육은 정규학교에 다니지 않는 15세 이상의 청소년 및 성인들의 이익을 위해 제공되고, 그들의 요구를 충족시키기 위하여 조직적으로 프로그램을 제공하는 교육활동이기 때문에 전통적인 학교교육과는 다르다는 점을 그 특성으로 강조하고 있다.

사회교육의 특성은 "법적 부담감 없이 자기발전을 위한 유목적적인 노력(John Ohliger)"이라고도 한다. 교육자와 피교육자 간의 관계에서 볼 때 사회교육은 사회에서 중요한 생산적 역할에 참여하는 사람들을 위해 체계적 학습경험을 선정·준비하고 나아가서는 계속적인 과제를 제시해 주는 일이며, 남녀가 스스로 또는 집단으로 그들의 기능과 지식을 쌓아가고 통찰력과 감상력을 기르며 태도를 변화시킴으로써 자기 자신을 변신해 가는 과정이라(Robert M. Smith)고도 한다.

사회교육은 직접적인 법률적인 강요나 특수 분야의 전공에 구애받지 않고, 특정 교육장소를 불문하고 학습자 개인이 자기발전을 위해 자발적으로 탐구·전개하는 합리적인 교육적 노력이라고(한준상) 강조하고 있다.

이상과 같은 학자들의 주장을 정리하면 사회교육의 특성은 다음과 같다.

① 학습참여에 있어서의 자발성
② 학습자, 프로그램 유형, 학습욕구의 다양성
③ 프로그램 내용 및 교육과정이 실제생활에 활용 가능한 실제지향성
④ 학습목표의 선정·전개·평가에 있어서 자기 주도적 학습의 가능성
⑤ 교사와 학습자는 학습을 위한 동반자로서 상호 수평적인 교육활동
⑥ 교육장소, 시작, 형식의 융통성 등이라고 하겠다.

위와 같은 사회교육의 특성은 사회교육에 대한 참여 동기의 특성에서도 찾아볼 수 있다.

① 당면한 문제해결을 위해 새로운 정보획득과 호기심의 충족을 위한 지적 목표
　　달성을 위한 참여
② 새로운 직업 및 승진, 자격증, 면허증, 학위취득을 위한 도구적, 수단적 측면의
　　개인적 목표성취를 위한 참여
③ 자아실현 및 삶의 질적 개선과 개인적 완성을 위한 참여
④ 무료한 시간이나 여가를 선용하면서 새로운 사람과의 만남과 대인관계 향상을
　　위한 참여
⑤ 신앙을 통한 봉사와 영적 평안을 위한 종교적 목적을 위한 참여
⑥ 금속한 사회변화에 대응하기 위한 시대정신(개방화 · 국제화 · 세계화 · 정보화 등)의
　　향유 및 문화적 지식고취를 위한 참여
⑦ 민주시민으로서의 자질향상을 위한 참여
⑧ 취향과 재능을 살려 창조활동의 폭을 넓히기 위한 참여
⑨ 문맹 · 직업 · 교양교육 및 연령적 세대차를 극복하기 위한 참여
⑩ 경쟁심리, 친구와의 동행, 외로움을 달래기 위한 심리적 요인에 의한 참여 등

한편 학교교육의 특성은 사회교육의 특성과 비교할 때 ① 강제성, ② 획일성, ③ 주지성(主知性)의 세 가지로 요약할 수 있으며, 이러한 학교교육의 특성은 본질적으로 학교교육의 한계성이 도기도 한다는 데 유념할 필요가 있다.

(3) 사회교육의 필요성

사회교육은 기본적으로 학교교육의 반성에서부터 출발한 것이다. 학교교육만을 중요시하고 학교교육의 보급을 교육자체의 발달이라고 생각하는 학교교육 제일주의, 학교교육 지상주의에 대한 반성이다. 학교교육이 본질적으로 지니고 있는 일종의 한계 내지는 약점을 망각하고, 학교 밖 교육을 경시한 결과 전체로서의 교육에 일종의 왜곡이 생기고 교육의 위기가 도래하였다는 인식에서 이 위기를 해결하기 위하여 사회교육이 주창되기에 이른 것이다.

사회교육이 주창되는 또 하나의 이유는 사회가 매우 급격하고 대규모적으로 변동하고 있다는 데 있다. 사회변동이 격심하여 문화의 진보속도가 빠르게 진행되는 경

우, 이미 학습한 내용은 그 효력을 잃어버리고 시대에 뒤떨어지게 되는 한편 새롭게 학습해야 할 내용이 계속 출현하기 때문에 모든 사람은 끊임없이 학습을 계속해야만 한다. 따라서 학교 밖의 교육기회를 제공받지 않으면 안 되게 되어가고 있다.

한편 인간의 학습의욕이나 학습능력의 성장속도에는 개인차가 있으며, 인생의 각 시기에는 각각의 고유한 학습과제가 있기 때문에 인생의 한 시기에 교육을 집중하고 그 뒤에는 교육의 기회가 없다는 것은 불합리하고 비능률적이다.

이러한 사회교육의 필요성이 인식되어 학교도 성인에게 문호를 차츰 개방(개방대학 등)하게 되고, 학교 외에서도 기업체교육, 통신교육, 방송교육, 각종학교, 문화시설(문화학교), 언론 매체(문화강좌) 등에서 사회교육이 시행되기에 이른 것이다.

(4) 문화예술 사회교육의 당위성

현대사회는 하루가 다르게 빠른 속도로 변화하고 복잡해지고 있다. 경제성장의 시대에는 경제와 일 중심으로 살아오다 보니 국민생활에 필요한 최소한도의 물적 자원 공급이 아쉬웠고, 각종 재화와 서비스의 양적인 증가에 관심이 집중되었다. 어느 정도의 양적 수요가 충족된 오늘날에 와서는 주된 관심사가 질적 수준에 대한 추구로 그 초점이 옮겨지고 있다.

이러한 변화 가운데서 두드러진 것은 국민생활양식의 변화와 소득수준의 증대이다. 산업구조와 노동구조가 변화됨에 따라 근로시간이 단축되고 국민 개개인의 여가시간이 늘어났으며, 생활시간을 다양하게 배분하는 생활양식의 변화가 일어나고 있다. 여가활동에 대한 가치관은 종래의 소극적인 것으로부터 적극적인 것으로 변했으며, 이에 따라 정부도 이제는 국민의 다양한 문화예술 사회교육에 관심을 두기에 이르렀다. 소득수준 향상에 따른 국민생활구조는 기초적 수요단계인 생존차원을 넘어서 고차적 수요인 교육·문화·여가 등으로 그 범위가 확대되었고, 여가시간의 증대, 여가욕구 및 문화예술의 향수욕구 증가와 맞물리면서 그동안 소외되었던 문화예술 분야의 학습이 불가결하다는 것을 깨닫게 되었다.

사회교육은 생활을 충실하게 하기 위한 학습이다. 그것은 일하는 것 이외에 사는 맛을 찾기 위해, 직업이나 가정생활을 윤택하게 하기 위해, 여가와 노후의 풍요를 위해서도 필요한 것이다. 보다 잘 살기 위해서는 누구나 끊임없는 학습이 필요한 것은 두말할 나위도 없다. 그런데 오늘날 우리 사회에서는 사회교육마저도 기능화와 상업화의 길로 치닫고 있는 실정이다. 그리고 문화예술 사회교육은 아직도 그 인식이 빈약하고 교육의 틀조차도 단순한 동호인 모임의 수준을 벗어나지 못하고 있는 실정이다.

문화예술이란 단지 미학적이거나 지적인 이유만으로 중요한 것은 아니다. 문화예술은 삶의 시금석이고, 삶의 힘이며, 삶의 선택의 길잡이이다. 문화예술 사회교육은 문화예술 작품의 이해나 접근단계를 넘어서서 모든 국민이 문화예술의 창조자가 되는 것을 목표로 해야 한다. 즉 첫 단계에서는 정석(定石)을 습득하는 것이고, 둘째 단계는 자기를 살려나가는 자기 학습이 중요하며, 셋째 단계는 학습의 성과를 발표하고 사회적인 비평에 대응하는 자기표현의 단계에 이르는 과정이어야 의미가 있다.

그러므로 문화예술 사회교육은 자각한 시민이 스스로 지식과 기술과 정보를 축적하고 이를 자기여과장치를 통해서 재구성하거나 집단적인 노력으로 외부에 방출하는 활동이다. 이런 점에서 문화예술 사회교육은 문화예술 인구의 저변을 확대하고 문화예술을 창조하는 기능이 있다. 한 사회의 진정한 자유와 창조의 유연성은 결국 국민이 평균적으로 갖고 있는 문화감수성에 의해서 결정되는 것에 유념해야 한다.

궁극적인 경제성장력이나 정치·사회운동의 창조적 기풍과 유연성도 결국은 문화감수성의 향상과 관련된다는 점에서 문화예술 사회교육의 필요성과 당위성이 더욱 돋보인다고 하겠다. 뿐만 아니라 학교교육에서 소외되었던 문화예술 분야에 대한 교육으로 인하여 문화예술을 전공하지 않은 많은 청소년과 성인들에게는 문화적 욕구를 해결할 수 있는 방법이 될 수도 있다는 점에서도 그 당위성과 의의를 찾을 수 있다.

(5) 문화예술 사회교육의 기능과 역할

문화예술 사회교육은 특정대상 집단을 위하여 프로그램을 만들고, 창의적이고 의미 있고 독립적인 행동을 수행할 수 있는 능력을 개발하는 것이다. 따라서 문화예술 사회교육은 다음과 같은 상황에 대응하는 기능과 역할을 지니고 있다 할 것이다.

① 문화교육은 지역문화의 네트워크를 구축하여 '도시의 황량화'에 대응해야 한다.
② 문화교육은 새로운 의사소통 기회를 마련하고 의소소통 능력을 개발함으로써

상실된 의사소통 연계에 대응해야 한다.

③ 문화교육은 지나치게 인지적 지식을 강조하고 '무거운 머리'와 '감수성의 상실'을 초래한 교육제도에 대응해야 한다.

④ 문화교육은 비판적인 판단과 기준을 교육하고, 매체를 다루는 능력을 개발함으로써 새로운 미디어의 보편화에 대응해야 한다.

⑤ 문화교육은 여가생활에 대응해야 한다. 근로시간이 단축되고 작업장에서 배제됨에 따라서 근무형태로 구조화 되지 않는 시간이 증가하고 있다는 사실에 주목하여 이상적인 근무 외에 가치 있는 활동을 하고자 하는 욕구에 대응할 필요가 있다.

⑥ 문화교육은 여가산업이 제공하는 프로그램에 대응해야 한다. 여가산업의 프로그램은 소비자를 활동적인 수혜자 또는 생산자로 만들기 위해 고안되어야 한다.

⑦ 문화교육은 노동산업의 위기에 대응해야 한다. 즉 문화교육은 문화적인 생활양식을 유지할 수 있는 능력과 의미를 부여함으로써 늘어나는 실업자와 그로 인한 심리적·사회적 결과에 대응할 수 있어야 한다.

이상과 같이 문화예술 사회교육은 오늘날의 노동사회와 앞으로 다가올 여가사회에 대한 논의 가운데 중요한 개념으로 등장하고 있다. 여가의 문화적 기능이 ① 개인적 성장에 기여하고, ② 문화예술에 더욱 가까워지는 계기를 마련하며, ③ 예술을 통한 특수집단의 창조적 가능성을 제고하고, ④ 조화로운 기술과 경험을 문화활동에 활용할 수 있다는 점에서도 매우 시사하는 바가 많다고 하겠다.

(6) 우리 문화정책과 문화예술 사회교육

① 문화학교운동의 배경과 필요성

1990년 문화부가 독립 신설되면서 '문화발전 10개년 계획'을 수립·발표한 바 있다.이 계획의 중요한 정책목표 중의 하나가 '모든 국민에게 문화를'이라는 것이다. 이것은 1990년대의 새로운 문화전략으로 문화주의를 내세우고 그 실천수단으로 문화예술사회교육(문화학교 운동)을 필요로 한다는 점을 내포하고 있었던 것이다. 1990년대 이전까지의 문화정책에서는 문화예술의 진흥과 창조 역량의 제고를 위한 기반조성과 그 확산에 주력해왔다고 볼 수 있다. 1990년대에 들어와 계층·세대·지역 간의 문화적 환경의 차이에서 오는 여러 가지 문제들을 극복하고, 문화예술의 수용자인 모든 국민을 대상으로 하는 정책으로 그 방향을 전환한다는 의미를 지녔다고 하겠다.

이러한 정책의 방향전환은 예술창조자에 대한 지원을 계속하면서 동시에 문화보급운동의 활성화를 추구하고, 문화정보의 확산에 걸맞은 문화접촉 프로그램을 개발·보급해야 한다는 과제가 대두되었기 때문이다. 즉 문화주의 문화전략의 정책과제는 그동안 소홀히 하였던 국민적 차원의 문화발전시책을 강화하여 새로운 문화수요계층을 적극 개발해야 한다는 것을 과업으로 하지 않을 수 없었던 것이다.

이와 같은 배경에서 문화예술 사회교육과 예술적 감성훈련을 통한 국민문화수준의 향상을 도모하는 문화학교운동이 대두되기에 이른 것이다.

② 문화학교운동의 전개과정

- 1991년 5월, 당시 문화부 관련 12개 기관이 그동안 '문화촉매운동'이라는 차원에서 시행해 오고 있던 '문화예술강좌'를 총괄 운영하는 '문화학교'가 출범하였다. 문화학교의 설립목적은 ① 후기산업사회의 병리현상 치유 및 한국적 가치관과 도덕성 회복, ② 문화예술의 사회교육과 예술적 감상교육을 통한 지역·계층 간 문화격차 해소, ③ 문화의 생활화를 통한 한국적 교양주의 확립 및 문화창조력 제고 등이었다.

- 1992년에 수립된 '제7차 경제사회발전 5개년 계획(1992~1996)'의 문화 부문 계획에서는 "국민의 문화향수권 신장을 위한 다양한 문화 프로그램 개발"이라는 항목 가운데 ① 한국문화학교 운영, ② 여가문화 프로그램 개발, ③ 국민을 찾아가는 이동문화 프로그램 운영, ④ 문화가족 운동의 확산 등 네 개의 시책과제가 제시되었다. 이 계획에서는 우리 사회가 안고 있는 사회병리현상의 문제점을 문화적으로 해결하기 위한 새로운 인식과 한국적 가치관의 확립을 전제로 이를 위해서는 현행 학교교육만으로는 한계가 있으므로 사회교육(평생교육) 차원에서 문화교육을 실시하여 한국적 문화교양주의를 확립할 필요가 있다는 점을 강조하고 있다. 즉, "문화학교는 올바른 문화를 보급·확산하여 문화에 대한 민족적 자긍심을 높이고, 문화에 대한 가치를 교육하여 국민의 정서적 공감

영역을 확보하는 한편 문화예술에의 참여계기를 조성"하는 프로그램이라고 밝히고 있다. 이해부터 문화학교는 전국의 문화권과 각종 문화시설로 확산되어 나갔다.

- 1993년 문민정부가 출범하면서 수립된 '문화창달 5개년 계획(1993~1997)'에서도 문화학교는 '문화학교 운영의 내실화'라는 주요항목으로 다루어지고 있다. 이 계획에서는 과거에는 일부에 국한된 계층만이 문화예술을 즐기거나 관심을 가졌지만 오늘날은 국민 모두가 함께 참여하고 누리는 시대로 변해가고 있다는 것을 견제하고, 가능한 한 많은 사람들에게 문화교육을 실시하여 문화에 대한 올바른 인식을 심어주고 문화보급운동을 확산할 필요가 있으므로 문화학교를 활성화해야 한다고 재삼 강조하고 있다. 그 활성화 방안으로 제시된 시책이 ① 문화학교의 확대지원, ② 문화학교 운영지원, ③ 문화학교 홍보강화 등이었다.

- 1995년 10월 문화체육부가 세계화 추진과제로서 마련한 '국민 문화예술 생활화 방안'에서도 ① 문화예술의 중요성에 대한 인식을 바탕으로 우리 문화의 정체성을 확립하는 동시에 세계문화의 보편적 가치를 수용하며, ② 향락 · 과소비 풍조와 상업적 외래문화를 극복하고 건전한 여가문화를 생활화하기 위하여 다양한 문화예술 프로그램을 개발 · 보급하고, ③ 물질만능주의 풍조로 인하여 야기된 세대 · 계층 · 지역 간의 갈등 현상을 문화예술의 생활화를 통하여 해소해 나가는 것이 중요한 당면과제라고 밝힘으로써 문화교육의 필요성과 중요성을 직간접적으로 표명하고 있다.

- 1995년 12월, 문화예술진흥법 제14조에 문화강좌의 설치근거가 마련됨으로써 '문화학교'의 위상이 더욱 공고화되었다.

- 2000년도에는 전국문화학교의 강좌수가 3,686강좌이었으며, 전국의 문화학교 수료자는 총 25만 2,316명이었다.

- 2001년 현재 전국 시 · 군 · 구에 307개의 문화학교가 개설되어 있다(도서관 58개교, 박물관 26개교, 문화원 148개교, 기타 75개교).

위에서 살펴보았듯이 우리 문화정책에 있어서 문화학교운동은 문화주의 문화전략의 핵심적인 시책이라고 하겠다. 문화학교운동은 모든 국민에게 문화를 보급 · 확산하는 문화권(文化權) 신장운동이고, 국민정서 함양운동이며, 문화복지운동이고, 국민의 문화화 운동이라고 할 수 있다.

4) 예술경영과 문화정책

(1) 문화경제학과 예술경영

① 문화경제학의 제창

1966년 미국의 W. J. 바우몰과 W. G. 보웬이 『공연예술: 경제적 위기(딜레마)』 (*Performing Arts The Economic Dilemma*)를 출판하였다. 이 책은 무대예술(공연예술)단체의 재정분석에 의해서 무대예술이 경제적으로 자립 불가능하다는 것을 입증하고, 예술문화 활동에 대한 공적지원이 필요하다는 근거를 제시하였다. 그 이래 미국에서는 문화와 경제에 관한 연구가 성행하여 '문화경제학(文化經濟學)'의 영역이 제창되기에 이르렀다.

정책 차원에서도 이 책의 출판에 1년 앞선 1965년 NEA(National Endowment for the Arts)가 설립되고, 연방정부가 예술에 대한 공적 지원을 개시하였다. 또 1967년에는 세계 최초의 기업메세나 조직인 '예술지원기업위원회(BCA: Business Committee for the Arts)' 가 설립되는 것과 함께 미국 각지의 대학에 아트 매니지먼트에 관학 학부 · 학과가 창설되어 왔으며 1975년에는 미국문화경제학회가 설립되었다.

이와 같은 움직임은 유럽에도 파급되어 영국에서는 1976년 예술지원기업협의회 (ABSA : Association for Business Sponsership of the Arts)가 설치되고, 프랑스에서도 1979년에 상공업메세나지원협의회(ADMICAL: Association pour le Development du Mecenat Industtiel et Commercial)가 서립되었다. 그리하여 문화경제학에 관한 흥미와 관심은 이런 것들과 궤를 함께하여 유럽에 파급되어 갔다. 일본의 기업메세나협의회는 프랑스의 ADMICAL 을 본보기로 하여 1990년에 설립되었다. 이와 같은 구미의 동향을 배경으로 1979년 제1회 국제문화경제학회가 영국의 에든버러에서 개최되었다.

위에서 살펴본 바와 같이 문화경제학이 제창되기에 이른 직접 계기는 바우몰과 보웬의 저서이지만 이에 거슬러 올라가 문화경제학의 시조를 19세기 후반에 활약했던 J.라스킨과 N.모리스에서 찾는 견해도 오늘날 일반화되어 있다.

라스킨과 모리스는 예술경제학 = Political Economy of Arts의 창시자로서 당시의 자본주의사회가 만들어낸 '금전적 평가'를 최고의 가치기준으로 하는 사고방식을 비판하고, '예술적인 활동과 그것을 향수하는 사람들에 의한 생명(生命)의 충실'이야말로 가치기준이라고 주장했다. 그래서 현대의 문화경제학은 예술문화 서비스의 수급관계를 중심으로 이것들의 과제를 함께 생각하려고 하고 있다. 한편 J.M.케인즈도 문화경제학자의 한 사람이라고 꼽히고 있다. 영국에서는 2차 세계대전 중 전선(前線) 및 후방 시민사회의 전의고장(戰意高場)과 예술가의 고용을 목적으로 설치된 ENSA(Entertainment National Service Association) 및 CEMA(Committee for Encouragement of Music and Arts)의 성공에 의해 정부에 의한 계속적인 예술지원의 필요성이 인정되어 1946년 영국예술평의회(Arts Council of Great Britain)가 설립되었다. 그리고 케인즈는 그 초대회장에 취임했다. 케인즈는 말할 필요도 없이 '케인즈 혁명'으로 유명한 경제학자이었지만 아트카운슬을 운영함에 있어서 예술의 자유를 보장하는 측면적인 지원을 하는 한편, 예술의 지방분산을 도모하며, 이것을 모든 계층의 교육의 일부로 할 것을 기본에 두었다. 이런 점에서 문화예술에 대한 케인즈의 최대의 공헌은 정부의 새로운 역할을 밝혔을 뿐만 아니라 독자적으로 공공성(公共性)의 영역을 설정하고 그 이론을 전개하고 있는 데 있다는 평가가 있다.

문화경제학의 대상과 내용에 관해서는 바우몰과 보웬의 실연예술(實演藝術)에 관한 연구를 효시로 하는 경제학적 관점에서 문화예술을 분석하고, 경제학적 분석도구를 문화예술의 영역에 적용하려는 학문 분야이고, 따라서 문화경제학에서는 '문화·예술의 수요, 공급, 시장균형, 시장실패, 그리고 정부의 개입에 대한 시비나 개인의 방법이 자원배분의 효율성과 소득배분의 공평성이라는 관점에서 분석된다는 견해도 있다.

또 한편으로는 문화적 욕구의 대상은 라스킨이 말하는 '고유가치'에 있는 것이고, 이 고유 가치를 종합적으로 평가하고, 보존하고, 계승하고, 발전시키는 시스템을 어떻게 구축할 것인가 하는 것은 문화정책과도 연관이 있어서 문화경제학의 근본적인 과제라고 하는, 문화경제학과 문화정책과의 상호연관성, 상호보완성을 강조하는 견해도 있다.

② 아트 매니지먼트의 필요성

바우몰과 보웬의 저서는 새로운 아트 매니지먼트의 필요성을 제기했다. 그때까지 많은 예술문화단체는 '경영'이라는 것에 관해서는 거의 무감각이었다. 무대예술활동에는 필연적으로 적자가 따르기 마련이다. 이것을 최소한으로 억제하기 위해서는 당연히 경영적 관점을 도입할 필요가 있다. 또한 바우몰과 보웬의 문제제기에 의해 공적 자금의 투입 외에도 민간 측에서도 예술문화지원의 기운이 높아지게 되었다.

이같이 관·민 양측에서 지원을 받으려면 소위 주먹구구식 계산으로는 지원자를 납득시킬 수가 없으며, 수지를 명확히 할 필요가 있다. 이와 동시에 지원자가 다양해지면 예술문화단체의 운영에 있어서 자금조달(fund raising)의 기능이 필수적일 수밖에 없다.

이러한 배경으로부터 문화예술단체에는 전문 아트 매니지먼트 담당자의 존재가 필요하게 되었다. 이 때문에 미국의 대학에는 아트 매니지먼트에 관학 학부·학과가 많이 설립되었다. 유럽 여러 나라에서도 1980년대에 들어와서 매니지먼트 교육은 넓어졌다.

일본에서 아트 매니지먼트의 필요성이 거론된 것은 대체적으로 1990년대에 들어와서 부터이다. 그것은 예술문화진흥기금과 기업메세나협의회의 창설, 문화경제학회의 설립(1992)과 거의 시기를 같이하고 있다. 그 배경으로서 ① 문화회관과 미술관 등의 문화시설이 전국적으로 정비됨으로써 그곳에서 상연되고, 기획 전시되는 내용이 적절하지 못하다는 점, ② 민간기업 등에 의한 메세나 활동의 기운이 높아지고 있으나 예술 분야단체의 창조활동이 활발해지기에는 이러한 메세나에 의한 지원을 포함하여 예술문화단체의 활동을 뒷받침할 경영기반의 강화가 필요하다는 인식이 깊어졌다는 점, ③ 민간의 지원자 측에서도 예술문화사업과 예술문화단체의 운영에 관심을 갖게 되었다는 점, ④ 이것을 담당하는 인재확보의 필요성이 인식되기에 이르렀다는 점 등이 거론된다.

아트 매니지먼트 담당자의 필요성(『예술경제학을 배우는 사람을 위하여』, 1997)에 관하여 살펴보면 다음과 같다.

- 행정 측면에서: 지역의 활성화는 지역에 뿌리내린 예술문호진흥책의 밑에서 오랫동안의 생활관습이 스며있는 예술문화의 꽃이 피는 데서부터 시작된다. 행정은 지역성을 길러내고, 새로운 생활문화공간을 만들 필요가 있다. 이를 위해 예술가와 시민 간의 매개방법, 홀 운영 등을 스스로의 콘셉트로 만들어낼 필요가 있다.

- 기업 측면에서: 기업사회의 확대, 국제화의 진저에 따라서 기업존재의 가치관에 변화가 보이고, 기업이 경영자원을 사회에 환원하는 활동도 정착하고 있다. 기업이 자사(自社)의 기업활동과 연관시키면서 풍부한 경영자원을 문화예술에 투입하려면 기업이 존재하는 지역을 활성화시키고, 사원이 업무에서 독창성을 길러서 새로운 기업문화가 양성되는 것으로 연계되어야 한다. 이러한 주체성 있는 문화 사업이 전개되기 위해서는 경영면과 예술면의 쌍방에 정통한 인재가 요구된다.
- 예술가 측면에서: 예술가와 예술단체가 안심하고 창작활동에 임하기 위해서는 시장형성과 시장 확대 등의 마케팅 활동이 필요하다. 특히 펀드·레이싱에는 당사자로서의 치밀한 계획과 절충능력이 요구된다. 이 때문에 예술가로서는 매니지먼트의 기본적인 구조를 예술활동에서 알아둘 필요가 있다. 특히 예술가(단체)가 스스로의 활동을 경영 면에서 논한다는 것은 사회적 존재로서의 예술을 말하는 것이고, 국가와 자치단체 및 기업과의 커뮤니케이션을 도모하는 데 불가결한 것이다.
- 시민 측면에서: 예술은 시민의 참가 없이는 존재가치가 없고, 향수자와 함께 존재가치가 생성된다. 시민의 향수능력, 수용능력이 없는 곳에 창조적 예술은 자라지 못한다. 이 때문에 아트 매니저는 시민 개개인의 감상능력을 높이는 데 도움을 줄 필요가 있다.

예술과 시장을 결부시키는 시스템을 구축하는 역할을 담당하는 사람이 아트 매니저(Art Manager)이고, 그 활동을 아트 매니지먼트(Art Management, 예술경영)라고 부르고, 그 기초학문이 '예술경영학'이다.

(2) 아트 매니지먼트와 문화정책과의 관련

① 아트 매니지먼트의 의의

일반적으로 예술경영이란 "문화시설의 운영과 문화예술단체의 활동 또는 문화예술 관련 행사를 보다 효과적으로 큰 성과를 올리기 위한 활동"이라고 정의할 수 있으며, "그 내용은 매우 광범위하지만 구체적으로는 기획제작, 경리·조직관리 등의 업무, 홍보활동과 마케팅 등의 업무가"포함된다.

또 "아트 매니지먼트란 예술과 사회의 만남을 주선하는 일, 즉 사회에서 예술을 성립시키고, 재생산시켜 나가는 데 필요한 여러 가지 일들 ─ 예술의 창조적 환경확보로부터 공연자의 확보, 리허설의 준비, 극장의 확보·유지, 자금조달, 그리고 사회의 예술에 대한 이해의 획득까지 ─을 예술가와 제휴하여 집행하는 시스템"이라는 이론도 있다.

또한 "예술과 시장을 연결하는 시스템을 구축하는 역할을 담당하는 아트 매니저의 활동을 아트 매니지먼트"라고 정의하는 사람도 있다.

이상과 같이 예술경영의 개념은 광협(廣狹)으로 거론되고 있다. 협의의 개념은 그 대상을 예술문화단체, 예술문화시설, 문화예술이벤트에 두고 이런 문화예술활동 전반의 관리운영, 즉 경영의 기법을 중심으로 생각하고 있다. 그러나 최근 민간기업이 스스로 예술문화사업을 실시하는 경향이 있다는 것을 생각하면 그 대상을 기업의 문화 부문까지로 넓히는 것이 적절할 것이라는 의견도 있다.

한편 오늘날 예술경영이 관여하는 조직으로서 예술창조단체, 공공문화시설, 문화예술지원조직의 세 가지를 거론하여 문화예술지원조직의 기능도 아트 매니지먼트의 개념에 포함시키는 사람도 있다.

또 "예술가의 재능과 그것을 시장에 제안하는 데 필요한 자본과 조직, 그리고 작품을 향수하는 관객의 세 가지 요소를 연계시키는 것이 예술경영의 기본"이라는 사람도 있다.

즉, 협의의 개념은 예술문화단체, 문화예술시설, 그리고 여기에 기업의 문화 부문을 더하여 각각이 실시하는 문화예술활동의 관리운영(경영)을 가리키는 것으로 볼 수 있다.

광의의 개념은 문화예술활동을 둘러싼 세 가지 요소로서의 '예술가의 창조성(talent/creativity)', '청중을 중심으로 하는 사회(audience/community)' 및 '이것을 뒷받침하는 자본(art support)' 이것들 간의 제휴·접속의 기능 전반을 말하는 것이다.

② 예술경영과 문화정책

예술경영은 이상과 같이 광협 두 가지로 볼 수 있는데, 광의의 의미의 예술경은 문화정책과 그 외연(外延)에 있어서 어느 정도 겹치게 된다.

문화정책의 역할은 '국민의 자발적 활동을 자극하고 신장시킴과 동시에 국민 모두가 문화를 향수할 수 있게 하기 위한 여러 조건을 갖추는 것을 기본으로 하면서 개인의 활동으로는 한계가 있는 곳에 손을 뻗혀 그것을 채우고, 불균형을 시정함으로써 전체로서의 문화예술진흥이 이루어지게 필요한 조치를 강구하는 것'에 있다.

이 역할을 전제로 문화정책의 기본은 '문화정점의 신장'과 '문화저변의 확대'에 두고, 이것에 첨가하여 '문화기반의 정비', '예술활동의 장려·원조', '국민의 문화참가와 향수기회의 확충' 등으로 정책의 구현방향이 도출된다.

정책구현의 3개 방향은 상호연관하고 있으나 특히 문화예술활동에 대한 지원은 최근에는 행정주체에 의한 일방적인 지원에 그치지 않고 제3섹터를 통하는 등 복합적이며 다양한 형태를 띠고 있다. 또 민간 부문에 의한 지원의 활성화에 응하여 그 동향을 시야에 넣고 공리(公利)의 제휴와 역할분담을 고려한 종합적인 관점에서 추진할 필요가 생긴다. 그리하여 문화예술활동에 대한 지원에 그치지 않고 문화정책 전반이 단순한 행정의 '집행'이라는 것으로부터 대폭 탈피하려하고 있다. 그것은 지역문화정책에서 현저하게 나타난다고 하겠다. 지역의 문화정책은 개별정책의 영역을 넘어 이것들을 포괄하는 종합정책으로서의 색채를 강화하려 하고 있다. 이런 의미에서도 문화정책은 종합적인 매니지먼트의 기능을 갖추려하고 있다고 하겠다.

이러한 성격을 갖게 된 문화정책은 광의의 예술경영의 개념과 외연에 있어서 상당한 정도로 겹쳐진다. 즉 예술가의 창조성과 청중을 중심으로 하는 사회와 연결하고, 이것을 지원하는 기능 전반이라는 예술경영의 광의적인 적용은 마이크로적인 관점으로부터 종합적인 매니지먼트의 성격을 갖게 되는 문화정책과 적어도 외연에서는 반드시 합치한다고 말할 수 있겠다. 앞으로의 문화정책은 실제적으로 예술경영의 성격을 갖추고 점차 여기에 접근해 갈 것이 예상된다.

③ 문화정책론과 예술경영론의 통합

최근에 예술경영의 필요성이 인식됨에 따라서 새로운 학문 분야로서, 또는 실천적 수법으로서 각광을 받기 시작했다. 예술경영연구 모임도 개최되고 몇몇 대학(원)에 이에 관한 강좌나 과정이 개설되기에 이르렀다. 이미 미국에서는 1960년대에 대학원 수준의 교육이 개시되었고, 1980년대에는 유럽에, 1990년대에는 일본에까지 넓혀졌다. 이런 외국의 사례에 비하여 우리는 이 분야에 대한 관심이 늦게 출발된 느낌이다.

현재 우리의 경우는 앞에서 말한 협의의 의미의 예술경영의 내용인 경우가 많은 듯하다. 즉 구체적 경영기법으로서의 실천적인 측면이 중심이 되어있는 듯이 보인다. 아직 일천한 새로운 분야이고, 그것도 실천 면에서의 요청이 선행되고 있기 때문에 그런 형태를 취하게 되었다는 것은 어느 정도 불가피한 일이라고 생각된다. 그러나 해를 거듭해서 경영과학으로서의 원칙이 확립되어 나갈 것이 기대되기도 한다. 실천적인 문제해결방법의 개발이 병행되고 구체적인 사례가 축적되어 나갈 것이지만 우리나라의 실정에 맞는 예술경영론의 확립이 가급적 빨리 실현되기를 바란다.

한편 문화정책도 학문 분야로서는 거의 생소한 분야이다. 아직도 문화정책에 관해서는 전연 미개척 분야로 남아있는 실정이다. 예술경영론의 등장과 함께 그 인접 분야로서 문화정책론에 관해서도 연구와 실천의 양면에서 중요성이 높아지고, 특히 지역문화진흥에 당면하고 있는 지방자치단체의 직원들에게는 예술경영론 이상으로 문화정책론의 개척이 요구되고 있다 하겠다.

예술경영론과 문화정책론이 각기 경영과학 및 정책과학으로서 확립될 때, 그리고 그것들이 더 발전되었을 때 양자를 통합하는 이론의 확립과 실천 면에의 적용이 가능해 질 것이다. 예술경영의 문화정책에의 접근과 문화정책과 광의의 예술경영이 외연에서 겹친다는 것을 생각하면 최종적으로 바람직한 모습은 양이론의 종합화에 있다고 하겠다.

4. 문화정책 50년사(1948~2002)

1) 정부수립 60년의 문화정책 개괄

우리나라 정부수립 이후의 문화정책을 편의상 정권시기별로 개괄해보기로 한다.

(1) 1948~1960년(자유당 · 민주당 정권)

이 시기는 해방의 와중에서 정부가 수립되고 그 정초작업도 마무리되기 전에 6 · 25를 겪어야 했다. 전쟁의 후유증으로 인한 빈곤과 혼란의 악순환 속에서 문화정책의 구현이란 기대하기도 어려웠던 시기였다. 이 기간 중의 문화예술 관련 업무는 문교부 소관이었으며, 문화정책의 주요 실적은 다음과 같다.

① 1949년: 대한민국 미술전람회 창시
② 1950년: 국립극장 · 국립국악원 설치
③ 1954년: 학 · 예술원 개원(초대 예술원 회원 25명)
④ 1956년: 공보실에서 관장해온 영화 · 도서출판 업무가 문교부로 이관
⑤ 1957년: 저작권법 공포

(2) 1961~1980년(박정희 정권)

이 시기는 5 · 16혁명으로부터 제5공화국 출범 전까지의 시기이다. 이 기간의 특징은 문화입법과 문화행정의 일원화, 그리고 우리나라 처음으로 중 · 장기 문예진흥계획이 수립 · 시행되었다는 점이다.

① 문화예술 관계법령 제정
- 공연법(1961), 문화재보호법(1962), 향교재산관리법(1962), 불교재산관리법(1962), 지방문화사업조성법(1965), 영화법(1966), 음반에 관한 법률(1967), 문화예술진흥법(1972) 제정
- 이와 같은 법률의 대부분(문예진흥법 제외)은 일제하의 법률 그대로 답습하여 많은 문제점을 야기하기도 하였으나 일단 문화예술행정의 법체계를 확립하였다는 점에서 그 의미를 찾을 수 있겠다.

② 문화행정의 일원화
- 1961년 6월 공보부가 발족되면서 문교부에서 관장해온 영화 · 공연 업무, 국립극장 · 국립국악원이 공보부로 이관됨으로써 문화행정의 일원화가 이루어졌다. 발족 당시의 문화공보부에는 문화행정을 담당하는 문화국과 예술국, 공보행정을 담당하는 공보국과 방송관리국으로 업무가 분장되었다.
- 새로 발족한 문화공보부는 1969년도부터 문화예술 전반에 걸친 종합적인 진흥

정책을 강구하고 실시하려 했으나 당시 정부의 재정형편이 여의치 못하여 빈
약성을 면치 못하고 있었으며, 문화행정에 관한 경험과 전문지식의 결핍으로
체계적이며 거시적인 시책을 창출하는 데는 미흡하였다.

③ 문예진흥계획의 수립과 시행

– 1972년에 문화예술진흥법을 제정하고 이에 근거하여 10월을 '문화의 달'로 정
하고 국전, 전국민속예술경연대회, 문화예술상 시상, 지방문화제 등 각종 문화
행사와 문화재애호운동, 독서운동 등 계몽행사들을 집중적으로 전개하기 시작
했다.

– 1973년에는 한국문화예술진흥원을 설립하여 문예진흥기금 모금을 개시하고
제1차 문예중흥 5개년 계획을 수립·공표하고 10월 20일을 '문화의 날'로 하여
이 자리에서 '문예중흥선언문'을 채택하기에 이른다.

④ 제1차 문예중흥 5개년 계획(1974~1978)

– 이 계획은 전통문화를 계승하고 그 바탕 위에 새로운 민족문화를 창조하여 문
화중흥을 이룩한다는 기조 아래 ① 올바른 민족사관을 정립하고 새로운 민족
예술을 창조하며, ② 예술의 생활화·대중화로 국민의 문화수준을 향상시키
고, ③ 문화예술의 국제교류를 적극화함으로써 문화한국의 국위선양을 중점목
표로 설정하였다.

– 이 기간 중의 투자규모는 정부예산·문예진흥기금·영화진흥기금·출판기금
등 총 270여 억 원을 계상했었으나 그 실적은 목표를 초과한 485억 원에 달했
다. 부문별 투자규모를 보면 문화재·국학·전통예술 등 전통문화 부문에 70%
이상이 투자되고 예술 부문에는 12%(59억 원)가 투자되었다.

– 1차 5개년 계획의 주요 실적은 다음과 같다. 첫째, 문예진흥의 기반조성을 위
한 제도와 시설의 확충(문화예술진흥법 제정, 한국문화예술진흥원 설립, 원고료·저작권 사
용료·현상금·지정상금 등에 대한 소득세 면제, 문예진흥원 조세면제, 문예진흥기금에 대한 기부
금의 조세감면, 문예진흥원 미술회관·문예회관 건립, 국립경주·광주·공주 박물관 신축, 국립민
속박물관, 서울세종문화회관, 대구·부산 시민회관 개관 등), 둘째, 문화유산의 전승계발

(국학개발 무형문화재 선승보급, 민소개발, 국악고등학교 설치, 국악교육 강화, 국악연주단 확보 등), **셋째, 예술창조활동지원 확대**(원고료 지원, 작가기금 융자, 문학상 제정, 음악제 · 연극제 · 무용제 실시, 영화시설 현대화 등), **넷째, 문화예술의 국제교류**(한국 미술 5천 년 전 일본 · 미국 전시, 민속예술단, 국악연주단, 봉산탈춤, 판소리 해외공연 등) **등이다.**

⑤ 제2차 문예중흥 5개년 계획(1979~1983)

— 이 계획은 1차 계획의 경험에 입각하여 보다 구체화되고 투자규모도 1차 계획의 3배에 달하게 성안되었으나 이 계획의 시작연도인 1979년의 10 · 26사태로 인하여 제5공화국이 출범됨으로써 계획자체가 조정되게 된다.

— 그러나 1979~1980년도에는 정부주관 문화행사의 민간이관 방침에 따라서 문화공보부에서 실시해오던 영화검열이 공연윤리위원회에 위탁되었고, 국전의 운영도 문예진흥원으로 이관되었다.

(3) 1981~1992년(5 · 6공 시기)

① 헌법과 국정지표의 문화의지

— 제5공화국은 헌법 제8조에서 "국가는 전통문화의 계승 · 발전과 민족문화의 창달에 노력하여야 한다"고 규정하여 국가의 문화진흥의무를 명시하고, 4대 국정지표의 하나로 '교육혁신과 문화창달'을 밝힘으로써 선언적인 문화진흥의 의지를 천명하였다.

— 이에 따라 문화에 대한 정책적 관심도 높아져 1983년에 발표된 제5차 경제 사회발전계획의 수정계획에 문화 부문이 포함됨으로써 문화발전계획이 처음으로 전체 국가발전계획 전략의 하나로 채택되기에 이른다.

② 제5차 경제사회발전 5개년 계획의 문화예술정책

— 이 계획 중, 문화정책은 문화시설의 확충과 지방문화의 육성으로 문화예술이 전 국민에게 향유되도록 하고, 전통문화유산의 보존 · 개발과 문화예술 창작여건의 개선으로 민족문화의 주체성을 확립하며, 1986 아시안게임, 88서울올림픽 등 국제행사를 계기로 민족문화의 정통성을 확보함과 동시에 우리 문화예

술을 적극적으로 해외에 선양할 것을 목표로 제시하고 있다.

— 1980년대 이후의 문화정책은 그 관점이 변화하고 있다. 첫째는 정책의 주 대상이 문화예술인(창조자)으로부터 국민 전체(수용자)로 확대되고, 둘째는 문화발전계획이 국가의 총체적 발전을 지향하는 전략적 계획으로 자리잡아가게 되는 것이다.

③ 5공화국 시기의 주요실적

— 문화예술관련 법·제도의 정비: 문화예술진흥법(1982), 공연법(1981), 음반에 관한 법률(1981), 영화법(1984), 문화재보호법(1982, 1984)이 개정되고, 박물관법(1984), 전통건조물보호법(1984), 유선방송관리법(1986)이 제정되었다.

— 문화예술 부문에 대한 투자증대: 국고와 지방비가 대규모 문화시설 건립과 문화환경 조성에 투자되어 예술의 전당 건립비 무치 문예진흥사업에 투자되었고, 민간기업의 기부금도 증액되기 시작했다.

— 지방문화육성과 활성화: 1980년대의 두드러진 문화정책은 지역문화육성과 활성화 시책이라고 할 수 있다. 지방예술인의 창작발표기회 확대, 지방전통예술의 정착화, 지방지원금의 증대, 지방문예진흥기금 조성, 지방종합문예회관 확충 등이 전개되기 시작했다.

— 청소년문화에 대한 관심: 1984년도부터 청소년 문예활동 지원, 청소년 문예 프로그램 보급, 근로청소년 문예활동 촉진, 청소년 문화공간 조성 등이 시작되었다.

— 국가적 규모의 문화공간 조성: 독립기념관 건립(1984), 국립중앙박물관 이전(1986), 예술의 전당 건립, 국립국악당 건립(1987년 준공), 국립현대미술과 신축(1986) 등이다.

④ 문화부 신설과 문화발전 10개년 계획

— 문화부 신설: 제6공화국이 공약으로 제시했던 문화부의 독립·신설은 1990년 1월 3일 문화행정의 전담 부서로 문화부가 출범함으로써 이루어졌다. 신설된 문화부는 '모든 국민에게 문화를'이라는 '문화주의'를 표방하고, 어문정책과 도

서관정책에 관한 업무를 교육부로부터 이관 받아 문화정책의 영역을 넓혔다. 문화부의 문화정책은 국민의 문화향수권과 참여권을 신장하고 삶의 질을 추구하는 문화복지의 실현에 중점을 두고, 이를 국가발전전략과 연계시켜 추진하기 위해 '문화발전 10개년 계획'을 수립하고 이를 제7차 경제사회발전 5개년 계획(1992~1996)에 반영했다.

− 문화발전 10개년 계획: 이 계획의 기본방향은 ① 마음의 풍요를 지향하는 '복지문화', ② 갈등구조를 푸는 '조화문화', ③ 환태평양시대를 주도하는 '민족문화', ④ 후기산업시대에 적응하는 '개방문화', ⑤ 남북한 협력시대를 준비하는 '통일문화'를 지향했다.

⑤ 문화부 시기의 주요 실적

− 민족문화의 정체성 확립: 민족문화유산의 정비 · 복원(경복궁 강녕전 · 교태전, 창덕궁 인정전 행간의 원형복원, 신라 · 백제 · 가야 · 중원문화권 정비, 내 고장 문화재 알기 · 찾기 · 가꾸기 운동 등), 전통생활문화의 확산(우리 색상 · 소리 찾기, 민속공방 설치 등)

− 문화예술의 창달과 사회적 기능 증대: 문화예술의 창조성 고양(문예진흥기금 조성사업 지속, 예술의 전당, 조합촬영소, 무대예술연수회관 건립, 한국예술 종합학교 설립과 음악원 · 연극원 개원, '예술의 해' 제정 지원, '이 달의 문화인물' 선정 · 현창 등), 문화애호계층 확대(문화가족운동 · 문화학교운동 전개, 찾아가는 문화 프로그램 · 움직이는 문화학교 운영 등), 청소년문화의 확산(고전읽기 운동, 청소년문화시설 확충, 찾아가는 청소년 문화 프로그램 운영 등)

− 국민문화향수의 기반확충: 공공도서관 확충(인구 10만 명당 1개소 목표), 시 · 도 종합문예회관 확충(18개소 목표), 국립민속박물관 개관, 궁중유물전시장개관, 대구 · 부여박물관 개관, 대형 조형물의 환경조형물 설치, 도시환경문화상 제정, 쌈지마을, 시범문화마을, 문화벨트, 문화의 거리 조성 권장 등

− 문화산업 육성: 영화진흥(영화진흥자금 국고지원 − 1992년도 60억 원, 좋은 영화제작 지원, 우리 영화 보기 운동 전개 등), 출판(ISBN 제도 도입 − 1991년도, 불량만화 구제, 한국만화문화상 제정 − 1991년도), 저작권 보호(UR협상과 새로운 제도도입, 저작권 위탁관리업의 활성화, 저작권 심의조정위원회 기능 강화 등)

− 생활언어의 표준화와 국어순화: 생활언어의 표준화(우리, 국어순화 및 말을 바르고 아

름답게 － 1990년도), 국어순화 및 외래어 심의(행정용어 바르게 쓰기 － 1992년도, 건설용
어 · 미술용어순화 － 1992년도 등)

(4) 1993~1997년(문민정부)

① 문화체육부와 '신문화계획'
－ 문화체육부: 문민정부(김영삼 정권)가 출범하면서 문화부와 체육청소년부가문화
체육부로 통합되고 관광업무까지 부가되어 방송을 제외한 문화관련 업무가 문
화체육부로 귀속됨으로써 문화행정의 영역은 더욱 넓어졌다.
－ '신문화 계획': 출범 당시의 문화체육부는 1990년의 '문화발전 10개년 계획'과
1992년의 '제7차 경제사회발전 5개년 계획 문화 부문 계획'을 통합하여 '신문
화 · 체육 · 청소년진흥 5개년 계획'을 발표하였다.
－ 이 계획의 정책기조는 ① 규제에서 자율로, ② 중앙에서 지방으로, ③ 창조계층
에서 향수계층으로, ④ 분단에서 통일로, ⑤ 보다 넓은 세계로라는 다섯 가지로
구성되었다. 그리고 이에 따른 정책목표는 ① 민족정기의 확립, ② 지역문화
활성화와 문화복지의 균점화, ③ 문화창조력 제고와 문화환경 개선, ④ 문화산
업 개발, ⑤ 한겨레 문화조성과 세계화의 다섯 가지였다.

② 문민정부 문화정책의 특징
－ 문민정부는 공약으로 제시했던 문화예산 1%달성이라는 목표를 달성하지는 못
했다.
－ 문민정부의 문화정책에서 눈에 띄는 점은 ① 문화산업 개발이 독자적인 분야(문
화산업국 설치)로 등장했고, ② 정통문화정책이 민족정기회복이라는 목표 아래 구
총독부 건물을 철거를 단행했고, ③ 지방자치제 실시에 따른 지역문화 활성화
의 계기를 마련했으며, ④ 세계화를 위한 번역상 · 번역금고, 우수공연물 · 영
화 · 미술의 세계진출, 해외독립전시관 건립, 대규모 국제미술제인 광주비엔날
레와 부산영화제 개최, ⑤ 관광의 문화관광화 기운조성 등을 꼽을 수 있겠다.
－ 그러나 문민정권의 문화정책 역시 성과 위주의 관제적 요소를 극복하지 못함
으로써 문화역량(자율화)을 전제로 하는 성숙사회로의 진입에는 미치지 못했다.

즉 사회개혁과 세계화를 통해 무한경쟁시대에 대응하고자 한 국가발전 전략은
경제력을 바탕으로 하는 새로운 성장전략을 재생산함으로써 결과적으로 물
적·심적 요소의 균형발전을 통한 삶의 질 향상에 기여하지 못한 것으로 평가
된다.

2) 문화정책 50년에 대한 평가

(1) 긍정적 평가

정부수립 아래 50년간 정부가 펼쳐온 문화예술 정책시행 결과에 대한 긍정적인
면을 살펴보면 다음과 같다.

① 예술진흥을 위한 기본적인 법·제도와 시설 및 기구조직들이 마련되었다.
② 예술창작활동 지원으로 창작여건이 개선되고 창작활동이 활성화되었다.
③ 국민의 문화향수기회 확충으로 예술애호인구가 증대되고 아마추어 활동이 활
　성화되었다.
④ 예술 각 분야의 수준이 향상되고, 문화예술의 국제교류가 활발해졌다.
⑤ 문화예술에 대한 국민과 정부의 관심과 인식이 새로워졌다.
⑥ 전통문화예술에 대한 의식의 변화와 민족문화에 대한 자긍심이 높아졌다.

(2) 부정적 평가

지난 50년간의 문화정책은 긍정적인 평가와 함께 부정적인 평가도 무시할 수 없다.

① 양적인 팽창에 치우치고 질적인 향상에 소홀했다.
② 문화예술 부문에 대한 투자재원이 빈약했다.
③ 다른 분야의 정책에 비해 상대적으로 소홀하게 다루어졌다.
④ 단기적이고 성과 위주의 행사에 치중되어 거시적인 정책수행이 이루어지지 못
　했다.

⑤ 국제적인 감각과 흐름에 민감하지 못했다.

⑥ 문화예술의 중앙편중으로 지역 간의 문화격차가 상존하고 있다.

⑦ 대중문화예술과 문화산업 지원·육성책이 미흡하였다.

⑧ 실험예술과 응용예술 분야의 육성책이 미흡하였다.

⑨ 특히 군사정권 시기에는 체제정당화 수단으로서의 관제적 문화정책으로 허용된 범주를 벗어난 문화활동은 탄압되고, 국책사업으로 지정된 문화활동은 보호와 지원을 누렸다.

(3) 총괄평가

① 우리나라의 문화정책은 정권이 바뀔 때마다 정책도 새로 수립되는 경향이 있다. 정책환경이나 정책수요, 그리고 통치이념이 변했기 때문이기도 하겠으나, 단지 새로운 정책을 개발했다는 인상을 주기 위한 측면도 없지 않다. 그럼에도 불구하고 정책내용은 대체고 대동소이하다는 점을 발견할 수 있다. 다만 통치자의 정치적 수요를 이념화하여 앞세우는 경향이 짙었다.

② 정권의 정통성이 의문시되었던 군사정권 아래에서는 관료들이 소신을 갖고 행정을 할 수 없었기 때문에 상부의 지시에나 충실할 수밖에 없었을 것이지만, 정권의 정통성에 관한 부담이 해소된 민간정부의 정책담당자들은 확고한 이념과 가치의 기반 위에서 정책을 수립하고 집행하도록 노력할 수 있어야만 할 것이다.

③ 그러나 문민정부에 와서도 집권초기의 개혁과제와 세계화과제 그리고 집권후반기의 복지화 과제를 접목시키는 과정에서 국제경쟁력 강화라는 새로운 성장 이데올로기를 배태하게 됨으로써 삶의 질 향상을 위한 문화정책을 추진하는 데는 실패하고, 급기야는 IMF 위기를 초래하고 말았던 것이다.

④ 이제 국민의 정부(김대중 정권)는 문화체육부를 문화관광부로 개칭하고 공보처의 신문·방송업무를 다시 귀속시키고 현재 구조조정에 노력하고 있는 중인 바, 앞으로 제시될 문화정책은 과연 어떤 것인지 지켜보자.

5. 문화발전 10개년 계획*

문화발전 10개년 계획은 본인이 문예진흥원 문화발전연구소 소장으로 재직하면서 1987~1989년까지 3년에 걸쳐 조사·연구한 '문화발전 10개년 계획 기본개념'을 1990년에 새로 분리·독립한 문화부에서 수용·보완하여 발표한 우리나라 최초의 장기문화발전계획이다. 수강하는 수강자들에게 참고가 될까 하여 소개한다.

1) 문화발전 10개년 계획 요약

(1) 목적과 배경

문화발전 10개년 계획은 '모든 국민에게 문화를'이라는 목표에 따라 경제발전에 병행하는 문화발전을 통해 21세기의 복지국가를 지향하는 국민의 의지를 체계적으로 구축하는 데 그 목적을 두었다. 1980년대의 문화정책은 안정적인 경제성장과 달리 정책적으로 소외되어 많은 문제를 안고 있던 문화적 측면을 개선하는 데 초점이 맞추어졌다. 그러나 정치사회적 측면의 안정과 증대된 국민소득에 따른 다양한 문화적 욕구의 증대, 그리고 급속하게 환산되는 국제화 추세에 따라 1990년대는 새로운 문화정책을 필요로 했다.

문화부 창설 약속과 함께 1987년 대선공약으로 언급된 '문화발전 10개년 계획'은 수용자인 국민을 대상으로 정책방향을 전환하기 위해서 "모든 국민에게 문화를"이라는 정책목표 아래 '문화민주주의'를 표방하면서 관리, 통제, 규제보다는 참여, 진흥, 조장에 초점을 두었다.

(2) 3단계 사업방향과 시기

① 1단계(1990~1991, 제6차 경제사회발전 5개년 계획기간)

새로운 문화정책창출을 목표로 정책실현을 위한 조사연구 사업추진, 전산화 및

---

* 문화부, 1990. 6. 25.

정보화 추진을 위한 자료수집 및 정보처리

② 2단계(1992~1996, 제7차 경제사회발전 5개년 계획기간)

새로운 문화정책의 실천 및 정착을 목표로 국민문화 향수능력 제고를 위한 적극적 문화정책 실천과 문화시장 개척 및 예술수요 개발

③ 3단계(1997~2000, 제8차 경제사회발전 5개년 계획기간)

문화복지의 실현을 목표로 고도정보산업화시대의 문화예술 영역확보와 문화복지 개념에 입각한 국민문화 향수실현

(3) 사업내용

사업 내용	중점과제	세부내용
문화 발전의 기반 완성	지원제도의 완비	문화재원 확충: 산업과 기업의 협동체제 구축, 문화TV채널의 독립성 확보/ 문예진흥기금 모금제도 개선을 통한 기금확충/ 문화예술 관련 법령정비/ 행정제도 개선: 문화발전연구원설립, 국공립 문화기관의 기능 재정립/ 문화예술 행정의 과학화: 문화예술정보 및 자료보급 체계 확립, 음향영상자료관 설치 및 운영
	문화예술 창작활성화 지원	창작활동 지원 및 창작지원 시설 확충: 문학잡지 구매지원, 한국 현대문학 기념관 건립, 무대예술 창작지원센터 건립, 공연예술 제작지원 금고설치, 미술품 경매제도 정착, 미술인 공동 창작 작업장 설치, 미술관 큐레이터 양성, 대형 건축물에 대한 미술장식 확대/ 기업의 문화예술활동 참여 방안 모색/ 문화예술 교육의 개선과 전문예술인 양성: 초 · 중등학교에서의 문화예술 교육지원, 전문예술인 양성을 위한 국립전문예술대학 신설, 전문 예술단체 육성/ 예술인 복지제도 개선
	저작권 보호제도 정비	저작권 업무영역 확대/ 저작권 국제교류 확대
문화 향수의 확대	새로운 문화환경의 조성	공공도서관 시설 확충 및 운영 개선: 이동도서관 규모 확충, 분야별 전문도서관 설립/ 문화시설의 사회교육기능 강화: 박물관의 사회교육기능 강화 및 과학화, 미술관의 사회교육 기능 강화 및 과학/ 문화예술 정보센터의 전국 전산망 구축

(계속)

사업 내용	중점과제	세부내용
문화 향수의 확대	문화매개 개발과 문화산업육성	문화TV채널 확보/ 문화전영 TV 프로그램의 개발과 문화산업의 연계 TV의 문화전용 채널 확보를 통한 문화재원 확보/ 문화산업의 육성: 영화산업의 육성과 현대화, 음반·비디오 산업의 육성, 출판산업의 과학화와 독자층 확대, 독서단체 육성 및 출판정보 교환체계 구축, 도서축제의 정례화, 도서유통 구조개선과 국제표준도서번호 제도 도입
	프로그램의 개발과 다양한 문화 창출	국민문화 프로그램 기획위원회 설치/ 다양한 문화의 창출: 청소년 문화 육성, 청소년 전용 문화시설 건립과 기존시설 활용, 청소년 문화활동의 지원확대, 문화감수성 교육 강화, 청소년 문화전달 체계의 획기적 개선/ 기타 세대별 문화육성: 노년층 문화활동과 문화향수 기회 확대, 여성 생활문화 활동 신장과 여가선용
지역 문화의 활성화	지역문화의 환경개선	시·도 종합문예회관의 완성/ 시·군·구 단위 중규모 문화회관 건립/ 각 지역 주요 문화권역별 특정문화 시설 조성/ 지역 공립미술과 건립/ 국립지방박물관 건립/ 지역 향토사료관 건립/ 지역별 특성화별 문화단지 조성
	지역 문화활동 지원	지역별 문화원 활성화/ 분야별 시·도립 문화예술단체 확대운영/ 시·도 예술제 활성화/ 지역사회 문화교육 전문요원 확보/ 지역문화 행사에 관련기업의 참여 유도/ 초빙 상주예술가 제도 확립 및 지원
	문화전달 보급체계의 개선	지역별 문화적 특성화 프로그램 개발유도/ 전국문화시설 운영자협의체의 구성과 운영/ 국·공립 문화예술 단체의 지역 순회활동 강화/ 외국 문화예술 단체의 지방공연 권장
문화의 주체성 확립	전통문화유산 의과학적보존	문화유산 관리의 과학화/ 고대사 해명을 위한 유적 발굴조사
	민족자긍심을 높이는 중요유적 복원정비	경복궁 복원·정비/ 창덕궁 일원 복구/ 과학기술문화재 재현/ 황룡사 9층 목탑, 익산미륵사지 동탑복원
	박물관의 확충	인류자연사 박물관 건립/ 지방국립박물관 건립/ 국립문화재연구소 독립강화/ 문화재의 원형 보존 및 전수 지원: 신규 발굴 무형문화재의 과학적 관리 및 전수자 생활환경 개선
	전통문화의 생활화	생활화를 위한 국민 사회교육 강화: 전통문화 프로그램 영상자료 개발, 이동박물관 학교운영/ 전통문화의 생활화를 위한 문화공간의 확충 및 사회운동 확산: 민속촌의 문화공간화 추진과 전통공예단지 조성, 전통예술 상설공연장 건립, 지역문화 축제 활성화, 새로운 생활예절과 민속놀이 개발, 창극의 개발 육성

(계속)

사업 내용	중점과제	세부내용
문화의 주체성 확립	언어생활 문화진흥	가칭 '국어심의위원회'에 설립 운영: 공용 언어 사용기준 및 표준화법 재교육 실시/ 우리말 사랑 운동 전개/ 우리말 간판달기 시범지역 설치/ 인명 · 지명의 고유어 창조사업 추진: 언어문화 보존을 위한 방언자료의 체계수집과 발굴/ 우리말 대사전 편찬사업추진/ 한글 기계화 및 서체 연구 사업추진
통일 지향 문화 형성	남북문화교류 기반조성	통일문화 연구기능 강화/ 통일언어 문화에 대한 연구사업/ 북한문화 재연구부서 설치/ 공산권 재외국민에 대한 우리말 및 문화 프로그램 개발지원
	남북문화교류의 확대	다양한 문화교류 사업추진/ 남북한 공동문화 학술조사 사업추진/ '일어버린 나라'되찾기 사업/ 한민족 문화예술 축제 개최/ 휴전선 자연생태계 공동학술조사
한국 문화의 세계화	국제 문화교류 기반구축	해외 문화원의 지역별 언어권별 확장 · 신설/ 새로운 문화영토의 확장/ 국제 문화교류 전담기구 발족
	우리 문화의 해외보급 강화	한국 문화예술 홍보 프로그램 창출/ 해외 한국 문화원 업무확장 및 신설/ 한국 문화재 상설 전시관 개설 및 한국학 강좌 개척지원/ 해외 한국학자 초청 프로그램 개발
	국제문화교류 확대	각종 국제예술제 개최 및 활성화/ 주요 국제예술제 창설: 서울 비엔날레(도쿠멘타)개최, 아시아 전통회화전 개최, 국제 미속예술축제 개최, 서울 북 페스티벌 개최/ 한국문학의 세계화 사업

2) 들어가는 말: 관료주의와 중앙집권주의를 상양(上揚)한 계획

문화입국을 위해 1990년에 새롭게 출범한 문화부는 그동안 문화예술인들의 참여와 온 국민들의 여망을 한데 모아 문화발전 10개년 계획안을 발표하게 되었습니다. 이 계획은 이미 문화부가 발족되기 전에 "10년 후의 문화발전 모습을 구체화하여 보통사람들이 실질적 혜택을 실감할 수 있도록 하겠다"는 대통령의 공약사업으로부터 시작된 것입니다.

이 계획안을 발표하기까지 문화부는 300명의 전문가들을 직접 만나 의견을 듣고 공청회를 열어 자유토론을 벌였습니다. 그리고 우편과 방문을 통해서 3,000명의 문화예술, 학술인들에게 설문조사를 하였습니다.

전문가만이 아니라, 지역의 다양성과 특수성을 살리기 위해서 전국 시 · 도의 지역별 문화발전 현안과제를 듣는 등 구석진 지역 주민의 목소리도 담았습니다. 미리 정해진 틀을 만들어 놓고 의견을 수렴하는 형식주의를 극력 배제하였고 서울이나 대도시 중심의 치우친 여론도 경계하였습니다. 한 마디로 말해서 이 10개년 계획안은 탈관료주의와 탈중앙집권주의의 두 기둥으로 세워진 것이라고 해도 좋을 것입니다.

3) 기본방향: 문화의 틀 짜기

문화부가 문화복지국가를 실현하기 위하여 향후 10년에 걸쳐 구축하려는 다섯 가지 '문화의 틀'은 다음과 같다.

(1) 마음의 풍요를 지향하는 '복지문화'의 틀

① 물질적 빈곤에서 벗어나기 위해 온 국력을 기울여 온 것이 1980년대까지의 한국이었다면 정신적 굶주림과 싸우기 위해서 민족의 운명을 걸어야만 하는 것이 당면한 1990년대의 한국의 과제
② 우리가 애써 이룩한 물질적 부(富)를 참된 부로 누리기 위한 정신적 풍요를 만드는 문화
③ 민족의 사회복지 차원에서 검토된 새 정신문화
④ 인간답게 실아가는 삶의 질을 높이는 문화

(2) 갈등구조를 푸는 '화합문화'의 틀

① 산업화, 도시화, 대중화 과정에서 지역 간, 계층 간, 세대 간의 위화감과 격차로 인한 갈등의 심화
② 이를 조화시키고 조정해 나갈 수 있는 문화적, 사회적, 통합적 의식의 개발
③ 민주화로 개인의 자유는 신장되었으나 상호협력과 공존의식 속에서 다양한 사회를 이룩하는 사회규범은 약화
④ 사회의 신(新)질서를 뒷받침해주는 문화의 창출

(3) 환태평양시대를 주도하는 '민족문화'의 틀

① 지중해, 대서양을 중심으로 한 서구문화의 퇴조(退潮)와 태평양을 중심으로 한 동북아시아권 문화에의 영향력 증대
② 올림픽 성공 등 날로 국제 지위가 부상되고 있는 한국 민족문화에 대한 새로운 각광
③ 한자(漢子)문화권의 문화적 특성과 유교문화권의 가족주의, 교양주의의 재평가
④ 도작(稻作)문화권의 생산양식 등을 근대산업문화에 접목하는 아시아의 권역(圈域)문화를 주도하는 한국문화의 재평가

(4) 후기 산업시대(post modern)에 적응하는 '개방문화'의 틀

① 2000년대의 세계는 개방과 상호의존의 지구촌시대를 이룩하고, 탈이데올로기의 다극적(多極的) 구조를 이루며, 체제초월적 경제협력을 이루는 정보화 사회를 형성하게 될 것으로 예상
② 근대 산업화 과정에서 역기능으로 작용하도록 그 위상을 재정립
③ 편협성이나 경직된 이념 등에서 벗어나 무역마찰이 점차 문화마찰로 옮겨가는 부작용과 충격을 이겨내는 국제화 감각을 지닌 개방문화를 전통문화의 전통성 위에 구축

(5) 남북한 협력시대를 준비하는 '통일문화'의 틀

① 한반도 평화정책과 통일 지향적 남북한 협력시대 마련
② 민족동질성의 회복과 통일 후의 체제초월적 사회에 적응하는 문화 프로그램 개발
③ 정통성에 뿌리를 둔 통일문화의 기반구축

4) 추진정책과 전략

(1) 최소의 힘으로 최다의 움직임을 낳는 파문 효과

호수 전체를 움직일 수는 없지만 호심(湖心)에 돌을 던지면 호면(湖面) 전체에 파문을 일으킬 수가 있다. 한정된 재정과 인력을 가지고 최대한의 효과를 얻기 위해서는 힘을 집중시킨다(종래의 배분 분산식 지양).

① 지역, 분야, 인물의 순차 선택방식에 의한 파문효과
- 지역 선정: 전국체전의 경우처럼 매년 한 개의 도시를 선정, 도시 전체를 문화 수용의 무대로 삼는 '전국종합 문화제전' 개최
- 분야 선정: 매년 한 분야를 선정, 한 해 동안 집중적으로 지원하여 국민들의 관심을 한곳으로 수렴, 도약의 발판이 되게 함(예: 1991년은 영화 · 연극의 해).
- 인물 선정: 매달 한국의 역사적인 문화인을 선정, 다양한 행사를 통해 한국 전통문화를 재조명(예: 1990년 7월은 추사 김정희의 달).

② 기준화, 표준화, 모형화를 통한 파문효과
민간 주도를 원칙으로 하되 도량형기(度量衡器)처럼 민간 차원에서 기준화, 표준화가 어려운 것은 법제화, 모형화하여 널리 보급하는 성책

(2) 문화환경 조성을 통한 문화장초와 수용의 여건을 개선하는 지열효과

햇빛은 양지와 그늘을 만들지만 땅에 숨어 있는 지열(地熱)은 골고루 모든 생물에게 영향을 준다. 국민이 고루 문화의 수혜자가 되게 하는 문화예술정책

(3) 문화의 자율성을 돕는 바람개비 효과

① 바람이 없으면 바람개비는 돌지 않는다. 그러나 그것을 쥐고 뛰면 스스로 일으키는 바람으로 돌아간다.

② 환경에 순응하는 문화에서 환경을 만들어내는 자율적인 문화활동

(4) 문화활동의 무대, 시장, 기술을 제공하는 통발 효과

물고기가 아니라 물고기를 잡은 통발을 만들어 주는 항구적인 문예진흥 전략

(5) 부정적 요인을 긍정적 문화로 발전시키는 인화 효과

① 음화(陰畵)로 보는 형상은 모든 것이 밉게 보이지만 그것을 뒤집어 인화(印畵)를
   하면 아름다운 모습으로 반전
② 법제대상 분야를 역이용, 전독위약(轉毒僞藥)이 되게 하는 유도정책
   − 퇴폐문화를 건전 대중문화로 유도, 활성화하는 방안
   − 무분별한 외래문화의 수입을 여과하여 우리 문화의 활력으로 전향, 역수출
     의 발판으로 전용

(6) 다목적 다기능의 복합적 사업 추진: 메아리 효과

모든 사업을 유기적으로 결합, 서로 상승효과를 일으키는 메아리같이 다중문화(多
重文化)를 노리는 문화정책

5) 주요 사업계획

① 단위사업보다 문화발전의 구조적인 면에서 각 분야 사업의 상호유기적인 연관
   성에 역점을 두고 입안(立案)
② 국가예산에 의존하는 정부 주도사업뿐만 아니라 관민 공동사업과 민간주도로
   추진할 사업 확대
③ 관리적 개념에서 참여의 개념으로 기획발상을 전환
④ 다목적, 다기능의 입체적인 상호 균형적 연계의 상승작용 강화

⑤ 규제와 통제보다 진흥 · 조장 측면에 역점

　　- 양질의 문화는 저질 퇴폐문화로부터 격리보호

⑥ 새로운 사업뿐만 아니라 이미 성공적으로 추진 중인 주요사업 포함(문화주의 새

　　사업 포함)

⑦ 사업의 우선순위와 완급(緩急)에 따라시 다단계(多段階)로 추진

　　- 1단계(1990~1991): 제도 · 법령 정비 및 재원대책 강구: 사업의 기초조사 및

　　　모형 개발, 유관기관과의 협조

　　- 2단계(1992~1995): 시범사업 전개 및 보완

　　- 3단계(1996~1999): 중핵거점(中核據點) 및 전국적 확대 전개

⑧ 경제사회발전 5개년 계획과 연계 추진

　　- 제7차 5개년 계획: 1992~1996년

　　- 제8차 5개년 계획: 1997~2001년

(1) 문화창조력의 제고

상황분석

- 문화 창조자의 질적 문제와 그 수용자 간에 공감대를 얻지 못하여 문화행사는 많으나
  관객이 적음
- 현존의 예술교육제도로는 영재예술가의 배출이 어려움
- 예술가들의 창작활동 기간이 단명(短命)
- 정부 주도적 문예참여기금 조성과 문화시설은 어느 정도 마련되어 있으나 자발적 민간
  참여여건은 성숙되지 못함.

정책과제와 추진방향

- 문화가 개인과 사회발전에서 차지하는 본질적 역할 확산
- 전문예술가들이 창작에 전념할 수 있는 환경과 여건 개선
- 예술교육을 일반 교육제도에서 분리 전문화
- 문화시설의 최대한 활용으로 전문예술인의 취업기회 확대
- 문화산업의 진흥으로 예술인의 복지 구현

① 전문예술가의 양성과 라이선스화

○ 특수 예술학교 설립

　　－ 한국형 콘서바토리 시스템의 전문 교육기관 설립운영, 국제적 수준의 체계
　　　적인 예술교육

　　－ 21세기 세계적 예술가 배출 목표로 조기 발전양성

○ 중앙과 지방의 문화시설에 전속예술단 보강

　　－ 예술의 전당과 지방문예회관 등에 전속예술단 확충

　　－ 대기업에 전속예술단 창설 권장

○ 문화예술전문인 양성 확충과 라이선스 제도화

　　－ 박물관, 미술관의 큐레이터

　　－ 무대미술, 조명, 음향 등 공연전문직

　　－ 디스플레이어 등 전시전문직

　　－ 공연이벤트, 출판, 디자이너 등 전문 라이선스를 학력에 대치

○ 문화종사자 교육 체계화

　　－ 문화행정가 재교육 및 양성 확대

　　－ 문화종사자, 촉매요원 교육체계 제도화

　　－ 문화활동요원들의 사업별 과제별 교육 등 강화

② 예술창작 공간의 확충

○ '창작의 집' 건립 운영

　　－ 창작환경과 여건 조성으로 장기구상 등 작품수준 향상

　　－ 국제회의, 세미나, 연수시설 등도 병설

○ 종합영화촬영소 설립

　　－ 결합적이고 영구적인 영상예술 촬영 오픈 세트 조성

　　－ 최신 영화예술 설비, 영상문화의 연구, 교육기능 수용

○ 소극장 시네마 테크 운동 권장

　　－ 신인들의 실험영화 발표의 장(場) 마련

○ 무대예술연수회관 건립

　　－ 무대장치, 의상, 소품 등의 제작 대여 보관

　　－ 무대예술인의 연구기회와 연습장 제공

③ 예술창조 환경 및 제도의 개선

○ 지방 중요도시에 국립극장 설치

　　－ 예술의 중앙집중화 현상 시정

　　－ 중앙 간에 공연 프로그램 교류로 문화적 평준화

○ 예술의 전당 완공, 예술의 실험성과 대중성 결합

○ 원로 예술인의 지속적 활동 지원

　　－ 예술원 회원 등 30년 이상 예술활동에 종사한 예술가 대상

　　－ 예술활동 기회 제공으로 생계지원

○ 공연예술 제작금고 운영지원

　　－ 5년 이상 실적이 있는 공연예술단체 대상

　　－ 장기저리 융자로 제작 지원

○ 현대문학 박물관 건립지원

　　－ 우리 문학사를 총람(總攬)할 수 있는 문학박물관 조성

　　－ 민간문화재단사업으로 추진하고 행정지원

④ 인간문화재의 문화창조 기능 보장

○ 전통민속공예촌 조성

　　－ 중요무형문화재의 보존과 전승의 효율화

　　－ 전승기능자의 사회적 경제적 지위 향상

　　－ 공방단지 조성으로 전통공예 교습장 및 관광자원으로 활용

○ 전통예능 전수회관 확충

　　－ 후계자 양성 및 공연 기회 확대

○ 전통문화의 산업화

　　─ 한글서체 디자인 개발

　　─ 한국전통문양의 산업 활용

　　─ 한국전형 수제품과 저장음식의 상품화

(2) 문화매개기능의 확충

상황분석
─ 문화시설이 대도시 중심으로 편중되어 있고 지방과 농어촌 지역에는 대단히 취약한 실정
─ 지금까지는 문화시설 확장 등 하드웨어에 중점을 둔 결과 소프트웨어의 개발 낙후
─ 문화 분야의 전문적 연구기능의 부족으로 문화창조자와 수용자 간에 동인(動因) 유발
　과 질적 향상노력 부족

정책과제와 추진방향
─ 뉴 미디어의 문화매개기능 적극개발 활용
─ 지역적 문화 편향성과 구조적 불균형성의 시정 개선
─ 문화시설 공간에 활용될 수 있는 다양한 문화 프로그램(S/W)의 적극적 개발

① 문화유통과 전파체계의 구조 전환

○ 자주적 전자서점 설치운영

　　─ 컴퓨터의 상용화로 전자출판 등 신구매체(新舊媒體)를 결합시킨 새로운 개념
　　　의 도서보급방식 창출

　　─ 문화 데이터 뱅크를 통해서 전국에 전자서점망 구축

　　─ 수용자의 도서 편집 참여로 독서방식 혁신

　　─ 유통과정에서 저질 · 퇴폐문화 여과

○ 문화예술 데이터베이스 구축

　　─ 문화예술 정보자료 전달체계 구성

　　─ 일반 국민들을 대상으로 하는 문화정보 공급

　　　　- 문화예술행정 데이터베이스 병행

○ 전문 아카이브 설치로 정보와 자료의 서비스 체계화

　　　　- 무대예술: 국립극장

　　　　- 조형예술: 국립현대미술관

　　　　- 국악: 국립국악원

　　　　- 국제문화협회

○ 뉴 미디어를 이용한 문화 프로그램 개발

　　　　- 컴퓨터문화 프로그램, 비디오아트, 레이저 디스크 등 활용

○ 문화전용 TV 프로그램 개발

　　　　- 문학, 미술, 음악, 무대예술 등 순수 및 창작예술 보급

　　　　- 예의범절 등 생활문화 및 전통문화예술의 발굴보존

　　　　- 기업문화, 문화산업 등 문화의 부가가치 창조 생활화

② 문화연출 공간으로서의 도시환경 조성

○ 환경문화 개선제도 도입

　　　　- 도시환경 문화상 제정

　　　　- 도시환경 조형물 설치제도의 개선

　　　　- 항만, 터널, 교량 등 공공시설 적용 확대

　　　　- 현장미술, 설치미술을 활용, 도시경관 미화

○ 국가 상징건축물 선정, 문화적 진단을 통한 환경 개선(예: 국회의사당, 세종문화회관)

○ 지방도시 '문화의 거리, 문화장터' 조성

　　　　- 도시의 한 블록을 지정, 간판, 쇼윈도, 건축물의 조형과 색채 등 정비로 문화
　　　　　소개의 무대화

　　　　- 지역의 특성 있는 문화명소 및 공개 축제공간으로 활용

③ 민족문화유산의 보존과 문화적 동질성 회복

○ 조선왕궁 주요건물 복원

　　　　- 경복궁 내 주요건물 및 창덕궁의 변형건물 복원

○ 해외유출 한국문화사료 조사 및 문화재 찾아오기

　　─ 박물관, 도서관 등 해외 공공기관 및 개인소유 미공개 자료

○ '역사의 집' 건립

　　─ 신시(神市), 아사달(阿斯達)로부터 조선조까지의 국사자료 소장

　　─ 국민의 역사체험으로 민족적 동질성 함양

　　─ 수련, 관광, 박물관 등 다목적 사회문화교육 공간 확보

　　─ 독립기념관 인접에 설립, 상해임정청사 등 이설(移設)

④ 문화기구의 설립과 기능개편

○ 국립국어연구원 설립

　　─ 현 국어연구소를 국립국어연구원으로 승격

　　─ 어문정책 · 어문규범 및 언어순화, 표준국어사전 편찬, 남북한언어통일방안

　　　연구, 한국어의 해외 보급 등 주관

○ 한국문화개발연구원 설립

　　─ 현 한국문화예술진흥원 부설 문화개발연구소를 국책연구기관으로 승격

　　─ 문화정책연구와 분야별 · 국가별 전문 연구부서 설치

　　─ 문화예술 전문인과 문화행정요원의 연수기능 수행

○ 국립전통문화연구소 설립

　　─ 현 문화재관리국 소속 문화재연구소와 박물관의 보존과학연구실을 전통문

　　　화연구소로 통합, 기능 강화

　　─ 전통생활문화 연구, 문화재의 과학적 보존기능 강화

○ 종교문화연구소 설립 지원

　　─ 민간 주도의 종교문화 전문연구

　　─ 남북 및 국제 간 종교문화의 교류방안 개발

(3) 국민의 문화향수 확대

상황분석
- 경제수준의 향상에 따른 국민의 문화욕망의 확대에 비해 문화향수와 참여여건은 크게 뒤떨어진 수급불균형 상태
- 규범문화의 해이와 외래문화에 대한 무비판적 선호경향으로 오락주의적 저질 대중문화가 만연되고 있음.
- 국민의 문화수용 하부구조가 매우 취약한 실정임.

정책과제와 추진방향
- 문화의 다양한 하부구조 개발로 문화의식의 총체적 상향
- 민족전래(民族傳來) 생활문화의 올바른 전승
- 지방의 문화환경을 획기적으로 개선, 문화 수용의 고감도화
- 사회문화교육을 통해 문화의 수용자를 문화창조자로 전환
- 다양한 생활문화 프로그램의 연구 · 개발 · 보급으로 국민의 삶의 질 향상

① 국민의 문화감성 함양과 가치관의 정립

○ 한국문화 기본도서 편찬

   - 우리 문화의 이해에 불가결한 자료를 집대성

   - 한국문화사대계, 한국문화지도, 한국상징신화사전, 특수 한국어사전 등

○ 민족 고유 생활문화의 표준화

   - 전통생활문화의 올바른 전승을 위한 표준화 작업 추진

   - 의식주 생활, 관혼상제 및 예의범절, 고유 색상, 민족 고유 기본음(音)과 춤사위 등

○ 전통적 가치관의 현대화와 전통문화의 가시화(可視化)

   - 노부모와 함께 살 수 있는 한국형 아파트 문화 모델 개발

   - 한국적 의식주의 22세기적 적용방법 개발

○ 종중(宗中) 문화재단과 지방문화재단 설립 지원

　　－ 종중 문화재단 설립을 권장하여 전통적 가족관 재정립

　　－ 지역 출신 인사들의 출손금(出損金)으로 지방문화재단 설립

② 지역문화 전파거점의 확충

○ 5대 문화권 유적의 발굴 정비 보존

　　－ 경주 일원의 신라 문화유적

　　－ 충북 일원의 중원 문화유적

　　－ 6가야 고(古)지역 가야 문화유적

　　－ 광주 영산강 일원의 고대문화유적

○ 지방 문화원의 확충 및 기능 강화

　　－ 전국 시·군 단위에 문화원 설립(현 166개소 → 206개소)

　　－ 현대적 애향운동(愛鄕運動)으로 '문화사랑방 운동' 전개

　　－ 시·도 별로 시범문화원 중점 육성

○ 박물관 시설의 확충과 생활화

　　－ 세계적 규모의 인류사 박물관 건립

　　－ 국립 지방 박물관 확충 건립

○ 지방박물관의 전국적 계열화로 박물관망 구축

　　－ 전국 시·군 단위 향토박물관 및 사설박물관 설립 지원

○ 지방공공도서관 확충 및 생활화

　　－ 공공도서관을 지역문화 정보센터로 기능 확장

③ 문화접근방법의 개선과 양질의 생활문화 보급 확대

○ 국민을 찾아가는 이동문화 프로그램 생활화

　　－ 국·공립 문화기관 이동문화 프로그램 운영

　　－ 움직이는 박물관(국립박물관), 미술관(국립현대미술관), 이동 공연단(국립국악원, 국

　　　립극장)

○ 계층별 대상의 생활문화 프로그램 지원기구 설치

　　－ 노인, 여성, 기업문화 등의 독립적 영역의 문화 개발 공급

　　－ 민간 주도, 정부 지원으로 운영(예: 행사용 식단 프로그램 시행 중)

○ 기업체의 문화연수기능 보강

　　－ 직능별 문화연수 프로그램 개발 보급

○ 여가문화 프로그램의 적극개발

　　－ 각급 사회문화단체의 창안 권장

　　－ 성공적 우수사례 보급 지원

　　－ 관광자원의 문화 학습장화 활용 강화

○ 지역문화 축제 창설

　　－ 1시 · 군마다 1축제 정착

　　－ 매월 문화인물 연고지 조성(10년간 100개소 가능)

④ 문화가족운동의 확산

○ 문화예술 동호인 소집단의 문화활동 확장

　　－ 유휴(遊休) 문화전문인력의 문화 창조 · 매개 기능 생활화

　　－ 문화 프로그램 모니터 기능으로 좋은 문화보급 확대

　　－ 자발적 봉사와 참여의 조장으로 문화적 적응력 확산

　　－ 다양한 문화가족의 지역별, 계층별 확산운동 전개

○ 현대적 애향운동 추진

　　－ 주민 자신이 내 고장 문화 가꾸기 운동 솔선

⑤ 우리말 사랑운동, 우리말 가꾸기 운동 전개

　　－ 고운 말, 바른말, 예쁜 이름, 우리말 상호 달기

　　－ 잊힌 고유어 찾기, 국어순화운동 전개

　　－ 신생 문화어의 대대적 보급

⑥ 남북한 문화적 동질성 회복

○ 남북문화 교류 5원칙 사업 추진

- 세시명절 통일 민속잔치 지속 개최

- 북한의 참가 및 공동개최 유도

○ 북한의 문화예술 실상 파악을 위한 연구 추진

- 남북한 문화 이질성 극복을 위한 정책대안 개발

- 북한 문화예술 연구진 양성과 연구 지원

○ 남북한 공동협력사업 추진

- 남북한 소재 문화유산의 공동연구

- 휴전선 생태계 합동조사 등

- 제3국의 문화기관을 통한 문화과제 연구

(4) 국제문화교류의 증진

상황분석

- 서울올림픽을 계기로 우리 문화의 진가가 세계적인 명성을 얻었으나 해외소개 거점 미비 등으로 국제적 확산 부진
- 국제문화교육에 있어 상호주의 원칙이 지켜지지 못하고 외국문화 유입의 역조현상 점증
- 외국에 내놓을 간판적 문화예술 작품이 없고 국제문화교류가 해외교민 대상의 위문 수준에 머물고 있음
- 국제문화정보의 수집 및 활용 태세 취약

정책과제와 추진방향

- 한국문화의 독창성이 세계문화 발전에 기여하고 동양문화를 대표할 수 있는 기반 조성
- 국제문화교류는 외교의 전략적 차원에서 추진
- 해외 교민과 지한(知韓) 외국인을 주축으로 한국문화 소개 거점 확보
- 국제문화 교류사업 추진기구 확대 및 기능 강화

① 해외 한국문화 전파거점 개척

○ 해외 '한국의 집' 운영

　　－ 세계 주요 문화도시에 한국의 집 개설

　　－ 한국어 보급, 한국문화 전파 거점으로 활용

　　－ 연차적으로 주요국가 10개소 설립

○ '세계의 집' 단지 조성

　　－ 독립기념관 동서곡(谷) 활용, 주요 수교국들의 문화소개관 설치

　　－ 한국 청소년들의 국제화 · 세계화 체험도장으로 활용

　　－ 정부와 민간 및 외국정부와 공동으로 추진

○ 문화교류활동 체제 정비

　　－ 유네스코 관련 NGO 가입국(70여 개국), 문화협정 체결국(62 개국)

　　－ 주요 국제문화예술기구와 유대 강화

　　－ 문화권역별 교류 확충

② 한국문화의 아시아문화권역화 주도

○ 동양문화예술제 창설

　　－ 동양문화권의 예술적 특성을 세계화하는 이벤트 창출

　　－ 우리나라 주도로 개최, 서울 600년 계기 활용

③ 문화외교 역량의 강화

○ 세계 문화장관회의 개최

　　－ 21세기 세계 문화발전방안 계의

　　－ 세계 문화발전사에 길이 남겨질 선언 등 채택

○ 국제수도의 예술행사 창설

　　－ 무대 예술제, 서울 국제회화제, 종합문화상 등 창설

○ '세계 화합의 날' 문화제 창설

　　－ 8 · 15를 2차 세계대전 종전의 의미로 승화

　　－ 화합을 상징하는 교향적 작곡, 세계에 보급

　　　− 매년 국제 합창축제, 평화전시회 등 개최

○ '한국 민속문화 축제' 해외순회 개최
　　　− 교민 밀집지역 대상 연차적 시행
　　　− 본국 예술인과 교민 및 현지주민 참가

○ 한국문학 번역사업 확충
　　　− 한국문학작품의 세계화 사업 추진
　　　− 주요 언어권별 전략적 번역 출판사업 추진

○ 문예상품의 세계시장 수출
　　　− 한국전통기 · 예능의 국제적 상품화 추진
　　　− 예술적 부가가치를 통한 교역 차원의 문화수출 추구

④ 한국 국제문화교류진흥재단 설립
○ 현(現) 국제문화협회를 특수법인으로 승격
　　　− 한국문화의 해외 소개 및 국제문화교류 정보, 번역센터로 운영

6) 문화재원 확충계획

(1) 총 투자계획(추계)

① 문화창조력의 제고: 6,005억 원

② 문화매개기능의 확충: 2조 4,980억 원

③ 국민의 문화향수 확대: 5,322억 원

④ 국제문화교류의 증진: 2,261억 원

⑤ 총계: 3조 8,568억 원

(2) 재원조달 대책

① 문화 부문의 정부예산 증액

○ 1990년도 정부예산 중 문화 부문은 0.35%의 낮은 수준이나 1% 수준에 이르도
록 점진적 증액

○ 10개년 계획 중 다음 사업은 정부 및 지방자치단체의 예산지원 확대 필요
 - 중앙 및 지방의 문예진흥기금 확충과 국제문화교류기금의 조성
 - 지방문화권의 정비와 지방문화시설의 확충
 - 영재예술인 및 전문인력 양성을 위한 전문예술학교 설립 운영
 - 문화연구기관 설립 운영
 - 종합영화촬영소 건립과 '창작의 집' 등 문화시설 확충

② 문예진흥기금 3,000억 원 조성

③ 공익자금의 문화 부문 출연 확대
 - 방송구조 개편 계획으로 발표한 공익자금 제도의 계속유지
 - 방송 · 문화기금 중 문화 부문 비율의 점진적 확대

④ 국제문화교류기금 확보
 - 현재 국제문화교류사업은 정부광고의 수수료(연간 30억 원)를 재원으로 한국국제
   문화협회가 담당
 - 최소 500억 원 규모의 국제문화교류기금 조성 필요

⑤ 민간기업의 문화 분야 투자 확충
 - 사설 박물관, 미술관 등 문화시설 설립과 예술단체 운영
 - 정부 및 지방자치단체와 기업의 공공사업 추진
 - 문화 전용 방송채널의 운영과 문화 프로그램에의 참여 확대

⑥ 정부소유재산의 문예진흥기금 재원화 방안 검토

7) 2000년대의 문화전망

이 계획이 완료되는 2000년대 초의 우리나라 문화상황은 대체로 오늘의 문화선진 국들이 당면하고 있는 문제점을 극복하고 오히려 세계문화를 주도하는 국가의 일원 이 될 것으로 기대됨.

① 국가번영의 기반을 구축하는 건전한 문화로서의 정신, 사상, 가치들이 새롭게 정립
② 모든 지역과 모든 국민이 평균적으로 다양하고 수준 높은 문화예술을 향유할 수 있는 문화환경과 문화내용이 창조
③ 많은 문화예술인들이 수준 높고 다양한 창작생활을 누릴 수 있는 문화시장이 실현
④ 창조와 향수가 연계되는 문화의 기반시설들이 확장, 체계화되고 중앙과 지방 의 문화 프로그램들이 균형 있고 신속하게 교류되는 전국적 문화매개망이 구축
⑤ 외래문화의 주체적 수용능력이 제고되어 다양한 세계적 문화의 균형된 교류 속에 문화수입국에서 문화수출국으로 전환

궁극적으로 한국의 문화가 창조, 매개, 향수, 교류의 제 기능이 상호균형적 연계로 상승작용하여 국가번영을 주도하고 표현하는 통합적 역할을 담당하게 됨.

문예진흥원, 『문화예술』, 제109호, 1987. 1.

2. 예술행정의 전문화

이종인(한국문화예술진흥원 문화발전연구소장)

우리의 사회가 고도의 산업화, 과학화 시대를 향해 발전함에 따라 국민의 문화적 욕구는 상대적으로 다양화하고 증대한다. 이는 경제, 사회적 발전을 바탕으로 형성되는 국민의식의 전환을 의미한다. 그러므로 문화와 예술은 새로운 국민적 관심의 하나로 대두하게 된다.

이렇듯 문화에 대한 관심이 모든 국민계층에게 새롭게 인식되어 짐을 계기로 하여 우리의 과제는 이제 문화 · 예술정책의 방향과 목표를 설정하고 이를 구현할 수 있는 전문적이고 구체적인 시책을 연구 · 발전시켜야 할 필요성이 강조되고 이러한 필요성은 문화 · 예술정책에 대한 관심을 높이게 하였다.

그러나 문화 · 예술정책은 한 사회의 고유한 문화전통과 문화개념, 사회 · 경제체제와 정치이념 · 산업발전의 정도에 따라 결정되는 것이기 때문에 각 나라의 문화행정은 그 나라의 현실에 부합되는 제 조건에서 정책이 수립되고 개발되어진다.

1. 예술행정의 개념

일반적으로 문화 · 예술은 공적인 관여 없이 그 스스로의 조류(潮流)에 의해 움직이고 행정은 단지 그것을 보조하는 것으로 여겨왔다. 그러나 행정의 분야와 기능이 분화되고 전문화 되고 있다는 사실에 비추어 보면 예술행정이라는 용어가 새삼스러울 것도 없고, 또 그 기능이 분화되고 전문화되지 못한다는 논리도 없다.

이런 입장에서 예술(문화)행정의 개념을 필자의 소견으로 정의하면 다음과 같이 말할 수 있을 것이다.

"예술행정이란 문화발전이라는 목표를 향하여 공권력의 배경 하에, 문화예술정책을 형성내지는 결정하며 이를 능률적이고 효과적으로 집행하는 합동적 집단행위다."

이런 개념의 정의는 행정주체를 행정(行政, Public Administration)의 차원에서뿐 아니라 사행정(私行政, Business Administration)의 경우에도 적용된다고 하겠다.

2. 예술행정과 문화 · 예술발전

예술행정의 중요한 과제가 문화정책이라는 것은 자명한 일이다. 그런데 오늘날의 문화정책은 문화예술 그 자체뿐 아니라 문화발전에 대해 보다 깊고 세분화된 분야에 국한되고 있는 추세이다. 그러므로 문화행정의 과제는 문화발전정책이라고 하겠다.

문화 · 예술발전을 인간의 관념과 이상 및 여러 작품을 전달함으로써 사회생활의 질을 향상시키는 제반수단으로 본다면 그것은 다음 세 가지의 구체적 차원의 발전이 있어야 할 것이다.

첫째, 예술적 차원의 발전이다. 문화적인 요소 중 가장 강력한 요소인 예술자체가 발전하고 또 이것이 되도록 많은 사람들에게 전달되고 보급될 수 있는 방향으로 나가야 하겠다. 여기서 더욱 유의해야 할 부문은 많은 사람들에게 전달됨을 목적으로 한다고 해서 예술의 질적 저하를 가져와서는 안 된다는 것이다.

둘째, 실존하는 문화의 발전이다. 이것은 환경이 인간에게 미치는 영향을 말하는 것인데 문화가 발전하기 위해서는 자연적, 건축학적인 도시화된 환경의개선과 보호를 비롯하여 정보 · 오락 · 예술을 위하여 보도기관을 이용하는 일정한 기준의 유지, 그리고 여가의 선용 등을 목적으로 하는 발전계획이 필요하다는 것이다. 이러한 주위 환경의 향상은 결국 총제적인 문화고급화 운동에 직결된다고 할 수 있다.

셋째, 국민 개개인의 문화수준의 향상이다. 이것은 지식과 문화와의 관계에서 단순한 지식이 아니라 아는 것을 모두 자기 철학 속에 통합시켜 생활화시켜야 한다는 것이다. 이런 문화생활화는 전체 사회분위기를 바람직한 문화·예술의 심적 확대로 이끌어 내게 된다.

문화발전에 이상과 같은 3차원이 있어야 한다고 볼 때 여기서부터 문화발전계획, 즉 문화정책이 도출되게 된다. 그러므로 이런 예술행정은 그 다루는 것이 문화·예술임에도 불구하고 일반적 사회현상과 마찬가지로 소요에 관한 분석과 측량을 위해서 행동연구, 투자의 변동과 분석, 문화시설 이용자에 관한 통계조사 등 복잡하고 많은 방법이 동원되어야 할 것이다. 이러한 노력을 일반예술계층에서는 도저히 착수할 수 없는 공리성을 지님과 아울러 이런 작업에서 나타나게 되는 문화지표(또는 통계), 즉 문화정책의 분석도구는 예술실무자들의 창의력과 그들의 작업에 새로운 방향을 모색하게 해주는 것이 되기도 한다.

이렇게 해서 소요량을 측정하고 공급과, 수요 간에 취할 수 있는 목적을 확인한 다음 단계로 문화행정의 활동영성과 기능, 조정의 수준과 수단을 구분해서 설정해 나가는 계획이 뒤따르게 되는 것이다.

3. 예술행정의 영성·기능 및 수단

문화·예술행정의 영성(領城)은 문화·예술발전의 3차원과 관련하여 크게 다음과 같은 세 개의 영역으로 구별할 수 있다.

① 문화적 예술적, 영성: 문학, 출판도화, 미술, 음악, 연극, 무용 등
② 일상생활의 환경: 도시계획, 건축, 자연보호, 보도기관, 여가 등
③ 교육과 문화·예술과의 관계에 영향을 미치는 활동: 유아교육, 학교교육, 사회
　　교육, 평생교육 등

문화·예술의 기능은 문화적·예술적 및 역사적 유물의 보존, 훈련, 창작, 보급의 네 가지 기능이 있는데 이 가운데서 보급기능이 많은 사람들을 예술적 지적 활동이나 작품에 접근시키기 때문에 문화정책과 문화·예술정책에서 가장 중요한 새로운 위치

를 차지하고 있는 것으로 보인다.

여기서 문화적 민주주의를 실현하는 수단으로 등장한 새로운 개념인 '문화촉매'라는 용어가 파생된다.

본래 문화활동은 앞에서 언급한 바와 같이 개인의 자유와 자발적 의사에 의해서 이루어지는 것으로서 행정이 개입될 것이 아니라는 것이 이론적으로는 통하는 이야기이다. 그러나 현실적으로 그대로 가만히 방치하고 있으면 일반대중의 문화활동을 유발시키기에는 거리가 있다. 그래서 촉매기능이 필요한 것이고, 그 계기를 준비하는 주체가 행정가, 즉 촉매자이고 촉매기능을 연출하는 것이 바로 문화·예술행정이다.

이러한 문화·예술 촉매활동의 목적은 일반대중의 참여와 습득이고 그 활동수단으로는

① 비(非)관중에게 흥미를 갖게 하는 일.
② 개인들의 감수성을 키우고 그들을 소집단으로 동원하며,
③ 촉매동기를 이해시키고 적극적으로 참여하게 유도하고,
④ 촉매장소와 시설을 확보·확장하며,
⑤ 새로운 프로그램과 표현방법을 개발준비하며,
⑥ 각종 기관으로 하여금 끊임없는 개혁과 발전을 유도하고,
⑦ 개인과 집단의 창조적인 비판기능을 제고시키고,
⑧ 교육을 일상적인 생활과 여가 속에 편입시키며,
⑨ 인간적인 교류와 삶의 환희를 재생시키는 방법으로 추진하는 것이 바람직하다고 본다.

문화·예술행정의 조정수준은 활동형태의 상대적 범위에 따라 전국적인 활동과 지역적인 활동으로 구분할 수도 있고, 공공기관과 사적인 민간기관의 수준으로 조정할 수도 있다.

조정의 수단으로는 재정적인 수단, 사법적인 수단, 조직적인 수단과 각종 시설물의 관리 등으로 구분될 수 있는데 각기의 영역과 기능 및 수단에 관한 적절한 정책이 고안되어야 할 것이다.

4. 예술행정의 지방분권화

많은 나라들이 문화·예술행정 수립의 제1원칙을 지방분권화에 두고 있다. 이것은 문화적 민주주의를 실현시키고, 문화활동이 생활양식의 변천에 보조를 맞추도록 하려면 정책의 최종목표나 중간목표 및 그 수단은 지역적 차원에서 고안되어야 하기 때문이다. 문화생활이란 자발성·창의성·책임감을 전제로 하기 때문에 중앙정부의 묵직한 관료주의성격으로는 새로운 요구나 현실에 직면하여 민감하게 반응시키고, 또 정치적 요구에 적응시키지 못한다는 지적도 나오고 있다.

1967년 유네스코 원탁회의(모나코)에서 내린 결론에 의하면, 문화예술정책이란 중앙집권화와 지방분권화라는 두 가지 상반되는 필요조건을 충족시켜야 하는데 이 두 조건은 동시에 발생하지도 않고 같은 목적을 갖지도 않는다. 중앙집권화는 문화·예술정책의 초기단계에서 필요하며, 각국의 상황에 따라 보조금 등을 통하여 지방당국을 격려하고 법률적인 근거와 행정적인 절차나 규칙 등을 마련하고, 전국적인 조치를 취함으로써만 결과를 얻을 수 있는 경우에는 중앙집권화가 필요하겠지만, 이러한 기초작업을 끝마친 다음에는 지방분권화의 단계로 넘어가는 것이 바람직하다고 하고 있다.

이러한 견지에서 볼 때, 중앙관서의 역할은 다음과 같다.

첫째, 홍보활동과 전문가의 양성이다. 문화·예술행정은 공공 분야에서는 미개척 분야이며, 이 분야의 여러 주제는 새로 습득할 것이 많기 때문이다. 훈련받은 전문가가 없다면 아무리 훌륭한 정책이라도 실현될 수가 없는 것이며, 전문가의 양성은 문화시설의 건립보다 우선해야 할 과제라고 할 수 있다.

둘째, 기술지원과 조정의 역할이다. 중앙정부는 교육활동·문화활동·여가활동 등을 시설활용이나 기타 활동과의 통합방법으로 연결시키고 조정하며, 지역 간의 경쟁의식이 문화적 노력을 분산시킬 우려가 있을 경우의 조정역할도 또한 중앙관서의 임무이다.

셋째, 연구와 창작이다. 중앙정부만이 사회변천의 결과로서, 정부시책의 결과에 제기되는 문제를 다룰 수 있으며, 문화활동의 목표와 방법을 결정하고 수단을 동원할 수 있다.

그러나 행정적인 문제는 근본적으로 지방자치단체의 소임으로 넘겨야 한다. 그
것이 중앙정부의 관할 하에 놓이면 과도한 중앙 집중을 낳게 되고, 문화활동의 수도
권 집중화, 단체나 예술가의 편협된 선택, 관료주의화 등 많은 병폐가 뒤따르게 된
다. 따라서 문화에 관한한 중앙정부는 행정상의 문제에 가급적 개입을 억제해야한
다. 중앙관서가 직접 개입하는 경우는 문화활동이 국가적 차원의 우선적인 문제로
부상(浮上)될 때, 지방관서로서는 문제의식이 희박하고 자력이 크게 부족한 분야에
한해서다. 특히 연극 · 음악 · 조형예술 · 건축 · 영화 등의 창작활동 분야의 경우가
그렇다. 이 경우 중앙관서만이 충분한 정보와 여러 상황에 대처하는 방안을 지니고
있기 때문이다.

5. 예술행정 종사자의 자세

이상으로 문화 · 예술행정의 개념과 그 영역, 그리고 전문화과정 등을 간략하게
서술하였다. 마지막으로 이렇듯 늘어나는 문화적 수요에 능동적으로 대처하기 위해
서는 앞에서 열거한 그러한 정책들을 잘 수행할 수 있는 문화 · 예술행정가의 양성이
필요할 것이다. 예를 들어 중앙과 지방에서 확충되고 있는 크고 작은 문화시설들을
관리하고 운영하는 행정요원의 양성과 재교육, 크고 작은 민간단체의 운영과 관리를
담당해야 할 종사자 등 행정에 뒤따르는 많은 전문인들이 필요하다.

이런 행정인들은 각자가 맡은 일이 일반 행정과 다르다는 것을 감안하여 창조정
신과 정열적인 참여의식을 겸비해야 한다.

이렇게 정책과 행정과 실무진의 구성이 완전하게 결합되어 질 수 있을 때, 사회문
화 · 예술의 잠재력은 개발되어지고 그 혜택은 결국 전 국민의 참된 문화 · 예술의 향
유로 나타나게 될 것이다.

3. 문화복지와 지방문화

이종인(한국문화예술진흥원 문화발전연구소장)

1. 사회복지와 문화복지

(1) 사회복지와 문화복지

현대복지국가가 지닌 기본적인 특질의 하나는 사회복지의 대상자가 전 국민이라는 것과 사회복지서비스의 내용이 빈곤을 포함한 국민의 사회생활의 모든 곤란에까지 미친다는 점이다. 다시 말해서 민주국가의 정부는 국민에게 서비스를 위하여 존재하는 것이고, 그러기 때문에 정부가 행하는 일체의 활동은 사회의 이익을 증진하는 것을 목적으로 한다는 말과 상통하는 것이라 하겠다.

이러한 입장에서 볼 때 사회복지 개념도 그 대상자를 사회의 특정계층 특히 사회적 결함을 가진 사회적 약자나 사회적 낙오자에 한정하고 그들을 예방·치료하는 기능에만 국한됐던 좁은 의미의 개념에 머무르지 않고 모든 국민의 생활상의 요구 내기 필요성에 부응하여 환경조건을 개선·정비하고, 개인이 직접필요로 하는 서비스를 제공하여 개인의 생활을 개선·향상시키는, 광범한 대상자와 기능을 가진 사회적 서비스라는 넓은 의미의 개념으로 전이되고 있음을 볼 수 있다.

이와 같이 사회복지를 개인 전체(個人全體, the total individual)와 사회환경 전체(社會環

境全體, the whole of his environment)와의 관계에서 결함을 예방하고 치료하는 광의의 개념으로 해석한다면 사회복지는 단순히 사회보장만이 아니라 교육·보건·위생·주택·문화·오락 등 국민생활의 각 방면에 걸친 사회적 서비스를 확대하는 것을 의미하게 된다.

1959년 UN 경제사회이사회의 사회복지전문가회의보고서(Report by the Group of Experts on Social Service)에 의하면 사회복지란 개인과 그 사회환경과의 사이의 상호적응을 지원하는 것을 목적으로 하는 조직적 활동이라고 정의하고, 이 목적을 달성하기 위하여 개인·집단·지역사회가 그들의 욕구를 충족시키고, 연동하는 사회의 생활양식에 적응해 가는 문제들 해결하기 위해 강구된 기술과 방법을 이용하기도 하고, 또 사회적·경제적 상황을 개선하기 위한 협동적 대책행동을 이용하기도 한다고 말하고 있다. EH "사회복지 고유의 특징은 가족으로부터 지역사회 및 국가사회에 이르기까지의 각종 집단성원으로서의 개인에게 관계된다는 점이다. 즉 사회복지는 개인이 인간으로서의 요구를 만족시키고, 그가 소속하는 집단과 지역사회의 성원으로 기능을 수행할 수 있는 사회적 환경(social climate)을 만들도록 노력하고, 각종 서비스가 영구적 또는 일시적으로 지역사회 성원으로 이용되도록 보장하는 것"이라고 하였다.

1971년 로마나쉰(Jone M.Romanyshin)은 그의 저서 『*Social Welfare, Charity to Justice*』에서 사회복지의 개념이 보완적 개념에서 제도적 개념으로, 자선에서 시민권으로, 특수한 서비스에서 보편적 서비스로 최저조건에서 최적조건으로 그리고 개인적 개혁에서 사회적 개혁으로 자발성에서 공공성으로 또한 빈민복지에서 복지사회로 변화되고 있다는 것을 지적하였다.

이와 같이 사회복지는 인류사회의 궁극적인 목적이고, 그 가치는 인간의 존엄성·자주(自主)·평등(平等)·박애정신·인도주의(人道主義)·생존권(生存權)의 사상과 관계되는 것으로 생각되며, 공통적인 복지의 내용은 살기 좋은 사회(well-bing society)라든가 풍요로운 사회(abundance society) 또는 인간의 기본적인 생활욕구가 충족된 상태 등 이상사회의 규범으로 이해하는 경향을 보인다.

그러나 우리나라의 경우는 국가재정 여건의 형편상 아직까지도 좁은 의미의 사회복지범위를 넘지 못하고 있어서 법령으로 규정된 생활보호법·아동복지법·윤락행위방지법·의료보험법 등의 보호 사업이나 복지시설의 운영을 목적으로 하는 것으로 좁게 보고 있는 경향이 상존(常存)하고 있는 실정이다.

(2) 문회복지개념의 도입

위에서 살펴본 바와 같이 사회복지의 개념을 넓게 생각할 때, '문화복지'라는 용어
는 결코 생소한 것은 아니라고 하겠다. 사회복지의 가치를 인간의 존엄성·자주(自
主)·평등(平等)·박애정신·인도주의(人道主義) 또는 생존권(生存權)에서 구하고, 살기
좋은 사회·풍요로운 사회 또는 인간의 기본적인 생활욕구가 충족된 상태를 내용으
로 할진대 문화예술이 이것들과 관련되지 않을 수 없는 것이다.

왜냐하면 오늘날 문화예술은 어느 특정계층만의 전유물이 아니고 전 시민, 전 국
민, 나아가서는 전 세계인이 공유하는 것이며, 인간의 '삶의 질(質)'을 향상시키고 변화
하는 세계에 대응하는 인격이 주체성을 확립시키는 데 가장 본질적인 요소가 되는 것
이기 때문이다.

특히 현대사회에서는 물질문명의 기형적인 발달로 말미암아 현저하게 상실되고
있는 인간성을 회복시켜야 한다는 것이 인류가 당면한 과제의 하나로 지적되고 있으
며, 산업화와 도시화로 인한 생활방식의 획일화와 생활환경의 동질화는 인간의 창조
력을 감퇴시키고, 다원적 계층의 다양한 문화적 욕구를 충족시키는 데 저해요인이 되
고 있다. 그러므로 세계 각국은 이러한 문제의 심각성을 우려하고 인간조건의 순수
경제적 측면을 넘어서서 사회문화적 발전을 통하여 상실된 인간성을 회복시키자는
인식을 새로이 하고 많은 활동과 정책을 전개·개발하면서 소위 '문화의 민주화'를 지
향하고 있다.

개인에게 새로운 세계를 이해하고 지배하며 자기시대의 언어를 사용하여 집단 속
에서 자기의사를 표하고 전달하는 능력을 부여한다는 것은 문화에 대한 인간 개인의
권리이기도 하다. 1948년 UN이 채택한 인권선언에서는 "모든 사람은 공동사회의 문
화활동에 자유롭게 참여할 수 있는 권리를 지닌다(UN 인권선언 제27조 1항)"고 선언함으
로써 모든 인간이 인간존엄성의 긴요한 일부로서 공동사회의 문화활동에 참여할 수
있는 문화권을 주장하였다.

이상과 같은 배경 하에서 나름대로 문화복지의 개념을 잠정적으로 정의 내려 보
기로 하겠다.

문화복지란 좁은 의미로는 문화적 결함을 가진 문화적 약자나 문화적 낙오자를
예방·치료하는 것이라고 하겠으며, 넓은 의미로는 모든 국민의 문화생활상의 요구

내지는 문화적 필요성에 부응하여 문화환경을 개선·정비하고 개인이 직접 필요로 하는 문화서비스를 제공하여 문화생활을 개선·향상시키는 사회문화적 서비스라고 하겠다. 즉 개인 전체와 문화환경 전체와의 관계에서 결함을 예방하고 치료하여 문화적 욕구기 충족되고 삶의 질을 향상시켜 살기 좋은 사회를 지향하는 것이라고 할 수 있다.

2. 우리 문화정책과 문화복지

(1) 문화복지지향의 정책전환

1960~1970년대의 경제성장 우선의 발전정책은 상대적으로 다른 분야의 낙후와 현상답보를 야기했으며 사회적 불균형성장의 결과를 초래하였던 것이다. 이를 극복하기 위하여 균형과 복지의 발전논리가 제시되고 이것을 안정적 번영이라는 사회발전의 기본방향으로 삼게 된 것은 80년대이다. 복지와 복지배분에 대한 관심이 높아지고 사회 각 분야의 상호연계성을 전제로 한 균형발전 논리가 대두되면서 문화예술 부문에 대한 새로운 인식과 관심이 쏠리게 되어 각종 문화복지시책과 투자가 늘어나 문화적 서비스가 증대되고 있는 것은 다행한 일이다.

문화에 대한 인식의 변화는 헌법에 표출된 문화창달의 의지와 문화권의 보장으로 나타났다. "국가는 전통 문화의 계승·발전과 민족문화의 창달에 노력하여야 한다(헌법 제8조)"는 조항은 문화창달, 즉 문화복지의 실현이 국가의 책무임을 의미하는 것이며, 균형발전과 복지배분이라는 사회발전구상의 구현방안으로서 문화의 역할을 표명한 것으로 볼 수 있다. 그리고 "모든 국민은 인간으로서의 존엄과 가치를 가지며 행복을 추구할 권리를 가진다. 국가는 개인이 가지는 불가침의 기본적 인권을 확인하고 이를 보장할 의무를 진다(헌법 제9조)"고 규정함으로써 인간존엄성의 유지와 복지추구권을 보장하고 있으며, "모든 국민은 인간다운 생활을 할 권리를 가진다(헌법 제32조 1항)"고 함으로써 '인간다운 문화적 생활을 누릴 권리'를 인정하고, 이로써 문화적인 의미와 문화적인 수준에서 최저 및 최적생활권을 보장하는 등 문화권의 신장과 문화복지 의지를 표방하게 된 것이다.

다음으로는 국가정책에서 문화정책의 비중이 달라졌다는 점이다. 즉 국정지표로서 '교육혁신(敎育革新)과 문화창달(文化暢達)'을 채택함으로써 헌법의 문화창달 의지를 국정에 반영한 것이다. 그 구체적인 정책비중의 전환은 제5차 경제사회발전 5개년계획의 수정계획에 문화예술 부문이 포함되었고, 제6차 5개년 계획에서는 국민생활 부문 계획 중 '새로운 생활복지의 증진'계획 속에 '문화예술 및 여가생활의 진작'으로 포함됨으로써 국민생활복지의 개념 속에 문화예술의 진작이 필수요건임을 인정하고 있는 것이다. 이와 같은 정책비중의 전환은 "우리가 지향하고 있는 민주복지국가 건설도 지속적인 경제개발은 물론 민족문화의 진흥을 포함한 총체적인 국력의 신장을 통해서만 가능한 것임(1980년 문화의 날 대통령 치사)"을 강조한 바와 같이 문화예술의 발전계획이 총체적인 국가사회발전을 지향하는 전략적 계획으로 동태화한 것을 의미한다.

(2) 문화복지시책의 내용과 과제

문화복지적 측면에서 오늘날 우리의 문화정책은 그 주요 대상을 문화예술인으로부터 국민 전체로 확대하고 있다는 것으로 특징져진다.

"문화권의 신장을 위하여 지역과 계층 그리고 세대 간의 문화적 격차를 해소하는 데 역점을 둠으로써 문화발전의 혜택이 전국의 모든 국민에게 고루 돌아가도록(1983년도 국정연설)"하는 문화향수권의 신장과 문화의 균형적 배분시책이 추진되기 시작한 것은 극히 최근의 일이며, 그 주요한 시책의 내용은 다음과 같다.

첫째는 각종 문화시설과 생활문화 공간의 확충을 통해 국민의 문화예술접촉 기회를 증대시키는 시책이고, 둘째는 지방문화의 육성지원으로 지방문화의 활성화를 도모코자 하는 문화의 지역 간 격차를 해소하려는 시책이며, 셋째는 청소년 및 근로청소년 문화의 진작으로 젊은 세대들에게 수준 높은 문화예술의 접근기회를 확대함으로써 계층 간의 문화격차를 해소하려는 시책이고, 넷째는 문화예술의 사회교육기능을 확산하여 국민의 문화적 욕구충족과 건전한 문화풍토를 조성하고자 하는 문화의 생활화 시책을 들 수 있다.

위와 같이 문화시설과 문화활동의 지역·계층 간의 격차를 해소하기 위한 시책들은 문화적 결함을 예방하고 치료하는 문화복지시책임에는 틀림이 없고, 이와 같은 시

〈표 1〉 문화의 편중현상

구 분	등록문예인	문화시설	예술행사	미술전	음악회	출판물
수도권	58%	55%	72%	83%	58%	95%
지방	42%	45%	28%	17%	42%	5%

책의 결과가 비록 일천하기는 하지만 긍정적인 반응으로 나타나기 시작하고 있는 것은 다행한 일이다.

그럼에도 불구하고 우리에게는 아직도 문화복지를 구현하기 위해서는 해결하여할 문화적 격차가 격심하다는 것이다. 도로망의 확장, 통신수단의 발달, TV·라디오 및 각종 전자제품의 보급 등으로 전국이 일일 생활권 안에 들게 되어, 국민생활의 형성을 보면 대도시나 지방의 차가 그다지 크지 않을 것 같으나 눈길을 문화예술 면에 돌렸을 때는 너무나 큰 격차가 있음을 발견하게 된다. 즉 문화예술의 대도시집중현상, 특히 수도권집중현상이 두드러진다는 점이다. 실제로 우리나라의 문화예술인과 문화시설 약 60%, 예술행사의 약 70%가 서울에서 이루어지고 있는 현실이다. 이러한 문화의 지역적 편중현상이야말로 모든 국민이 공유하는, 균형 있는 문화복지를 달성하기 위한 해결과제가 아닐 수 없는 것이다.

두 번째 과제는 문화적 결함을 가진 소외계층에 대한 문화복지의 증진을 도모해야 하겠다는 것이다. 최근에 나타나기 시작한 청소년계층에 대한 문화적 관심을 제외하면 사회계층별 문화복지책은 아주 미미한 것이 사실이다. 고령화 사회를 대비하는 노인들의 문화복지, 근로자계층을 위한 문화복지, 신체장애자 등 사회적 약자를 위한 문화복지 등 계층별 취향문화를 개발하고 보급하여 문화적 소외계층을 위한 문화예술의 향수기회 확대방안이 강구되어야 하겠다는 것이다.

세 번째는 문화공간의 확충과 문화내용물의 질적인 향상을 도모해야 한다는 것이다. 비록 최근에 문화시설이 전국적으로 확충되고 있기는 하지만 아직도 우리의 문화시설은 부족한 형편이다. 그 실례로 유네스코의 보고에 의하면 아시아 각국의 공연장의 좌석비례는 평균 100명에 1좌석인데 비하여 한국의 경우는 500명에 1좌석으로서 1/5에 불과한 것으로 나타나고 있다. 뿐만 아니라 기존시설의 내부장치나 설비가 본격적인 예술활동을 하기에는 미흡한 점이 많아서 내실화를 기해야 할 것이며, 또한 이제까지의 시설들이 종합문예회관의 성격으로서 다용도적인 시설이었으나 앞으로는 예술 장르별로 독립적인 전문시설화되는 것이 바람직하다고 본다. 그리고 청소년 문화시설과 같은 계층별 시설도 더 확충되어야 하겠다. 이제까지는 문화시설이라는 하드웨어의 확충을 거론하였으나 보다 더 중요한 것은 시설이 담고 있는 문화내용 또는 그 시설에서 이루어지고 있는 문화활동의 내용이 질적으로 향상되어야 하겠다는 소프트웨어의 문제가 시급하다. 시설을 운용하는 전문인력을 양성하고 양질의 프로그램을 개발하여 향수자에게 좋은 문화를 공급할 수 있어야 한다.

네 번째는 문화향수기능의 극대화를 위한 문화산업 미디어산업을 육성하고 유통체계를 건전하게 확립하여 문화의 보급기능을 화대해야겠다는 것이다. 미술용품의 생산을 비롯하여 영화·비디오·음반·출판산업을 육성 발전시키고 유통체계를 원활히 하여 국민의 문화적 욕구를 제어하는 저해요인을 해소해야 한다는 것이다.

다섯째는 문화향수능력의 제고가 필요하다. 아직도 우리 국민들은 문화예술에 대한 인식이 부족하고, 국민적 차원의 문화적 욕구가 부족한 것이 현실이다. 국민문화 생활 실태조사결과(1995년 한국일보사와 한국갤럽연구소 공동조사)에 의하면, 응답자의 66.9%가 1년간 한 번도 영화구경을 한 적이 없으며, 92.5%가 음악회를, 91.5$가 연극을 한 번도 관람하지 않고 있었다는 것이 이를 증명하고 있다. 문화의 수요자인 국민에게 그들의 삶 속에 문화를 생활화해 나갈 수 있도록 하는 것이 급선무 중의 하나이다. 왜냐하면 문화예술에 대한 수요가 왕성할 때 이를 공급하는 창작활동도 더욱 왕성해짐으로써 수요자 공급이 상승작용을 하게 되기 때문이다.

이에 대응하는 대책으로서 제안할 수 있는 것은 교육과 학습의 문제이다. 장기적으로는 초·중·고교를 비롯한 학교교육에서 예술교육이 재검토되어야 할 것이고, 단기적으로는 최근에 활발히 전개되고 있는 문화예술에 관한 사회교육기능이 더욱 활성화되고 전국적으로 확산되어야 할 것이다. 또 이와 아울러 국민에게 문화활동의 동기를 유발시킬 수 있는 문화촉매운동이 각계각층에서 활성화되어야 하겠다는 것이다.

여섯째는, 오히려 가장 중요한 문제라고 할 수 있는 문화예술 부문에 대한 투자가 빈약하다는 것을 지적하지 않을 수 없다. 물론 1970년대와 비교하면 1980년대에는 현저하게 투자가 증대되고 있는 추세이기는 하지만 전국적인 문화복지사업을 추진하기에 노무나 약소한 지경이다.

〈표 2〉에서 나타나고 있듯이 국고와 문예진흥기금 및 공익자금 등 공공자금 투자

<표 2> 문화예술 부문의 투자 현황

구 분	총투자	재 원			
		국 고	진흥기금	공익자금	민간투자
1971~1980 (10년간)	1,921억 원 (평균 192억)	832억	174억		915억
1981~1986 (6년간)	8,312억 원 (평균 1,385억)	1,937억	395억	659억	5,321억

가 증대되고 있기는 하지만 민간 부문의 투자증가가 주요내용을 이루고 있음을 볼 때, 이러한 추세가 더욱 활성화되어 문화와 경제 부문의 협력이 지속적으로 확산되는 것이 바람직하겠으며, 이는 기업이익의 사회화원이라는 것이 바람직하겠으며, 이는 기업이익의 사회 환원이라는 측면에서 복지배분의 의미가 있다고 볼 수 있다.

3. 지방문화복지와 지방문화자치

(1) 지방문화시책 현황

문화공보부와 내무부는 1983년도부터 지방문화예술 활성화 종합계획을 수립하여 시행하고 있는데 그 목표를 향토문화의 전승계발로 주인정신을 함양하고, 지방문화와 환경의 개선으로 문화격차를 완화하며, 지역주민의 긍지선양으로 주민화합을 구현하는 데 두고 있다. 그리고 시책의 획일적 전개를 지양하고 지역특유의 문화적인 전통을 부각하여 문화의 다양성을 추구하는 것, 주민주도원칙에 입각하여 행정적인 지원은 후견적·조성적인 지원에 국한하는 것, 주민 자율활동을 중심으로 문화창조, 예술애호의 기풍을 진작시키는 것을 추진방향으로 삼고 있다.

이와 같은 시책의 배경은 우리 문화예술의 창조적 활동과 문화공간이 서울을 중심으로 한 중앙에 집중되어, 지방의 문화예술이 극도로 침체된 나머지 중앙과 지방의 격차현상이 격심하고 건전한 국민문화의 신장에 크게 장애가 되어 이를 극복함으로써 문화예술의 국민적 확산을 도모하고자 하는 문화복지적 접근 의도였다고 본다.

현재 추진되고 있는 중점 시책은 다음과 같다.

① 지방문화 기반의 강화

- 지방문화 기반시설의 확충: 1984~1988년까지 종합문예회관 7개 건립, 특수전
  문시설 10개 건립, 무형문화재 전수회관 10개 개수, 기존 문화회관 10개 가수
  (지원재원은 문예진흥기금)
- 지방문예진흥기금의 조성: 1983~1988까지 279억 원 조성 목표(중앙지원 89억
  5,000만 원, 지방자체조성 180억 5,000만 원)
- 지방문예진흥위원회의 활성화

② 지방문예활동의 지원 강화

- 지방예술단의 육성: 1986 현재 총 28개 자치단체에 56개 예술단(교향악단 12, 국악
  단 8, 무용단 9, 합창단 19, 소년소녀 합창단 5)
- 지방예술인의 창작활동 지원
- 지방문화원의 육성: 조직 강화 및 기능 활성화(86현재 196시·군중 151개 설치, 45개
  미설치)

③ 향토문화예술행사의 내실화

- 지방전문예술행사 육성: 시·도 종합예술제, 시·도 미술대전, 전국 지방연극
  제, 전국 민속예술 경연대회 등
- 전국단위 예술행사의 지방순회: 대한민국미술대전, 대한민국연극제, 대한민국
  무용제, 국립극장 단체 등
- 향토문화행사의 주민축제화: 지역전통과 특성을 부각하고 주민의 참여 확대,
  토속적 풍물의 개발·재현

④ 지방전통문화의 발굴·보전

- 전통민속조사·전승: 우리 고유의 예·무·악을 중심으로
- 향토문화유적의 조사·정비: 향토 전래의 유형문화재 중심으로
- 시·군 단위의 향토지 발간 활용: 1986년 현재 총 195개 대상 중에서 124개 발
  간, 71개 미발간

(2) 지방문화의 문제점

이상과 같은 지방문화 활성화 시책이 정부 차원의 종합계획으로 추진된 시기가 얼마 되지 않았다는 데도 원인이 있겠으나 아직도 지방문화에 있어서는 문화의식 면에서나 문화시설 면, 문화창조 면 및 문화향수 면에서 많은 문제점이 상존하고 있다.

문화의식 면에서 볼 때 지방행정당국이나 지방주민들 사이에 문화에 대한 인식과 중요성이 결여되어 있으며, 이로 인하여 자립의욕과 자립기반이 구축되지 못하고 있다.

문화시설 면에서는 앞에서 지적했듯이 중앙에 편중되어 있고, 지방의 시설도 주로 대도지에 소재하여 시·군·면 단위에는 없는 실정이고, 대부분이 다목적인 시설로 조정되어 있는 실정이다.

문화창조 면에서 볼 때도 문화예술인의 58%와 문화예술활동의 70%가 중앙에 편중되었다고 지적한 바 있거니와 수도권 문화의 유인으로 인한 지방고유문화의 파괴현상에 주목하지 않을 수 없다. 이와 같은 현상은 전국문화의 획일화라는, 매우 우려되는 상황을 초래하고 있는 것이다.

문화수혜 면에서는 모든 국민이 기회균등의 권리를 가졌음에도 불구하고 지방민, 특히 농어촌에 살고 있는 국민들은 문화 혜택이 이루어지지 않고 있으며, 수준 높은 예술을 접할 기회는 거의 없는 실정이다.

〈표 3〉 지방문화시설 현황(1985년 기준)

시설종류	공연시설	커뮤니티시설	문화보급시설
시설수	57	112	161

〈표 4〉 중앙예술단체의 지방순회 현황

시설종류	1985	1986	1987(계획)
대한민국 미술대전	2개 도시	2개 도시	4개 도시
대한민국 연극제	6개 도시	6개 도시	6개 도시
대한민국 무용제	6개 도시	6개 도시	6개 도시
국립극장 소속단체	23개 도시	23개 도시	40개 도시

(3) 지방문화복지와 지방자치제

많은 나라들이 문화정책수립의 제1원칙을 지방분권화에 두고 있다. 이는 문화적 민주주의를 실현시키고, 문화활동이 생활양식의 변천에 보조를 맞추도록 하려면 정책의 최종목표나 중간목표 및 수단이 지역적 차원에서 논의되고 고안되어야 하기 때문이다. 문화생활이란 자발성·창의성·책임감을 전제로 하기 때문에 중앙정부는 새로운 요구나 현실에 민감하게 반응하고 적응시키기에 적합하지 못하다는 것이다.

한편, 지역복지의 개념에서 볼 때 지역복지의 기본적인 성격은 지역주민의 주체성, 즉 자발적 공동성을 육성하기 위한 지원활동이고, 주민 스스로 지역사회의 문제점을 발견하고 그것을 해결하기 위한 행동을 계획하고 실천하는 것을 지원하는 것이라고 볼 때 지방문화복지는 지방주민의 문화적 복지를 도모하고 지방주민의 문화생활 향상을 목적으로 하는 것이라고 말할 수 있다.

이상과 같은 논리에서 지방문화의 활성화를 위해서는 문화행정의 지방분권화가 바람직하다는 결론에 도달한다.

우리도 이제 지방자치제를 실시하려고 하고 있다. 지자제는 주민들이 자신들의 일상생활에 직간접으로 영향을 미치는 공공의 결정과정에서 소외되는 것을 막고, 적극적으로 그 과정에 참여하여 공동이익을 도모해 나가는 제도라고 한다면, 지방문화운동도 주민들이 주인이 되어 자신들의 문제를 함께 논의하고 결정해야 하지만 그 결과에 대한 책임도 져야 하기 때문에 문화행정의 지방분권화는 문화의 지방자치화로써 기능하게 된다는 점을 강조하고 싶다.

지방자치제의 실시와 함께 지방문화발전을 위해 점검하고 보완해야 할 문제점을 지적하면 다음과 같다.

첫째, 재정의 자립 문제이다. 지방재정의 자립도는 서울특별시의 경우 97%, 직할시의 경우 92%이고, 도는 38%, 시는 62%, 군은 30% 내외다.

이와 같은 상황에서도 도 이하의 자치단체에서 과연 문화투자가 원활할 수 있을까 의문시된다. 그러므로 지방문화 발전을 위한 재정적 자립방안이 강구되어야 하겠으며, 중앙정부지원의 계속성이 요구되며, 특히 지방업과의 협조가 요구된다.

둘째는 인적 자원의 문제이다. 문화예술을 담당하는 전문 행정가를 확보하고 양성해야 할 것이고, 특히 문화적 중개자라고 할 수 있는 문화촉매자의 역할이 중요시

〈표 5〉 자치단체 종류별 재정자립도 추이(내무부)

(단위: %)

구 분	1980	1981	1982	1983	1984	1985	평균
전국	65.4	62.2	60.5	60.0	64.4	63.0	6.26
서울특별시	98.5	95.5	96.2	97.2	97.5	98.5	97.2
직할시	86.6	96.2	93.6	92.8	93.7	91.3	92.4
도	42.5	40.5	29.9	35.2	41.3	41.8	38.5
시	70.4	69.9	60.0	56.8	61.8	57.5	62.7
군	35.1	30.3	30.8	28.3	30.1	28.1	30.5

되는 바, 이들은 문화에 대한 인식이 깊지 않은 행정가나 지방의회를 설득하고 이해시키는 주도적인 역할을 담당해야 할 것이다.

셋째는 문화의식의 문제다. 지역주민의 문화에 대한 의식은 지자제와 지방문화발전에 중요한 변수로 대두될 것이 틀림없다. 그러므로 지역주민에게 문화적 욕구가 강렬하게 일어날 수 있는 분위기가 조성되어야 참여도 활발해질 수 있을 것이고, 행정관료와 지방의회 의원들의 문화의식 향상도 시급한 문제이다.

넷째는 지방문화의 특성화문제다. 지방문화가 오늘날과 같이 중앙문화의 아류 내지는 모방이 되어서는 안 된다는 점이다. 다양한 지방문화의 전통적 특수성에 바탕을 둔 창조활동이 활발히 전개될 때 지방문화는 물론 우리 문화 전체가 발전될 수 있기 때문이다.

다섯째는 행정제도의 문제다. 지방자치제에 따른 지방자치단체의 문화행정체제가 확립되는 것이 필요하다. 각급 자치단체에 문화예술전담기구가 설치되고 중앙행정과의 분권 및 협조체제가 구축되어야 하고, 지방문예진흥위원회 및 지방문화후원회 등이 조직적으로 구성되고 활성화되어야 할 것이다.

4. 나가는 말

국가발전의 목표가 균형 있는 복지사회건설을 바탕으로 하여 정신적·물질적 양면의 풍요로운 생활 속에서 진정한 인간의 행복을 추구하는 것이라면, 정치·경제·사회·교육·문화예술 등 모든 분야와 모든 지역과 모든 계층에게 균등하고 조화롭게 발전되어야 한다.

　그러므로 문화예술의 문제도 종전과 같이 하나의 독립된 별개의 영역으로 볼 것이 아니라 국가발전의 원동력의 일부로서 그리고 사회복지적인 개념으로 적극화되어야 하겠다는 점을 다시 한 번 강조하지 않을 수 없다.

　그리고 복지국가를 지향하는 우리로서는 모든 국민이 문화 혜택을 고루 누릴 수 있게 하기 위하여 문화적으로 소외된 지역과 계층의 문화적 결함을 해결해 나가는 데 힘써야 하겠으며, 특히 낙후된 지방문화를 활성화하기 위해서는 지방자치제에 맞추어 문화의 지방자치제를 도입하는 것이 바람직하다는 점을 주장한다.

　끝으로 부언하고 싶은 것은 "최저의 문화적 생활을 보편적으로 유지하는 것은 사회를 위하고 또 개인을 위한 것이며 양자의 공동책임이다(Webbs의 말)"라는 말과 같이 문화복지를 실현해야 한다는 것은 단순히 개인에게 있어서만의 문제도 아니고, 또 정부만의 문제도 아니며, 사회와 개인의 공동책임에 속하는 문제라는 점을 생각할 때, 국민 전체와 정부 그리고 사회 전체가 협동 노력할 때 달성될 수 있을 것이다.

참고문헌

한국문화예술진흥원, 『문화예술진흥백서』, 1981~1985, 1985.

______, 「지방문화시설실태조사 및 균등기획연구」, 1986.

______, 「지역문화예술활동사례조사보고」, 신구전문대학, 1986.

현대사회연구소, 「지방자치제실시에 따른 지방문화육성방안연구」, 1986.

______, 「2000년대 문화 · 예술발전정책연구」, 1986.

경향신문사, 『요록(要錄) 제5공화국』, 1987.

정경연구소, 『향토문화시대』, 1987.

고려원, 『문화논단 1: 광복 40년 문화진단과 발전방향』, 1985.

오귀스땡 · 지라, 『문화발전: 경험과 정책』, 유네스코한국위원회, 1974

강촌중부(岡村重夫) 저, 송정부(宋鄭府) 역, 『사회복지학』, 학문사, 1984.

이계탁, 『복지행정론』, 고려원, 1984.

문화공보부, 『문화공보 30年』, 1979.

경제기획원, 「제6차 경제사회발전 5개년 계획 국민생활 부문 계획」, 1986.

문화공보부, 「문화발전장기정책구상」, 1985.

내무부(內務部), 「1985년도 지방자치단체예산개요」, 1985.

______, 「1987 지방문화진흥시책」, 1987.

한국예술문화단체총연합회, 『지방자치제시대의 문화예술』, 1987.

한국문화예술진흥원, 『문화예술(격월간)』, 제110호, 1987.

예술행정연구회, 『예술과 행정』, 제1호, 평민사, 1988. 7.

4. 문화행정과 국가발전

이종인(한국문화예술진흥원 문화발전연구소장)

1. 들어가는 말: 문화발전과 국가발전

현대사회는 물질문명의 기형적인 발달로 말미암아 현저하게 상실되고 있는 인간성을 회복시켜야 한다는 것이 오늘날의 인류가 당면하고 있는 최우선적 문제의 하나로 지적되고 있다. 또한 경제성장(산업화)과 부의 축적은 소비유혹을 급증시키고, 동시에 생활 방법을 획일화할 뿐만 아니라 생활환경의 모든 여건을 동질화함으로써 결과적으로 인간의 창조력을 감퇴시키고 있는 실정이다.

이러한 상황 하에서 세계 각국은 문제의 심각성을 우려하고 문화발전을 통하여 상실된 인간성을 회복시키자는 인식을 새로이 하고, 많은 활동과 정책을 전개·발전시켜 오고 있다. 그 결과, 문화의 발전은 '국가의 총체적인 발전'이라는 개념 속에서 경제성장과 연관성을 맺으면서 추진되어야 비로소 실효를 거둘 수 있다는 중요한 교훈과 함께 문화발전의 핵심은 곧 주체성의 확립에 있다는 결론을 도출해 내고 있다. 다시 말하면 문화발전은 급격하게 변모하는 사회에 부과되는 하나의 필연이라고 하겠다. 20세기 종반에 이르러 사회를 휩쓸고 있는 변화는 공업국가에 있어서는 삶의 질을, 그리고 개발도상국가 내지 후진국에서는 개인과 국민의 주체성을 위협하고 있다. 생존에 구애받지 않는 부유층들은 마음 속 깊은 곳에서 삶의 예술을 갈망할 것이며, 불우산 사람들은 그들의 주체성, 즉 그들로 하여금 그들 자신이 될 수 있게 하는 바로 그것을 다른 어떤 재물보다도 더 중요한 것으로 보게 되는 것이다.

따라서 문화발전이라는 것은 이제 사회나 개인에 있어서 굳이 필요가 없는 사치나 풍요의 장식물이 아니라 그것은 전체 발전의 조건 그 자체와 결부되어 있는 것이고, 궁극적 목적은 인간의 특정한 철학적 개념 속에서 산출되는 것이 아니라 변화에 직면한 사회의 깊은 요청에서부터 유래되고 있는 것이다. 삶의 질과 현 세계에 대응하는 인격의 주체성, 이것이야말로 세계 도처에서 출현하고 있으며, 또한 경제발전만으로써는 전혀 만족시킬 수 없는 두 가지의 근원적 욕구라고 하겠다.

오늘날의 세계가 국가발전의 개념을 인간조건의 순수경제적 조건의 개선을 넘어서서 사회문화적 측면을 포괄적으로 수용하는 것으로 이해하고 있는 이유도 바로 여기에 있는 것이다. 즉 경제와 문화의 균형을 통해 참다운 인간적 삶을 가능하게 할 수 있는 삶의 질을 높이고, 민족·국가적 존엄성과 긍지를 고양하는 데 기여할 수 있을 때 비로소 참된 국가발전이 이루어질 수 있다는 것이다.

문화발전과 전체적 발전의 연관관계는 비단 경제적 발전에만 연결된 것이 아니라 사회가 급속한 기술적 변혁에 적응하기 위한 조건이기도 한 것이다. 각 개인에게 새로운 세계를 이해하고 지배하며, 자기대의 언어를 사용하며 집단 속에서 자기의사를 표시하고 전달하는 능력을 부여하는 것은 발전의 기본조건에 선행되어야 할 작업이다. 이는 또한 문화에 대한 인간의 권리이기도 하다. 1948년 유엔이 채택한 인권선언에 의하면 "모든 사람은 공동사회의 문화생활에 자유롭게 참여할 수 있는 권리를 지닌다(인권선언 제27조 1항)"고 천명하고 있다. 그렇다면 모든 인간이 인간의 존엄성의 일부로서 공동사회의 문화유산과 문화생활에 참여할 수 있는 권리를 갖고 있다고 할진대, 이 공동사회를 책임지고 있는 행정당국, 즉 국가는 이 같은 참여가 실현될 수 있는 최대의 수단을 지원해 줄 의무가 있는 것이다. 환언하면 문화에 대한 권리는 정부의 책임을 요구한다는 점에서 문화발전을 위한 국가의 책무가 강조되고 있는 것이다.

따라서 문화란 궁극적으로 사회가 그것이 없이는 스스로 파멸되는 고차원적인 공동재산으로서 정부가 사회발전을 위해 반드시 수립해야 되는 계획 속에서 우선해야 될 특수한 위치에 있다는 것을 강조하지 않을 수 없다.

문화적인 측면에서 볼 때 오늘날의 우리 사회는 산업화의 결과를 국민소득과 여가시간이 증가되어 문화적인 욕구가 다양하게 늘어나고 있으며, 한편으로는 가치관의 혼란과 소외현상이 가중되고 있다.

그러나 이를 충족시킬 수 있는 문화적 역량이 성숙되지 못하여 저급한 외래문화나 소비성향이 팽배하고 있으며, 더욱이 문화전파수단은 다양하고 급속하게 보급되어 국제화의 추세에 편승한 외래분화의 영향은 더욱 커져가고 있는 상황이다.

이와 같은 상황 아래서 문화정책의 방향과 목표를 설정하고 이를 구현할 수 있는 전문적이고 구체적인 시책을 연구·발전시켜야 할 필요성이 강조되면서 우리 사회에서도 문화행정 또는 예술행정에 관한 관심이 높아지기에 이르렀다.

바꾸어 말하면 우리나라에서도 국가발전을 위하여 우리 사회가 당면한 문제를 해결해 주는 가치 있는 기반을 조성하는 능력의 총체로서 문화역량에 대한 관심이 높아지고 있다는 것이다.

그러나 나라마다 문화가 다르기 때문에 그에 접근하는 방법도 각각 다를 수밖에 없다. 즉 한 나라의 문화정책과 방법론은 그 나라의 고유한 문화전통과 문화개념, 사회·경제체제와 정치이념, 산업발전의 정도에 따라 결정되는 것이기 때문에 우리의 문화적 전통과 현실에 부합되는 문화정책과 문화행정이 개발되어야 할 것이다.

2. 문화행정의 일선론(一船論)

(1) 문화행정의 개념

상식적으로 생각할 때 문화·예술행정이란 단순하게 문화나 예술을 관리하는 것으로 여겨왔다.

그러나 산업과 사회가 발전됨에 따라 직업과 기능이 분화되듯 이 행정의 분야와 행정의 기능이 분화되고 전문화되고 있다는 사실에 비추어 볼 때 문화행정이나 예술행정이라는 용어가 새삼스러울 것도 없고, 또한 문화행정기능이 분화되고 전문화되지 못한다는 노리도 업다.

이런 입장에서 행정학적 의미의 현대행정의 개념을 인용하여 문화행정의 개념을 정의하면 다음과 같이 말할 수 있을 것이다.

“문화행정이란 문화발전이라는 목표를 향하여 공권력의 배경 하에 문화예술정책을 형성 내지는 결정하며 이를 능률적이고 효과적으로 집행하는 협동적 집단 행위”라고 정의할 수 있다.

즉, 문화발전이라는 목적을 달성하기 위한 수단과 목표달성을 위한 계획적이고 협동적인 노력이며, 문화발전을 이룩하기 위하여 인적·물적 자원을 동원하고 조정하며 관리·통제하는 활동이나 그 과정을 말하는 것이고, 문화정책을 형성하고 이를 합리적으로 구체화하는 것이 문화행정이라고 할 것이다.

물론 이상과 같은 개념 정의는 행정주체를 공권력에 두고 보는 공행정(公行政), 즉 행정(行政, Public Administration)의 차원에서 본 입장이지만, 행정주체가 사적인 민간단체나 개인 등 사행정(私行政, 경영: Business Administration)의 경우에도 적용되는 것이라 하겠다.

(2) 문화행정·문화발전·문화정책

문화행정의 으뜸가는 과제가 문화정책이라는 것은 명백한 일이다. 그런데 오늘날의 문화정책은 문화 그 자체가 아니라 ‘문화발전’에 관하여 보다 깊고 세분화된 분야에 접근하고 있는 추세이다. 그러므로 문화정책의 과제는 문화발전 정책이라고 하겠다.

문화발전이란 인간의 관념과 이상 및 여러 작품을 전달함으로써 사회생활의 질을 향상시키기 위하여 취해지는 제반 수단을 의미하는 것이라고 본다면 여기에는 세 가지의 실무적이고 구체적인 차원의 발전이 있어야 한다.

첫째, 예술적 차원의 발전이다. 문화적인 요소 중 가장 강력한 요소인 예술자체가 발전하고 또 이것이 되도록 많은 사람들에게 전달되고 보급될 수 있는 방향으로 나가야 하겠다는 것이다.

둘째, 실존하는 문화의 발전이다. 이것은 환경이 인간에게 미치는 영향을 말하는 것인데 문화가 발전하기 위해서는 자연적·건축학적인 도시화된 환경의 개선과 보호를 비롯하여 정보·오락·예술을 위하여 보도기관을 이용하는 일정한 기준을 유지, 그리고 여가 선용 등을 목적으로 하는 발전계획이 필요하다는 것이다.

셋째, 국민 개개인의 문화수준의 향상이다. 이것은 지식과 문화와의 관계에서 단순한 지식이 아니라 아는 것을 모두 자기철한 속에 통합시켜 생활화되어야 한다는 것을 의미한다.

문화발전에 이상과 같은 3차원이 있어야 한다고 볼 때 여기서부터 문화발전계획, 즉 문화정책이 도출되게 된다. 문화계획은 먼저 목표에 대한 가치측정이 있어야 한다. 이를 위해서는 문화행위와 수단의 양적인 측정에서부터 착수되어야 한다. 이것은 일반적인 사회현상의 분야에서와 마찬가지로 수요에 관한 분석과 측량을 위해서 행동연구·투자의 변동과 분석·문화시설 이용자에 관한 통계조사 등 복잡하고 많은 방법이 동원되어야 할 것이다. 이 점에서 문화지표, 즉 문화정책의 분석도구가 필요하게 되는 것이다.

이렇게 해서 소요량(所要量)을 측정하고 공급과 수요 간에 취할 수 있는 목적을 확인한 다음 단계로 문화행정의 활동영영과 기능, 조정의 수준과 수단을 구분해서 설정해 나가는 계획이 뒤따르게 되는 것이다.

(3) 문화행정의 영역·기능 및 조정 수준·수단

문화행정의 영역은 문화발전의 3차원과 관련하여 크게 다음과 같은 세 개의 영역으로 구분할 수 있다.

① 문학적 예술적 영역: 문학, 출판, 도서, 미술, 음악, 연극, 무용 등
② 일상생활의 환경: 도시계획, 건축, 자연보호, 보도기관, 여가 등
③ 교육과 문화와의 관계에 영향을 미치는 활동: 유아교육, 학교교육, 사회교육,
　평생교육 등

문화행정의 기능은 문학적, 예술적 창작 및 역사적 유물의 ① 보존, ② 훈련, ③ 창작, ④ 보급 네 가지 기능을 갖는다고 볼 수 있는데 이 가운데서 보급기능이 많은 사람들을 예술적·지적 활동이나 작품에 접근시키기 때문에 문화정책과 문화행정에서 가장 중요한 새로운 위치를 차지하고 있는 것으로 보인다.

최근 우리나라에서도 이것을 '문화촉매'라는 용어로 사용하게 되었는데 이것은 곧 문화적 민주주의를 실현하는 수단으로 등장한 새로운 개념이기도 하다. 이런 의미에

서 문화촉매기관이 문화행정의 기능이라고 해도 과언이 아니다.

본래 문화활동은 개인의 자유와 자발적 의사에 의해서 이루어지는 것으로서 행정이 개입될 것이 아니라는 것은 이론적으로 통하는 이야기다. 그러나 현실적으로는 그대로 가만히 있어서는 일반대중의 문화활동을 유발시키기에는 거리가 있다. 그래서 촉매 기능이 필요한 것이고, 그 계기를 준비하는 주체가 행정가, 즉 촉매자이고 촉매 기능을 연출하는 것이 문화행정이다.

문화행정의 조정수준은 활동형태의 상대적 범위에 따라 전국적인 활동과 지역(지방)적인 활동으로 구분할 수도 있고, 공공기관과 사적인 민간기관의 수준으로 조정할 수도 있다.

조정의 수단으로는 재정적은 수단, 사법적인 수단, 조직적인 수단과 각종 시설물의 관리 등으로 구분될 수 있는데 각기의 영역과 기능 및 수단에 적절한 정책이 고안되어야 할 것이다.

그런데 여기에서 특히 유의해야 할 점은 재정적인 수단과 사법적인 수단이 예술을 보호한다는 이름 아래 예술가들을 거느리거나 대가를 요구한다는 것은 창조활동에 상치되는 일이다. 창조의 자유가 보장되지 않고서는 예술이란 존재할 수 없기 때문이다.

그리하여 이러한 지원 또는 보조의 원리에 대하여 "영향력을 행사하지 않는 지원(전 불문화상 앙드레 말로)", "어떤 정부도 위대한 예술작품을 탄생하게 하는 마력은 없지만 적어도 예술의 개화를 촉진시키는 풍토를 조성하는 것이 좋을 듯하다(전 미대통령 존슨)", "정부가 격려하고 재정적으로 지원은 할 수 있으나 창작행위에 개입해서는 안 된다(전 스웨덴수상 팔뫼)"는 견해가 있다. 여하튼 많은 나라들이 국가의 개입은 조건 없는 재정적 지원에 국한해야 한다는 결론에 도달하고 있음을 알아야 하겠다.

(4) 문화행정의 지방분권화

많은 나라들이 문화징책수립의 제1원칙을 지방분권화에 두고 있다. 이것은 문화적 민주주의를 실현시키고, 문화활동이 생활양식의 변천에 보조를 맞추도록 하려면 정책의 최종목표 및 그 수단은 지역적 고안되어야 하기 때문이다. 문화생활이란 자발성·창의성·책임감을 전제로 하기 때문에 중앙정부의 묵직한 관료주의 성격으로는 새로운 요구나 현실에 민감하게 반응하고, 또 정치적 요구에 적응시키기에 적합하지 못하다는 것이 지적되고 있다.

1967년 유네스코 원탁회의(圓卓會議, 모나코)에서 내린 결론에 의하면, 문화정책이란 중앙집권화와 지방분권화라는 두 가지 상반되는 필요조건을 충족시켜야 하는데 이 두 조건은 동시에 발생하지도 않고 같은 목적을 갖지도 않는다.

중앙집권화는 문화정책의 초기 단계에서 필요하며, 각국의 상황에 따라 보조금 등을 통하여 지방당국을 격려하고 법률적인 근거와 행정적인 절차나 규칙 등을 마련하고, 전국적인 조치를 취함으로써만 결과를 얻을 수 있는 경우에는 중앙집권화가 필요하겠지만, 이러한 기초작업을 끝마친 다음에는 지방분권화의 단계로 넘어가는 것이 바람직하다고 보고 있다.

이러한 입장에서 생각할 때 중앙정부의 역할은 다음과 같다.

첫째, 홍보활동과 전문가의 양성이다. 문화행정은 공공 분야에서는 미개 분야이며, 이 분야의 여러 주제는 새로 습득할 것이 많이 때문이다. 중앙관서만이 지방관서에 정보를 제공하고, 문화활동의 기획자나 행정가를 양성시킬 수 있는 것이다. 훈련받은 전문가가 없다면 제아무리 훌륭한 정책이라도 실현될 수 없는 것이며, 전문가의 양성은 문화시설의 건립보다 우선해야 할 과제라고 할 수 있다.

둘째, 기술지원과 조정의 역할이다. 중앙정부는 지방자치단체와 지방문화 기관에 계속적으로 문화적 문제에 주의를 기울이게 하고, 기술적인 지원을 해주어야 한다. 한편 교육활동 · 문화활동 · 여가활동 등을 위한 시설 활용과 기타 활동과의 통합 방법으로 연결시키고 조정하며, 지역 간의 경쟁의식이 문화적 노력을 분산시킬 우려가 있을 경우의 조정역할도 중앙관서의 임무이다.

셋째, 연구와 창작이다. 중앙정부만이 사회변천의 결과로서, 정부시책의 결과에 제기되는 문제를 다룰 수 있는 문화활동의 목표와 방법을 결정하고 수단을 동원할 수 있다. 또 문제를 분석하고 결과를 평가할 방법을 마련하고, 미개척 문제에 관한 개혁적인 시도를 착수하고 발전을 위한 국제협력의 증진책임도 중앙 정부에 있다.

그러나 행정적인 문제는 근본적으로 지방자치단체의 소임으로 넘겨야 한다. 그것이 중앙정부의 관할 하에 놓이게 되면 과도한 중앙집중의 결과를 낳게 되고, 문화활동의 수도권 집중화, 단체나 예술가의 편협된 선택, 관료주의화 등 많은 병폐가 뒤따르게 된다. 따라서 문화에 관한한 중앙정부는 행정상의 문제에는 가급적 직접개입을 억제해야 한다. 중앙관서가 직접 개입하는 경우는 문화활동이 국가적 차원의 우선적인 문제로 부상될 때 지방관서로서는 문제의식이 희박하고 자력이 크게 부족한 분야에 한해서라는 것을 알아야 하겠다. 특히 음악ㆍ조형예술ㆍ건축ㆍ영화 등의 창작활동 분야의 경우가 그렇다. 이 경우 중앙 관서만이 충분한 정보와 여러 상황에 대처하는 방안을 지니고 있기 때문이다.

특히 지방자치제의 실시를 앞두고 있는 우리나라에서도 문화행정의 지방분권화는 새로운 과제로 등장하게 될 것이며 이 분야에 종사하고 있는 행정가들의 연구와 분발이 그 어느 때보다도 절실히 요구되며 그 임무 또한 막중하다고 하지 않을 수 없다.

3. 우리 문화정책의 회고와 반성

(1) 문화정책에 대한 평가

1960년대 이전까지는 일제식민지정책에 의한 우리 문화의 말살 상태에서 해방을 맞은 우리 사회에는 서구 대중문화의 거센 물결이 홍수처럼 밀려들어오는 가운데 6ㆍ25동란과 정치적 혼란 등이 극심했던 시기로써 우리의 전통문화와 가치관이 단절 상태에 놓이게 되었던 것이다. 더욱이 경제적 여건마저 극도로 불리했던 시기였고, 정치 지도자나 국민마저 문화에 대한 관심과 인식이 부족했던 때였으므로 문화정책은 부재했었고, 또 기대하기도 어려웠다고 볼 수 있다.

1960년대에 접어들면서 문화인식의 출발을 볼 수는 있으나 경제제일주의에 밀려 겨우 문화행정의 법체계를 준비하는 데 그쳤으며, 이러한 문화적 제도를 마련하는 데도 여전히 일제의 잔재가 남아 있었다는 것은 반성할 여지가 있다

문화문제가 국가적 차원에서 거론된 것은 1~2차 경제개발의 성과로 우리 사회의 여러 분야에서 근대화의 물결이 일어나고, 민족주체성의 문제가 대두되기 시작한 1970년대 초부터였다. 종합적인 문화정책의 구상이 태동되어 문예중흥 5개년 계획이 성안됨으로써 우리 역사상 최초의 문화계획이 출현되었던 것이다.

1970년대의 문화정책을 평가해 볼 때, 먼저 긍정적인 면에서는 문화정책을 국가적 차원에서 계획 설정했다는 것은 우리 역사상 초유의 시도라는 점에서 크게 평가된

다. 한편 이 계획의 추진결과는 문화예술 분야에 질적·양적인 성장을 유발했다는 점일 것이다. 민족문화유산과 전통문화예술에 대한 인식이 높아지고, 특히 예술 분야의 창작활동과 발표 및 공연활동이 양적으로나 질적으로 향상·활성화되었다는 것이다. 다음으로는 문예진흥을 추진하는 기반과 제도적 장치가 구비되었다는 점을 들 수 있다. 문예진흥원이라는 추진모체가 설립되고, 문예진흥기금이라는 재원조달의 원천이 마련되었고, 지원제도가 정착화 되었다는 것을 들 수 있다.

한편 1980년대 이후의 문화정책에 대한 긍정적인 면은 다음과 같은 점을 들 수가 있다.

먼저 1980년대 문화정책의 특징은 문화발전의 의지가 본격적으로 표출되었다는 점이다. 헌법의 문화조항, 국정지표의 항목, 경제사회 발전계획에의 편입 등으로 문화정책의 관점이 변화되고 있다는 것이다. 문화계획을 일개의 부문계획으로 보던 인식이 국가발전을 지향하는 계획으로 적극화되고 문화정책의 시야를 국민 전체로 확대하는 움직임을 보이고 있는 것이다. 또한 정부를 비롯한 공공재원과 민간기금의 확충으로 새로운 대규모 사업을 착수하게 되었다는 것도 특징 가운데 하나다. 독립기념관을 비롯한 전국적인 규모의 문화공간을 건립하는 것과, 지방문화육성 및 청소년문화의 진작과 문화발전에 관한 연구에 새로운 관심이 쏠리게 되었다는 것들은 긍정적으로 볼 수 있는 성과라 하겠다.

1970년대와 1980년대의 문화정책에서 부정적인 면을 찾아본다면 다음과 같이 요약될 수 있을 것이다.

첫째, 전반적인 국가정책에서 아직도 문화에 대한 배려와 비중이 미약하여 국가발전에 기여할 수 있는 문화정책의 전개를 위한 재정적 기반이 불충분한 실정이다. 이것은 문화발전의 중요성에 대한 정책 책임자들의 인식이 철저하지 못하였다는 점에서도 기인된다.

둘째, 정책의 수립과 집행이 중앙집권적이며 행정 주도적 운영이면서 한편으로는 계획성과 일관성이 결여되어 문화의 기본적 역량을 축적하지 못했다. 행정위주의 정책과 관주도 형식으로 말미암아 즉흥적이고 현시적인 문제에 우선순위가 부여되고, 전시효과적인 사업이나 행사위주의 사업에 치중되었으며, 규제와 획일화의 경향이 짙어 창조행위의 자율성과 다양성의 발현이 제한되었다.

셋째, 정책과 행정의 대상이 문화적 생산자이며 공급자인 예술인에 비중이 놓여 문화적 성과를 향유할 문화적 수요자층의 향수능력에 대한 고려가 소홀하였으므로 문화에 대한 사회적 평가 역량이 마련되지 못했다. 이로 인하여 상업주의적 문화내용들이 대중에게 깊이 침투되는 역현상을 빚어내고 있다. 새로운 상황에서 요구될 대중의 문화적 수요와 잠재력을 효율적으로 반영할 수단이 결여되었다.

넷째, 문화행정에 대한 전문성과 특수성이 결여되어 과학적이고 장기적인 연구개발 노력이 부족했다. 문화행정 담당자들이 문화예술의 특수성에 대한 인식이 부족하고, 전문적인 교육기회와 경험부족으로 많은 시행착오가 있었으며, 문화정책에 대한 장기적인 구상의 연구와 정책자료를 과학적으로 측정해내는 도구가 부족한 상태이다.

다섯째, 교육·경제·사회 등 관련 제 분야들과의 유기적 연계를 통한 정책의 수립과 집행에 접근하지 못하여 문화에 대한 종합적인 안목과 효율적인 정책수행 통로가 마련되지 않고 있다. 관련부처 간의 협력체제가 결여되어 자료의 확보나, 연구 결과의 활용, 교육과정에의 의사전달 등이 유기적으로 이루어지지 않고 있다.

(2) 문화적 상황

오늘날 우리 사회의 문화적 상황은 고도성장 과정에서 파생되어 온 물량주의적 발전의식이 지배적이며, 전통문화에 대한 관심과 인식은 높아졌으나 문화적 주체성과 정통성은 미확립 상태이며 사회·정치적인 민주화 추세에서 문화의 사회 통합적인 역할도 부족한 상황에 놓여 있다. 이와 같은 현상은 급격한 사회변동과 함께 전통적 가치관이 붕괴되고, 산업화·도시화·대중화·민주화의 진전에 따른 사회분화의 과정에서 지역·계층·세대 간의 위화감과 갈등이 심화된데 연유라는 것이기도 하겠다. 이러한 상황 하에서 붕괴된 가치관에 대치하고 갈들을 조화시킬 수 있는 문화의식이 필요한 것은 너무도 당연하다. 그러므로 국가발전의 정신적 지주로서, 정치·경제·사회발전의 원동력으로서의 문화의 중요성에 대한 국민적 인식이 투철해야 되겠다.

문화와 예술이 발전하기 위해서는 예술행위자와 수용자인 대중이 만나는 '장', 즉 문화공간이 필요하다. 최근에 와서 전국적으로 문화시설을 확충하는 사업이 추진되고 있기는 하나 아직까지 문화시설과 문화활동은 중앙에 편중되고 있다. 그리고 대부분의 현존 문화시설은 다목적 문화공간으로 되어 있어서 전문 분야별로 수준 높은 문화활동을 조장할 수 없는 형편이고, 문화시설의 관리와 운영에 있어서도 전문적인 지식과 경험을 갖춘 인적 자원과 운영재원의 부족으로 그 기능을 다하고 있지 못한 실정이다.

문화 향수(享受)의 측면에서 보아도 만족스러운 상황은 아니다. 국민생활의 향상으로 문화적 수요는 증대되고 있으나 문화의 복지적 분배노력이 미흡하고 국민문화의 다양하고 안정된 하부구조가 취약하다. 여기에 덧붙여 상업주의적 대중문화의 범람으로 국민의 문화취향이 획일적이고, 오락주의적으로 기울어지고 있다.

문화의 창조적인 측면에서는 지원제도 등 문화창조의 환경적 여건은 마련되어 있다. 그러나 아직도 예술인의 사회적 지위가 자생·자립적 창조 역량이 저조하며, 특히 지방예술의 경우 더욱 심하다.

문화의 국제교류 면에서는 1970년대 이후 점진적으로 교류가 환대되어 우리 문화에 대한 국제적 인식이 높아지고 있다. 그러나 선진국에 편중된 일방적 교류로 외래문화의 상대성에 대한 인식이 미약하고 주체적으로 선별 수용하는 토양이 배양되어 있지 못하고, 우리 문화의 능동적인 대외개척과 선양활동이 미흡한 것이 오늘의 상황이라고 하겠다.

4. 미래지향적인 문화정책 시안

(1) 시대사회상의 전망

대내외적으로 격변이 예상되는 2000년대를 지향하는 우리 문화는 창조적 주체의지를 구현해 나가지 않으면 안 될 것이다.

그러나 아직도 우리는 외래문화를 비판적으로 수용할 만한 평가역량과 주체의식이 성숙되지 못하고 있으며, 경제와 문화의 발전은 균형을 이루지 못하고 파행상태에 놓여 있다.

그럼에도 불구하고 2000년대 초에는 우리나라의 1인당 국민소득은 5,000불이 될 것이라는 전망이고 보면, 로스토(W. Rostow)가 지적한 성숙사회에 도달되리라고 본다.

이와 같은 성숙사회에서 예상되는 시대 사회상은 다음과 같이 요약된다.

① 정치 · 경제 · 산업 · 통신 면에서 국제적 개방시대(지구촌 시대)가 가속화될 것이다.
② 과학기술 면에서는 전자과학 · 반도체산업의 발달로 우주과학화 및 첨단기술
  시대가 전개될 것이고,
③ 사회 면에서는 고도정보화 · 변모가속화 · 기호화 · 고학력화 등이 예상되고,
④ 인구 · 가정 면에서는 고령화 · 핵가족화 · 여성의 사회참여확대가 예상되며,
⑤ 인간생활 환경 면에서는 여가시간의 확대 · 고소비시대 · 개성화 · 감각화 · 자
  동화 · 안정생활 지향화 등이 예상된다.
⑥ 자연적으로는 도시화 현상이 지적되고 인구의 교외이동, 지방산업의 확충 등
  으로 지방시대가 필연적일 것이다.

이와 같이 사회 · 문화 · 생활구조가 가속적으로 변화되는 과정에서 특히 소득의
증대 · 여가시간의 확대 · 가치관의 다양화 · 고령화 등은 문화수요를 증대시키는 요
인이 될 것이고, 소프트웨어 시대, 뉴미디어의 적출(積出) · 지식과 아이디어의 상품화
등 정보화 사회로의 급속한 추이는 1 · 2차 산업인구를 감소시키고, 3차 산업(특히 레저
문화산업) 분야의 종사인구를 증가시키는 경향이 이미 나타나고 있다.

(2) 문화정책의 기조(基調)와 시책시안

미래지향적인 문화정책의 기조는, 첫째로 국제화 · 개방화 · 지구촌 시대에 대처
하여 주체성과 세계성의 조화를 이룬 새로운 한국문화의 창조, 둘째는 생활구조의 변
화에 따른 개성화 · 감각화를 극복하고, 인간성 존중과 시민정신을 함양하는 새로운
한국인상의 계발, 셋째는 과학기술 시대에 대처하는 융합적 창조예술의 창달, 넷째는
지역 · 세대 · 계층 간의 문화적 격차해소와 문화적 복지 확산이어야 할 것이다.
이러한 기조 아래 다음과 같은 주요시책 시안을 제안하고자 한다.

① 민주시민시대에 대비하는 교육문화시책
선진문화 한국의 국민상을 정립하기 위하여 사회교육과 학교교육이 혁신되어야

한다.

가치관의 새정립을 위한 국가관과 민족사관이 정립되어야 하고, 근면·성실·정의감을 함양하고, 시민 질서의식과 공익정신 함양, 자율적인 의식 개혁, 배금·배물사상의 불식, 문화국민의 생활 윤리 정립이 필요하다.

교육을 혁신하여 입시위주의 병폐를 극복하고, 문화·예술적인 감성교육을 강화하며, 공공 윤리 교육의 강화, 개성과 사회성의 조화를 함양해야 할 것이다.

사회·평생 교육을 확충하여 이기적 핵가족의 병폐극복, 유아 및 어린이의 정서교육, 청소년에 대한 문화예술적 정서교육확충, 고령, 여성층의 사회참여 확대교육, 직장·기업의 사회·문화교육확충, 사회교육현장의 확대를 기해야 한다. 새로운 인간상을 창출하기 위해서 지성적 성실형의 인간, 인간존중의 인간성, 자주적·주체적 생활관, 건전한 비판정신의 함양 등 문화적 인간성을 길러야 한다.

② 지방시대에 대비하는 문화시책

부족한 지방문화시설을 대폭 확충하고, 지방예술단을 육성해야 하며, 특성 있는 지역문화를 개발·정착화하고, 지방문화예술요원의 확보와 자질향상을 위한 교육훈련의 기회를 확충하고 양성해야 한다. 무엇보다도 중요한 것은 지방자치제와 병행하여 문화행정의 중앙집권화를 지양하고 지방분권화를 도모하며 투자확대방안이 선행되어야 한다.

③ 정보화·첨단과학기술 시대에 대비하는 문화시책

새로운 예술장르의 개발과 연구가 필요하다. 전자매체를 활용하는 예술활동, 감각적·시각적 예술현상에 대응하는 연구, 뉴미디어 시대의 문예 프로그램, 컴퓨터 보급에 대응하는 문화예술 소프트웨어의 개발 등 문화예술 정보전달체계의 개발과 정립이 필요하다.

④ 국제화·개방시대에 대비하는 문화시책

먼저 우리 문화를 해외에 널리 알려서 인식을 넓히고 공감대를 형성하는 것이 필요하다. 넓게는 해외에 우리 문화권을 형성하는 것이 바람직한 바, 이를 위한 적극적인 교류 활동이 요청된다.

다음으로는 고도화된 교류 활동을 전개해야 한다. 해외정보센터 기능의 제고, 해외연수, 연구기회의 확대, 국제적인 인적 교류의 적극화 등이 필요한 바 이를 위한 국제문제를 연구하고 국제교류를 전담하는 기구를 확충하고 적극적으로 육성해야 한다.

이와 아울러 남북통일을 대비한 북한 문화에 대한 연구와 비판능력을 제고하여 문화적 정통성을 확립해야 할 것이다.

⑤ 여가·다원화 시대에 대비하는 문화시책

생활문화환경을 조성하고 정비하는 시책이 필요하다. 먼저 문화적 환경과 공간을 확대하기 위해서는 도시계획이나 지역개발에 환경 미학이 적극 도입되고, 문화시설과 문화적 휴식 공간을 확충하고 한국적인 전통적 문화환경에 주안점을 두어야 하겠다.

여가생활의 문화적 선용을 위해서는 늘어나는 자유 시간을 문화적으로 이용하게 하는 직장문화육성, 다양한 문화적 서클활동 권장, 고령자의 문화생활 환경조성, 건전한 대중 놀이문화의 개발과 보급에 힘써야 할 것이다.

⑥ 문화산업의 육성과 기업의 문화역할 촉진

전통적인 문화산업뿐만 아니라 새로운 문화산업도 육성해야 한다. 출판·미술·음반·악보 등의 출판육성, 시청각 자료의 제작산업, 그 밖의 뉴미디어와 관련된 산업을 육성하고 유통체계를 확립해야 한다.

다음으로는 기업의 문화적 역할을 확대·촉진해야 할 것이다.

기업 스스로가 예술 공간과 시설을 운영하고, 전용 예술단체를 구성·육성하는 한편, 기업이 예술을 후원하는 분위기가 조성되는 것이 바람직하다. 뿐만 아니라 기업 활동에 문화예술이 적극 참여하는 방안도 강구되어야 할 문제다.

⑦ 창작환경 개선과 문화복지 확산시책

여기에서는 문화적인 수요와 공급을 균형적으로 발전시켜야 한다는 점을 강조해 둔다. 먼저 문화의 공급자인 창작예술인에 대한 지원은 자율성 보장이 기본이다. 그리고 순수예술을 지속적으로 지원하고, 실험예술도 선별적으로 육성지원하며, 예술인의 복지증진과 사회적 대우를 향상해야 할 것이다. 그럼으로써 새로운 창작풍토가 조성될 수 있다.

다음은 문화적 수요자에게 문화향수권(文化享受權)을 확산시키는 일이다. 문화수용자의 수용능력을 향상시키고 문화현장에의 참여기회를 확산시키는 대책을 강구해야 한다. 이 문제는 사회교육적 측면과도 관련이 있겠으나 특히 문화시책 면에서 고려해야 할 것은 대중의 잠재력을 문화와 접목시키는 문화촉매운동의 필요성이 강조되지 않을 수 없다. 그러므로 문화복지의 확산은 문화촉매운동의 과업이라고 보아도 무방할 것이다.

⑧ 문화행정과 제도의 개선, 보완

한마디로 말해서 전문적인 문화행정 구현체제를 확립해야 한다는 것이다.

첫째로는 행정체계의 일원화 정비와 기능의 강화가 요망되는 바 문화관련 행정을 일원화한 문화부가 독립되어야 한다. 그리고 기존의 각종 문화기관의 전문화와 기능 강화도 아울러 병행되어야 할 것이고, 문화정책연구 기능도 강화되어야 하겠다. 그리고 특히 문화와 관련 있는 정부기구 간의 유기적인 협조체제가 강화되어야 한다.

둘째로는 문화행정의 지방분권화와 지방자치단체의 문화기구의 개편과 중앙정부와 지방자치단체 사이의 업무분담과 조정기능의 설정이 필요하며, 지방자치단체의 문화행정 자립기반 조성이다.

셋째로는 문화행정의 관주도형식을 지양하고 관료적 권위주의를 탈피하여 민간주도의 문화활동을 조장하고 문화행정의 민주화를 지향하는 일이다.

문화예술 관련 제 법규는 사회와 시대의 변천에 부응하여 개정 보완되어야 할 것이며, 새로운 문화현상에 대응한 법규의 제정도 서둘러야 할 일이다.

문화예술 분야에 대한 투자증대는 국가나 지방자치단체가 기업이나 민간 모두의 임무라고 생각된다.

문화예술 전문행정가와 문화종사자들에 대한 교육과 연수기회가 확충되어야 하고, 계속적인 재교육이 필요하다. 보다 더 바람직한 것은 전문교육기관을 설치·운영하거나 특수대학원 과정을 통하여 인적 자원을 양성·확보해 나가야 할 것이다.

5. 나가는 말

이상에서 문화행정과 문화정책의 국가발전과의 관계, 우리 문화행정의 회고와 반성, 그리고 미래지향적인 정책시안 등을 언급해 보았다.

돌이켜 생각해 볼 때 우리는 문화정책에 접근하는 방법 그 자체에 문제점이 있었다고 보인다. 문화정책은 교육정책과 더불어 국가 백년대계라는 점을 망각했었는지도 모른다. 정부주도형의 경제계획이 성공한 듯 보이면서도 많은 문제점을 노정하고 있는 것을 보는 우리로서는 그동안 추진되어 온 행정주도형의 문화정책에 대하여 반성할 필요가 있다.

왜냐하면 문화는 만들어지는 것이 아니라 생성하는 것이기 때문에 정부나 국가가 문화를 창조할 수는 없는 것이다. 국가는 문화의 생성을 돕고 또 끊임없이 풍요하게 생성되는 오늘의 창작품들과 공동의 유산인 과거의 작품들을 통해서 전수 보급되는 것을 돕는 것으로 족한 것이다. 또한 문화는 그 개념 자체가 그러하듯이 복잡하고 다양하며 광범위하다.

따라서 문화정책도 어느 한 부문에 시점을 고정시키고 평면적이며 단선적으로 접근해서는 안 된다. 물론 우리에게는 아직 생소하고 경험이 없는 탓이기도 하겠으나 문화를 보는 안목이 미흡함이 많았다. 국가발전계획이 총체적인 계획이어야 하는 것과 마찬가지로 문화발전계획 자체가 국가발전계획일 수 있어야 한다. 그러나 지난 20여 년간의 문화계획은 단편적이며 지나치게 현시적인 문제에 집착한 나머지 거시적인 장기안목이 결여되었던 것이 아닌가 생각된다.

정책의 출발점은 상상이나 추상적 가정에서 출발해서는 아니 된다. 과거와 현실을 분석하고 미래를 정확하게 전망하고서 이루어져야 그 정책의 효용성이 나타나는 것이다.

그런 점에서 행정풍토가 지나치게 자기 영역을 고수하려는 경향을 불식해야 한다고 본다. 문화정책이 교육이나 환경 분야와 무관하게 다루어질 수는 없는 것이며, 더욱이 앞으로의 시대는 과학문명과 문화의 관계가 더욱 복잡하게 얽힐 것이 예상되기 때문에 지난날의 소극적이고 좁은 의미의 문화로만 보는 인식이 하루 속히 바뀌어야 되겠다는 것이 이 글을 맺으면서 느껴지는 생각이다.

5. 문화예술행정론

이종인(한국문화예술진흥원 문화발전연구소장)

1. 들어가는 말

문화적인 측면에서 볼 때 오늘날의 우리 사회는 산업화의 결과로 국민소득과 여가시간이 증가하여 문화적인 욕구가 다양하게 늘어나고 있으며, 한편으로는 가치관의 혼란과 소외현상(疎外現象)이 가중(加重)되고 있다. 그러나 이를 충족시킬 수 있는 문화역량이 성숙되지 못하여 저급한 외래문화나 소비성향으로 메워지고 있으며, 더욱이 문화전파수단은 다양하고 급속하게 보급되어 국제화 추세에 편승한 외래문화의 영향은 더욱 커가고 있는 상황이다.

이와 같은 상황 아래서 문화정책의 방향과 목표를 설정하고 이를 구현(具現)할 수 있는 전문적이고 시책을 연구·발전시켜야 할 필요성이 강조되면서 우리 사회에서도 문화행정 또는 예술행정에 관한 관심이 높아지기에 이르렀다.

바꾸어 말하면 우리나라에서도 국가발전을 위하여 우리 사회가 당면한 문제를 해결해 주는 가치 있는 기반을 조성하는 능력의 총체로서 문화역량에 대한 관심이 높아지고 있다는 것이다. 제5공화국 헌법의 문화조항 국정지표(國政指標)의 문화창달항목 5개년 계획 문화예술 부문이 포함되기에 이른 것은 이를 증명하고 있다.

그러나 나라마다 문화가 다르기 때문에 그에 접근하는 방법도 각각 다를 수밖에 없다. 즉 한 나라의 문화정책과 방법론은 그 나라의 고유한 문화전통과 문화개념, 사회, 경제체제와 정치이념, 산업발전의 정도에 따라 결정되는 것이기 때문에 우리의 문화적 전통과 현실에 부합되는 문화정책과 문화행정이 개발되어야 할 필요성이 강조되고 있다.

2. 문화행정의 개념과 행정과정

상식적으로 생각할 때 문화 · 예술행정이란 단순하게 문화나 예술을 관리하는 것으로 여겨왔었다. 그러나 산업과 사회가 발전됨에 따라 직업과 기능이 분화되듯이 행정의 분야와 기능이 분화되고 전문화되고 있다는 사실에 비추어 볼 때 문화행정이나 예술행정이라는 용어가 새삼스러울 것도 없고, 또한 행정기능이 분화되고 전문화되지 못한다는 논리도 없다.

이런 입장에서 행정학적 의미의 현대행정의 개념을 정의하면 다음과 같이 말할 수 있을 것이다.

"문화행정이란 문화발전이라는 목표를 향하여 공권력의 배경하에 문화예술행정책을 형성 내지는 결정하며 이를 능률적이고 효과적으로 집행하는 합동적 집단행위"라고 정의할 수 있다.

즉, 문화발전의 목적을 달성하기 위한 수단과 목표달성을 위한 계획적이고 합동적인 노력이며, 문화발전을 이룩하기 위하여 인적 · 물적 자원을 동원하고 조정하며 관리 · 통제하는 활동이나 그 과정을 말하는 것이고, 문화정책을 형성하고 이를 합리적으로 구체화 하는 것이 문화정책이라고 할 것이다.

물론 이상과 같은 개념정의는 행정주체를 공권력에 두고 보는 공행정(公行政), 즉 행정(Public Administration)의 차원에서 본 입장이지만, 행정주체가 사적(私的)인 경우에도 적용되는 것이라 하겠다.

공 · 사 행정을 불문하고 행정은 끊임없는 동적(動的) 과정이고 계속적인 재조정의 과정이다. 동웅적(動熊的) · 거시적 · 개방적인 안목에서 현대행정은 다음과 같은 7단계의 과정을 밟게 된다.

① 목표설정(Goal Setting) 과정

② 정책결정(Policy Making) 과정

③ 기획(Planning) 과정

④ 조직화(Organizing) 과정

⑤ 동기부여(Motivating) 과정

⑥ 통제(Controlling) 과정

⑦ 평가 및 환류(還流, Feed-Back) 과정 등이다.

이 밖에도 조직의 원칙을 중요시했던 전통적인 행정과정으로서 POSDCORB이론의 7단계 과정으로 기획(Planning), 조정(Coordinating), 보고(Reporting), 예산(Budgeting)의 과정이 있는데 이 두 가지 원리가 문화행정을 전개하는 과정에서도 적용되어야 하리라고 본다.

3. 문화행정과 문화발전

문화행정의 으뜸가는 과제가 문화정책이라는 것은 명백한 일이다. 그런데 오늘날의 문화정책은 문화 그 자체가 아니라 문화발전에 관하여 보다 깊고 세분화된 분야에 국한되고 있는 추세이다. 그러므로 문화행정의 과제는 문화발전정책이라고 하겠다.

문화발전이란 인간의 관념과 이상 및 여러 작품을 전달함으로써 사회생활의 질을 향상시키기 위하여 취해지는 제반수단을 의미하는 것이라고 본다면 여기에는 세 가지의 실무적이고 구체적인 차원의 발전이 있어야 한다.

첫째, 예술적 차원의 발전이다. 문화적인 요소 중 가장 강력한 요소인 예술자체가 발전하고 또 이것이 되도록 많은 사람들에게 전달되고 보급될 수 있는 방향으로 나가야 하겠다는 것이다.

둘째, 실존하는 문화의 발전이다. 이것은 환경이 인간에게 미치는 영향을 말하는 것인데 문화가 발전하기 위해서는 자연적·건축학적인 도시화된 환경의 개선과 보호를 비롯하여 정보·오락·예술을 위하여 보도기관을 이용하는 일정한 기준의 유지, 그리고 여가의 선용 등을 목적으로 하는 발전계획이 필요하다는 것이다.

셋째, 국민 개개인의 문화수준의 향상이다. 이것은 지식과 문화와의 관계에서 단순한 지식이 아니라 아는 것을 모두 자기 철학 속에 통합시켜 생활화되어야 한다는 것을 의미한다.

문화발전에 이상과 같은 3차원이 있어야 한다고 볼 때 여기서부터 문화발전계획, 즉 문화정책이 도출되게 된다. 문화계획은 먼저 목표에 대한 가치측정이 있어야 하고 이를 위해서는 문화행위와 수단의 양적인 측정에서부터 착수되어야 한다. 이것은 일반적인 사회현상의 분야에서와 마찬가지로 수요에 관한 분석과 측량을 위해서 행동연구 · 투자의 변동과 분석 · 문화시설 이용자에 관한 통계조사 등 복잡하고 많은 방법이 동원되어야 할 것이다. 이 점에서 문화지표, 즉 문화정책의 분석도구가 필요하게 되는 것이다.

이렇게 해서 수요량을 측정하고 공급과 수요 간에 취할 수 있는 목적을 확인한 다음 단계로 문화행정의 활동영역과 기능, 조정의 수준과 수단을 구분해서 설정해 나가는 계획이 뒤따르게 되는 것이다.

4. 문화행정의 영역 · 기능 및 조정수칙 · 수단

문화행정의 영역은 문화발전의 3차원과 관련하여 크게 다음과 같은 세 개의 영역으로 구분할 수 있다.

① 문화적 예술적 영역: 문학, 출판, 도화(圖畵), 미술, 음악, 연극 · 무용 등
② 일상생활의 환경: 도시계획, 건축, 자연보호, 보도기관, 여가 등
③ 교육과 문화와의 관계에 영향을 미치는 활동: 유아교육, 학교교육, 사회교육,
　　평생교육 등

문화행정의 기능은 문학적, 예술적 및 역사적 유물의 ① 보존, ② 훈련, ③ 창작, ④ 보급의 네 가지 기능이 있는데 이 가운데서 보급기능이 많은 사람들을 예술적 · 지적 활동이나 작품에 접근시키기 때문에 문화정책과 문화행정에서 가장 중요한 새로운 위치를 차지하고 있는 것으로 보인다.

최근 우리나라에서도 이것을 '문화촉매'라는 용어로 사용하게 되었는데 이것은 곧 문화적 민주주의를 실현하는 수단으로 등장한 새로운 개념이기도 하다. 이런 의미에서 문화촉매기능이 문화행정의 기능이라고 해도 과언이 아니다.

본래 문화활동은 개인의 자유와 자발적 의사에 의해서 이루어지는 것으로서 행정이 개입될 것이 아니라는 것은 이론적으로는 통하는 이야기다.

그러나 현실적으로는 그대로 가만히 있어서는 일반대중의 문화활동을 유발시키기에는 거리가 있다. 그래서 촉매기능이 필요한 것이고, 그 계기를 준비하는 주체가 행정가, 즉 촉매자이고 촉매기능을 연출하는 것이 문화행정이다.

문화촉매활동의 목적은 참여와 학습이고, 그 활동수단으로는

① 비(非)관중에게 흥미를 갖게 하는 일.

② 개인들의 감수성을 키우고 그들을 소집단으로 동원하며,

③ 촉매동기를 이해시키고 적극적으로 참여하게 유도하고,

④ 촉매장소와 시설을 확보 · 확장하며,

⑤ 새로운 프로그램과 표현방법을 개발 · 준비하며,

⑥ 각종 기관으로 하여금 끊임없는 개혁과 발전을 유도하고가,

⑦ 개인과 집단의 창조적인 비판기능을 제고시키고,

⑧ 교육을 일상적인 생활과 여가 속에 편입시키며,

⑨ 인간적인 교류와 삶의 환희를 재생시키는 방법으로 추진하는 것이 바람직하다고 본다.

문화행정의 조정수준은 활동형태의 상대적 범위에 따라 전국적인 활동과 지역적인 활동으로 구분할 수도 있고, 공공기관과 사적(私的)인 민간기관의 수준으로 조정할 수도 있다.

조정의 수단으로는 재정적인 수단, 사법적인 수단, 조직적인 수단과 각종 시설물의 관리 등으로 구분될 수 있는데 각기의 영역과 기능 및 수단에 관한 적절한 정책이 고안되어야 할 것이다.

5. 예술행정의 지방분권화

많은 나라들이 문화·예술행정 수립의 제1원칙을 지방분권화에 두고 있다. 이것은 문화적 민주주의를 실현시키고, 문화활동이 생활양식의 변천에 보조를 맞추도록 하려면 정책의 최종목표나 중간목표 및 그 수단은 지역적 차원에서 고안되어야 하기 때문이다. 문화생활이란 자발성·창의성·책임감을 전제로 하기 때문에 중앙정부의 묵직한 관료주의 성격으로는 새로운 요구나 현실에 직면하여 민감하게 반응시키고, 또 정치적 요구에 적응시키기 적합하지 못하다는 것이 지적되고 있다.

1967년 유네스코 원탁회의(모나코)에서 내린 결론에 의하면, 문화정책이란 중앙집권화와 지방분권화라는 두 가지 상반되는 필요조건을 충족시켜야 하는데 이 두 조건은 동시에 발생하지도 않고 같은 목적을 갖지도 않는다. 중앙집권화는 문화정책의 초기단계에서 필요하며, 각국의 상황에 따라 보조금 등을 통하여 지방당국을 격려하고 법률적인 거와 행정적인 절차나 규칙 등을 마련하고, 전국적인 조치를 취함으로써만 결과를 얻을 수 있는 경우에는 중앙집권화가 필요하겠지만, 이러한 기초작업을 끝마친 다음에는 지방분권화의 단계로 넘어가는 것이 바람직하다고 하고 있다.

이러한 견지에서 볼 때, 중앙관서의 역할은,

첫째, 홍보활동과 전문가의 양성이다. 문화행정은 공공 분야에서는 미개척 분야이며, 이 분야의 여러 주제는 새로 습득할 것이 많기 때문이다. 중앙관서만이 지방관서에 정보를 제공하고, 문화활동의 기획자나 행정가를 양성시킬 수 있는 것이다. 훈련받은 전문가가 없다면 제아무리 훌륭한 정책이라도 실현될 수가 없는 것이며, 전문가의 양성은 문화시설의 건립보다 우선해야 할 과제라고 할 수 있다.

둘째, 기술지원과 조정의 역할이다. 중앙정부는 지방자치단체와 지방문화기관에 계속적으로 문화적 문제에 주의를 기울이게 하고, 기술적인 지원을 해주어야 한다. 한편 교육활동·문화활동·여가활동 등을 시설활용이나 기타 활동과의 통합방법으로 연결시키고 조정하며, 지역 간의 경쟁의식이 문화적 노력을 분산시킬 우려가 있을 경우의 조정역할도 중앙관서의 임무이다.

셋째, 연구와 창작이다. 중앙정부만이 사회변천의 결과로서, 정부시책의 결과에 제기되는 문제를 다룰 수 있으며, 문화활동의 목표와 방법을 결정하고 수단을 동원할 수 있다. 또 문제를 분석하고 결과를 평가할 방법을 마련하고, 미개척문제에 관한 개혁적인 시도를 착수하고 발전을 위한 국제협력의 증진임무도 중앙정부에 있다.

그러나 행정적인 문제는 근본적으로 지방자치단체의 소임으로 넘겨야 한다. 그것이 중앙정부의 관할하에 놓이면 과도한 중앙 집중의 결과를 낳게 되고, 문화활동의 수도권집중화, 단체나 예술가의 편협된 선택, 관료주의화 등 많은 병폐가 뒤따르게 된다. 따라서 문화에 관한한 중앙정부는 행정상의 문제에 가급적 개입을 억제해야 한다. 중앙관서가 직접 개입하는 경우는 문화활동이 국가적 차원의 우선적인 문제로 부상(浮上)될 때 지방관서로서는 문제의식이 희박하고 자력(資力)이 크게 부족한 분야에 한해서라는 것을 알아야 하겠다. 특히 연극 · 음악 · 조형예술 · 건축 · 영화 등의 창작 활동 분야의 경우가 그렇다. 이 경우 중앙관서만이 충분한 정보와 여러 상황에 대처하는 방안을 지니고 있기 때문이다.

특히 지방자치제의 실시를 앞두고 있는 우리나라에서도 문화행정의 지방분권화는 새로운 과제로 등장하게 될 것이며 이 분야에 종사하고 있는 행정가들의 연구가 분발이 그 어느 때 보다도 절실히 요구되며 그 임무 또한 막중하다고 하지 않을 수 없다.

6. 나가는 말

이상으로 문화행정의 개념과 그 영역 및 기능, 그리고 문화행정의 지방분권화 등에 관해서 간략하게 서술하였다. 오늘날 우리의 문화예술계는 늘어나는 문화적 수요에 능동적으로 대처할 수 있는 문화행정가가 그 어느 때보다도 시급하게 요청되고 있으며, 중앙과 지방에서 확충되고 있는 크고 작은 문화시설을 관리하고 운영하는 행정요원과 기술요원 및 큐레이터의 필요성이라든가, 전국의 각급 문화기관에서 종사할 새로운 요원의 양성과 재교육, 다양해지고 증가되는 크고 작은 민간단체의 운영과 관리를 담당해야 할 종사자 등 새로운 인적 자원이 소요되고 있는 현시점에서 문화행정에 관한 관심이 고조되고 있는 것만으로도 큰 발전이라고 하겠다.

여하튼 문화행정은 일반 행정과 다른 면이 많다는 점을 감안하고, 문화행정에 임하는 행정가는 창조정신이 있어야 하고 정열적인 참여의식이 없으면 안 될 것이다. 그러므로 문화행정가는 예술가를 대중에게 접근시키는 일과 예술가가 활동할 수 있도록 잠재력을 개발하고 지원하는 예술인의 동반자로서, 또한 연출가로서 국민에 대한 봉사자로서의 사명의식을 지녀야 할 것이다.

서울대학교 예술문화연구소, 『예술문화연구』, 제4호, 1994. 11.

6. 한국 문화 · 예술행정교육의 현황

이종인(한국문화예술진흥원 문화발전연구소장)

1. 들어가는 말: 두 가지의 전제

주어진 발제제목이 암시하고 있는 바와 같이 문화 · 예술행정교육을 문화행정교육과 예술행정교육으로 구분해서 말하기는 쉽지 않다. 왜냐하면 우리나라에서는 아직까지 문화행정과 예술행정의 개념규정이 정립된 바도 없고, 또한 그것들에 대한 교육의 개념도 모호하고 중복성을 띠고 있으며, 일반적으로 통용되는 '문화행정'이라는 용어는 문화와 예술을 포함한 의미로 사용되고 있기 때문이다. 그리고 국가문화예술행정의 주무부처인 문화체육부의 특수 업무를 담당하는 학예직 · 연구직 · 전문기능직을 제외한 모든 공무원들은 순환근무를 하고 있다는 점에서도 문화행정교육과 예술행정교유의 구분은 의미가 없는 일일 수도 있다. 그럼에도 불구하고 현황을 살펴보면 문화행정교육과 예술행정교육의 구분이 드러나고 있음을 발견하게 되기 때문에, 이 발제에서는 문화행정교육과 예술행정교육을 구분하여 설명하고자 하는 것이 첫 번째 전제이다.

두 번째 전제는 문화 · 예술행정교육을 직전교육(職前敎育)과 현직교육(現職敎育)의 두 종류로 구분하여 살펴보고자 하는 것이다. 문화예술행정요원에 대한 교육은 양성교육, 직무교육, 재교육의 세 가지 종류가 있다고 보는데, 양성교육은 장래의 필요성에 대비하여 사전에 해당 분야에 대한 교육을 실시하여 인력기반을 확보하려는 목적의 교육으로서 학교교육이 여기에 해당된다고 보겠다. 직무교육은 신규 채용자를 업무에 익숙하도록 하는 교육이고, 재교육은 현재 하고 있는 직무에 대한 수행능력의 유지 또는 향상을 위한 교육으로서 두 가지가 모두 소속직장에서 이루어지는 것이 보통이고 경우에 따라서는 외부기관에 의뢰하기도 한다. 이 발제에서는 양성교육을 직전교육으로 표현하고, 직무교육과 재교육을 현직교육으로 표현하기로 한다.

2. 문화행정교육의 현황

1) 문화행정교육의 대상

문화행정교육의 대상은 넓게는 전체 국가공무원 및 지방공무원도 포함될 수 있고, 좁게는 직접 문화행정을 담당하는 요원을 대상으로 하는 교육이다. 여기에는 문화체육부의 종무실(종무행정과, 종무지원과), 문화정책국(총괄과, 조사과, 국제교류과), 생활문화국(생활문화과, 지역문화과, 박물관과, 문화시설과), 어문출판국(어문과, 도서출판과, 도서관정책과, 저작권과), 문화재관리국(유형문화재과, 무형문화재과, 기념물과, 재산관리과, 궁원관리과, 문화재연구소, 궁중유물전시관, 창경궁관리소, 창덕궁관리소, 경복궁관리소, 종묘관리소, 현충사관리소, 세종대왕유적관리소, 칠백의총관리소 등), 국립국어연구원, 국립중앙도서관의 직원과, 한국문화예술진흥원과 간행물윤리위원회 및 저작원심의조정위원회 등 산하단체 직원이 대상이 될 수 있다. 지방행정조직 중에서는 특별시 및 직할시와 도의 문화국, 문화과, 문화공보실, 구·시·군의 문화계, 문화재계, 문화공보실 등에 소속된 직원과 지방도서관, 지방문화시설관리자, 지방문화원직원 등이 포함될 수 있겠다.

2) 직전(양성)교육기관과 교육내용

현재 우리나라에서 문화행정 전문교육을 실시하고 있는 기관은 중앙대학교 사회개발대학원의 문화예술학과 문화정책전공과정 뿐이다. 1983년 10월에 개설된 이 과정에서는 문화정책론, 문화관계법, 문화복지론, 문화재관리론 등의 강좌가 있다(〈표

<표 1> 중앙대학교 사회개발대학원 문화예술학과 문화정책전공 교과목

구 분	과목명	시 간	학 점
공통 필수과목	사회개발론	2	2
	현대사회론	2	2
	행정조직론	2	2
	조사방법론	2	2
	영어특강	2	2
전공 필수과목	문화정책론	2	2
	문화관계론	2	2
	문화복지론	2	2
	문화예술세미나	2	2
전공 선택과목	대중문화론	2	2
	문화운동론	2	2
	문화사회학	2	2
	비교문화론	2	2
	문화제도론	2	2
	문화재관리론	2	2
	예술경영학	2	2
	문화비평	2	2

1> 참조).

대학원 과정으로 타 대학에는 유사한 학과가 아직은 없다. 학부에도 문화행정이나 문화정책을 전공으로 하고 있는 대학은 없는 실정이다. 예컨대 문화재에 국한시켜 보더라도 사학과, 고고학과, 인류학과 등 유관학과가 있기는 하지만 보존과학이나 문화재론과 같은 전문기술적인 과목이 설치되어 있지 않다.

3) 현직교육기관과 교육내용

(1) 중앙공무원 교육원의 교육

총무처의 중앙공무원 교육원은 공무원에 대한 일반교육과정에 문화행정과 관련된 교육을 포함하고 있는데 그 내용은 <표 2>와 같다.

<표 2>에서 볼 수 있듯이 교과내용이 문화예술행정과는 직접적인 관계를 지니지 않는다는 것이 특징이다. 즉 이들 과목은 문화 또는 예술의 여러 분야에 대한 일반교

<표 2> 중앙공무원 교육 중 문화예술관련과목

과 정	대 상	문화행정 관련과목
정책관리자 과정	실 · 국장	• 동양문화의 우수성과 한국문화 • 한국의 전통문화
국장후보자 과정	3급 승진후보자	• 청년문화와 사회의식 • 한국의 전통음악
신임과장특별과정	4급 승진자	• 한국전통음악
일선기관장후보자과정	4급 승진후보자	• 청년문화와 사회의식 • 한국전통문화의 멋과 얼
초급관리자 과정	5급 승진합격자	• 한국전통문화의 멋과 얼 • 청년문화와 사회의식 • 한국인의 언어생활과 의식구조 • 우리 민족과 문학 • 전통음악 • 현대미술의 이해
신임관리자 과정	5급 신규임용자	• 한국전통문화의 멋과 얼 • 전통문화의 현대적 가치 • 한국인의 언어생활과 의식 • 인생과 철학 • 인생과 문학 • 미술의 이해 • 한국의 전통음악 • 민속무용 • 민속궁도 • 덩더쿵춤 • 한국사상과 선비정신

양적인 내용을 담고 있다고 하겠다.

(2) 지방행정연수원의 교육

내무부 지방행정연수원은 지방공무원을 대상으로 교육을 실시하는데, 단기관리
자과정의 고급정책관리자과정, 중견관리자과정, 초임관리자과정에 각각 지방문화육
성과목이 있다. 장기관리자과정의 시장군수양성과정에는 문화사개관, 현대문화예술
의 이해, 지방문화육성 등의 과목이 있으며, 고급간부양성과정에는 한국사개관, 민족

사의 재조명과 역사의식, 지방문화육성 등의 과목이 있다. 중앙공무원교육에 비하면 비교적 문화행정에 접근한 과목이라고 하겠다.

(3) 문예진흥원의 연수교육

한국문화예술진흥원 문화발전연구소에서 실시하고 있는 연수교육은 '문화행정연수(1989년 개설)' 과정이 다음과 같이 진행되고 있다.

'문화행정연수'는 문화행정요원의 문화적 소양증진과 자질향상을 기하며 문화기획의 전문성을 함양한다는 목적을 지닌 직무 및 재교육의 의미를 지닌다. 이 교육은 실무자과정(2주)과 관리자과정(1주)으로 구분되어 각각 년 1회씩 실시되며, 과정별 정원은 40명으로 제한하고 있으며, 교육내용은 문화소양, 문화정책, 문화행정, 문화시설운영, 문화정보 등으로 구성되어 있다(〈표 3〉 참조). 이 과정의 교육대상자는 문화체육부와 문화기관의 직원, 시·도 문화행정직원, 각급 문화기관의 사회교육 프로그램 담당요원 등이다.

〈표 3〉 문예진흥원 문화행정연수 교육내용

구 분	주 제	강의내용
강 의	문화소양	한국문화론, 문화의 인류학적 이해, 한국인의 문화유산, 현대문화 특성, 현대 한국문화 정책사, 대중문화론, 문화운동론, 청백리 정신과 공직윤리
	문화행정	문화정책론, 각국의 문화정책, 문화교류론, 지역문화 형성 문화촉매운동론, 문화산업과 매체, 지방자치와 문화행사, 도시문화환경 개선방안, 음악·미술·무용·대중예술행정
	문화공간 운영	문화행사 유치방법론, 홍보와 고객관리, 전속단체의 운영, 전시장·공연장관리, 문화시설과 설비운용, 조명·음향의 기초, 지역문화시설 경영자의 사명과 역할
	문화정보	문화예술과 정보관리, DB구축과 활용, DB운영 실무
강 의	문화기획	문화교육 프로그램 기획론, 문화시설을 이용한 문화행사 기획, 이벤트 기획 연출론, 문화행사 기획사례 연구
현장교육	문화시설 견학	현장강의, 시설, 기계설비 운용 견학

(계속)

구 분	주 제	강의내용
합숙훈련	워크숍	문화행정 사례발표, 토론, 문화행정기획서 작성 워크숍, 친교 프로그램, 문화계 저명인사 특강
시청각교육, 기타	감상 프로그램	영화, VTR감상, 공연·전시관람
	기 타	레크리에이션 지도, 토의방법, 프레젠테이션 기법 등

7. 문화시설 운영활성화를 위한 방안

이종인(중앙대학교 예술대학원 객원교수)

1. 공공문화시설 운영의 문제점과 개선방안

(1) 관장의 문제

문화시설은 관장의 능력이 무엇보다도 중요하다. 그러나 이제까지 우리 문화시설의 관장들은 거의 모두가 문화에 관한 식견과 열정이 없는 사람들이 단기간 근무하다 교대되는 것을 거듭하고 있으므로 문화시설들이 단순한 행정의 재산으로만 관리되고 문화활동의 구심체 역할을 하지 못해 왔다.

앞으로의 문화시설의 관장은 문화시설을 운영하기 위한 재정확보에 최우선의 목표를 두어야 할 것이다. 이러한 이유로 관장은 반드시 전문예술가가 아니더라도 문화예술에 열정이 있고 문화행정 경험이 풍부한 전문경영인이 필요한 것이다.

(2) 운영체제 및 제도의 문제

행정주도의 운영체제에 대한 근본적인 검토가 필요하다. 이점에 관하여 서울시에서도 "궁극적으로는 회관운영에 경영개념을 도입하여 재단 법인화하는 방안을 주도 면밀하게 검토하여 추진해 나갈 것"이라고 언급하고 있어 다행이다. 그러나 이것을 너무 오래 지연시켜서는 문화예술 전문인을 관장으로 선임하는 실효를 거둘 수가 없는 일이다. 외국의 예를 보면 관리와 운영을 완전히 민간에 위임하는 제3섹터형(법인화)과, 관리는 행정이 맡고 운영은 민간이 맡는 제2섹터형(반관반민)이 있음을 찾아볼 수 있다.

(3) 조직과 인력의 전문화

이제까지 우리나라 공공문화시설의 운영조직은 시설의 관리·유지 차원에 머물고 있다는 인상을 주고 있다. 앞으로는 문화예술의 창출과 보급기능의 최대화로 전환해야 하리라고 보인다. 그러기 위해서는 문화시설의 조직을 프로그램 기획·제작 부문, 프로그램 보급과 관계유치 부문, 기자재조작운용 부문, 시설관리와 일반행정 부문의 순으로 전문화된 조직으로 강화해야 하겠다.

한편 직무교육과 기술교육의 강화로 전문가를 양성하는 제도를 확립하고 종사자들의 신분과 생계보장으로 사명감과 의욕을 고취해 나가야 할 것이다.

(4) 경영기법의 도입

이제까지의 공공문화시설들은 주어진 예산범위 내에서 정해진 공연 횟수를 채우는 것으로 책임을 다했다고 생각하는 것은 아닌지 의심스러운 일이다. 앞으로는 문화시설의 운영에 경영기법을 도입하여 운영예산의 적극적인 확보방안과 자체수입(입장료 등) 증대 노력이 필요하며, 적극적인 프로그램 개발로 자체기획 사업을 확대하고, 시설 가동률을 제고하며, 서비스 기능을 제고해 나가야 한다.

(5) 문화시설의 기능에 관한 관념의 전환

그동안 우리는 문화시설은 "1년에 몇 편의 공연을 주최하고 그 나머지는 대관을 요청하는 사람에게 대관해 주는 곳"이라고 여겨온 것은 아닌지? 또 문화시설은 "왜 세웠는가" 그리고 "무엇을 하는 곳인가"에 대해서도 생각을 기본적으로 바꾸자는 것이다.

문화시설의 설치목적은 '지역의 문화진흥', '문화적인 지역을 만드는 것'이라고 하겠다. 이러한 의미에서 문화시설의 기능은 다음과 같은 것이라 하겠다.

① 지역에 문화활동의 씨를 뿌리고 싹을 틔우며,
② 지역에 아마추어 문화활동의 물결을 일으키고 넓히며,
③ 프로의 예술예능과의 만남의 장을 만들어 수준을 향상시키고,
④ 문화 프로듀서를 양성하며,
⑤ 지역 나름의 문화활동을 전개하여 문화적인 지역환경을 조성하고,
⑥ 자유롭고 자주적인 주민들의 생활방식이 바뀌어 지역이 문화적으로 되게끔 하는 거점이 되어야 한다는 것이다.

2. 외국의 문화시설 운영사례

(1) 프랑스의 '문화의 집'

각 '문화의 집'은 그 특성에 따라 조직과 기구가 약간씩 다르기는 하지만 공통적인 사항을 보면 다음과 같다.

① 운영협의회

'문화의 집'에는 국가 또는 지방자치단체의 관계자와 지역 저명인사로 구성되는 운영협의회가 있으며 여기에는 이사장이 있으나 모두 비상근이다.

운영협의회에서는 관장을 선출하고 운영사항 전반에 관한 심의 및 의결에 임한다. 그러나 실질적인 운영은 관장이 책임지고 있으므로 간섭하는 일은 없다.

② 관장

'문화의 집'의 관장은 운영협의회에서 후보자 가운데서 선출하여 추천하면 국가에서 인준함으로써 임명된다. 대개의 경우 활동계획의 실행기간에 의거하여 관장의 임기는 2~3년이다. 현행 관장의 임기가 만료될 경우, 관장이 되고자 하는 자는 누구나

각자 자기 나름대로의 ‘문화의 집’ 운영계획서(사업계획)를 해당‘문화의 집’ 운영협의회와 국가(문화성)에 제출한다. 운영협의회와 국가에서는 제출된 운영계획서를 검토 심사하여 이제까지의 ‘문화의 집’의 독창성 이미지 부각의 지속성, 예술성, 경영의 전문성, 적극적인 실현의지의 유무 및 능력 등을 분석하여 가장 적합하다고 인정되는 자를 선출하게 된다. 이와 같은 관장의 임명방식은 일방적인 지명이 아니라 일종의 공개모집제에 의한 경쟁방법으로서 독창성과 창의성을 살리는 데 크게 기여하고 있다고 평가된다.

국가와 운영협의회는 일단 관장을 선출 임명한 뒤에는 관장의 임기 내의 모든 운영사항에 대해서 일체의 간섭을 배제한다. 그러므로 관장은 임기 내에서는 ‘문화의 집’의 재정 · 인사권을 갖고 운영의 모든 책임을 지고 일한다. 임기가 끝난 뒤 재임을 희망할 경우라도 자동적인 재임명은 있을 수 없고, 다른 후보자들과 동일한 조건으로 운영계획서를 제출하고 심사를 받아야만 한다.

③ 조직기구

각 ‘문화의 집’에 따라 명칭은 다르지만 대개의 경우 총무부, 기획창작부, 기술부, 섭외 및 고객관리부 등 4개의 부서가 있는 것이 보통이다.

총무부는 일반관리와 예산 · 회계 · 인사업무를 담당하는 한편 예술 창작부의 기획작품 제작에 대한 행정지원을 맡는다.

기획창작부는 자체기획작품의 제작업무와 자체생산작품의 판매, 타 지역에서 좋은 작품을 구입하는 1년간 공연 · 전시작품의 비율 조정과 일정 확정, 공연시기 · 공연규모에 따른 임시직원 확보 등의 업무를 담당한다.

기술부는 시설기자재의 관리운영업무를 담당한다.

섭외 및 고객관리부는 고객명단(회원명단) 작성, 고객의 취향분류, 홍보지 발송 및 홍보활동(TV, 신문, 라디오, 잡지, 벽보, 자체홍보지 발간 등)과 ‘문화의 집’의 고유한 이미지 관리에 주력한다.

④ 직원의 임용

‘문화의 집’의 직원은 국가나 지방자치단체의 공무원 신분이 아니며, 전적으로 관장이 임명한다. 따라서 관장은 재정상태, 조직기구, ‘문화의 집’의 특성에 맞는 인력을 채용 배치한다.

특히 기술부의 직원을 채용할 경우는 경력과 전공 등을 참작하되 3개월간의 수습기간을 두고 현장에서 복무한 능력을 평가하여 채용 여부를 결정하는 것이 통례로 되어 있었다.

상근직원의 수는 '문화의 집'의 경우 30명 내지 60명 정도가 보통이며, 특별한 프로그램일 경우 임시직원을 고용하기도 한다. '문화활동센터'의 경우는 상근직원이 20명 내지 50명 정도로서 '문화의 집'보다는 그 규모가 작다.

프랑스 각종 문화센터에서 찾아볼 수 있는 특징적인 사항의 하나는 전속예술단체를 두고 있지 않다는 점이다. 문화센터가 기획 제작하는 프로그램이 있다고 하더라도 연출자를 선정 지명하면 그 연출자가 출연자를 구성하여 작품을 제작하고 공연이 끝나면 해산하는 방법으로 제작되고 있다. 이는 문화센터 내에 전속단체를 두게 되면 경쟁을 통한 창의성을 상실하게 되고 막대한 고정경비가 소요되기 때문이라는 설명이다.

⑤ 각종 자문위원

대개의 '문화의 집'의 경우 내부기구로서 관내의 사항을 심의 조정하는 운영위원은 두고 있으나, 외부인사로 구성되는 자문위원은 두고 있지 않았다. 이것은 그동안 각종 자문위원회를 운영해 본 결과 실질적이고 생산적인 전문적 자문보다는 자기 분야에 대한 불필요한 아집과 간섭이 가져오는 폐단과 비생산적인 결과를 경험했기 때문에 폐지했다는 설명이었다. 그러나 이러한 설명을 바꾸어서 생각해 볼 때는 근 30년 가까운 '문화의 집' 운영경험이 여기에 종사하고 있는 요원들의 책임감과 예술성 및 전문성 함양에 기여했기 때문일 것이라는 느낌을 강력하게 받을 수 있었다.

(2) 일본 지역공공문화시설의 운영체제

공공문화시설은 두 가지 유형의 관리운영 형태로 나눌 수 있다. 그 하나는 도·부·현·시·정·촌(都·府·縣·市·町·村) 자치체가 시설의 관리와 사업을 관장하는 직접경영방식(이하 A방식이라 약칭)이며, 이에 대해서는 구태여 언급할 필요가 없을 것이다. 또 하나는 공익재단법인을 설립해서 경영을 위탁하는 방식(이하 B방식이라 약칭)인데, 바로 우리가 각별히 관심을 가져야 할 대상이기도 하다. B방식은 공익성을 바탕으로 하면서도 탄력적인 경영을 하려는 의도에서 고안된 제도인데, 일차적으로는 다음과 같은 필요에 의해서 발생된 것이라고 한다.

첫째, B방식은 예술문화사업에 대한 관의 간여를 배제시키는 장치의 역할을 한다. 둘째, B방식은 경영에 기업성을 도입하고 민간의 경영수법에 의한 사업을 실시함으로써 문화시설을 활성화 할 수 있다. 셋째, A방식으로는 공무원인사 규정 때문에 우수한 전문인력을 자유롭게 확보할 수 없다. 넷째, 공공문화시설은 여러 가지 형태로 기부금에 의존하기도 하는데, A방식으로는 법률상의 제약 또는 회계처리상의 까다로움이 뒤따른다. 다섯째, 문화시설의 운영에 지역사회주민을 직접 참여시킬 수 있는 장치를 마련하기가 쉽다.

여기서 한 가지, B방식이라 할지라도 관(지자체)으로부터 완전히 분리되어 독자경영을 하는 것은 아니라는 점이다. B방식이라 할지라도 시설관리와 재정업무만은 관에서 파견된 공무원이 관장한다. 까닭인즉슨 시설 자체는 자치체의 소유인데다가 운영자금의 대부분도 자치체의 예산에서 지출되기 때문이라는 것이다.

관에서 파견된 관리는 다만 시설을 관리하고 재단이 적절한 재정 관리를 하게끔 도와주는 행정인력지원의 역할만을 할 뿐 재단 측의 사업 경영에는 간여하지 않기로 되어 있다. 이 점은 B방식이 재단과 관사이의 갈등 소지를 제도적으로 안고 있다는 의미에서 매우 미묘하긴 하지만, 일본식의 협조·단체정신과 자치제정신에 의해서 재단 측에 도움이 되는 방향으로 작용하고 있다고 한다. 아무튼 'B방식의 필요성'은 우리나라에도 거의 그대로 적용될 수 있다는 것을 인정한다면, 우선 몇 군데의 도·시립 문화회관에서만이라도 도입을 검토해 볼만한 제도이다.

8. 공연예술의 발전을 위한 현안 2제

이종인(한국문화행정연구소장)

1. 제세부담금 문제

공연예술을 위한 자체적 발전노력에 가장 큰 현실적 부담은 역시 제세부담금이라 할 수 있다. 공연예술에 부과되는 매표부가가치세와 문예진흥기금 납부 등 제세부담금은 주최자의 비용부담이라는 측면에서 공연기획사나 매니저들에게는 공연예술의 발전을 원천적으로 가로막는 문제로 인식되고 있다. 매니지먼트, 즉 공연기획자를 일반사업자와 동일시하여 세금을 납부하게 하고, 문화예술의 진흥과 육성을 위한 문화예술진흥법이 오히려 이들로부터 6~7%의 문예진흥기금을 납부하게 하는 현실은 법 취지와 현실의 모순으로 비춰질 수 있다.

특히 발제자는 현직재임 중 공연예술의 입장권 판매액이 부과되는 부가가치세를 감면하기 위해 관계당국과 수차례 협의를 시도하여 보았지만, 관련세법 조항을 개정해야 하는 등 현실적 장애요인으로 인해 재임 중 해결하지 못하였던 경험이 있다.

물론 우리나라의 경우 공연장 대관료를 비롯한 연주자 개런티는 일반적으로 외국에 비해 오히려 저가로 책정되어 있다. 특히 정부에서는 해외연주자의 국내 공연 개런티 상한선을 정하여 비용 상승을 제도적으로 억제하고 있으며, 공공 문화공간의 대관료는 공간의 기본적인 유지운영비에 미달되게 책정되고 있다. 다만 해외연주자의

공연 장소	문예진흥기금	할부대관료	매표부가가치세	합계	용도(제한)
국립극장	6%	없음	10%	16%	순수예술
세종문화회관	6%	없음	10%	16%	순수예술
예술의전당	6%	없음	10%	16%	순수예술
올림픽체육시설	6%	8%	10%	24%	체육행사
서울시체육시설	6%	25%	10%	41%	체육행사
일본의 공연장	없음	없음	특별소비세 3%	3%	제한 없음

개런티는 국내 언론사를 중심으로 한 일부 기획사들의 자체경쟁으로 인하여 1990년대 들어 급속하게 상승되는 경향이 있지만 이 경우는 전문적인 매니지먼트사가 활성화되지 못하여 대기업 체제인 언론사 등이 공연시장을 주도하기 때문에 생겨난 일시적인 경향일 수도 있다. 그러므로 이러한 사실만 보면, 우리나라는 오히려 예술진흥을 위한 모범적인 문화정책 국가로 인정받을 수 있을 것이다. 그러나 대관료를 제외한 공연행사를 위해 부담하는 제세비용 부담금을 고려해 보면 이러한 평가는 전혀 의미가 없어진다.

공연예술 발전을 가로막는 요소는 곳곳에 잠복해 있다. 공연예술에 부과되는 조세(부가가치세)와 준조세 성격의 부담금(문예진흥기금 납부)은 각종 규정에 따라 제작비에 대한 고려도 없이 ── 일반 사업자는 매출액과 매입액의 차액에 대하여만 세금부과 ── 무조건 입장료 수입총액에서 부가가치세 10%, 문예진흥기금 7% ── 대중예술공연은 여기에 할부대관료 8% 내지 25% 추가부담 ── 를 납부해야 하므로, 결국 공연자는 입장권 발매액의 17%(내지 40%)를 징수 당한다.[*]

이 외에도 공연자는 매표를 위하여 5% 정도의 매표수수료를 지급해야 하며, 개런티를 지급 받아 소득을 올리는 예술가가 부담하도록 규정되어 있는 출연료(외국인이나 재외국민의 경우에는 항공료와 체재경비를 포함한 총액)의 20%에 해당하는 소득세와 소득세액의 10%(총소득액의 2%)에 해당되는 주민세를 도하여 총수입의 22%를 원천징수해야 한다.[**] 공연을 위해 지출되는 총액에 부과되는 이러한 세금은 계약에 따라 관행적으로

---

[*]　예를 들어 입장권 1매의 액면가가 1만 원이면 이 금액 속에는 문예진흥기금 6%와 부가가치세 10%가 포함된 금액이므로, 예진흥기금과 부가가치세는 쌍방에서 각기 타 세목을 포함한 금액을 입장료로 간주하고 있다.

공연자가 부담하고 있다.[*]

이러한 점을 고려해 보면, 매표총액의 16% 내지 41%에 해당하는 공공 부담금과, 5% 정도의 매표수수료, 예술가에게 지급하는 개런티 및 숙박비 등 출연자와 관련된 경비 총액의 22%에 해당하는 고율(최저 43%, 최고 68%)의 세금과 준조세는 우리나라의 공연예술 발전을 근본적으로 가로막는 저해요인이 되고 있다.[**] 물론 부가가치세, 원천징수소득세, 주민세 등 세금의 문제는 "소득 있는 곳에 세금 있다"는 조세 기본원칙을 들지 않더라도 조세 형평성 문제 등의 사유로 당장 해소될 수 있는 사안은 아니라고 보인다. 그렇지만 국가에 의무 지워진 예술진흥 책무를 고려하면 장기적으로 법률 개정을 통한 공연예술 문야의 조세부담 경감조치를 시행해야 할 것이다.[***]

[**] 법인세법 제55조 제1항, 동법 시행령 제122조 제4항, 소득세법 제119조 제6호, 동법 시행령 제179조 제4항, 예규 외인 1264. 37-303, 1982. 1. 28., 예규 외인 1264. 37-2199, 1982. 7. 5., 예규 국조 1234-1992, 1979. 6. 19. 참조. 다만, 외국인의 내한 공연과 관련해서는 ㉮ 용역수행국에 고정시설을 가지고 있는 경우, ㉯ 당해 회계연도 중에 총 183일 이상 체재한 경우, ㉰ 용역대가가 미화 3,000달러를 초과하는 경우 중의 1에 해당되는 경우에만 일반적으로 용역수행국에서 과세대상이 되지만, 우리나라와 교류가 가장 활발한 미국과의 관계에는 〈대한민국과 미합중국 간의 소득에 관한 조세의 이중과세 회피와 탈세방지 및 국제무역과 투자의 증진을 위한 협약〉 제8조 제1항, 제5항, 제6항에 의하여, 대한민국 국내에 고정사업장이 없는 미국 법인의 산업상, 상업상 활동으로 제공되는 용역에 대한 대가는 면세하도록 되어 있으므로, 예술가 개인이 아닌 소속 매니지먼트사 등 법인의 명의로 공연사업을 수행할 경우 국내 원천소득에 대한 소득세를 징수할 수 없는 모순을 가지고 있다. 이것은 조세수입의 손실을 초래할 뿐 아니라 우리나라의 경우에 실질적으로 경쟁력 있는 수출대상 문화상품이 없기 때문에 호혜평등에 입각한 조세협약의 형식을 띤 '사실상의 불공정 조세협약'의 성격을 띠고 있다 하겠다.

[*] 외국인 초청공연의 경우, 공연물의 소득세(항공료, 체재비 포함)까지 고려하면 공연예술 사업의 가장 큰 발전저해 요소로 고율의 세금과 대관 부담금 문제가 심각한 문제이다. 그러나 우리나라의 세율이 가혹하지만 실제 공연자의 재무구조를 악화시키는 요인은 다른 이유도 있다. 즉 당연히 수익자가 부담해야 할 세금을 나쁜 관행에 따라 공연자가 대납하는 것도 한 원인으로 보인다.

[**] 미국, 영국, 프랑스 등 비교적 예술활동에 대하여 지원우선 정책을 펴는 국가들이나, 우리나라와 직접적인 경쟁 상대국인 일본, 대만 및 아세안 국가들과 비교해 보면, 우리나라의 공연관련 조세 부담률은 대단히 높은 경우에 속한다. 다만 예외적으로 독일의 경우에는 공연수입에 대한 원천과세율이 25%에 이른다. 특히 독일은 우리나라와 같이 과세기준을 제비용을 공제하지 않은 수입총액 기준으로 부과하며, 내국인은 물론 외국인 공연자들에게까지 6% 세율의 '통일연대세'와 '판매세'까지 부과하기 때문에, 실제 세금부담률이 흥행 총수입의 31%에 이른다.

[***] 이원태, 『대중예술을 위한 문화공간 확충방안』, 한국문화정책개발원, 1997, pp 83-88.

2. 문예진흥기금 지원제도의 문제

공연예술을 위한 지원제도는 예술시장의 자체적 발전노력을 보완해 주는 기능을 가지고 있다. 새 정부의 문화정책 방향에는 이러한 예술지원 정책을 중요한 현안으로 설정하고 몇 가지 정책대안을 제시하고 있지만, 여전히 예술창작과 예술가 및 예술단체에 대한 직접지원에만 중점을 두고 있어 제2차적인 예술창조자라고 할 수 있는 공간 매개자와 촉매자들에 대한 배려는 여전히 미약하다. 과거로부터 하나의 전통이 되다시피 한 현행 문예진흥기금 지원제도와 금년의 지원 결정 내역은 이러한 측면에서 시사하는 바가 크다.

(1) 1998년 지원결정 내역

1998년도 문예진흥기금 지원사업 결정내용에 따르면, 총 지원신청 3,251건 중 1,251건을 지원하기로 결정되었다. 그중 음악, 연극, 무용 등 공연예술 분야의 지원건수는 모두 300건(전체의 24%)이다. 장르별로 세분하면 음악 125건(10.0%), 연극 79건(6.3%), 무용 96건(7.7%)로 집계되었다. 구체적인 내역은 다음과 같다.

〈표 2〉 1998년 공연예술 분야에 대한 문예진흥기금 지원 결정 내역

구 분	음악	연극	무용	계
공연활동지원	78	33	54	165
우수기획공연	3	5	2	10
공연예술행사지원	2	2	1	5
연구활동 발간사업	5	19	11	35
지역순회공연지원사업	24	8	15	47
국제공연교류지원	7	6	7	20
예술인 단체교류	6	6	6	18
합계(총지원건수 비율)	125(10.0%)	79(6.3%)	96(7.7%)	300(24.0%)

자료: "1998년 문예진흥기금 지원사업결정", 문예진흥원, 『문화예술』 98-3월호에서 요약 발췌

(2) 지원대상 사업

① 공연활동 지원사업: 전문공연예술단체의 창작발표회, 우수 레퍼토리 공연 등 수준 높은 프로그램을 지원

② 우수기획공연 지원사업: 전문공연예술단체의 특정한 주제와 선명한 지향목적이 있는 우수 기획공연을 발굴, 지원하여 예술발전 및 새로운 공연문화 조성에 기여하기 위한 지원, 이 사업에 지원을 신청할 경우에는 공연, 또는 행사의 주제, 목적, 기획의도, 기대효과, 기업 등의 협찬 내용, 일정, 장소 출연진 등을 밝혀야 한다.

③ 대중예술 지원사업: 건전한 대중예술의 정착 및 발전을 위하여 시민위안 가요제, 건전한 공연 등의 활동을 지원(1998년 10건 지원).

④ 전문지 발간지원 사업: 연극, 무용 전문 월간지를 발간하는 발행인을 지원(월간 '한국 연극', '춤'으로 고정되어 있음)

⑤ 예술 평론활동 지원사업: 예술 각 장르의 평론가로 구성된 평론단체의 연구발간, 심포지엄, 세미나 등을 지원.

⑥ 연구활동 및 발간사업 지원: 각종 전문예술단체의 연구발표, 발간 등 자체창작 역량 강화 활동 및 도서발간, 음반, 영상, 데이터베이스 등 자료개발 보급활동을 지원.

⑦ 지역순회공연 활동 지원사업: 전문공연단체(음악, 연극, 무용, 전통 예술 등, 다만 개임은 제외)의 순회 프로그램을 지원. 이 사업의 경우, 지역문화회관을 활용하는 프로그램, 중·소도시를 순회하는 프로그램, 공단 및 기업체 공연, 직업훈련원, 교도소 등 문화소외지역 공연, 중·고교 방문 공연 등이 우선 대상이 된다.

⑧ 우수 기획 문화축제 지원사업: 이 사업은 1998년도에 새로 지원된 사업인바 지역문화축제 8개(강원 감자큰 잔치, 세종큰잔치, 군항제, 고싸움놀이, 약령시 개장행사, 장보고 축제, 온양·아산문화제) 축제가 지원된다.

(3) 문예진흥기금 조건부 기부금의 공연예술 분야 지원현황

1997년도에 문예진흥원에 기탁된 조건부 기부금은 총 472건인데 이 가운데서 공

〈표 3〉 1997년 공연예술지원 조건부 기부금 내역   (단위: 건/천원)

기부금	음악	연극	무용	공통	계
건수 (비율)	34 (7.2%)	31 (6.6%)	18 (3.8%)	7 (1.5%)	90 (19.1%)
금액 (비율)	707,889 (11.8%)	435,945 (7.3%)	219,700 (3.7%)	243,088 (4.0%)	1,606,172 (26%)

자료: "1997년 기부금 채납내역", 문예진흥원, 『문화예술』 98-2월호에서 발췌.

연예술 분야에 기부된 것은 90건(19.1%)이었으며, 금액으로는 총 60억 418만 원인데 이 가운데 공연예술 분야에 기부된 금액은 16억 617만 원(26.8%)이었다.

분야별 내역을 보면 음악이 34건(7.2%)에 7억 788만 9,000원인데 이중에서 큰 비중을 차지한 것은 '세종솔로이스트'지원금이 3억 7,966만 4,000원, '서울모테드 합창단' 운영지원금이 1억 5,000만 원이었다.

연극은 31건(6.6%)에 4억 3,549만 5,000원이었고 무용은 18건(3.8%)에 2억 1,970만 원이었는데 '국립발레단' 지원 3,320만 원이 눈에 띄었으며, 공통 분야에는 7건(1.5%)에 2억 4,308만 8,000원이었는데 '국립극장 버스 구입' 지원 1억 2,500만 원이 큰 비중을 차지하고 있다.

(4) 문제점

위에서 살펴본 두 가지 현황을 미루어 볼 때 공연예술 분야는 문예진흥원의 연간 총지원 사업건수의 24.0%에 불과하다는 점과, 조건부 기부금의 지원금액도 연간 총 기부금액의 26.8%에 지나지 않고 있음을 알 수 있었다. 이것은 음악, 연극, 무용의 3개 장르를 망라한 것으로 음악 분야의 비중이나 공연사업 활성화 정도를 볼 때 다른 장르에 비해 상대적으로 열악한 것이라고 하겠다.

그리고 특히 오는 이 자리에 모인 공연예술매니저의 입장에서는 문예진흥기금의 지원혜택을 직접적으로 받을 수 있는 문호가 아주 좁다는 것이다. 왜냐하면 공연예술 분야에 대한 지원대상 사업의 거의 모두가 예술단체에 지원되는 형식이지 기획, 매니저들에게 지원되지는 않고 있기 때문이다. 그러나 현행 지원대상 사업 가운데서도 '우수기획공연', '연구활동 및 발간사업', '지역순회공연', '국제공연교류' 등과 같은 사업의 경우 예술단체들과 밀접한 연계 하에 적극적으로 노력하면 지원받을 수 있는 방안이 모색될 수도 있다.

물론 공연예술 분야의 기획가나 매니저의 기능이 직업의 속성상 예술단체(또는 예술인)와 동떨어져서 활동할 수는 없고, 그들과 긴밀한 협조·협동 관계를 맺어야 하는 것이지만, 좀 더 적극적이고 창의적인 기획 아이디어와 역량을 발휘함으로써 그 활동 영역을 넓혀나가는 것이 바람직하다.

문예진흥기금 조건부 기부금을 조성함에 있어서도 일회성 기부로 끝나지 않고 후원회와 같은 조직을 결성하여 지속적으로 지원 받을 수 있는 방법과 체제를 갖추는 데 기획자와 매니저들의 역할이 지대하다고 본다. '국립발레단 지원'이나 '세종솔리이스트 지원'과 같은 사례가 그 좋은 예라고 하겠다. 공연예술의 활성화를 위하여 기획, 매니저들의 역할이 지대함에도 불구하고 아직 우리 사회에서 매니저에 대한 관심과 인식이 부족한 것이 현실이다. 그렇게 때문에 정부나 문예진흥원의 지원도 전무한 형편이다. 다행이도 작년(1997) 6월에 문예진흥원에 중앙 문화 프로그램 센터가 설치되었다. 이 센터에서는 문화예술 프로그램의 기획정보를 서비스하고 컨설팅하는 등 '문화 프로그램 뱅크'를 운영하고 있다. 앞으로 공연예술매니저협회 차원에서 이 사업과 연계를 맺고 적극적으로 활용한다면 좋은 성과를 기대할 수도 있을 것이다.

아트 매니지먼트란 '예술과 사회의 만남을 주선하는' 매개자라고 할 수 있다. 그렇기 때문에 이들은 2차적 예술창조자라는 인식을 확산시켜야 한다. 그러나 우리에게는 아직도 많은 문제점과 한계에 부딪히고 있는 것이 이 분야이다. 공연 프로그램을 기획하는 데 소요되는 재원의 확보에서부터 난관에 부딪친다. 이 분야의 오랜 전통과 경험에 비추어 보면 일부를 제외하고는 아직 경험이 많은 전문인력도 부족하고 그 역량도 낮은 상황이다. 특히 기획 정보의 서비스와 상담체계가 미비하고 문화예술단체와의 네트워크도 미비하다. 뿐만 아니라 예술시장과 고객에 대한 접근 정도도 부족한 실정이다.

매니저협회가 이상과 같은 문제점들을 해소하기 위해서는 단기적으로는 매니저들 간의 네트워크화와 교육연구를 위한 중핵거점의 정비, 매니지먼트 이론의 심화·발전, 매니저 활동에 대한 인식의 향상에 더욱 노력해야 할 것이다. 다행히 이번 모임에서 협회의 위상 강화를 통화 회원사의 이익증진을 위하여 수익사업 확대, 공연예술 아카데미 운영, 정책개발, 정보화사업 등 다양한 청사진을 마련하고 있다는 사실에 기대를 걸어본다.

　아무쪼록 공연예술매니저협회와 그리고 회원사 및 회원의 위상과 기능 및 그 역할이 자리매김 되고, 예술단체를 이끌어 가는 매니저가 됨으로써 협회나 회원사 아래 예술단체를 전속으로 거느릴 수 있는 날이 하루속히 도래하기를 바라는 마음 간절하다. 그렇게 되는 날, 우리나라의 공연예술계도 새로운 활로를 찾게 되리라고 믿는다.

9. 극장 운영조직의 전문적 정비와 운영재정의 확보

이종인(한국문화행정연구소장)

1. 들어가는 말

우리나라의 국·공립 극장들은 대체로 공공기관의 일반행정 관리들에 의해 운영되고 있다. 전문성을 갖추지 못한 관료들이 운영함으로써 그 효율성이 저하됨은 물론이고 문화예술에 대한 관의 간섭을 배제하기 어려운 것이 현실이다. 각 자치단체가 경쟁적으로 극장을 설립함으로써 극장(하드웨어)은 늘어나고 있지만, 그 속에 담은 알맹이가 부족하고 낙후되어 '개점휴업'이라는 비판을 받는 것이 국·공립 극장의 현실이다. 주어진 예산 범위 안에서 작품의 질적 수준이야 어떻든 의무적으로 공연작품수와 공연 횟수만 채우면 되고 관객이야 들어오든 말든 초대권만 뿌리면 된다는 안이한 생각들을 반성하지 않을 수 없다. 그래서 국·공립 극장의 문제를 지적하면서 그 운영을 민간에 위탁하자는 의견도 제기되고 있다. 여하튼 국·공립 극장의 운영체제가 재정비되어야 한다는 데에는 반론의 여지가 없으리라 생각한다.

현재 국·공립 극장이 지닌 문제점을 개선하기 위해서는 조직편제와 인적 구성원들의 전문성 확보방안과 교육훈련 방안 등 제반 운영체제에 대한 재정비가 동시에 추구되어야 한다. 이를 추진함에 있어서의 문제는 어떤 방법으로 언제부터 어떻게 실시하느냐하는 것이 제기될 수 있다. 아울러 근본적 문제의 하나인 재정확보 또한 논의 대상이 아닐 수 없다.

이 논의에서는 이미 국·공립 극장의 문제점을 인식하고 개선해온 미·영·프·독·일 등 선진각국의 사례를 검토함으로써 우리 현실에 맞는 개선안을 마련하는 데 시금석을 삼고자 한다.

2. 운영조직의 전문적 정비

(1) 운영체제의 정비

공권력의 억제를 사회의 기본원리로 삼고 있는 미국에서는 문화기관이나 문화시설들은 민간주도형으로 운영된다. 각 기관들이 독립성을 가진 운영위원회나 평의회 등의 의결기관을 가지고 운영되고 있다.

미국과는 달리 중앙정부 주도형의 문화시책을 전개하고 있는 프랑스에서도 '지원은 하되 간섭은 하지 않는다'는 원칙이 공공 문화시설의 운영체제에 그대로 반영되어 있다. 극장 자체의 소유권은 국가나 지방정부가 가지고 있으면서도 운영권은 완전히 민간 차원에 위임하고 있다. 프랑스의 대표적 지역 공공 극장인 '문화의 집(문화활성화센터·문화발전센터 포함, 현재는 국립무대에 포함되어 있음)'에는 각기 독립적인 이사회와 이사장이 있고, 실질적인 운영의 책임은 공개채용 형식으로 추천–선출–임명되는 관장에게 전적으로 맡기는 책임운영제도를 실시하고 있다. 일단 임명된 극장장과 스태프들은 공무원처럼 지위가 보장되면서 동시에 민간조직처럼 효율성을 극대화한다. 예산과 재정운영에 대한 전적인 자유와 책임이 관장에게 주어진다. 관장은 그 극장의 설립취지와 공공 극장으로서의 임무를 임기 중에 얼마만큼 살렸는가하는 것으로 평가받게 되므로 공공문화기관으로서의 기능을 다하는 데 전념할 수 있는 것이다.

지방자치단체 주도로 운영되는 일본의 지역 문화시설의 운영체제는 두 가지 형태가 공존하고 있다. 하나는 지방정부가 직접 관장하는 행정관료제적 운영체제이고, 다른 하나는 1980년대 이후 재단법인과 같은 법인체를 구성하여 운영을 위탁시키는 형태이다. 위탁운영의 경우도 행정이 100%를 출자하고 시설관리가 재정업무는 관에서 파견된 관리가 관장하고 있는 제2행정섹터 형태이다. 1990년대에 들어와서 일본의 신 국립극장은 운영모체로 '문화진흥재단'을 설립하고, 관장에 예술전문가를 영입하여 그 밑에 예술감독제를 신설했다.

이사아가 같은 민간위탁운영체제를 도입하고 있는 이유는 ① 문화예술사업에 대한 관의 간섭을 배제시킨다는 점, ② 관이 직접 운영할 경우에 관료제 인사규정에 묶여서 관장을 비롯한 우수한 전문인력을 확보하기 어렵다는 점 ③ 공연활동은 여러 가지 방법으로 기부금이나 후원금에 의존하게 되는데 관이 직영하는 체제에서는 회계처리상의 난점이 많다는 점 등을 꼽을 수 있다.

외국의 사례와 비교해 볼 때, 우리나라의 국·공립 극장들은 극소수를 제외하고는 전적으로 행정관리들이 직영하는 운영체제에 머물러 있다. 이러한 점에 비추어볼 때, 우리나라 국·공립 극장의 운영체제도 재정비되어야 할 시점이 도달했다는 것에는 이의가 없을 것으로 생각된다. 다만, 어떤 방법으로 언제부터 어떻게 실시하느냐 하는 것이 문제로 제기된다.

외국과 비교할 때 우리의 여건과 상황이 다르기 때문에 외국의 제도와 운영방법이 그대로 적합하다고는 말하라 수 없다. 우리 문화 현실은 아직도 외부환경에 대응하여 적극적으로 저항할 수 있는 힘을 기르지 못한 분야이기 때문에 제도적 뒷받침이나 적절한 인프라(정책, 재정, 관객, 시설, 소프트웨어, 프로그램, 정보, 환경 등) 없이 막연하게 민간에게 위탁 운영시킨다는 것은 재고되어야 할 것이다. 우리는 재단운영을 포함해서 극장운영의 전문요원을 확보하고 육성시키는 시스템도 결여되어 있고, 극장장의 자리를 명예직 정도로 인식하거나 보직 대기 장소로 인식하는 등 인사정책이 후진성을 면치 못하고 있는 실정이다.

이와 같은 상황에서 우리나라 국·공립 극장의 운영체제 정비를 위해 단계적 변혁방법을 시도해보는 것을 제안한다.

첫 번째 단계는 시범극장을 선정하여 2~3년 동안 일본에서 실시하고 있는 제2행정섹터형의 민간위탁운영체제를 실험해 본다. 전국 광역시도 단위에서 1개 이상의 극장을 선정하여 운영방법과 운영기법을 보완·정착시키고, 결과가 좋을 때 확대 보급하는 것이다. 이 경우에 전제 조건으로 운영경비 일체를 국가나 지방정부가 출자하되 행정은 시설관리와 법인의 재정관리를 돕는 역할을 하는 데 그치고, 운영은 외부로부터 식견 있고 경영능력을 갖춘 관장을 초빙하여 담당케 하는 것이 필요하다. 또는 관리와 운영을 분리하여 관리는 행정이 맡고, 운영은 예술단체와 시민이 참여할 수 있는 조치를 강구하고 예술감독제도를 도입하는 것이 필요하겠다.

두 번째 단계는 미국이나 프랑스의 방식과 같이 완전히 독립된 재단법인체 또는 관장 중심의 책임운영체제로 전환하는 것이다. 이렇게 하여 완전한 민간주도의 전문 경영성을 발휘할 수 있게 함으로써 운영의 목적과 성과에 책임을 지우고 예술성과 경영성을 십분 살려나가는 것이 바람직하다고 본다. 물론 극장의 소유권은 국가나 지방 자치단체에 두고, 국가와 지방정부는 지원을 계속 해야 한다. 이 경우 재단법인의 이 사회는 극장운영의 주체이다. 사회·경제·문화·예술계의 유능한 인사들을 이사로 선임하여 실질적으로 극장운영에 필요한 기금을 출연, 모금하고 극장장의 임명과 해임 등 실질적인 인사권을 갖도록 하는 것이 바람직할 것이다. 이사회와는 별도로 전문 분야별 자문위원회를 설치하거나 예술감독을 둘 경우 예술평가위원회를 둘 수도 있다.

(2) 극장 조직과 인력의 전문화

극장은 그곳에서 종사하고 있는 사람들의 전문성과 창의적인 열정에 의해서 생명력을 지니는 특수한 조직이다. 특히 오늘날 대형화하고 있는 극장들은 그 시설의 조작과 관리라는 측면만 하더라도 고도의 전문성이 요구된다. 뿐만 아니라 예술 프로그램을 기획하고 제작하는 데는 더욱 넓은 교양과 전문지식이 필요함은 두말할 나위도 없다. 관객과 회원을 관리하고 홍보활동을 전개하며, 절대적으로 부족한 운영재원을 확충하는 등 현대적인 의미의 경영기법까지 활용해야하는 것이 오늘날 우리 문화시설과 문화기관들이 안고 있는 과제이다.

우리나라의 국·공립 극장은 여러 문제점을 안고 있다. 먼저 극장운영의 책임자인 극장장의 자질 문제를 꼽을 수 있다. 외국의 경우 극장장은 최고의 기획자이면서 최고의 비즈니스맨을 겸한 유능한 인재를 공개 채용하고 있다는 점에 유념할 필요가 있다. 한편, 공연작품을 선정·기획하며 연출가를 선정하고 출연배우들의 오디션 등 공연물 제작과 관련된 제반업무를 관장하는 예술감독은 자신의 명예와 신용을 담보로 치열한 경쟁을 할 수 있는 인물을 물색해야 한다.

다음으로 극장을 행정의 재산으로 생각하고 시설의 유지관리 차원에서 맴돌고 있었던 조직 편제를 들 수 있다. 시설의 활용극대화와 예술성 및 서비스 향상을 위한 전문적인 기능을 발휘할 수 있는 조직 편제로 전환해야 한다. 조직 편제의 중점순위를 생각할 때, ① 공연 기획·제작부서, ② 관객 관리·홍보부서(사회교육남당 포함), ③ 시설·기자재 조작 운영부서, ④ 일반 관리부서의 순으로 되어야 한다. 그동안 우리나라의 국·공립 극장은 일반 관리부서에 중점을 두고 비대화되었다는 점을 지적할 수 있다. 우리가 소홀히 취급해왔던 공연 기획·제작부서와 관객 관리·홍보부서에 대한 관심과 비중을 새롭게 인식할 필요가 있다고 생각한다.

구미의 경우 공공 극장은 건물운영이나 산하단체의 운영주체가 아니라 극장의 기획 주체이면서 제작의 주체이다. 기획·제작 스태프는 연간 프로그램을 중장기적으로 기획한다. 극장의 목적과 예술적 창의성을 기준으로 삼아 관객에게 가장 적합하고 필요한 공연으로 프로그램을 조직화하고 있다

외국의 극장에서 새롭게 느껴지는 것은 관객과 회원관리제도, 그리고 홍보활동의 다양성과 적극성이 우리와는 판이하게 다르다는 점이다. 이러한 활동들은 단순히 관객을 더 많이 유치하려는 일회성 활동이 아니라 장기적이고 지속적인 예술인구의 저변확대를 위한 계획적이고 의도적인 활동이다. 동시에 부족한 운영자금을 한 푼이라도 더 충당하기 위한 적극적인 방편으로 중요시되고 있다. 그리고 극장마다 전문적인 자질을 갖추고서 관객관리 및 홍보를 전담하는 요원들이 있다.

기자재 조작부서의 경우는 음향, 조명, 무대미술 등 전문적인 기능을 갖춘 예술 기능직을 양성·교육해야함은 물론이고, 그들에게 사명감과 안정감을 갖고 종사할 수 있는 도기부여시책이 뒤따라야 하겠다.

조직편제의 문제와 더불어 종사자 개개인의 전문성과 창의성의 문제가 대두된다. 전문인력이 확보되지 않은 상태에서 효율적인 프로그램을 개발하고 이를 실천에 옮긴다는 것은 어려운 일이다. 극장요원을 채용하거나 전보 발령을 낼 때에는 관련 분야를 전공했거나 관련 분야에 경험이 있는, 그렇지 않으면 최소한 관련 분야에 관심이라도 있는 사람을 채용·발령할 수 있는 장치가 마련되어야 한다. 이 문제는 특히 우리나라와 같이 국·공립 극장의 운영체제가 관료조직에 의존하고 있는 상황에서 운영체제의 정비와 직접 관련이 되는 문제인 만큼 전향적인 개선 의지가 필요하다고 생각된다. 미국의 스미소니언 인스티튜션의 경우 5,000명의 직원 가운데 박사급이 750명 정도(1990년 기준)였다는 사실을 눈여겨보아야 하겠다.

단기적인 인력 전문화 방안은 현재 종사하고 있는 사람들에 대한 지속적인 재교

육 추진이다. 특히 새로운 환경과 변화에 대한 지식을 습득하기 위하여 해외 연수 기회를 확충하는 방법도 필요하다. 그리고 각급 극장 자체의 재교육 및 훈련 프로그램도 요망된다.

장기적으로는 대학 또는 대학원 과정에 관련학과가 증설되어 전공자를 양성하는 한편, 이들을 흡수할 수 있는 제도적인 조치가 강구되어야 하겠다. 미국의 경우 대학원 과정을 수료한 자들이 연방예술기구인 NEA 요원으로 활동하고 있다는 점도 우리에게 시사점을 주고 있다. 한편 무대예술 전문인 자격인증제도가 마련되고 있다는 것은 다행한 일이라고 하겠다.

극장 조직과 관련하여 생각해 볼 문제 중의 하나는 전속단체의 문제이다. 우리나라의 경우 국립, 시·도립 또는 시·군립의 전속 예술단체가 많이 생겨나고 있다. 대개의 경우 이들 단체들은 국·공립 극장의 소속으로 되어 있는 것이 통례이다. 그러나 외국의 경우 국립예술단이라고 하더라도 어떤 극장에 소속되기보다는 오히려 전용 극장을 소유하고 있는 경우가 많다. 프랑스도 산하에 예술단체를 가지고 있는 극장은 코미디 프랑세스 한 곳 뿐이다. 지방 문화의집과 같은 국립무대에는 전속단체가 없다. 전속단체는 과다한 인건비와 예술작품의 경쟁력 저하라는 이유로 설치하지 않고 있다. 이러한 점에서 전속단체를 두지 않는 것이 바람직하다는 견해도 있다. 전속단체 대신에 계약제로 운영하는 상주단체 또는 계약 시의 초청제도를 운영하여 과대한 인건비를 줄이고, 동시에 작품의 질적 수준을 높이는 방법으로 경제성과 경쟁력을 살리는 것이 좋다는 의견도 대두되고 있다. 그러나 이 문제는 고학력 전문인력의 취업이라는 고용 측면과 예술단체의 자생기반이 취약하다는 점에서 현 단계에서는 시기상조라고 생각된다.

(3) 극장 기능의 정비

하드웨어적인 측면과 소프트웨어적인 측면에서 극장 기능의 재정비문제를 거론하여보자. 하드웨어적인 측면에서 볼 때, 프랑스의 지방문화시설 확충계획이 처음에는 '문화의 집'에서 '문화활성화 센터'로, 그리고 그 다음에는 '문화발전센터'로 변천해 왔다는 점에서 유의할 필요가 있다. 즉, 초창기의 '문화의 집'이 대규모적이고 많은 경비가 소요되는 복합 문화시설이었다면 '문화활성화센터'나 '문화발전센터'는 중소규모의 경비절감형 문화시설이라는 점이다. 그러나 당초에 복합기능을 하던 '문화의 집'도 오늘날에 와서는 대부분이 몇몇 장르의 예술활동에 치중하는 특장·전문화하는 경향을 띠고 있다. 특장화에 대한 지역 주민의 반응과 호응도도 높다.

일본의 경우도 비슷하다. 일본에서도 1960~1970년대에 건립된 다목적 문화홀에 대해 '다목적 홀은 무목적 홀'이라는 반성이 있었다. 그래서 1980년대 이후 각 지역에 특색 있고 내실 있는 중소규모의 전문 특장 시설로 그 기능이 변화하고 있다. 이 사실은 우리에게도 많은 교훈이 된다.

위와 같은 선례에 비추어 볼 때, 현재 우리나라의 지역 공공 문예회관은 ① 대부분이 대홀 위주의 다목적 홀로 건립되어 있고, ② 무대 구조와 설비의 결함, ③ 객석과 무대만 있다는 비판을 많이 받는다. 이것도 할 수 있고 저것도 할 수 있다는 다목적 홀은 편리하고 유용한 거서 같지만, 실은 어느 쪽에도 쓸모가 없는 무목적 홀이라는 인식을 가져야 하겠다. 대홀은 1년에 몇 차례만 객석을 채울 뿐이다. 공연장은 큰 것이 작은 것을 겸할 수 없고 양질의 문화서비스를 주민에게 제공할 수 없다는 점을 알아야 하겠다.

공연장이 예술창조자들에게 최상의 조건에서 그들의 작품을 발표할 수 있는 곳이 되기 위해서는 예술장르에 알맞은 전문적인 전용홀이 되어야 한다. 연극이나 오페라, 발레에 필요한 무대와 무대 막 및 복잡한 장치와 조명 설비는 음악연주에는 방해가 되는 쓸모없는 장치물이고, 음악에 알맞은 음향설비는 연극에서는 대사를 흐리게 하는 원인이 되기도 한다. 그러므로 앞으로 건립되는 공연시설은 대형 다목적 홀을 지양하고 중소형의 전문시설로서 시설 목적에 적합한 무대 구조와 설비 및 객석을 갖추어 나가는 것이 바람직하다.

무대와 객석만 있다고 해서 공연장이라고 하기는 어렵다. 공연장에는 연습실을 비롯해서 분장실, 자료실, 도구창고, 조명·음향실, 휴게실, 기타 무대설비와 안락한 객석을 갖추어야 한다. 또한 그곳에는 전문 스태프가 배치되어 있어야 한다. 특히 지방자치제의 본격화와 더불어 자치단체 간에 경쟁적으로 대형 다목적 홀이 양산될 가능성을 경계하지 않을 수 없다 모든 문화시설의 건립은 충분한 사전검토기간을 가지고 기초조사와 설계 단계에서부터 지역특성과 사용목적에 적합한 규모의 전문시설로 계획하는 것이 바람직하다. 이렇게 하는 것이 시설의 활용이나 예술 진흥, 그리고 시설 관리운영상의 예산과 기술 면에서도 유리하다는 것이 확실한 미래의 전망이라고 본다. 일본의 제2국립극장이 계획에서부터 설립까지 20여 년의 기간이 소요되었다는 점에 유의하자.

소프트웨어 측면에서 볼 때, 극장이 활성화되기 위해서는 다양한 프로그램을 개발하고 극장을 지속적으로 가동시켜 나가는 일이 중요하다. 극장의 목표는 예술작품의 창작과 그것의 주민보급이라는 두 가지를 동시에 추구하는 것이다. 프로그램의 개발은 예술적 프로그램과 일반 조민을 위한 사회교육적 서비스 프로그램으로 크게 나누어 생각할 수 있다.

예술적인 프로그램 개발은 극장 자체의 프로그램 기획·제작기능을 강화하는 한편, 레퍼토리의 특장화를 꾀하는 방법도 있을 수 있다. 또 프로그램 뱅크제도의 활용으로 중앙과 지방, 지방과 지방 간의 프로그램 교류를 확대하고, 국제적인 예술 프로그램을 지역단위에서 구상 전개하는 등 다양한 방법을 동원할 수도 있다.

사회교육적 프로그램은 지역 주민을 대상으로 하는 문화교육 프로그램이나 주민 문화활동을 지원하는 프로그램을 적극화하는 일이고, 지역주민들에게 예술감수성을 길러 주고 잠재적 관객을 개발해 나감으로써 예술활동이 주민들의 생활 속에 살아 움직이게 하는 서비스 활동이다. 즉, 각종 교육 프로그램의 개발, 극장 시설물의 이용 개방, 관객 서비스, 극장에의 접근 방법의 용이성, 적극저거 감상문화의 제공 등을 통하여 대중수용(주민수용)을 위한 편의성의 개발 기능이 필요한 것이다.[*]

3. 운영 재정의 확보

어느 나라이건 극장 운영의 핵심과제는 재정문제라는 것이 공통적인 사항이다. 미국의 문화기관들도 예산확보의 어려움을 겪기는 마찬가지이다. 특히 미국의 경우 후원의 주체가 국가인지 민간인지 경계가 불분명하고, 국가재정은 국·공립이건 사리이건 관계없이 비영리 문화활동에 지원하는 일정량의 기금을 확보하고 있다. 이 기금을 관리하고 지원하는 기관이 국립예술진흥기금(NEA: National Endowment for the Arts)이다. NEA의 문화활동 지원은 원칙적으로 일대일, 즉 민간으로부터 지원받을 수 있

---

[*] 　본 항의 구체적인 내용은 제2주제와 제3주제에서 다루어짐.

는 금액만큼의 국가재정을 지원한다는 '일부지원' 제도이다. 따라서 문화기관들은 연방정부나 주정부의 지원만을 기다리는 수동적인 자세를 결코 보이지 않는다.

그들은 회원제를 운영하여 회원으로부터 회비를 모금하는 대신 회원들에게 과감한 혜택을 부여한다. 그 밖에도 기업이나 재단 또는 일반 시민을 대상으로 적극적인 모금활동을 전개하고 있는데, 이러한 업무를 담당하는 전문 요원을 활용하기도 한다. 비록 사소한 방법일 수도 있으나 미국의 문화시설들에서는 각종 기념품(연필, 책자, 수건, 카드 등)을 제작 판매하여 그 수익을 운영예산에 충당하기도 한다. 미국의 특이한 제도 중의 하나인 자원봉사제도를 활용하기도 한다. 이것은 봉사자에게는 긍지를 갖게 하는 한편, 운영비를 절감하는 일석이조의 이점도 있다.

영국의 경우도 미국과 유사성이 있다. 영국의 대표적인 국·공립 문화시설이나 공연단체들은 연간 예산의 주요 부분들을 잉글랜드예술진흥원(Art Council of England), 스코틀랜드예술진흥원(Scotish Art Council), 웨일즈예술진흥원(Art Council of Walis), 북아일랜드예술진흥원(Northern Iland Art Council) 그리고 국민복권기금(National Lottery Fund) 등으로부터 지원받고 있다. 이들 재원 가운데 국민복권기금이 차지하는 비중이 높은 것이 영국의 특징이다. 영국의 국민복권은 문화유산, 스포츠, 자선, 지역개발 및 예술진흥에 지원되고 있는데, 이는 주택이나 체육 등 단일한 분야에 지원되고 있는 우리나라의 복권운영제도와는 크게 다르다.

독일의 경우 공공극장(국립, 주립, 시립)은 예산의 거의 전액을 주정부나 시정부로부터 확보한다. 1994~1996년간 이들 극장은 총지출 액의 75~95%를 지원받았다. 같은 기간에 민산 사설극장은 83~88%의 지원을, 소극장들도 50~75%의 지원을 받았다. 독일은 전통적으로 문화예술을 '공적인 임무'로 여기고 있는데, 이것은 오늘날까지도 지속되고 있다. 이와 같은 공적 지원으로 인하여 공연예술이 영리목적이 치우치지 않고 상업화를 방지하며 국민의 정신교육과 정서함양에 도움을 줄 수 있다고 여긴다.

독일의 공공극장에서는 괴테와 실러의 영향을 받은 교양연극과 훌륭한 문학작품을 연극화한 문학극이 주류를 이루고 있다. 독일은 극장마다 회원예약제(1년간의 한 시즌에 10~12편의 연극을 관람할 수 있고, 관람 시에는 입장료 혜택과 좋은 좌석을 배정 받음)를 실시하고 있어서 평균적으로 절반의 관객을 이들이 메우고 있다. 회원 계층은 교양시민계층(지식층)인데, 이러한 현상에는 학교의 연극교육이 중요한 역할을 하고 있다. 이밖에도 학생, 연금생활자, 노인, 경찰, 실업자 등에게는 30~50%의 입장료 할인제도가 있어서 독일의 관객들은 자치정부의 문화비 혜택을 받는 수혜자들이라고 볼 수 있다. 그러나 공공재정의 지원이 극장의 재정자립도의 저해, 작품의 경쟁력 약화, 연극의 실험정신 약화, 매너리즘화, 사회비판적인 공연의 불출현 등의 문제점을 지니고 있다는 비판의 소리도 없지 않다.

프랑스의 공공극장은 1996년 현재 110개에 달하고 있다. 국립극장 5개, 연극센터 43개(국립 및 지역 연극센터), 국립무대(문화의집, 문화활성화센터, 문화발전세터 등) 62개 등이다. 국립극장의 경우는 정부가 전적으로 재정의 책임을 진다. 1995년의 경우 총 3억 3,000만 프랑(약 700억 원)을 문화성이 지원하였다. 연극센터의 경우는 재원의 2/3가 공공기금으로 충당되지만, 극장의 위상은 모두 주식회사 또는 유한회사와 같은 상업조직으로 되어 있는 것이 특색이다. 초창기에는 정부지원이 절대적이었으나 점차적으로 지방자치단체의 참여가 늘어나면서 1990~1994년간의 평균을 보면 정부예산이 약 40%, 지자체 예산이 23~24%, 자체수입이 36~37%로 되어 있다. 1995년도 정부지원 금액은 3억 590만 프랑이었다.

국립무대의 예를 보면, 국립무대는 비영리기구인 협회(Association)로 법인 등록되어 있는데, 1994년의 경우 중앙정부지원 27.2%, 지자체 지원 50.9%, 자체수입 21.9%였다. 초창기에는 건립비용과 시설운영경상비 및 프로그램 기획제작·공연비를 국가와 지방정부가 공동으로 부담해 왔으나 점차 지방정부의 부담이 증대되고 있는 추세이다. 이에 따라 각 극장에서는 자체수입 증대에 관심을 쏟고 경영기법을 도입하는 등 많은 노력을 기울이고 있다.

일본의 경우도 문화시설의 건립은 국가와 지방정부가 부담하고 있으나 운영경비는 전적으로 지방자치단체의 예산으로 충당되고 있다. 다만 일본의 지방 극장들은 어떤 형태로든지 지역사회의 후원회 조직이나 지역유지들의 기부금을 받고 있다.

이상과 같은 예에 비추어 볼 때, 우리나라에서 문화투자가 미국과 같이 민간의 기부제도로 이루어진다는 것은 요원한 실정이다. 지방자치단체의 재정형편이 넉넉하지 않기 때문에 단시일 내에 지방정부의 문화투자가 획기적으로 개선되리라는 전망도 밝지 못한 실정이다. 그렇다고 중앙정부의 문화투자예산도 한계가 있고 언제까지나 중앙정부에만 기대고 있을 형편도 못된다. 이러한 상황에서 국·공립 극장, 특히 지역 공공 극장의 운영재원 확보방안은 다음과 같은 방향으로 개선·정비해나가는 것이 바람직하다고 본다.

① 지방재정의 자립도가 어느 정도 개선되기까지는 중앙정부 차원의 지원이 지속적으로 증대되어야 할 것이다. 시설의 건축·관리·유지비는 물론이고, 운영자금과 프로그램 제작·공연비에 대한 지원이 확대되어야 할 것이다. 이런 의미에서 국가예산의 1%가 문화비로 투자되어야 함을 다시 한 번 강조한다.

② 지방의회와 자치단체의 문화투자에 관한 인식이 일신되어야 할 것이 급선무이다. 지역문화의 활성화와 지역문화의 발전은 바로 지역사회발전과 직결된다는 인식을 갖고 적극적인 지원과 투자가 있어야 한다. 자치단체 예산에서 최소한 5%의 문화투자가 이루어져야 하겠다.

③ 민간 차원의 문화활동 지원운동이 활성화되어야 한다. 이에 부수되는 제도적인 장치도 고안되어야 하겠으며, 주춤하고 있는 메세나 운동이 지역단위에서도 활성화되어야 하겠다.

④ 국·공립 극장들은 주어진 예산범위 안에서 안이하게 관리만 하면 된다는 의식을 버리고 진취적인 예산확보 노력을 경주해야 하겠다. 적극적인 경영활동과, 기업, 주민, 단체들과 협조하여 운영자금 확충을 위해 창의적인 방법을 찾아 실천해 나가야 한다. 운영의 효율화를 통하여 경비를 절감하고, 입장객 증대를 통한 수입 증대 등에도 노력을 기울여야 한다. 극장이 지역 사회문화활동의 거점이 될 수 있는 위상을 정립하여 지역 주민과 지방의회, 자치단체로 하여금 투자의욕을 고취시키는 일도 중요하다.

⑤ 예술행사를 위한 기금모집에 국가나 자치단체가 융통성을 발휘할 수 있게 되어야 한다. 법규에 묶인 입장료도 자율결정할 수 있어야 하며, 기업이나 민간의 기부금이나 협찬금이 예술활동에 직접 재투자될 수 있는 융통성이 필요하다.

⑥ 위 ④, ⑤항의 문제들은 극장의 운영체제정비와 직결되는 문제들로서 행정으로부터 완전한 독립된 법인체가 될 경우 보다 실효를 거둘 수 있을 것이다.

4. 나가는 말: 국·공립 극장의 지향

국·공립 극장은 어떻게 운영되고 어떤 방향을 지향해 나가야 할 것인지를 영국 런던 웨스트앤드의 극장들의 사례를 통해서 다시 한 번 생각해 보기로 하자.

영국 런던 웨스트앤드의 극장들은 정부와 민간의 효율적인 분업체제를 통하여 연극문화를 발전시키고 있다. 이곳의 극장들은 극장의 소유 주체와 공연 레퍼토리를 중심으로 분류할 경우 세 가지로 나눌 수 있다. 그 하나는 민간소유 상업극장이고, 또 하나는 민간소유 공공극장이며, 나머지 하나는 정부단체소유 공공극장이다.

대부분의 웨스트앤드 극장은 민간소유 상업극장이다. 이곳의 주 레퍼토리는 뮤지컬이다. 뮤지컬을 선호하는 이유는 연극장르 중 뮤지컬의 기대 이익이 가장 크기 때문이라고 한다. 즉, 불특정 다수 관객을 대상으로 몇 년 동안의 장기흥행을 통하여 안정적으로 수입을 확보할 수 있기 때문이다. 민간 상업극장을 움직이는 핵심주체는 프로듀서들이다. 이들은 연극을 '끈임 없이 판매하여 이익을 남겨야 하는 상품'으로 인식하여 지속적인 이윤의 창출을 지향하고 있다. 뮤지컬을 대규모의 자본투자가 선행되고 실패할 경우 엄청난 재정적 손실과 파산이라는 위험부담을 감수해야한다. 그러므로 프로듀서들은 기업가적 경영마인드와 예술가적 안목을 겸비해야 한다.

민간소유 공공극장은 비상업적 연극을 공연한다. 민간 상업극장보다 소수의 관객에게 초점을 맞추고, 흥행수입 외에 민간단체나 기업으로부터 스폰서를 받아 수지타산을 맞춘다. 이들 극장에서는 이미지 관리를 위해 뮤지컬은 공연되지 않는다. 상업적 장르인 뮤지컬을 공연하면서 사회적 지원을 받는다는 것은 말이 안 되기 때문이라고 한다. 민간 공공극장 중 가장 괄목할 성과를 거둔 곳은 평론가들로부터 '국립 문예극장'이라는 별칭을 받은 로열코트 극장이다. 이 극장은 1956년 개관 당시부터 '새로운 극작가를 발굴하고 새로운 연극적 성과를 무대화한다'는 기치 아래 레퍼토리를 선정해 오고 있다.

정부단체 소유의 공공극장은 국립극장과 로열세익스피어 극단의 본거지인 바비칸센트 등 극소수에 불과하다. 이들 극장에서는 연극을 문화적 상품이 아닌 문화적 공공재로 본다. 연간 경비나 투자비용에 구애받지 않고 보다 다수의 관객에게 연극을 제공하고 미래의 관객을 조직하는 일이 정부단체 소유의 공공극장의 신성한 의무라고 선언하고 있다. 입장료를 낮게 책정하여 수지타산을 맞출 수 없는 고전이나 대작을 주로 공연함으로써 싼값에 양질의 공연을 제공하는 한편, 연극교육과 관객조직운동을 지속적으로 전개한다. 모든 작품이 거의 다 예외 없이 런던 공연을 마치고 나면 지방 순회공연을 한다.

정부 공공극장을 움직이는 핵심주체는 예술감독이다. 예술감독은 작품의 선정과 기획, 연출가 선정과 배우들의 오디션이 이르기까지 연극제작과 관련된 제반 업무를 모두 관장한다. 앞에서 이야기한 민간 상업극장의 프로듀서에게는 대차대조표라는 성적표가 있는 데 반해서, 예술감독에게는 예술평가위원회라는 준엄한 판관이 있다. 연극평론가와 관객대표 등으로 구성된 위원회는 작품의 예술적 완성도와 사회문화적 공연의의에 초점을 맞추어 예술감독의 작업을 평가한다. 그러므로 예술감독은 경제적인 문제와 관련된 압력이 적은 대신 자신의 명예와 신용을 담보로 치열한 싸움을 전개하는 것이다.

이상과 같이 정부 공공 극장과 민간 극장이 이상적으로 양립하면서 상보적 공생관계를 유지하고 역할을 분담하고 있다. 그럼으로써 연극자체를 살찌우고 문화예술의 발전에 창조적으로 기여하는 분업체계가 이루어지고 있는 것이 런던 연극계의 실상이다.

이제 우리나라 국·공립 극장들의 지향 목표와 운영체제의 방향을 다시 한 번 정리해 보기로 한다.

우리 국·공립 극장의 지향목표는 영국의 공공극장에서 볼 수 있었던 바와 같이 어디까지나 공익을 지향해야 하리라고 본다. 문화를 지나치게 상품가치로만 보아서는 안 된다는 뜻이다. 정부가 문화기관을 민간위탁나치이라는 이름 아래 문화예산을 줄이거나 끊고, 문화기관이나 단체가 죽든 살든 자활하라고 주문한다면 이것은 고의적 문화 말살밖에 되지 않는다. 적어도 국·공립이라는 관사가 앞에 붙는 한 영리추구에만 몰두하는 상업화는 경계해야 한다.

국가나 지방정부가 도저히 극장운영 재원을 투자할 수 없다면, 적정수의 극장이나 문화기관을 완전히 민간에 매각처분하고 국립 또는 시립 등의 관사를 떼어버리는 것이 차라리 나은 방법일지도 모른다. 문화의 속성상 결여되어 있는 재정적 자생력이나 인프라의 뒷받침이 없는 민간위탁방식은 재고되어야한다. 그리고 국·공립 극장의 운영체제는 궁극적으로 완전 독립된 재단법인 형태를 지향하는 것이다. 예산의 편성과 집행, 인사권이 행정으로부터 독립되어야 한다는 것이다.

문화는 문화인의 손에 맡기고 행정은 재정적 후원자의 입장에서 지원하는 것으로 족하다. 국·공립 극장은 공익성을 유지하면서 최대한의 경영성을 살리는 것이 과제이지, 전적으로 상업적인 경영성만을 추구할 수 없는 것이다. 그렇기 때문에 프랑스나 미국과 같이 공공지원의 전제하에서 민간주도형의 극장운영을 시도해야 한다. 그러나 아직 우리의 현실에서는 외국의 예와 같이 재정확보방안이나 전문인력의 확보가 어려운 만큼 상당 기간을 두고 서서히 단계적으로 민간화와 민간위탁 경영을 기획, 준비해 나가야 할 것이라고 본다.

최근의 보도에 의하면, 서울세종문화회관의 법인화를 위한 운영재단 발기인 구성되었다는 것은 바람직한 방향이라고 생각되며, 앞에서 언급한 바와 같이 서울시에서 완전 독립되어 운영할 수 있는 체제가 갖추어지기를 기대한다. 그리고 7월부터 시행 예정인 국립극장의 책임운영기관화는 앞에서 언급한 바와 같이 부작용을 방지하기 위한 1단계 과정으로 시험 운영해보고, 궁극적으로는 독립된 특별법인화의 길로 나가는 것이 예술도 살리고 극장도 살리는 방안이라고 생각한다.

참고문헌

이종인 외,『외국의 지역문화시설 운영실태』, 한국문화예술진흥원, 1991.
이용우·이상면·장원재·이홍재·최준호, "문화 인프라 ①: 공연장", 한국문화예술진흥원,
　　『문화예술』, 1999. 4.
서연호·이종인,『1999 전국 무대기술인 연수 고재』, 한국문화예술진흥원, 1999.

10. 풀뿌리 문화활동의 정지(整地)작업

이종인(한국문화행정연구소장)

1. 문화의 지방자치는 풀뿌리 문화활동

정치적인 의미에서 지방자치는 정치적 훈련장으로서 지역주민의 정치능력을 기르고 정치적 지도자를 양성하는 수단이기 때문에 민주주의의 기초가 된다고 해서 '풀뿌리 민주주의'라고 부른다. 문화정책과 문화행정의 제1원칙도 지방분권화이다. 왜냐하면 문화민주주의와 문화복지를 실현하기 위해서는 정책의 목표나 행정의 수단은 지역적 차원에서 논의되고 고안되어야 하기 때문이다. 그러므로 문화적인 의미에서 지역문화는 문화의 기초라는 점에서 '풀뿌리 문화'라고 하겠으며, 문화의 지방자치는 지역이 문화적 훈련장으로서 지역주민의 문화적 능력을 기르고 문화적 인재를 양성하는 수단이므로 '풀뿌리 문화활동'이라고 하겠다.

민주화 시대, 지방화 시대에 있어서는 정치적·행정적 분권화와 시민자치가 전제가 된다. 지역문화활동이란 시민자치의 기초단위 또는 일상생활권역에서의 문화활동이다. 즉 시민의 구체적인 생활기반인 지역의 자연적·역사적 개성을 바탕으로 시민들이 자주적으로 자기책임 하에 생활여건과 생활양식을 개선하고 부드럽고 여유로우며 아름다운 문화적 가치를 추구하면서 '삶의 질'을 향상시켜 나가는 활동이다. 이런 의미에서 지역문화활동이란 '풀뿌리 시민문화활동'이라고 하겠다. 이 활동의 목표는

'시민자치에 의한 시민문화 형성'이며 그 목적은 지역시민의 '문화복지'를 도모하고, '문화생활을 향상'시키는 것이다.

풀뿌리 문화활동의 주체는 어디까지나 시민이다. 문화주체로서의 시민이라는 말에는 두 가지 의미가 있다. 그 하나는 문화향수자로서의 시민이다. 문화적 성과를 시민 누구나 받아들여 즐길 수 있는 문화향수권이 신장되어야 하는데 이 부문은 국가나 지방자치단체의 책무가 큰 것이다. 또 하나는 문화창조자로서의 시민의 역할이다. 문화는 단순히 받아들이는 사람의 입장에서 향수하는 데 그쳐서는 안 된다. 적극적으로 창조에 참여하여 함께 만들어 내는 데 의미가 있다. 문화창조자로서의 시민이 능동적으로 참여하는 자세야말로 문화의 원동력이다. 문화의 주체인 시민은 문화소비자이기 이전에 문화생산자라는 지위를 되찾아야 한다.

풀뿌리 문화활동에서 행정의 역할을 문화활동의 주체는 시민이고, 행정은 매개자라는 자세를 견지하면서 시민의 여러 가지 문화활동에 열린 자세를 가져야 할 것이다. 그러기 위해서 시민의 문화활동과 관련된 정보를 적극적으로 조사·수집·제공하는 '문화정보센터'의 역할을 맡아야 한다. 행정은 사람과 사람이 만나는 곳으로부터 문화가 싹튼다는 데 유의하여 주민들의 '만남의 장(문화시설, 문화활동을 집결하는 축제·이벤트 등)'을 마련하는 역할이 필요하다. 한편 시민문화활동이 그대로 자치체의 문화행정의 중심이 되게 하기 위하여 시민이 행정에 참여하는 방법을 다각적으로 마련해야 할 것이다. 그리고 자치단체의 문화행정 담당요원으로 넓은 시야와 문화에 대한 관심을 가짐과 동시에 새로운 아이디어와 네트워크의 조직력을 가진 인물을 배치해야 하겠다. 특히 행정은 지역 내의 문화시설을 총 점검해서 시민문화활동의 추진담당자들이 보다 편리하게 사용할 수 있는 시설이 되게 하기 위해 시설내용과 운영방법의 근본적인 개혁이 추진되어야 하겠다.

이상과 같은 관점에서 지방자치 3년 동안에 문화정책에서 무엇이 달라졌는지를 살펴보고자 한다. 다만 편집자의 주문이 총괄적으로 개관하라는 것이었기 때문에 구체적인 내용과 통계수치들은 각론형식으로 전개되는 다음의 주제들에서 제시되리라 믿고 이글에서는 생략하기로 하였음을 밝혀둔다.

2. 지자제 3년간의 변화경향

1995년 지방자치제가 실시된 이래 지난 3년 동안 우리나라의 지역문화정책과 지역문화행정에 새로운 변화가 일고 있다. 혹자는 이를 평하여, 지방시대의 도래와 함께 '문화행정의 시대' 또는 '지역문화예술의 르네상스 시대'가 왔다고까지 표현하고 있다. 무엇이 어떻게 변하고 있는지 살펴보기로 한다.

(1) 자치단체의 문화발전 의지

먼저 문화정책 면에서는 '지역문화발전종합계획'을 수립하고 특정 문화 분야를 전략적으로 개발하여 문화도시(문화지역)를 지향하기 위한 노력이 증가하고 있다. 광주시·서울시·인천시·전라남도·강원도·광명시·부천시 등의 사례가 이것이다.

문화행정 면에서도 부분적이기는 하지만 분권화된 행정체계로 틀을 잡아가고 있다. 자치단체의 문화행정 조직체계가 기존의 '문화공보' 기능을 분리하여 문화행정을 전담하는 조직으로 다양하게 세분화하는 추세이다. 광주시의 경우는 문화예술과 안에 문화행정계·조형예술계·공연예술계 등으로 세분하고 시 산하에 '재단법인 광주비엔날레'를 두고 있다. 경기도는 '경기문화재단'을 비영리법인 형태로 설립하여 문화예술 지원사업과 기금관리운영사업을 맡기고 있다. 서울시도 '서울문화정보기획단'을 설립하여 문화정책의 기획·조사·연구와 문화정보센터 설치를 추진하고 있다. 창원시는 문화체육과 안에 문화계·예술계·체육진흥계 외에도 '비전 21세기 기획단'을 두어 도시문화공간 조성팀을 운영하고 있다.

이와 같이 종전에 비해 문화행정체계가 확대·다양화되고 있지만 아직도 공무원 중심의 관료주의적 행정행태를 벗어나지 못하고 있으며, 행정의 전문성과 경험의 축적성을 갖지 못하고 있는 실정이다. 이와 아울러 지역주민이나 문화예술인 및 전문성을 갖춘 민간 부문을 활용하지 못하고 있으며, 이들의 참여가 활성화되지 못하고 있어서 아쉽다.

(2) 지역문화재정과 지역문예진흥기금

지자제가 실시된 이후 그 이전에 비해 문화예산의 규모와 전체 예산에서 차지하는 문화예산의 비율이 증가한 자치단체가 많아졌지만 평균적으로는 큰 변화를 보이지 않고 있으며, 증감이 반복되고 있다. 예컨대 기초시의 경우 1994년에 전 예산에서 문화예술진흥예산이 차지하는 비율이 3.31%였는데, 1995년에는 2.78%로 감소하였고, 1996년에는 2.68%로 다시 감소하는 경향이었다. 기초군의 경우에는 1994년에 1.78%였는데, 1995년에는 2.08%로 증가하였고, 1996년에는 2.15%로 다시 증가하고 있었다(내무부,『지방재정연감』에서). 특히 지자제 실시 이후 문화예산의 구조에서 주목되는 것은 종전에는 문화재예산이 중심이었던데 반하여 점차 예술진흥예산 중심으로 변하고 있다는 점이다.

지자제가 실시되면서 광역시·도의 지방문예진흥기금 지원사업이 확대되고 있다. 이미 조성되었던 지방문예진흥기금이 이자수익금을 1990년부터 지원해 오고 있었는데 그 지원규모와 지원건수가 지속적으로 확대되는 수치이다. 이 밖에도 기초자치단체인 부천시·용인시·논산시·정읍시·남원시·목포시·여수시·문경시·곡성군·강진군·영암군·완도군·의령군·합천군 등에서도 '문화예술진흥조례' 혹은 '문화예술진흥기금 관리운영조례' 등을 제정하여 문화예술기금을 조성하는 사례가 증가하고 있다.

그러나 기존의 지방문예진흥기금의 운영·관리·지원업무는 경기도를 제외하고는 직업 자치단체의 행정부서에서 담당하고 있으며, 아직 전문적이고 체계적인 지원사업체제가 이루어 지지 않고 있는 실정이다. 이런 점에서 '경기문화재단'의 설립과 그 운영성과는 앞으로 자치단체 단위의 문예진흥사업 지원체제의 시금석이 될 수 있다는 점에서 주목된다고 본다.

(3) 문화예술 프로그램

지난 3년 동안 자치단체의 문화예술 프로그램은 이전에 비해 보다 다양화되고 특성화되었다고 볼 수 있다.

① 지방도시에서도 국제적인 규모의 문화예술축제를 추진하는 사례가 늘어나고 있다. 광주비엔날레, 광주국제발레콩쿠르, 부산국제영화제, 춘천국제인형극제, 춘천국제마임페스티벌, 부천국제판타스틱영화제 등이 그 예이다. 이러한 사례들은 지방도시에서도 특색 있는 국제문화예술축제를 개최할 수 있다는 가능성을 보여주었다는 점에서 의미가 있다.

② 자치단체에서 기존의 향토축제 외에도 새로운 이벤트를 개발하여 축제화하는 사례가 늘어나고 있다. 1996년 말 현재로 전국의 지역축제는 총 412개에 이르고 있었는데 이중 98개 축제가 1995년 이후에 새롭게 개최된 것으로 나타나고 있다(문화체육부 조사, 『한국의 지역축제』에서). 그리고 이러한 축제가운데서 10개를 선정하여 정부가 '문화관광축제'로 육성지원하기 시작함에 따라서 축제의 관광자원화 경향이 더욱 박차를 가할 것으로 전망된다. 지자제 이후 지역축제에서 눈에 띄는 경향은 이제까지의 관주도 축제에서 순수민간축제로의 발돋움 현상이 나타나고 있다는 점이다. 지역주민들이 스스로 이벤트를 만들어 성공하는 사례가 늘어나고 있는 것이다. 경기도 광주 분원리의 '붕어축제', 용인 수지와 광주 오포지역의 가구업체들이 벌이는 '가구축제'와 같은 것들이 그 예라고 하겠다.

③ 지역주민의 문화복지를 위한 프로그램이 눈에 띄게 증가하고 있다. 지역주민을 대상으로 하는 문화예술사회교육 프로그램을 비롯하여 문화예술 체험 프로그램, 상설 예술 프로그램, 각종 공연 및 전시 등의 프로그램들이 각급 자치단체 단위와 각종 문화시설에서 전개되고 있다.

문화예술사회교육 프로그램은 1980년대 후반부터 중앙의 몇몇 문화기관과 지방의 문화원에서 시작되었는데 지자제 이후 지방단위까지 확산되어 현재는 전국의 지방자치단체, 각종 문화예술회관, 시·군·구민회관, 지방문화원, 각종 문화예술단체, 사회복지관, 여성회관, 청소년회관, 공공도서관, 박물관, 미술관 등 다양한 공공기관에서 추진되고 있다.

이러한 사회교육기관 가운데서 '문화학교'로 지정된 학교수와 강좌수를 살펴보면, 1994년에 82개교(362개 강좌)였던 것이 1995년에는 91개교(318개 강좌), 1996년에는 129개교(457개 강좌), 1997년에는 167개교(568개 강좌)로 증가하고 있다(한국문화학교, 『문화학교 개교』, 1997에서). 자치단체의 사회교육 프로그램에서 보이고 있는 특색은 프로그램이 다양화하고 증대되고 있다는 점과 아울러 동사무소까지 그 범위가 확대되고 있다는 점이다. 광명시·도봉구·서초구 등이 그 예이다.

④ 지방자치단체에서 직접 운영하는 공립예술단체가 확대되고 있다. 이러한 단체로는 서울시립극단(1996), 경기도립국악단(1996), 경북도립교향악단(1997), 평택시민 오케스트라(1996), 정읍시립농악단(1995), 목포시립연극단(1995), 강동구립극단(1997), 강남교향악단(1995) 등을 들 수 있다.

이상과 같이 지자제가 실시된 이후 문화예술 프로그램에 대한 자치단체의 관심이 점차 커지고 있으나 아직도 예산의 제약, 낮은 기획능력, 전문인력의 미비, 기획정보체계의 미비, 시설 및 기자재 부족, 전문적인 예술경영체계의 미비와 관료주의적 행정행태, 예술시장의 불안정, 예술단체 및 조직 간의 네트워크 미비, 프로그램의 홍보 및 마케팅 부족 등의 제반요인으로 인하여 매우 열악한 실정이다.

(4) 문화환경기반

지난 3년 동안에도 공공문화시설을 건립 완료하였거나 건립중인 사례가 많아졌다. 그리고 1996년부터 시청각실·문화감상실·미니 도서실·문화사랑방·창작공방·인터넷 서비스룸을 갖춘 '문화의 집'이 건립되고 있다. 그러나 아직도 문화공간의 수효나 규모는 지역주민의 문화수요를 충족시키지 못할 뿐더러 지역 간에 큰 격차를 나타내고 있는 것이 현실이다. 그리고 공공문화시설의 운영에 관한 비판의 목소리는 수그러들지 않고 있다. 앞으로도 공공문화시설은 계속 확충되어야 하겠으나 그것이 제대로, 그리고 전문성 있게 활용될 수 있는 시설이 되어야 하겠으며, 운영방법과 운영체제도 저비용 고효율을 올릴 수 있는 방안이 마련되어야 하겠다.

최근 들어 자치단체 중에는 '문화산업단지' 및 '문화의 거리' 조성을 추진하는 사례가 늘어나고 있는 추세이다. 이러한 사례는 1992년부터 실시되기 시작한 '문화예술의 거리' 조성사업을 비롯하여 조각공원 조성, 민속마을 조성, 문화거점 육성(관악구의 예) 등이 추진되고 있다. 그리고 경기도의 부천시 영상문화단지를 비롯한 28개소의 테마 마을 조성계획, 강진의 청자촌 조성사업 등은 도시공간을 문화적·예술적

환경으로 가꾸고 아울러 관광효과도 올리려는 다목적적인 문화단지 조성의 사례들
이라 하겠다.

그러나 이러한 사업들은 도시공간의 문화적 · 예술적 환경이 중요하다는 인식을
높이는 데는 어느 정도 기여했다고 하겠으나 아직 뚜렷한 성과는 미지의 상태라고 하
겠다.

3. 풀뿌리 문화활동의 전개방향

위에서 지방자치제 3년간의 문화정책과 문화행정의 변화경향을 살펴 본 결과를
종합해 보면, 지난 3년 동안은 풀뿌리 문화활동의 정지(整地)작업 단계였다고 하겠다.
지자제 초기의 이러한 정지작업을 토대로 앞으로 지역문화행정이 지향해 나가야 할
방향은 첫째 지역문화의 자치화와 자립화, 둘째 지역문화의 개성화와 특성화, 셋째
지역문화의 다양화와 다원화를 지속적으로 추구해 나가야 할 것이다.

특히 기초자치단체는 문화행정의 기초단위로서 실질적인 행정시책의 주체가 되
어서 기본적인 지역문화발전계획을 입안하고, 현실적인 프로그램을 지역특성에 맞게
집행하는 역할에 충실해야 한다. 이러기 위해서 자치단체의 문화행정은 지역실정과
특성에 적합한 주민문화형성의 기반조성과 조건정비를 목적으로 하는 지원 · 조정의
종합행정을 지향해 나가야 할 것이다. 지역문회의 잠재역량을 발굴 · 활용하기 위한
종합적인 지역문화 창달계획을 주민과 더불어 연구 · 개발하고 실천해 나가야 한다.
그리하여 중앙정부의 획일적인 지시나 시책을 하향식으로 전달하거나, 중앙의 보조
금에만 의존하는 행태를 벗어남으로써 참다운 문화의 지방자치가 이루어 질 것이다.

이것이 풀뿌리 문화운동을 활성화시키는 방향이겠다.

11. 문화행정의 기능과 역할

이종인(한국문화행정연구소장)

1. 문화정책과 문화행정

(1) 문화정책의 개념

○ 문화정책이란 문화발전 및 문화활동의 근거가 되는 집행원리와 행정·예산·
절차들의 총체를 의미함(UNESCO).

○ 문화정책이란 정부기관이 문화발전이라는 공적목표를 달성하기 위하여 형성
한 행동방안 또는 지침이다.

(2) 문화행정의 개념

문화행정이란 문화발전이라는 목표를 향하여 공권력의 배경하에 문화정책을 형
성, 결정하여 이를 능률적이고 효과적으로 집행하는 협동적인 집단행위이다.

① 문화발전이라는 목표를 달성하기 위한 수단이며, 계획적인 협동노력과정이다.
② 문화발전을 위하여 인적·물적 자원을 동원·관리·통제하는 활동과정이다.

③ 문화발전을 위한 공공정책을 형성하고 합리적으로 구체화하는 활동과정이다.

④ 위에서 살펴보았듯이 문화정책과 문화행정은 문화 그 자체가 아니라 문화발전에 관련된 분야에 집착하고 있는 것임.

(3) 문화발전이란?

① 문화발전이란 인간의 관념과 이상 및 여러 창작물들을 전달·보급함으로써 사회생활의 질을 향상시키기 위해 취해지는 제반 수단을 말함.

② 문화발전의 3차원

- 문학·예술적 차원의 발전: 문화적 요소가운데 가장 강력한 예술을 되도록 많은 사람들에게 전달·보급할 수 있어야 함.
- 실존하는 문화의 발전: 환경이 개인에게 미치는 문화적 영향을 생각할 때 문화환경이 개선·향상되어야 함.
- 국민의 문화수준향상: 지식과 문화와의 관계로서 교양 있는 국민은 단순한 지식만이 아니라 그가 아는 모든 것을 자기의 개인적 철학 속에 통합시킨 인격을 갖춘 사람이어야 함(국민의 문화국민화).
- 결국 문화정책이란 문화발전 계획을 의미한다고 하겠다.

(4) 문화정책의 영역과 기능

① 문화정책의 영역

문화발전의 내용과 결부시켜 문화정책의 영역을 크게 나누어 보면 문화적 및 예술적 영역, 일상생활의 환경 영역, 교육과 문화와의 관계에 영향을 미치는 활동 영역이 있다.

② 문화정책의 기능

문화정책의 기능은 문화적·예술적 및 역사적 유물의 '보존과 전승기능', '교육과 훈련기능', '연구와 창작기능', '보급과 확산기능'의 네 가지 기능이 있으며, 이들 기능 가운데 "보급과 환산"기능이 많은 사람들을 예술적·지적활동이나 예술작품에 접근시키기 때문에 새로운 문화정책의 기능으로서 가장 중요한 위치를 차지하고 있다.

(5) 문화정책의 목표

① 문화생활의 민주화와 문화수요 창출: 예술적 자원을 널리 보급해서 일반대중
   의 접근기회 확대
② 문화매체의 질을 향상
③ 문화예술의 창작기반을 조성
④ 전통문화예술의 보존과 발전
⑤ 문화적 생산을 위한 국민의 잠재력 계발
⑥ 문화의 국제교류와 자주문화형성

2. 문화정책의 대상과 역할

(1) 문화정책의 대상

① 문화기관의 정비
② 예술활동에 대한 지원
③ 국민의 문화활동 향수 · 참여기회 확충
④ 문화유산의 보호 · 보존 · 활용의 적극화
⑤ 국제문화교류(상호주의에 입각한)와 우리 문화의 세계화
⑥ 문화산업의 육성 · 보호
⑦ 문화복지향상
⑧ 문화관광의 진흥
⑨ 문화시설확충과 문명의 현대화
⑩ 지역문화 활성화

(2) 문화정책의 역할

① 국민의 자발적 활동을 자극하고 신장시킴.

② 모든 국민이 문화를 향수할 수 있는 여건과 조건구비

③ 개인의 활동으로는 한계가 있는 분야를 찾아 지원

④ 문화적 불균형을 시정함으로써 전체로서의 문화발전을 도모하는 조치를 강구

(3) 지역문화행정의 대상

① 지역의 문화적 이미지(Image) 창출: 지역의 자연·역사성 등에 관련된 지역특성
  을 표상하는 상징 창출

② 문화예술행사의 계획과 개최: 지역특성을 살린 문화제, 국제행사 등 문화예술
  이벤트 개발

③ 주민문화협의체 설치운영(만남과 토론의 광장)

  − 공공 및 민간문화협의체 설치운영: 지역문화발전위원회 등

  − 주민 간, 주민과 행정 간, 행정자치제 내부의 문화토론 등

④ 지역개발·지역건설에 문화성 투입: 지역의 문화적 잠재력을 종합적으로 발
  굴·체계화·문화성 평가하여 반영

⑤ 문화개발에 민간기구와의 협력체계 확립

⑥ 지역문화시설의 체계적 정비와 관리운영체계의 재정립

⑦ 지역문화정보의 수집·보관과 주민에 대한 서비스 제공

⑧ 문화자원의 유통체계형성과 이용의 촉진 및 확산

⑨ 문화예술인 및 민간문화단체의 활동지원과 육성

⑩ 지역문화행정에 필요한 인재육성

⑪ 지역주민에 대한 문화예술교육과 창의성 육성 및 자주적 문화활동 촉진

⑫ 개성 있고 매력적인 환경조성과 도시경관 정비

⑬ 문화재보호와 문화유산의 계승 활용

⑭ 문화투자의 확충과 문화활동의 조건정비

⑮ 지역문화의 국제교류와 세계화 등

(4) 지역문화행정의 역할

① 지역문화활동의 주체는 주민이고 행정은 매개자라는 자세를 견지
② 문화정보의 조사, 수집, 제공하는 '문화정보센터의 역할'
③ 주민 상호 간의 만남의 장을 만드는 일
④ 주민 문화활동을 결집하는 기회를 마련하는 일
⑤ 주민이 지역문화행정에 참여하는 방법을 다각적으로 마련하는 일
⑥ 새로운 발상과 네트워크의 조직력을 발휘하는 일
⑦ 지역문화시설을 총 점검하여 시설내용이나 운영방법을 개선하는 일

3. IMF 시대와 문화행정

(1) IMF 사태의 교훈

① 돌이켜보건대 오늘날 우리가 겪고 있는 국가적 위기를 초래하게 된 원인은 우리의 경제주체들이 정신과 물질을 잘못 관리한데서 기인했다고 해도 과언이 아닐 것이다.
- 정부, 기업, 개인이 집단적 이기주의와 물질적 욕구를 스스로 제어할 힘을 갖지 못한데서 온 것.
- 정신적 풍요 없이 경제적인 풍요만을 자랑해온 결과 소비가 미덕이고, 예절도 모르고, 도리도 잃어버린 데서 온 것.
- 정신이 지배하는 사회가 아니라 물질이 지배하는 사회였다.
- 나보다는 다른 사람을 먼저 생각하고, 나눔의 생활을 실천하며, 물질의 힘보다는 정신의 힘을 더 값지게 여기는 사회였다면 IMF 사태는 오지 않았을 것이다.
② 위와 같은 원인은 "국가의 총체적인 발전은 문화발전과 경제발전이 연관성을 맺으면서 추진되어야 비로소 실효를 거둘 수 있다"는 귀중한 교훈을 새삼 일깨워주는 것이라 하겠다.

- 경제발전이 참된 인간적인 삶의 질을 높이고, 개인과 민족과 국가의 존엄성
    과 긍지를 높이는 데 기여할 수 있을 때 참된 국가발전이 이루어질 수 있는
    것이다.

③ 그러나 우리의 현실은 너무나 동떨어져 왔었다.
    - 산업화와 근대화 과정에서 문화는 항상 뒷전으로 밀려나고 외면당했다.
    - 문화예산은 불요불급한 항목으로 치부당하고, 문화활동을 여가시간의 활용
    정도로 이해되어 왔다.
    - 경제적 위기상황이 오면 우선 문화예산을 삭감하는 등 문화예산의 기계적
    인 감축이 자행되어 왔다는 것을 깊이 반성해야 하겠다.
    - 문화선진국이 경제선진국보다 앞서야한다는 교훈을 생각하지 않을 수 없는
    일이다.

(2) IMF 시대 생활문화운동

① 이제 우리가 오늘의 위기를 극복하고 다시는 이러한 역경에 빠지지 않게 하기
    위해서는 전통문화를 뿌리로 한 국민 전체의 정신계발과 생활태도를 개선하여
    근검절약하고 상부상조하면서 더불어 살아가는 공동생활의 지혜를 찾아내기
    위한 'IMF 시대 생활문화운동'의 필요성을 강조하지 않을 수 없다.

② 이 운동의 지향목표는 국민 개개인이 주체성 있는 성숙한 인격을 갖춘 문화국
    민화(文化國民化)이다. 인간이란 발전의 주체인 동시에 목적이다. 이러한 인간은
    경제적인 동물일 뿐만 아니라 무한히 다양한 욕구와 가능성과 소망을 지닌 구
    체적인 인격체이다. 인간으로서의 존엄을 주고, 인간답게 만드는 욕구에 대응
    하는 것이 문화이다.

③ 정신 면에서 문화국민이 갖추어야 할 인격의 내용은, 올바른 가치관을 확립하
    고, 자기의무와 자기사명을 다하며 공익과 공동사회의 발전을 위해 협동·봉
    사하는 정신을 갖추는 일이다.

④ 생활태도 면에서 문화국민이 갖추어야 할 인격의 내용은, 허례·허식을 배격
    하고, 부조리를 타파하며, 합리성을 존중하고, 사리(私利)를 내세우기보다는 공
    익을 앞세우고, 근검·절약하는 태도이다.

⑤ 이 운동을 실천하는 방법은 문화예술의 사회교육(문화학교 등) 활동과 문화예술
의 향수기회확충 등으로 추진할 수 있겠다. 국경 없는 세계가 되어갈수록 문화
정체성의 문제는 가장 심각한 문제로 등장하고 있다. 지구촌 환경 속에서 한
국민이 수천 년 동안 누려온 문화의 동질성과 민족이 공유하고 있는 가치를 어
떻게 지키고 의식해야 하는가를 일깨워 주는 것이 문화행정의 역할이다.

(3) 희망과 용기를 주는 서비스 행정

① IMF 한파가 몰아닥치면서 문화예술계 전반이 위축되고 있다. 지식산업이 총체
적인 붕괴위기에 처하고 있다. 프로, 아마를 불문한 체육 팀이 속속 해체되고
있다. 가계(家計)에서도 허리띠를 졸라매면서 문화비부터 줄이는 형편이다.
② 이럴 때일수록 국·공립 예술단체나 기관, 시설들은 앉아서 국민을 기다리고
있을 것이 아니라 국민들을 찾아나서야 한다.
③ 선거시기라고 해서 문화예술행사를 선거사범으로 다스리려는 관료적 관행도
고쳐야 한다.
④ 문화행정은 어려운 시기에 국민을 위안하고, 희망과 용기를 주는 서비스행정
이어야 한다.

(4) 거시적·총체적·장기적 접근

① 이제까지의 우리 문화정책과 해정은 미시적이고, 단편적이며, 단기적인 처방
에만 급급했었다는 것을 반성하지 않을 수 없다. 문화행정은 교육행정과 더불
어 국가 백년지대계라는 점에서 거시적이고 총체적이며 장기적인 접근을 원칙
으로 해야 한다.
 − 문화 인프라 구축을 위한 지속적이고 적극적인 투자가 요망
 − 경제발전에 못지않은 문화발전 장기계획이 필요하다.
 − 문화 부문 간의 유기적 발전모형의 확립도 필요하다.
② 예컨대 최근 외국인 관광객이 몰려오고 있지만 기껏해야 면세품 판매로 반짝
호황을 누리고 있는 실정이다. 체계적인 개발이 없었다는 증거이다.

③ 월드컵 축구경기장의 문제도 같은 맥락에서 미시적이고 단편적, 단기적 발상
   에서 빚어지고 있는 현안이 아니겠는가?
④ 문화예술 전문인력을 양성하는 것도 장기적인 접근이 필요한 부문이다.

(5) 저비용 고효율을 창출하는 문화행정

① 고비용·저효율을 개선하기 위하여 문화예술 관련법제도를 개정하고, 기구와
   조직을 개편하고, 관료적 관행을 고쳐서 자원을 효율적으로 사용하고 경비를
   절약하며 업무수행 역량을 증대시켜야 한다.
② 정부산하의 국·공립문화기관과 단체의 역할과 기능 및 조직을 총 점검하여
   개혁, 통·폐합하고, 운영제도와 예산제도 및 지원제도 등을 민간주도형으로
   전환하여 경영성을 제고하는 일
③ 문화예술 프로그램의 생산성과 창의성, 효율성을 고려해야 하며, 유능한 민간
   전문가들에게 책임 운영시키는 개혁
④ 자원의 효율적 사용이란 한정된 자원으로 최대의 욕구를 충족시키는 것이고,
   경비의 절약이란 낭비를 최소화하는 것이지 사업을 하지 말라는 것은 아니며,
   업무수행역량의 증대란 항상 최선을 지향하고 계속적인 창안의욕을 증진하자
   는 것이다.

(6) 미래지향적 문화행정

① 21세기를 대비한 문화행정을 전개하자는 것이다. 흔히들 21세기를 '정보산업
   시대', '문화의 시대'라고 일컫고 있으나 우리는 과연 이에 대비하고 있는지 반
   문하지 않을 수 없다.
② 21세기의 경제흐름은 첨단과학을 이용한 상품과 문화를 매개로 한 상품이 대
   종을 이룰 것이라는 것은 주지의 사실이다. 이제는 경제 전쟁이 아니라 문화전
   쟁의 시대가 도래하고 있다.
③ 문화산업, 정보산업이란 자본력이나 노동력과는 관련이 적은 '지력(知力) 집약
   형 산업'이다. 여기에서는 아이디어, 두뇌와 상상력이 풍부한 사람이 요구된다.

④ 노동력이나 생산성의 면에서도 창조적 사고력과 문화적 상상력이 필요한 시대이다.

⑤ 그러므로 21세기를 대비하여 국민모두가 어느 수준 이상의 문화적 감수성을 습득하고 세련화되어 개개인의 새로운 문화적 생산력을 갖추게 하는 문화정책과 문화행정이 전개되어야 하겠다.

4. 나가는 말

IMF의 한파를 겪고 있는 오늘날, 지금 당장 우리가 해결해야 할 일들이 산적해 있다. 기업의 구조조정, 대량실업사태에 대한 대책, 제품의 고품질화와 부가가치제고 및 수출의 증대, 외국자본의 유치, 국가적 신뢰도 회복 등 발등에 불이 떨어져 있다. 이러한 시기에 한가롭게 무슨 "문화를 들먹거리느냐?"는 반론이 있을 수 있다. 결론적으로 대답한다면 천만의 말씀이다.

얼마 전 우리나라를 방문했던 프랑스 철학자 '소르망'은 TV대담에서 오늘날 경제문제는 어느 한 나라의 문제가 아닐뿐더러 어느 한 나라의 경제정책으로 해결되는 것이 아니라 국제적인 연관 속에서 움직이게 되어 있다고 전제하고, 국가단위의 일로서 가장 중요한 것은 문화정책이라고 강조하면서 한국은 아직 국제사회에서 문화적 이미지가 구축되어 있지 못한 것 같다고 충고해 준 말이 상기된다.

소르망의 말을 빌리지 않더라도 돈과 상품과 기술은 국경 없이 넘나들고 있으며 그것은 어느 한 나라의 힘만으로 좌지우지할 수 없는 세계적·국제적 문제로 등장하고 있다는 것을 우리도 실감하고 있는 처지이다.

이에 반하여 언어와 생활풍습과 민족이 공유하고 있는 가치의 울타리는 상대적으로 높아지고 있다. 즉 세계 각국이 문화적 정체성을 통한 국가 이미지와 국가신인도 제고에 힘쓰고 있다. 말하자면 문화의 중요성이 더욱 높아지고 있다는 뜻이다. 문화야말로 IMF 시대의 위기를 극복하는 데, 그리고 IMF의 위기를 극복하고 난 다음의 모든 문제들을 해결하는 기초가 된다는 점을 인식해야 할 것이다.

그러므로 문화행정의 중요성은 아무리 강조해도 부족함이 없을 것이다. 늦었지만 지금부터라도 21세기를 대비한 문화행정의 틀을 짜나가야 하지 않겠는가.

12. 문화진흥기금사업 운영개선

이종인(한국문화행정연구소장)

1. 지원환경의 변화에 대응

1974년 이래 지금까지 문예진흥기금 지원사업은 ① 문화적 주체성 확립과 전통문화의 계승발전, ② 예술창작환경조성과 창작활동 지원, ③ 지방문화 육성과 국민의 문화향수권 신장, ④ 한국문화의 세계화와 국제문화교류, ⑤ 문화산업 등을 주요 지원목적으로 추구해 왔으나 시대에 따라 그 중요도가 변해왔다고 하겠다.

진흥원 개원 초기에는 주로 문화적 주체성 확립과 전통문화 발전에 초점을 두었으나 점차 예술창작진흥, 지역문화 환경조성, 국민문화복지증진, 문화산업 등의 분야로 지원영역을 확대하면서 지원 프로그램도 산만하게 다양화 되어 소액다건식 지원이 이어져 왔다.

이러한 가운데 지원환경과 지원목적에 대한 체계적인 분석이 이루어지지 못했으며 실제로 각각의 지원 프로그램들이 어느 정도의 지원 목적을 달성하는 데 유용했는지에 대한 효과분석도 미흡했던 것이 사실이다. 그리고 지원 프로그램을 지원환경의 변화에 대응하여 평가하고 조정할 수 있는 체계를 갖추고 지원효과를 높이고 지원목적에 적합한 프로그램을 개발할 필요성이 요구되어 왔던 것이다.

특히 최근 우리 사회환경의 변화는 문화 분야에도도 큰 영향을 미치고 있으며 이에 따라 지원환경도 변화하지 않을 수 없는 상황이다. 지방자치제의 본격화와 지방화 추세에 따라 문화예술을 지역발전을 자원으로 생각하는 움직임, 21세기 정보화 시대를 대비한 미래지향적 문화창조 역량으로 국가의 경쟁력을 높이고자 하는 움직임, IMF 경제위기 극복을 위한 고비용 저효율 제거하려는 문화행정의 움직임 등 문화환경과 지원환경을 변화시키고 있다.

이와 같은 맥락에서 지난 4월 17일 문화관광부가 국회에 보고한 1998년도 업무보고에 의하면, 문화정책의 목표를 '창의적 문화국가 건설'이라고 설정하고 있다. 그리고 ① 국민이 다함께 누리는 희망과 활력의 문화복지 구현, ② 자유롭고 활기 넘치는 창조적 문화활동 증진, ③ 문화유산의 보존과 민족문화의 정체성 확립, ④ 새로운 국부를 창출하는 문화 · 지식 · 관광산업의 기간산업화, ⑤ 종교 · 체육 · 청소년 활동을 통한 ⑥ 국가의 문화적 이미지 해외 확산, ⑦ 경제난국 극복을 위한 대응 등을 주요 정책과제로 책정하고 있다.

한편 이 보고서에서는 정책수행 방침으로 첫째 감독 · 통제에서 지원과 평가로, 둘째 시설 중심에서 프로그램 중심으로, 셋째 중앙 집중에서 다양화 · 다변화로, 넷째 엘리트문화와 생활문화의 균형으로, 다섯째 성 · 지역 · 계층의 차별성을 극복하는 사회통합문화로, 여섯째 민족의 평화와 통일을 실현하는 민족공동체 문화를 지향하는 것으로 되어 있다.

이상과 같은 정책환경과 지원환경의 변화에 대응하여 문예진흥원이 이번에 '문예진흥기금사업 운영개선'안을 제안하고 이에 관한 토론회를 개최하게 된 것은 시의적절하고 환영할 일이다. 그리고 진흥원이 구상하고 있는 ① 소규모 지방지원사업의 지자체 이관, ② 문예진흥기금사업 평가제 도입, ③ 소액다건사업의 집중지원 및 신규사업개발 등에 관한 개선 취지와 방향에 관해서도 원칙적으로 찬성의 뜻을 표한다.

앞에서 인용한 문화관광부의 업무보고서에도 '문예진흥기금 지원 기준 대폭 개선'이라는 항목 가운데 ① 유망한 부문, 낙후된 부문에 중점 지원, ② 문학번역 및 대표급 예술가들의 국외활동 지원확대 등이 기재되어 있는바 이러한 문제도 진흥원의 개선안이 모두 포괄할 수 있는 것으로 볼 수 있어 정부정책과의 마찰 우려도 없을 것이라고 하겠다.

다만 문예진흥기금사업 운영개선을 함에 있어서 부연한다면, 중앙 차원(진흥원)의 지원사업은 지방자치단체의 문화예산 및 지방문예진흥기금의 지원사업 그리고 여타

공공문화예술기관의 지원사업과는 차별성을 지녀야 한다는 점이다. 진흥원의 지원사
업은 국가 차원에서 지원목적과 원칙을 설정하고 지역 간의 조정과 네트워크센터 역
할을 강화하는 방향으로 나아가야 할 것이다.

소규모 지방지원사업을 자치단체로 이관하더라도 진흥원은 현재 지역 단위에서
해결하기 어려운 분야나 우리나라 전체의 차원에서 가장 절실하게 지원이 필요한 분
야에 더 초점을 두어야 할 것이다. 이를 위해서 앞으로 진흥원은 지원사업 전반에 관
한 지원목적과 이념, 지원영역과 프로그램의 우선순위 등에 관한 검토와 평가가 이루
어져야만 할 것이다.

현재 진흥원의 지원사업과 지역문예진흥기금의 지원사업 사이에는 차별화와 조정
이 체계적으로 이루어지지 못하고 있는 실정이다. 그러므로 지원사업을 효과적이고
체계적으로 수행하기 위해서는 중앙정부, 문예진흥원, 지방자치단체, 문화예술기관·
단체 등 관련기관과 관련 부문과의 역할과 권한, 지원 프로그램의 조정 등을 통하여
통합된(체계적) 지원체계를 갖추는 데 노력하고 지속적인 협의와 조정이 필요하다.

미국의 국립예술기금(NEA: National Endowment for the Arts)과 영국의 예술위원회(ACE:
Arts Council of England)의 경우는 관련 조직 간의 파트너십을 중요한 기능으로 수행하고
있다. 미국의 NEA는 주예술기관(State and Jurisdictional Arts Agencies)과 지역예술기관
(Regional Arts Organizations)의 설립에 기여하였으며, 계속 이 기관들을 지원하고 긴밀한
협조관계를 유지하고 있다. 영국예술위원회(ACE)와 지역예술위원회(RAB: Regional Arts
Boards)는 각기 독립된 공공조직이면서도 상호 긴밀한 협력관계를 형성하여 통합된 지
원체계를 구축하고 있는 예들이다.

2. 소규모 지방지원사업의 지자체 이관

지역에서 기획·시행되는 소규모의 지역성 사업을 진흥원에서 직접 심의 선정하
여 지원하는 것보다는 지역에서 심의 선정하여 지원하는 것이 지역 실정과 지역 특
수성을 발휘할 수 있다는 점에서 지역으로 이관하는 것은 당연한 귀결이라고 할 수
있다.

문제는 이관 받아 지원업무를 실질적으로 주관·집행하는 기고나이 어디냐는 것

이다. 경기도의 경우와 같이 지원업무를 주관하는 '경기문화재단'과 같은 조직이 구성·운영되고 있는 곳은 별다른 문제가 없겠으나, 지역단위의 시·도 문예진흥위원회에서 지원업무를 주관하는 것은 행정이 관리한다는 점에서 바람직하지 못한 점이 많다. 그러므로 민간형태의 운영사무국 설치를 적극적으로 유도해 나가야 할 것이다.

서울지역을 이관대상에 포함시키느냐 않느냐 하는 문제에 관하여 본인은 포함시키는 안을 찬성한다. 진흥원이 구상하고 있는 이관대상사업 중 1/3이 서울지역의 사업으로 나타나고 있는 바, 서울지역을 이관대상에서 제외할 경우 지자체 이관의 의미를 상실하게 될 것이고, 이관 후의 사업개편에 혼선을 가져올 우려도 있어 이관하는 것이 바람직하다고 생각한다.

이관시의 지원규모를 1998 책정예산(35억 원)보다 늘어난 40~50억 원 규모로 증액하는 것이 바람직하다고 생각한다.

지원금 배분방법에 대하여는 각 지자체의 문예진흥기금 모금실적 및 지자체 예산의 문화투자 비율에 따라 '차등배분'하는 안과 각 시·도별로 차등을 두지 않고 일정액을 일률적으로 배분하는 '균등배분' 안이 있을 수 있겠으나 바람직한 안으로 이 두 안을 절충한 '절충식'을 제안하고자 한다.

전국의 16개 광역자치단체 중에서 서울은 5억 원, 나머지 15개 광역자치단체에는 균등하게 2억 5,000만 원씩을 배분하면 42억 5,000만 원이 소요된다. 총예산 45억 원에서 42억 5,000만 원을 공제하면 2억 5,000만 원이 남게 된다. 이 2억 5,000만 원을 1995년부터 시행하고 있는 '올해의 문화자치단체'에서 선정된 광역자치단체에 1억 원, 시(市)에 5,000만 원, 군(郡)에 5,000만 원, 구(區)에 5,000만 원씩(도합 2억 5,000만 원)을 보너스 형태로 지원하자는 것이다.

이 경우 진흥원의 지원금 지원 실적을 '올해의 문화자치단체' 선정에 반영하여 심사하게 하는 방안을 관계기관과 협의하여 반영시키기에는 무리가 없을 것으로 생각된다. 또한 이와 같은 보너스 지원 방법을 도입하면 자치단체에 자극을 주고 문화투자를 증대하는 효과도 기대할 수 있을 것이며, 균등배분에 따른 대도시의 반발이나, 차등배분에 따른 등급방식에 대한 불만의 소지도 어느 정도 해소되리라고 생각된다.

그리고 보너스 지원금의 지급대상은 매년 그 전해의 '올해의 문화자치단체'에 선정된 자치단체에 지급하는 것을 원칙으로 하고, 지원금의 사용은 자치단체에 일임하되 지원금 지급 전에 '지원금 사용 계획서'를 받아 검토한 후에 지급하고, 사업 후 정산토록 한다.

다만 보너스 지원금의 용도는 지역의 문화예술 프로그램 기획능력을 높이고, 문화시설과 문화정보 등 문화 인프라를 생산적으로 운영하도록 함으로써 고비용 저효율의 예술기획환경을 개선하는 방향으로 사용하게 유도하는 것도 바람직할 것이다.

3. 문예진흥기금사업 평가제도 도입

지원사업에 대한 평가제도는 필요하면서도 실행하는 데는 어려움이 많은 업무분야이다. 왜냐하면 이 일을 추진하는 데는 많은 인력과 자금과 시간이 소요될 뿐만 아니라 평가결과에 대한 공정성과 전문성 및 신뢰성 등에 잡음이 있기 마련이기 때문이다.

다행히도 진흥원이 마련한 평가 추진방안은 상당 부분 세부사항에 이르기까지 착실한 준비가 진행되고 있다는 점을 발견할 수가 있었다. 그리고 평가제도의 적용은 1999년도(내년)를 첫해로 해서 시범운영을 하고 그 성과를 분석하여 점진적으로 범위를 넓혀가겠다는 추진 과정은 당연하다. 그런데 본인은 여기에 새로운 방안을 제시하고자 한다.

금년도(1998)를 평가제도 준비의 해로 정하고 시범운영(1999)을 하기 전에 예비 평가 작업을 통해 가장 효율적이고 가장 신뢰할 수 있는 평가방법을 찾아보자는 것이다. 예를 들면, 평가대상사업 중의 1건의 지원사업을 평가대상으로 하고, 평가단을 ① 지원심의위원회, ② 전문가 중심의 별도 평가단, ③ 공공 및 민간연구기관 등에 각각 별도로 평가하게 되고 그 결과를 분석하여 가장 적절한 방법을 찾자는 것이다. 이 경우 각각의 평가단에는 동일한 예산과 동일한 평가지표, 동일한 평가기간을 적용시키는 것이다.

지원심의위원회를 평가단으로 활용하는 것과는 관계없이 그 역할을 활성화할 필요가 있다. 그동안 지원심의위원회는 정해진 사업과 예산범위 안에서 지원대상을 선정하는 과정에 참여하고 있을 뿐 종합적으로 지원사업의 우선순위나 지원규모 등을 결정하는 역할은 수행하지 못해 왔다. 지원심의위원회의 역할을 활성화하여 지원대상 선정뿐만 아니라 지원목적 및 방향, 지원원칙 및 기준, 지원 프로그램 개발, 기존 프로그램 평가, 종합적인 지원사업 우선순위 결정, 지원수단 및 방법 등을 평가하고 개발하도록 하는 방안도 생각해 볼 수 있다.

예를 들면, 미국의 NEA의 경우 NCA(the National Council on the Arts)가 정책, 프로그램, 보조금, 지원절차 등에 관해 자문기능을 수행하고 있다. 호주의 경우에는 예술진흥위원회(Council), 분야별 위원회(Boards), 소위원회(Committee) 등 3단계의 위원회를 거쳐 지원사업이 이루어지고 있다.

한편 지원 프로그램 전반에 대하여 정기적으로(예: 단기 1년 혹은 장기 3년) 평가하고 성과가 없는 프로그램은 수정, 폐지하며 새로운 프로그램을 개발할 수 있는 방법도 찾아야 한다. 영국의 예술위원회는 지원약정, 연간평가, 질적 평가, 지속적 평가, 5년마다 평가 등 다섯 가지 요건을 토대로 수혜단체와의 관계를 형성하고 있다.

특히 지원사업을 평가함에 있어서 유의해야 할 점은 올바른 평가를 위한 기본적 전제가 충족되어야 한다는 점이다. ① 지원사업의 목적을 명확하게 알 수 있어야 한다. ② 사업의 목표와 기대효과가 명확하게 제시되어야 한다. ③ 사업의 목적과 목표, 효과사이에 인과관계가 성립되어야 한다. 이것이 충족되지 않으면 평가를 할 수 없고, 하더라도 효과성 측정과는 무의미한 것이다. 이런 점을 고려하여 지원신청 및 사업계획서 서식도 대폭 개선되어야 한다.

평가결과의 반영으로 사후지원(우수단체 발전지원)을 신설하는 것은 바람직하다고 본다. 평가제도가 도입되면 평가에 따른 절차가 추가됨으로 수원단체가 까다롭고 복잡하게 느낄 가능성을 배제하는 효과도 있을 것이다.

평가제도와 관련하여 마지막으로 부연할 것은 지원원칙과 지원기준, 지원심의와 평가과정 전반을 공개적이고 합리적으로 운용해야 하겠다는 것이다(평가 실명제).

4. 소액다건사업의 집중지원 및 신규사업개발

(1) 집중지원 및 신규사업개발 방향

문예진흥기금 지원사업은 그 영역과 프로그램 및 지원수단을 재조정할 필요가 있는데 집중지원과 신규사업개발은 적절한 일이다. 예술지원정책에서 공공지원의 기준을 어떻게 설정해야 하는가에 관해서 엘리트주의와 대중주의가 논의되는데, 엘리트주의는 고급예술, 예술적 우수성, 예술의 질적 수준 등에 지원의 초점이 두어진다. 이에 반하여 대중주의는 대중예술, 예술에 대한 접근 기회, 예술적 다원주의, 민주성과 예술의 확산 등에 지원의 초점을 두고 있다. 따라서 대중주의적 지원에서는 예술창조자와 예술소비자, 전문가와 아마추어를 엄격하게 구분하지 않으며, 지원 영역도 엘리트주의에 비하여 훨씬 넓고 다양하다.

지원정책의 기준을 어느 쪽에 둘 것인가 하는 것은 나라와 시대에 따라서 다양한데 일반적으로 문화정책의 초기에는 엘리트주의(창작 진흥)에 초점을 두고, 그 다음 단계에서는 대중주의(문화복지 증진)에 초점을 두는 방향으로 변해가고 있다. 그리고 최근에는 엘리트주의와 대중주의의 이분법적 구분은 희미해지고 있으며, 정책대상도 고급문화 영역뿐만 아니라 생활문화, 대주문화, 문화산업, 뉴미디어 예술 등으로 확대되고 지원대상도 문화예술 전문가에서 아마추어 및 일반 국민들로 확대되고 있다.

현 정부의 정책방향은 '엘리트문화와 생활문화의 균형'을 지향하고 있어서 엘리트주의와 대중주의의 균형을 도모하고 있다고 하겠다. 이러한 방향 밑에서 정부 문화정책의 과제 중에서 문예진흥사업과 관련 있는 영역을 살펴보면 ① 문화복지 구현, ② 창조적 문화활동 증진, ③ 민족문화의 정체성 확립, ④ 국가의 문화적 이미지 해외 확산 등으로 나타나고 있는바 여기에서도 엘리트주의와 대중주의가 혼재해 있다는 점을 알 수 있다.

위와 같은 배경에서 문예진흥사업의 집중지원과 신규사업 개발의 방향은 다음과 같은 세 가지 방향으로 집약될 수 있다고 하겠다.

첫째, 문화복지 지원사업은 양질의 문화예술 프로그램을 개발하여 확산하는 문화의 민주화 차원에서 국민들 스스로가 문화생활을 통해서 자신을 표현하고 문화적 감수성과 창의성을 개발할 수 있는 적극적이고 주체적인 문화생활을 할 수 있는 문화민주주의 차원으로 확대되어야 할 것이다.

둘째, 예술진흥사업은 예술작품의 질적 우수성뿐만 아니라 실험성과 창작성을 지원기준으로 고려해야 한다. 또 현재 다른 부문에 비해 낙후된 예술 부문이나 유망한 예술 부문, 그리고 국가적으로 육성해야 할 예술 부문에 대해서는 중점적으로 지원해야 한다.

셋째, 국제문화교류 지원사업은 국제 간에 상호주의 원칙에 입각해서 보편성 있는 국내외 문화의 교류를 활성화시키고 특히 한국문화의 독창성을 널리 해외에 보급하고 문화외교 차원에서 예술작품과 예술인의 해외 교류를 통해 국가의 문화적 이미지를 해외로 확산하는 방향으로 지원되는 것이 바람직하겠다.

이렇게 하기 위해서는 각 분야별로 소액 분산 식으로 균등 지원해온 방식을 지양하고, 사업별로 차등을 두고 집중 지원하는 방식으로 전환되어야 할 것이다. 아울러 새로운 정책이 요구하는 신규 지원사업을 개발하여 집중지원대상에 포함시켜야 할 것도 당연한 일이다.

(2) 기존사업 개선 · 중점지원 및 신규 사업 개발

이 항에서는 중점지원과 신규사업에 추가되는 사항을 첨가한다.

① 공연예술 창작활성화지원사업의 지원금 지급방식은 작품료를 우선 지급하고 공연 후 성과에 따라 공연지원금을 추가 지급하는 방식이 좋을 듯하다.
② 중앙 문화 프로그램 센터 운영의 사업내용을 보완하여 전국의 문화시설 내용, 전국의 예술단체 현황, 전국의 문화예술사업과 행사 등에 관한 정보 네트워크화를 통하여 문화정보에 관한 종합적 시스템을 구축하는 일
③ 문예인 해외연수지원의 현행 지원대상은 연기 · 연출 · 안무 등으로 되어 있는데 이를 확대하여 무대 스태프, 무대미술, 아트 매니저 등도 포함시켜서 전문분야의 실제적 연수기회를 제공하게 하는 일

이 밖에도 기존 집중사업에 포함시키거나 신규사업으로 책정할 사업은 다음과 같다.

① 예술의 수준을 높이는 창조활동 활성화를 위해
  − 우리나라의 대표적인 예술단체를 중점 지원하는 사업
  − 우리의 문화전통을 기반으로 한 독창적 예술활동을 지원하는 사업
  − 해외 예술가 및 예술단체와 공동제작을 지원하는 사업

② 미래 지향적인 문화예술 인재를 양성·확보하기 위해

○ 젊은 예술인 양성: 미래 예술의 주역이 될 창조적인 인재 육성을 위한 예술교육 훈련

    - 미술, 음악, 무용, 연극, 무대미술의 신진 예술인과 아트 매니저의 해외 연수

    - 위 예술인들에 대한 국내 전문시설 연수 및 연수생의 창의 발표 기회 제공 (인턴십)

    - 위 예술인들을 위한 해외예술가 초빙연수로 실기 중심의 연수 기회 제공

○ 예술활동을 이끌어 갈 인재 양성

    - 아트 매니지먼트, 무대기술에 관한 연수 및 자격인증제도 창설

    - 문화시설의 전문직원 양성

○ 학교 예술교육과 문화활동 지원

    - 동아리 활동, 특활반 활동지원

    - 학교교육에서 예술감상기회 지원

    - 예술담당 교사의 자질 향상 지원 등

13. 문화기획론

이종인(한국문화행정연구소장)

1. 들어가는 말

'문화의 세기'라고 일컬어지는 21세기를 맞이하여 우리의 문화환경도 크게 변화하고 있다.

문화 정책과 문화행정 영역이 확대됨에 따라 정부의 역할이 증대되고, 공공지원의 필요성도 함께 증대되고 있다. 문화의 분권화와 균형발전이라는 국가정책은 지방자치단체 문화행정의 권한과 책임을 요구하고 있다. 한편 세계화에 대응하기 위한 문화콘텐츠의 개발과 육성을 통해 문화산업에 대한 관심의 증대는 우리에게 새로운 도전의 문화전략으로 대두되고 있으며, 모든 국민의 문화권 신장을 위한 문화복지 수요의 증가라는 새로운 문화정책의 과제로 등장하고 있다. 뿐만 아니라 IMF사태 이후 우리 사회에 팽배한 구조조정과 민영화 풍조는 문화행정에 경영기법의 도입을 확산시키며 문화시설과 문화단체의 경영혁신을 요구하고 있는 상황이다.

위와 같은 문화환경의 변화에 부응하여 국민과 창조자와 정부와의 관계를 조화롭게 매개하는 문화기획 전문가의 중요성이 부각되고 이들을 양성·교육해야 한다는 필요성이 증대되고 있는 것이 작금의 현실이다.

이러한 필요성에서 '지역문화경영과정'이라는 교육 프로그램이 개설되었다고 생각한다. 그러나 '문화기획론'이라는 강의는 아직까지 깊이 있게 연구·정리되고 있지 못한 분야로서, 행정학과 경영학의 기획론을 문화에 접목시킨 초보적인 이론이라는 점을 전제로 하면서 과정 참여자들의 '문화기획 입문'에 다소나마 도움이 되었으면 하는 생각이다.

2. 기획의 본질

1) 기획의 정의와 개념

기획(planning)이란 무엇을 의미하는가? 이제까지 행정학, 경영학 기타 관련 분야에서 수많은 정의가 내려졌지만 각기 다양한 입장과 관점을 나타내고 있어 이것을 종합하기는 매우 어려운 일이다.

(1) 기획의 대상수준에 따른 정의(개념)

기획은 어느 수준의 기획을 염두에 두고 있느냐에 따라서도 정의가 다르다.

① 일반적·개인적 수준에서 단순히 문제해결의 과정으로 보는 견해

"인간이 장래에 관해서 미리 생각하는 과정(Chadwick)", 즉 기획은 머릿속에서 각종 정보를 검토해서 행동하는 방안을 강구하는 과정이라는 것이다. 역시 기획이란 "무엇을 할 것인가를 사전에 결정하는 매우 광범한 인간행태(W. H. Newman)"라고 규정하기도 한다. 결국 기획은 과학적인 문제 해결 방법의 한 유형에 지나지 않는 다는 것이다.

② 기획을 관리기능(管理機能)의 한 단계로 보는 견해

"장래의 경영을 가능한 한 정확하게 예측하고 통제하려는 신중히 준비된 노력(Stone)"을 기획이라고 보았다. "기획은 여러 대안 중에서 목표·예산·절차·사업계획(plan) 등을 선택하는 관리자의 기능(H. Koontz, C. O'Donell)"이라는 견해도 있다. 이러

한 견해를 표명한 사람들은 대부분 경영학·관리과학 분야의 학자들이다. 최근 행정학에서도 정책을 능률적으로 집행해야 한다는 점에서 기획을 관리능력의 향상을 위한 수단으로 보는 경향이 짙어지고 있다.

③ 기획을 사회변화·국가발전의 도구로 보는 견해

"기획이란 국가정책을 결정함에 있어 사회적 예지를 활용하려는 조직적인 노력(C. E. Merriam)"이라고 하고 있다. 이는 '관리능력의 향상'보다 광의적이고 적극적인 해석으로써 관심의 대상이 되고 있는 '발전기회(development planning)'의 범주에 해당되는 견해라고 볼 수 있다.

(2) 기획의 강조점(개념적 요소)에 따른 정의(개념)

① 장래 행동에 대한 사전결정임을 강조하는 정의
- "기획이란 무엇을 할 것인가를 사전에 결정한 행동노선(W. H. Newman)"
- "기획이란 목표를 설정하고 그것을 달성하기 위한 수단을 구체화 하는 것(E. F. Lundgren)"
- "기획이란 목표를 설정하고 이것을 달성하기 위한 접근방법을 결정하는 것(H. G. Hicks)"
- "기획이란 사업을 위해 설정된 목표를 달성하기 위하여 수행해야 할 일들과 이것을 수행하기 위한 방법들을 개괄적으로 짜내는 것(L. Gulick)"

② 합리성과 지적과정임을 강조하는 정의
- "특정한 목표를 달성하기 위하여 최선의 이용가능한 방법과 절차를 선택하기 위한 의식적·계속적인 시도(A. Watersrom)"
- "국가 전체로서의 장기목표를 설정하고, 예상되는 환경의 변화를 고려하면서 목표달성을 위한 방법을 책정하는 것(Argenti)"
- 기타 앞에서 이용한 Merriam, Koontz, O'Donnell 등의 정의 등

③ 사회적 선(social good)을 증진시키는 데 목적이 있음을 강조하는 정의

- "인간생활에 과학을 활용함으로써 목적을 구현하는 수단(D. Waldo)"
- "인간이 공동의 장래를 설계하려고 노력하는 활동이며, 사회적 선을 증진하는
  데 그 의도가 있는 것(Fridemann)" 등

④ 여러 가지 요소를 포함시킨 정의

- "장래를 위한 제안, 제안된 대안들에 대한 평가, 그리고 장래의 통제 등에 적용
  되는 합리적 · 적응적 사고이다(H. A. Simon)."
- "보다 나은 결정을 하기 위한 수단이며, 행동의 선행요건이다. 기획의 과정은
  의사결정, 예산업무, 조정, 의사소통, 기구(조직) 등 관리의 모든 면, 특 기획은
  관리이다(J. M. Pfiffiner, R. Presthys)." 등

⑤ 의사결정 · 정책결정의 한 유형으로 보는 정의

- "일련의 선택을 통해 적절한 장래행위를 결정짓는 과정(Davidof, Reiner)"
- "정책결정에 과학적인 방법을 응용하는 것(Faludi)"
- "보다 나은 수단으로 목표를 달성하기 위하여 장래의 행동에 관한 일단의 결정
  을 준비하는 과정(Y. Dror)" → 대표적 정의 중의 하나임

이상의 내용을 종합해 보면 '기획이란 행정(경영)이 달성하고자 하는 목표를 설정
하고, 그것의 달성을 위한 특정한 정책에 의거하여 최상의 이용 가능한 방법을 행동
개시 이전에 의식적으로 개발 · 선택하는 계속적인 지적과정'이라고 볼 수 있겠다.

(3) 기획의 본질과 중요성

밀레트(Johon D. Millet)에 의하면, 기획의 본질은 ① 조직의 목표를 행동으로 치환시
키는 행동을 위한 준비 작업이며, ② 일단 수립된 목표를 달성하기 위한 행동의 방법
을 제시함으로써 행정활동의 상호충돌을 저지하며, ③ 기획 그 자체는 목표가 아니며
단지 행정문제의 해결을 위한 접근방법을 제시하는 기술 또는 과정이라고 할 수 있으
며, ④ 개인이나 조직의 기획의 가동적이어야 하며, 새로운 상황변화의 요소를 수용

할 수 있도록 수시로 재조정되어야 한다는 점에서 계속적인 과정이어야 하고, ⑤ 개인으로서나 조직적 집단으로서나 우리 인간이 참여하는 활동의 모든 상활을 고려해야 한다는 점에서 기획은 인간생활의 모든 국면을 포괄해야 한다는 것이다.

위에서 살펴 본 바와 같이 기획의 개념이 광범위하게 사용되고 있음을 알 수 있지만 행정학적인 시각에서의 기획은 ① 모든 인간 활동의 장래노선에 대하여 기초를 제공하는 과정이며, ② 적절한 수단에 의한 예정된 목표를 실현하기 위하여 장래행동의 표준이 될 합리적인 일련의 결정을 마련하는 과정이고, ③ 예정된 장래상을 탐구하기 위하여 현상과 장래를 연결하는 과정이다. 그러므로 기획은 이와 같은 조직·인사·지휘·통제라는 관리기능에 우선하며, 행정목적을 달성하기 위해 존재하는 합목적성과 능률성을 추구하는 성질을 가졌다는 점에서 그 중요성이 인정되고, 더욱 확산되고 있는 것이라고 하겠다.

(4) 기획과 유사 용어의 구별

기획은 계획, 의사결정, 정책 등 관리의 다른 부분과 밀접한 관련을 가지고 있으며, 경우에 따라서는 용어의 정의상 혼란을 가져오는 경우가 있어 이를 다음과 같이 구별해 보기로 한다.

① 기획(planning)과 계획(plan)

기획은 계획을 수립·집행하는 과정이며, 계획은 기획을 통해 산출된 결과라고 보는 것이 일반적인 통설이다. 일반적으로 기획은 계획을 세워가는 활동·과정을 가리키는 데 중점을 두는 포괄적·계속적인 개념이고, 계획은 기획에서 도출된 결론을 가리키는 것으로, 보다 구체적·개별적인 개념이다.

바꾸어 말한다면 기획은 선택할 수 있는 '복수의 행동노선'이 존재하는 것이고, 계획은 '이미 결정된 행동노선'을 가리키는 것이다.

그러나 일반적으로 기획과 계획을 구별하지 않고 혼용하고 있는 것이 현실이다. 또한 계획(plan)의 하위개념으로 'program'은 사업계획을 가리키며, 'project'는 단위사업계획을 가리킨다. 그러나 이 역시 현실에서는 혼용된다.

② 기획과 의사결정

- 의사결정은 기획과정의 모든 단계에서 필요하지만 기획과 다른 점은 그것이 반드시 행동
- 기획은 미래를 포함하고 행동이 요구되기 전에 무엇을 어떻게 할 것인가를 결정하는 것으로서 '예상적 의사결정'이라 할 수 있다.
- 요컨대 모든 기획은 의사결정이지만, 모든 의사결정이 기획은 아니다.

③ 기획과 정책

- 기획을 일련의 목표달성과정으로 파악한다면 그 과정에 다수의 정책이 수립·결정된다고 볼 수 있다. 즉 기획은 정책의 구체화를 위한 수단으로 생각할 수 있다.
- 정책은 계획을 세우기 위한 일반지침을 제시하며 기획에 선행하는 것이라는 것, 즉 일정한 정책에 따라 계획이 세워지고 집행과정에 들어간다.
- 그러나 현실적으로 기획과 정책은 구별하기 어려운 것이며, 기획의 개념을 광의로 이해하면 정책은 정책기획이라 할 수 있고, 기획의 개념을 협의로 이해하면 기획은 행정기획 또는 관리(경영)기획이라고 표현할 수 있다.
- 오늘 날의 기획은 공공정책과 행정기획을 포함하는 광의의 개념으로 파악하는 경향이 짙다. 다만 행정기획은 목표를 보다 측정가능한 양(量)의 개념으로 설정하든가 혹은 행동계열의 연관성이 분명하고 구체적인 것이 많다고 하겠다.

2) 기획의 특성과 기능

(1) 기획의 특성

① 목표지향성

기획은 일단 설정된 목표달성을 위한 방법·방향을 구체적으로 제시하는 것이다. 따라서 기획 없는 조직의 행동은 방향 없는 혼돈에 빠진다.

② 미래지향성

기획은 미래에 관한 가정을 세우는 선견장치이다. 즉, 기획은 미래의 변화에 대처하고, 준비하여 변화를 관리하고자 하는 조직적인 선견장치이다.

③ 사전결정성

기획은 조직행동이 이루어지기 전에 무엇을, 누가, 언제, 어떻게 할 것인가를 결정하는 것이다. 목적, 사실, 평가에 입각하여 행하는 사전의 결정과정이다.

④ 사실추구성

기획은 미래가정을 설정함에 있어 감정이나 희망이 아니라 사실에 입각한다. 즉, 적절한 사실을 집성하고, 이를 분석하여 그에 입각한 활동을 전개하게 하는 것이다.

⑤ 지적사고과정

기획은 본질적으로 이성을 요하는 정신적 작업이다. 참신한 창의적인 사고력과 전문적인 지식과 기술 등 과학적 방법에 의한 행동을 요구한다.

⑥ 동태성

기획은 일시적·정태적인 것이 아니라 계속적인 동태적 진행 과정이다. 모든 기획은 계속적으로 검토되어야 하며, 항상 자신의 것을 지향하는 기획과 재기획의 연속적인 순환과정이다.

⑦ 최적성

기획은 정보의 수집·분석과 지식의 활용과정을 통하여 최적의 전략을 제공하는 것이다. 즉, 최소의 자원투입으로 목표달성을 위한 최적수단을 찾아내는 방책을 강구하는 것이다.

⑧ 체계적결정성

기획은 하나의 결정과정이기는 하지만 단순한 의사결정과는 달리 하나의 체계를 형성하는 결정들을 말한다. 즉, 기획은 상호의존적이고, 시간적 질서가 정연하며, 체계적 연관성을 갖는다.

⑨ 행동(집행)지향성

기획은 기획자체를 위한 기획이 아니라 행동을 전제로 한다. 그러나 기획은 행동 그 자체가 아니라 '행동을 지향할 뿐'이다.

(2) 기획의 기능

정부나 기업은 그 목표를 합리적으로 달성하려면 기획이 필요하다. 그렇지 않으면 그 업무는 무질서한 것이 되고, 거기에서 이루어지는 결정들은 무의미한 것이 되고 만다. 왜냐하면, 행정·기업환경이란 언제나 불확실성과 변화로 가득 차있으며, 이러한 상황에 대처하기 위해서 기획이 필요한 것이다. 그러면 기획의 주요기능은 무엇인지 살펴보기로 한다.

① 지휘의 수단

기획은 행정목표의 달성에 필요한 전략적 방법을 제시하는 데 목적이 있으므로 관리자는 이에 대하여 의식적으로 주의를 집중하지 않을 수 없고, 목적의식을 갖고 활동하게 한다.

② 장래에의 대비

기획은 장래에 대처하는 전략을 준비하는 과정이므로 관리자는 이에 따른 행동노선을 신중히 검토하고 선정하여 대처함으로써 모험을 최대한으로 피하게 해 준다.

③ 자원의 효율적 활용

기획은 한정된 자원으로 무한한 행정수요를 충족시켜야 한다는 불가피한 요청에 따라 자원을 효율적으로 활용할 수 있게 한다.

④ 경비의 절약

기획은 최적수단의 선택에 의지하여 비생산적인 활동을 회피하고 불필요한 경비의 억제와 노력의 절약을 가져오게 한다. 즉 기획은 손실을 방지하고, 낭비를 최소화한다.

⑤ 효과적 성과측정

기획은 일정한 시간과 공간의 한계 안에서 수행해야 할 업무를 뚜렷하게 확정시켜 줌으로써 성과의 평가를 위한 객관적 기준이 되어 그 효과를 쉽게 측정할 수 있게 한다.

⑥ 행정통제의 수단

기획을 통해 목표가 명확하게 구체화되고, 조직활동의 기준이 제시됨으로써 효과적인 행정통제 및 체계적인 심사분석의 수단으로 기능한다.

⑦ 업무수행역량의 증대

기획은 항상 최신일 것을 요구하며, 이에 따라 새로운 창안과 의욕의 증진, 효과적인 업무수행 역량을 증대시키게 된다.

⑧ 효과적 조정

기획은 조직이 본래 의도하고 있는 조직 전체의 차원으로 눈을 돌리게 하므로 효과적인 조정수단으로 기능하게 된다. 그러므로 현대의 기획은 부문 간의 활동을 종합화하면서 전체로서의 목표에 관심을 집중시킨다.

3. 문화기획 입문

1) 문화기획의 개념과 필요성

(1) 문화기획의 개념

앞에서 살핀 기획의 정의와 개념을 문화기획에 적용해 보면, '문화기획이란 문화를 보존하고 발전시키고자 하는 문화행정이 달성하고자 하는 목표를 설정하고 그것을 달성하기 위한 특정한 정책에 의거하여 최상의 이용 가능한 방법을 행동개시 이전에 의식적으로 개발·선택하는 계속적인 지적과정'이라고 할 수 있다.

① 문화기획의 개념을 광의로 생각한다면, 기획은 일련의 목표달성 과정이므로 그 과정에서 다수의 정책이 수립·결정된다고 볼 수 있는데 이 경우의 기획은 문화정책의 구체화를 위한 수단, 즉 문화정책기획이라고 할 수 있다.
② 문화기획의 개념을 협의로 이해한다면, 정책은 기획에 선행하는 것이므로 문화기획은 문화행정기획 또는 문화경영기획이라고 표현할 수 있다. 최근에 거론되고 있는 '예술경영'이 여기에 속한다고 볼 수 있다.
③ 그러나 오늘날의 기획은 공공정책과 행정기획을 포괄하는 광의의 개념으로 파악하는 경향이 짙다는 점에서 문화기획도 예외는 아니다. 다만 문화 기획단계에서는 선택할 수 있는 '복수의 행동노선이 존재하는 것이고, 문화정책은' 이미 결정된 행동노선을 지칭하는 것이다.

문화기획의 특성과 기능은 앞에서 살펴본 '기획의 특성과 기능'으로 갈음할 수 있으나, 한 가지 특성을 추가한다면 문화기획은 '창조성(참신성)과 문화성(예술성)'을 추가할 수 있을 것이다.

(2) 문화기획의 필요성

① 문화환경의 변화
- 문화정책 영역의 확대로 인한 정부의 역할 증대, 공공지원의 필요성과 지원 금액의 증대현상 가운데서 예술의 창의성과 행정의 효율성 간의 갈등해소와 조화로운 매개기능을 필요로 하는 문화행정의 중요성이 요구되고 있다.
- 문화의 지방분권 확대로 자치단체 문화행정의 책임과 권한이 증대됨으로써 행정의 문화화와 행정의 소프트화를 위한 문화행정 시스템의 자체혁신이 요구되고 있다.
- '모든 국민을 위한 문화' —— 문화민주주의, 문화복지, 시민문화자치 —— 실현을

위한 문화정책(문화기획)의 수요가 증대되고 있다.

- 문화콘텐츠의 발굴 · 개발 · 육성과 관광 · 레저 및 상공업 · 농어업과의 제휴 등 문화산업에 대한 관심과 수요가 증대되고 있다.
- 특히 IMF 사태 이후의 구조조정과 민영화 바람 이후 문화행정에 경영기법이 도입 · 확산되고 있다.
- 이상과 같은 문화환경의 변화에 대응하여 문화행정은 조전과 같은 단선적 · 수직적인 행정시스템과 해정행태를 뛰어넘어 횡적인 네트워크가 이루어지는 종합행정이 요구되고 그에 걸맞은 문화기획전문가의 확보와 양성 · 교육이 필요하기에 이르렀다.

② 문화기획전문인력의 필요성

- 행정 · 조직관리 · 재정확보 및 집행을 위한 전문기획인력이 필요하다.
- 사업 개발, 마케팅, 프로모션, PR 기능을 갖춘 전문기획인력이 필요하다.
- 창조지원 · 생산지원 · 문화행사(활동)지원을 위한 전문기획인력도 필요하다.
- 예술인 · 행정가 · 시민을 대상으로 하는 교육훈련 전문기획인력
- 기술지원 · 컨설팅 지원을 위한 전문기획인력이 필요하다.

2) 문화기획의 원리와 과정

(1) 문화기획의 원리

① 목적성의 원리: 기획에는 목적이 구체적으로 명확하게 제시되어야 한다.

② 예측성의 원리: 예측은 기획의 성공여부에 결정적 영향을 미치므로 정확성을 기해야 한다.

③ 능률성의 원리: 가용자원의 효과적 활용으로 낭비를 최소화하고 최대의 성과로 목표를 달성해야 한다.

④ 통일성의 원리: 기획은 주제가 통일되어 있어야 하며, 계획자체의 일관성이 확보되어야 한다. 주제의 2중성은 혼란을 야기한다.

⑤ 기획보편화의 원리: 기획은 조직의 상부나 최고관리자에 국한된 것이 아니라

조직의 모든 관리자가 다 함께 수행해야 할 기능이다.

⑥ 대안의 원리: 기획은 여러 대안 중에서 조직의 목표를 가장 효과적으로 달성할 수 있게 하는 행동노선을 포함해야 한다.

⑦ 합리성의 원리: 기획은 관련 분야의 누구나가 공감할 수 있도록 합리적이어야 하며, 고도로 예리하게 관찰되고 작성되어야 한다.

⑧ 판단조화의 원리: 기획과 관련된 여러 분야의 다각적인 협조와 고려가 있어야 한다.

⑨ 기획의사전달의 원리: 기획자는 자기의 기획 분야에 관계있는 완전한 정보에 접하게 될 때 최선의 조정이 이루어진다.

(2) 문화기획의 과정

① 광의의 기획과정

기획을 광의로 보면 계획을 수립하여 그것을 시행하고 그 결과를 평가하여 차기 계획에 반영하는 하나의 순환과정을 형성한다. 이런 의미에서 기획은 동태적 · 계속적인 과정이라고 보는 견해이다. 즉, 넓은 의미의 기획은 계획의 수립 · 집행은 물론 통제와 환류(feed-back)까지를 포함하는 과정으로 보는 것이다.

다비도프(Davidoff)와 라이너(Reiner)의 기획과정은 다음과 같다.

- 가치형성(value formation) 과정: 미래를 예측하여 선택 가능한 범위를 규정하고 바람직한 상태를 목표로 제시하는 단계
- 수단규명(mean identification) 과정: 설정된 목표를 달성하기 위한 수단을 규명 · 모색하고, 실현가능성을 비교하여 최종대안을 결정
- 현실화(effectuation) 과정: 프로그램의 관리 · 통제과정, 즉 계획을 집행하되 그 과정에서 계속적인 검토 · 수정 · 시정조치가 이루어지는 단계이다.

이렇게 넓은 의미의 기획은 곧 행정 전반을 포괄하는 것으로 본다.

② 협의의 기획과정

좁은 의미의 기획과정은 계획의 수립단계 만을 지칭한다. 많은 학자들의 다양한
단계구분을 종합해 보면 다음과 같은 5단계로 정리할 수 있다.

- 제1단계, 목표설정과정: 미래를 예측하고 구체화된 기본 목표를 설정하는 단계
  이다. 기획목표는 표리부동해서는 안 되며, 상하위(上下位) 목표들 사이에 일관
  성을 유지하고, 실현가능한 것이어야 하며, 가능한 한 지표로서 구체적 · 실제
  적으로 제시되어야 한다.
- 제2단계, 자료분석과정: 필요한 과거와 현재의 자료를 수집 · 분석하여 양자사
  이의 차이와 문제점을 파악하고, 관련되는 변인 특히 장애요인을 규명하는 단
  계이다.
- 제3단계, 기획전제의 설정과정: 계획수립에서 토대로 삼아야 할 주요가정을 전
  망 · 설정하는 단계이다. 현재의 여건을 분석하여 통제 가능한 변인을 찾는다.
- 제4단계, 대안의 탐색과 평가과정: 과거의 경험이나 선례, 창의적 사고 등을 통
  해서 복수의 대안을 추출하고, 각 대안의 장단점을 비교 · 분석하는 단계이다.
- 제5단계, 최종안의 선택과정: 복수의 대안 중에서 설정한 목표에 가장 근접하
  는 최종안을 선택 · 결정하는 단계이다. 이 단계에서는 추정된 결과에 대한 가
  치판단과 불확실한 요소에 대한 조절 등 검증이 필요하다.

3) 문화기획의 유형

(1) 문화행정의 수준에 의한 분류

① 국가(정부)문화정책기획: 문화정책기획, 예술정책기획, 문화산업정책기획, 문화
  관광정책기획, 국어문화정책기획 등
② 광역시 · 도 문화정책기획: 광역시 문화정책기획, 도 문화정책기획
③ 기초자치단체 문화정책기획: 시 문화정책기획, 구 문화정책기획, 군 문화정책
  기획
④ 공공문화기관의 문화기획

⑤ 민간문화시설의 문화기획

(2) 적용기간에 의한 분류

① 장기문화기획: 6년 이상 10년, 20년의 장기에 걸치는 문화기획
② 중기문화기획: 2~5년에 걸치는 문화기획
③ 단기문화기획: 1년 이내의 기간에 걸치는 문화기획

(3) 기획목적에 의한 유형

① 목표기획(goal planning): 무엇을 할 것인가라는 광범한 기본적 목표설정 기획
② 정책기획(policy planning): 목표에 비교적 장기적으로 대처하기 위한 기획
③ 업무(운영)기획(program planning): 무슨 업무를 할 것인가에 관한 기획
④ 절차기획(procedure planning): 업무수행에 필요한 순서 등의 기획
⑤ 스케줄기획(schedule planning): 매일 매일의 시간을 배정하는 기획
⑥ 편제기획(organization planning): 직무배정 조직편제에 관한 기획

문화시설의 설립과 운영, 문화단체의 조직과 운영, 문화활동의 지원, 문화기금의
조성과 운영 등의 기획이 이 부류에 속할 수 있다.

(4) 문화예술의 활동영역에 의한 분류

① 공연 기획: 연극, 뮤지컬, 콘서트, 무용, 전통공연, 퍼포먼스 기획 등
② 축제 기획: 축제콘텐츠 개발, 축제경영 기획, 축제컨설팅 기획 등
③ 전시 기획: 미술전시기획, 대형 전시기획, 멀티미디어 전시기획 등
④ 교육 기획: 창조자 교육기획, 향유자 교육기획, 매개자 교육기획 등
⑤ 기타 행사: 국제문화회의 기획, 대형 종합문화 이벤트 기획, 문화체험 · 역사탐
　　방 기획, 주요 국가문화행사 기획 등

특히 민간문화기관 · 단체의 문화기획자는 기획 · 홍보 · 마케팅뿐만 아니라 재원

조달·자원봉사자 운영·장소섭외 등을 총괄적으로 수행하는 경우가 많다. 이러한 점에서 문화기획 담당자는 문화기획의 수립(대안 도출, 프로그램 개발, 회의 운영, 프레젠테이션 등) 기능과 문화기획의 실행(예산평성·운영, 프로세스 관리 등) 기능 및 문화기획성과 평가분석 기능을 두루 갖추어야 할 것이다.

4. 실천기획요령

1) 기획자의 자질

훌륭한 기획자는 '무엇을'할 것인가와 '어떻게'할 거신가를 명확히 아는 사람이다. 그리고 그것을 논리적이고 세련되게 표현하여 상대를 설득하는 사람이다.

(1) 기획자의 기본적 역량

① 훌륭한 기획자는 문제의 본질을 꿰뚫어 볼 줄 아는 '통찰력(conceptual skill)'을 가져야 한다.

② 뛰어난 기획자는 자신이 파악한 문제의 본질을 논리적으로 전달하는 능력, 즉 '논리력(logic skill)'이 있다.

③ 앞서가는 기획자는 자신의 생각을 간결하면서도 명쾌하게 나타낼 줄 아는 '표현력(design skill)'이 있다.

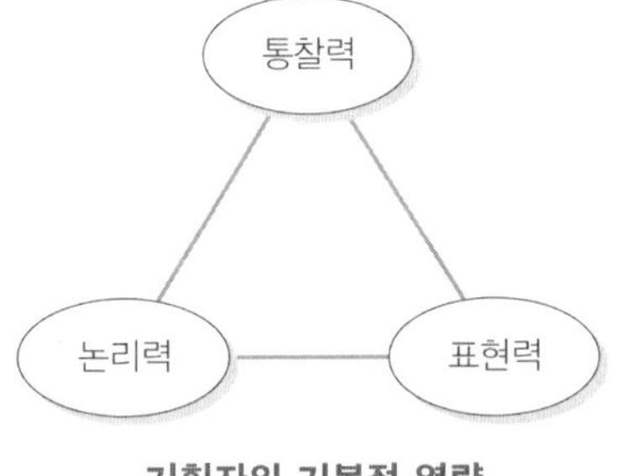

기획자의 기본적 역량

(2) 기획자의 구조적 역량

① 문제의 현황을 파악하기 위해서는 양질의 정보가 필요하기 때문에 기획자는 정보에 대한 이해를 바탕으로 수집·분석·판단·활용에 이르는 '정보력'을 갖추어야 한다.

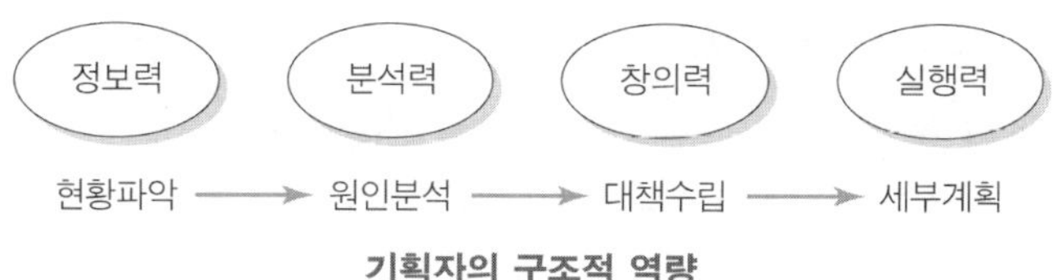

기획자의 구조적 역량

② 현황파악에서 드러난 문제의 원인을 찾아내기 위해서는 방대한 정보를 분야별, 요소별로 분류하고, 원인을 파악할 수 있는 '분석력'이 필요하다.

③ 분석에서 찾은 원인을 제거할 수 있는 효과적인 대책을 마련하기 위해서는 전략적 감각을 바탕으로 남다른 대안을 마련할 수 있는 '창의력'이 필요하다.

④ 최종적으로 세부계획을 수립하기 위해서는 현실적인 계획으로 일의 시작에서 마무리까지 전체를 아우를 수 있는 '실행력'이 있어야 한다.

2) 발상력과 기획센스의 연마

기획력은 누구나 가지고 있다. 그러나 그저 가만히 있는데 저절로 생기는 것은 아니다. 사물을 보는 견해, 사고방식과 같은 기본을 몸에 익혀야 한다. 이 기본을 몸에 익히는 훈련방법과 요령을 살펴보자.

① '엿보기' 습관은 기획력을 키우는 첫 걸음이다. 기획자는 전제를 의식하든 아니든, '엿보고 생각하는'습관을 익혀야 아이디어가 생겨난다.

② 무슨 일이 일어났는지 '사실을 파악'하라. 기획의 진행은 '사실'을 정확하게 포착하는 데서 시작된다. 사실 파악이란 '무엇을 보고, 무엇을 듣고, 그중에서 어떤 것이 실제로 일어난 일인지'를 구분·분별하는 것이다.

③ 단정적인 믿음의 함정에 빠지지 말고 '사실을 확인'하라. 단정적인 믿음을 가지면 쓸데없는 일을 하게 된다. 설령 그것이 맞아 떨어졌다 해도 그것은 우연에 지나지 않으며, 기획력을 높이는 데 도움이 되지 못한다.

④ 왜 그런 일이 일어났는지 '인과관계를 파악'하라. 인과관계를 파악하게 되면, 원인을 찾아 대책을 생각하고 기획에 활용할 수 있다. 그러므로 원인을 알려고 파고들고, 끊임없이 원인과 결과의 연관성을 확인해야 한다. 그러려면 '무슨

일이 일어났는지'의 결과부터 확인해야 한다.

⑤ 무엇을 하면 좋을지 '목적과 수단을 찾아'내라. 기획한다는 것은 '기획목적'을 달성하기 위한 '수단'을 생각하는 것이다. 목적과 수단이 어울려야 기획목적이 달성될 수 있다. 즉 목적과 수단을 분명하게 파악해야 기획이 성공할 수 있는 것이다.

⑥ '그래서 ~ 이렇게 한다'고, '이유 있는 결론'내리기. 기획은 어느 단계에서든 '이유 있는 결론의 연속'으로 진행되어야 하며, '누구에게나 통용되는 이유 있는 결론'을 가지고 있어야 한다. '그래서 ~ 이렇다', '그래서 ~ 이렇게 한다'와 같이 이유 있는 결론이 연속될 필요가 있다. 이유 있는 결론이란 논리가 비약되지 않는 결론이다.

⑦ 이해하기 쉬운 '적절한 용어·올바른 단어'를 사용해라. 기획에서 나와 상대방의 언어인식 차이에서 생기는 폐해는 매우 크다. 설명할 수 없는 단어·용어는 사용하지 않는 것이 최고다. 불확실한 외래어 보다는 우리말이 좋다. 기획에 관련된 사람 모두가 공통언어를 사용해야 엇갈림을 피할 수 있다.

⑧ 하나의 의미만 가진 단어로 '애매한 표현 없애기'. 기획자는 단어에 대해 민감해야 한다. 기획자가 단어의 애매함에 둔감하면 개념적인 표현을 아무렇지 않게 사용하게 되고, 그런 기획은 부정확·불분명한 인상을 주면서 기획자체와 해설의 애매함으로 이어지게 된다.

3) 기획에 필요한 능력

① 선견력
앞을 전망하고 금후의 전개를 예측하는 능력, 확고한 현상인식과 문제의식이 필요하다.

② 구상력
기획의 흐름을 파악하고, 균형 잡힌 전체의 구도를 구상하여 스케줄·예산 등을 확실하게 배분할 수 있는 능력

③ 정보력

기획을 구상하는 과정에서 여러 가지 자료조사, 데이터, 정보 등을 수집·분석하여 현황을 파악하는 능력

④ 창조력

기획을 착상함으로써 문제해결의 방법을 생각하고, 구체적인 해결 방안을 입안하는 아이디어

⑤ 설득력

기획을 관계자에게 알기 쉽게 제안하고, 설득하여 기획안을 받아들이게 하는 능력

⑥ 조직력

기획의 기능과 요소를 조립하여 집단의 조직력을 발휘케 하는 능력, 내부적 조직력과 외부조직과 제휴하는 조직력도 있다.

⑦ 표현력

기획의 내용을 문장·언어·그림·설계도·영상 등으로 표현하는 다양한 능력도 요구된다.

위와 같은 기획능력은 누구에게나 잠재하는 능력이므로 훈련에 의해서 개발할 수 있다. 그리고 기획력은 창조성·현실성·논리성으로 구성되어 있기 때문에 이들 능력을 훈련하면 기획능력이 향상된다.

4) 기획서 작성

(1) 기획서의 요소와 구조

① 기획서의 3요소
- 제1요소, 구조: 인과관계를 밝히는 데 큰 영향을 미치는 것이 기획서의 구조이

다. 구조가 좋으면 의사결정권자들이 기획의 전체를 일괄하는 데 용이하고, 내용을 논리적으로 이해하기 쉽다.

- 제2요소, 논리: 논리력은 인과관계를 잘 전개하는 것에서 시작된다. 상대방을 설득하기 위해서는 논리력이 뒷받침될 때 한결 힘을 얻을 수 있다.
- 제3요소, 표현: 간결하고 정확한 표현이 설득에 도움을 준다. 표현이 복잡하거나 애매하면 기획서를 읽다가 문맥을 놓치게 된다.

② 기획서의 구조

일반적으로 문장의 구조는 '서론-본론-결론' 또는 '기-승-전-결' 형태의 구조를 사용하고 있으나 이곳에서는 '머리글-본론-맺음글'을 기본구조로 설명하겠다.

첫째, '머리글': 기획서의 머리글에서는 목적이나 배경(내·외부 환경의 요약)을 간단하게 언급한다. 즉 기획서가 만들어진 상황의 압축이다. 둘째, '본론': 본론은 '현황파악 → 원인분석 → 대책개발 → 세부계획'으로 전개한다. 기획서 자체가 강한 논리력을 요구하기 때문에 이 구조를 사용하는 것이 무난하다. 셋째, '맺음말': 기획서의 맺음글은 기획서가 채택되어 계획대로 실시되었을 때의 결과, 즉 '기대효과'의 내용으로 구성한다. 가능하면 정량적 표현을 통해 구체적으로 표기하는 것이 중요하다.

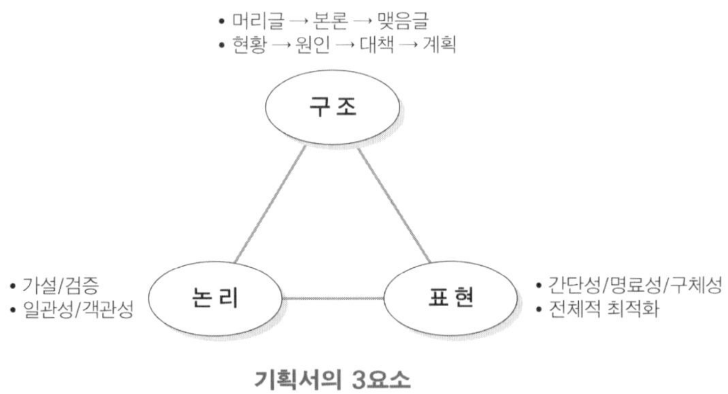

기획서의 3요소

(2) 기획서 작성 시의 유의사항

① 이해하기 쉽도록 조립하여 쓴다.

② 내용설명은 상세하게 한다.

③ 표현기술을 연구해 둔다.

④ 용어사용에 주의한다.

⑤ 미래예측을 반드시 포함한다.

⑥ 대안도 생각해 둔다.

⑦ 완성된 기획안을 다듬는다.

⑧ 2~3개 안을 만든다.

⑨ 자체평가 방식을 갖춘다.

⑩ 가능한 한 데이터에 의거한다.

(3) 기획서 작성단계

① 1단계: 기획내용 및 문제점 파악

② 2단계: 기획서 작성방향 결정

③ 3단계: 기획서 작성을 위한 정보조사

④ 4단계: 정보자료의 취합 및 분석 실시

⑤ 5단계: 기획요구에 대응할 수 있는 기획 콘셉트 도출 및 확정

⑥ 6단계: 기획서의 기본구조 만들기

⑦ 7단계: 기획내용의 전개

⑧ 8단계: 선제석인 구성 재검토 및 정리

⑨ 9단계: 기획서의 부가적인 효과를 위한 재편집

⑩ 10단계: 기획서 최종점검 및 보완 · 수정

(4) 기획서의 구성사례 ①

① 표지   ② 목차

③ 관련자 일람   ④ 머리말

⑤ 요약   ⑥ 배경

⑦ 전제조건   ⑧ 현황분석

⑨ 목적 · 목표   ⑩ 기획내용

⑪ 전체상   ⑫ 맺음말

⑬ 문제점 · 유의점   ⑭ 비용 · 예산 · 일정

⑮ 자료

(5) 기획서의 구성사례 ②

① 표지   ② 기획의 전제

③ 전제조건   ④ 기획의 목적

⑤ 기획의 목표   ⑥ 기획 콘셉트

⑦ 현황 분석   ⑧ 기획의 효과

⑨ 기획의 내용   ⑩ 기획의 전체구상

⑪ 기획의 문제점   ⑫ 세부기획 내용

⑬ 기획의 전개   ⑭ 기획의 종합

⑮ 기획의 비용   ⑯ 기획의 일정

⑰ 역할분담   ⑱ 종결

참고문헌

박문옥,『신행정학대의(新行政學大意)』, 신천사, 1982.

박동향,『한국행정론』, 법문사, 1985.

한치규,『기획서 사전』, 신세대, 1991.

가세다 신이치 저, 우제열 역,『No. 1 기획력』, 대한교과서(주), 2004.

기획거래소 플랜업,『당신의 기획력을 깨워라』, 경향미디어, 2005.

김영민,『기획특강』, (주)새로운 제안, 2006.

이토오 야스오 외 저, 이흥재 역,『예술경영과 문화정책』, 역사넷, 2002.

F. 콜버트 외 저, 박옥진 외 역,『문화예술 마케팅』, 태학사, 2005.

다카하시 겐코 저, 홍영의 역,『기획대사전』, 가림, 2002.

14. 예술가와 예술정책: 예술가가 죽고 있다

이종인(한국문화행정연구소장)

'예술가는 있어도 예술정책은 없다'

우리나라 예술가의 위상이 허약하다는 것은 문제점이 아닐 수 없다. 오늘날 예술가는 귀족도 빚쟁이도 아카데미 회원도 아니다. 건축가나 기술자처럼 일상생활의 환경을 창조하는 사람들 중의 하나이다. 예술가와 예술단체들도 꾸준한 자구 노력으로 자립할 수 있는 노력을 강구해야 한다. 문화발전을 위한 행정과 정책을 살펴보자.

1. 문화발전 · 문화예술정책 · 문화예술행정

현대국가에서는 '문화발전'을 통하여 상실된 인간성을 회복시키기 위한 여러 가지 활동과 정책을 전개하고 발전시키는 것이 국가의 책무가 되고 있다. 즉 '문화발전'은 국가의 총체적인 발전이라는 개념 속에서 '경제발전'과 연관성을 맺으면서 추진되어야 그 실효를 거둘 수 있다는 것을 자각하기에 이른 것이다

다시 말하면, 문화예술은 이제 사회나 개인에 있어서 굳이 필요가 없는 사치나 풍요의 장식물이 아니라 국가발전의 조건 그 자체와 결부되어 있는 것으로서, '삶의 질'과 현세에 대응하는 '인격의 주체성'은 경제발전만으로는 만족시킬 수 없는 근원적인

욕구이기 때문이다. 결제발전과 더불어 참다운 인간적 삶을 가능하게 할 수 있는 삶의 질을 높이고, 개인·민족·국가의 존엄성과 긍지를 고양하는 데 기여할 수 있을 때 비로소 참된 국가발전이 이루어 질 수 있다는 것이다.

문화발전이란 개인에게는 새로운 세계를 이해하고 적응(지배)하며, 자기시대의 언어를 사용하여 집단 속에서 자기의사를 표현하고 전달하는 능력을 부여하는 것을 의미한다. 그리고 모든 인간이 인간의 존엄성의 긴요한 일부로서 '공동사회의 문화유산과 문화활동에 참여할 수 있는 권리(문화권)를 지닌다(UN 인권선언)'고 할 때, 이 공동사회를 책임지고 있는 국가는 이 같은 참여가 실현될 수 있는, 가능한 최대의 수단을 제공할 의무가 있는 것이다.

즉 문화에 대한 권리는 정부의 책임을 요구한다는 점에서 문화발전을 위한 문화예술정책은 국가의 책무임을 강조하지 않을 수 없는 것이다.

그렇다면, 문화예술정책이란 무엇인가? 많은 이론이 있으나 몇 가지만 소개한다. "문화예술정책이란 정부기관이 문화예술발전이라는 공적목표를 달성하기 위하여 형성한 행동방안 또는 행동지침(1985, 이종인)"이라고 정의하기도 하며, "문화 분야에서 정부·지방정부 및 기타 공공기관 등 공공 부문의 행동수단의 총체적 틀(1997, 유럽의회)"이라는 정의도 있다. 한편 UNESCO(1982)는 "문화활동의 근거가 되는 집행원리 및 행정·예산·절차 등의 총체"라고 정의하고, '그러나 모든 국가에 들어맞는 단일의 문화정책은 없고, 각국은 자기나라의 문화정책을 그 나라의 문화가치와 목적에 맞게 선택하고 결정한다'고 하고 있다.

즉 문화예술정책은 정부 등 공공 부문이 문화예술에 대하여 취하는 정책적 활동을 말하는 것으로서, 문화발전기획을 의미하고 문화예술행정을 통하여 추진·집행되는 것이라고 하겠다.

다음으로 문화예술행정이란 무엇인지 간략하게 정리해 보기로 한다. 문화예술행정이란 "문화예술의 발전이라는 목표를 위하여 공권력의 배경하에 문화예술정책을 형성·결정하고, 이를 능률적이고 효과적으로 집행하는 협동적 집단행위 과정(1985, 이종인)"이라고 정의할 수 있다. 즉 문화예술행정은 ① 문화예술발전을 위한 공공정책을 형성하고, 이를 합리적으로 구체화하는 활동과정이며, ② 문화예술 발전을 위한 수단이고, 계획적인 협동·노력과정이다. ③ 문화예술발전을 위한 인적, 물적 자원의 동원·조정·관리·통제활동의 과정이라는 의미를 포함한다.

특히 현대 행정은 계속 반복되는 동태적인 과정으로서 목표설정단계, 정책결정단계, 기획단계, 조직화단계, 동기부여단계, 통제단계, 환류단계의 행정과정이 반복된다는 특징이 있는데 이는 문화예술행정에도 적용되는 것이라고 생각된다.

2. 문화발전과 예술·예술가

일반적으로 발전이란 '진보적 변화를 통한 점진적 성장'을 의미한다. 즉, 목표지향적 성격과 질적 변화와 양적성장을 포함하는 가치 지향적 성격의 변화를 말한다. 그러므로 문화발전이란 인간의 관념·사상·창작물을 보급·전달함으로써 인간(사회)생활의 질(삶의 질)을 향상시키기 위하여 여러 수단을 동원하여 변화를 추구하는 과정이라 하겠다.

문화예술정책은 문화발전의 세분화된 분야에 치중하는데, 실무적이고 구체적인 의미의 문화발전에는 3가지 차원의 발전이 있다는 것이다.

첫째, 예술적 차원의 발전이 필요한 것이다. 예술은 문화요소 가운데서 가장 강력한 것이고, 문화의 정화(精華)이다. 따라서 예술 그 자체의 발전이 필요한 것이다.

둘째, 실존하는 문화적 차원의 발전이 필요하다. 인간이 살고 있는 삶의 무대, 즉 문화환경과 문화적 기반이 정비·향상·발전되어야 하는 것이다.

셋째, 국민적 차원의 문화수준 향상이 필요하다. 문화예술의 향수자인 동시에 참여자인 시민의 문화수준 함양으로 문화저변의 확대가 필요하다.

이상 세 가지 발전요소 가운데 둘째와 셋째는 이 글의 범위에서 벗어나기 때문에 다음 기회에 논하기로 하고, 첫째 차원인 '예술적 발전'에 관하여 좀 더 깊이 살펴보기로 한다.

예술은 문화의 질을 높이고, 문화의 흐름을 원활하게 함과 아울러 국민 개개인의 문화적 수익을 증대하고 국민의 문화활동에 중요한 영향을 끼친다. 예술은 문화의 정점(頂点)에 위치하여 문화전반을 견인하는 중요한 역할을 담당하고 있으며, 그 수준은 한 나라의 문화의 질을 측정하는 척도가 되고, 국가의 품격과 국민의 품위를 가장 상징적으로 표현한다. 또한 최근에는 다양화와 개성화를 지향하는 소비성향에 부응하여 부가가치가 높은 상품개발에 고도로 세련된 예술적 감성이 요구되면서 예술의 경제사회적 의미가 더욱 크게 인식되고 있는 현상에 비추어 볼 때도 예술적 차원의 발전은 절대적으로 필요한 문화발전의 핵심요소라 하겠다.

문화예술정책에서 예술활동의 문제는 가장 의미심장하고 어려운 해결과제이다. 왜냐하면 현대사회의 문화생활이 창조에 기초를 두지 않는다면 문화란 단순한 부차적인 산업의 하나 정도에 불과할 것이며, 예술은 대중의 여가에 덧붙이는 장식이 되고 말 것이기 때문이다. 창조행위는 하나의 문명과 뗄 수 없는 관계를 맺고 있어서 다른 인간활동 중에서도 문명을 가장 잘 통합하고 요약해서 표현하고 있는 것이다.

그러므로 창조자가 사회 속에서 차지해야 하는 위치는 문자 그대로 두드러진 위치임에는 틀림이 없다. 그러나 오늘의 우리 사회 속에서 예술가들의 위치는 외곽을 맴돌고 있는 실정이다. 우리나라 예술가들의 작업대가로 얻을 수 있는 수입은 몇몇 사람을 제외하고는 저소득 노동자와 비교해도 더 나을 것이 없는 실정이다. 예술인들의 창작활동 월평균 수입액을 살펴보면(2003, 문화예술인 실태조사), 수입 없음 30.9%, 10만 원 이하 13.7%, 11～20만 원 4.1%, 21～50만 원 8.5%, 51～100만 원 11.7%, 101～200만 원 14.3%, 201만 원 이상이 31.1%에 지나지 않는다. 이러한 결과로 예술가들이 창조작업을 지속하면서 생활을 영위하기 위해서는 제2의 직업을 갖거나 다른 사람의 재정적 원조에 의존해야 하는 등 경제적인 조건이 불안전한 상황이다. 2003년도의 조사에서 "예술활동을 하면서 자신의 경제적 능력에 한계를 느끼는지"를 질문한 결과 '한계를 느낀다'는 응답이 70.9%로 '한계를 느끼지 않는다' 16.6%보다 훨씬 많았고, '보통'이라는 응답은 12.5%였다.

오늘날 사회를 위한 가장 큰 노력의 핵심은 '삶의 질'을 향상시키는 데 바쳐져야 한다고 강조하면서도, 이 질(質)의 가장 중요한 형태를 제공하는 것을 직업으로 하는 예술가의 위상이 이렇게 허약하다는 것은 문제점이 아닐 수 없다. 오늘날 예술가는 저주받은 사람도 아니고, 귀족도 아니며, 빚쟁이나 아카데미회원도 아니다. 건축가나 기술자처럼 '일상생활의 환경을 창조'하는 사람들 중의 하나이다.

이러한 자격으로 예술가들도 당연히 다른 직업인들과 마찬가지로 정당한 대가를 받고 사회적인 혜택을 받아 마땅한 것이고, 국가나 사회는 예술가들이 탁월하고 당연한 위치를 갖도록 해주어야 한다. 예술가와 그 역할에 대한 새로운 개념, 즉 '생활환경의 창조자'로 볼 때 사회가 예술가들에게 지불해야 하는 것, 즉 창조활동에 대한 지원은 국가와 사회의 중요한 임무 가운데 하나임에 틀림이 없다. 한편 예술가 및 예술단체들도 사회와 상생하면서 꾸준한 자구노력으로 자립할 수 있는 노력을 강구해야 하겠다.

3. 창조(예술)활동에 대한 공공지원의 근거

예술가 및 예술단체에 대한 공공지원의 연구는 여러 분야에서 다양한 관점에서 이루어져 왔는데 그 대표적인 논거를 소개하면 다음과 같다.

첫째, 경제학적 측면에서, ① 바우몰과 보웬(Baumol, Bowen)은 공연예술단체가 필연적으로 적자에 직면하게 된다는 점과 문화예술이 긍정적 외부성(사회적 편익-가치)을 창출하기 때문에 공적지원대상이 될 수 있다고 하였다. ② 프레이와 폼메레네(Frey, Pommerehne)는 문화예술의 긍정적 외부성을 선택가치, 존재가치, 유증가치, 위광가치, 교육가치가 있다고 했으며, ③ 하일브런과 그레이(Heilbren, Gray)는 문화예술의 긍정적 외부성을 미래세대를 위한 유증, 국가적 정체성 또는 위신, 지역경제에 미치는 편익, 일반 교양교육에 미치는 공헌, 예술활동 참가를 통한 사회진보, 예술적 혁신의 촉발에 따른 편익 등을 들고 있다. ④ 넷저(Netzer)는 문화예술의 산물은 실제 거래에 참여하는 사람들보다 일반대중에게 혜택을 준다고 외부성을 지적했다.

둘째, 사회·복지적 측면에서, ① 공연예술 관객이 고소득·고학력·전문직이라는 속성은 문화적 향수의 계층성 문제로 제기된다. ② 많은 사람들이 예술에 대해 잘 모르며, 문화활동 참여에 대한 효과에 무지한 정보의 부적절성 문제, ③ 장애인·소외계층에 대한 문화예술 접근기회의 확대, ④ 청소년·마약·가치관의 문제를 해결하기 위한 문화예술의 기능 등 사회적·복지적 차원에서, 누구에게나 기본적인 문화예술의 향수기회를 제공해야 한다는 평등과 재분배의 시각에서 공공지원이 필요하다는 것이다.

위에서 살펴 본 '공연예술단체는 필연적으로 적자에 직면하게 된다'는 점, '문화예술의 긍정적 외부성', '관객의 속성' 등 3가지 근거는 문화예술에 대한 공공지원의 이론적 기초가 되었으며, 제2차 세계대전 이후의 많은 복지국가에서 문화향수와 문화활동 참가의 평등을 보장하기 위한 문화정책이 시행되기에 이르렀다.

셋째, 국가발전 전략 측면에서, 기존의 경제발전 제일주의의 국가발전 전략에 이의를 제기하며 문화발전 없이는 진정한 의미의 국가발전과 경제발전에 한계가 있으므로 문화 분야를 발전의 필수적 요소로 인식해야 한다는 주장이 제기되었다. 이러한 관점은 유네스코를 중심으로 1970년대부터 제기되어 주목을 받아왔고, 1988년부터 추진된 유네스코의 '세계문화발전 10개년'계획에서는 국가발전정책의 패러다임 변화를 주창하기에 이른다. 세계화 시대 정보화 사회인 21세기에 들어와 지식산업으로서의 문화산업의 중요성이 더욱 부각되면서 문화예술 부문에 대한 공공지원의 필요성이 더욱 강조되고 있다.

앞에서 거론된 지원근거를 종합해 보면 재배분·외부성·지원의 효율적 배분 등 3가지로 요약할 수 있다. 그렇다면 문화예술지원에 관한 국가와 지방의 역할 분담은 어떻게 하는 것이 좋겠는지 생각해 보자.

국가의 역할은 모든 국민이 문화예술을 향수할 수 있도록 보장하고, 재분배 관점에서 지원하는 것이라고 할 수 있다. 즉, 문화예술 향수의 지역 간 격차와 예술가의 일극집중을 시정하기 위한 대책, 사회적 약자(어린이·장애자·노인 등)를 포함한 모든 국민들에게 문화예술에 대한 접근을 보장하는 것 등이다. 이를 달성하기 위하여 예술가의 육성과 권리의 보장은 국가 차원의 법이나 정책에 명기할 필요가 있다고 본다.

지방(지역)의 경우는 재분배, 외부성, 효율성의 관점이 모두 필요할 것이다. 지방분권의 흐름 속에서 '삶의 질'을 높이고, 지역을 발전시키기 위해서는 지방자치단체들이 문화예술의 외부성을 정당하게 평가하고 공공지원을 추진하는 것이 요청된다고 하겠다.

4. 예술가를 위한 예술정책

문화예술정책(행정)의 기능은, ① 문화적·예술적·역사적 유물의 발굴·보존·전승·재창조 기능, ② 문화예술의 창작과 연구·개발의 촉진기능, ③ 문화예술의 교육·훈련과 보급·확산의 기능, ④ 문화예술 부가가치의 극대화 기능, ⑤ 문화예술 환경의 기반 조성 기능 등으로 크게 구별할 수 있다. 이 글에서는 글의 범위와 지면관계상 두 번째 기능인 예술창작과 연구·개발 촉진, 즉 '기초예술창조자지원'에 관한 정책을 문화관광부와 한국문화예술위원회의 사업을 예시하리고 하겠다.

〈표 1〉 예술정책의 4대 기본방향 및 14대 역점 추진과제

구 분	내 용
향유자 중심의 예술활동 강화	• 예술교육을 통한 문화향유능력 개발 • 생활 속의 예술참여 활성화 • 예술의 공공성 제고
예술의 창조성 증진	• 장르별 예술창작활동 지원 확대 • 새롭고 실험적인 예술활동 지원 • 남북 및 국제교류를 통한 예술의 지평 확대 • 국립예술시설 · 단체의 기능 활성화
예술의 자생력 신장	• 예술인에 대한 사회적 예우 강화 • 예술전문인력의 체계적 양성 및 재교육 • 예술의 산업적 발전 지원 • 개성 있는 지역문화 진흥
열린 예술행정체계 구축	• 예술지원시스템을 현장 중심으로 전환 • 예술재원의 안정적 확충과 효과적 활용 • 예술진흥을 위한 법과 제도 개선

문화관광부가 2004년에 발간한 『새로운 한국의 예술정책: 예술의 힘』에 의하면, '예술정책의 4대 기본방향' 및 '14대 역점 추진과제'는 〈표 1〉과 같다.

2005년도 말에 위원회 체제로 개편된 '한국문화예술위원회'의 문화예술진흥기금 사업은 2007년도 사업부터 구체적으로 나타날 것이므로 이 글에서는 종전의 '한국문화예술진흥원'시기의 2005년도 사업내역을 소개하기로 한다.

15. "틀 잡기, 틀 가꾸기, 틀 바꾸기"

이종인(한국문화행정연구소장)

나는 내 나이 마흔이 되던 1974년 3월에 문예진흥원에 입사하여 예순이 되던 1994년 6월까지 만 20년 동안, 출판업무를 시작으로 지원국장·기획실장을 거치는 12년(1974~1986)간 직원신분으로, 그 뒤 8년(1987~1994)간은 문화발전 연구소장(이사)이라는 임원신분으로 근무했다. 이런 연유로 일흔세 살이 된 오늘도 '문예진흥원출신'이라는 꼬리표를 달고 문화정책·문화행정·지역문화 등과 관련된 일로 호구를 연명하고 있으니 문예진흥원은 나와 뗄 수 없는 존재이기도 하다. 물론 그동안 세상이 바뀌어 존사정권하의 문화권력기관에서 일했던 '수구보수분자'라는 말을 듣기도 하나 나는 이에 개의치 않고 웃어넘기며 살고 있다.

문예진흥을 회고함에 있어서 나는 지원사업에 개시된 1974~2005년까지는 나름대로 세시기로 나누어 회고해 보고자 한다.

그 첫 번째 10년(1974~1983)은 문예진흥의 '틀 잡기' 시기였다고 하겠다.

초창기의 문예진흥원은 국내뿐만 아니라 외국에서도 유사한 기관의 사례를 찾아보기 힘든 문화예술지원기관으로서 문화예술을 지원하는 정책이나 행정체계도 정립되지 못한 상태였으며, 더욱이 지원제도에 관한 예술계의 이해부족으로 인한 불평불만 및 비난의 소리도 팽배하여 수많은 비판과 시행착오를 겪어야만 했던 시기였다.

이러한 상황에서 문예진흥원은 장충동 국악고등학교, 중학동 한국일보 사옥, 출판 문화회관 등으로 전전하던 원사를 동숭동 옛 서울대학교 본부 건물로 정착(1976)하면서 마로니에 공원을 중심으로 미술회관(1979)과 문예회관(1981)을 준공하는 등 하드웨어를 마련하는 한편, 진흥기금 모금제도 저립을 위하여 지원사업의 공개공모제(연 1회) 도입과 지원신청 및 정산서식 등을 제정하고, 지원심의제도를 개선하는 한편, 문예연감·문화예술지·각종 총서 및 문고 등 문화예술 관련 기본 자료를 발간하는 등의 소프트웨어를 다져나감으로써 문예진흥의 기틀을 잡는 시기였다. 이 시기에 문예진흥원 본관·미술관·문예회관으로 둘러싸인 마로니에 조각공원과 이곳에서 펼쳐진 '마로니에 백일장'그리고 '대학로 차 없는 거리' 운동전개 등은 오늘의 '대학로 문화의 거리' 조성의 계기가 되었던 것이라고 하겠다.

이시기의 주요 지원대상은 예술창조자 중심의 창조활동지원이 주축이었으며, 한국학지원 분야가 그 뒤를 차지하였으나 이 분야는 1981년으로 지원이 끝나고 정신문화연구원으로 지원창구가 이관되는 일도 있었다.

두 번째 10년(1984~1993)은 문예진흥의 '틀 가꾸기' 시기라 하겠다.

초창기 10년 동안 지원중심이 예술창조가지원에 있었다면, 두 번째 10년 동안은 예술창조자 지원과 더불어 문화예술향수자지원을 추가하여 두 개의 지원중심체계가 병행하는 시기였다. 즉 80년대에 접어들면서 지역·계층·세대 간의 문화적 격차를 해소하기 위한 전 국민을 대상으로 하는 문화권시장이 대두되면서 지역문화 활성화 지원을 비롯한 지원대상 분야와 지원 프로그램들이 다양해지면서 지원정책이 창조자와 향수자라는 2원 체계를 이루게 되었다.

이와 같이 지원대상영역과 지원 프로그램이 확장되면서 이를 효과적으로 수용하기 위하여 문예진흥원은 자체조직 내에 '문화발전연구소'를 개설(1987)하여 조사·연구(문화정책 관련), 문화예술교육연수(문화행정·시민강좌 등), 예술자료관(문화예수자료수집·전산화 등) 업무를 수행케 함으로써 예술인들의 전문성제고와 국민문화향수권신장에 기어코자 하였다. 특히 문화발전연구소에서 1989년에 연구한 〈문화발전 10개년 계획〉은 우리나라 최초의 문화발전장기계획으로서 문화부독립, 예술종합학교설립, 국책문화정책 연구기관 설립, 문화예술통계개발, 문화예술의 해, 이 달의 문화인물 현창 등 우리 문화정책에 큰 획을 긋는 과제들을 실현시킬 수 있었다는 점에서 그 의미가 크다 하겠다.

세 번째 10년(1994~2005)은 문예진흥의 '틀 바꾸기' 시기라 하겠다.

이 시기는 문민정부·국민의정부·참여정부를 관통하는 시기로서 문예진흥원으로서는 대내·외적으로 변화가 많은 시기였다. 정권이 바뀌고, 시대가 변화하면서 문예진흥원에 대한 외부의 시선이 따가운 가운데, 군사정권의 정권유지를 위한 도구로서 편파적인 지원이었다는 비난이 있는가 하면, 소액다건식 균배형식의 지원제도에 대한 비판과 선택과 집중에 의한 집중지원제도를 요구하는 의견이 분분했다. 한편 1997년의 IMF 사태 이후 국민의 정부가 출범하면서 불어 닥친 구조조정과 합리적 경영의 바람은 문예진흥원이라고 해서 예외일수는 없었다. 우여곡절 끝에 문예진흥기금도 통합기금에 포함되어 그 관리를 받기에 이른다. 이러한 변화를 겪으면서 2002년에는 문예진흥사업도 결과주의에 입각한 지원체제로 전환되었다.

참여정부에 들어와서는 이미 예정되었던 일이기는 하나 2004년에 31년 동안 모금해오던 문예진흥기금 모금제도가 중단되고, 2005년에는 문예진흥의 운영체제를 민간위원체제로 바뀌고 기금재원도 민간기금화 한다는 커다란 변화를 맞이하게 되었다.

이 기간 중 1987년에 개설된 '문화발전연구소'는 1994년 7월 '한국문화정책개발원'이 국책연구기관으로 출범하게 됨에 따라서 조사·연구업무를 이관하고 해체되었다. 한 번 1998년부터 지역문화지원은 지방자치단체로 이관하여 집행되게 되었다.

이상과 같이 문예진흥원 32년을 간략하게 회고해 보았다. 그 '공·과'에 대한 평가는 문화예술인들과 국민들에게 맡기기로 하겠다. 20년간 몸 담아왔던 나로서는 '공'이 많았다는 평가의 소리를 들었을 때는 가슴이 뿌듯하고, '과'가 많았다는 비판의 말을 들을 때는 마음이 서글퍼지는 것은 사실이다. 그러나 나 스스로 자화자찬은 하지 않는 것이 도리인 듯하다. 문제의 평가는 새로 출범한 위원회체제가 어떻게 운영하느냐에 따라서 옛 진흥원의 평가가 자리매김 될 것이라 생각한다.

이 지면을 빌려서 나와 같은 시기에 함께 고락을 같이 했던 선배, 동료, 후배들의 노고와 협조에 감사를 드립니다.

16. 문화주의를 실현하는 한국문화학교

이종인(한국문화예술진흥원 문화발전연구소장, 문화학교 사무국장)

1. 문화학교운동의 배경과 필요성

문화주의 실현에 필요한 국민의 문화적 감수성은 학교교육과 사회교육을 통해 길러진다. 문화예술의 사회교육, 즉 문화학교운동은 1인 1문화를 체득하고 생활화하기 위한 문화전략이며 새 시대의 핵심적 과제이다.

(1) 문화주의 문화전략과 문화교육: 모든 국민에게 문화를

작년에 출범한 문화부는 문화발전 10개년 계획을 수립 발표하였다. 그 가운데서 우리가 눈여겨보아야 할 것은 '모든 국민에게 문화를'이라는 정책목표로서 이는 1990년대의 새로운 문화전략으로 문화주의를 표방하고 있다는 점이다.

지난 20여 년간의 문화정책에서는 문화예술의 진흥과 창조역량의 제고를 위한 기반조성과 그 기반의 확산에 주력해 왔다고 볼 수 있다. 그러나 1990년대에는 계층·세대·지역 간의 문화환경의 차이에서 오는 여러 문제들을 장기적인 발전계획을 통해서 극복하고, 문화예술의 수용자인 모든 국민을 대상으로 하는 문화정책으로 그 방향을 전환한다는 의미를 지니고 있는 것이라 하겠다.

이러한 정책의 방향전환은 예술창조자에 대한 지원을 지속하면서 동시에 문화보급운동의 활성화를 추구하고, 문화정보의 확산에 걸맞은 문화접촉 프로그램을 개발·보급해야 한다는 과제를 내포하고 있는 것이다.

이제까지의 우리 문화는 창조자 중심의 고급문화와 대중문화라는 이분적 인식에 의해서 정책이 추진되어 왔다. 대중문화는 단속과 억제와 검열이라는 통제수단을 통해서 규제되어 왔었고, 이에 따라서 불건전한 지하문화가 사회의 모든 영역으로 확산되는 양상을 빚어왔다. 반면 순수예술성을 전제로 한 창조자 중심의 고급문화는 수용자 층의 감성과 문화시장의 협소로 인해 공공자원에 의탁, 보호만 받아온 실정이다. 모름지기 문화발전정책은 고급문화의 대중화, 즉 국민문화수준의 향상이라는 목표를 두고 있는 것인데도 국민들의 삶과 유리된 상태 속에서 전개되어 왔었다는 것을 반성하지 않을 수 없다.

문화주의 문화전략의 정책적 과제는 그동안 소홀히 하였던 국민적 차원의 문화발전시책을 강화하여 새로운 문화계층을 적극 개발하는 방향으로 추진될 것을 그 내용으로 하고 있다. 문화예술의 사회교육과 예술적 감성훈련을 통한 계층 간 문화수준의 현격한 격차를 해소해 나가고자 하는 것이 그것이다.

사회가 다양해지고 변화가 급격해지면 국민들의 문화욕구도 다양해진다. 여러 계층의 국민들을 상대로 한 문화정책은 1990년대 사회가 요구하는 새로운 양상임에 틀림이 없다. 그러므로 새 시대에 맞는 다양한 취향문화의 개발은 우리 문화의 전반적인 수준을 향상시킬 뿐만 아니라 다양한 계층의 예술적 감성에 알맞은 문화창조·문화향수의 관계가 형성됨으로써 경제적 안정을 배경으로 획득된 여가생활의 일부가 지하문화의 유혹을 뿌리치고 품위 있는 문화로 눈을 돌릴 수 있는 계기를 조성하게 될 것이다. 근로자문화·농어촌문화·노년층문화 등 소위 소외계층의 문화범주가 형성된다면 그러한 계층이 선택할 수 있는 다양한 문화소재에 의한 유익한 여가활용이 가능하게 되고, 문화적 상승욕구에도 기여하는 문화수준의 향상이 기대된다. 앞으로 전개될 사회의 발전양상은 사회 전체의 과학화에 따른 정보문화라는 새로운 문화의 개념이 창출될 것이고, 이러한 문화영역을 개척해야 하는 것이 이 시대의 과제이다. 문화정보는 문화수용자들에게 문화적 행위에 직접 참여할 계기와 감상선택의 정보를 제공함으로써 문화생활로 연결된다. 그러기 위해서는 국민 모두의 심미적 수준이 향상되어야 하는데 이것은 학교교육과 문화예술사회교육을 통해서 훈련되고 체질화되어야 한다. 그렇기 때문에 정보문화사회에 적응하기 위한 국민의 문화감수성 함양이 새로운 시대의 과제로 등장하고 있는 것이다.

위에서 살펴본 바와 같이 문화예술의 사회교육, 바꾸어 말해서 '문화학교운동'은 문화주의 문화전략의 핵심적인 기능과 역할을 담당하는 운동인 것이다. 과학의 시대, 정보의 시대, 새로운 문화의 시대를 살아가기 위해서는 '1인 1기'의 과학적인 기술을 습득해야 하는 것과 마찬가지로 '1인 1문화'를 체득하고 생활화 해 나가는 것이 필요한 것이다.

그러므로 문화학교운동은 문화주의를 실현시키는 새로운 문화전략인 것이다.

(2) 국민정서함양과 문화예술교육: 도덕성회복과 올바른 가치관 정립

흔히들 오늘의 우리 사회를 가리켜 병든 사회라고 한다. 우리 사회가 농경사회로부터 근대화 내지 산업화의 물결이 밀려온 뒤로는 상황이 크게 변했다는 것이다. 사회구조와 생활양식의 변화에 따라서 사람들의 의식구조와 사고방식에도 변화가 왔고, 그 변화가 너무나 급속한 속도로 진행되었기 때문에 의식구조와 사고방식이 미처 적응하지 못하고 혼란에 빠지고 말았다는 것이다.

산업화를 지향한 경제개발이 어느 정도 성공을 거둔 덕분에 우리들의 물질생활은 현저하게 개선되었다. 그러나 물질생활의 개선이 반드시 정신생활의 개선을 함께 가져오지는 않는 것이다. 물질생활의 풍요 속에서 정신생활은 도리어 빈곤해진 측면도 적지 않았다.

한마디로, 오늘날 우리 사회에 표출되고 있는 온갖 부정·비리·부조리현상들은 농경사회에서 산업사회로 전환하면서 내면적 가치보다 외면적 가치를 중요하게 여기는 가치관의 전도에서 도덕성의 결핍증이 발생했다는 진단이다.

현재 우리가 처해 있는 황폐한 정신적 상황의 원인은 돈의 위상이 지나치게 높은 자리로 올라갔다는 금전만능주의적 가치체계이고, 이기주의로 궤도를 이탈한 개인주의 사상의 만연이며, 정치적 혼란과 사회적 혼란의 반복으로 인한 법질서확립의 실패이고, 입시위주의 교육이 인간교육을 차단했다는 지적들이다.

우리는 교육열과 교육수준은 높음에도 불구하고 건전한 정서교육과 가치관교육을 주축으로 삼는 인간교육 내지 전인교육에는 실패했다는 사실을 자인하지 않을 수 없다. 정서교육과 가치관교육은 뒤로 미루고, 금력과 권력을 성공의 척도로 여기는 사회경쟁 속에서 남을 이길 수 있는 기량과 기술을 가르치는 일에만 열중했다는 사실이 우리의 정신풍토에 미친 나쁜 영향을 하나하나 거론할 필요도 없을 것이다. 많은 사람들의 처방은, 한 나라의 정신풍토와 문화적 환경을 바르게 마련하는 길은 결국 넓은 의미의 교육문제로 귀착되고 있다.

부도덕이 만연되고 있는 우리 사회의 도덕성회복은 도덕적인 면역성의 양생에서부터 시작되어야 한다는 것이다. 이 면을 기르는 힘이 교육과 종교와 문화예술이다. 여기에서 우리는 문화예술의 학교교육뿐만 아니라 사회교육적 차원으로서 교육의 중요성을 인정하지 않을 수 없다.

왜냐하면 문화예술이란 본질적으로 선(善)을 추구하는 것이고, 따라서 좋은 예술은 언제나 선의 가치를 전파하고 보존시키며, 그 리고 그것을 선이라고 강조하는 것이 아니라 단지 느낌으로 기억시키는 것이 문화의 구조이기 때문에 문화예술의 사회교육, 즉 문화학교운동의 사회적 기능이 중요하다는 것이다.

예술은 미(美)의 개화이고 미는 도덕적 선이다. 인간은 예술이라는 미적관조를 매개로 하여 높은 도덕적 원리인 선에 도달할 수 있는 것이다.

그리고 예술적 진리는 도덕적 진리를 내포함으로 참된 예술에는 도덕적 교훈이 들어 있다. 그리고 예술은 감성을 통해 호소함으로써 더욱 설득력을 갖는 것이다. 이와 같이 예술은 도덕적 진리, 도덕적 본질을 전달할 뿐만 아니라 그것을 즐기는 자체가 도덕적 행위가 된다. 그러므로 훌륭한 예술작품을 제작하거나 예술을 음미하는 훈련은 바로 도덕성의 회복으로 연결된다고 하겠다.

'예술은 그것을 만들거나 연출하는 사람으로부터 감상하는 사람들에게 비언어적인 메시지로 전달되는 까닭에 감각훈련을 시키고 정서적인 자아를 풍요롭게 만들고 환경을 구성시키는 이상적인 매개물이다(문화·예술교육, 그리고 미국인에 관한 토의의 결론)'라는 말을 인용하지 않더라도 학교교육에서의 문화예술 감수성교육과 사회교육으로서의 문화예술 감수성교육의 확대가 필요한 것이다.

한걸음 더 나아가 국민정서의 순화라는 차원에서 볼 때 문화예술은 인격을 양성하는 주성분이고 미(美)는 인격의 생명이기 때문에 문화학교운동은 국민의 인격화 운동이고 국민의 문화인화 운동이라고 하겠다. 이와 같은 문화교육운동을 통하여 예술의 본래적 효용인 정화의 기능을 십분 발휘하게 될 때 우리 사회의 병리적 현상을 치유하게 되리라는 기대를 걸지 않을 수 없다. 총체적인 정서장애시대를 극복하기 위한 문화학교운동은 이래서 필요한 것이다.

(3) 사회교육으로서의 문화교육: 질적인 삶의 길을 추구하기 위하여

현대사회는 하루가 다르게 변화도 빠르고 점점 더 복잡화되어 가고 있다. 이러한 상황 속에서 우리들 인간은 경제생활, 일, 가정생활, 여가생활, 건강생활 등 다섯 가지의 생활 분야를 동시에 살아가고 있다.

경제성장의 시대에는 경제와 일을 중심으로 살아왔다. 일하는 것을 우선으로 소득을 향상시키고 내구소비재를 구입하고 다른 사람보다 더 많은 물건을 소유하는 것이 넉넉한 살림이라고 생각했었다. 그러나 오늘날에는 많은 사람들이 일이나 경제도 중요하지만 가정과 여가와 건강도 중요하다는 생각에 이르게 되었다.

배운다는 학습의 면에서 보더라도 과거에는 일과 경제에 관한 것은 어쩔 수 없이 교육을 받고 학습을 하지 않을 수 없다. 그 이외의 것은 관심이 적었으므로 배우는 경우도 별로 없었다. 그 결과 경제적으로는 어느 정도 넉넉하게 되었다. 집도 큰 것을 장만했고, 가구도 새것을 들여 놓았으며, 차(車)도 구입했고 가전제품도 교체했다. 그러나 이런 사람들의 생활이 매일매일 충실하고 마음의 만족이 얻어질 수 있느냐고 한다면 반드시 그런 사람들뿐이라고는 말할 수 없을 것이다.

열심히 일했으나 가정의 인간관계가 원만하지 않다든가, 부모와 자녀들 간의 대화가 끊겼다든가, 건강을 해쳤다거나, 휴일이 되어도 여가를 어떻게 보내야 하는지 모르게 되었다는 등 신변의 문제에 관심을 가지게 되었다.

그래서 많은 사람들의 경우, 경제와 일만으로 살맛이 나는 생활은 되지 않는다는 생각에서 다른 분야의 학습이 불가결하다는 생각에 이르고 있다. 사람다운 생활을 하고 싶다. 물질적으로나 정신적으로도 풍요로운 생활을 하고 싶다. 질적인 삶을 추구하고 싶다는 생각이 사람들의 근저에 깔려 있는 것이 오늘날의 상황이다. 이것을 실현하기 위해서는 학교를 졸업한 후에도 학습을 계속할 필요가 있다는 데서 사회교육(평생교육)의 필요성이 대두되는 것이다.

이와 같이 사회교육은 생활을 충실하게 하기 위한 학습이다. 그것은 일하는 것 이외에 사는 맛을 찾기 위해서, 직업이나 가정생활을 윤활하게 하기 위해서, 또는 여가와 노후의 풍요를 위해서도 필요한 것이다. 보다 잘 살기 위해서는 누구든지 끊임없는 학습이 불가결하게 되었다는 것이다. 그런데 오늘날 우리 사회에서는 사회교육마저도 기능화와 상업화의 길로 내딛고 있는 실정이어서 사회교육이란 마치 주부들의 재취업이나 부업 진출도 사회교육의 일부이기는 하다. 그러나 한 차원 더 높은 문화예술의 사회교육은 아직도 그 인식이 빈약하고 교육의 틀 짜기조차 본격화되어 있지 않다. 단순한 동호인 모임의 수준에서 머물고 있을 뿐이다.

문화부가 문화학교운동을 전개했다는 것은 행정에서 사회교육에 눈을 돌리게 되었다는 것을 의미하기도 한다. 문화예술이란 단지 미학적이거나 지적인 이유만으로써 중요한 것이 아니다. 문화예술은 삶의 시금석이고 삶의 힘이며 삶의 선택의 길잡이이다. 바르게 느끼고 바르게 생각하고 바르게 행동한다는 것은 기능적 지식에서 이루어지는 것이 아니라 사람마다 그 자신이 가진 문화감수성의 용량과 질에 의해서 이루어지는 것이고, 문화감수성의 표현은 예술의 감수성에 의해서 이루어진다.

그러므로 문화예술의 사회교육은 문화예술 작품의 이해나 접촉단계를 넘어서 모든 국민들이 그 자신이 문화예술의 창조자가 되어야 한다는 것을 목표로 해야 한다. 다른 모든 사회교육과 마찬가지로 문화예술의 사회교육은 그 첫 단계에서는 무엇을 배우든지 정석을 습득하는 일이고, 두 번째 단계에서는 기본과 기초가 습득된 다음 단계로서의 자기를 살려나가는 자기 학습이 중요하다. 세 번째 단계에서는 학습의 성과를 발표하고, 사회적인 비평에 대답하는 자기표현의 단계에까지 이르러야 한다는 것이다.

문화예술의 사회교육은 자각한 시민이 스스로의 개체에 지식과 기술과 정보를 축적하고, 흡수한 지식과 기술 정보를 개체가 자기 자신의 필터를 통해서 재구성하거나 집단적인 노력에 의해서 개변(改變)하거나 해서 밖으로 향해서 방출하는 것이다. 이런 점에서 사회교육은 문화창조의 기능이 있는 것이다.

한 사회구성원의 충실한 삶의 양식만이 아니라 그 사회의 진정한 자유와 창조의 유연성도 결국은 보통사람들이 평균적으로 갖고 있는 문화감수성에 의해서 결정되는 것이라고 말할 수 있다. 궁극적인 경제의 성장력도, 정치나 노동운동의 창조적 기풍과 유연성도 결국은 문화감수성의 향상문제라는 점에서 문화예술사회교육의 필요성과 당위성이 더욱 중요시 된다.

예술은 미(美)의 개화이고 미는 도덕적 선이다. 인간은 예술이라는 미적관조를 매개로 하여 높은 도덕적 원리인 선에 도달할 수 있는 것이다.

(4) '한국문화학교'의 목적과 역할

후기산업시대의 국민문화운동을 실질적으로 주도하고 국민 누구나 쉽고 간편하게 문화예술교육 프로그램에 참가할 수 있는 전국의 각급 '문화학교'를 총괄적으로 지원하고 관리하는 '한국문화학교'가 지난 5월 17일 덕수궁 내의 문화발전연구소에서 현판식을 가짐으로써 개설되었다.

한국문화학교는 앞에서 살펴보았듯이 시대적 · 사회적 배경과 필요성에서 개설된 문화예술의 사회교육역할을 담당하는 운동주체다.

오늘의 시대는 문화나 예술이 소수의 몇몇 예술인들에 의해 창조되고 향유되던 시대는 이미 아니다. 사회 각 계층의 국민 누구나가 각자의 취향과 소질에 따라 문화예술을 향유하고 문화활동에 참여하는 시대로서 문화정책이 '모든 국민에게 문화를'이라는 문화주의 전략으로 전환하지 않을 수 없는 요청에 직면하게 된 것이다. 따라서 문화학교운동은 문화주의를 실현하는 한국적 문화교양주의의 확립을 목적으로 한다.

한편 오늘날 우리 사회가 안고 있는 사회병리현상을 극복하고 치유하지 위해서는 교육을 통한 문화에 대한 새로운 인식과 도덕성회복 및 가치관의 확립이 요망되고 있으나 현행의 학교교육만으로는 한계가 있다. 그러므로 사회교육과 평생교육의 차원에서 문화예술교육을 전국적으로 확산함으로써 국민정서의 함양에 기여하는 것을 목적으로 하고 있다.

또한 오늘의 시대는 질적인 삶을 추구하는 시대다. 국민이 어떠한 문화를 향수하고 생활화하느냐에 따라서 국민의 삶의 질이 결정된다고 할 수 있다. 한국문화학교는 올바른 문화와 예술을 보급 · 확산하여 문화에 대한 자긍심을 높이고 살맛나는 사회를 이룩하려는 것을 목적으로 하고 있는 것이다.

이러한 우리 사회의 변화추세와 국민들의 다양하고 증대되는 문화적 욕구에 부응하고 국민들을 한국인답게 하는 문화적 소양을 높이는 문화교육의 공급체계를 확대하는 방안으로 마련된 것이 한국문화학교의 역할이다. 다가오는 21세기는 '문화교육의 시대'라고 해도 과언이 아니다. 사회각계에서 문화를 폭넓고 깊이 있게 향유하려는 문화적인 욕구가 증대되고 있음에도 불구하고 현재의 문화교육체계가 극히 미비하고 산발적이어서 보통국민들이 생활주변에서 문화교육에 참가할 수 있는 기회가 극히 부족한 실정이어서 문화교육의 장(場)으로서 한국문화학교가 개설되게 된 것이다.

그 첫 단계로 문화부관련 12개 기관에서 운영되어 온 각종 교육의 내실화와 총괄운영체제를 수립하고 단계적으로 교육 프로그램을 개발하여 전국적으로 확대해 나가는 것을 계획하고 있다. 각 단계별 추진계획은 다음과 같다.

2. 문화학교운동의 전개

문화학교운동의 1단계는 프로그램 개발, 2단계는 민간단체의 개설과 운영의 권장, 3단계는 특성에 맞는 강좌 개설이다.

(1) 문화학교의 단계적 확산

① 제1단계

1991년 5월부터 시작된 1단계 사업은 한국문화예술진흥원의 문화발전연구소에 한국문화학교본부를 두고 현재 시행하고 있는 문화부 관련 12개 기관의 문화강좌를 총괄하여 운영지원하게 된다. 먼저 문화예술계인사와 기업계 인사로 구성된 한국문화학교 교육협의회를 구성하고, 이 기구로 하여금 문화학교의 운영방향과 후원기금을 조성하며 프로그램을 개발 지원하도록 한다. 이 협의회에는 운영지원위원회와 프로그램 지원위원회 및 행정지원위원회의 분과위원회를 두어 운영재원을 조달하는 한편 기존의 프로그램을 평가 분석하고 새로운 프로그램을 개발 보급하며 기존 문화강좌의 전문화를 유도한다. 이와 함께 문화강좌 안내 팸플릿과 문화학교 휘장 및 배지 등을 지원하며 또한 각급 문화강좌 수료증을 통일하고 수료자의 사후관리 등의 업무를 맡아 문화학교 교육이 일관성과 체계성을 유지하도록 한다. 1단계 사업은 1만 명의 인원을 확보하는 것을 목표로 하며 특별 사업으로 해외 파견 공직자와 공공단체 임직원, 주한 외국인을 대상 함께 해외문화사절 특설반, 기업체 임직원과 근로자를 대상으로 한 기업문화 특설반, 일반인과 청소년을 대상으로 한 한국문화 특설반 등을 개설하도록 한다.

1단계에서 개설된 12개 단위 문화학교는 다음과 같다.

① 문화재 문화학교(문화재관리국)

② 박물관 문화학교(국립중앙박물관)

③ 도서관 문화학교(국립중앙도서관)

④ 국립극장 문화학교(국립중앙극장)

⑤ 미술관 문화학교(국립현대미술관)

⑥ 국악원 문화학교(국립국악원)

⑦ 독립기념관 문화학교(독립기념관)

⑧ 문예진흥원 문화학교(한국문화예술진흥원)

⑨ 문화학교 영화아카데미(영화진흥공사)

⑩ 예술의 전당 문화학교(예술의 전당)

⑪ 전통 문화학교(한국문화재 보호협회)

⑫ 저작권 문화학교(저작권심의조정위원회)

〈표 1〉 문화학교 교육협의회 운영지원위원회 위원명단

성 명	회사명	직 위	전화번호
김인태	동남일보 ((주)경남건설대표이사)	회장	(055) 143-3161
김종규	(주)삼성출판사	대표이사	873-8331
김종길	(주)삼보컴퓨터	대표이사	390-2110
김종춘	다보성	사장	581-5600
안백순	한국고미술경매(주)	대표이사	730-5510
윤경원	(주)코레스코	대표이사	559-6111
윤청목	(주)제일엔지니어링	대표이사	(032) 437-3711~5
이귀례	의료법인 인천 길병원	부원장	(032) 432-9011
임인수	(주)코아토탈 ((주)한림출판사)	대표이사	735-5146
조희량	서울버스주신회사	대표이사	577-1342
주진우	(주)사조산업	대표이사	313-9000
최달순	동양레코드	대표이사	922-5989

1991년 8월 현재(가나다 순)

② 제2단계

2단계 사업은 민간단체 문화교육기관의 개설과 운영을 권장하는 사업이다. 기업체, 종교단체, 사회단체, 언론기관, 대학 등에 문화학교의 개설을 지원하거나 기존의 문화강좌를 지원하게 된다. 이들 기관의 문화교육 프로그램을 개발하고 교재, 영상자료, 강사 등을 지원하며 이들 교육기관이 문화소외지역으로 '찾아가는 문화교실'을 운영할 수 있도록 지원한다.

③ 제3단계

3단계 사업은 적극적인 문화학교 확산 사업이다. 1992년부터 실시되는 3단계 사업은 전국의 15개 시ㆍ도 소재 박물관, 도서관, 종합예술회관, 종교단체 등에 지역 및 대상, 기관별 특성에 맞는 향토문화학교 강좌가 개설되도록 유도하며 그에 알맞은 프로그램과 교육 영상자료 등의 개발을 지원한다. 또한 이들 문화학교가 국민을 찾아가는 프로그램을 운영할 수 있도록 유도하고, 문화가족운동과 연계하여 전국적인 확대를 꾀하며 효율적이고 체계적인 문화교육 프로그램으로 정착되도록 한다.

한국문화학교는 이상과 같이 단계적 추진전략에 의해서 전국적으로 확산해 나갈 것이다. 한편 문화학교의 다양한 프로그램의 개발도 병행해서 연구 개발해야 할 과제

문화학교운동의 단계적 추진

다. 각급 문화기관의 고유한 성격에 맞는 프로그램을 비롯하여 특히 지역문화교육 프로그램도 지역특성과 전통성에 입각한 프로그램의 개발이 요청된다. 뿐만 아니라 현재 국민들의 여가생활을 충족시키기에 적합한 여가 및 생활문화 프로그램과 이러한 프로그램들이 국민들에게 쉽게 접근할 수 있는 문화 접근방식으로 이동문화 프로그램 및 찾아가는 문화교실과 같은 다각적인 방법도 모색해 나가야 할 것이다.

이러한 문화학교의 운영을 통해 그동안 미비했던 우리 문화에 대한 국민교육은 물론 문화발전을 위한 국민적 공감대를 확산할 수 있을 것이며, 지역 간 문화 불균형의 현상을 시정하여 문화의 균점화가 이루어지는 데에 크게 이바지할 수도 있을 것으로 기대된다.

(2) 한국문화학교(본부)

① 기능

한국문화예술진흥원 문화발전연구소에 한국문화학교 본부를 두고 각종 위원회를 운영하여 단위문화학교와 긴밀한 협조체제를 구축하는 한편, 문화교육의 질적 향상을 위한 우수 프로그램을 개발하고 강좌 · 강의내용 · 교재 · 시청각자료 등을 자료화하여 보급하는 문화교육 프로그램 은행을 운영하며, 찾아가는 문화교실 등 새로운 문화강좌를 개설해 나갈 것이다.

② 사업내용

구 분	사업내용
문화학교운영 체계화	• 문화학교 기획운영위원회, 프로그램개발위원회 등 운영 • 문화학교 이미지 통합을 위한 엠블럼 로고, 회원카드 등 각종 양식 체계화
프로그램 은행 설치운영	• 교육 프로그램 종합소개 책자 발간 • 공통교양과목 교재개발 보급 • 지역문화학교 시범 프로그램 등 교육기관 및 대상의 특성에 맞는 신규 프로그램 개발
신규강좌개설	• 기업체 및 사회단체를 대상으로 하는 찾아가는 문화교실 • 문화학교 수료생을 위한 재교육 프로그램 개발 • 문화가족 문화모니터 교육

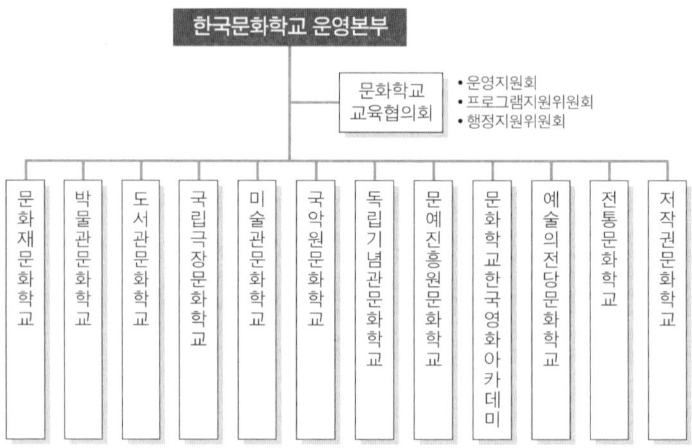

한국문화학교 운영체계

3. 문화학교의 현황과 교육 프로그램 내용

(1) 문화재 문화학교

① 학교 소개

문화재관리국에서는 문화재 수리전문가 양성 및 수리기술 향상을 위한 '문화재 기술자 교육'과정, 우리 역사와 문화를 바로알고 사랑할 수 있는 심성을 기르고자 하는 '고궁문화재 청소년 여름학교' 과정이 있다.

② 교육내용

과 정	대 상	기 간	횟 수	인 원	비 고
문화재 기술자교육과정	문화재수리기술자 시·도문화재 관계자 및 관심 있는 일반인	4박 5일 (3월 중)	1회	200명	
고궁문화재 청소년여름 학교과정	고궁문화재에 관심 있는 청소년 및 일반인	여름방학 중	6~7회	선착순 300명	

(2) 박물관 문화학교

① 학교 소개

국립중앙박물관에서는 역사와 문화교육의 현장으로 대규모 사회교육관을 갖추고 풍부한 교육자료를 활용한 산교육장으로 박물관 특설강좌를 비롯하여 어린이에서 노인에 이르기까지 다양한 계층을 위한 교육 프로그램을 개설, 우리 전통문화에 대한 올바른 이해와 역사관을 심어주고 문화의 보급과 전승기반을 넓히고 있다.

② 교육 내용

과 정	대 상	기 간	횟 수	인 원	비 고
특설강좌	25세 이상 일반인	1년	1회	400명	
노인대학	60세 이상 노인	4개월	2회	400명	
청소년강좌	국교 5학년~중학생	1주	2회	400명	동 · 하계방학이용
토요공개강좌	일반시민	1일		제한 없음	매주 토
초 · 중등교사 교육	초 · 중등교사	3일	1회	200명	
관광종사자 교육	관광업 종사자	3일			관광협회를 통해 신청
현장학습	초 · 중학생단체	수시		200명	

(3) 도서관 문화학교

① 학교 소개

국립중앙도서관이 소장하고 있는 다양한 교육자료를 적극 활용하여 보고, 듣고, 즐기는 가운데 쉽게 문화와 접촉하게 하며 국민독서 생활화 운동으로 확산해 나가고 있다.

② 교육 내용

과 정	대 상	기 간	횟 수	인 원	비 고
전국독서교실	초·중학생	10일	연2회	8,000명	
독서클럽	일반시민 및 학생	연간	월1회	200명	
한국고전강좌	청소년 및 주부	6개월	주1회	50명	
한국족보강좌	〃	3개월	〃	〃	

(4) 국립극장 문화학교

① 학교 소개

국립중앙극장은 예술진흥회 주관으로 공연예술에 대한 이해증진과 문화예술 인구의 저변확대를 위해 연극, 무용, 합창, 국악 분야의 이론과 체계적인 실기교육을 실시하고 있다.

② 교육 내용

과 정	대 상	기 간	인 원	비 고
국립극장 예술강좌	공연예술에 관심 있는 성인 남녀	3월·12월	200명	

(5) 미술관 문화학교

① 학교 소개

국립현대미술관에서는 미술에 대한 이해를 도와 미술인구의 저변을 확대하고 국민의 미술문화 향수능력의 증진을 위해 토요 미술공개강좌를 비롯하여 현대미술 아카데미, 청소년 미술강좌 등 이론과 실기를 내용으로 하는 8개 과정 32개 반을 개설하여 운영하고 있다.

② 교육 내용

과 정	대 상	기 간	회 수	인 원	비 고
토요미술공개강좌	일반인	1년	14회	300명	2개 반
청소년미술강좌	중·고생	1주	2회	300명	
근로청소년미술강좌	근로청소년	1일	10회		
교사미술강좌	초·중고교사	1주	1회	150명	
현대미술아카데미	일반인	1년	1회	450명	4개 과정 17개 반

국립중앙극장은 예술진흥회 주관으로 공연예술에 대한 이해증진과 저변확대를 위해 연극, 무용 등 이론과 실기교육을 병행하고 있다.

(6) 국악원 문화학교

① 학교 소개

국립국악원에서는 국악기, 성악, 무용 등의 실기교육을 실시하여 우리의 전통예술을 보다 올바르게 이해할 수 있게 하고 1인 1악기 연주능력을 배양, 취미생활을 통한 국악의 대중화에 기여하고 있다.

② 교육 내용

과 정		대 상	기 간	횟 수	인 원	비 고
일반 강습	월례국악무료강습	일반인	3주	12회	3개 반 각 30명	
	청소년국악무료강좌	초·중·고생	방학 중	2회		
	청소년해변문화교실	〃	〃	1회		
	대학생특별국악강습	대학국악 서클학생	〃	2회	3개 반 각30명	
방문 교육	각급학교국악실기강습	초·중학교	4주	매월 수시	학교당 60명	
	방문교육	국악애호인				

(계속)

	과 정	대 상	기 간	횟 수	인 원	비 고
전문 교육	특별연수	국악전문인	12일	2회		
	초·중등음악교사 국악일반연수	초·중등 음악교사	10일	1회	100명	
장기 교육	특설강좌	일반인(초급)	1년	1회	전공별 각 30명	
	연구반	특설강좌수료생	1년	1회	각 30명	

(7) 독립기념관 문화학교

① 학교 소개

자라나는 청소년들을 대상으로 민족사 및 국난극복·독립운동사 등에 대한 각종 강좌를 실시하여 우리나라의 전통문화 및 민족사에 대한 인식증대를 도모하고 건전한 여가선용의 기회를 제공하고 있다.

② 교육 내용

과 정	대 상	기 간	횟 수	인 원	비 고
청소년강좌	중학생 (학교장 추천)	5일	1회	200명	

독립기념관 문화학교는 청소년들을 대상으로 민족사 및 국난극복, 독립운동사 등에 대한 강좌를 실시하며 민족사에 대한 인식증대를 도모한다.

(8) 문예진흥원 문화학교

① 학교 소개

한국문화예술진흥원 문화발전연구소에서는 예술행정가, 문화촉매요원의 자질함양과 전문성 제고를 위한 교육, 문화공간의 효율적 운영을 위한 운영요원, 기술요원의 연수 및 공연예술 전문인력의 양성에 중점을 두고 있으며 다양한 교육 프로그램의 개발을 통하여 연차적으로 교육영역과 대상을 넓혀가고 있다.

② 교육 내용

과 정			기 간	횟 수	인 원	비 고
문화행정 인력양성	문화행정 연수	문화행정 실무자 과정	2주	2	80명	
		문화행정 중견간부 과정	1주	1	40명	
		문화정보관리실무자과정	1주	1	40명	
		문화시설 경영자 과정	1주	1	40명	
		사회교육 프로그램 기획자 과정	1주	1	40명	
공연예술 인력양성	지역문화종사자 및 행정요원 연수	지역문화 행정요원 과정	5박 6일	2	180명	
		지역문화종사자 과정	〃	1	90명	
	청소년 문화촉매 요원 연수	공단 · 기업체문화촉매 요원과정	〃	1	90명	
		농 · 어촌문화촉매 요원과정	〃	1	90명	
	무대예술인 연수	조명 · 음향 · 무대기술 요원과정	2주	1	90명	
	공연예술 아카데미	연기 · 연출 · 기획과정	20주	1	30명	
		무대미술 과정	〃	1	30명	
		극작 · 평론 과정	〃	1	20명	
사회교육 강좌	고전음악강좌	양악 · 국악강좌	30주	1	50명	
	백일장	마로니에 전국여성 백일장	1일	1	500명	

(9) 문화학교 한국영화아카데미

① 학교 소개

영화진흥공사는 한국영화예술과 영화산업 발전에 기여할 전문 영화인력을 양성하기 위하여 실습위주의 전문교육으로 영화제작 능력을 배양토록 하고 새로운 영화기술의 습득을 통한 영화예술발전에 기여하고 있다.

② 교육 내용

과 정	대 상	기 간	분야 및 인원	비 고
한국영화 아카데미	30세 미만의 전문대학 졸업 이상 학력자	1년 (3월 · 이듬해 2월)	연출 촬영 기술 분야 (○○명)	영화 전반에 대한 이론 30%, 실습 70% 비율로 진행

(10) 예술의전당 문화학교

① 학교 소개

종합문화예술공간으로 건립된 예술의 전당은 한국 서예교육의 방향전환을 위해 서예관에 서예강좌 중심의 예술의 전당 문화학교를 운영하고 있다.

서예이론의 교육과 실기위주의 내용으로 초보자에서 전문서예인에 이르기까지 폭넓은 교육기회를 제공하여 서예인구의 저변확대와 서예가 육성을 통한 한국서예발전에 기여하고 있다.

② 교육 내용

과 정			기 간	반 수	인 원	비 고
서예 실기 교육 과정		한글반	1년(32주)	2반	60명	
	한 문	전서반	〃	1반	30명	
		예서반	〃	1반	30명	
		해서반	〃	2반	60명	
		행초서반	〃	1반	30명	
	문인화반		〃	2반	60명	
서예전문연구과정			〃	4반	130명	

예술의 전당은 한국서예교육의 방향전환을 위해 서예관에서 초보자와 전문서예인을 위한 서예강좌를 운영한다.

(11) 전통 문화학교

① 학교 소개

한국문화재보호협회에서는 우리 전통문화에 대한 이해를 돕고 문화인의 소양을 함양함으로써 문화생활을 영위할 수 있는 계기를 마련하기 위하여 전통문화 전반에 대한 격조 높은 강좌를 운영하고 있다.

② 교육 내용

과 정	대 상	기 간	횟 수	인 원	비 고
전통문화강좌	일반인	16주	2회	80명	
전통문화연구강좌	전통문화강좌 이수자	32주	1회	40명	
한국의 집 신부학교	미혼여성, 신혼주부	16주	2회	80명	
전통공예실기강좌	일반인, 학생	12주	3회	90명	9과목
일선교사를 위한 전통문화강좌	교사	12주	1회	40명	

(12) 저작권 문화학교

① 학교 소개

저작권심의조정위원회는 저작권 관련 분야에 종사하는 실무자들을 대상으로 국내 저작권법 및 국제협약에 대한 전문적인 강좌를 단기간에 걸쳐 집중 시행함으로써 날로 복잡해지고 있는 저작권 교육을 실시하여 저작자의 권리 보호와 저작물의 공정한 이용도모 등 저작권 질서를 확립시키고 나아가 문화발전에 기여하고 있다.

② 교육 내용

과 정	대 상	기 간	횟 수	인 원	비 고
저작권 실무 전문가 양성강좌	저작권관련 단체 및 기관의 협업종사자 일반인	3개월 (주 2회)	1회	60명	

문화학교	우편번호	주 소	전화번호	비고
문화재문화학교 (문화재관리국)	110-050	종로구 세종로1가 82-1	720-2122	
박물관문화학교 (국립중앙박물관)	110-050	종로구 세종로 1번지	739-3872	
도서관문화학교 (국립중앙도서관)	137-042	서초구 반포2동 산 60-1	535-4142	
국립극장문화학교 (국립중앙극장)	100-392	중구 장춘동2가 14-67	274-1151	
미술관문화학교 (국립현대미술관)	427-080	경기도 관천시 막개동 산 18-1	503-7744	
국악원문화학교 (국립국악원)	137-070	서초구 서초동 700	585-3151	
독립기념관 문화학교	333-840	충남 천원군 목천면 남화리 230	041) 764-8150	
문예진흥원문화학교 (한국문화예술진흥원)	100-120	중구 정동 5-1(덕수궁 내)	755-8064	
문화학교 한국영화아카데미 (영화진흥공사)	100-043	중구 남산동3가 34-5	755-9291	
예술의전당 문화학교	137-070	서초구 서초동 700	580-1512-6	
전통문화학교 (문화재보호협회)	100-272	중구 필동2가 80-2	266-6938	
저작권문화학교 (저작권조정위원회)	120-013	서대문구 충정로 3가 368	393-6053	

참고문헌

문화발전연구소, 「문화발전 10개년 계획 기본개념」, 1990.

문화부문기획위원회, 「제7차 5개년 계획 문화 부문 계획(안)」, 1991.

문화부·문예진흥원, 문화예술을 통한 국민정서함양 큰모임, 1991. 3. 22.

이종한, 문화정책토론회 '문화학교운동의 확산'

김성우 문화칼럼, 한국일보, 1991년 3월 4일자.

17. 지역문화학교운영과 과제

이종인(한국문화예술진흥원 문화발전연구소장)

1. 지역문화학교의 현황과 문제점

1994년도의 지원대상으로 선정된 전국의 지역문화학교는 총 67개교이다. 이 가운데는 문화원 문화학교 35개교, 도서관 문화학교 23개교, 그리고 박물관 문화학교가 9개교이다.

이들 문화학교의 주요 사업내용을 살펴보면, 예술문화강좌로서 미술·문예창작·서예·음악감상·영화감상 등의 예술강좌와, 판소리·농악·한문·전통무용 등의 전통문화강좌가 있다. 향토문화강좌로는 향토 얼 찾기, 유적지 순례 등이 있고 생활문화 및 교양강좌로는 꽃꽂이·컴퓨터·수화교실·지점토·수지침·다도·독서강좌 등이 개설되고 있다

현행 지역문화학교의 문제점으로 첫 번째 문제는 열악한 재정형편과 빈약한 시설여건을 들 수 있다. 금년도 지역문화학교에 대한 지원금은 문예진흥원의 지원금과 문화학교 교육협의회 지원금을 합쳐서 2억 4,000만 원인바 67개 교의 한 학교당 400만 원씩 지원되고 있는 실정이다. 이와 같은 지원금으로는 사업내용의 충실화를 기하기도 힘들뿐 아니라 학교증설이라는 문제는 더욱 힘든 형편이다. 이러한 중앙지원금의 열악한 실정이외에도 각 단위학교의 자체재원 확보가 미흡한 실정이라는 점도 지적

되지 않을 수 없다. 한편 지역에 따라서는 교육전용공간의 확보가 미흡하고 시설과 교육기자재 등이 낙후된 현상도 문제점이다.

두 번째 문제점은 교육내용과 프로그램 운영에 관한 것들이다. 특히 지역문화학교에서는 우수한 강사진을 확보하는 데 한계가 있다. 그리고 지역실정에 맞는 교육 프로그램을 개발하는 데 소극적이라는 점도 지적될 수 있다. 예산부족에 기인하기도 하겠으나 교육자료와 설비가 미흡한 것도 또 하나의 문제이다. 특히 교육 프로그램의 운영이 계획적이고 지속적이기 보다는 일과성의 행사위주로 운영되고 있는 점은 크게 반성해야 할 문제이고, 문화학교운동의 취지에 대한 지역사회의 인식부족과 소극성도 문제가 되고 있다.

세 번째 문제점은 지역문화학교의 지원행정과 관리체계가 미흡하다는 점이다. 다원화된 지원행정 및 관리체계는 자칫하면 사업운영의 혼선과 행정력의 낭비를 초래할 수도 있다. 또한 지역문화학교 상호 간의 정보교환체계가 이루어져서 운영상의 시행착오와 장단점의 비교 등 발전적인 운영방안을 모색해 나가야 할 것이 미흡한 실정이다.

2. 지역문화학교의 과제

(1) 자발적 참가를 촉진하는 문화학교운동

문화학교운동은 문화예술이 사회교육활동이다. 그리고 오늘날의 사회는 평생학습의 체제에 놓여 있다고 해도 과언이 아니다. 평생학습체제하에 있어서의 문화학교운동은 주로 청소년과 성인을 대상으로 하는 조직적인 교양향상과 생활향상을 위한 활동이다. 더욱이 주민들의 자발적 참가를 기본으로 하고 있다는 점에서 문화학교운동은 평생학습의 중핵(中核)으로서의 역할을 할 수 있게 된다.

다시 말해서 문화학교운동은 주민이 주체적으로 참가하여 학습함으로써 주민스스로가 현실 문제를 해결해 나가고, 변화하는 사회에 적응하는 독자적인 지역사회를 형성하는 계기를 마련해 주는 운동이 되어야 한다는 것이다.

(2) 새로운 관점에서 출발

문화학교운동은 새로운 방법과 관점에서 실천해야 한다. 실제적으로 지역사회에는 전통적이라고 말할 수 있는 인습적인 문제(남여역할분담의식, 남존여비사상, 장유유서의식 등), 학습에 부수하는 문제(주민의 학습요구에 대응하는 학습내용, 학습수준, 시설정비, 개설시간대, 교통수단, 전문 직원, 지도자, 고령자, 장애자에 대한 학습권의 보장 등), 학습정보와 학습상담조직의 문제(학습정보의 네트워크화 등), 재정문제 등등 많은 해결해야 할 과제들이 존재하고 있다.

그럼에도 불구하고 평생에 걸친 학습기회의 보장은 오늘의 시대적 요청이고, 평생학습 가운데 문화학교운동만이 일정기간에 한정됨이 없이 개인이나 지역의 다양한 요구에 응할 수 있다는 점에서 평생학습의 중심적 지위를 차지할 수 있다는 자각이 널리 정착되어야 한다.

(3) 지역문화교육시설의 역할

지역에서 문화학교운동을 추진해 나가기 위해서는 각각의 지역에서 교육기능을 갖는 기관이나 시설들이 상호연계 제휴하면서 각기의 역할을 검토하여 역할분담과 조정을 해 나가는 조직체제가 필요하다고 본다.

지역문화원은 지역사회발전에 공헌하는 주민의 육성이라는 것을 생각해 나가는 것이 중요하다. 그를 위하여 문화원은 지역주민의 인간성 육성을 가로막고 있는 주민의 생활과제나 지역과제와 관련하여 그것들을 해결해 나가는 주민의 주체적인 학습을 장려하고 지원하여 지역사회발전에 공헌하는 역량 있는 주민을 형성해 나가는 일이 필요하다. 그리고 또 학습ㅂ기회의 보장이라는 입장에서 지역의 어린이로부터 고령자에 이르기까지의 각각의 발달단계별 학습 프로그램과 문화예술 프로그램을 실시해 나가는 일이다.

지역도서관은 모든 분야의 자료나 정보를 제공해야 하겠으나 그 경우에 중요한 것은, 주민의 자료요구를 정확하게 파악하여 그에 응해 나가야하는 것이다. 이를 위해 그 지역과 밀착하여 지역주민의 생활과제나 지역과제를 잘 알고 그러한 과제를 해결하는 데 도움이 되는 자료나 정보를 제공해 나가는 것이다. 즉 지역성을 감안하지 못했던 '시민의 도서관'을 탈피하여 '지역의 도서관'으로 발전해 나가는 것이 필요할 것이다. 그리고 주민과 도서관을 연결시키기 위하여 이동도서관·자동차문고·분관 배본소 설치 및 독서회·독서클럽·강연회·영화·음악회 등을 통한 독서 보급활동도 필요하다.

지역박물관은 각기의 지역을 기반으로 그 지역과 깊이 관련이 있는 자연이나 서민생활이나 문화에 관한 물적(物的) 증거를 수집하고 정리해서 교육적인 운영을 통해서 주민에게 봉사하고 지역사회발전에 기여해나가는 것이다. 특히 급격한 개발사업에 의한 자연파괴나 도시화의 진전에 의한 역사·민속 등 문화재의 일실이나 소멸이 성행하는 가운데서 지역의 자연이나 문화에 관한 조사연구로 가급적이면 자연환경의 보전과 지역문화의 보존전승에 도움이 되는 역할을 해야 한다. 지역문화에 관해서는 단순한 자료의 보존센터의 역할 뿐만 아니라 더 나아가 지역문화의 전승과 창조에 도움이 되기 위해서 물적 증거의 영향과 그 영향이 끼친 주민생활의 방법에 관한 자료를 수집·정비해 나가는 것이다. 즉 '물건'만이 아니라 물건의 기능, 물건이 사용된 환경에 관한 자료를 수집 정리하는 일이다. 그리고 특히 체험학습교실 등을 설치하여 기구나 놀이도구 등을 실제로 사용해서 체험할 수 있는 장소가 되는 것, 즉 산교육도장이 되어야 한다.

3. 지역문화학교운동의 기획과 전개

(1) 문화학교운동의 여건정비와 환경조성

오늘날 과학과 경제발달에 따라 사람들은 물질적인 풍요는 얻을 수 있게 되었으나 그 반면 사회적 변화와 가치관의 다양화, 그리고 인간관계의 복잡화에 의해서 정신적으로 스트레스가 축적되기 때문에 마음의 여유를 찾고자하는 생활을 바라기에 이르고 있다. 그래서 사람들은 자기다운 삶의 방법을 찾게 되며, 자기가 아니면 안 되는 일을 찾게 되고, 자기와 뜻이 맞는 친구들과 활동해 나가는 가운데서 자기 목적을 실현시켜 나가고자하는 면이 많이 눈에 띄게 되었다.

그러한 한 가지 표현으로서 근년에는 예술문화활동이 모거나 듣는 감상중심의 활동으로부터 주민이 스스로 연회하거나, 직접 만들어 보는 가운데서 즐거움을 맛보는 방향으로 나가고 있는 것을 볼 수가 있다. 따라서 이제부터의 예술문화활동은 이러한 주민들의 요구를 충분히 파악하고, 얼마나 많은 주민이 그 활동의 기회에서부터 전개까지에 참가할 수 있게 하느냐 하는 것이 관건이다. 이와 같이 높아진 주민의 욕구를 예술문화의 환경조성과 연계시켜 나가면서 그 분위기를 지역에 확산시켜 나가는 일이 문화학교운동의 주요과업이다.

지역문화사업을 추진하기 위해서는 역시 지역 속에서 예술문화에 흥미와 관심이 높고 의욕을 가진 사람을 육성해갈 필요가 있다. 문화학교의 학급이나 교실, 또는 그룹이나 서클 활동은 이런 의미에서 매우 큰 역할을 하게 될 것이다. 문화예술이 주민들의 일상 활동 속에서 널리 확산되고 각종 발표기회와 발표장소를 늘려나가는 것은 효과를 높이는 일이 될 것이다. 이와 같이 지역에 뿌리를 내린 싹을 착실하게 기르는 한편, 이것을 핵으로 하여 점차로 확대해 나가는 것이 중요하다는 점에서 문화학교운동은 지역문화활동의 토양과 싹을 키우는 것이다.

(2) 지역의 모든 힘을 종합한 기획

문화학교운동을 추진하는 데는 지역에 있는 모든 힘을 모으고 연결하여 정리해나가는 일이 중요하다. 지역에 있는 인재와 능력을 풀로 활용해 나가는 동시에 주민 스스로의 힘으로 추진해 나가는 것이 바람직하다. 자금 면에서도 경우에 따라서는 작은 것을 모아서 큰 것이 될 수도 있고, 물적 자원도 마찬가지다. 지역에는 다양한 인재와 자원이 있다. 이것을 여하히 활용하고 통합시키느냐가 관건이다.

먼저 중요한 것이 인재를 구하고 활용하는 것이다. 문화학교운동에 필요한 인적 자원은 관리·행정의 사무요원을 구축한 다음에, 지도자를 찾는 일이 뒤따라야 하며, 그 다음단계가 회원의 그룹리더를 찾는 일이다.

문화학교운동이 성공적으로 추진되기 위해서는 지역 내의 많은 기관들의 협력체제가 이루어져야 한다. 행정기관의 협력으로 교육장소의 협조, 관련행정의 협조, 회원모집의 협조, 재정지원 등을 협조 받을 수 있을 것이다. 또한 보도기관(신문, TV, 라디오 등)의 협력으로 사업의 홍보, 회원모집기사, 사업내용의 보도 등을 협력 받을 수 있을 것이다. 그 밖에도 지역 내 공공기관의 자금협조나 지역문화활동에 대한 이해와 협력체제를 구축해 나가는 것이 효과적이다.

이와 같이 지역에 있는 모든 힘을 총합해 나가는 가운데서 지역에 뿌리를 둔 훌륭한 예술과 문화를 개화시키는 것이 문화학교운동이다. 하나의 문화사업을 이룩한다는 것은 그 자체가 지역의 공동재산이 되는 것이다. 예술문화활동은 사람들의 풍요로운 마음을 길러주고, 연대감이 넘치는 지역건설이 크게 기여하기 때문에 문화학교운동의 성과는 앞으로 더욱 기대되는 일이라고 하겠다.

4. 지역문화학교 활성화 대책

지역문화학교운동이 활성화되기 위해서는 문화학교운동의 중요성에 대한 사회적인 인식의 전환과 적극적인 지원과 사업태도를 높여나가야 할 것이다.

이를 위해서는 먼저 재정적인 대책이 있어야 한다. 국고·지방비·문예진흥기금 등 정책적인 예산증액 노력이 적극화되어야 함은 물론 지역의 기업체나 사회단체 등으로부터 후원금을 확충하는 방안을 모색해야 할 것으로 보인다. 또한 교육기관 스스로도 회원제를 운영한다든가 자체수익 프로그램을 개발 시행하는 노력도 병행되어야할 것이다.

현재 67개의 지역문화학교는 극히 일부의 지역에 국한된 것이므로 전국의 문화원과 지역도서관 및 박물관으로 확대될 수 있도록 재정적인 지원과 행정지원이 있어야하리라고 본다.

문화학교 교육 프로그램은 지역실정과 교육기관의 성격에 맞게 다양하고 특색 있는 프로그램으로 차별화되는 것이 바람직하다고 본다. 같은 지역 내에 있는 문화학교의 프로그램이 유사하거나 중복되는 것은 인적·물적 자원의 낭비가 될 수 있기 때문이다.

문화학교 프로그램의 뱅크화와 프로그램과 지도자 및 강사의 지원방법이 모색되고, 운영요원과 지도자양성 및 교육기회가 마련될 단계에 도달했다고 보이므로 이에대한 대책이 강구되어야 한다. 그리고 실무지침서나 표준교재와 같은 공통적인 교재도 개발되어야 할 것이다.

마지막으로 문화학교운동의 장기적이고 계획적인 추진을 위한 조사연구 사업과

(1994. 4 현재)

교유번호	학교명	주 소	우편번호	전화번호
0001	한국문화학교본부	서울시 서초구 서초동 700 예술의전당 예술자료관 내	137-070	584-1407
1001	문화재 문화학교	서울시 종로구 세종로1가 82-1	110-050	720-2122
1002	박물관 문화학교	서울시 종로구 세종로 1번지	110-050	738-3800
1003	도서관 문화학교	서울시 서초구 반포2동 산 60-1	137-042	535-4142
1004	국립극장 문화학교	서울시중구 장춘동2가14-67	100-392	277-3431
1005	미술과 문화학교	경기도 관천시 막개동 산18-1	427-080	503-7744
1006	국악원 문화학교	서울시 서초구 서초동 700	137-070	585-3151
1007	독립기념관 문화학교	충남 천원군 목천면 남화리 230	333-840	0417) 60-0114
1008	문예진흥원 문화학교	서울시 서초구 서초동 700	137-070	587-0984
1009	문화학교 한국영화아카데미	서울시 중구 남산동3가 34-5	100-143	755-9291
1010	예술의 전당 문화학교	서울시 서초구 서초동 700	137-070	580-1514
1011	전통문화학교	서울시 중구 필동2가 80-2	100-272	266-9101
1012	저작권 문화학교	서초구 반포동 산60-1 연수동2층	137-040	596-8404
1013	국어문화학교	서울시중구 장춘동2가14-67	100-392	269-9214
1014	국제문화학교	서울시 종로구 동숭동 1-130	110-510	760-4585
101	민속박물관 문화학교	서울시 종로구 세종로 1-56	110-050	734-1346
2011	시립중계도서관	서울시 노원구 중계동 547-5	139-220	97901744
2012	중앙도서관(분관)	서울시 강남구 역삼동 635	135-080	568-2156
2013	정독도서관	서울시 종로구 화동1	110-210	734-5268
2014	궁중유물전시관	서울시 중구 정동 5-1 덕수궁 내	100-120	753-2582

전국의 문화학교 간의 정보교환과 역힐조정 등을 위한 협의체구성, 지원관리체계의 일원화 등 체제정비를 위한 대책도 고려되어야 할 시기에 도달되었다고 본다.

18. 문화정책의 과제와 문화학교의 운영방향

이종인(한국문화정책개발원 연구실장)

1. 문화정책과 문화교육

일반적으로 문화정책은 문화 그 자체가 아니라 문화발전에 관련된 보다 좁고 세분화된 분야에 한정된다. 그런데 문화발전이라는 것은 인간의 관념과 이상 및 여러 창작품들을 전달함으로써 사회생활의 질(質)을 향상시키기 위해 취하는 제반 수단을 말하는 것이다 문화발전은 이러한 실무적이고 구체적인 의미로 이해할 경우 문화발전은 세 가지 차원이 있다.

첫째는 예술적 차원의 발전이 필요하다는 것이다. 문화적 요소 가운데서 가장 강력한 것이 예술이기 때문에 사회계층을 예술로부터 소외시켰던 경제적 · 심리적 장애들을 감소시킴으로써 되도록 많은 사람들에게 예술을 전달하고 보급할 수 있는 방향으로 나가야 한다는 것이다.

둘째의 차원은 실존(實存)하는 문화의 발전이 필요하다는 것이다. 실존하는 문화란 문화환경을 의미하는 것으로서 환경이 개인에 미치는 문화적 영향을 말한다. 이러한 문화환경에는 자연적, 건축학적인 도시화된 환경의 개선과 문화시설, 정보, 오락, 예술 등을 이용할 수 있는 방법, 그리고 여가의 선용 등이 포함된다.

셋째의 차원은 지식과 문화의 관계로서 국민의 문화수준이 향상되어야 한다는 것이다. 즉, 교양 있는 국민이 필요하다는 것이다. 교양 있는 국민은 단순한 지식만이 아니라 그가 아는 모든 것을 자기의 개인적 철학 속에 통합시킨 인격을 갖춘 사람이어야 한다는 것이다.

이상과 같은 문화발전의 내용과 결부시켜 문화정책의 영역을 대별해보면, ① 문학적 및 예술적 부문, ② 일상생활의 환경, ③ 교육과 문화와의 관계에 영향을 미치는 것들이 포함된다.

한편 문화정책의 기능은 ① 문학적·예술적 및 역사적 유물의 '보존'·'전승', ② 문학적·예술적 및 역사적 유물의 '교육'·'훈련', ③ 문학적·예술적 및 역사적 유물의 '연구'·'훈련', ④ 문학적·예술적 및 역사적 유물의 '보급'·'확산'의 네 가지 기능이 있으며, 이들 기능 가운데서 보급과 확산 기능이 많은 사람들을 예술적·지적활동이나 예술작품에 접근시키기 때문에 새로운 문화정책의 기능으로서 가장 중요한 위치를 차지하고 있는 추세이다.

여러 나라들의 문화정책 목표를 종합해 보면 다음 여섯 가지로 정리할 수 있다.

첫째는 예술적 자원을 널리 보급해서 일반대중이 문화에 접근하는 것을 확대하는 것이다. 문화정책의 목표는 문화생활의 민주화를 지향하며, 문화수요를 창출한다는 것이다. 둘째는 문화매체의 질을 향상시키는 것, 셋째는 문화예술의 창작기반을 조성하는 것, 넷째는 전통문화예술을 보존하고 발전시키는 것, 다섯째는 문화적 생산을 위한 국민의 잠재력을 개발하는 것, 여섯째는 문화의 국제교류와 자주문화형성이다.

이상에서 문화정책과 관련된 일반적인 이론과 실제들을 간략하게 살펴보았거니와 문화정책의 각 부문에서 문화교육의 필연성과 그 의의를 찾을 수가 있다. 그것들을 다시 정리해 보면 다음과 같다.

즉 문화교육은 문화발전의 차원에서는 실존하는 문화(특히 여가생활)와 교양 있는 문화국민의 수준향상에 필요하고, 문화정책의 영역에서는 교육과 문화와의 관계에 영향을 미치는 활동영역에 속하는 것이며, 문화정책의 기능에서는 문화예술의 보급과 환산기능에 직결되어 있다. 그리고 문화교육은 문화정책이 지향하는 문화생활의 민주화와 문화수요창출 및 문화적 생산을 위한 국민의 잠재력 개발이라는 목표를 달성할 수 있는 수단이라는 점이다.

이러한 점에서 문화교육은 문화정책의 새로운 과제로서 개척되고 있는 것이다. 문화국가(Cultural State), 문화사회(Cultural Society)를 건설하기 위해서는 문화교육이 불가결하다. "모두를 위한 문화"는 한걸음 더 나아가 "모두를 위한 문화교육"으로 바뀌어 나가야 하겠으며, 문화교육은 문화적 실체를 수동적으로 전수받은 것이 아니라 이들 문화를 직접 접촉하여 획득하고 확보하는 자율교육이어야 한다는 것이다.

문화교육은 특정 대상 집단을 위하여 프로그램을 만들고, 창의적이고 의미 있고 독립적인 행동을 수행할 수 있는 능력을 개발하는 것이다. 따라서 문화교육은 다음과 같은 상황에 대응하는 기능과 역할을 부여받고 있는 것이라 하겠다.

문화교육은 지역문화의 네트워크를 구축하여 "도시의 황량함"에 대응해야 한다.

문화교육은 새로운 의사소통 기회를 만들고 의사소통 능력을 개발함으로써 상실된 의사소통 연계에 대응해야 한다.

문화교육은 지나치게 인지적 지식을 강조하고 "무거운 머리"와 "감수성의 상실"을 초래한 교육제도에 대응해야 한다.

문화교육은 비판적인 판단과 기준을 교육하고, 매체를 다루는 능력을 개발함으로써 "새로운 미디어"의 보편화에 대응해야 한다.

문화교육은 "여가생활"에 대응해야 한다. 근로시간이 짧아지고 작업시장에서 배제됨에 따라서 근무형태로 구조화되지 않는 시간이 증가하고 있다는 사실에 주목하여 일상적인 근무 외에 가치 있는 활동을 하고자 하는 욕구에 대응해야 한다.

문화교육은 "여가산업"이 제공하는 프로그램에 대응해야 한다. 여가산업의 프로그램은 소비자를 활동적인 수혜자 또는 생산자로 만들기 위해 고안되어야 한다.

문화교육은 "노동산업의 위기(crisis in the working industry)에 대응해야 한다. 즉 문화교육은 문화적인 생활양식을 유지할 수 있는 능력과 의미를 부여함으로써 늘어나는 실업과 그로 인한 심리적 사회적 결과에 대응할 수 있어야 한다."

위에서 살펴본 바와 같이 문화교육은 오늘날의 "노동사회(working society)"와 앞으로 다가올 "여가사회(leisure society)"에 대한 논의에서 중요한 개념으로 등장하고 있다. 여가의 문화적 기능이 ① 개인적 성장에 기여하고, ② 문화예술에 더욱 가까워지는 계기를 마련하여, ③ 예술을 통한 특수집단의 창조적 가능성을 제고하고, ④ 조직화된 기술과 경험을 문화활동에 활용할 수 있다는 점에서 매우 중요한 것이다.

1991년 5월, 당시 문화부 관련 12개 기관이 그동안 "문화촉매운동"이라는 차원에서 시행해 오고 있던 "문화예술강좌"를 총괄 운영하는 '한국문화학교'본부를 설치함으로써 '문화학교'가 출범하게 되었다.

이와 같은 문화학교를 설립하게 된 목적은 ① 후기산업사회의 병리현상 치유 및 한국적 가치관과 도덕성 회복, ② 문화예술의 사회교육과 예술직 감상교육을 통한 지역·계층 간 문화격차 해소, ③ 문화의 생활화를 통한 한국적 교양주의 확립 및 문화창조력 제고 등을 표방하고 있다.

이러한 "문화학교운동"이 대두되게 된 배경과 필요성을 우리 문화정책의 흐름 속에서 살펴보기로 하자.

1990년 '문화부'가 독립·신설되면서 "문화발전 10개년 계획"을 수립·발표한 바 있다. 이 계획의 중요한 정책목표 가운데 하나가 "모든 국민에게 문화를"이라는 것이었다. 이것은 1990년대의 새로운 문화전략으로 문화주의를 내세우고 그 실천 수단으로 문화교육, 즉 문화학교운동을 필요로 한다는 점을 시사하고 있는 것이다.

1990년대 이전까지의 문화정책에서는 문화예술의 진흥과 창조역량의 제고를 위한 기반조성과 그 기반의 확산에 주력해 왔다고 볼 수 있다.

그러나 1990년대 들어와 계층·세대·지역 간의 문화적 환경의 차이에서 오는 여러 문제들을 극복하고, 문화예술의 수용자인 모든 국민을 대상으로 하는 정책으로 그 방향을 전환한다는 의미를 지녔다고 보겠다.

이런 정책방향의 전환은 예술창조자에 대한 지원을 지속하면서 동시에 문화보급운동의 활성화와 문화정보의 확산에 걸맞은 문화접촉 프로그램을 개발·보급해야 한다는 과제로 대두된 것이다. 즉 문화주의 문화전략의 정책과제는 그동안 소홀히 하였던 국민적 차원의 문화발전시책을 강화하여 새로운 문화수요 계층을 적극 개발해야 한다는 것을 과업으로 하지 않을 수 없었던 것이다. 그리하여 문화예술의 사회교육과 예술적 감성훈련을 통한 국민문화수준의 향상을 도모하는 문화학교운동이 대두되기에 이른 것이었다.

1992년에 수립된 '제7차 경제사회발전 5개년 계획(1992~1996)'의 '문화 부문 계획'에 의하면, "국민의 문화향수권 신장을 위한 다양한 문화 프로그램 개발"이라는 항목 가운데 ① 한국문화학교 운영, ② 여가문화 프로그램 개발, ③ 국민을 찾아가는 이동문화 프로그램 운영, ④ 문화가족 운동의 확산 등 네 개의 시책과제가 제시되고 있다.

이 계획에서는 우리 사회가 안고 있는 사회병리현상의 문제점을 문화적으로 해결하기 위해 문화에 대한 새로운 인식과 한국적 가치관의 확립이 필요하다는 점을 전제로 하고, 이를 위해서는 현행 학교교육만으로는 한계가 있으므로 평생교육과 사회교육의 차원에서 문화교육을 실시하여 한국적 문화교양주의를 확립할 필요가 있다는 점을 강조하고 있다.

그리하여 문화학교는 올바른 문화를 보급 확산하여 문화에 대한 민족적 자긍심을 높이고, 문화에 대한 가치를 교육하여 국민의 정서적 공감영역을 확보하는 한편 문화 참여 계기를 조성하는 프로그램이라고 밝히고 있다.

1993년 문민정부가 출범하면서 수립된 '문화창달 5개년 계획(1993~1997)'에서도 문화학교는 "문화학교 운영의 내실화"라는 주요항목으로 다루어지고 있다. 이 계획에서는 과거에는 일부에 국한된 계층만이 문화예술을 즐기거나 관심을 가졌지만 오늘날은 국민 모두가 함께 참여하고 누리는 시대로 변해가고 있다는 것을 견제하고, 가능한 한 많은 사람들에게 문화교육을 실시하여 문화에 대한 올바른 인식을 심어주고 문화보급운동을 확산할 필요가 있으므로 문화학교를 활성화해야 한다고 재삼 강조하고 있다. 그 활성화 방안으로 제시된 과제가 ① 문화학교의 확대지원, ② 문화학교 운영지원, ③ 문화학교 홍보강화 등이 있다.

마지막으로 현 정부의 문화정책과 문화학교와의 관련성을 살펴보겠다.

1995년 10월 문화체육부가 세계화 추진과제로서 마련한 '국민 문화예술 생활화 방안'에 의하면, 문화우위시대에 세계중심국가로 부상하기 위해서는 문화예술이 우리 생활 속에 깊게 뿌리를 내린 가운데 우리 전통문화의 창조적 계승 · 발전과 세계문화의 슬기로운 수용을 위해 노력을 경주해 나가기 위하여 일반 국민과 정부 및 기업 등이 문화예술의 중요성에 대한 인식을 바탕으로 우리 문화의 정체성을 확립하는 동시에 세계문화의 보편적 가치를 수용하며, 향락 · 과소비 풍조와 상업적 외래문화를 극복하고 건전한 여가문화를 생활화하기 위하여 다양한 문화예술 프로그램을 개발 · 보급함은 물론, 물질만능주의 풍조로 인하여 야기된 세대 · 계층 · 지역 간의 갈등 현상을 문화예술의 생활화를 통하여 해소해 나가는 것이 중요한 당면과제라고 밝히고 있다.

그리고 이러한 과제를 달성하기 위하여, ① 국민의 문화예술 향유능력 배양, ② 문화예술, 전달체계의 개선, ③ 각계각층이 참여할 수 있는 다양한 프로그램의 개발, ④ 기업의 문화예술, 참여촉진, ⑤ 지방자치시대에 걸맞은 지역문화의 활성화, ⑥ 국가 차원의 문화예술 기반시설 확충 등을 주요 추진과제로 설정하고 있다.

이상과 같은 현행 문화정책의 과제를 고려한다면 문화학교운동은 ①항과는 직접적인 관계에 있으며, ②·③·④·⑤항과는 직접 또는 간접적인 관계에서 기여할 수 있는 운동이라고 말할 수 있다.

이상에서 살펴보았듯이 우리 문화정책에 있어서 문화학교운동은 문화주의 문화전략의 핵심적인 과제라는 것은 두말할 나위도 없는 것이라 하겠다. 그러므로 문화학교운동은 모든 국민에게 문화를 보급·확산하는 문화권(文化權) 신장운동이고, 도덕성 회복과 올바른 가치관을 정립시키는 국민정서 함양운동이며, 질적인 삶의 길을 추구하는 문화복지 운동이고, 국민의 독창성과 창의성을 계발하는 문화운동이라고 하겠다.

3. 문화학교의 문제점들

1991년 14개교로 출발한 문화학교가 내년이면 129개교로 확장된다.

그 내용을 살펴보면 문화체육부 소속기관 및 산하기관의 '단위문화학교' 15개교, 그 밖에 각 지역의 공공도서관(30개교), 문화원(60개교), 박물관(16개교), 청소년수련원(4개교), 기타(4개교) 등 114개의 '지역문화학교'로 구성되어 있다. 이러한 현황 아래서 문화학교의 활성화를 위해 해결해야 할 문제점들을 생각해 보기로 한다.

(1) 문화학교의 기반과 하부구조의 확충

① 교육기관의 확대

문화학교가 증설되어야 한다는 것이다. 앞의 현황에서 제시된 기관이외에도 전국적으로 설립되어 있는 지방문화원을 비롯하여 청소년수련시설(288개), 근로청소년회관(20개), 복지회관(353개), 시·군·구민회관(108개), 그리고 각 지역의 종합문예회관과 특장전문시설 및 인간문화재 전수회관 등으로까지 문화교육이 확대되어야 한다. 이밖에도 각종 문화예술단체와 공공기관에서도 문화교육을 실시할 수 있다. 다시 한 번 강조하거니와 "모두를 위한 문화"는 "모두를 위한 문화교육"으로 바뀌어야 한다.

② 교육공관의 확대

교육공간은 문화교육에서 기반시설을 확충하는 데 매우 중요한 요소이다. 교육공간은 지역문화시설의 공간 활용계획을 정당화시켜 주는 수단이 될 수도 있다.

첫째, 교육공간이 더 많이 필요하다는 것은 프로그램을 차별화하고 융통적인 활용으로 새로운 학습과 미디어 영역을 확대할 수 있기 때문이다.

둘째로는 교육 프로그램별 활동공간, 아마추어 활동곤간, 다양한 공연 등을 위해서 이용가능한 공간이 필요하다는 것이다. 연습공간, 공작공간, 작업공간, 교육공간, 공연공간, 전시공간, 무대공간, 영화 · 비디오, 도서실, 회의실 등이 필요하다.

셋째로 전문화된 공간이 필요하다. 예컨대 음악교육의 경우는 방음과 소음방지, 음향과 조명 등을 갖춘 공간이 필요한 것이다.

③ 상근직 · 전문가 확보

문화교육은 지속성을 필요로 한다. 그리고 문화교육 부문은 결코 단일직업일수는 없고 광범위한 직업의 전문직 활동을 포괄하고 있는 것이다. 그러므로 문화교육 분야 전부를 공무원으로 충원할 수는 없는 것이며, 전문예술가, 자유계약(freelance) 전문가 및 자발적 근무자를 필요로 하는 것이다. 따라서 공공 부문의 지원을 받고 있는 문화학교에서는 교육 프로그램을 확장하고 다양하게 추진할 수 있는 상근직을 두는 것이 바람직하다. 물론 이러한 상근직 외에도 "제2의 직(secondary posts)이라고 할 수 있는 무대전문가, 도서관 사서, 워크숍 리더, 기타 기술자 등도 확보해야 할 것이다."

④ 프로그램의 다양화와 특장화

각급 문화학교는 기관의 성격과 지역환경의 특성 및 지역전통, 그리고 지역주민들의 성향 등에 따라 교육 프로그램을 다양화하고 특장화하여 다른 문화학교와 차별성을 창출하는 일이 바람직할 것이다. 그리고 그동안 소홀했던 분야나 새로운 영역의 프로그램을 적극적으로 개발하여 전개할 필요가 있다.

⑤ 적절한 재원조달

1992년부터 1995년(10월)까지 4년 동안 문화학교에 지원된 지원금(지방비지원제외)은 총 10억 1,643만 원으로 나타나고 있다. 그 내역을 보면 문예진흥기금이 8억 6,343만 원이고, 문화학교 후원금이 9,300만 원이었으며, 국고가 6,000만 원이었다.

특히 이 가운데서 주목되는 것은 문화학교 후원협의회 회원들이 지난 4년 동안 꾸준하게 갹출한 후원금이 1억여 원에 달하고 있다는 점이다. 이와 같이 후원제도가 진국 각지로 파급되어 단위지역 내의 문화활동운동에 지원된다면 매우 큰 의미를 지니는 것이라고 하겠다.

국고와 문예진흥기금이 증대 지원되는 것은 희망사항이라고 하더라도 중앙정부가 지방자치단체로 하여금 지역문화학교에 대한 지원금을 늘려 나가도록 종용 유도하는 일이 필요하리라고 본다. 적어도 중앙 차원에서 지원되는 지원금과 걸맞은 지원을 자치단체가 충당하게끔 하는 것이 바람직하다.

한편 각급 문화학교는 수강료 징수제도를 도입해 보는 것도 고려해 봄직하다. 수강료나 실습재료비의 징수는 수강자의 부담이 적지 않은 범위 내에서 징수하고 이를 수강자들의 자율경비나 또는 당해 프로그램 운영비로 전액 투입하는 것이 사업성과를 높이기 위해서 권장할 만한 사안이라고 생각된다. 왜냐하면, 수강료나 실습비 징수는 수강자의 적극적인 수강태도를 유발하여 강좌참여율을 높이고 실질적인 교육효과를 거둘 수 있기 때문이다.

이 밖에도 매세나 차원에서 지역기업이나 지역연고 기업으로부터 지속적인 후원을 이끌어 내는 데 노력해야 하겠다.

2. 문화교육 관련기관 간의 연계와 네트워크 형성

(1) 협력의 강화와 증진

문화교육기관 간의 협력은 행정가들 사이의 협력, 교육기관과 후원자 및 창조자들 간의 협력, 전문가들의 연합, 공간적 재정적 자원의 상호경쟁관계에 있었던 문화교육의 개별기관들이 자기들의 목적을 달성하기 위해서, 특히 몇몇 대상집단과 매체를 포함하는 활동을 집행하기 위해서는 상호 협력이 필요하다는 것이다. 이런 점에서 문화학교운동은 관련기관들 사이의 협력을 제도화하고 집중화할 필요성이 있으며, 특히 지역단위에서는 더욱 그러하다고 본다.

협력의 방안은 먼저 공공문화기관들이 서로 협력하고, 대상집단에 따른 차별화된 프로그램을 실시하는 일이다. 다음은 공공문화기관의 공간과 시설을 가능한 한 활용할 수 있게 협력할 필요가 있다. 그리고 문화교육기관과 방송사 및 신문사와의 협력으로 매스컴 기관들을 문화교육의 중간매체로 활용할 수 있다. 또한 동일한 대상집단을 지향하는 프로그램을 가지고 있는 문화교육기관들 간의 상호협력과 조정 및 학교와 학교 외 문화교육기관 상호 간의 협력증진도 필요하다. 새로운 문화교육 영역의 프로그램을 개발하기 위해서도 기관 상호 간의 협력이 필요하다. 각급문화교육기관은 독립된 영역과 사회문화영역의 문화전문가와 준문화전문가 사이의 연계를 구축해야 한다.

(2) 전문인력의 서비스 활용

문화학교에서는 교육과 문화 분야의 전문가 집단을 활용해야 한다. 예컨대 전문음악인이나 전문연극인을 참여시킨다거나, 학교 교사를 참여시키는 일들이다. 이를 위해 정년퇴임한 교사나, 대학생 봉사활동, 지역 및 연고 예술인 초빙 등의 방법이 있을 수도 있다.

(3) 네트워크 형성

문화학교가 경쟁적으로 확산되는 것에 대비하여 조정, 자문, 로비 등의 서비스에 대한 수요를 충족시킬 수 있는 협동적인 네트워크가 형성되어야 한다. 각종 문화학교에 대한 조언, 정보와 자료제공, 공공관련업무와의 통합조정, 재정관리, 물품준비, 행사조정, 출연 및 출강조정, 행정당국과의 접촉 등에 대한 다양한 서비스를 제공하기 위한 조직을 지역자치단체 단위로 설치하는 것도 생각해 볼 일이다.

이상과 같은 문제점 이외에도 문화학교에서 활동하는 전문가집단의 실천지향적인 참여와 훈련 및 그들에 대한 사회적인 보장책이 마련되어야 하겠으며, 전문가들의 자격요건을 제도화하는 문제도 연구되어야 할 과제들이다.

4. 문화학교의 운영방향

앞으로 문화학교는 국민들 스스로가 삶의 질을 추구하는 사회문화교육의 거점으로 운영되어야 할 것이다. 문화학교가 그러한 거점이 되기 위해서는

문화예술에 관심이 없는 주민들에게 동기를 유발시킬 수 있게 해야 하고, 자발적인 참여를 유도하여 소집단화된 문화활동을 활성화 시켜야 하며, 새로운 세대와 새로운 문화예술 영역에 부응하는 새롭고 혁신적인 교육방법을 끊임없이 개발해야 할 것이다.

변화와 변모를 파괴가 아닌 성장으로 인식하고 개인과 집단의 창조능력과 비판능력을 고양시키며, 문화교육이 일상적인 생상활동과 여가 속에 편입되어 생활화할 수 있게 하고, 개인의 감수성을 함양시켜 인간적인 교류와 삶의 기쁨을 되찾게 하는 인간성회복의 운동으로 전개되어야 할 것이다.

특히 지역문화학교는 지역사회에 활기를 불러일으키는 지역문화 활성화의 거점으로 운영되어야 한다. 지역문화학교는 지역을 문화적인 지역으로 만들기 위해 능동적으로 활동하는 "주체"가 되어야 한다. 그러기 위해서는 다음과 같은 목표를 설정하고 운영되는 것이 바람직하다고 본다.

① 지역에 문화활동의 씨를 뿌리고 싹을 피운다.
② 지역에 아마추어 문화활동의 물결을 일으키고 넓힌다.
③ 예술 예능과의 접촉기회를 마련하여 지역주민의 수준을 향상시킨다.
④ 지역특성을 살린 문화운동을 전개하여 문화적인 지역환경을 가꾼다.
⑤ 자유롭고 자주적인 주민문화활동을 활발하게 해서 주민들의 감성이 넉넉해지고, 생활태도가 바뀌어 지역이 문화적으로 탈바꿈되게 한다.

19. 지역문화학교 프로그램의 방향

이종인(한국문화행정연구소 소장)

1. 들어가는 말

사회교육은 생활을 충실하게 하기 위한 학습이다. 그것은 일하는 것 이외에 사는 맛을 찾기 위해서, 직업이나 가정생활을 윤택하게 하기 위해서, 여가와 노후의 풍요를 위해서도 필요한 것이다. 보다 잘살기 위해서는 누구나 끊임없는 학습이 불가결한 것임은 두말할 나위도 없다. 그러나 문화예술의 사회교육은 아직도 그 인식이 빈약하고, 교육의 틀조차 본격화되지 못하고 단순한 동호인 모임의 수준을 벗어나지 못하고 있을 뿐이다.

문화예술이란 단지 미학적이거나 지적인 이유만으로 중요한 것이 아니다. 문화예술은 삶의 시금석이고 삶의 힘이며, 삶의 선택의 길잡이이다. 문화예술의 사회교육은 문화예술작품의 이해나 접촉단계를 넘어서는 모든 국민이 문화예술의 창조자가 되는 것을 목표로 해야 한다. 즉 문화예술사회교육은 첫 단계에서는 정석을 습득하는 것이고, 두 번째 단계는 자기를 살려나가는 자기 학습이 중요하며, 세 번째 단계는 학습의 성과를 발표하고 사회적인 비평에 대답하는 자기표현의 단계에 이르는 과정이어야 한다.

그러므로 문화학교운동은 자각한 시민이 스스로 지식과 기술과 정보를 축적하고, 이를 자기여과장치를 통해 재구성하거나 집단적인 노력으로 외부에 방출하는 활동이다.

이런 점에서 문화학교운동은 문화예술인구의 저변을 확대하고 문화예술을 창조하는 기능이 있는 것이다. 한 사회의 진정한 자유와 창조의 유연성은 결국 국민의 평균적 문화 감수성에 의해 결정되는 것이라는 점에 유념할 필요가 있다. 궁극적인 경제의 상상력이나 정치·사회운동의 창조적 기풍과 유연성도 결국은 문화감수성의 향상과 관련된다는 점에서 문화학교의 필요성과 당위성이 더욱 돋보인다고 하겠다. 뿐만 아니라 학교교육에서 소외되었던 문화예술 분야에 대한 교육으로 인하여 문화예술을 전공하지 않은 많은 청소년과 성인들에게는 문화예술적인 욕구를 해결할 수 있는 방법이 될 수도 있다는 점에서도 문화학교의 의의를 찾을 수도 있다.

2. 지역문화학교 프로그램의 지향

(1) 문화교육의 환경 조건

모든 주민이 어떤 기회나 어떤 장소를 이용해서든지 스스로 실제 생활에 적응하는 문화적 교양을 높일 수 있는 환경을 조성하는 것이 첫 번째 과제이다. 문화교육은 국민의 자기교육이고 상호교육이다. 그러나 이것을 위해 필요한 여러 조건을 정비하는 것은 국가나 자치단체의 책무이다. 무화학교의 기본적인 임무는 주민들이 상호 학습하는 자기교육의 환경을 조성하는 것이다. 어떤 환경을 조성해 나갈 것인가를 구상하기 위해서는 먼저 매일 매일의 생활을 통해서 자기를 형성하고 있는 지역주민의 실태 학습·문화·스포츠 활동·여가 활동 등등의 현상이 밝혀져야만 할 것이다.

지역사회의 구조, 주민의 의식, 주민의 학습욕구를 감안한 문화학교 프로그램이 구상될 필요가 있다. 아울러 지역사회에 능동적으로 대처하여 지역사회를 개조하면서 새로운 생활을 구축해 나가는 힘을 주민에게 길러주는 것도 문화교육의 과제이다. 주민이 요구하는 생활과제나, 지역이 요구하는 과제가 무엇인지 그것을 해결하는 방향을 찾고, 주민의 자주적인 상호학습을 지원할 수 있는 문화교육의 계획화를 도모해야 한다. 주민 스스로의 손으로 자주적인 문화학습활동을 조직해 나가면서 주민의 학습욕구를 반영시켜 나가는 것이다. 주민의 욕구는 다양하게 혼재한 것으로 존재하지만 그 욕구가 정리되고 자각화 됨에 따라 생활과제나 지역과제가 문화교육계획 속에 자리 잡히게 되는 것이다.

생활현실이나 지역과제에 따른 문화교육을 실현하기 위해서는 주민의 의사를 존중하는 교육행정이 필요해진다. 주민이 스스로의 문화교육을 전개할 수 있는 환경을 조성하기 위해서는 '문화학교 교육위원회'와 같은 제도를 실질화해서 활용하는 것도 바람직할 것이다. 지역의 각계인사와 주민대표로 구성되는 이 위원회는 문화학교 프로그램을 입안하는 데 참여하고 이에 필요한 조사·연구기능을 갖게 할 수 있을 것이다. 이런 제도가 주민의 의사를 반영시키는 가능성을 갖게 하는 것이다.

한편 문화학교는 주민의사의 존중을 바탕으로 하는 지역분권을 원칙으로 하여 중앙집권적 획일화와 행정통제적 방법을 지양하고, 주민의 다양한 참여형태를 창조할 필요가 있다. 국가적 기준의 획일적 도입을 거부하고 자발적 학습활동을 지원할 수 있는 환경을 조성해 나가는 것이 문화학교의 과제이다.

(2) 주민에 의한 프로그램 운영

문화교육은 자주적 학습단체나 서클에 의해서 스스로 학습과제를 설정하고 학습내용을 조립해서 자주적으로 운영해나가는 것이 바람직하다. 그러나 많은 교육시설에서 개설되고 있는 ○○교실·○○강좌는 이제까지는 직원에 의해서 기획되고 실시되는 것을 당연한 일로 여겨왔다. 담당직원에 의해서 교실·강좌의 모든 것이 준비될 것이 아니라 교실·강좌의 운영이나 학습내용의 검토와 준비에 주민도 참가하는 형태가 확산되어야 하겠다. 무엇을 위한, 누구를 위한 교실·강좌냐?, 그 의도를 확실하게 한 학습, 학습자의 발달과정을 생각하는 교육이 되어야 한다.

주민들이 직접 프로그램의 기획과 편성의 과정에 참여함으로써 운영의 주체, 학습의 주체로 성장할 수가 있다. 학습 내용의 편성작업 그 자체가 학습활동의 중요한 일부분이기도 한 것이다. 학습의 필요성을 자각하고 학습에 대한 의욕을 가진 주민이 교실·강좌의 내용을 스스로 기획하는 움직임이 일어나야 한다. 각각의 지역사정에 따라서 다르기는 하겠으나 행정은 측면적인 지원에 그치고, 주민이 직접 학습방법이나 운영에 관해 검토하고 개선해 나가는 방식이 등장해야 한다.

예컨대 문화강좌나 주민교실의 기획 전 과정 — 주제선정, 일정, 강사선정 등 — 에 주민집단이 참여하여 입안 · 실시하고 행정은 다만 강의장소 제공과 강사료 지급, 홍보활동 등 측면지원을 하는 방식이다. 이렇게 하면 다채로운 주제가 등장하고, 주민 관심사의 폭과 높이를 여실히 반영할 수 있게 되고 강사의 얼굴이 다양해져서 풍부한 인적 네트워크가 형성될 수 있는 이점도 있다.

일반적으로 주민 참가의 방식에는 ① 준비회 방식, ② 기획위원회 방식, ③ 민간위탁방식, ④ 신청방식 등이 있다.

(3) 생활에 근거한 프로그램 전개

주민이 학습의 주체가 되게 육성하기 위해서는 생활에 근거하는 학습내용이 마련될 필요가 있다. 그날그날의 생활을 꾸려나가는 주민의 생활과제를 해결하기 위한 학습은 새로운 학습의욕을 불러일으키고 자각적 학습으로 창조적으로 발전할 수 있다. 학습의욕을 불러일으키는 실제성, 생활에 뿌리박힌 현실성과 실천성은 학습을 지속시키는 힘이 된다.

구체적인 생활과제를 짊어지고 있는 생활인이라고 한다면 학습은 추상적 단계에 머물지 않는다. 신변의 관심사나 일상적 경험을 중요하게 여기고, 주민의 고민이나 요구를 정면으로 파악하여 그 고민을 해결하고 요구를 실현하는 것을 기르기 위한 구체적인 학습을 전개해야 한다. 생생한 생활경험을 끌어내면서 학습이 진행된다면 액세서리와 같은 교양 주의적 학습을 뛰어 넘을 수 는 것이다.

문화학교가 지향하는 주민의 발달이란 동상으로 장식되는 주민이 아니다. 창조적 생활설계능력을 익히고, 새로운 생활을 창조해 나가는 주민이다. 생활에 근거한 학습은 단순한 삶의 학습도 아니고, 여가시간을 사용하는 한 가지 방법으로서의 학습도 아니다. 현실생활 속에서 문제나 과제를 발견하고 주민들과 더불어 공유하는 환경으로서의 지역사회를 개선하고 창조하는 실천적 행위를 바탕으로 하는 생활설계능력을 형성해 나가는 프로그램을 운영해야 하는 것이다.

4. 행정의 과제

주민에게 학습장소를 제공하는 것을 주목적으로 하는 문화교육시설은 모든 주민에게 열린 공간이 되기 위해 여러모로 연구하고, 물적·인적인 제 조건이 정비될 필요가 있다. 건물이나 공간이 있어도 이용자가 한정되어 주민의 학습활동을 지원할 수 있는 조건이 갖추어지지 않고서는 교육시설이라고 하기 어렵다.

비품이나 도서·자료 등이 충실해야 함은 기초적인 조건이기는 하지만 이와 같은 물적 측면에 더해서 교육전문직원이라는 인적 측면이 없고서는 학습활동을 지원할 수 없다. 학습활동을 효과적으로 지원하는 것을 직무로 하는 전문직원이 제도적으로 존재하지 않는 것이 현재의 문제이다. 설비·자료 등의 유효한 조직화, 학습장소 마련, 학습자에 대한 지원이 어느 정도 가능하냐 하는 것이 교육시설의 좋고, 나쁨의 평가기준이 되는 것이다.

한편 이제까지와 같이 교육담당직원이 학습의 내용을 설정하고 주민을 모아서 가르친다는 방법을 극복하지 않으면 안 된다. 한 사람의 자발적 의지에 기초해서 행해지는 학습을 발전시키는 것을 축으로 해서 문화교육의 장이 만들어지지 않으면 안 된다. 학습상의 장애를 찾아내고 그것을 뛰어넘기 위해 유효한 조건을 정비해야 한다. 학습의 의의를 이해하고 이런 조건정비에 대한 관심이 높아지는 다양한 지원방법을 찾아내는 것이 교육담당 직원들에게 요망된다. 원내 프로그램과 마찬가지로 원외 프로그램을 착실히 마련해 나가야 할 것이다. 예컨대 현장교육 프로그램과 체험교육 프로그램을 통해서 지연생활에 직접 접하고 주민생활을 있는 그대로 확인 체험시키는 프로그램을 넓혀나가는 것이 요망된다.

3. 지역문화학교 프로그램의 유형

(1) 지역역사·전통 프로그램(풀뿌리 문화교실)

지역문화 창조·육성의 하나의 요체는 지역의 문화전통을 다시 생각해보는 일이다. 문화라는 것은 인간생활의 여러 세대를 걸친 '축적'위에 이루어진 것이고 선인들의 활동을 계승하는 데서 풍요롭기도 하고 충실하기도 한 것이다. 어느 지역이나 예부터 내려오는 문화적 전통은 면면히 흐르고 있다. 그러나 그것이 현재 적극적으로 발굴되어 주민공유의 재산으로 활용되고 있다고는 말할 수 없다. 급격한 도시화 속에서 낡은 전통은 점차 풍화·해체되고 있다. 이러한 가운데서 지역주민의 관심을 다시 한 번 지역의 역사와 전통에 눈을 돌리게 함으로써 지역 고유의 문화적 가치를 되찾아 보고자 하는 것이 '풀뿌리 문화교실' 프로그램의 지향목표일 것이다.

프로그램 예시

① 내 고장의 역사 및 역사적 사건　　② 내 고장의 유적·유물
③ 내 고장의 역사적 인물　　　　　　④ 내 고장의 민속·축제
⑤ 내 고장의 민요·민담　　　　　　　⑥ 내 고장의 전승놀이
⑦ 내 고장의 사투리　　　　　　　　　⑧ 내 고장의 사찰·향교
⑨ 내 고장의 음식　　　　　　　　　　⑩ 내 고장의 특산물
⑪ 내 고장의 길　　　　　　　　　　　⑫ 내 고장의 식물·동물
⑬ 내 고장의 경관(풍치)　　　　　　⑭ 내 고장의 도시(역사와 현황 등)

이 프로그램들은 학습을 통한 자생적 연구모임을 육성하여 자료조사와 현물 수집을 병행하고 그 연구결과를 정리하여 『내 고향의 관광코스』, 『내 고향의 음식』, 『향토문회 100선』 등의 지역소개 소책자로 발간할 수도 있으며, 수집된 자료와 실물들은 '향토박물관'의 소장품으로 활용할 수도 있어 일석이조의 효과를 거둘 수 있다.

특히 여기에 속하는 프로그램들 가운데는 현지답사·탐방을 필요로 하는 것들이 많으며, 축제(문화제)와 같은 프로그램은 학습자들을 그룹으로 편성하여 직접 참여·실연하는 학습을 통해 전승·유지·발전을 시도해 봄직도 하다. 지역토산품(특산품)은 직접 실습 제작하는 학습을 통해 전시·보급하는 데까지 이어지는 것이 좋겠다.

(2) 예술·문화학습 프로그램

지역문화 활성화시키기 위해서 이른바 문화의 기본재산이라고 할 수 있는 전통문화에 주목해야 한다는 것은 앞에서도 살펴본 바와 같다. 그러나 찾아낸 것을 그저 박

물관에 진열해 놓는 것만으로는 의미가 없다. 문화란 죽은 전통이 아니라 살아있는 창조력이기 때문이다. 살아있는 문화란 생활 속에서 이용되고 활용되어 새로운 창조를 낳는 모체가 된다는 의미이다. 그런 의미에서 전통문화를 되찾는 것과 병행해서 오늘날 이루어지고 있는 여러 가지 문화활동의 활성화를 도모해야 한다.

그런데 문화활동은 "한가한 사람이 하는 것이지 바쁜 사람은 하지 않는 것"이라는 편견이 있다. 이와 같은 문화콤플렉스를 타파하고 문화활동을 폭넓게 개방적으로 생각해서 문화는 근로자나, 주부거나, 젊은이나 노인들까지 주민 모두의 것이라는 것을 인식시켜 나가는 것이 문화학교의 또 다른 임무이기도 하다. 주민 누구든지 자기가 좋아하는 문화활동에 참가하고, 인생의 충실감을 맛볼 수 있는 것이라는 점을 강조할 필요가 있다.

오늘날의 문화상황은 TV, 라디오, 신문, 잡지, 컴퓨터 등 대중적인 문화정보를 대량으로 제공해 주게 되어있고, 그것은 한편으로는 여러 문화에 누군가가 접근할 수 있게 되어있는 반면 대중의 자세를 수동적이고 소극적인 것이 되게 해서 문화를 스스로 창출한다는 의식이 희미해지고 말았다. 우리는 문화의 수신자에 머물 것이 아니라, 자신을 가지고 문화의 발신자라는 점을 자각하고 실천해 나가야 한다. 이러한 의미에서 예술·문화학습 프로그램은 문화활동의 활성화를 도모하기 위한 프로그램이다.

프로그램 예시

① 문예창작 프로그램
- 시, 시조, 수필, 소설, 희곡 등 창작실기학습
- 작품집 발간·발표, 동인지 그룹으로 발전가능
- 정기적인 시낭송 모임으로 발전
- 백일장, 글짓기 대회 등을 통한 작품집 발간

② 시각예술창작 프로그램
- 회화, 서예 창작 및 발표, 감상 → 미니화랑 설치
- 영화, 비디오, 사진촬영 및 제작학습, 감상 → 영상문화 라이브러리 설치
- 공예(목공예, 금속공예, 지공예 등) 작품제작학습, 전시, 감상 → 미니공방 설치

③ 노인예술창작 프로그램
- 노래 부르기, 합창, 감상 → 주민합창단, 가족합창단
- 악기 다루기 학습, 발표, 감상 → 주민 관현악단, 가족 관현악단
- 국악(악기연주, 시조창 부르기, 판소리 부르기) → 주민국악단
- 연극연출, 연기학습, 발표, 감상 → 주민연극단
- 무대미술, 조명, 음향학습, 발표 → 무대예술 스태프 양성
- 무용안무, 연기학습, 작품발표, 감상 → 주민무용단

④ 독서 프로그램
- 좋은 책 읽기: 독서지도, 독후감발표 → 좋은 책 모으기, 희귀본 발굴 → 향토문고설치
- 고전 읽기: 명심보감, 소학, 논어 등 읽기 → 생활의 가치관 정립, 한자교육

⑤ 생활문화 프로그램
- 전통생활예절교육: 인사하기, 말하기, 친인척 촌수 부르기 등
- 가정생활, 사회생활: 더불어 사는 에티켓 → 공중도덕 함양, 민주시민정신
- 근검절약생활: 가계부쓰기, 알뜰시장보기, '아나바다'생활의 생활화
- 재활용품, 폐품활용: 재활용의 아이디어 → 생활용품, 장식품 등으로 활용
- 환경보전과 자연보호: 공해방지, 환경정화의 생활화
- 취미 · 오락생활: 바둑, 장기 등
- 컴퓨터를 이용한 생활의 지혜 찾기: 인터넷 활용 등

(3) '잊혀진 사람들'을 위한 프로그램

문화학교는 '모든 주민'의 학습권을 보장한다는 입장에 서서 '잊혀진(소외된) 사람들의 재발견'을 시도하는 프로그램을 마련하는 일이 필요하겠다. 잊혀진 사람들은 시대에 따라, 사회변화에 따라 새롭게 생겨나기 마련이다. 오늘의 우리 상황에서 말한다면 실직당한 실업자와 그 가족들, 취업 못한 청소년들, 방황하는 청소년들, 고독한 노인 등이라 하겠다. 문화학교는 이들을 위한 문화 프로그램을 확충하는 데까지 이르러야 할 것이다.

대상별 프로그램을 예시하면, ① 노인강좌, ② 청소년 강좌, ③ 근로자 강좌, ④ 실업자를 위한 강좌, ⑤ 재소자(교도소, 소년원 등)를 위한 프로그램, ⑥ 병원환자를 위한

프로그램, ⑦ 고아원, 장애자를 위한 프로그램, ⑧ 오지·낙도주민을 위한 프로그램 등을 들 수 있다. 이들 대상에 대한 프로그램 내용은 앞에서 언급한 프로그램들 중에서 각기 대상에 적절한 프로그램을 선별적으로 결합하여 적용할 수 있을 것이다. 특히 이 프로그램들은 장기·상설형태는 어려울 것이기 때문에 일회적인 이동 프로그램을 구상하여 감상의 기회를 제공해주는 것이 바람직할 것이다. 즉 움직이는 이동문화학교 프로그램을 조직화하는 것이다.

(4) 어린이 문화교실 프로그램

어린이들은 지역사회 속에서 자라난다. 어린이들은 지역의 풍토와 지역에 전해오는 문화에 매일같이 접하면서 성장한다. 어린이들은 지역의 환경 속에서 여러 가지 놀이를 찾아서 어른들의 사회와는 다른 독자적인 어린이 문화를 만들어 전해왔던 것이다. 그러나 고도성장과 도시화 이후 종래의 지역사회가 급격히 붕괴됨에 따라서 어린이들의 지역문화도 급속하게 쇠퇴하고 말았다. 이에 반해서 TV나 잡지 등이 획일적인 정보를 어린이 세계에 침투시키고 있다. 이에 따라 어린이들로부터 어린이들에게 전달되는 놀이는 없어지고 전자게임이 놀이의 왕좌자리를 메우고 말았다. 이러한 상황에 대응해서 지역문화의 뿌리가 되는 어린이들의 문화(놀이)활동을 다시 활성화시키는 것이 어린이들을 생생하게 길러나가는 데 없어서는 안 될 과제라고 생각한다.

어린이들이 지역문화와 무관한 존재가 되어가고 있다는 점에 유의하여 다음 세대의 주역이 될 어린이들에게 전통적이고 의미 있는 생활문화나 삶의 지혜를 전달하는 문화학교 프로그램을 전개하는 것이 마땅할 것이다. 방학기간이나 일요일, 토요일 등 일정한 날을 정해서 문화학교에 지역의 어린이들을 모아서 다양한 학습활동을 전개할 수 있을 것이다. 예컨대 ① 지역에 전해오는 놀이교실, ② 어린이들이 직접 손으로 장난감을 만들거나 생활용품을 만드는 공작교실, ③ 생활예절교실 및 공동생활 에티켓 교실, ④ 체험할 수 있는 어린이농장, ⑤ 농촌·어촌 생활체험교실, ⑥ 어린이 문예교실, ⑦ 스포츠교실, ⑧ 어린이 바둑교실 등 다양한 프로그램을 생각할 수 있겠다.

어린이들의 집단놀이가 해체되고 놀이장소가 집밖에서 방안으로 밀리고 장난감이 비싸지고 있는 상황에서 어린이들에게 놀이의 마당을 열어주는 일도 필요하다. 이런 점에서 자치단체는 놀이의 마당을 마련해 주는 데 그치지 말고 군민회관, 시민회관, 구민회관, 도서관, 체육시설 등을 주민들과 어린이들이 쉽게 사용할 수 있도록 배려가 있어야 한다.

(5) 국제문화교실 프로그램

'국제화' 또는 '세계화'는 '고령화'·'정보화'와 더불어 앞으로 우리들에게 가장 중요한 생활과제가 되어가고 있다. 그러나 일반적으로 국제문제는 바다건너의 이야기이고 나라와 나라와의 관계이지 지역주민과는 관련이 없는 것이고 국제교류라고 하면 해외여행을 생각하는 사람들이 적지 않다. 그러나 현실은 급속히 진전해서 우리들의 매일 매일의 생활이 국제문제와 밀접히 연결되어 있고, 사람의 문제만 하더라도 지역사회에 까지 외국인이 적지 않게 거주하고 있는 형편이다. 이제 이웃의 문제가 바로 국제문제가 되는 시대에 살고 있는 것이다.

국제교류문제는 국가나 중앙정부의 국제교류 단체에만 맡길 것이 아니라 주민활동의 중요한 과제로 생각하고 문화학교들이 독특한 사업을 전개해 나가야 할 것이다. 지금 우리들의 생활이 국제적인 협력관계에서 이루어지고 있다는 것을 자각하고 널리 여러 나라와 사람과 마음의 교류, 문화의 교류에 힘을 기울여야 할 것이다. 그리고 한걸음 더 나아가 다양한 다른 문화를 이해하고, 또 우리 문화를 알리는 활동을 하는 동시에 그 가운데서 주민과 더불어 새로운 만남의 유대를 넓히는 것이 바람직하다.

문화학교에서는 이를 위해 ① 내국인을 위한 외국어교실, ② 외국여행교실, ③ 외국요리교실 ④ 외국어경연, ⑤ 외국인을 위한 한국어 교실, ⑥ 한국문화·한국생활교실, ⑦ 한국요리교실, ⑧ 한국어 경연, ⑨ 한국어 글짓기대회, ⑩ 한국노래교실, ⑪ 한국무용교실, ⑫ 태권도교실 등을 전개할 수 있을 것이다.

이런 프로그램들이 궤도에 오르고 어느 정도 성과를 거두게 되면 지역 내에 거주하고 있는 외국인과 상호방문 활동, 방문자 민박, 민속 의상쇼, 국제교류의 밤 등 지역 단위에서도 국제적 이벤트가 가능해질 수도 있을 것이다.

〔참고자료〕 **한국문화학교 연혁(1991~2002)**

1991. 1 문화학교 설치·운영방침 결정

1991. 3 문화학교 설치·운영기본계획 수립·시행

1991. 5 문화학교 본부 개교(12개 단위기관 문화학교 운영)

1991. 8 문화학교 교육협의회 구성(민간인의 지원·자문기구)

1991. 12 움직이는 문화학교 개설(문화소외지역 대상)

1992. 6 지역문화학교 개설(도서관, 박물관, 문화원 등 31개교)

1992. 12 문화학교 신규지정(도서관 5개교)

1993. 1 문화학교 신규지정(26개교)

1994. 4 문화학교 신규지정(7개교)

1994. 11 문화학교 신규지정(10개교)

1995. 9 문화학교 신규지정(38개교)

1995. 12 문화강좌 설치 근거 마련(법률 제5014호: 문화예술진흥법 제14조)

제14조(문화강좌 설치) ① 국가 및 지방자치단체는 국민이 높은 문화예술을 누리도록 하기 위하여 문화강좌 설치기관 또는 단체를 지정하여 문화예술을 보급할 수 있다. ② 제1항의 규정에 의한 문화강좌를 설치할 대상기관 또는 단체의 지정 및 절차는 대통령령으로 정한다. ③ 국가 및 지방자치단체는 문화강좌 설치·운영에 필요한 경비를 지원할 수 있다.

1996. 8 문화학교 신규지정(38개교)

1997. 8 문화학교 신규지정(38개교)

1998. 1 문화학교 교육협의회 활동 중단

1998. 9 문화학교 신규지정(20개교)

1998. 10 준문화학교 제도 신설(준문화학교 20개교 지정)

1999. 9 문화학교 신규지정(정문화학교 20개교, 준문화학교 31개교)

2000. 12 문화학교 신규지정(정문화학교 30개교, 준문화학교 29개교)

2001. 12 문화학교 지정누계 307개교(정문화학교 258개교, 준문화학교 49개교)

20. 기업과 문화예술의 협동
기업과 문화예술의 공존 · 균형발전을 위하여

이종인(한국문화행정연구소 소장)

1980년대 초반부터 문예진흥원은 자체발간하고 있는 문예진흥(문화예술)지의 지면을 할애하여 기업과 문화예술의 협동방안을 외국의 예를 비롯한 각종자료를 소개하고 기업의 참여 실적을 홍보하는 한편, '기업과 문화예술의 협동'이라는 유인물을 제작하여 주요 경제단체와 기업체에 배포하였다.

그 뒤 1985년 3월 28일에 메세나 협의회의 전신인 '문예진흥 후원협의회'가 문예진흥원 주도로 창립되어 활동해 오다가 1994년 4월 18일에 현재의 '한국기업메세네 협의회'가 창립되기에 이른다.

여기에 게재하는 자료 "기업과 문화예술의 협동"은 문예진흥원 기획실(실장 이종인)에서 제공된 것임을 밝혀둔다.

1. 왜 기업은 예술을 지원하는가: 본질적인 대답은 기업이 그렇게 하지 않을 수 없기 때문

W. H. 크롬 조지(미국 BCA 위원장)[*]

디트로이트 심포니가 유럽 순회공연을 떠나게 된 것은 디트로이트의 자랑일 뿐만 아니라 미국의 기쁨이라고 생각한다. 디트로이트 심포니는 미국의 저명한 음악단체의 하나로서 뛰어난 지휘자 안탈 도라티 휘하에 있는데 세계적인 오케스트라로 꼽히고 있다.

나의 어린 시절에는 교향악단들은 주로 대도시에서만 볼 수 있었고, 그 청중과 악단을 지원하는 사람들로 부유층의 인사들로서 관리자와 연주자들의 관계는 봉건적이었다.

이러한 그리 오래되지 않은 과거로부터 우리는 많은 진척을 보았다. 오늘날 우리는 세계 어느 나라에서도 볼 수 없을 만큼의 지방교향악국(地方交響樂國) 조직망을 갖게 된 것이다.

1978년에 디트로이트에서 약 1만 8,000회의 공연에 2,000만 명이 넘는 청중을 유치하였다. 미국 안에 1,400여 교향악단이 있는데 이것은 1939년 당시 보다 2배 이상으로 늘어난 것이다.

실제로 인구 5만의 도시마다 교향악단이 있으며 그 이하의 소도시도 마찬가지다. 한 세대 전에는 교향악단의 핵심활동이 단지 기부자를 위한 연주회이었으나 오늘날의 교향악단의 활동은 70%가 공익사업으로서 청소년대상 연주회, 공원연주회, 순회연주회, 기타 교육 프로그램과 직결된 연주활동을 하고 있다.

이와 같은 발전된 양상이 박물관, 시각예술, 오페라, 연극, 무용의 분야에서도 나타나게 되었다.

대연주회장, 화랑, 영사실, 시각 및 공연예술 강의실 등 훌륭한 시설을 갖춘 예술센터들이 전국에 종사하는 모든 사람들에게 순수한 기쁨을 발하고, 우리들의 일상적

---

*   W. H. 크롬 조지(W.H. Krome George)는 미국 알루미늄 사 사장 겸 회장이며 BCA의 위원장이다. 다음의 글은 그가 1979년 10월 22일 미시간 주 디트로이트 시 코보홀에서 열린 디트로이트 경제인 클럽 회의에서 연설한 내용과 동년 6월 14일 미네소타 주 미네아폴리스 시의 워커 아트센터에서 베풀어진 제13차 연례예술지원기업상 시상식에서 연설한 내용을 요약한 것이다.

인 체험에 표현과 의미를 제공할 수 있는, 다시 말해서 우리들의 삶의 중심에 밀접한 그러한 장소가 되고 있다.

이것은 많은 국민들이 생활수준이 향상되고, 여가가 증대되는 데 따른 생활의 질(質)을 개선하려는 요구와 외국문화에 접하게 되는 기회의 증가, 그리고 저렴한 가격으로 보급되는 도서·영화·LP판 및 TV·라디오 등의 많은 영향으로 변화된 결과로서 일어난 것이라고 하겠다.

예술이 우리 생활주류에 다시 끼어들게 되었다는 것, 아니 예술이 교화(敎化)하는 영향력을 우리 모두에게 다시 미치게 되었다는 것은 단지 수백만의 미국인들이 예술적 표현의 모든 양식에 대한 열렬한 욕구를 개발시켜 왔기 때문만은 아니다.

왜냐하면, 예술활동의 활기와 참여 상황이나 관객동원의 증대라는 통계치에도 불구하고 예술기관의 소득은 결코 경상비 지출에도 충분하지 않으며, 이것은 고등학문기관들의 경우와 마찬가지로 자체부담이 불가능하다.

따라서 예술이 생존하며 번영할 수 있다는 것은 몇몇 사람들이 양식과 관용, 그리고 예술을 지원할 자력(資力)을 지녔기 때문이다.

유럽의 역사 가운데 상당 부분에 걸친 예술의 후원인은 추기경·귀족·은행가 또는 거상들이었고, 미국의 경우는 18세기와 20세기 초의 40년 동안 문화자본의 대부분이 대기업가와 그 일가의 기부금이었다.

미국에서 기업의 사유재산 축적을 억제하는 세제(稅制)가 시행됨에 따라 예술을 후원하는 것은 민주적 혁명을 경험하게 되어, 국민 수천 명 가운데 수십 명에 해당하는 부유층과 중산층, 기업인과 전문직업인, 노동자와 지식층 등이 지원액의 일부를 부담하게 되었다.

그러나 이러한 지원이 결코 예술단체의 경제적 부족을 메우기에 충분한 적은 없었으며, 그리하여 정부와 민간재단의 지원으로부터 개별지원이 점진적으로 증대되어 지난 10년간은 기업으로부터의 지원이 크게 늘어나기에 이르고 있다.

장내(場內)에 꽉 찬 관객을 놓고 경연을 할 경우조차도 매표소에서 들어오는 수입이 경상비지출에 충분하지 못한 것이 사실이다. 그렇다고 입장료가 충분히 고가로 책정된다면 가능하지 않겠느냐고 말할 수도 있겠지만, 그런 경우에는 즉시 예술의 관객들이 소수의 부유층에만 축소되어 버리는 결과가 생겨난다.

그러므로 누군가가 그 차액을 메우어 주어야만 한다. 또한 예술은 어느 특정한 부

양자원에 의해 지배되지 않을 때 최고로 번영하기 때문에 우리는 미국의 예술지원 자원이 정부, 민간인, 민간단체 및 기업 등 복수로 되어 있다는 것을 큰 다행으로 여길 수 있다.

다원적인 사회에 있어서 예술은 지적 생활과 더불어 그 모든 요소들 중에서 가장 다원적인 요인을 지니고 있다. 우리와 같은 사회의 활기는 개인생활과 자신의 의의를 발견하고 표현하는 개인의 자유에 중요성을 두기 때문에 생기는 것이다. 예술은 이러한 신념에 대한 외면적이고 눈에 보이는 주장인 것이다. 예술은 예술을 위한 새로움의 원천이 자유사회에서 우리가 의존하는 것과 다르지 않음을 가르쳐 주고 있다.

우리 사회에서 개선과 변화를 위한 이러한 체제는 자치의 본질적인 특성인 자발적인 협동과 제휴의 관습에 근거하고 있다. 이것은 미국 사회의 두드러진 특성이며, 자립과 자유의 가장 심오한 원천인 것이다.

나는 오늘 민간 부문의 중요성을 다시 한 번 여러분께 강조하고자 한다.

그 이유는 지원의 원천이 어느 정도 우리 사회의 다원적인 특성을 반영하지 않을 경우 예술의 거대한 생활력과 넓은 범위가 더 이상 살아남을 수 없기 때문이다.

이 나라를 성취와 열망으로 독특하게 만들어낸 여러 가지 요인 중에서 기업은 절대 필요한 부분이다. 따라서 기업은 미국의 예술 분야의 자질과 건강에 대하여 기업이 교육의 그것을 오랫동안 인정해 온 것과 같이 지대한 이해관계를 갖고 있는 것이다.

그것은 또, 예수로가 교육이 오로지 정부지원에만 의존할 경우, 학구적인 자유와 창조적인 표현에 찬물을 끼얹는 결과를 가져오게 되리라고 본다.

확실히 정부지원은 예술에 헌신하는 기관들과 다수의 공익민간 및 비영리협회들을 활기와 생기가 넘치도록 유지하는 데 중요하고, 필수적인 역할을 지니고 있다는 것은 사실이다. 그러나 정부는 재정상으로 우세하게 되어서는 안 된다. 그 이유는 정부가 그렇게 될 경우, 불가피하게 사실상 지배적이 될 것이기 때문이다.

그것은 정부 측에 대한 대립이라기보다는 오히려 신중으로서, 상황변화에 따라 실제적이며 실용적으로 기꺼이 경계선을 변경하려는 태도를 반영하는 것이다. 그러나 이때에는 항상 강력한 민간 부문의 존립이 자유와 성장에 불가결한 것이라는 사실에 대한 이해를 바탕으로 하고 있는 것이다.

이것은 다른 활동에도 해당되는 것과 같이 예술에 대해서도 마찬가지로 해당되는 일이다.

새삼 이 자리에서 예술이 번영하는 상황에서 기업들이 얻어들이는 직접적인 이익들을 상술할 필요는 없을 것 같다. 그것은 여러분께 아주 낯익은 것들이기 때문이다.

기업의 예술에 참여하게 되는 유력한 동기와 이유를 기업의 이미지 개선에 필요하다는 데 동의하고 있으나, 어떤 사람들은 그것을 비현실적으로 간주하고 있으며, 특히 기업이 경제적 곤란의 징조가 나타날 때는 예술을 표류하게 되어버릴 '자선사업'의 첫 대상이라고까지 예언하기도 한다.

BCA에 속한 우리들은 1967년에 문을 연 이래 이러한 상투적인 후렴에 경청해 왔다. 그러나 지난 1969년과 1970년의 심각한 경제적 침체기에도 기업의 예술지원은 오히려 급상승을 보였다. 1973년도 후반에도 심각한 혼란이 있었음에도 불구하고 기업의 예술지원은 계속 상승하였다. 그리하여 1973년도의 예술지원액은 총 1억 4,400만 불에 달했는데 이는 70년도의 1억 1,000만 불보다도 더 많았다. 더구나 BCA의 전국조사에 의하면 지원회사 중 81%는 앞으로도 예술지원 기부금을 증대시키거나 현상태를 유지시킬 계획이라고 응답하고 있다.

이런 현상을 감안할 때 예술지원에 있어서는 공황이 없으며, 예술지원이 자선사업의 우선순위에 끼어들어 그 순위가 조정되는 데 끼이지 않는다는 것을 말해주고 있는 것이라 하겠다.

1976년에는 2억 2,100만 불로 뛰어 올랐고 1978년에는 2억 5,000만 불 수준에 이르렀다. 이것은 연방정부기관인 NEA(미국예술진흥기금)의 2.5배를 넘는 것이다. 이밖에도 상당량이 제품·장비 및 회사시설 이용 등의 형태로 제공되고 있으며, 전문·기술요원의 용역을 이용케 함으로써 기술과 행정상의 지원을 제공하여 예술단체의 창조적 기능이 방해받지 않도록 도움을 주고 있다. 지원하는 동기들이 무엇이든 간에 이러한 꾸준한 후원증대의 사실은 기업이 예술을 후원하는 이유를 비현실적인 것으로 평가절하 하기는 어려운 것임을 의미하는 것이다.

더욱이 기업들은 무용 분야와 같이 소수의 관객층을 가졌던 예술장르에까지 지원하고 있는 것이다.

나는 기업의 예술지원 동기에 관한 회의론에 대하여 문제를 제기한다.

왜냐하면 그러한 회의론이 없을 경우에는 당연하고 상호 유익한 결연이 유지될 수 있는데도 불구하고, 지연시키고 방해까지도 할 수 있기 때문이다.

기업이건 예술이건 간에 다른 한편이 없으면 번영할 수 없다. 양편이 상호이익을 인정하지 않는다면, 어느 한편도 그 활력을 보유할 수 없는 것이다. 우리 사회에서 기업과 예술이 각자 다른 편에 불가결한 사실들을 이해하지 경우, 우리 사회에서 기업과 예술이 각자 다른 편에 불가결한 사실들을 이해하지 못할 경우, 우리 사회의 사기(士氣), 에너지, 활기와 성장가능성 등을 상실하게 될 것이다.

대체로 예술의 후원인으로서의 기업은 그 역할을 홀륭하게 수행해 왔지만, 예술지원에 대한 이유를 설명하는 데 인색하고 설득력이 모자란다. 몇몇 기업은 지원이유를 기업의 이미지 개선 수단으로 설명하고 있지만, 회의적인 기업은 단순한 자선사업 정도로 말하고 있다.

나는 기업이 예술을 지원해야 하는 강력한 이유들 중에서 이미지 형성이 마지막 이유이며, 또 마지막 이유여야 한다고 확신하고 있다.

기업은 예술을 기업과 직결된 필요성과 이해관계 때문에 지원하는 것이며 기업이 그러한 관계를 충분하고도 솔직하게, 그리고 자주 설명한다면 기업은 시뢰와 존경을 얻게 된다.

기업이 왜 예술을 지원하는 것일까? 왜 미국의 기업들은 12년 동안에(1967~1978) 1,100%의 지원금을 증가시켜 왔는가? 그 본질적인 대답은 기업이 그렇게 해야만 한다는 것이다.

우리는 기회 있을 때마다 우리 동료들에게 이 사실을 전달하여 그들 기업으로 하여금 최우선의 과제로서 민간 부문의 강화에 참여하도록 강력히 권고해야 하겠다. 기업은 우리 사회에서 혁신과 변화의 풍부한 원천이 존립하는 것에 직접적이고 실용적인 이해관계가 있다.

활발한 창조력의 분위기를 위해 우리가 할 수 있는 최상의 준비는 민간 부문이 충분하고 광범하게 참여해야 할 것이다. 우리들이 그렇게 한다면 예술이 융성할 뿐만 아니라 기업이 번영할 수 있는 유일한 그런 사회가 이룩될 것이다.

우리가 국민들에게 예술을 통한 인간창의성의 광범한 영역과 무한한 표현의 다양성 등을 감상할 수 있는 감수성을 키우는 기회를 제공한다면 국민 개인들은 한층 더 창의력이 풍부하게 되는 것이다. 그들은 개인생활에서 뿐만 아니라, 국민으로서도, 일터에서도 변화의 가능성에 대해 한층 더 개방적이고, 자기개발에 한층 더 모험적일 수 있을 것이다.

1970년대 초 프랑스 앙드레 말로는 파리시가 국제적인 기업중심지로서의 인기가 하락해온 이유를 밝혀내기 위한 연구를 의뢰한 바 있었다. 이 보고서에 의하면 파리 시가 기업과 정부의 중심지에서 뒤처지게 된 결정적인 이유는 "파리시의 경제적인 미래는 그 문화적인 영향력과 유산에 의존하고 있다는 사실"을 당국이 고려하지 못했기 때문이라고 결론짓고 있었다.

다시 말해서, 파리를 세상에 널리 알려왔던 활기는 문화생활과 표현의 자유가 파리 시에서 쇠퇴하고 있었던 것에 반하여 다른 유럽의 도시들, 그중에서도 런던은 프랑스의 일류 예술가, 공예가, 의상디자이너 및 작가들을 유치하고 있었다는 것이다.

우리는 디트로이트와 피츠버그에서 기업과 예술이 부시(部市) 르네상스에 있어서 선도적인 역할을 하였다는 것을 배웠고 또 계속해 오고 있는 것이다.

한 부시경제에 끼치는 예술활동의 영향은 직접적이며 측정 가능한 것이다.

예를 들면, 몇 년 전 미네아폴리스 상공회의소는 미네아폴리와 세인트 폴의 양부시(兩部市)에 끼친 구드리극장의 영향을 연구한 바 있다. 그들은 구드리극장이 본 극장 프로그램에서만 연간 총 35만 명의 관객을 동원하였으며, 시외(市外) 및 주외(州外) 순회공연을 통해서 훨씬 더 많은 동원수를 기록하였다는 사실을 알아내었다. 이 극장의 연간 총 예산은 급료(給料) 133만 불을 포함하여 250만 불로 되어 있다. 그러므로 직간접으로 이 극장은 양부시 경제에 1,300만 불을 생산하고 있으며, 주세(州稅)로 8만 불, 연방세(聯邦稅)로 35만 불을 기여하고 있다.

엑손(Exxon) 사(社) 후원으로 개최된 킹 터트(King Tut) 전시회는 예술이 기업에게 예술을 위해서 뿐만 아니라 기업 자체를 위해서 창출해준 정도를 현저하게 나타내 주는 또 다른 증거의 하나라 하겠다.

이 전시회는 처음에는 워싱턴 D. C.에서 기록적인 관람객을 동원하였고, 시카고에서도 그 여세를 유지하였으며, 특히 뉴올리안즈로 건너가서는 무려 87만 595명이 관람했는데 그중 61만 3,000명(70%)이 시 외에서 온 관객이었다. 이들이 지출한 총 경비가 7,520만 불에 달했다고 한다. 뉴욕전시에서는 1박 3일간의 전시기간 동안에 전시회를 보러 온 관객들이 1억 1,000만 불 이상을 소비한 것으로 나타나고 있다.

시카고의 경우, 예술과 문화활동으로 연간 최저 1,250만 명의 사람들을 유치하고 있는데, 이들이 시카고 시 경제에 4억 7,000만 불을 기여하고 있다.

우리는 또 예술시설이 근처의 부동산가치를 증진시키고 있다는 사실을 알게 되었다.

예를 들면, 뉴욕에서 링컨센터의 개관은 7억 불 상당의 새로운 건물을 근처에 들어서게 하였으며, 연간 조세수인의 증가를 가져왔다. 건축 붐은 계속되고, 이 지성(地城)은 뉴욕 시에서 가장 유명한 주택지의 하나가 되고 있다

뉴욕 시의 문화활동은 대체로 뉴욕 관광객 중 25%를 유치하고 있으며, 시 경제에 연간 30억 불 이상을 기여하고 있다.

그런데 기업에 대한 예술의 중요성은 한층 더 직접적이고 확실하기조차 한 것이다. 기업은 상업의 여명기로부터 예술과 밀접한 관련을 맺어오고 있다.

제품·포장·광고선전에 있어서 우수한 디자인은 상품과 서비스의 대중시장을 형성하고 일선 고객에게 기업의 뚜렷한 주체성을 심어주기 위해 기울이는 노력에 있어서 불가결한 요소인 것이다.

제품선전 및 이미지 형성에 기여하는 예술은 시각 및 공연예술가, 작곡가, 작가, 극작가, 안무가 등 오로지 자기 예술 분야에만 헌신하는 이들의 창작활동으로 인해 조성되고 고취되는 것이다.

만일 이들 예술가들의 재능과 이들을 양성하는 학교, 예술전문학교, 연구소 등이 무관심과 무시로 인해 쇠퇴하는 것을 방임한다면 기업에 끼치는 손실을 예측할 수 없게 될 것이 아니겠는가?

이상과 같은 이유들 때문에 예술이 기업에 절대로 필요하며, 기업이 활동하는 지성 사회 생활의 자질과 활력을 위해서도 없어서는 안 된다는 사실은 명약관화한 것이다.

일류 예술기관들 중 다수가 아직도 재정적인 곤란을 겪고 있다. 다가오는 몇 년 동안에는 정부가 현재보다 더 많은 지원을 예술에 제공할 가망은 거의 없는 실정이다. 유일하고도 으뜸가는 미개척 지원재원은 대·중·소기업이다. 기업이 예술 없이는 전혀 지탱할 수 없다는 것이 사실이기 때문에 필연적인 재원(財源)의 출처인 것이다.

마지막으로 디트로이트 심포니의 첫 번째 유럽순회공연을 가능케 해준 기업들에게 진심으로 찬사를 보낸다. 우리는 다른 도시와는 상대가 되지 않을 만큼 진보된 후원을 하고 있다.

또한 디트로이트 시의 예술기관들에게 축하를 보낸다. 어려운 시기에 생존하고, 각종 공연과 전시회를 통하여 디트로이트 시를 고취시키려는 예술기관들의 결의가 디트로이트 시의 르네상스에 으뜸가는 인자(因子)가 되어온 것이다.

디트로이트 시의 기업과 예술기관의 결연이 디트로이트 시와 미국의 보다 큰 영광을 위해 계속 왕성해지기를 빈다.

2. 기업과 예술의 결연: 기업은 예술의 옹호자인 동시에 협력자가 되어야

존T.코너(미국BCA 회원)[*]

본인은 근년 뉴욕 시(市)가 미국의 문화·예술 및 상업활동에서 탁월한 위치를 차지하는 데 크게 기여한 예술과 기업의 긴밀하고도 성과 높은 결연에 대해 찬양하는 자리에 참석하게 됨을 기쁘게 생각한다.

번영하는 예술생활이 없다면, 뉴욕은 수 세대를 걸쳐 세계 각처의 뛰어난 재인(才人)들을 흡수해온 영예와 매력을 즉시 상실하게 될 것이다.

예술과 기업의 결연은 문명만큼이나 오랜 역사를 지니고 있다. 때때로 그 관계가 소원해 지거나 소멸하고, 또는 더욱 긴밀해지기도 해왔지만은 결코 기업이 예술의 운명에 오랫동안 무관심할 수는 없었다.

예술과 기업의 유대가 여러 세기에 걸쳐 얼마나 뒤얽힌 것인지를 인식하기 위해서는 고금(古今)을 통하여 예술의 혜택을 입은 모든 것들이 삽시간에 흔적도 없이 사라질 경우, 상공업계가 어떻게 될 것인지 상상해 보는 것으로 충분하다.

예컨대, 제품에서 디자인 예술이 제거되고, 도서·잡지·신문·전시에서 그래픽 예술의 기여를 없애버리고, 모든 시대의 시·음악·무용과 수사학(修辭學)이 없어지고, 형태와 부피·재료와 색깔을 연결시키는 예술이 사라져 버린다면, 우리는 비로소 예술과 기업의 유대가 얼마나 얽히고설킨 것인지를 깨닫게 될 것이다.

이것들이 왜 기업이 예술의 존립과 활성에 냉담할 수 없으며, 상업예술이 영감을 위해 전적으로 의존하는 순수예술과 공연예술을 고무하고 장려해야 하는 지에 대한 직접적이고 설득력 있는 이유들이다.

[*] 존 T. 코너(John T. Connor)는 미국 Allied Chemical 이사장이며 BCA(사업예술위원회) 회원이다. 다음의 글은 코너가 1979년 10월 30일 뉴욕에서 ABC(예술기업협의회) 제15차 '앙코르상' 시상식에서 연설한 내용을 요약한 것이다.

또한 기업이 예술의 옹호자인 동시에 협력자가 되어야 하는 더욱 뜻 깊은 이유들이 있다.

그것은 우리 사회가 보다 풍요롭고 보다 인간다운 사회가 되게 하기 위해, 경쟁과 충돌과 공동의식 간의 균형을 유지하기 위해 예술을 필요로 하는 것이다.

우리는 정량적(定量的)이고 계량적(計量的)인 거대한 조직이며, 자동화된 통제의 세계에서 인간적인 지위를 보존하고 찬양하기 위해 예술에 의존하고 있는 것이다. 요컨대 예술이 없다면 우리 사회는 사기(士氣)와 창의성, 다양성의 원천과 공동의식과 성장의 잠재성 등을 상실하게 될 것이다. 한편 적절한 물질적 지원이 없을 경우 예술은 '벙어리이며, 불명예스러운' 상태에 놓이게 될 것이기 때문에 기업과의 결연에 대해 예술도 가치를 부여해야 할 줄로 안다. 즉 후원제의 필요성은 예술의 경제적 측면에 내재하는 것을 의미하기도 한다.

후원인이 하나일 경우보다는 다수일 경우에, 확실히 표현의 자유에 대한 보장이 더욱 커지며, 각각의 특성과 요구와 관심을 지닌 수천의 공동 후원인들이 존재한다는 것은 예술인으로 하여금 제한된 심미안(審美眼)에 굴복하지 않도록 하는 가장 좋은 보증이 되는 것이다.

공동지원의 실례를 살펴본 사람이면 누구든지 그 다양성, 창의성, 세련과 확신의 증거로 인해 고무될 것이다. 확실히 기업과 예술의 협동적인 프로그램은 현재 우리가 누리는 협력을 방해해왔던 기업인의 상투적인 회의론을 깨뜨리는 데 성공하였다.

기업이 예술을 지원하는 기부형태에 있어서도 직접적인 재정지원의 범위를 벗어나고 있는 기업들이 늘어나고 있다. 많은 행사들이 그들 소유의 제품이나 시설들을 이용 가능케 함으로써 예술에 기여한다.

즉, 회사시설을 전시 공간으로 제공한다거나, 회계, 판촉, 재정계획과 관객개발에 전문적인 지원을 제공하기도 한다. 또 공동예술기금 모금에 참여하게하거나, 사원들에게 관람료의 전액 또는 일부를 보조하기도 하며, 예술작품을 회사 안에 게시하기도 한다. 그리고 아직 예술이 처한 곤경을 알지 못하는 다른 회사들로 하여금 무엇인가를 하도록 설득하는 등 여러 가지 방법으로 예술을 후원하고 있다.

나는 예술인 및 예술단체가 한 회사의 상업활동이나 산업활동의 특성이 반드시 그 회사가 지원하는 예술과 관련성을 지닌 것이 아니라는 것을 아는 것이 고무적이라는 것을 확신한다.

몇 가지 예로서, 우리는 가스회사가 발레공연을 후원했고, 맥주회사가 심포니 오케스트라의 고전음악 무료공연을 보조하였으며, 항공회사가 대학연극을 지원한 사실을 알고 있다. 특히 예술과 관계를 맺은 회사들 중에서 그 지원을 일개예술단체나 하나의 예술장르에 제한시킨 경우는 거의 없다.

그들은 여러 지역이나 전국의 예술단체에 지원하는 경우가 아주 많고, 더구나 일단 기업이 예술에 기부하기 시작하면 그것은 어느 정도 계속되는 경향을 보이고 있다.

각 부문의 지원이 사회적 또는 문화적 엘리트로 이루어지는 제한된 관객층을 매혹하는 예술형태보다는 차라리 광범위한 공중에게 호소하는 예술형태의 주장에 더 큰 비중을 두게 되는 것은 어쩔 수 없는 경향이다.

이것이 바로 우리를 기업모금의 상당액이 대중적이고 아직은 다소 색다르게 여겨지는 광범위하고 다양한 예술 분야에 관객을 유인하도록 하는 요인이 되는 것이다.

공영 TV와 라디오의 지원을 통해 평상시 대공연에 접할 기회가 없었던 수백만의 미국인에게 최상의 예술을 접하게 하는 데 상당한 성과를 거두고 있다. 이로 인해 가능해진 예술에 대한 관객과 일반의 이해증대는 공연예술단체의 희생으로 이루어지는 것만은 아니다. 연극·오페라·발레 그리고 연주회를 TV로 본 많은 사람들은 이들의 실제공연을 보기 위해서 입장권을 사도록 자극받게 되는 것이다. 이는 예술단체들이 전혀 새로운 관객대상을 발견 가능케 함으로써 그들을 강화시켜줄 뿐만 아니라, 그들에 대한 기업의 기부효과와 영향을 크게 증대시키는 것이기도 하다.

그런데 기업이 공영TV를 통해서 지원하는 것이 간혹 좋지 못한 평을 받아오고 있다. 가장 흔한 비난으로는 동기가 순수하지 못하다는 것이다. 좋은 프로그램을 지원하여 기업의 공공 이미지를 개선하고자 한다는 것은 당연한 일이다. 나는 확실히 이미지를 개선하게 되기를 기대하고 있다. 기업들은 예술단체나 예술가와 마찬가지로 자신들이 하는 일의 목적에 대해 인정을 받고 싶어 하기 마련이다. 그런데 예술지원 분야에서 인정을 받는다는 것의 중요성은 기업과 기부인의 이미지에 미치는 효과를 능가하는 것이라 하겠다. 이미 여러 기업들이 해온 실례들은 비난하는 사람들에게 가장 타당한 논리를 제공하고 기업에 대한 예술단체들의 호소에 설득성을 더해주고 있는 것이다.

많은 기업들은 직접적인 기업상의 이유들과 내가 앞에서 열거한 여러 이유들로 인해 예술을 필요로 하는 것이다. 그들이 후원하는 데 있어서 일반의 찬성을 얻는다면, 그러한 찬성은 기업이 예술과 예술을 애호하는 일반을 위해 한 일에 대한 것임을 잘 알게 될 것이다.

3. 자유를 위한 동반자: 예술과 기업은 자유를 희구하기 때문에 서로 결합한다

위톤 M. 블라운트(미국 블라운트주식회사 회장)[*]

오늘 토의한 사항들은 기업이 후원해온 예술지원에 있어서 우수하고 혁신적인 프로그램들이 매우 다양하다는 것이 강조되었다. 이러한 다양성은 기업이 예술의 활력에 깊은 관심을 갖고 있으며, 기업이 자신들의 후원 역할을 진지하고 성실하게 받아들이고 있음을 나타내는 중요하고 의미심장한 표시라고 믿는다.

정부 측에도 예술을 지원하는 역할이 있기는 하지만 한편으로는 기업사회가 가장 중요한 역할을 맡아야 한다고 믿는다. 그리하여 오늘 이 자리에서 기업과 예술과의 관계의 중요성에 대한 본인의 의견을 말하고자 한다.

예전에는 예술에 대하여 사치품이라는 의견과 필수품이라는 의견이 대립되어 온 적도 있다. 그러나 오늘날 아무도 예술이 사치품인지 또는 필수품인지에 관한 논쟁을 벌이는 사람은 없다.

우리는 일반적으로 예술이 필수품이라고 인정하고 있기는 하나 도대체 어느 정도 그것을 사실로서 깨닫고 있는지는 의심스러운 바 없지 않다.

우리는 개인으로서 뿐만 아니라 한 사회로서도 예술이 우리의 삶의 질(質)과 관계가 있다는 것을 인정하고 있다. 그런데도 여전히 삶의 질을 향상시키는 데는 자본이나 법률, 제도 등이 필수적인 것이라고 생각하는 데 논의의 여지가 있다.

나는 예술의 법·자본·자유 그리고 인간 정신에 알맞은 사회를 유지하는 데 필요한 기본적인 요건으로 동일한 범주에 두고 싶다.

---

[*] 위톤 M. 블라운트(Winton M. Blounnt)는 미국 알라바마 주 몽고메리 시에 있는 블라운트 주식회사 이사장 겸 회장으로서 미국 정부의 우정장관, 미국 상공회의소 회장, 미국 제조업자조합 이사 등을 역임한 바 있다. 다음 글은 1980년 12월 5일 조지아 주 애틀랜타 시 메모리얼 예술센터에서 열린 기업과 예술회의 석상에서 연설한 내용을 요약 발췌한 것이다.

문명의 흐름에 중요한 영향력을 지닌 것으로 기억되는 사회를 보면, 항상 예술과 예술가들을 환대하였고, 고무하였다는 점은 결코 우연한 일치라고 생각되지 않는다.

시민은 누구든지 위대한 희랍 극작가들의 작품을 감상할 수 있었던 아테네의 원형극장으로부터 센트럴 파크에서의 연주회와 연극에 이르기까지 우리는 좋은 사회가 예술을 자기 시민들에게 유용하게 함으로써 사회자체에 가치가 있는 일들을 입증하는 것을 보게 된다.

중세의 대성당들이 성당자체의 건축을 포함하여 소장하고 있는 풍부한 예술품으로부터 이스라엘 국회의사당에 걸린 샤갈의 거작 태피스트리에 이르기까지, 우리는 사람들의 영감을 일깨우는 자극들이 인간의 공공생활과 결합되어 서로 풍부하게하고 강화하는 것을 보게 된다. 즉 우리들은 예술의 필요성을 우리 눈앞에서 확실하게 보고 있는 것이다.

한편 예술과 정부와의 관계를 살펴보자.

역사적으로 이 관계가 오랜 기간에 걸쳐 원만하게 결합된 적은 거의 없었다. 그 관계가 일반적으로 서로 의심과 불신을 동반하여 경원하는 관계였으며 그것이 당연한 것이기도 하다.

예술은 자유를 요구하며 예술가 자신의 자기 수련이 아닌 어떤 통제도 거부한다. 예술은 사람들에게 강력한 영향을 끼치기 때문에 거기에는 항상 국가로 하여금 예술을 정치화하고, 다스리는 국민들의 사고와 생활을 조작하려는 데 사용하고자 하는 유혹이 있다. 정부가 이러한 유혹에 이끌리게 되는 나라에서는 예술이 죽어버린다. 한 사회에서 예술이 쇠퇴하는 것을 주시해보면 그 사회에서 자유가 죽어가는 것을 알 수 있는 것이다.

독일은 역사상 가장 예술적으로 풍부한 나라가운데 하나였다. 그런데 히틀러 치하 독일예술은 예술을 위한 환경이 죽었기 때문에 죽어버렸다. 다시 말하면 정치화되어 버렸다는 말이다. 나치 당(黨)은 상당량의 예술을 훔쳤음에도 불구하고 그들 자신의 예술은 하나도 생산할 수 없었던 것이다. 그들은 예술가들에게 창작의 자유를 허용하지 않았기 때문에 예술을 낳지 못했던 것이다. 역설적으로 말해서 그들이 그러한 자유를 허용했더라면 예술은 고야의 〈1801년 5월 3일의 처형〉을 생각해보라! 피카소의 〈게르니카〉를 생각해보자!

그 작품이 작은 스페인 읍(邑)을 폭격한 공포를 포착한 모습을 보라는 말이다.

예술에 조예가 깊지 않은 몇몇 독일 사람들이 피카소에게 "당신이 게르니카를 그렸소?"라고 질문하였더니, 피카소가 신랄하게 대답하기를 "아니요! 당신들이 만들어 낸 것이오"라고 하였다 한다.

피카소는 오로지 위대한 예술가만이 할 수 있는 것을 기록하여 사람들이 전제정치를 자세히 볼 수 있게 하고, 결코 그 모습을 잊지 못하도록 한 것이다.

정부와 예술 간의 현대적 관계를 생각해보기로 하자.

미국은 부유하고 생산이 풍부한 나라이다.

소련도 부유하고 생산이 풍부한 나라이다.

예술 분야에서는 오늘날 미국에서 비옥한 환경을, 소련에서는 적대적인 환경을 발견하게 된다. 우리는 뛰어난 예술가들을 계속 육성하거나 유치하고 있는데 소련은 그렇지 않다. 실제로 미국 안에 있는 소련예술가들의 명단을 밝히면 소련이 난처할 것이다.

시몬느 시뇨레의 자서전에 멋진 구절이 있는데, 그녀와 그 남편 이브 몽탕이 공산주의자들과 친교를 맺었던 사실에도 불구하고 공산당에 가입하지 않았던 이유를 밝히고 있다. 그 이유는 공산주의가 잔학한 예술을 만들어 내기 때문이었다고 한다.

결국 예술의 필요성이란 예술이 갖는 자유와의 관련성에 관계되는 것임을 알 수 있다. 우리는 우리 자신에게 항상 말하기를 자유는 개인적인 것이라고 한다. 그렇다면 우리 사회의 한 영역에는 자유를, 또 다른 영역에는 제한을 둘 수 없지 않겠는가?

우리는 예술과 상업 간에 측량할 수는 없으나 직관적으로 지각하는 상호관련성을 갖고 있다. 그리고 그 관련성은 "자유는 분할될 수 없다"는 오랜 진리에 근거하고 있다.

예술은 자유의 싹을 배달하는 순진한 집배원이다. 예술은 자유를 지키고 풍부하게 하도록 도와주는 것이다. 그리고 자유는 예술을 번창하고 번영하도록 도와준다.

그래서 나는 가장 근본적인 차원에서 우리들이 예술에 참여하는 문제에 대한 대답이 분명하고 단순하여 이기적인 것으로서 매우 거침없이 설명될 수 있다는 것을 제의하는 바이다.

예술과 기업이 각기 생존하고 번영할 수 있을 만큼의 많은 자유를 요구한다는 사실로 인해 서로 결합되는 것이다. 즉 예술과 기업은 당연한 동반자인 것이다.

되돌아 보건대, 우리는 그 사회가 가장 부유할 때, 즉 경제적 · 사회적 · 학문적 ·

정치적 자유가 가장 풍부했을 때 가장 풍부한 예술을 만들어 왔다는 사실을 알고 있다. 그리고 이러한 것들이 사라질 때는 훌륭한 예술도 그것들과 함께 사라져 버렸던 것을 알고 있다.

예술·상업·학문, 이 세 가지는 상호의존적인 것이다. 그들은 함께 멸망했고, 함께 소생했다.

예술은 살아남기 위해 고명한 후원자들에게 의존했던 적도 있었고, 어떤 때는 교회에 의존한 적도 있다.

예술가들도 먹고 살아야 한다.

오늘날, 예술이 자유롭게 비옥한 환경 속에서는 어느 정도 재단의 기부금과 연구비에 의존하고 있으나 대개는 자유경쟁제도인 시장에 의존한다. 이 제도는 예술가들이 생계를 유지하고 다작(多作)할 수 있게 해 준다.

우리의 역할은 이중의 역할로서 작품을 위촉하는 것과 의미심장한 작품을 이용 가능케 하는 것이다. 우리들 중 어떤 이는 전자의 경로로, 어떤 이는 후자의 경우로, 또 어떤 이는 두 가지를 다 행하고 있다.

전자의 경우 우리는 옛날의 후원자들보다 더 좋은 후원자들인 셈이다. 옛날의 후원자들은 예술품을 수집하는 것과 마찬가지로 빈번하게 예술가들을 수집하여 자신의 부(富)와 능력을 과시하는 증거로 삼았던 것이다.

예술가들이 후원자를 찾지 못할 경우 우수한 예술가와 작품들이 영원히 상실되고 말 것이다.

그러나 오늘날의 부는 그다지 소수인의 수중에 집중되고 있지는 않다. 그리고 그 부는 선용(善用)하는 기회와 의무는 적당한 비율로 산재해 있다.

옛날의 후원자들과 교회는 그들 자신의 사회를 형성하고 인도한 기관들이었다. 그들은 자신이 살고 있는 사회의 자질을 결정함에 있어서 예술의 본질적인 역할을 인식했던 것이다.

오늘날 우리들도 마찬가지다. 우리도 그렇게 해야 하고 또 그렇게 하고 있는 것이다.

이러한 사실들을 전제로 보면, 나는 기업이 미국에서 예술에 으뜸가는 기부행위를 직접적이고 대등한 이해관계를 갖는 이유를 굳이 재언할 필요가 없다고 생각한다.

우리는 예술을 조장하는 데 있어 중요한 일에 관계되어 있는 것이다. 우리는 예술과 상업이 함께 걸어가는 자유의 행로를 계속 개방되도록 돕고 있는 것이다.

　19세기에는 한동안 상업과 공업은 예술과 지적 생활을 적(敵)으로 간주하였다. 그러나 시간과 체험이 우리에게 그 모든 것이 그릇된 것이었음을 입증하고 있다.

　우리는 서로를 필요로 하고, 서로를 지지해 주고 있는 것이다. 우리는 우리가 생존할 수 있는 유일한 세계인 감소되고 위협받는 자유세계를 지키고 있으며, 그 점이 오늘 우리가 이 자리에 모여 언약한 이유이다. 이러한 유대가 깨어진다면, 인간을 노예화하고, 그 정신을 짓밟는 중세의 암흑시대가 다시금 우리 앞에 침투하게 될 것이라는 것을 깨달아야 하겠다.

4. 기업이 예술을 지원하는 100가지 방법: BCA가 권장하는 지원방법

(1) DOLLARS

① 새로운 고객을 위해서 공연물 관람권 2매, 또는 미술관 입장권 2매를 구입하여 활용한다.

② 지역예술단체 — 교향악단, 극단, 미술관, 무용단에 기부금을 회사한다.

③ 예술단체지원 모금을 위한 기업체 총수들의 만찬회나 전야제를 주최한다.

④ 기업체의 예술에의 관심을 표시한 광고를 미술관회보, 극장, 오페라, 무용, 오케스트라 프로그램에 싣는다.

⑤ 예술단체의 광고비용을 보장하고, 신용거래선을 결연시켜준다.

⑥ 일정기간 동안의 매상고의 일부를 예술단체에 기부한다.

⑦ 자금순환의 원활을 위하여 계약이행에 있어 예술기관(단체)에 저리 또는 무이자로 자금을 빌려준다.

⑧ 전시회를 후원하고 전시회 카탈로그 제작비를 부담한다.

⑨ 미술관 운영비용을 부담한다.

⑩ 일주일에 하루저녁 미술관의 운영경비를 부담해주고 일반에게 무료 공개한다.

⑪ 신용거래를 맺은 예술단체를 위하여 공연물상연, 후원, 선전 팸플릿, 기념 프로그램 및 시연물(예고편 따위)을 제작해 준다.

⑫ 예술단체의 포스터디자인 및 인쇄비를 부담한다.

⑬ 기업체가 운영하는 업체 사이를 이동순회공연하는 예술단체를 지원한다.

⑭ 공원에서의 하기공연을 개최하여 무료 또는 싼값으로 관람한다.

⑮ 지역사회를 위하여 무료입장예술행사를 기획한다.

⑯ 교향악단, 무용단, 오페라단의 특별공연을 부담한다.

⑰ 기업체의 특별행사(일)에, 예를 들면 개업기념일, 신제품생산, 기록적인 이익을
축하하는 행사에 예술가들을 동원, 공연이나 전시회를 개최하고, 행사 전 또는
후에 기업가들을 위한 리셉션을 주최한다.

⑱ 초등학교 아동, 노인, 불구자를 위한 특별공연을 후원한다.

⑲ 예술의 필요성, 효율적인 운영, 신자원 개발을 결정짓는 조사 프로젝트를 지원
한다.

⑳ 예술의 당면과제, 즉 마케팅 기술의 개선, 모금기획 확대 및 새로운 청중(관람
자)의 개척 등을 모색하는 회의를 지원한다.

㉑ 예술기관(단체)의 시설개축과 증축을 위한 디자인경기대회를 지원한다.

㉒ (예술기관에서 사용하도록) 영화관이나 오페라 하우스와 같은 오래된 건물의 수리
비를 부담한다.

㉓ 기업체와 사업상 유관한 지역으로의 예술단체 순회공연을 후원한다.

㉔ 공연예술단체의 전 미국순회공연 또는 순회미술전시회를 후원한다.

㉕ TV, 라디오에서의 예술에 관한 프로그램 제작을 지원한다.

㉖ 공공 라디오방송의 예술공연 시리즈 제작을 후원한다.

㉗ 공공 TV의 공연예술 제작을 후원한다.

㉘ 회사 고용직원과 지역사회를 위한 예술가를 초청하고, 상주 프로그램을 기획
한다.

㉙ 예술교육 프로그램의 질적 향상을 도모하는 강좌나 공연을 주관한다.

㉚ 공공교육과정의 예술교재 개발을 지원한다.

㉛ 예술의 참모습을 알리는 학생영화 제작에 공립학교나 대학과의 공동작업을 유
도한다.

㉜ 예술가들을 위한 심포지엄을 개최하고, 창작활동에 관한 그들의 관점과 계획
을 함께 나눈다.

㉝ 창작활동을 하는 예술가들을 위한 장학금 및 경연대회를 후원한다.

㉞ 장래가 촉망되는 작가나 예술가들에게 작품의 출판과 공연을 위촉한다.

㉟ 창작활동을 하는 예술가들을 위한 시상 프로그램을 후원한다.

㊱ 청소년과 예술가들의 워크숍을 마련한다.

㊲ 어린이, 노인, 불구자들의 작품전을 주관한다.

(2) PEOPLE

㊳ 예술에 흥미와 관심을 갖고 있는 직원들의 수와 그들이 즐기는 예술형태는 무엇인가를 조사해준다.

㊴ 기업경영자의 예술기관(단체) 이사진 참여를 권유한다.

㊵ 각 기업의 직원들이 그들의 특수한 기능, 즉 계리, 법률, 섭외, 선전광고, 마케팅, 기획 등 분야에서 자원봉사하도록 장려한다.

㊶ 편집인이나 디자이너들이 예술단체의 홍보자료, 프로그램, 구독물 발송업무, 기타 전반적인 출판 업무를 돕는다.

㊷ 예술기관(단체) 건물의 보수나 공간처리 등의 공사에 건축 감독을 제공한다.

㊸ 직원을 파견해서 모금캠페인 전화접수, 경매 또는 축제행사 등을 돕는다.

㊹ 자사의 자문기관, 예를 들면 경영관리자문회사 광고 및 섭외기관 또는 계리 회사를 시켜 예술 기관(단체)을 돕도록 권장한다.

㊺ 직원들의 예술활동 프로그램을 개발 확대시킨다.

㊻ 직원들로 하여금 그 지역 예술재단에 기부토록 한다.

㊼ 직원 중 예술의 연금 출연희망자의 급여공제를 조정한다.

㊽ 자사 게시판에 예술기관 및 예술행사에 관한 통지사항을 게시한다.

㊾ 직원(고용), 주주, 거래처, 고객 등에 예술행사를 알리는 홍보 팸플릿, 달력, 회보를 발간하여 이에 참여케 한다.

㊿ 예술단체를 초치, 회사구내에서 점심시간이나 근무 후에 직원들을 위한 공연을 하도록 한다.

51 예술가들을 사업기관이나 후생복지 모임에 초청, 그들의 작업활동에 직원들과 한자리에서 토론케 한다.

(52) 공연 및 연예행사의 입장권을 매입한다.

(53) 예술행사표를 매입하여 직원들에게 무료 혹은 할인가로 배포한다.

(54) 회사직원(고용원) 예술경연대회를 개최한다.

(55) 회사 구내에 직원(고용원) 미술작품 전시회를 개최한다.

(56) 상공회의소, 로터리클럽 및 기타 단체와 시민기관 내에 예술지원진흥위원회를 조직한다.

(57) 시내 사업 중심가의 건물보수, 신축 시, 공연장과 전시장을 마련하도록 시민지도급인사들에게 권장한다.

(58) 지역의 사적 보존사업을 주도한다.

(59) 입법부에 역사적 기념물의 사적지 보존을 촉구한다.

(60) 시 관광국, 사업가들로 하여금 사업으로서의 예술의 중요성과 유망성에 관해 신규투자자들에게 홍보토록 촉구한다.

(61) 지역사회, 주의회 또는 국가적 차원의 입법부에서 예술의 성장과 발전을 촉진시킨다.

(62) 예술교육사업을 지원하는 입법의원들을 격려, 후원한다.

(63) 신규건축 총경비의 일부를 공공장소 전시용 예술작품 구입비로 충당할 것을 요구하는 입법에 지원한다.

(64) 사무실 공간을 예술단체(기관)의 행정, 운영용으로 제공한다.

(65) 모금 및 회원권판매를 위한 전화접수 안내장소를 제공한다.

(66) 회사(기업체) 내에 예술가의 작업장을 제공한다.

(67) 고객의 내방빈도가 잦은 공간을 예술단체에 제공, 예술진흥 홍보자료를 전시하고 발표케 한다.

(68) 지역사회의 예술행사 진흥을 위하여 진열공간을 할애한다.

(69) 고용 직원과 일반을 위한 공연행사에 회사로비나 강당을 제공한다.

(70) 회사 내 공간에 지역사회 작가들의 작품을 전시한다.

(71) 상점 정문 입구 따위를 지역사회 상설미술관으로 활용한다.

(72) 기타 종목의 작품 전시를 위하여 자사의 공간을 제공함으로써 그 지역 미술관 확장에 기여한다.

(73) 창고 공간을 예술단체에 제공한다.

(74) 지역사회 공연이나 작품전시용으로 전환활용토록 회사건물을 기부한다.

(75) 건물신축 시작품 전시장이나 공연장을 포함시킨다.

(76) 예술가들의 창작활동을 위하여 금속, 조명기구, 직물, 페인트 등의 자사제품을 직접 공여한다.

(77) 자사제품과 서비스, 예를 들면 항공권, 리무진 서비스, 골동품, 디자이너 패션 등을 경매, 경품부판매 등 예술기관지원 모금행사에 기증(회사)한다.

(78) 예술단체의 사무용품으로 쓰도록 조명기구 설비, 카펫, 직물, 가구, 컴퓨터, 타자기, 목재, 페인트 등 자사제품을 기증한다.

(79) 축제 공연이나 개막파티 등 특별행사에 자사제품, 샘플 등을 공여한다.

(80) 기업체 사무실을 새로 단장하거나 최신 기재로 대체할 때는 책상, 의자, 탁자, 캐비닛, 타자기, 복사기, 계산기 등의 중고사무용품들을 예술기관에 기증한다.

(82) 조각용 금속, 벽 커튼, 유화용 페인트 등 자사제품을 사용하는 예술가에게 작품제작을 위촉한다.

(81) 컴퓨터 시스템이나 필요한 인물을 파견하여 예술단체의 재정확장 프로그램을 위한 시스템 개발과 행사기획을 돕는다.

(83) 독창적인 디자인 및 판매용역을 공연예술단체와 미술관 등지에 제공하여 이에 관련된 제품을 개발하여, 부티크 상점 및 우편으로 판매 가능케 한다.

(84) 예술단체의 순회공연시의 운임(여비), 의상, 조명, 장비 및 무대장치 등의 운송 편의를 제공한다.

(85) 기업체의 기자재, 시설물에 예술진흥, 선전자료를 인쇄한다.

(86) 고객에게 보내는 우편물 중에 예술기관지원 모금운동이나 공연에 관한 정보를 동봉한다.

(87) 공연예술장소에서 거래처, 공급자, 고객들과 회합을 갖고 신종상품과 판매촉진을 공고한다.

(88) 예술작품 전시장이나 공연장소에서 연례 회의를 개최한다.

(3) TIE-INS

(89) 제품판촉을 위한 경연대회를 개최하고 상으로 공연관람권이나 미술관 무료입

장권을 수여한다.

⑨⓪ 예술단체에 특종상품의 판매 시 고객의 구입회수에 따라 보너스를 제공한다.

⑨① 예술단체를 후원하는 판매작전, 삽입광고, 공산품 꼬리표를 만든다.

⑨② 회사로비, 지역사회공간, 학교, 도서관 또는 쇼핑센터에서의 기업체의 특별기념행사, 예를 들면 창립기념일, 신제품이나 서비스를 소개하는 등의 행사에서 기획전을 개최한다.

⑨③ 회사제품 및 서비스를 예술과 관련지어 광고선전한다.

⑨④ 우편주문 카탈로그, 광고물, TV상업광고에 예술단체와 예술가들의 사진을 넣는다.

⑨⑤ 기업체 홍보책자 제품포장에 예술가들은 고용, 선전문구, 디자인, 그림, 사진을 담당케 한다.

⑨⑥ 지역 거주 예술가들에게 회사 캘린더, 광고물, 기타연보 등의 출판물 제작을 위촉한다.

⑨⑦ 기업체의 발전과정과 제품의 특성을 설명하는 자료관을 설치한다.

⑨⑧ 법인체의 미술관을 개설한다.

⑨⑨ 지역사회시설, 공립학교, 대학 등에서 자체수립소장품을 전시한다.

⑩⓪ 공립학교 아동의 교육 프로그램으로 기업체 미술수집품을 활용한다.

5. 1983년도 문화예술과 기업의 협동실적: 대화와 지원이 증진된 새로운 움직임

1983년은 문화예술과 기업의 협동 면에서 새로운 전기를 마련하게 된 뜻있는 한 해로 기록될 수 있다.

연초부터 기업인과 문화예술인들이 만나서 나누는 기회가 마련된 아래 다섯 차례의 크고 작은 만남의 기회가 있었다는 것만으로 그 큰 성과라고 하겠다.

이와 같은 대화의 분위기는 직간접으로 기업이 문화예술을 지원하거나 문화예술사업에 참여해야 한다는 시대적인 요구에 부응하려는 새롭고 바람직한 움직이라고 할 수 있다.

그 결과 금년은 기업이 문화예술을 지원한 투자규모에 있어서도 괄목할 만한 신장을 보였다. 먼저, 문예진흥기금에 대한 기부금만 하더라도 금년 들어 9건에 2억 2,114만 원이 채납된 것으로 집계되고 있는데 이는 1982년도의 4건 7,100만 원에 비해 3배가 신장된 것으로 나타나고 있다. 또한 진흥기금출연을 통하지 않고 기업이 직접 예술활동을 지원한 것도 표면에 나타난 것만 해서 7건에 1억 9,800만 원에 달하고 있다. 결국 금년에 기업이 문화예술에 투입한 지원금은 도합 4억 2,000여만 원에 이르고 있는데 이것은 그동안 1억 원 내외에 맴돌던 기업이 예술지원이 크게 늘어났다는 것을 의미한다.

기업의 예술활동지원 이외에도 기업 스스로의 예술활동이 태동하였다는 것이 더 큰 수확이라고 하겠다. 1982년 4월 '삼성'이 호암미술관을 개관하여 일반에게 공개하기 시작함으로써 재벌급 기업이 예술공간을 확충하고 투자하는 첫 출발을 보였던 것은 이미 다 알고 있는 사실이다. 그런데 금년에는 '대우'에서 합창단을 구성, 발족시킨 데 이어 '동아그룹'에서는 음악전문지 창간을 준비하는 등 기업 스스로가 문화예술사업을 전개하는 움직임이 활발해지고 있는 것이다.

이와 같은 기업과 문화예술의 협동관계에 관하여 신문을 비롯한 각종 매스컴의 호응도 전례 없이 호의적이어서 연간 120여 건의 관련기사를 보도하여 기업의 문화예술 지원을 고무 격려함으로써 협동분위기 조성에 큰 몫을 하여 주었다는 것도 빠트릴 수 없는 성과의 하나라 하겠다.

(1) 만남과 대화의 기회 확산

① 기업과 문화예술의 협동에 관한 간담회

1983년 3월 30일, 경제계(4인), 예술계(3인), 언론계(2인), 문예진흥원(3인) 등 각계 관련 인사 14인이 한국의 집에서 모여 문화예술과 기업이 협동할 수 있는 방안을 모색하기 위한 최초의 모임이 있었다.

이 모임에서 기업계 측과 문화예술계 측은 상호 계속적인 대화의 기회를 갖고, 지속적인 협동분위기 조성이 필요하다는 의견의 일치를 보았다.

② 현대그룹 문학인과의 대화

1983년 5월 14일부터 16일까지 '현대그룹'은 중진문인(重鎭文人) 70여 명을 울산의 현대중공업(영빈관)에 초청하여 정주영 회장과 대화의 기회를 마련하였다.

〈표 1〉 1983년도 기업의 문화예술 투자 실적

(단위: 천 원)

문예진흥기금출손기부금		기금 외 지원액	
출연기업	금액	지원기업	금액
대웅제약(주)	150,000	동양제과(주)	66,000
명성그룹	30,000	태평양화학(주)	35,000
코사리베르만(주)	5,000	명성그룹	10,000
대우그룹	10,000	대우그룹	10,000
문화사상사	2,000	현대중공업(주)	30,000
동아종합개발(주)	20,000	진로(주)	5,000
한국화장품(주)	3,142	삼성 외 6개 기업 미술작품	42,800
개인	1,000	구입	
계	221,142	계	198,800
합계 149,942			

이 모임에서 문인들은 문학재단의 설립 지원, 한국문학 해외 소개를 위한 번역사업단 구성, 도서관 설립 및 문예지 지원의 필요성을 강조하였고, 정 회장은 기업이 문화예술 진흥을 위하여 분담할 필요성에 대하여 공감을 표시하고 범경제계 차원에서 지원할 수 있는 구체적인 방법을 연구, 검토하자고 제의하였다.

③ 기업과 문화예술과의 결연을 위한 예술단체관계자 회의

1983년 5월 17일 예총 산하 협회 및 주요 예술단체 관계자 25명이 문예진흥원에서 회합을 갖고, 기업이 문화예술을 지원하는 방법과 참여를 유도하는 방안, 그리고 기업 지원에 대한 반대급부 방법 등을 토론하고 각 단체가 적극적인 캠페인을 통하여 기업과 결연을 맺어 나갈 것을 합의하였다.

④ 문학계 · 경제계 연석 간담회

1983년 6월 19일 전국경제인연합회와 문화진흥원의 공동 주체로 플라자 호텔에서 문학계인사(56명), 경제계인사(19명), 언론 및 관계기관유관자(35명) 등 110명이 참석한 가운데 간담회가 개최되었다. 전경련의 초대형식으로 모인 이날의 모임에서는 기업과 문학의 공동 관심사에 대한 의견을 나누고 상호 대화의 기회를 지속적으로 모색해 나가자는 데 의견을 같이하였다.

특히 이날의 모임은 전경련이 문학인을 공식적이며 공개적으로 초대하여 대화를 나눈 최초의 공식행사였다는 점에서 그 의의가 크다 하겠다.

⑤ 미술인과 기업인의 간담회

1983년 9월 29일, 기업인(27명)과 미술인(9명) 및 문화진흥원 관계자(4명) 등 40명이 국립현대미술관에서 개초되고 있던 제2회 대한민국미술대회(가을전)를 특별 감상한데 이어 한국의 집에서 간담회를 갖고 기업과 문화예술의 협동에 관한 의견을 나누는 한편, 가을 미술대전입선 및 수상작품구입을 권장하였다.

(2) 기업의 문화예술 지원 확대: 문예진흥기금 기부금 출연

① 명성그룹 3,000만 원 기부

1983년 3월 8일 명성그룹은 3,000만 원의 기부금을 문예진흥원에 기탁하여 문예진흥원이 주관하는 예술행사에 지원토록 하였다.

이로 인하여 금년 처음으로 개최된 전국지방연극제의 수상단체에 대한 상금이 중앙대회의 상금 수준을 유지할 수 있게 되었다.

② 대웅제약 5,000만 원 기부

1983년 6월 2일, 주식회사 대웅제약(대표 윤영환) 은 5,000만 원의 기부금을 기탁하여 한국서화작가협회가 주관한 문예진흥기금조성을 위한 모금서화전 추진경비를 지원하였다. 이에 따라 모금서화전이 성공적으로 개최되어 1억 원의 기금을 조성할 수 있었다.

③ 코사 리베르만 500만 원 기부

1983년 6월 3일, 주한 외국인 상사 코사 리베르만 주식회사(대표 토니 하우스 비얼트)는 500만 원의 기부금을 지원하여 남원 국악원 운영비를 지원하였다.

외국인이 문예진흥기금을 낸 첫 케이스로서 비얼트 씨는 우리나라의 전통예술에도 관심이 많아 진주 무형문화재 전수회관 건립에도 지원한 사실이 있다.

(3) 태동하는 기업의 문화활동

① 대우합창단 출범

지난 10월 우리나라에서는 처음으로 대기업이 전문적인 예술단체를 운영하게 되었다는 보도가 지상(紙上)에 발표되었다. 즉 대우그룹에서 합창단을 구성하게 되었다는 내용이었다.

② 동아그룹 음악전문지 창간

동아그룹 2세 경영인의 한사람인 최원영 회장은 음악예술의 창달을 통한 문화진흥에 기여할 목적으로 음악전문지를 설립하고 1984년도부터 본격적인 사업 준비작업이 한창이라고 한다.

(4) 매스컴의 호응과 분위기 조성

금년도의 특기할 만한 일은 신문을 비롯한 매스컴의 기업과 문화예술의 협동에 관한 보도활동이 매우 호의적이고 활발했다는 점이다.

기사의 내용은 기업이 문화예술활동에 지원한 사실과, 기업이 문화예술에 참여해야 한다는 당위성을 제고하는 것들이 그 주축을 이루고 있다.

여하튼 이와 같은 매스컴의 호응은 기업과 문화예술이 협동하는 분위기를 조성하는 데 큰 기여가 되었다고 평가되며 앞으로도 계속적인 협조를 기대해 볼 일이라 하겠다.

(5) 맺는 말

　이상에서 금년도의 기업과 문화예술의 협동실적을 개략적으로 살펴보았다. 그동안 지부는 문예진흥사업의 활성화를 도모하기 위해 기업 등이 내는 기부금으로 문화예술사업이나 활동에 지원할 수 있는 문호를 개방하였으나 그동안의 실적은 극히 미약했던 것이 사실이었다.

　그러나 앞에서 살펴본 바와 같이 기업과 문화예술이 협동할 수 있는 방법은 여러 가지가 있었다. 어떠한 방법으로든지 기업과 문화예술이 대립된 별개의 것이라는 그릇된 인은 불식되어야 하고 그러기 위해서 가장 바람직한 방법은 선진 외국의 예에서도 찾아 볼 수 있는 바와 같이 많은 기업들이 공동의 힘으로 문화예술 분야를 지원하는 것이 자발적으로 이루어진다면 더할 나위 없이 금상첨화라 하겠다.

　모름지기 활발하게 움직이기 시작한 1983년의 분위기가 새해에는 더욱 활기를 띠고 우리나라에도 기대의 예술후원회 같은 것이 꼭 대두될 것을 바라 마지않는다.

지역문화와 문화자치

1. 지역문화와 자치단체 문화행정

이종인

1. 지역문화의 의의

'지역문화'란 '지역'과 '문화'라는 두 가지 말의 합성어이다. 지역문화의 개념을 정의하기 위하여 먼저 '지역'과 '문화'라는 말을 살펴보기로 한다.

지역이란: 정치·경제·사회·문화적인 특성을 공유하는 일정한 공간영역을 말한다. 이 공간적 영역(지역성)에 사회적 연대(공동체성)가 인정될 때 이것을 지역사회라고 한다. 즉 지역사회는 '지역성과' '공동체성'이라는 두 가지 요소를 지닌다. 그런데 '지역'을 규정하는 범역은 통상 행정적 범역을 사용하고 있는 것이 상례이다. 그러나 현실적인 면에서 '지역'이라는 범역은 정치·경제·사회·문화의 제 영역에서 여러 가지로 그 범위를 넓힐 수도 있고, 좁힐 수도 있는 동시에 중층화되기도 하고, 사이버 스페이스까지 확대되어 가는 점을 인정해야 한다.

한편, 문화란: "사회 또는 사회적 집단을 특징짓는 독특한 정신적·물질적·지적 그리고 감성적 특성의 종합체이며, 예술과 문학만을 의미하는 것이 아니라 삶의 방식, 기본적인 인권, 가치체계, 예술과 문학만을 의미하는 것이 아니라 삶의 방식, 기본적인 인권, 가치체계, 전통과 신념을 포함하는 것"이다(1998, UNESCO).

이상과 같은 전제에서 '2001, 기연문화의 해' 추진위원회에서는 지역문화(Regional

& Civic Culture)의 개념을 다음과 같이 정의 하였다(2001 지역문화의 해 대토론회: 백가쟁명).

"지역문화란 주민의 구체적인 생활기반인 지역의 자연적·역사적·사회적 특성을 바탕으로 주민들 스스로가 생활환경과 생활양식을 개선해 나가면서 삶의 질을 향상시키기 위한 활동의 소산 또는 그 과정"이라고 하였다.

다시 말하면, 지역문화란 '일정 지역에 살고 있는 사람들에 의하여 습득된 지식·신앙·예술·윤리도덕·관습 등의 모든 능력과 습관을 포함하는 총체'로서 일정주민이 오랜 세월 동안 공동체생활을 영위하는 과정에서 이루어진 특징적인 생활양식을 의미한다고 볼 수 있다.

그러므로 지역문화는 그 지역적인 특수성으로 말미암아 지역주민의 자긍심과 애향심 및 일체감과 주민통합을 유발하고, 지역주민의 자발성과 참여의식 및 창의성과 자주성을 함양함으로써 지역사회발전의 활력소(원동력)라는 의의를 지닌다고 하겠다.

이러한 의미에서 지역문화는 주민자치의 기초단위인 일상생활의 권역에서 가꾸어진 기층문화(풀뿌리 문화)이며, 지역문화는 공간적 개성(지역성)과 사회적 공동체성(연대성)을 지닌 문화이고, 주민의 자발성·창의성·책임성을 전제로 하기 때문에 주민책임의 자주적인 활동이라는 특성을 지닌다.

2. 지역사회 · 지역주민 · 지역문화

(1) 지역사회는 문화의 모체

흔히 문화를 소위 문화인이라고 부르는 학자나 예술가들이 다루는 무엇인가 고상하고 우아한 것이라고 생각하는 경향이 많다. 물론 그들의 지적이고 미적인 작품들은 문화의 일면을 대표하는 것임에는 틀림없다. 그러나 문화란 특정부류만의 전유물도 아니고, 뽐내기 위한 장식품도 아니다. 문화는 인간의 생활을 넉넉하고 여유롭게 하는 것이다. 문화가 살아 움직여서 우리에게 의미 있는 것이 되기 위해서는 그것이 우리 가까이 있지 않으면 안 된다. 문화는 원래 일상생활 속에서 만들어진다. 인간은 생활유지의 욕구가 충족되면 필연코 생활미화(生活美化)의 욕구를 나타낸다. 이렇게 해서 일상생활을 영위하는 가운데서 생활 속에 깊이 뿌리내린 예술과 학문이 가꾸어져

온 것이다. 어느 지역이나 그곳에 살고 있던 사람들에 의해 만들어진 '풀뿌리 문화'가 있다.

한 나라를 대표하는 문화라도 그 근본은 지역의 풀뿌리 문화를 토양으로 해서 피어난 것이다. 그러므로 우리들이 일상생활을 살아가는 현장으로서의 지역사회야 말로 문화창조의 모체요 모태라 할 수 있다.

(2) 문화창조자로서의 지역주민

앞에서 언급하였듯이 문화는 결코 일부 특수계층의 것만도 아니고, 또 서울이나 대도시에만 있는 것도 아니다. 문화는 지역사회 속에 있고, 거기에 살고 있는 사람들의 것임에 틀림없다. 즉 문화의 주체는 지역주민 이외의 다른 것이 아니라는 말이다. 그렇다면 이 말은 어떤 의미를 가질까.

먼저 문화를 받아들이는 사람, 즉 향수자로서의 지역주민을 생각할 수 있다. 문화의 성과를 주민 누구나 즐길 수 있다면 생활의 충실감은 매우 커질 것이다. 오늘날 인터넷 등 각종 매체가 발달해 안방에서도 국내외 문화를 쉽게 접할 수 있게 됐지만, 이들 대부분은 '복제(Copy)된 문화'며, 직접 눈으로 보고 귀로 듣고, 손으로 만질 수 있는 살아있는 문화는 아니다. 지역에서도 '진짜(生)문화'를 많은 주민들이 즐길 수 있게 돼야 할 것인바, 이런 문화향수권 신장을 위해서는 국가나 자치단체의 행정적인 지원이 필요한 부문이다.

다음은 문화를 만드는 사람, 즉 문화창조자로서의 지역주민을 생각할 수 있다. 문화란 단순히 수동적으로 향수하는 데 그쳐서는 안 된다. 적극적으로 창조에 참여해서 함께 만들어내는 데 그 의미가 있다. 지방이라고 해서 서울에서 발신하는 문화의 '복사판(Copy)'만을 받아들이는 데 만족해서는 안 된다. 문화는 스스로 참여·창조 할 때 그 참다운 '맛과 멋'을 느낄 수 있고, 비로소 생명력을 지닐 수 있게 되는 것이다. 그러므로 지역은 문화의 발신기지로서 새롭게 태어나야 할 것이다.

과거 우리 지역사회는 풍부한 문화창조의 장이었다. 고을과 마을 곳곳에 축제와 예능이 있어서 그것을 즐기는 행사가 한 해 생활을 즐겁게 했었다. 그러나 오늘날의 지역주민들은 문화창조자로서의 위상은 잃고 중앙의 복제문화를 향수하는 데 머무는 경향이 짙다. 이제 지역사회의 문화적 가치를 되찾고 주민 스스로의 손으로 문화를 창조해 나가는 데 확신을 가져야 하겠으며 주민은 문화의 소비자이기 전에 문화의 생산자로서의 지위를 되찾을 필요가 있다.

(3) 자율적인 주민 문화예술 활동

지역사회가 생생한 문화창조의 장이 될 가능성이 점점 더 커지고 있다. 실제로 지역사회 내에서 각종 민간문화예술단체들의 활동이 활발해지고 있으며 이러한 단체들이 많은 주민들의 에너지를 모아서 '지역문화'를 창출해내고 있는 것이다.

그런데 이러한 단체들 중에는 만성화되고 경직된 운영형태를 가지고 있는 곳도 없지 않다. 바람직하기로는 주민 각자가 자유롭게 선택하여 가입하고, 그들 구성원의 의지에 따라 유연하게 운영되며, 그 활동에 투입한 에너지 이상의 커다란 즐거움을 체험하는 그런 단체가 필요하다. 이것이야말로 '활력 있는 인간집단'이라고 하겠다. 그러므로 행정적인 지도·지원과 더불어 자발적인 문화예술단체들은 문호를 개방함과 동시에 주민들로 하여금 가입하지 않고는 못 배길 만큼 운영방법과 프로그램을 매력적으로 개발해야 한다.

물론 여건상 많은 어려움이 있겠지만, 민간단체들이 창조적 주체성을 살려서 하고자 하는 의욕과 도전 정신이 있다면 열악한 객관적 조건을 뛰어넘을 수 있을 것이다. 지역사회 구석구석에 숨어 있는 문화의 맥을 찾아서 가꾸면 독자성을 얻을 수 있고, 이렇게 해나가는 가운데 지역문화가 창조되는 것이다.

3. 지방자치단체 문화정책의 방향

21세기를 맞이하여 우리들의 생활은 커다란 변화를 겪고 있다.

첫째로는 물질에서 정신으로, 가치관의 면에서 큰 변화가 일어나고 있다. 이런 것들은 '실리·효율'로부터 '여유·쾌적', '놀이·감성', '소비의 개성화·고급화 지향'이라는 현실에서 단적으로 나타나고 있다.

둘째로는 역사를 통하여 변하지 않는 것(전통적인 것)과 시대와 더불어 변하는 것(현대적인 것), 즉 변하지 않는 것과 유행의 조화, 그리고 그것에 의한 새로운 생활문화가 형성되고 있다.

셋째는 국제화의 물결에 의하여 우리 문화의 정체성확립의 필요성이 요구되고 있다. 이것은 우리 문화 전체의 특성을 명확하게 하는 동시에 지역문화의 고유성확립과 독자성의 발휘를 요청한다고 할 수 있다. 이러한 가운데서 국민 개개인, 즉 생활주체는 미적 감각을 세련화시키고, 인간성 문제에 관심을 기울이며, 지구환경의 파괴를 우려하면서 문화적 관심을 높여 문화예술활동에의 참가에 강한 의욕을 갖게 되었다. 또한 문화와 환경이 긴밀하게 연관되어 문화성이 높은 공간(경관)의 형성을 요구하고 있다. 최근의 문화환경 가꾸기에 대한 관심이 이런 것의 발현이라 할 것이다.

다른 한편, 그동안 문화와 그것을 지탱하던 종래의 지역집단은 새롭게 태어나기 위하여 재편이 요구되고 있다. 또 고령화 사회를 맞이하여 고령자의 문화활동 참가와 젊은이의 문화적 감성의 도야도 필요하게 되고 있다. 더욱이 문화와 산업의 결합이 긴밀해져서 문화예술이 뒷받침된 부가가치가 높은 제품이 필요하게 됨과 동시에, 문화예술을 바탕으로 한 문화산업이 자리를 차지하게 되었다.

이와 같은 상황가운데서 생활문화의 충실이 요구되고 있다. 생활문화란 '사람이 생활을 영위함에 있어서 한정된 시간·공간·물질을 사용하여 꾸려나가는 생활의 양식'이라고 정의할 수 있다. 생활문화의 전개장소는 개인, 가정, 직장, 지역, 국가사회, 국제사회 등 여러 분야에서 펼쳐지겠으나 비교적 주요한 마당은 '지역'이다. 생활문화의 발현형태는 '일상의 의식주 생활을 보다 쾌적하면서도 미적(美的)인 것을 추구하고자하는 행동과 그것을 지탱하는 경제적, 사회적 활동이라고 할 수 있다.

이것들의 구체적인 표현은 문화예술 활동, 스포츠·여가생활의 충실과 향상을 지향하는 활동, 지역의 전통보존과 활성화 활동으로 나타날 수 있다. 따라서 이것들은 문화활동과 평생교육활동으로 해결해 나가야 할 과제들이라고 하겠다.

한편 최근에 와서 쾌적성의 문제가 지역사회에서 중요한 정책과제로 나타나고 있다. 이것이 지역주민의 쾌적한 환경을 형성하는 것을 의미한다는 것이라면 쾌적성 정책은 도시정책, 환경정책, 문화정책 등의 복합영역이라고 할 수 있으며, 특히 문화정책은 그 연결고리의 위치를 차지한다.

지역 매력의 원천은 풍경·경관(산, 강, 언덕, 전원, 거리 등)에 더하여 문화(전통문화, 현대문화, 예술문화 등의 여러 영역), 생활문화(지역에 살고 있는 사람들의 마음씨, 생활양식, 마을의 활기, 마을의 분위기) 등 모든 것이 중요한 요소가 된다. 즉 하드와 소프트의 양면성을 존재하고 있다고 볼 수 있다.

지역문화정책은 위와 같은 하드와 소프트를 연결시키는 연결고리로서 작용할 필요가 있다. 문화예술, 특히 예술은 지역문화 전체의 수준을 끌어올림과 동시에 지역의 품위를 나타낸다. 한편 '생활과 단절된 곳에 예술은 존재하지 못하고, 생활문화도 문화예술에 영향을 준다'는 것에 유념해야 한다. 따라서 문화예술과 생활문화는 상보의 관계에 있는 것이다. 지방자치단체의 문화정책에서도 문화예술을 중심영역으로 하면서도 이것을 지탱시키는 생활문화(주민생활) 일반에도 종합적인 배려가 있어야 한다고 생각된다.

지방자치단체에서는 지역주민의 높아진 문화지향을 받아들여 지역의 문화적 주체성과 자율성의 확보를 목표로 하여 문화정책을 지역정책의 중요한 기둥으로 자리매김 해야 한다. 적어도 이념상으로 문화를 상위개념에 두고, 이것을 원점으로 하면서 각종 정책을 전개해야 한다. 지방자치단체의 문화정책이 다른 정책을 포괄하는 종합정책의 성격을 갖는 것은 문화개념이 점점 더 확산되고 '문화'가 중요성을 띄는 21세기에서는 기본적인 방향이라고 생각한다.

4. 자치단체 문화 행정의 기본시책

자치단체 문화행정의 기본시책을 도출하기 위하여 문화행정을 문화활동·문화주체·문화자원의 3차원으로 나누어 상호관계를 형성하는 방법으로 설명하기로 한다.

첫째, 문화활동은 방전(放電)의 면인 '표현(퍼포먼스)', 충전(充電)의 면인 '축적(스톡)', 그리고 이 양자를 연결하는 '교류(커뮤니케이션)'라는 3극으로 이루어지고 이들은 상호 사이클을 형성하고 있다. 문화행정은 이 3개의 사이클을 결합시키는 시책을 추구하게 된다.

둘째, 문화행정의 대상주체는 '시민(주민문화)', '도시(지역문화)', '행정(행정문화)'이라는 3주체로 설정할 수 있다. 그리고 이 3개의 주체별 분야와 앞의 3개의 문화활동의 측면을 결합시키면 9가지의 기본모형이 작성된다.

셋째, 지역문화의 자원으로서 '인재육성(휴먼웨어)', '조직구성(소프트웨어)', '시설건설(하드웨어)'을 앞의 9가지 기본모형에 결합시켜 문화행정의 3차원 모델을 도출할 수 있다.

즉, 3주체(시민·도시·행정)×3활동(표현·교류·축척)×3자원(사람·조직·시설) = 27개의 시책 분야로 구분할 수 있다. 지역문화행정의 27개 기본시책체계 모델은 〈표 1〉, 〈표 2〉, 〈표 3〉과 같다.

〈표 1〉 시민(주민) 문화예술진흥 및 기반조성

구 분		표현(퍼포먼스)	교류(커뮤니케이션)	학습·축적·감상(스톡)
시민문화	휴먼웨어	• 시민·문화예술단체의 공공적 문화활동 지원 • 시민참가·시민기획의 계발	• 세대·성별·직업·직종 간의 시민교류 추진 • 시민·단체 간의 문화 네트워크 구축 및 충실	• 문화예술 교육장소의 지도자·자원봉사자 육성 • 인적자원명부(인재뱅크) 비축 • 시민 프로듀서, 시민 연출가, 시민 기술 스태프 등의 양성
	소프트웨어	• 시민의 문화예술발표의 공간(場) 조성 • 시민참가·시민기획 사업의 충실 • 학습(교육)정보, 단체정보의 제공 및 발신 • 문화시설(공간) 정보의 제공 및 발신	• 시민교류사업(시민문화포럼 등) 추진 및 충실화 • 공공문화정보의 네트워크 구축 • 공공문화시설 네트워크 • 시민문화예술활동에 관한 문화정보지 발간	• 시민의 문화예술 학습기회 확충 • 시민의 예술감상기회 확충 • 시민의 문화예술활동 정보의 직접 및 확충 • 공공문화시설정보의 집적 및 확충 • 문화시설의 적정배치 • 문화비전의 책정
	하드웨어	• 시민의 문화예술표현의 공간인 시설설치(각종 공연·전시장 등) • 공공시설의 다목적·복합적 이용촉진 • 민간기업의 시설이나 종교·사회단체의 시설 활용촉진 • 광장 및 공개공간의 이용	• 시민교류의 마당이 되는 시설설치(각종 홀, 살롱, 세미나실, 회의장 등) • 공공시설, 민간시설의 교류 기능강화 및 활용의 편의 제공 • 공공시설, 민간시설에서 교류기능 강화 및 확충	• 시민의 문화예술 학습장인 시설설치(도서관, 문화원, 문화의집, 문화학교 등) • 시민의 문화예술 연구 지원 기능의 강화 • 박물관, 미술관, 자료관 마을문고 등의 설치 및 확충

자료: 中川幾郎(중천기낭), 『신시민시대의 문화행정』, 1995 참조하여 재작성.

<표 2> 지역 · 도시문화의 창조

구분		표현(퍼포먼스)	교류(커뮤니케이션)	학습 · 축적 · 감상(스톡)
지역 · 도시문화	휴먼웨어	• 지역 · 도시와 관련이 있는 대표적인 인재나 단체의 활용 및 지원	• 지역 · 도시를 뛰어넘는 인재교류의 추진 • 시민 · 주민주체의 국제교류 추진	• 지역 · 도시문화 담당 인재개발 및 등용 • 지역 · 도시의 과거와 현재의 대표적인 문화예술 인재의 현장 및 기록수집 • 인재 데이터 뱅크 작성
	소프트웨어	• 지역 · 도시정보의 발신(정보지 발간, 일간지 · TV · 라디오 등에 정보 제공, 인터넷 활용 등) • 지역 · 도시정체성을 발신할 수 있는 이벤트 개발 및 개최 • 지역 · 도시의 역사 공개, 무형문화재 공개 • 전통적인 축제 및 행사 개최	• 지역 · 도시의 테마에 기초한 네트워크 구성 • 지역 · 도시 간의 교류 이벤트 개최 • 지역 · 도시가 주체가 된 국제교류추진(자매결연 도시와의 교류 등)	• 지역 · 도시정보의 수집 • 지역 · 도시의 역사보존, 무형문화재의 보호 · 보존 • 도시계획(디자인) · 경관 형성의 규칙 확립 • 대형 문화시설의 배치계획 책정 • 문화비전의 책정 • 문화보호 · 육성체계의 제도화(조례제정 등)
	하드웨어	• 지역 · 도시정보 발신 거점의 정비(공연장 · 미술관 · 박물관 · 기념관 · 경기장 등) • 유형문화재의 공개(문화유적 · 역사적 건조물 등)	• 컨벤션 센터, 터미널 호텔 등의 정비 • 경기장 · 역사 · 역전 광장 · 공개공지의 활용 • 국제교류센터 등 교류 시설의 정비	• 인권 · 환경의 관점을 배려한 마을 가꾸기 추진 • 지역 · 도시특성을 살린 마을 만들기 추진 • 숲 · 물의 보전, 숲의 네트워크 조성(문화조경환경 가꾸기 등) • 지역 · 도시의 역사적 건조물, 거리정비, 유형 문화재의 보호 · 보전

<표 3> 행정의 문화화 추진

구분		표현(퍼포먼스)	교류(커뮤니케이션)	학습 · 축적 · 감상(스톡)
행정문화	휴먼웨어	• 직원(담당자)의 의식 개발 및 의식 개선작업 • 손님맞이 · 접대 · 창구 대응의 개선 • 직원의 지역활동 권장 및 지원 • 직원의 문화예술 발표 활동 지원	• 직원과 주민(시민)의 교류추진 • 다른 지역(자치단체) 직원과의 교류추진 • 동일 부서 내의 직원 간 교류 • 직원의 타 직종 간 교류 • 전문가 · 경험자의 활용	• 직원연수추진(도 단위, 시 · 군 단위 등) • 자체기획연구모임 육성 및 지원 • 인재개발 · 능력개발 추진 • 정책연구 풍토의 배양

(계속)

구분		표현(퍼포먼스)	교류(커뮤니케이션)	학습 · 축적 · 감상(스톡)
행정문화	소프트웨어	• 행정문서 · 행정용어 개선 • 정보공개제도의 실시 및 충실 • 행정 이미지 개선사업(청사 내 전시 · 공연 등) 실시	• 민간단체 · 선진자치단체 · 연구연수기관 등에 파견 • 문화행정에 관한 심의회 · 간담회 · 전문위원회 등의 자문 · 조언기관의 설치 활용 • 자원봉사자에 대한 인센티브의 충실	• 문화비전의 책정 • 행정정보제공 체계의 확립 • 시민문화 · 도시문화 · 행정의 문화화에 관한 조사 연구 • 행정디자인 매뉴얼 작성 • 정책연구의 추진과 축적
	하드웨어	• 행정간행물의 디자인 개선 • 제복 · 명함 · 명찰 등의 디자인 개선 • 청사 디자인 개선(외장 · 내장 · 배치 · 안내표지 등) • 시정 정보코너의 설치 • 청 내 전시장 · 감상실 등의 설치	• 시민 · 공무원 · 지역 산업 · 대학 등을 연결 하는 문화연결고리 만들기 • 청사 · 공공시설에서 시민과 공무원의 교류, 대화기능의 강화 • 공무원의 문화활동 현장(공연 · 전시 등) 찾아가기와 문화예술인들과의 접촉 · 교류 확대	• 시민이용에 편의를 제공하는 청사와 정비 · 건설 • 공문서 열람실, 직원 연수장소, 정책연구소의 설치

5. 지역문화행정의 반성과 그 역할

(1) 지역문화행정의 반성

과거의 지역문화행정은 역사와 문화를 보존하고 전승하는 데 집착해 왔다고 해도 과언이 아닐 것이다. 역사적 유적지나 유서 있는 건물의 보전, 예부터 전해오고 있는 예능이나 축제행사의 유지 · 전승, 민속자료의 수집과 향토자료관 및 박물관의 건립, 전통산업이나 특출한 기술의 전승과 같은 활동들이 그것이다.

물론 이러한 활동들이 주민에게 지역의 개성을 느낄 수 있게 하는 활동인 동시에, 외래방문자에게는 관광자원으로서의 가치를 주는 것임에는 틀림이 없다. 그러나 그동안의 지역문화행정은 이러한 역사성이 짙은 지역문화의 보존에만 연연해 왔다는 지적이다. 즉 창조적인 개발이 부족했다는 것이다.

한편, 주민문화활동에 대한 지원과 진흥정책도 주민의 예술창조활동이나 학습을 활발하게 전개할 수 있는 프로그램이 다양하지 못했고, 예산규모도 작아서 참여주민이 적었다는 점도 반성하지 않을 수 없다. 지역의 문화활동이 단순히 서울문화를 모방하는 손쉬운 모방문화로 만들어서는 안 된다. 지역주민들의 일상생활 속에서 지지를 받고 받아들일 수 있는 수준 높은 창조활동이 되어야 한다. 지역을 무대로 새로운 문화를 창출한다는 이념이 있어야 하겠다. 지역에서 발신하는 오리지널 문화를 창출하기 위하여 '내 고장이 제일'이라는 발상에서 문화행정이 전개되어야 하겠다. 이제부터의 지역문화행정의 과제는 주민들과 함께 지역사회 속에 있는 '문화의 싹'을 어떻게 찾아내고 얼마만큼 풍요롭게 가꾸어내느냐는 데 있다고 하겠다.

지역문화행정의 역할도 주민과의 공동 작업이 되어야 한다. 행정이 스스로 문화를 육성하기 위해 주도적 역할을 하는 것이 아니라 문화창조의 주체는 어디까지나 주민이고, 행정은 주민문화활동의 매개역할을 하는 데 그 존재이유가 있는 것이다. 지역문화운동은 주민 쪽에서 시작되고, 그 뒤에 행정을 움직이고 지역 전체를 움직여 나가는 운동으로 발전하는 것이 바람직한 일이다.

특히 문화활동의 소프트웨어는 행정 쪽에서가 아니라 주민 쪽에서 나오는 것이 좋다. 문화를 낳게 하는 창조적인 힘은 주민 상호 간의 '교류와 자극(커뮤니케이션)' 가운데서 길러지는 것이다. 그러므로 행정의 몫은 주민의 문화창조활동을 활성화시키는 기반(하드웨어)을 다지는 것이다.

행정이 주민문화활동의 매개역할을 담당함에 있어서 특히 요망되는 것은 유능한 행정요원의 활력 있는 활동이다. 성공적인 지역문화의 사례를 보면 어김없이 유연한 발상과 뛰어난 행동력을 갖춘 행정요원과 역시 유능하고 독창적인 주민활동가(단체)가 존재한다는 것을 발견할 수 있다. 이와 같은 행정과 주민의 협동관계가 행정의 전례답습주의나 무사안일주의를 뛰어 넘어 독창적인 문화전략을 성립시키는 원동력이 되는 것이다. 지역문화행정의 역할을 요약하면 다음과 같다.

① 지역문화활동의 주체는 어디까지나 주민이고, 행정은 매개자라는 자세를 견지하여 주민의 다양한 문화활동에 열린 자세를 가져야 할 것이다.

② 그러기 위해서는 주민의 문화활동과 관련된 정보를 적극적으로 조사·수집하고, 그것을 널리 제공하는 문화정보센터 역할은 해야 하겠다.

③ 주민문화활동을 결집하는 기획(축제·이벤트 등)을 마련하여 제공하는 역할도 필요하다.

④ 주민문화활동이 자치단체 문화행정의 중심이 되게 하기 위하여 주민이 행정에 참여하는 방법을 다각적으로 마련하여 협동하는 일이 필요하다. 예컨대 주민문화회의, 개개 프로그램의 아이디어 회의, 프로그램 기획 스태프 모집 등을 통하여 중추적인 주민참여방법 을 모색하는 역할이다.

⑤ 자체단체 문화행정 담당요원은 넓은 시야의 문화에 대한 관심을 갖고 새로운 발상과 네트워크의 조직력을 발휘할 수 있어야 할 것이다.

⑥ 지역사회 내의 문화시설과 문화자원을 총 점검해서 주민문화활동의 추진 당사자들이 보다 사용하기 쉽게 시설내용과 운영방법을 근본적으로 개선하는 일이 있어야 한다.

(2) 지역문화행정의 원칙

지역문화행정을 전개함에 있어서 고려해야 할 몇 가지 원칙들을 살펴보면 다음과 같다.

첫째, 지역문화행정은 주민자치의 원칙하에 전개되어야 한다. 지역사회에서의 문화생활이나 문화활동은 주민의 자발성과 창의성 및 책임성을 전제로 하기 때문에 지역문화는 주민책임의 자주적인 활동이다.

즉 문화의 주체는 지역주민이다. 그러므로 주민과 행정이 각각의 책임과 한계를 명확히 해야 할 것이고, 주민을 행정의 객체로 보고 다스리는 행정을 넘어서서 주민자치에 의한 주민이 원하는 지역문화활동을 돕는 지원행정으로 전환해야 한다.

특히 민주화와 지방화의 시대에 있어서 주민자치가 전제가 되고, 하부단위의 자율성에 관심을 두어야 한다는 점에서 지역문화행정은 지역주민의 문화적 복지를 도모하고 문화생활 향상을 목적으로 하는 지원·봉사 행정이 되어야 한다.

문화의 주체가 주민이라는 말은 문화를 받아들이는 사람, 즉 향수자로서의 지역주민이라는 의미와 문화의 창조자로서의 지역주민이라는 두 가지 의미를 내포한다. 향수주체라는 측면에서 볼 때 지역에서도 진짜 문화(生文化)를 많은 주민들이 즐길 수 있게 하는 것이 행정의 임무 중의 하나이다. 한편 창조주체라는 측면에서 볼 때 주민 스스로가 능동적으로 문화창조에 참여하게 지원하는 것도 행정의 임무 중 하나일 것이다. 지역주민은 문화의 소비자이기 전에 생산자라는 지위를 되찾게 지원하는 것이 필요한 때이다.

둘째, 지역문화행정은 기초자치단체 주도의 원칙이어야 한다. 모름지기 인간생활이 영위되는 곳에는 반드시 그에 따른 미(美)의 지(知)의 창조, 즉 풀뿌리문화의 창조가 있기 마련이다. 우리나라의 지역사회에도 각기 그 지역의 개성이 담긴 독특한 지역문화(예능과 지혜, 맛과 멋, 풍물과 풍습 등)가 있다. 그러므로 사람들이 일상생활을 살아가는 현장으로서의 지역사회야말로 문화창조의 모체(母體)인 것이다.

이와 같은 관점에서 볼 때 문화행정은 지방분권화가 맞닿았으며, 지역문화행정은 지역주민의 생활권역인 기초자치단체 주도로 전개되어야 한다. 이것은 문화적인 민주주의와 문화복지를 실현시키기 위해서는 정책의 목표나 행정의 수단은 지역적(기초자치단체) 차원에서 논의되고 고안되어야 한다는 것을 의미한다. 특히 기초자치단체(구·시·군)는 문화행정의 기초단위로서 실제적인 행정 프로그램의 주체가 되어서 기본적인 '지역문화 발전계획'을 입안·수립하고, 현실적인 시책을 지역특성에 맞게 집행하도록 하는 것이 바람직하다.

지역문화의 잠재역량을 조사·발굴·활용하기 위한 종합적인 지역문화발전계획을 주민과 더불어 기초자치단체 단위에서 연구 개발하고 실천해 나가야 한다.

그러므로 분권화에 부응하는 자치단체의 문화행정은 △지역문화의 자치화와 자립화, △지역문화의 개성화와 특성화, △지역문화의 다양화와 다원화의 방향으로 지향해 나가야 할 것이다. 이렇게 되기 위해서 자치단체의 문화행정은 지역실정과 특성에 맞는 주민문화형성의 기반조성과 조건정비를 목적으로 하는 지원·조정행정이라고 하겠다.

셋째, 지역문화행정은 행정혁신의 원칙으로 전개되어야 한다. 문화행정은 행정자체의 문화화를 전제로 한다. 즉 행정체질의 개선이 필요하다. 주민문화형성이라는 요청에 대응해서 문화행정은 시책에 의한 주민문화에의 개입이 아니라 행정의 내부혁신으로서의 행정의 문화화가 과제가 된다.

그러므로 프로그램을 집행하고, 제도를 만들고 운영하는 행정요원의 문화성이 높아야 하며, 사고방식, 일처리 방법이 변해야 한다. 문화행정은 그 결과만 아니라 그것을 생각하고 추진해 나가는 과정도 중요하고, 또 그것이 문화적이어야 하기 때문에 행정내부의 체질개선이 우선해야 한다.

한편 문화행정은 종합성을 띤 종합행정이므로 행징 진역의 체질전환을 필요로 한다. 지역사회가 해결해야 할 문화적인 과제는 거의 모두가 종합적인 해결수단을 필요로 한다. 때문에 문화행정은 종적인 개별행적으로 성립하기 어렵다. 문화행정이 목표로 하는 '주민자치에 의한 주민문화형성'은 주민의 구체적인 생활기반인 지역의 자연적 · 역사적 · 경제적 개성 속에서 새로운 주민생활양식을 형성해 나가는 것이다.

그러므로 지역문화행정은 주민생활의 지역종합성을 포괄하는 종합행정이 되어야 한다. 지역종합성을 추구하기 위한 제도와 정책의 책임은 기초자치단체에 있으며, 기초자치단체의 문화행정은 종래의 종적행정을 횡적으로 종합 · 조정하는 데 노력해야 할 것이다.

넷째, 지역문화행정은 개성화와 인간적 감성의 원칙이 필요하다. 지역문화행정은 전례답습과 법규에 얽매인, 형식적이고 모방적이며 획일적인 행정에서 벗어나 지역다운 특성을 살리는 개성화의 시각이 중요하다. '문화행정에는 교과서가 없다'라는 말은 바로 이런 시각에서 나온 말이라고 할 수 있을 것이다. 문화행정은 창조적으로 개성을 개척해 나가는 것이다.

문화행정은 눈에 보이지 않는 것, 계량화되진 않는 것에 가치를 인정하려는 것이다. 그러므로 기능성과 경제적 효율만을 추구하려는 시책과 운영방법만으로는 어렵다. 인간적이고 즐기움과 아름다움, 여유 등 인간미 있는 감성이 문화행정에 도입되어야 할 것이다.

6. 지역문화 창조의 실천전략

(1) 개성 있는 지역축제

2001년을 문화관광부가 '지역문화의 해'로 정함에 따라서 이와 관련된 매스컴의 보도가 잦아지는 가운데 2000년 10월 말경 모 일간지의 사설란에 '홍청망청 이벤트 지방축제'라는 사실이 게재되었다. 내용을 요약하면, 전국 232개 지방자치단체에서 벌이는 축제는 무려 600여 건이 넘는데 막대한 예산지원과 인력동원에 비해 그 효과가 미심쩍다는 것이다. 구체적으로 지적한 내용을 살펴보면, 현재 각 시 · 도가 경쟁적으로 벌이는 축제들은 역사성도 없이 급조한 것들이 많으며, 그 배경에는 선출직단체장들이 차기 선거를 겨냥한 업적과시 욕심도 없지 않다는 것이다. 또한 봄 · 가을철에 집중되는 각종 축제로 교통통제, 학생동원, 기업협찬 요구, 입장권 할당 등 무리한 일들이 민원을 야기하고 있다는 지적이 있었다.

이상과 같은 문제점을 해결하기 위해서는 첫째, 철저한 사후평가를 통하여 성공한 축제는 집중 지원하되 이름뿐인 행사와 낭비가 심한 축제는 과감히 중단시키는 조치가 있어야 하고, 둘째 준비도 충분하지 않은 지역축제를 세계적 행사로 치르겠다는 오기를 버려야 한다. 그리고 셋째로 지역주민과 혼연일체가 되는 축제가 되기 위하여 주민생활 속에 의미를 담는 잔치만이 되어야 하고, 중앙정부 차원에서 지방자치단체의 방만한 사업과 사후점검 없는 행사를 통제해야 한다는 것이었다.

이러한 지역축제에 관한 비판과 대안 제시는 '지역문화의 해'를 맞으면서 깊이 새겨들어야 할 좋은 충고라고 하지 않을 수 없었다. 성공적인 축제를 만들기 위해서는 우선 '개성 있는 지역축제'를 만들어야 한다. 역사가 오래된 지역사회라면 전통적인 축제가 반드시 있게 마련이고, 새로 조성된 신도시에서도 몇 년이 지나면 자연발생적이거나 인위적으로라도 축제가 생겨난다. 축제는 말할 것도 없이 즐거운 모임이고, 사람과 사람들이 서로 만나게 되는 마당이다. 그래서 노래나 춤이나 갖가지 예능들이 축제와 더불어 발전되어 왔던 것이다. 그러므로 축제는 어느 의미에서 지역 문화창조의 시발점이라고 할 수 있다.

지역축제는 지역이라는 공동체 사회를 중심으로 형성되어 지역의 개성 있는 문화전통을 내포하고 있는 지역문화의 응집체이다. 바꾸어 말한다면 지역축제는 지역문화를 가장 적절하게 담아낼 수 있는 그릇이라고 할 수 있다. 따라서 지역의 문화적 전통에 근거한 문화요소의 발굴 · 발견과 이것을 축제에 담아내는 것은 지역축제의 활성화와 지역주민의 자발적인 참여를 촉진시키는 데 반드시 필요한 전제조건이라고 하겠다.

오늘의 시대는 이미지에 의해서 움직이는 시대라고 해도 과언이 아닐 것이다. 그러므로 지역축제의 관건은 지역의 정체성 위에서 개성 있는 지역 이미지를 창출해 나가는 것에 있다고 하겠다. 지역 이미지를 표상하는 개성 있는 지역축제의 예로 베니스의 가면축제를 들 수 있다.

수상도시 베니스에서 해마다 열리는 가면축제가 있다. 이 축제는 고대 로마의 제사의식에서 유래된 것으로 축제를 통해 평민과 귀족 간의 갈등을 완화시키는 역할을 해온 것으로 지금까지 이어지고 있다. 이 축제가 유독 인기를 끌고 있는 것은 유럽의 인본주의 문화가 가장 발달했던 14~17세기의 역사적 전통을 그대로 간직하고 있어서 이탈리아 문화의 우수성과 독창성을 확인할 수 있고, 화려한 원색의상과 갖가지 기묘한 모습의 가면이 축제를 더욱 세련되고 고급스럽게 만들어 준다. 그리고 연출이나 작위적 진행이 철저히 배제됨으로써 모든 참석자들이 관람객이자 주역으로 참여할 수 있기 때문에 지금까지 인기를 모아 많은 관광객의 발길을 잡는 축제로 자리 잡고 있다.

이와 같이 지역 이미지를 살린 축제를 창출해야 한다. 이렇게 될 때 지역축제도 훌륭한 문화상품이 되고 관광자원으로도 될 수 있으며, 나아가서는 세계를 향한 지역축제로 발전할 수 있을 것이다.

(2) 활력 있는 인간집단의 활성화

문화창조의 출발점이 되는 것은 '활력 있는 인간 집단'이다. 과거의 우리 사회가 노래나 춤을 비롯한 갖가지 예능과 민속을 발전시킬 수 있었던 것은 그 바탕에 경작을 위한 공동노동이 여러 가지 형태로 조직되어 있었기 때문이라고 할 수 있다. 사람들은 자기 마을을 위해 힘을 합쳐 일하고 그것으로 얻어진 여유를 즐기고, 또한 상호유대를 강화하기 위해 노래와 춤을 만들어냈던 것이다. 이와 같이 문화는 사람과 사람과의 관계와 커뮤니케이션 가운데 생성되었다는 사실은 앞에서도 언급하였다.

그러나 오늘날 지역문화가 활발하지 못한 근본 이유는 지역사회에서 사람과 사람의 유대가 희박해졌다는 데 있다. 문화창조의 실천은 우선 지역의 인간적 커뮤니케이션을 회복하는 갖가지 활동에서부터 시작하지 않으면 안 된다고 생각한다. 오늘날 우리의 지역사회에 싹트고 있는 동아리 모임들(클럽·그룹·서클과 같은 소규모 집단 등)은 주민에 의하여 자발적이고 자주적으로 만들어진 문화활동의 기반이 되는 것이다.

행정(국가·지방자치단체)은 이들이 모일 수 있는 장소나 시설, 교통수단 등의 환을 수 적극적으로 개선·확충해 나가는 한편, 주민들의 커뮤니케이션과 인간적 네트워크 조성을 위한 여러 활동에 힘을 기울이지 않으면 안 될 것이다. 문화는 이러한 활력 있는 인간집단의 생생한 활동 가운데서 조금씩, 그러면서 착실하게 창조되는 것이라는 점에 유의해야 할 것이다.

(3) 독창성 있는 지역의 문화적 이미지 창출

오늘의 시대는 독창성 있는 지역문화의 시대라고 해도 과언이 아니다. 그러므로 지역정체성 위에서 어떻게 지역 이미지를 창출해 갈 것인가 하는 것이 지역문화행정의 과제이다. 지역의 문화적 정체성을 이룩해내기 위해서는 앞에서 언급한 바와 같이 지역문화의 잠재역량을 조사·발굴하여 이를 토대로 기초자치단체 단위에서 문화발전계획을 수립·고안·집행하는 것이 바람직한 일이다.

지역 이미지를 창출할 수 있는 문화적 자원들은 풍토(지리적·자연적 환경), 경관(명승·경관), 역사(유적·유물·전통·인물·사건), 생활문화(의식주·민속), 예술(음악·무용·미술) 등이다. 그리고 이것들은 모두가 생활주변 가까운 곳에 있는 것들이다. 그러므로 지역사회 안에 소재해 있는 문화적 자원들을 소중히 여기면서 지역 이미지를 창출해 나가는 것이 필요하다.

우리가 광주와 경주에서 보았듯이 독창성 있는 지역문화를 토대로 한 새로운 아이디어들은 국내뿐만 아니라 세계를 향한 문화발신기지로서 지역문화의 세계화 전략으로 발전시킬 수도 있는 것이다.

(4) 창조활동지원

현대사회의 문화생활은 창조에 기초를 두고 있다. 그러므로 창조자가 현대사회에서 차지하는 위치는 중요한 것이다. 그러나 예술가들이 예술작업대가로 얻을 수 있는 수입은 몇몇 사람을 예외로 하고는 저소득층 노동자와 비교해도 나을 것이 없다.

예술가들도 건축가나 기술자처럼 '일상생활의 환경을 창조'하는 사람들 중의 하나인 것이다. 이러한 자격으로 예술가도 당연히 다른 직업인들과 마찬가지로 정당한 대가를 받아야 마땅하겠으나 그렇지 못하기 때문에 창조활동에 대한 지원이 사회와 국가의 중요한 의무중의 하나가 되고 있다.

그러나 창조활동의 지원은 창조의 자유가 보장되지 않고서는 예술이란 존재할 수 없기 때문에 창주활동지원이 예술을 보호한다는 미명 아래 예술인을 거느리거나, 대가를 요구하거나, 작품생산을 지시해서는 안 된다. 영향력을 행사하지 않는 지원, 창작행위에 개입하지 않고 조건 없는 재정적 지원에 국한한다는 지원의 원칙이 적용되어야 한다.

(5) 지역문화시설의 활성화

오늘날 우리나라의 지역공공문예회관의 대부분이 대홀 위주의 다목적 홀로 건립되었고, 무대구조와 설비가 잘못되어 있으며, 객석과 무대만 있을 뿐 개점 휴업상태라는 비판이 많다.

이것도 할 수 있고 저것도 할 수 있다는 다목적 홀은 무목적홀이라는 인식을 가져야 하겠다. 공연장이 예술창조자들에게 최상의 조건에서 작품을 발표할 수 있게 되기 위해서는 예술장르에 알맞은 전문적인 전용홀로 갖추어져야 한다. 대홀은 1년에 몇 차례 밖에만 객석을 채울 뿐이다. 그러므로 앞으로 각급 자치단체는 경쟁적인 대형 다목적 홀을 지양하고 중소형의 전문시설 목적에 적합한 무대 구조와 설비 및 객석을 갖추는 것이 바람직하다.

소프트웨어의 측면에서 볼 때 문화시설이 활성화되기 위해서는 다양한 프로그램을 개발하고 시설을 지속적으로 가동시켜 나가는 일이다. 문화시설의 목표는 예술작품의 창작과 그것의 주민보급이라는 두 가지 목표를 동시에 추구하는 것이다. 이러기 위해서는 문화시설의 조직편제가 전문화되고 구성조직원의 전문성이 향상되어야 한다. 그리고 시설운영체제도 민간의 경영기법을 도입하여 경쟁력과 자립의지를 지향해 나가야 할 것이다.

(6) 미래지향적 문화행정

21세기를 '정보산업의 시대', '문화의 시대'라고 일컫고 있으나 과연 이에 걸맞은 체제가 갖추어 졌는지 반문하지 않을 수 없다. 21세기의 경제흐름은 첨단과학을 이용한 상품과 문화를 매개로 한 상품이 대종을 이룬다는 점에서 경제 전쟁이 아니라 문화전쟁의 시대가 도래 한다고 한다.

문화산업·정보산업은 자본력이나 노동력과는 관련이 적은 '지식집약형 산업'이고, 여기에는 두뇌와 상상력이 풍부한 사람이 요구된다. 그러므로 21세기를 살아가기 위해서는 주민 모두가 어느 수준 이상의 문화적 감수성을 습득하고 새로운 문화적 생산력을 갖추게 하는 문화행정이 요망된다고 하겠다. 문화적 감수성과 창조력 배양은 21세기의 생존전략이라는 점에서 문화예술사회교육의 필요성이 강조된다.

7. 지역문화의 지향

① 각 지역의 고유한 특성을 뿌리로 한 지역문화의 특수성을 튼튼히 함으로써 민족문화의 세계문화의 다양성을 증진시켜야 한다.

② 지역문화예술에 대한 애착과 자긍심은 지역 자치의 진리임을 자각하고, 삶의 터전을 문화적 자존심으로 새롭게 일구는 실천적 운동을 전개해야 한다.

③ 문화적 삶이란 스스로 참여하여 창조하는 삶 그 자체이다. 지역의 자생적 문화단체활동을 최대로 활성화시키기 위해 각 문화주체는 책임과 의무를 다 해야 한다.

④ 중앙정부와 지방자치단체의 문화적 발상을 대전환 시키기 위해 국민적 차원에서도 지역문화진흥의 중요성을 새롭게 인식해야 한다.

⑤ 지역문화는 독자적인 자격으로 스스로의 존재를 주장함으로써 자립화·자치화, 개성화·특성화, 다양화·다원화를 지향하는 것이 바람직하다.

⑥ 각 지역의 문화는 과거로부터 전해오는 것만이 아니라 지금 그 지역에 살고 있는 주민들 스스로가 새로이 만들고 개발하는 것도 포함된다. 따라서 각 지역의 주민들은 자신들의 공동체적 결속을 다지고 정체성을 확인하기 위해 다양한 방식으로 문화적 활동을 전개할 수 있도록 자율적인 노력과 여건을 갖추어 나가야 한다.

8. 지역 문화의 현안과 대안

'2001 지역문화의 해'를 계기로 전국적인 규모 또는 지역적인 규모로 민·관의 문화활동가들이 '지역문화의 현안과 대안'에 관한 토론회, 워크숍, 세미나, 컨설팅 등의 모임을 통하여 활발한 논의가 현재까지도 진행되고 있다. 이러한 모임을 통하여 제기된 지역문화의 현안과 대안을 종합적으로 요약 정리해 보면 다음과 같다.

먼저 현안문제를 살펴보면 다음으로 요약할 수 있다.

① 지역문화의 유사성 탈피와 정체성을 살리는 문제
② 빈곤한 지역문화 프로그램을 개발·육성하는 문제
③ 개점휴업상태의 문화공간을 활성화시키는 문제
④ 지역주민이 지역문화의 주체로서 적극 참여하는 문제
⑤ 지역문화 인력의 전문화 문제
⑥ 문화유산의 보존과 활용 문제
⑦ 지역문화 재원을 확충하는 문제 등

위와 같은 문제점에 대한 대안을 살펴보면 다음과 같다.

(1) 지역문화의 정체성을 살리기 위한 대안

① 지역문화의 잠재역량을 조사·발굴·연구하여 이를 토대로 기초자치단체(시·구·군 단위)에서 문화발전계획을 고안·수립·시행하는 일
② 지역주민의 생활주변에 있는 문화자원들을 활용하여 지역의 문화적 이미지를 창출하는 것이다. 여기에서 말하는 문화자원들은 풍토(지리적·자연적 환경), 경관(명승·경관), 역사(유적·유물, 전통문화·인물·사건), 생활민속(의식주·세시풍속·민속), 예술문화(음악·무용·미술·축제) 등이다.
③ 지역공동체사회를 중심으로 형성되어 지역의 전통을 내포하는 개성 있는 지역축제의 개발
④ '문화·역사마을 만들기'를 통한 지역의 정체성 살리기 등

(2) 지역문화 프로그램에 관한 대안

① 모방이 아닌 차별화된 프로그램의 개발과 발전
② 주민 중심, 주민 욕구에 맞는 프로그램의 창출 및 기획
③ 전문가에 의한 프로그램 평가제도 도입
④ 찾아가는 프로그램의 개발과 확충
⑤ 지역 간 프로그램의 교류활동 확대 등

(3) 지역문화시설의 활성화 대안

① 지역환경과 지역실정에 적합한 전문공간의 확충이 바람직 하지만 여건이 허락
   되지 않는 지역에서는 한 개의 시설에서도 다목적으로 활용할 수 있는 다목적
   으로 활용할 수 있는 내부시설에 유의할 것
② 옥외 공간, 문화의 거리, 테마파크 등 공간의 다변화와 센터기능의 강화
③ 문화공간 간의 네트워크화와 프로그램의 교류
④ 폐교·폐광 등의 활용과 사립박물관 등의 운영비 지원
⑤ 공공문화공간의 토요일 무료공개
⑥ 담당 공부원의 전문성 강화 또는 민간전문가(기관·법인)에게 위탁 운영하는 방
   안 등

(4) 지역문화인력에 대한 대안

① 전문인력 양성 및 재교육 프로그램의 확충
② 문화인력의 네트워크화 및 인력풀(poll)제 활용
③ 문화전문인력의 처우개선
④ 문화인력 인턴십 제도 확충실기
⑤ 소지역 문화공간의 절대 부족한 인력난 해소
⑥ 문화행정 공무원의 단기순환보직제 재검토
⑦ 문화예술교육에 참가하는 공무원에 대한 인사고과 배려 등

(5) 주민참여의 활성화 대안

① '활력 있는 인간집단(지역의 자생적인 민간문화활동 그룹 등)'의 지원과 활용
② 축제의 지나친 관광화와 이벤트화를 경계하고, 주민에 의한 주민을 위한 축제
　　로 지향
③ 리더십과 조직력을 갖춘 지도자의 양성 · 발굴
④ 주민 전체의 화합을 위한 프로그램보다 다양성을 확보하는 프로그램(축제) 개
　　발 · 육성
⑤ 주민대상의 문화교육 확충 및 교육 프로그램의 다양화
⑥ 주민(여성 포함)의 문화기획 참여기회 확대 등

(6) 지역문화유산에 관한 대안

① 문화유산은 지역의 상징, 지역의 힘, 지역의 재산이라는 인식기반의 구축
② 살아있는 생활문화에 대한 조사 · 연구 및 관광자원화
③ 문화유산 해설사(안내원) 제도 확충 및 교육 강화
④ 비지정 문화유산으로서 활용가능성 있는 유산개발, 눈에 보이지 않는 유산의
　　발굴 · 개발
⑤ 지역문화관리 전문요원의 확보
⑥ 주민 · 정치인 등의 문화운동 참여확대 등

(7) 지역문화 재정확충에 관한 대안

① 단체단위의 문화기금조성제도(문화재단, 조례 등) 확대 및 재원의 다원화 방안 강구
② 의회의 문화예산 배정의 합리성 제고 및 조례화(일정 배정률 규정)
③ 예술활동(프로그램 개발 · 제작 · 발표 등)에 대한 예산증액
④ 재정의 낙후성을 고려한 지원재원의 배분
⑤ 문화지원제도 확대 및 세제혜택등 유인책 강구 등이다.

2. 문화분권과 문화자치

이종인(한국문화행정연구소장)

1. 들어가는 말

'참여정부'는 분권·자율·참여의 3대 가치를 국정지표의 하나로 설정하고, 지방 분권과 국가균형발전을 국정과제로 내세워 2003년 안으로 입법조치를 완료하고 2004년부터 시행할 것을 목표로 추진하고 있다. 그리고 여기에서 말하는 지방분권은 경제력의 분산, 행정과 재정의 분권, 교육과 문화의 분권 등을 포함하는 것으로 알려 지고 있다.

이러한 국정방향이 천명됨에 따라 사회 각 분야에서 각계의 관심자들이 분권에 관하여 열띤 토론을 진행하고 있는 것이 오늘의 현실이고, 이러한 토론은 분권에 관 한 기본법이 제정될 때까지 계속될 것으로 보여 아직 이렇다 할 공론에 도달되지는 못할 실정이라 하겠다.

그동안 문화예술계의 토론과정을 통하여 나타난 논의를 종합해 보면, 문화분권은 지역문화 활성화의 수단으로서 지역실정에 알맞은 정책결정의 다원화와 자율성 확보 를 위해 문화시설·문화활동(행사)·문화창조·문화정보·문화향수의 분산, 중앙재 원의 분배에 의한 지방재원의 확충, 주민의 자율적 참여와 책임자치 능력의 증진을 도모하는 것이라고 잠정 정리 할 수 있다.

이상과 같은 최근의 동향에도 불구하고 문화정책과 문화행정의 기본원칙은 전통적으로 문화분권과 문화자치를 지향해 왔었다는 점을 상기할 필요가 있다고 본다.

이러한 입장에서 이 글에서는 전통적인 문화분권과 문화자치 논리를 되살펴보고, 최근의 움직임과 관련된 분권의 배경을 통하여 문화분권의 필요성을 강조하고, 분권의 목적과 이념을 살펴봄으로써 문화자치의 방향성을 모색하여 앞으로 도래할 분권의 시대를 대비하는 하나의 대안으로 생각해 보고자 한다.

2. 문화정책의 분권화

(1) 문화정책의 제1원칙은 지역분권화

많은 나라들이 문화정책의 제1원칙을 지역분권화에 두고 있다. 이는 문화적 민주주의를 실현시키고 문화활동이 생활양식의 변천에 보조를 맞추도록 하려면 정책의 최종목표나 중간목표 및 수단은 지역적 차원에서 논의되고 고안되어야 하기 때문이다. 문화활동(생활)은 자발성·창의성·책임성을 전제로 하기 때문에 중앙정부는 그 묵직한 관료주의의 성격으로 인하여 새로운 요구나 현실에 민감하게 반응하고 또 상황적 요구에 적응시키기에는 적합하지 못한 점이 많다. 그러므로 문화분권화는 문화적 민주주의의 기본원칙이 되는 것이다.

그러나 몇 가지 작업은 중앙부처에서 수행될 수밖에 없는 것도 있다. 예컨대 지역 차원에서는 필요한 수단이나 능력이 결핍되어 있기 때문에 중앙부처에서 담당할 필요가 있는 분야도 있을 수 있다. 연방제를 채택하고 있는 나라라고 할지라도 문화적 문제들은 각 나라의 상황에 따라 평가하고, 지원금을 통하여 지방정부를 격려하며, 법률상의 근거와 행정적인 절차규칙 등을 마련하고, 선도력이 부족하거나 전국적인 조치를 취함으로써만 결과를 얻을 수 있는 경우에는 중앙부처가 직접 관여할 필요도 있을 수 있다.

이와 같이 문화정책은 중앙집권화와 지방분권화라는 두 가지 상반된 필요조건을 충족시켜야 하는데, 중앙집권화는 일반적으로 문화발전의 초기단계에서 많이 나타나며, 중앙 차원에서 기초작업을 모두 마무리한 다음에 지방분권화의 단계로 이행되는 경우기 많다(1967, 유네스코 모나코 원탁회의).

이상과 같은 관점에서 볼 때 문화정책은 지방분권화가 마땅하며, 지역문화 행정은 지역주민의 생활권역인 기초자치단체 주도로 전개되어야 한다. 특히 기초자치단체(시·군·구)는 문화행정의 기초단위로서 실질적인 행정 프로그램의 주체가 되어서 기본적인 '지역문화 발전계획'을 입안·수립하고, 현실적인 시책을 지역특성에 맞게 집행하도록 하는 것이 바람직하다. 지역문화의 잠재역량을 조사·발굴·활용하기 위한 종합적인 지역문화 발전계획을 주민과 더불어 기초자치단체 단위에서 연구개발하고 실천해 나가야 한다. 그리고 분권화에 부응하는 자치단체의 문화행정은 지역문화의 자치화와 자립화, 지역문화의 개성화와 특성화, 지역문화의 다원화와 다양화의 방향을 지향해 나가야 할 것이다.

(2) 주민자치에 의한 문화자치

지역문화활동은 주민자치의 원칙 아래 전개되어야 한다. 왜냐하면 지역문화는 자율적인 주민자치의 기초단위인 일상생활권역에서 가꾸어진 기층문화로서 공간적(지역적) 개성과 공동체성(연대성)을 지닌 문화이고, 주민의 자발성·창의성·책임성을 전제로 한 주민책임의 자주적인 문화자치 활동이기 때문이다.

문화활동의 주체는 주민이다. 그러므로 지역문화행정은 주민을 행적의 객체로 보고 다스리는 행정관행을 넘어서서 주민자치에 의한 주민을 위한 문화활동을 돕는 지원행정으로 전환해야 한다. 특히 민주화와 지방화 및 분권화의 시대에 있어서는 주민자치가 전제가 되고, 하부단위의 자율성에 관심을 두어야 한다는 점에서 지역문화행정은 주민의 문화복지를 도모하고, 문화생활 향상을 목적으로 하는 지원봉사 행정이 되어야 한다.

문화분권에 부응하는 지역주민은 문화활동의 향수자로서의 주체라는 의미와 문화창조자로서의 주체라는 의미를 자각하고 문화의 소비자이기 전에 생산자라는 주인의식을 갖추어야 하겠으며, 문화창조에 대한 자율적인 참여와 자주적인 자치능력을 함양함으로써 책임 있는 문화자치를 주도할 수 있어야 한다.

3. 분권의 배경과 문화분권의 필요성

최근에 거론되고 있는 분권의 배경과 그 이유는 중앙집권형 행정시스템의 한계일 것이라고 생각된다. 이렇게 된 요인은 '변동하는 국제사회에의 대응'과 '서울(수도권) 집중의 시정' 그리고 '개성이 풍부한 지역사회 형성'으로 국가의 균형발전을 도모하고자 하는 것으로 풀이할 수 있겠다.

(1) 중앙집권형 행정시스템의 한계

그동안의 중앙집권형 행정시스템은 한정된 자원을 중앙에 집중하여 이것을 부문·지역 간에 중점적으로 배분하여 효율적으로 활용하는 데 적합했던 측면을 가지고 있어서 급속한 근대화와 경제발전에 기여하였다는 사실은 부정할 수 없기도 하다.

그럼에도 불구하고 중앙집권형 행정시스템은 나름대로의 병폐도 수반한다. 즉 국가통합을 위하여 지역사회의 자치를 제약하고, 국민경제의 발전을 위하여 지역경제의 기반을 붕괴시키기도 하였다. 권한·재정·사람·정보를 과도하게 중앙에 집중시켜 지방의 자원을 수탈하고, 그 활력을 빼앗았다. 전국 획일의 통일성과 공평성을 중요시하는 나머지 지역적인 재조건의 다양성을 경시하고, 지역다운 개성 있는 생활 문화를 쇠퇴시킨다. 이것은 마치 뇌신경만 이상 비대하고 그 밖의 기관들은 퇴화한 생물체에 비교된다.

이와 같이 중앙집권형 행정시스템에는 공·과의 양면이 있지만, 오늘의 정치·행정을 둘러싼 국제·국내의 환경은 급속히 크게 변하고 있다. 그 결과로서 오늘날에는 중앙집권형 행정시스템이 새로운 시대상황과 과제에 적합하지 못하게 되어 그 폐해면이 눈에 띄게 된 것이 아닌가 생각된다. 바꾸어 말하면 종래의 시스템은 일종의 제도만성피로증에 빠져 새로운 상황과 과제에 적합하게 대응할 능력을 잃은 것이 아닌가 싶다고 말할 수 있다.

(2) 변동하는 국제사회에의 대응

그렇다면 최근의 국제·국내의 환경변화란 무엇이고, 이 환경변화와 지방분권은 어떤 관련이 있는지 살펴보기로 하자.

　냉전의 종식에 따른 국제사회의 역학관계는 크게 변했다. 경제활동의 글로벌화도 급속히 진전되어 정부수준의 국제교류 뿐만 아니라 지역수준・시민수준의 국경을 넘나드는 교류가 활발하여 정치・경제・사회・문화를 둘러싼 새로운 국제질서의 모색이 계속되고 있다.

　이러한 국제정세 아래서 국가가 맡아야 할 국제조정과제가 모든 행정 분야에 걸쳐 격증해 가고 있다. 그럼에도 불구하고 이 종류의 국제조정과제에 대한 정부 각 부처의 대응은 결코 충분히 신속하고 적합하다고는 말할 수 없는 실정이다.

　이에 국가기관만이 담당할 수밖에 없는 국제조정과제에 대한 정부 각 부처의 대응능력을 높이기 위해서도 지방분권을 추진하여, 정부 각 부처가 국내 문제에 대한 깊숙한 관여에 따른 부담을 경감시키는 것을 통하여 몸을 가볍게 하고 그 역할을 순화・강화해 나가고 순화는 의도가 있기도 한 것이다.

(3) 서울집중의 시정

　다극분산형의 국토형성을 실효 있게 하기 위해서도 지방분권을 추진하여 우선 정치・행정상의 결정권한을 지방에 분산하고, 이에 의하여 서울 일극집중 현상에 제동을 걸어 지역의 산업・행정・문화를 이끌어 나갈 인재를 지역권에서 육성하고, 지역사회의 활력을 되찾게 할 필요가 있다.

　'행정수도의 이전'은 이 과제에 대한 유효한 방안의 하나일 수도 있으나 이 대규모 프로젝트에 착수할 경우, 건설되는 '신 행정수도'가 '제2의 서울'이 되지 않게 하기 위해서도 지방분권과 규제완화의 철저한 추진이 불가결한 전제조건이 되어야 할 것이다.

(4) 개성이 풍부한 지역사회의 형성

　중앙집권형의 사회에서는 제아무리 경제가 발전하고 국가가 발전한다고 하더라도 많은 국민들은 일상생활의 터전에서 참다운 즐거움과 넉넉함을 실감하지 못하고 있다. 그 원인의 하나는 중앙집권형 행정시스템 아래서 전국 획일의 통일성과 공평성이 지나치게 중요시되어 지역사회의 제 조건의 다양성이 경시되었다는 것이다. 행정서비스에 대한 국민의 욕구는 다종다양해졌다. 이러한 국민의 다양화된 가치관에 대하여 전국 획일의 통일성과 공평의 가치기준을 강요하려는 것은 이미 시대착오적인 발상이다.

모든 행정 분야에서 국가목표 수준을 달성하고 이것을 유지해 나가는 것은 앞으로도 계속해서 국가가 맡을 중요한 역할임에는 틀림이 없을 것이다. 이와 아울러 최소한의 목표에도 도달하지 못한 지역사회가 잔존하는 지역 간 격차도 역시 국가의 책임 하에 해소하지 않으면 안 된다. 그러나 국가목표의 수준을 세우고, 이것을 전국 획일적으로 끌어올리려고 하는 것은 신중해야 한다. 이것을 뛰어 넘는 행정서비스는 지역주민의 욕구를 반영한 지역주민의 자주적인 선택에 맡기는 것이다. 그 결과로 지역차가 생긴다 하더라도 그것은 해소해야 할 지역격차가 아니라 존엄한 개성 차라고 인식해야 할 일이다.

다시 말한다면, 즐거움과 넉넉함을 매일 매일 실감할 수 있는 참다운 성숙사회로 발전해 나가기 위해서도 지방분권을 통하여 고유한 자연·역사·문화를 갖는 지역사회의 자기결정권을 확충해 나가야 한다는 것이다.

그러면 국가가 담당해야 할 일은 무엇인지 살펴보기로 한다. ① 국제사회에서 국가로서의 존립에 관한 일, ② 전국적으로 통일되게 정하는 것이 바람직한 국민의 제 활동 또는 지방자치에 관한 기본적인 준칙에 관한 일, ③ 전국적 규모·시점에서 행하지 않을 수 없는 시책 또는 사업(국가목표의 유지·달성, 전국적 규모·시점에서의 근간적 사회자본정비 등의 기본적 사항에 한함) 등이라고 할 수 있다.

이상에서 살펴본 네 개 항목의 배경과 이류를 문화 분야에 적용해 보면, 문화정책·문화행정·지역문화·주민문화활동 등 여러 부문에서 문화분권의 필요성이 부각되고 강조된다고 말할 수 있다.

4. 분권의 목적·이념과 문화지치의 방향

분권의 목적과 이념 및 방향은 중앙부처 주도의 종적인 행정시스템을 주민주도의 개성적이고 종합적인 행정시스템으로 변혁하는 것이다. 이것을 위해서는 주민자치확충의 선결조건으로서 지자체 자치의 확충이 필요한데 그 확충방안으로는 '사무·사업의 이양' 보다 '관여의 축소'에 중점이 주어진다. 이에 따라 기관위임사무제도의 폐지, 포괄적인 지휘감독권의 부정, 시달·통보행정의 배제 등이 필요하다. 이렇게 함으로써 자치책임이 확대되고, 자치체 간의 경쟁시대가 도래한다는 것이다.

한마디로 전국 획일의 통일성과 공평성을 과도하게 중요시해온 종래의 '중앙부처 주도의 종적인 획일 행정시스템'을 지역사회의 다양한 개성을 존중하는 '주민주도의 개성적이고 종합적인 행정시스템'으로 변혁하는 것이다.

(1) 자기결정권의 확충: 규제완화와 지방분권

지방분권의 목적과 이념은 궁극적으로 지역주민의 자기결정권의 확충을 의미한다. 지방분권은 국가에서 지방으로의 권한이양이며 관여의 축소이다. 즉 '관에서 민으로'의 관여 축소로 '관주도에서 민간자율로'의 전환을 추구하는 규제완화와 축을 같이하는 것이다. 규제완화와 지방분권은 중앙집권형 행정시스템의 변혁을 추진하는 마차의 두 바퀴와 같아서 이 쌍방이 병행하여 철저하게 추진되어야 성취되는 것이다.

여기에서 주목할 것은 첫째로, 지방분권의 궁극 목적은 지역주민의 자기결정권의 확충이며, 그 방안은 권한이양과 관여의 축소라는 점이다. 즉 주민자치의 확충과 이것의 실현을 위한 당면과제는 지자체 자치의 확충이라는 것이다.

둘째로, 지자체 자치의 확충방안은 권한이양과 관여의 축소라는 두 가지 기본방안이라는 점이다. 여기에서 '권한이양'이라는 것은 이제까지는 국가기관이 담당하고 있던 사무·사업의 일부를 시·군·구 담당으로 넘기고, 이에 따라 그 집행에 필요한 권한과 재원을 이양하는 것이다. 요컨대 사무·사업의 재분배를 통하여 그 반사효과로서 자치체의 자주적인 재량권을 확충하는 것이다.

(2) 새로운 지방분권형 행정시스템의 골격

새로운 지방분권형 행정시스템의 골격은 첫째로, 국가와 지방자치단체의 관계를 상·하 주종의 관계에서 새로운 대등·협력의 관계로 고치지 않으면 안 된다. 국가와 지방자치단체를 법제 면에서 상·하 주종의 관계로 성립시킨 기관위임 사무제도를 폐지하는 방향으로 발본적 개혁을 할 필요가 있다.

둘째, 새로운 대등·협력관계를 열매 맺기 위하여 이제까지 중앙부처가 포괄적인 지휘감독권을 배경으로 지방자치단체에 행사해 온 관여, 그중에서도 사전의 권력적인 관여를 최소한도로 축소하여 국가와 지방자치단체 간의 조정제도와 수속·절차를 공정·투명하게 고칠 필요가 있다.

셋째, 법령에 명문근거를 두지 않은 지시·통보에 의한 불투명한 관여를 배제하고, '법률에 의한 행정'의 원리를 철저히 한다는 것을 의미한다. 국가에 의한 지방지치단체의 통제는 구회에 의한 사전의 입법통제와 법원에 의한 사후의 사법통제를 중심으로 하여 각 부처에 의한 세부적인 행정통제를 가능한 한 축소하는 것이다.

이상과 같은 지방분권형 행정시스템의 골격은 바꾸어 말하면, 기관위임사무제도의 폐지, 포괄적인 지휘감독의 부정, 지시·통보행정의 배제, 불투명한 중앙부처의 관여를 폐지하는 것을 의미한다고 하겠다.

(3) 지방자치단체의 자치책임과 주민자치

중앙집권형 행정시스템에서 지방분권형 행정시스템으로 전환했을 때는 지방자치단체의 '스스로 다스림'의 책임범위는 비약적으로 확대될 것이 예상된다. 조례재정권의 범위가 확대되고, 자주과세권을 행사할 여지가 넓어질 것에 따라서 지역주민의 대표기관으로서 지방자치단체의 최종의사 결정에 참여하는 지위에 있는 지방의회와 자치단체장의 책임은 훨씬 무거워질 것이다. 그리고 자치단체의 직원도 일상 사무의 관리집행에 있어서 중앙부처에 의한 지시를 구실로 주체적인 판단을 회피하는 일도, 곤란한 사태에 직면하여 안이하게 중앙부처의 지시를 기다리는 일도 허락되지 않게 될 것이다.

지방자치단체는 이제까지 보다 더 정책형성과정에 지역주민의 광범한 참여를 요청하고, 행정과 주민·관련단체(기업)의 연대·협력에 의한 지역 가꾸기와 생활개선에 힘을 쏟아 지역주민의 기대와 비판에 예민하고 성실하게 대응할 책임을 지게 된다.

자치책임에 있어서 자치단체의 자기결정권은 지역주민의 자기결정권에서 시작된다는 점에서 지역주민의 책임과 중요성이 더욱 커져야 한다는 것이 전제조건이 된다.

(4) 분권형 행정시스템의 기대효과

중앙정부주도의 종적인 획일 행정시스템으로부터 주민주도의 개성적이며 종합적인 행정시스템으로 전환된다면 그 결과 어떠한 효과를 기대할 수 있는지 살펴보기로 하자.

첫째, 도지사, 시장, 군수, 구청장이 '국가 기관의 입장에서 해방되어' 지역주민의 대표이고, '자치체의 수장'이라는 본래의 입장에 철저할 수 있게 됨으로 시·도지사, 시장, 군수, 구청장은 이제까지 이상으로 지역주민의 의사에 예민하게 대응하게 될 것이다. 지방의회의 권한과 기능이 강화되고, 지사·시장·군수·구청장에 대한 감시·견제·비판 기능의 중요성이 증가될 것이다. 이러한 일들은 지역주민에 의한 각종의 새로운 운동의 전개를 촉진하고, 자치에의 주민참여를 촉진하게 될 것이다.

둘째, 각각의 지방자치단체의 행정서비스가 지역주민의 다양한 욕구에 즉응하는 신속하고 종합적인 것이 되는 동시에 지역주민의 자주적인 선택에 기초한 개성적인 것이 된다. 이것은 다른 면에서는 지방자치단체가 상호 그 의욕과 지혜와 능력을 경합하는 상태를 창출하게 되고, 그것이 다시 지방자치단체의 자기개선을 촉진하는 효과도 있다는 것이다.

셋째, 이제까지 국가, 시·도, 시·군·구 사이에서 행해졌던 보고·협의·신청·허가·승인 등의 사무가 대폭 간소화되어 이른바 '관·관절충'을 위해 낭비된 많은 시간·사람·경비를 절약하고, 이것을 행정서비스의 질·양 개선에 충당할 수가 있을 것이다.

이상과 같은 4개항의 분권의 목적과 이념 및 방향을 문화활동 분야와 문화행정 분야에 적용해 본다면, 문화분권에 따른 문화자치의 방향성을 가늠할 수 있고, 이에 의거하여 각 자치단체별로 구체적인 문화자치 방안을 토론하고 입안하는 등 활기찬 활동을 기대해 볼 수 있을 것이다.

5. 나가는 말: 문화분권·문화자치와 문화원

문화분권과 문화자치에 부응하는 지방문화원 차원의 역할을 살펴봄으로써 이 글을 마무리하고자 한다.

첫째로, 지방문화원의 내부역량의 함양·강화이다. 법률적·행정적으로 분권화 조치가 완결 확정된 뒤에 문화분권과 문화자치가 성공하기 위해서는 우선 문화원 자체의 내부체질을 주체적으로 개선하고, 자주적·자발적 참여 의지를 가진 활력 있는 지역문화운동가(특히 젊은 리더들)를 확보하고 육성하는 인적 자원의 개발이 필요하다.

둘째로, 내부의 사람 만들기와 병행하여 외부의 응원자(협조·협력·지원자 등)를 확보할 필요가 있다. 시·군·구의 자치단체와 의회를 비롯하여 문화예술기관단체, 지역 내 교육기관, NGO활동가 및 각계전문가, 언론기관, 기업, 출향인사 및 연고인사 등 다각적인 인사들과의 지역문화네트워크를 형성하여 협력·지원방안을 다양하게 마련해 나가야 할 것이다.

셋째로, 지역주민에 대한 문화지치의식의 계도·선양이다. 문화지치는 지역문화의 창조주체인 주민의 자율적·자주적·창의적인 참여를 통한 문화의 생활화를 지향하는 것이라 할 수 있다. 이러한 의미에서 현재 활성화되지 못한 주민의 문화자치의식을 계도·선양하기 위하여 주민들의 커뮤니케이션과 인간적 네트워크를 재생시키고, 지역문화에 대한 긍지를 함양하여 문화창조자로서의 주체의식을 확립할 수 있는 선도적인 역할을 지방문화원이 담당해야 할 과제라고 생각한다.

3. 지방자치와 지역문화행정

이종인(한국문화예술진흥원 문화발전연구소장)

1. 지역문화와 지방자치

오늘날 행정의 방향은 중앙집권적인 통제방식보다는 분권적인 하부단위에 많은 관심을 가져야한다는 것은 주지의 사실이다.

특히 문화정책이나 문화행정에 있어서는 지방분권화가 더욱 바람직하다. 이는 문화적인 민주주의를 실현시키고 문화활동이 생활양식의 변천에 보조를 맞추도록 하려면 정책의 목표나 행정의 수단은 지역적 차원에서 논의되고 고안되어야 하기 때문이다.

문화생활이나 문화활동은 자발성·창의성·책임성을 전제로 하기 때문에 중앙 정부는 새로운 요구나 현실에 민감하게 반응하고 적응하기에 적합하지 못하다는 것이다.

한편 지역복지의 개념에서 볼 때, 지역복지의 기본적인 성격은 지역주민의 주체성, 즉 자발적 공동성을 육성하기 위한 지원활동이고, 주민 스스로 지역사회의 문제점을 발견하고 그것을 해결하기 위한 행동을 계획하고 실천하는 것을 지원하는 것이라고 한다면, 지역문화복지는 지역주민의 문화적 복지를 도모하고 지역주민의 문화생활향상을 목적으로 하는 것이라고 볼 수 있다.

이상과 같은 이론에서 지역문화의 활성화를 위해서는 문화행정의 지방분권화가 이루어져야 한다는 결론에 도달한다.

이제 우리는 지방자치제를 실시하게 된다. 지자제(地自制)는 주민들이 자신들의 일상생활에 직간접으로 영향을 미치는 공공(公共)의 결정과정에서 소외되는 것을 막고, 적극적으로 그 과정에 참여하여 공동이익을 도모해 나아가는 제도라고 본다면 지역문화운동도 주민들이 주인이 되어 자신들의 문제를 함께 논의하고 결정해야하고, 그 결과에 대한 책임도 져야하기 때문에 문화행정의 지방분권화는 문화의 지방자치로써 가능하게 된다고 볼 수 있다.

지방자치제의 실시와 함께 지방문화발전을 위해 점검하고 보완해야 할 문제점들은 아직도 상존하고 있다. 문화활동의 중앙집중화를 비롯한 지역 간의 문화격차해소 문제, 재정의 자립문제, 인적 자원의 문제, 문화의식의 문제, 행정제도상의 문제 등 많은 문제들이 산적해 있다는 것은 부인할 수 없다.

그럼에도 불구하고 앞으로 지방자치제가 실시되면 그 형태나 내용이야 어떻건, 또는 적극적이건 소극적이건 간에 지역단위의 문화예술진흥에 관한 기본방안이 각 지역에서 구상, 계획되리라고 본다.

법률이나 조례에 근거해서 집행되는 일반행정과 달리 문화행정은 아이디어가 승패를 좌우하게 된다. 그러면서도 문화행정은 되도록 체계적이고 장기적인 방안을 구상할 필요가 있다.

2. 지역문화 활성화 방안의 구상

(1) 구상의 배경

① 지역민의 가치관의 변화

경제성장은 지역에 지역개발과 도시정비사업을 추진하면서 농촌의 생산과 생활기반을 정비하게 되고, 많은 기업이 진출해서 그 관련업체의 성장이 지역민에게 새로운 고용기회를 제공하게 된다. 농업을 주도하는 산업구조로부터 제2차 산업, 제3차 산업을 중심으로 하는 산업구조로 급속히 이행하는 변화과정에서 지역주민의 소득이 향상되어 의식주 등 생활 전반에 걸쳐 종전에는 생각할 수 없었던 사회가 출현되고 있다.

이런 가운데서 많은 지역주민이 도시적인 편리성과 효율성을 강하게 추구하면서도 개인·가정·지역에 대해서 새로운 '마음의 지주'를 모색하게 된다. 즉, 물질적 풍요와 더불어 정식적 풍요를 추구하는 의식이 높아지고 있다는 것이다. 이러한 여러 변화가 지역주민에게 문화에 대한 욕구상승으로 현재화되고 있는 것이 사실이다.

② 문화활동의 활성화

이제까지의 문화활동은 많은 경우 전파·신문·출판 등의 분야에서 기술 혁신으로 얻어진 성과로써 대량 값싸게 손에 넣을 수 있는 매체를 매개로해서 향수할 수 있었던 것이다. 다시 말하면 주민의 문화욕구는 영화·TV·라디오·신문·주간지·레코드 등의 매체를 통해서 충족되어온 것이다.

그러나 참다운 인간회복을 꾀하고, 자기충실을 기하고, 마음의 여유를 찾기 위해서는 대량의 값싼 문화정보의 소비만으로는 만족할 수 없게 되어가고 있다. 이러한 문화를 '향수형 문화'라고 규정한다면 이런 문화는 주체성이 적고 비개성적인 것이라고 하겠다.

그리하여 많은 사람들은 보다 주체성 있는 문화활동에 관심이 쏠리게 된다. 그것이 바로 '참여형 문화'라고 말할 수 있는 활동형태이다. 보거나 듣기만 하는 것이 아니라 실제로 자기가 좋아하고 관심 있는 것을 만든다거나 연회하거나 경험해서 무엇인가를 창조하려는 노력이 나타난다. 더 자세히 말한다면 그림을 그리고, 시조나 시를 쓰고, 악기를 연주하고, 노래를 부르고, 역사적인 사건을 연구하고 저술하려는 일들이 우리들의 지역에서도 이미 활발하게 전개되기 시작했다. 이런 활동에는 당연한 일로서 그 분야에 경험이 많고 수준이 높은 사람들이 후진을 지도하고 교육할 필요가 요망된다. 그리고 이런 활동은 개인이나 가정을 벗어나서 많은 이웃사람들과 교류하고 관계를 맺지 않으면 안 되게 되어가는 것이다.

③ 지역문화에 대한 관심재고

우리 조상들이 쌓아올린 전통문화는 기술혁신이 가져온 고도의 정보체계발전에 의해서 소홀하게 다루어지거나 아예 외면당하는 일이 많았다. 많은 주민들이 복제된 매체를 통해서 생산된 문화에 가치를 도고, 전통적인 문화는 잃어버리는 경우가 많았다. 그러나 서서히 주민의 문화의식은 시대의 변화 속에서 확실히 생각을 달리하는 조짐을 보이고 있다. 즉, 정보를 단순하게 받아들이는 것이 아니라 가능한 한 개성적으로 받아들이고, 그것을 이웃과 함께 갖고, 자기생활에 비추어 평가하고 이해하고 나서 자기 개성에 맞게 재생하고 교류하게 되어가고 있다. 특히 전통문화가 지역을 특성지우고 지역의 혈맥이 되어있다는 것을 재평가하여 참가형 문화활동을 전개하는 경향이 짙어지고 있다.

향수형 문화와 참가형 문화의 두 가지 문화체험이 서로 교류해서 스스로 창조활동으로 승화시키려는 움직임은 나아가서는 지역의 독자성을 모색하는 일로 발전해 나갈 수 있음을 시사한다. 이런 경향은 각 지역에서 자기 고정의 상징을 찾고, 연구하고, 또는 창출해 내는 것으로 전개될 수도 있다. 그래서 다양한 각종 문화행사를 개최하고, 모임도 갖고, 그룹이 생기기도 하는 것이라고 본다. 이런 것들은 일부의 선도적인 주민에 의해서 추진되고 있으나 여기에 뒤따르는 주민도 늘어나고 있어서 개성적인 지역문화의 싹이 각지에서 솟아나기 시작하고 있는 것은 다행이다.

④ 종합행정의 필요성

주민의 문화활동이 개인·가정 속에 머물러 있는 단체에서는 행정은 무엇보다도 의식계발에 중점을 두고 전개되지 않을 수 없을 것이다. 그러나 오늘날에는 그러한 시책만으로는 충분하지 못하다. 주민의 요구가 향수형 문화에서 참가형문화로 옮아감에 따라서 행정은 다양한 문화활동에 지원을 하지 않을 수 없게 되어간다.

이제까지의 문화행정이 문화재보호나 예술문화에 대한 규제와 관리라는 면에 치중되어 온 것은 사실이며, 또 이것의 중요성이 감소된다는 것은 결코 아니며, 물론, 주민의 문화의식계발을 소홀히 해서도 안 된다. 이것에 첨가해서 개인의 창조적 삶과 지역문화의 진흥이 새로운 문제로 제기되고 있는 것이다. 그런데 이 두 개의 사정은 행정의 모든 분야와 관련을 맺고 있으며, 행정 전체에 인간성·지역성·창조성·미관성 등의 문화적 시각을 도입할 필요가 있게 된다.

주민 한 사람 한 사람이 물질과 정신의 양면에서 풍요로운 생활을 할 수 있게 하고, 지역이 살기 좋은 고장이 되게 하고, 또 그곳에 살고 있다는 것을 자랑 할 수 있게 하기 위한 여건을 정비하고 지원활동을 펼쳐야 하는 것이 새로운 지역문화행정의 과제로 대두되고 있다.

(2) 구상의 위치

주민의 문화행정에 대한 기대는 새로운 가치관이나 행동양식의 변화에 따라서 지역 내에서의 교류라든가 그룹 활동의 조직화가 활발해짐에 따라서 높아지게 될 것으로 보인다. 개인이나 가정에서 문화를 향수하고 있을 때에는 활동의 마당은 그만큼 덜 필요했었다. 또 그것을 위한 정보나 기구나 지도자도 반드시 불가결한 존재는 아니었다.

그러나 오늘날 공공시설 집회장소, 기구, 지도자, 정보 등이 보다 나은 활동을 위해서 간절히 필요하게 된다. 더욱이 이러한 하드·소프트 면의 행정에 대한 지원이 점점 더 요청되어 갈 것이다. 이러한 기대나 요청에 적합한 행정 측의 대응이 충분하냐하면 그렇지 못한 것이 루이의 실정이고, 많은 문화영역을 포괄하는 문화행정체계도 미비상태에 있다.

주민의 요청에 부응하는 문화행정을 추진해 나가기 위해서는 장기적인 안목에 입각한 다양한 문화영역을 포괄하는 기본적인 지침이 필요하게 된다. 여기에서 문화에 관한 시책을 체계화하고 기본방안을 구상할 필요가 생기는 것이다. 지역의 문화진흥은 그 지역의 시·군·읍·면이 주도적인 역할을 발휘하여 구상할 필요가 있다. 물론 지역 내의 기업·단체 등 민간의 활력도 불가결한 것임은 말할 나위도 없다.

이 구상은 지역주민의 요청에 따라서 행정 전반에 걸쳐 문화의 안목이 도입되고 시책이 전개되는 것이 가장 바람직하다고 본다. 그러므로 주민의 문화에 대한 다양한 요구와 의견을 파악하기 위해서는 각종 조사나 집회(토론회 등)를 가질 필요가 있다. 또한 조사의 내용은 지역주민의 문화의식, 활동실태, 시설이용실태, 행정에 대한 요망사항 등을 들 수 있겠으며 이와 같은 조사결과를 토대로 지역문화에 관한 현상과 문제점을 지역주민·전문가·행정당국자가 공동으로 연구 토론하여 지역문화진흥에 관한 구체적인 방안을 수립할 필요가 있다.

(3) 기본과제

위에서 말한 바와 같이 문화행정에 관한 지역주민의 요청과 제언을 포함해서 그 지역의 특성이나 자치제의 제반 여건을 감안하면서 공통적인 과제로 떠오르는 것은 다음과 같다고 본다.

① 추진체제의 정비 및 확보

앞으로의 문화는 새로운 대상이고, 또 행정의 각 단계에 걸쳐서 종합적·전 지역적으로 강력하게 추진할 필요가 있다. 또 시·읍·면은 주민과 직결해 있고, 밀착된 관계에 있으며 문화는 종합성을 띠고 있는 새로운 행정이기 때문에 넓게 민간을 포괄하고 시·읍·면과의 연대를 강화할 필요가 있다.

더욱이 광역자치단체행정에 민간의 적극적인 참여와 협력을 얻기 위해 인간의 활력, 인재의 활용을 꾀하면서 주민 모두가 자기지역의 문화를 생각하고, 주민들의 생활 속에서 정신적인 풍요를 가꾸어 나가게 할 필요가 있다.

② 문화의식의 고양

주민의 다양한 문화에너지에 대응하기 위해 각종문화행사를 개최하거나 권장사업을 개최하는 한편, 지역문화기금을 창설한다는 등 주민의식의 계발에 힘쓰는 것을 비롯하여, 자치제직원(행정인)의 의식계발로써 문화행정에 관한 교육과 연수 등을 통해 직원들의 문화적인 자질을 높일 필요가 있다.

③ 정보활동의 강화

주민의 다양한 문화활동에 대응하기 위해 문화예술과 관련 있는 행사정보를 수집하고 이것을 적절하고 신속하게 주민들에게 알려주는 서비스를 제공해야 한다. 그러기 위해서 요즘 나타나기 시작한 지역신문을 비롯하여 지방지·지방방송국 등에서는 지역 내의 정보수집과 자료정비를 게을리 해서는 안 된다.

④ 문화활동의 촉진

문화시설은 주민의 문화활동의 거점이 되기 때문에 참가의 주 기능을 갖는 시설로 만들기 위하나 검토와 직원육성, 기존시설 주효과적인 활용을 적극적으로 도모하면서 문화활동의 場을 확충할 필요가 있다. 참가하는 문화활동의 추진책으로서, 주민들이 다양한 문화활동에 참가할 수 있는 기회를 제공하기 위해 각종 분야의 강좌를 비롯해서 다채로운 행사를 촉신하는 한편, 각종문화단체의 활동이 원만하게 이루어지게 할 수 있도록 문화시설활용에 충분한 배려가 필요하다. 그러한 예로서 순회공연이나 이동전시회를 개최하는 등 예술감상 주 기회를 확충할 필요가 있다. 그리고 더 나아가서 지역 간의 문화교류를 용이하게 해서 각종시설·단체 등의 상호교류를 촉진할 필요가 있으며, 국제적인 문화인식을 깊게 하기 위한 해외파견이나 국제적인 문화예술행사도 지역단위에서 개최하는 것을 강구해 나가야 할 에 다.

⑤ 전통문화의 보호

전통문화의 문화재의 보호·보존은 문화행정의 커다란 기둥의 하나이기 때문에 면밀한 조사를 주민이 참가한 가운데 실시하고, 문화재가 사라지거나 파괴되지 않게 귀중한 것은 지정이나 광역보존에 힘쓰는 한편, 일상생활에서 일반주민들에게 문화재의 애호와 전승의 책무 등을 학습시켜 주민 스스로 솔선해서 지키는 마음을 가꾸게 할 필요가 있다.

⑥ 새로운 내 고장 가꾸기

우리 동네 우리 마을을 자연과 조화를 이루면서 윤택한 고장으로 만들어갈 필요가 있다. 또 온 지역이 다함께 참가할 수 있는 축제를 활성화 한다거나, 지도자를 발굴·육성해야 할 것이고, 고장의 상징을 만들고, 토착산업을 육성하며, 전통적인 행사를 부활시키면서 애착을 가질 수 있는 지역건설에 힘써야 하겠다.

3. 지역문화행정의 기본방향

(1) 행정의 역할

지역문화진흥방안의 배경과 위치에서 언급한 바와 같이, 중요한 것은 새로운 문화행정의 역할로서 주민의 문화활동에 대하여 행정(시·도·군 등)은 좋은 지원자가 되어야 한다는 것이다. 그러기 위해서 행정 전체가 문화적인 시각에서 문제를 다루어야 하고, 행정에 어떻게 해서 문화의 빛을 비추게 할 것인가 하는 문제다. 문화에 대한 시작은 이제까지의 효율 일변도적인 집행체제를 고쳐서 인간성을 중시하고, 여유와 마음의 윤택함을 부활시키는 일이다. 물질적인 넉넉함과 함께 정신적인 충실을 기하여 주민 한사람 한 사람의 삶의 질을 높여 나아가는 일이어야 한다.

경제성장에 따라 이제까지와 같이 물질추구에만 급급하지 말고 자기를 재 별견하고, 가정을 소중히 여기고, 지역을 사랑하는 주민의 활동에 대해 어떤 지원을 할 수 있는가를 찾아야 한다. 문화창조의 주체는 말할 것도 없이 주민 한 사람 한 사람이다. 행정은 이러한 주민들의 삶속에서 이루어지는 창조적인 문화활동을 측면적으로 지원하는 것이 중요한 일이다.

문화를 누리는 것은 그 지역에 살고, 생활하는 지역주민이다. 행정의 역할은 이들 주민들에게 문화활동이 원활하게 이루어질 수 있도록 시설을 정비한다거나 지도자를 파견하고 정보를 제공하는 일이다. 결코 문화에 관해서 바람직한 것과 그렇지 않은 것을 분류해서 위로부터 지시한다거나 통제하는 것은 아니다.

(2) 지역문화시책의 전개

① 개성 있는 사업추진

무엇보다도 개성 있는 사업을 추진할 필요가 있다. 이제까지 우리나라의 행정은 중앙과 지방을 불문하고 종적인 제도를 근간으로 하고 있다. 이 제도는 좋은 점도 있지만 나쁜 점도 있는 것이다. 좋은 점으로는 효율성·즉응성(卽應性)·중앙과의 직결성 등을 들 수가 있으며, 나쁜 점으로는 다양한 욕구에 대응할 수 없다든가 무리가 발생한다는 것 등이 지적된다.

행정과제로서 종적인 것을 어떻게 횡적인 것으로, 즉 어떤 방법으로 욕구측면을 반영할 수 있을 것인가 하는 것이 문제가 된다.

주민들의 문화에 대한 기대나 욕망을 어떻게 시책화해 나아갈 것인가라는 문제에 직면해서 주민의 욕구를 받아들이고 종합적으로 조정하는 일이 반드시 필요하다. 이 조정기능을 발휘함에 있어서 관계 각 부문의 개성과 특색을 발휘하면서 사업을 추진하는 것이 바람직한 일이다. 종적인 제도의 장점을 살리려면 문화사업이 일부지역이나 계층에게 편향되지 않게 배려해야 할 것이고, 또 폐단을 막을 수 있는 조정기관의 역할이 중요시된다.

② 자치단체의 역할

광역자치단체의 경우에는 역 내의 시·읍·면 등과의 제휴가 필요하다. 문화행정은 종적인 제도의 장점을 살리면서 종합조정이라는 토대 위에서 추진되어야 한다는 것은 이미 언급한 바이거니와 이런 경우 광역자치단체(직할시·도)의 역할은 필연적으로 기획조정·정보의 수집과 제공·지도자의 육성과 파견 등의 면에서 광역적인 범위를 띠지 않을 수 없다. 문화행정의 지원활동에 있어서 가장 쉽게, 그리고 짧은 시간에 활동할 수 있는 단위는 시·읍·면의 범위라고 할 것이다. 그러므로 문화행정의 시책전개에 무엇보다도 중요한 것은 실시주제로서 시·읍·면이 전면에 나서야 한다는 것이다.

도의 역할은 지역사정을 충분히 배려한 시·읍·면의 원활한 사업전개를 가능하게 하는 제반여건을 정비하는 일이다. 다시 말한다면, 시·읍·면 안에 추진조직을 만들게 하고, 전담부서를 지도하고, 정보를 제공하며, 직원을 연수시키는 일들이 필요하다. 또 시설경비에 있어서도 건설비를 조정한다든가, 지도자 연수, 프로그램 작성에 대한 조언 등이 기대된다. 그리고 광역적인 행사나 특수행사는 도(道)에서 사업을 진행하기 때문에 조정이 손쉬울 수 있을 것이다. 그러나 다중구조의 문화권이 있을 때에는 시·읍·면과 제휴해서 조직적으로 전개할 수 있는 방향을 찾아내야 할 것이다.

③ 제3기구의 역할

다음으로는 제3기구(조직)의 역할을 고려하지 않을 수 없다. 행정과 민간이 협력해서 설립되는 문화에 관한 제기구의 역할은 앞으로 점점 더 중요해진다고 본다. 문화에 관한 조직은 민간의 활력을 주력으로 해서 전개하는 것이 좋다. 이러한 제3의 기구는 행정과 민간의 협력으로서 그 기능이 기대되는 것이다.

④ 민간(기업)과의 연대

마지막으로 민간과의 연대를 중요시해야 한다. 지역문화진흥은 행정적 종합적 조정으로 추진되어야 하는 것을 전제로 하지만 민간의 활력에 기대하는 부분도 많다. 예컨대, 지역 내에 다종다양한 기업이 존재하는데, 주민의 문화욕구 증대와 더불어 기업은 문화를 상품화하는 경향이 나타나고 있다. 또 문화적이 이미지를 높이는 것이 좋은 기업이라는 평가를 받는다는 움직임도 보이고 있다. 이제 기업은 본업을 통해서 사회에 공헌하는 것과 함께 다른 하나의 방안으로서 문화 면에 공헌하는 시기에 이르고 있다는 생각이 든다. 지역의 기업이 출자하는 문화사업재단을 설립한다든가, 기업 내에 문화에 공헌하기 위한 독립부서를 신설하는 등 새로운 움직임이 보이기 시작하고 있다. 이러한 문화사업은 행정과는 다른 이념과 방법으로 전개되어 주민의 문화향상에 중요한 역할을 하게 된다. 아무래도 문화진흥에 관해서는 행정의 분야가 앞서있기 때문에 기업들은 행정의 지도와 정보제공에 기대하는 경우도 많다. 그리고 기업의 문화활동이 활발해 질 경우에는 시·읍·면 등의 사업과의 조정도 필요하게 될 것이다. 그러므로 자치단체의 시책전개에는 기업에 대한 배려도 충분히 하고 정보도 교환하여 협력관계를 이루어 나가는 것이 바람직하다. 경우에 따라서는 협조를 구하기도 하고, 협찬을 얻기도 하며, 어떤 사업은 완전히 위탁하는 등 적극적인 협력관계를 맺어 나가는 것이 필요하다.

4. 2000년대 문화발전방향

지역문화의 발전방향과 과제를 중심으로

이종인(한국문화예술진흥원 문화발전연구소장)

1. 들어가는 말

오늘날 우리 사회의 문화적 상황은 고도성장 과정에서 파생된 물질주의적 발전의식이 지배적이며, 전통문화에 대한 관심과 인식은 높아졌으나 아직도 문화적 주체성과 정통성은 체계화되지 못하고 미확립상태에 놓여 있으며, 사회·정치적인 민주화추세에서 문화의 사회통합적인 역할이 부족한 상태에 놓여 있다.

이와 같은 현상은 급격한 사회변동과 함께 전통적 가치관이 붕괴되고, 산업화·도시화·대중화·민주화의 진전에 따른 사회분화의 과정에서 지역·계층·세대 간의 위화감과 갈등이 심화된데 연유하는 것이기도 하다.

이러한 상황하에서 붕괴된 가치관에 대치고 갈등을 조화시킬 수 있는 문화의식과 문화정책이 요망된다는 것은 너무나도 당연한 일이라 하겠다. 이 같은 시대적 요청에 부응하여 국가발전의 정신적 지주로서, 정치·경제·사회발전의 동력으로서의 문화예술의 중요성에 대한 인식이 새로워져서 드디어 문화부가 독립되기에 이른 것은 참으로 다행스럽고 당연한 일이라고 하겠다. 이 같은 시대적 요청에 부응하여 국가발전의 정신적 지주로서, 정치·경제·사회발전의 동력으로서의 문화예술의 중요성에 대한 인식이 새로워져서 드디어 문화부가 독립되기에 이른 것은 참으로 다행스럽고 당연한 일이라고 하겠다.

이와 아울러 정부 당국은 경제적 부(富)와 함께 문화적 부가 성취되어 문화복지국을 건설하기 위한 2000년대를 내다보는 중·장기문화발전계획을 수립하여 문화부가 발전되는 1990년을 추진원년으로 하는 "문화발전 10개년 계획"을 문화정책의 청사진으로 제시하고 이를 구체화하겠다는 것을 천명한 바 있다.

이상과 같은 배경하에서 앞으로 도래될 2000년대의 사회를 존망하고, 미래지향적인 문화발전정책의 방향을 점검하며, 특히 지역문화의 발전방향과 과제를 중심으로 하는 소견을 피력해보기로 한다.

2. 2000년대의 한국 사회와 문화예술의 발전과제

(1) 2000년대의 사회전망과 문화정책의 방향

대내외적으로 격변이 예상되는 2000년대를 지향하는 우리 문화는 창조적 주체의식을 구현해 나가지 않으면 안 될 것이겠으나 아직도 우리는 외래문화를 비판적으로 수용할만한 평가역량과 주체의식이 성숙되지 못하고 있으며, 경제와 문화의 발전은 균형을 이루지 못하고 파행상태에 놓여 있는 현실이다.

그럼에도 불구하고, 2000년대 초에는 우리나라의 1인당 국민소득이 1만 불을 넘을 것이라고 예측하고 있으며, 이러한 전망 하에 예상되는 시대사회상은 다음과 같이 요약될 수 있다.

① 국제관계의 면에서 볼 때

동서 데탕트의 지속과 상호협조체제의 지향, 세계경제의 블록화 진행, 정치·경제·산업·통신 면에서 국제적 개방화 시대(지구촌시대)가 가속화될 것이다.

② 사회·경제 면에서는

만(萬) 달러 소득시대를 맞아 고소비·여가시간의 확대와 고도정보화·변화가속화·고학력화 등으로 가치관과 생활양식의 변화가 예상되고, 각 계층의 이익집단화 경향 및 소외계층의 공정분배 요구의 지속화로 안정생활지향성이 높아질 것이고, 인구·가정 면에서는 고령화·핵가족화·여성의 사회참여 확대가 예상된다.

③ 과학예술 면에서는

전자과학·반도체산업의 발달로 첨단기술 시대가 도래될 것이고,

④ 지역적으로는

도시화 현상이 지속되고, 인구의 교외이동과 지역산업의 확장과 지방자치제에 의한 지방시대가 필연적이다.

⑤ 국내 정치 면에서는

민주화의 정착과 활성화 및 권위주의의 불식, 중앙집권에서 지방분권의 확대진전, 통일지향의식의 확산과 남북 교류의 진전이 예상된다.

⑥ 문화예술 면에서는

사회·정치·경제에 따른 생활구조가 가속적으로 변화하는 과정에서 특히 소득의 증대, 여가시간의 확대, 가치관의 다양화·고령화·고학력화 등은 문화수요를 증대시키는 요인이 될 것이고, 소프트웨어 시대, 뉴미디어 시대, 지식과 정보화 시대로의 추이는 문화산업 분야의 발전전망과 종사인구의 증가경향을 나타낼 것이 예상된다.

이상과 같은 문화현상과 시대상황을 전망할 때 미래지향적인 문화정책의 방향과 기조를 다음과 같이 설정해보고자 한다.

① 문화의 동력화

문화발전은 사회발전의 동력인 바, 정치·경제·사회·과학·환경 등 관련된 제 분야와 유기적인 연관성을 인식하고 상호보완협력함으로써 문화발전이 국가발전을 선도할 수 있는 국가정책 차원의 문화비중 제고

② 문화의 자율화

민주사회에 부응하는 주체적인 민족문화예술을 창달하기 위해서 문화창조의 자생력을 고양시키고, 민간 주도의 자율적인 창작활동 기반을 육성 확충

③ 문화의 생활화

국민적인 삶의 질을 향상하기 위하여 문화환경을 개선하고, 모든 국민이 문화와 예술을 향유할 수 있게 하기 위한 문화보급을 적극화하여 국민 문화복지를 구현

④ 문화의 국제화

다양한 세계문화와 균형 있는 교류를 확대 개방하여 우리 문화의 수준을 높이고, 우리 문화의 독창성과 정통성을 선양

(2) 2000년대 문화예술의 발전과제

앞에서 고찰한 2000년대의 시대사회상과 문화정책의 방향에 따라서 다가오는 2000년대를 대비하기 위한 문화예술의 발전을 위한 과제를 열거하면 다음과 같다.

① 민주 · 통일시대를 대비한 과제

민주사회의 시민정신문화 함양, 문화적인 인간성 함양, 민족문화의 주체적 인식과 문화적 정통성 확립으로 남북 간의 문화적 동질성 회복을 위한 연구와 교육활동 등

② 국제화 · 개방화 시대를 대비한 과제

한국문화의 주체적 창조역량제고, 우리 문화의 국제화도모, 다양한 세계문화의 주체적 수용, 국제문화협력증진 강화 등

③ 정보화 · 첨단과학기술 시대를 대비한 과제

새로운 예술장르의 개발과 연구, 뉴미디어 시대의 문예 프로그램개발, 문화예술 소프트웨어 개발, 문화예술정보체계 개발과 정립, 새로운 문화산업의 육성과 기업의 문화역할 증대 등

④ 여가·다원화 시대를 대비한 과제

문화예술의 다원적 발전지향, 생활문화 환경 조성과 정비, 건전한 대중문화 개발과 보급, 다양한 문예 서클활동 장려, 문화예술의 사회교육적 등

⑤ 지방시대를 대비한 과제

지역문화의 기반 조성과 자립·자생능력제고, 지역문화예술활동의 활성화, 개성 있는 지역문화 개발, 지역문화행정의 재정립 등

⑥ 창작환경 개선과 문화복지 과제

자율적인 창조활동과 지원강화, 문화수요와 공급의 균형발전, 문화향수권 신장을 위한 문화촉매활동 강화, 문화예술인 복지 증진과 전문인력 양성 등

⑦ 문화정책 및 행정의 과제

국가정책 면에서의 문화비중 제고, 문화행정의 광역화와 일원화, 문화행정의 민주화와 지방분권화, 문화적 균형발전시책 강구, 문화법규 및 제도 정비, 문화예술 역할 증대와 재원 확보, 문화정책 연구개발 및 문화행정 전문인력 양성과 문화행정의 과학화 도모 등.

※ 이밖에 과제별·문화예술 장르별 세부시책과제는 생략함.

3. 지역문화 발전의 방향과 과제

지역문화는 그 향토성으로 인하여 지역주민의 향토애(鄕土愛)와 일체감(결속력), 자발성(자립성)과 참여성(자율성)을 유발함으로써 지역발전을 선도할 수 있는 활력소가 된다는 점에서 중요성이 인정된다.

오늘날 우리나라의 지역문화는 최근 몇 년간 많은 노력을 경주하고 있음에도 불구하고 많은 문제점을 안고 있다. 문화예술인의 58%, 문화예술활동의 70~80%, 문화

시설의 55%가 서울에 편중되어 있고, 지역문화의 자생력이 미약한 결과 서울문화의 일방적 유입과 모방으로 전국 문화의 획일화 현상이 우려된다. 이로 인하여 지역주민은 문화혜택의 기회의 수준 높은 예술을 접할 기회가 없다는 불균형문제, 지역행정당국과 지역주민의 문화의식결여, 문화시설과 문화기구 등의 인적·물적 자원의 부족문제, 지역문화육성을 위한 국고(1988년도 문공부 지방보조 256억 원, 문예진흥원 지방지원금 88억 3,600만 원) 및 지방비(1988년도 지방예산의 문화예산 1.3% = 1,307억 원)와 민간투자가 영세성을 면치 못하고 있는 재정문제, 지역문화행정체제 및 제도의 취약문제 등 많은 문제점이 있다는 것은 부인할 수 없다.

위와 같은 문제점을 해결하고 2000년대의 지역문화 발전을 성공적으로 성취하기 위하여 지방자치제의 실시와 연관하여 앞으로의 정책방향은 지역문화 발전을 문화복지의 차원에서 새로운 인식으로 출발해야 할 것으로 보인다.

① 국가와 지방자치단체 예산의 문화투자를 증액하는 지방에 대한 상대적 우선투자정책이 필요하며, 공공 및 민간의 문화투자 확대를 위한 공감대가 형성되어야 한다.
   - 국가예산의 지방보조비 증액 및 지방문화시설 확충 지원의 계속
   - 지방비의 투자 증액으로 지방문화활동 활성화 촉진
   - 문예진흥기금의 지방분배와 지역단위의 문예진흥기금 조성방법으로 전향
   - 지방분배의 민간기금 조성 분위기 조성과 활성화로 자발적 참여의욕 제고

② 문화행정은 지방분권화하여 중앙정부의 획일적인 시책이 아니라 기초자치단체 단위의 지역실정에 맞는 지원·육성 행정으로 전환되어야 하겠으며, 자치단체의 행정체제가 강화·보강되어야 한다.
   - 중앙정부 문화행정기능의 지방분산으로 탈(脫)중앙집중주의로 지역특성을 고려한 문화행정 개발과 지원체제 구축
   - 지역문화행정조직의 개편(시·도·문화국, 시·군 문화과 등)
   - 지역문화행정직의 전문화(별정직 등)와 사기 진작
   - 지역행정의 문화적 안목제고와 지역개발을 위한 행정의 문화화(종합행정) 지향

③ 각 자치단체는 지역문화의 잠재력을 발굴하고 활용하기 위하여 지역단위의 문화발전구상을 마련하여 지역특장문화를 개발·육성·보좌·계승하는 데 노력해야 할 것이다.

- 기초자치단체 단위의 문예진흥협의회와 같은 지역문화자치단체를 구성하여 지역주민 대표, 지역문화예술인(단체) 대표, 지역기업인 대표, 지역행정 책임 등이 공동으로 참여하여 지역문화의 발전을 협의·연구·입안
- 지역사회의 문화적인 전통과 문화적인 환경 및 문화적인 잠재력과 지역주민의 문화적 욕구 등을 조사·분석하여 당해지역의 문화적 지역문화발전계획을 구상 추진한다.
- 일례: 지역특성과 전통을 고려한 고유문화 개발(지역의 민속·향토축제·연고유적 개발을 통한 문화관광 개발, 특산물과 연관된 토착산업 개발, 향토사연구 및 민속향토 사료관의 문화교육운동 전개, 지역특장 예술인촌 조성과 전문예술교육기구 운영 등)

④ 지역문화예술인들의 활동을 촉진하기 위한 발표·활동기회를 확충하고 자기 고장에서도 안심하고 예술창조활동을 전개할 수 있는 단체나 그룹을 육성·지원함으로써 지역예술인의 창조역량을 제고해야 할 것이다.

- 지역단위의 예술단을 조직 구성하거나, 자생적인 민간예술단을 육성·지원한다.
- 지역예술인들의 재충전 기회를 확충한다.
- 중앙과 연결된 문화예술정보망을 구축하고 중앙예술행사 및 국제교류행사 등의 지역교류 및 지역개최를 적극 유치한다.
- 기업과 문화예술의 협력 차원에서 지역문화예술단의 활동과 지역기업과의 연계활동을 강화한다.

⑤ 지역문화 기반의 지속적인 수준향상을 위해 문화시설의 보완·보수와 운영인력의 확보와 양성, 문화시설이 활동할 수 있는 프로그램의 개발은 물론이고, 중소도시 단위의 예술활동 거점으로서의 문화공간이 확충되고 기능과 역할이 분담·전문화되어야 하겠다.

- 이미 건립된 대규모 종합문화예술회관은 광역지역 단위의 중핵(中核)으로

기능하는 것이 바람직하고,

- 중소 규모의 문화시설이 그 기능에 따라 전문화되어 지역문화의 특색을 살리는 일이 바람직하다(도서관, 박물관, 미술관, 특장공연장).
- 현존하는 문화시설(주로 소규모 지역의 문화원 · 새마을회관 · 학교 및 종교기관의 시설 · 군민회관 · 시민회관 등)의 문화촉매운동 거점화.
- 문화시설의 관리 및 운관요원의 교육훈련과 전문화 유도.
- 문화예술 프로그램의 개발과 특속적인 공급활용 및 중앙 단위의 프로그램 자문위원단의 순회지도와 교류확대

⑥ 지역주민의 문화의식 고양과 문화예술의 수용능력을 계발하는 문화촉매운동과 문화예술사회교육의 활성화를 도모하고, 지역사회의 각급 학교와 문화관련 기관 · 단체들 간의 유기적이고 생산적인 협력조정 관계가 필요하다.

- 지역주민의 문화적 관심과 문화적 자긍심을 고취하여 지역문화발전에의 동참의식 제고
- 지역의 문화예술 유휴인력과 지역연고 문화예술인들의 문화 촉매요원화와 지역문화예술 자원봉사인력으로서 활용방안 강구
- 지역단위의 아마추어 예술활동 활성화 촉진과 참여인원유도
- 지역 내 각급 학교 시설의 문화활동 개방과 지역문화의 연구 및 주민참여활동 전개
- 지역신문 · 방송 등 언론기관의 문화기능과 역할
- 및 기관 간의 역할분담과 기능전문화로 자원과 인력의 소모 · 중복성을 지양(止揚)하고 생산적 협조체제 확립 · 유지

4. 나가는 말

국가 차원이거나 지역 차원이거나 간에 문화발전에는 세 가지의 측면에서 발전이 있어야 한다고 본다.

① 예술과 문화 그 자체의 향상과 발전이 있어야 하고,

② 실존하는 문화, 즉 문화적 환경이 개선 발전되어야 하며,

③ 문화를 향유하는 민족의 문화수준이 발전되어야 한다.

이 세 가지 측면이 발전하기 위해서는 국가와 문화예술인과 국민들의 유기적인 협력과 공동노력이 있어야 한다는 것도 잊어서는 안 될 것이다.

돌이켜 볼 때, 우리는 문화발전에 접근하는 방법 그 자체에 문제점이 있었다고 보인다. 정부주도형의 경제발전계획이 성공한 듯이 보이면서도 오늘날 많은 문제점을 드러내고 있는 것을 보고 있는 우리로서는 그동안 추진되어 온 행정주도형의 문화정책에 대하여 반성할 필요가 있다.

왜냐하면, 문화는 만들어지는 것이 아니라 생성하는 것이기 때문에 국가나 정부가 문화를 창조할 수는 없는 것이다. 국가는 문화의 생성을 돕고, 끊임없이 활동하는 예술문화인 등의 창작기반을 조성하는 문화적인 환경을 개선하고, 국민들이 문화와 예술을 향수(享受)할 수 있는 여건을 부단히 조성하는 것으로 족(足)한 것이다. 그러기 위해서 정부는 문화투자를 증대하고, 문화관계법령과 제도를 정비하고, 문화예술전문인력과 행정인력을 양성교육하고, 지역·문화기관 간의 역할과 기능을 조정하고, 문화예술과 관련된 연구와 기술 및 정보를 제공하며, 국가 차원의 대규모 연구와 막대한 경비가 소요되는 예술창작단체들을 지원해야 한다.

한편, 문화란 단순히 과거의 유산만은 아니고, 미래를 향해 무엇인가를 창출하려는 사람들의 노력과 거기에서 생성된 소산(所産)이라는 것을 생각할 때 문화의 내용과 예술의 질적인 발전의 관건은 문화예술인과 문화적 지도자들의 역할과 소임에 좌우된다고 보아야 할 것인바 이들의 사명이 막중하다고 본다.

그리고 국가와 지역의 문화발전은 국가와 지역을 바로 보고, 국가와 지역에 애정을 갖고, 국가와 지역의 가능성을 발견하고 그것을 기르고자하는 노력이 있을 때 이루어질 수 있다고 본다면, 국민적인 문화애호정신과 문화예술에의 참여의지와 자발적인 국민문화활동의 전개가 소망스러운 일이라 하겠다.

따라서 문화정책도 어느 한 부분에 시점에 고정시키고, 평면적이고 단선적으로 접근해서는 안 되고 현시적인 문제에 집착할 것이 아니라, 거시적이고 장기적인 안목에서 과거와 현실을 분석하고, 미래를 정확하게 정망하고서 출발해야 할 것이다.

5. 지방자치와 지역문화진흥
정주시 문화발전을 중심으로

이종인(한국문화예술진흥원 문화발전연구소장)

1. 들어가는 말

정주시는 호남평야의 중심부에 위치하여 내장산을 비롯한 빼어난 자연환경과 역사적 문화적 전통과 유산을 간직한 속에서 백제 시대부터 전래되는 「정읍사」와 「상춘곡」 등은 우리나라 가사문학의 효시를 이루었으며, 많은 명인과 명창을 배출한 국악의 고장으로서 독특한 문화와 예술을 형성하고 발전시켜온 예향이라는 것을 알고 왔습니다.

그뿐만 아니라 아주 최근에 정주시 당국이 의욕적인 '정주시 장기종합 발전계획'을 추진하면서 문화예술의 진흥계획도 포함시키고 있다는 사실을 발견하고 무척다행으로 생각하고 경하해 마지않습니다.

오늘 저에게 주어진 주제가 "지방자치와 지역문화 진흥—정주시 문화발전을 중심으로—"라고 되어 있으나 본인이 이 지역 출신도 아니고 또 지역 사정을 소상히 알지도 못한 관계로 다분히 일반논적인 내용이 되리라는 점을 양해해 주시기 바랍니다.

다만, 정주시가 구상하고 있는 장기계획에 도움을 줄 수 있다면 그것으로 충분하리라고 자위하면서 말씀을 올리겠습니다.

지역 문화는 그 지역성으로 인하여 지역주민의 자긍심과 일체감, 자발성과 참여성을 유발함으로써 지역발전을 선도할 수 있는 활력소가 된다는 점에서 그 중요성이 인정되며, 또한 지방문화는 지역적 특성을 갖는 것이므로 중앙문화의 하위개념으로 파악되는 것이 아니라 전국 문화에 포함되는 상호보완적인 관계에 있는 것이다.

그러나 오늘날 우리나라의 지역문화는 많은 문제점을 안고 있다.

문화예술인, 문화예술 활동, 문화시설 등이 서울에 편중된 불균형 상태에 있고, 지역문화의 자생력이 미약한 결과 서울문화의 일방적인 유입과 모방으로 전국적인 문화의 획일화 현상을 빚고 있으며, 지역 주민은 문화혜택과 수준 높은 예술을 접할 기회가 없는 소외현상이 두드러지게 나타나고 있다.

그리고 이제까지 지역개발계획은 단순히 지역의 경제적인 면과 물리적인 성장에 치중하면서 문화계획의 중요성을 간과해 왔던 것도 사실이다. 이런 점에서 이번의 정주시 장기종합발전 계획에 문화예술진흥 계획이 포함되었다는 것은 지극히 당연하다고 본다.

앞으로 실시될 지방자치제와 더불어 지역 간 균형발전을 촉진시키기 위한 지역문화 진흥 방향은 다음과 같다.

① 지역문화발전을 문화복지적 차원에서 국가정책상 우선정책으로 인식되어야 하겠으며,
② 지역문화의 자립능력과 자율성을 높여나가야 하겠고,
③ 모든 지역과 모든 계층의 문화 향수권을 신장시킴으로써 균형 발전을 지향해 나가야 할 것이며,
④ 다양한 지역문화의 독창적 특성화가 이룩되어야 하겠다.

위와 같은 방향을 전제로 지역문화 진흥기반을 확충하는 방안으로서 지역문화의 재정, 행정, 시설, 창조, 향수 측면의 확충방안을 검토해 보기로 하였다.

그리고 이 방안들은 각 항목별로 독립적인 효과를 기대 한다기보다는 각 항목들이 상호연관해서 효과를 거둘 수 있다는 점을 강조하고, 지방문화발전이 공공정책이나 시책만으로 가능한 것이 아니라 전 지역 주민과 지역예술인 그리고 지역지도자들의 자발적이고 능동적인 참여 등 민간의 활력이 요망된다는 것은 너무나도 당연한 일

이겠으나 본 연구에서는 공공 부문에 중점을 두었다는 것을 밝혀 둔다.

2. 지역문화와 지방자치

1) 지역문화와 지방자치의 의의

일반적으로 지방문화라는 용어가 중앙행적에 대한 지방행정(지방정부)과의 구분 개념의 일환으로 통용되고 있으나 이는 중앙 이외의 지역을 대상으로 하고 있다는 점과, 중앙집권의 관념 속에서 지방을 하위 개념으로 해석할 수 있다는 점에서 문화적인 용어로는 부적하다는 의미에서 지역문화라는 용어를 쓰기로 한다.

지역문화라는 용어는 중앙과 지방을 불문하고 주민자치의 기초단위 또는 일상생활권역에서의 주민문화 활동이라고 표현할 수 있다. 좀 더 자세히 풀이한다면, 지역문화란 주민의 구체적 생활기반인 지역이 자연적, 역사적 개성을 바탕으로 그들이 생활여건과 환경, 생활양식을 개선해 나가면서 그들의 삶의 질을 향상시키고 정신적으로 위안을 받기위한 활동을 말한다.

한편, 복지행정의 차원에서 살펴볼 때, 지역복지의 가본적인 성격이 지역주민의 주체성, 즉 자발적 공동성을 육성하기 위한 지원활동이고 주민 스스로 지역사회의 문제점을 찾아내고 그것을 해결하기 위한 행동을 계획하고 실천하는 것을 지원하는 것이라고 한다면 지역문화 행정은 지역주민의 문화적 복지를 도모하고 지역주민의 문화생활 향상을 목적으로 하는 복지행정 이라고 볼 수 있다.

각도를 달리하여, 민주화, 지방화 시대에 있어서는 정치적, 행정적, 분권화와 주민자치가 전제가 되고, 자율적인 하부단위에 많은 관심을 두어야 한다는 것은 주지의 사실이다.

특히, 문화정책이나 문화행정에 있어서는 지방분권화과 제일의 원칙이다. 문화정책의 목표는 국민개개인의 문화수준 향상에 있으며 그러기 위해서는 일상적인 주민생활권의 중심의 지역문화 진흥이 최우선의 과제가 된다. 이것은 문화적인 민주주의와 문화복지를 실현시키고, 문화활동이 생활양식의 변천에 보조를 맞추도록 하려면 정책의 목표나 행정의 수단은 지역적 차원에서 논의되고 고안되어야 하기 때문이다.

더욱이 문화생활이나 문화활동은 자발성, 창의성, 책임성을 전제로 하기 때문에 중앙정부는 새로운 요구나 새로운 현실에 민감하게 반응하고 적응하기에 적합하지 못한 것이다.

이상과 같은 이론에서 지역문화의 진흥을 위해서는 분화행정의 지방분권과가 이루어져야 한다는 결론에 도달되고, 이미 지방분권과 지방자치가 잘 된 선진국의 문화정책과 문화행정은 지방정부나 지방자치단체의 독자적인 영역으로 정착되어 있음이 이를 증명해 주고 있다.

이제 우리도 지방자치제를 실시하게 된다. 지방자치제는 지역주민들이 자신들의 일상생활에 직접, 간접으로 영향을 미치는 공동의 결정과정에서 소외되는 것을 막고, 적극적으로 그 과정에 참여하여 공동의 이익을 도모해 나가는 제도라고 본다면 지역문화활동도 주민들이 주인이 되어 자신들의 문제를 함께 논의하고 결정해야 하고, 그 결과에 대한 책임도 져야하기 때문에 문화행정의 지방분권화는 "풀뿌리 문화행정"을 가능하게 한다고 보인다.

지방자치제의 실시와 함께 지역문화발전을 위해 현상을 점검하고 보완해야 할 문제점들이 산적해 있다는 것은 부인할 수 없으나, 지자제가 실시되면 그 형태나 내용이야 어떻던, 또는 적극적이건 소극적이건 간에 각 지역 단위의 문화예술진흥에 관한 기본구상과 방안이 계획되리라고 보이는데 문화계획은 되도록 체계적이고 장기적인 구상이 필요하다.

2) 지역문화의 새로운 상황 대두와 과제

(1) 새로운 상황대두

① 지역주민의 가치관의 변화

경제성장과 지역개발은 농업을 주로 하는 산업 구조로부터 제2차, 제3차 산업을 중심으로 하는 산업구조로 급속히 이행하는 변화과정에서 지역주민의 소득이 향상되어 의식주 등 생활 전반에 걸쳐 종전에는 생각할 수 없었던 사회현상이 출현되고 있다. 이에 따라 많은 지역주민들이 도시적인 편리성과 효율성을 강하게 추구하면서도 개인, 가정, 지역에 대해서 새로운 정신적 위한(마음의 지주)을 모색하게 된다. 즉 물리적 풍요와 더불어 정신적 풍요를 추구하는 의식이 높아지고 있는데 이러한 변화들이 지역주민에게 문화에 대한 요구상승으로 나타나고 있는 것이다.

② 문화활동의 활성화 징후

종래의 문화활동은 대개의 경우 전파, 신문, 출판 등의 분야에서 기술혁신으로 얻어진 성과로서 대량의 값싸게 손에 넣을 수 있는 매체를 매개로 해서 향수할 수 있었다.

다시 말해서 주민의 문화욕구는 영화, TV, 라디오, 신문, 주간지, 레코드, 비디오 등의 매체를 통해서 충족되어온 것이다. 이러한 문화를 "향수형 문화"라고 한다면, 이런 문화는 주체성이 적고 비개성적인 것이라고 하겠다.

그러나 근래에 와서는 많은 사람들이 보다 주체성 있는 문화활동에 관심을 쏟게 되었다. 이것을 "참가형 문화"라고 하겠다.

보거나, 듣기만 하는 것이 아니라 실제로 자기가 좋아하는 것, 관심 있는 것을 만든다거나 연회하거나 경험해서 무엇인가를 창조하려는 노력이 나타나고 있다. 실제로 그림을 그리고, 시조나 시를 쓰고, 악기를 연주하고, 노래를 부르고, 향토사를 연구하고 문화유산을 발굴하는 일들이 우리들의 지역에서도 이미 활발하게 전개되기 시작하고 있다.

이런 활동에는 그 분야에 경험이 많고 수준이 높은 사람들이 후진을 지도하고 교육할 필요가 요망되고, 한편 개인이나 가정을 벗어나서 많은 이웃들과 교류하고 관계를 맺는 공동체 활동이 요망된다.

③ 지역문화에 대한 관심의 증대

많은 주민들이 복제된 매체를 통해서 생산된 문화에 가치를 두고 조상이 쌓아올린 전통적인 문화는 잃어버리거나 도외시하는 경우가 많았다. 그러나 서서히 주민의 문화의식은 시대의 변화 속에서 확실히 생각을 달리하는 조짐을 보이고 있다.

특히 전통문화가 지역을 특징짓고 지역의 핏줄이 되어 있다는 것을 재평가하여 문화활동을 전개하는 경향이 짙어지고 있다. 이러한 문화활동은 지역의 독자성을 모색하는 일로 발전, 승화해 나갈 수 있음을 시사한다.

이런 활동은 아직은 일부의 선도적인 주민에 의해서 추진되고 있으나 여기에 뒤따르고 참여하는 주민이 늘어난다면 개성적인 지역문화의 싹이 되리라고 보인다.

④ 종합행정(총체행정)의 필요성 대두

주민의 문화활동이 개인, 가정 속에 머물러 있던 단계에서는 행정은 무엇보다도 의식 계발에 중점을 두고 전개되지 않을 수 없었을 것이다.

그러나 오늘날에는 그러한 시책만으로는 충분할 수가 없게 되었다. 주민의 욕구가 향수형 문화활동에서 참가형 문화활동으로 옮아감에 따라서 행정은 다양한 지원을 전개하지 않을 수 없게 된다.

이제까지의 문화 행정이 문화재 보호나 예술 행사의 관리와 규제라는 면에 치중되어온 것은 사실이며, 또 이것의 중요성이 감소된다는 것도 결코 아니며, 아직도 주민의 문화의식 계발을 소홀히 할 수 없다는 것 또한 사실이다.

그러나 이것에 더해서 개인의 창조적 삶과 지역문화의 진흥이 지역발전의 차원에서 새로운 문제로 제기되고 있다는 점을 강조하는 것이다. 이를 위해서는 행정의 전 분야가 관련을 맺고 있으며, 행정 전체에 인간성, 지역성, 창조성, 미관성 등의 문화적 시각을 도입할 필요가 대두된다. 주민 한 사람 한 사람이 물질과 정신의 양면에서 풍요로운 생활을 누리게 하고, 지역이 살기 좋은 고장이 되게 하고, 또 이곳에 살고 있는 것을 자랑할 수 있게 하기 위한 여건을 정비하고 지원활동을 전개하는 것이 새로운 지역문화행정의 과제이다.

(2) 지역 문화진흥의 과제

위에서 살펴본바와 같이 지역문화에서 새롭게 대두되는 여러 가지 상황변화와 지역주민의 욕구와 제언을 포함해서 지역의 특성이나 자치체의 제반 여건을 감안하면서 각 지역에 공통적으로 떠오르는 과제는 다음과 같다고 볼 수 있다.

① 추진체제의 정비와 확보

앞으로의 문화는 새로운 대상이고 또 행정의 각 단계에 걸쳐서 종합적, 전 지역적으로 추진할 필요가 있다. 시·읍·면은 주민과 직결해 있고, 밀착된 관계에 있으며,

문화는 종합성을 띠고 있는 새로운 행정이기 때문에 폭넓게 민간을 포괄하고 관련 자치단체(시·읍·면)와의 연대를 강화할 필요가 있다.

특히, 지역문화행정에 민간의 적극적인 참여와 협력을 얻기 위해서는 민간의 활력과 인재의 활용을 도모하면서 주민 모두가 내 고장의 문화를 생각하고, 생활 속에서 정신적인 풍요를 가꾸어 나가게 할 필요가 있다.

② 문화의식의 고양

주민의 다양한 문화적 잠재력에 대응하기 위해 각종 문화행사를 개최하거나 권장사업을 지원하는 한편, 지역문예진흥기금을 창설한다는 등 주민의식의 계발에 힘쓰는 것을 비롯하여 문화행정에 관한 교육과 연수 등을 통해 행정인의 문화적 자질과 인식을 높일 필요가 있다. 특히 지역 지도급인사와 지방의회 의원에 대한 문화의식 고양은 절실히 요망되는 사항이다.

③ 정보활동의 강화

주민의 다양한 문화활동에 대응하기 위해 문화예술과 관련 있는 행사정보를 적절하고 신속하게 주민들에게 알려주는 서비스를 강화해야 한다. 이를 위해서 요즘 나타나기 시작한 지역신문을 비롯하여 지방지, 지방방송 등이 적극 참여해야 한다.

④ 문화활동의 촉진

문화시설은 주민문화활동의 거점이 되어야 하고, 참가형 문화활동의 기능을 갖는 시설도 활용하기 위한 직원육성, 시설정비, 효과적인 활용방안의 적극적인 강구가 필요하다. 주민들이 참가할 수 있는 각종 분야의 강좌와 예술 감상기회를 제공하고, 각종 문화단체들의 활동이 원만하게 이루어 질수 있도록 시설을 개방하고 사용이 용이하게 지원해야 한다. 인근 지역 간의 문화활동의 교류는 물론 중앙과의 교류와 나아가서는 국제적인 교류사업이다. 국제적인 문화행사를 지역단위에서도 구상하는 방안이 강구되어야 하겠다.

⑤ 전통문화의 보존과 계승

전통문화와 문화재의 보호·보존은 문화행정의 커다란 기둥의 하나이기 때문에 면밀한 주사를 주민이 참가하는 가운데서 실시하고, 문화재가 사라지거나 파괴되지 않게 귀중한 것은 지정하거나 광역보존에 힘쓰는 한편 일상생활에서 주민들에게 문화재의 애호와 전승의 책무를 학습시켜 주민 스스로 지키고 가꾸게 해야 한다.

⑥ 새로운 내 고장 가꾸기

내 고장, 우리 마을을 자연과 조화를 이루면서 윤택한 고장으로 가꾸어가야 한다. 온 지역이 다함께 참가할 수 있는 축제를 활성화하거나, 지도자를 발굴, 육성하고, 고장의 상징을 만들고, 토착산업을 육성하며, 전통적인 행사를 부활시키면서 애향심을 불러일으키는 지역건설에 힘써야 할 것이다.

3. 지역문화진흥방안

1) 지역문화 재정기반의 확충

국고 및 지방비의 문화투자를 증액하는 지방우선 투자정책이 필요하고, 공공 및 민간(기업)의 문화투자를 적극화 하고, 이를 유발하기 위한 범국민적인 공감대가 형성되어야 한다.

(1) 국가문화 예산의 증액과 지방문화 보조예산의 증액

선진세계 각국에서는 80년대 이후 공공 분야에서 문화투자에 큰 비중을 두고 문화재저의 증대를 위해 노력하고 있다.

이것은 국민생활에서 문화 분야가 차지하는 중요성이 높아지고 있다는 것을 의미하는 것이라 하겠다. 물론 문화재정을 확충하는 방법은 나라마다 그 실정에 따라 다르고, 중앙정부와 지방정부의 역할이 각각 다를 수 있으나, 선진각국의 공통된 문화재정 확충을 위한 가장 뚜렷한 방법은 정부와 지방자치단체가 보다 많은 예산을 확보하여 문화 분야에 지원, 투자하는 것이다.

이렇게 볼 때 현재 우리나라 정부예산의 0.37% 수준에 불과한 문화예산은 대폭 증액되어야 한다. 프랑스 문화성 예산이 1989년도에 정부총예산의 1%를 점하게 되었다는 것은 우리에게 많은 점을 시사해 주고 있다. 우리도 앞으로 10년 이내에 정부예산의 1%를 문화예산으로 끌어올리는 노력이 필요하리라고 본다.

한편 증액되는 문화예산은 상대적으로 취약했던 지방문화 보조예산으로 일정 비율이 책정되어야 한다. 프랑스 문화성 예산의 50% 내외가 지방문화활동에 지원금으로 보조되고 있는 것이 그 좋은 예라 하겠다.

문화부를 신설하고 문화발전 10개년 계획이 발표되는 것만으로 문화입국이 실현되는 것은 아니다. 진정으로 문화입국을 지향하는 의지의 표현은 국가문화예산의 증액으로 나타나야만 할 것이다.

(2) 지방자치단체 문화예술 부문 예산의 증액

지방자치제의 실시와 더불어 가장 우려되는 것이 자치단체의 재정자립도 문제인

지방자치단체 예산에서 문화예술 예산이 차지하는 비율(일반회계)

(단위: %)

지역별	1986	1987	1988	1989
서울특별시	1.5	1.7	1.9	1.1
직할시	3.5	3.0	2.4	2.6
부산	3.9	3.0	2.8	1.7
대구	5.0	4.4	1.2	3.7
인천	1.4	1.8	2.1	2.6
대전				1.4
광주	2.6	1.7	3.36	4.1
도	2.0	1.5	1.6	1.4
경기	2.1	1.3	1.6	1.6
강원	0.5	0.5	0.4	1.0
충북	1.0	1.0	1.7	1.0
충남	1.5	1.3	1.5	1.52
전북	0.4	0.7	1.9	2.5
전남	1.3	1.5	1.7	0.8
경북	1.0	1.0	1.8	1.0
경남	1.0	0.8	1.2	0.9
제주도	3.3	3.2	6.2	4.4
시	2.3	2.2	1.9	2.0
군	1.1	1.0	1.3	1.3

지방자치 단체의 문화예술비 구성(1989)

(단위: 천 원, (%))

구 분	서 울	직할시	도본형	시	군
문화예술 세출예산	16,348,577 (100.0)	31,403,052 (100.0)	34,957,085 (100.0)	23,320,760 (100.0)	27,007,553 (100.0)
1. 인건비	1,650,412 (10.1)	7,551,786 (24.0)	2,004,115 (5.7)	3,246,973 (13.9)	1,252,867 (4.6)
2. 물건비	6,803,789 (41.6)	2,319,798 (7.4)	1,554,462 (4.4)	1,916,372 (8.2)	1,246,014 (4.6)
3. 경상이전	1,591,020 (9.73)	2,036,825 (6.48)	2,197,190 (8.35)	4,275,685 (18.33)	3,662,331 (13.56)
− 민간에 대한	1,584,127 (9.69)	1,718,680 (5.47)	1,019,182 (2.92)	3,411,523 (14.67)	3.164,645 (11.72)
− 자치 단체에 대한			1,770,328 (5.0)	567,792 (2.4)	322,353 (1.2)
4. 자본지출	6,186,264 (37.84)	19,226,186 (61.17)	28,294,203 (80.9)	13,481,778 (57.81)	20,581,752 (76.20)
5. 자치단체 내 거래		120,000 (0.38)	50,000 (0.14)	149,500 (0.64)	136,274 (0.5)
6. 기타	117.092 (0.72)	175.457 (0.5)	137.115 (0.39)	250.452 (1.07)	129,315 (0.47)

데 자립도가 저조한 현상화 아래서 자칫 잘못하면 문화예술 부문의 예산이 현재보다 더 낮아질 수도 있다는 부정적인 견해도 있다.

그러므로 지방자치제가 실시된다 하더라도 재정의 자립도가 어느 정도 호전되는 시기까지는 중앙정부의 지원은 필수적일 수밖에 없을 것이며, 더욱이 지역균형 발전 정책의 차원에서 낙후된 지역문화를 발전시킨다는 점에서는 오히려 더 집중적인 지방투자가 요망되기도 한다.

지방자치단체의 문화예산이 점진적으로 증가되어야 한다는 것은 자연적인 추세일 수는 있으나, 적어도 지방자치 단체는 지역문화의 발전은 지역사회의 발전에 직간접으로 커다란 유인과 효과를 가져다준다는 점에 유의하여 문화예산의 증액에 획기적인 노력을 기울여야 마땅하다.

프랑스 지방자치단체(랭스 시의 경우) 예산의 6%가 문화예산인데 비추어 우리나라 지방자치단체 예산의 2% 내외가 문화예산인 점을 감안하면 너무도 뒤떨어져 있다는 것을 알 수 있다. 우리의 경우도 앞으로 10년 이내에 자치단체 예산에서 문화예산의 점유율이 5~10% 수준까지는 상향되어야 할 것이다.

(3) 지역문예 진흥기금의 확충

현재 우리나라의 문화재정에서 국고와 지방비를 제외한 공공 부문의 문화투자 재원은 문화예술진흥기금(공익자금 포함)뿐이다. 국고와 지방비의 문화예산이 열악한 가운데서 문예진흥기금은 그동안 우리나라의 문화예술진흥에 크게 기여했다는 것은 부인할 수 없다. 그리고 정부는 1992년까지 총 3,000억 원의 문예진흥기금을 조성하고 그 이식으로 연간 300억 원 정도의 지원금을 지원할 계획인데, 이 경우도 현재와 같은 50% 수준이 지속적으로 지역문화 활동에 지원되는 것이 바람직하다고 본다.

한편 1984년도부터 1990년까지 342억 4,900만 원을 조성목표로 추진하고 있는 시·도 단위 지역문예진흥기금 조성계획을 5년간 연장하여 1995년까지 1,000억 원의 조성목표액으로 확대하고 이를 통해 지역문화 활동의 자립기반을 조기 달성하는 것이 바람직하다.

지역 문예진흥기금의 새로운 확충방안의 하나로서 중간자치단체 단위의 문예진흥기금 조성방안을 시도해 볼 수 있다. 현재 지역문예 진흥기금 조성계획이 광역자치단체(직할시, 도) 단체로 추진됨으로써 기금조성이 산만하고 소극적인 면이 타나나고 있다.

따라서 중간자치단체인 구·시·군 단위의 기금조성 계획을 추진함으로써 지역주민과 지역기업 및 연고기업들이 적극적이고 자발적인 참여기획을 유발하는 것이 더욱 효과적이라고 본다.

이를 위해서 지방자치단체의 자체적인 문예진흥기금 조성을 위한 법률, 제도적 장치가 확립되어야 할 것이며, 지방자치제가 실시될 경우 지역에 따라서 큰 성과를 거둘 수 있는 소지가 많다는 점에서 권장할 만한 방안이라고 생각된다.

(4) 지역민간 기금조성

지역문화 발전을 위해서는 정부나 지방정부의 지원도 중요하지만 무엇보다도 '내

고장 문화를 가꾼다'는 지역주민들의 자발적인 참여의식과 관심이 기본이 된다는 점에서 지역단위의 민간기금 조성과 지역기업의 문화투자 및 후원의 적극화는 중요한 의미를 지닌다.

순수한 민간 차원에서 기금을 조성하여 향토문화 가꾸기 운동을 전개해 오고 있는 인천의 새얼문화재단의 예를 들어서 설명하기로 한다.

지난 1983년부터 1구좌당 5,000원씩의 후원회를 결성해서 첫해인 1983년도에 459명(1,345구좌)으로 출발하여 1988년 말에는 2,161명(4,547구좌)으로 확대되었고, 현재도 계속 회원이 증가하고 있다. 후원회원들은 1구좌부터 100구좌까지 매월 후원금을 내고 있는데 현재 적립된 기금은 25여억 원에 달하고 있다.

회원들의 면면을 보면, 기업인, 공무원을 비롯해서 근로자, 회사원, 목사, 신부, 교사, 은행원, 운전기사, 중소상인 등 인천지역의 각계각층이 망라되고 있으며, 또 인천지역 연고자로서 타지에 살고 있는 사람과 재미, 재일교포까지 포함되고 있다.

재단에서는 적립된 기금의 과실금으로 새얼문화상 시상, 새얼장학사업, 새얼학생 백일장 개최, '새얼문예', '새얼회보' 발간, 계간지 '황해문화' 발간, 새얼총서 발간, 가곡의 밤 및 전시회개최, 매월 '아침대화'의 광장 마련, 그리고 인천의 동인지인 '내항문학', '제물포수필문학'지원 등 문화사업 후원에 이르기까지 폭넓은 활동을 차근차근 전개해 나가고 있다.

이와 같은 활동은 향토문화의 뿌리를 찾고 가꿀 사람은 지역주민들 이어야 하고, 진정한 지역문화의 발전은 지역의 특성과 개성이 담긴 지역문화를 주민들 스스로의 자발적인 노력을 통해 형성해 나가야 한다는 것을 보여주는 예라고 하겠다.

(5) 기업의 문화투자 확충

문화재저의 확충방안의 하나로써 민간기금 조성과 아울러 기업의 문화투자가 확대 되어야 한다는 것이다.

기업이 문화예술 활동을 후원하거나 직접 문화예술활동에 참여하는 것은 문화예술의 발전에 기여한다는 의미이외에 기업의 생산성을 향상시키고, 기업의 경영 환경을 개선하는 데 도움을 준다.

기업의 일차적인 목적은 이윤을 창출하는 것이다. 그러나 현대 사회에서는 기업의 이윤추구는 인정하되 기업이 획득한 이익이 사회의 이익에 기여하게끔 이용 되어야 한다는 점이 강도되고 있다. 기업의 문화예술 활동에 대한 참여는 이러한 사회 가치의 변화에 부응하기 위한 노력의 일환이라고 할 수 있다.

기업이 사회적 책임을 수행해야 하는 또 다른 이유는 장기적으로 기업에 이익이 되기 때문이기도 하다. 기업의 사회적 책임수행이 단기적으로는 손해처럼 여겨지더라도 길게 보면 기업에 이익이 된다는 것이다. 이것은 기업의 사회적 책임 수행이 공중의 기업 이미지를 좋게 하는 하나의 방법이 되기 때문이다.

기업이 문화예술 활동을 지원하는 것은 문화예술의 다양성과 민간 주도의 발전을 뜻하는 것 이외에 기업 경영환경을 개선하는 데 구체적인 도움을 준다. 전인적 대우를 원하는 종업원과의 노사관계 개선, 기업 이미지의 형성과 개선 그리고 기업의 마케팅의 효율화라는 측면에서 기업에 장단기적으로 이익을 제공하는 것이다.

그러나 지금까지 우리나라 기업의 문화투자 형태는 사회 봉사적인 측면에서 사회의 윤리적 문제 제기에 대응하기 위한 자선적이고 개인적 결단에 의한 투자의 형태와, 언론이나 정부의 강요에 의해 문화사업에 투자가 이루어지고 있다. 기업의 문화투자가 사회봉사나 자선이라는 형태에서 이루어지거나, 반강제적 여론의 압력으로 이루어질 때는 문화투자가 발전 되어질 수 없으며, 소극적이고 단기적이며, 수동적 형태의 미미한 투자형태로 나타날 수밖에 없다. 따라서 기업이 문화투자를 함으로써 기업의 이윤 추구 행위와 연결될 수 있는 전략을 개발해야 하는데 그 구체적 대안은 다음과 같다.

① 기업이 문화투자를 통해 근로자와 복지문제와 노사문제를 해결하고 노동생산성을 높일 수 있는 전략

② 기업이 문화투자를 함으로써 실질적인 광고 효과를 얻을 수 있다는 것을 인식하고서 효과를 극대화 할 수 있는 홍보 전략을 나름대로 개발해야 한다는 것이다.

③ 기업이 수동적인 자세를 탈피하고 적극적이고 능동적인 형태로 문화사업에 직접 참여하는 전략을 권유하고 싶다. 기존의 기업 문화사업 투자는 비영리 부문에의 손실투자로 생각되어 왔으나 앞으로 주민들의 생활수준이 향상되어 짐에 따라 문화사업은 하나의 유망한 투자직종이 될 수 있을 것이다.

④ 기업의 문화활동 투자가 시대의 큰 흐름으로 정착될 것이라는 미래 예측의 논리에 의거하여 기업도 이러한 문화투자 수요에 대응할 수 있는 중장기 전략과 대응이 필요하다.

문예진흥원 문화발전 연구소에서 연구한 '기업의 문화활동 실태 및 참여 적극화 방안'의 보고서에 의하면, 기업에서 문화투자를 하고자 할 때 가장 중요한 문제는 기업의 여유자금 부족을 들고 있고(50.0%), 그 다음이 어느 분야를 투자해야 할 것인가를 알 수 없어서 투자하지 못한다는 것이다(28.1%).

또한, 기업에서 문화단체를 후원할 때 가장 중요한 판단 기준으로는 기업의 이미지와 부합여부(64.6%), 행사의 예술적 가치(11.5%), 판촉효과(5.2%) 순으로 나타나고 있다.

그러므로 정부나 공공문화 예술기관과 문화예술인들은 기업에 대하여 문화투자를 위한 각종 정보를 지속적으로 제공해 주어야 할 것이며, 각 기업의 문화담당직원들에 대한 이해를 촉구할 수 있는 연수교육 활동도 필요할 것이다.

그리고 문화예술 기관과 예술인 및 예술단체는 기업의 투자 확대를 위한 적극적인 방안으로서 문화 향수인구의 저변 확대와 기업이 필요로 하는 프로그램을 개발하여 기업에 제공하고 참여를 유도하는 것이 요구된다.

(6) 문화 부과 1% 시스템 확산(건축물에 대한 미술장식 등)

직접적인 문화재원 확보 방안은 아니지만 간접적으로 문화투자를 늘리고 예술인들에게도 지원효과를 줄 수 있는 방안의 하나로서 문화 1% 시스템(건축물에 대한 미술장식)을 확산 시행하자는 것이다.

이 제도는 프랑스에서 시작해서 일본에 도입되어 많은 성과를 거두고 있는 제도로서 프랑스 문화성 장관이었던 앙드레 말로가 "예술가에게 일거리를 주어서 거리에 문화를 심자"고 제안한데서 비롯되었다. 즉, 국가나 자치단체가 공공시설물을 건립할 경우 사업비의 1%상당액을 추구해서 문화, 예술적인 디자인이나 설계를 해서 지역사회의 상징이 될 수 있는 이미지를 가꾼다는 치지다. 이로 인하여 종래의 공공시설이 획일적이고 차가운 인상을 주었던 것을 개성적이고 인간미 있게 바꾸게 되었다는 것이다.

대상 시설물들은 학교, 주택단지, 교량, 공원, 광장, 체육시설, 토목사업 등 광범하게 적용되고 있는 것이 프랑스와 일본의 예이다.

우리나라의 경우도 문화예술진흥법에 건축물에 대한 미술장식을 권장하는 조항이 있다. 즉 동법 제13조 1항에서는 "국가에 지방자치단체는 대통령령으로 정하는 종류 또는 규모 이상의 건축물의 건축에 대하여 그 건축비용의 1/100 이상에 해당하는 금액을 회화, 조각 등의 미술장식에 사용하도록 권장하여야 한다"고 되어 있고, 2항에서는 "국가와 지방자치단체는 대통령령으로 정하는 대형 건물의 건축에 대하여 공연장 또는 전시장을 설치하도록 권장하여야 한다"고 규정하고 있다. 대상건축물에 관한 규정은 동법시행령 11조1호에서는 "6층 이상 또는, 연면적 7,000m² 이상(서울특별시의 경우는 11층 이상 또는 연면적 1만m² 이상)의 건축물중 당해 지방자치단체의 조례로 정하는 건축물"이라고 되어 있고, 2호에서는 "제1호의 건축물로서 문화공보부장관이 건설부장관과 협의하여 정하는 건축물"이라고 정하고 있다.

이와 같은 법률적 권장으로 인하여 서울시의 경우는 조례화 되어 최근 몇 년 사이에 많은 효과를 거두고 있으나 지방의 경우는 아직도 조례화 되지 않은 곳도 있어서 별다른 효과가 나타나고 있는 않은 실정이다. 따라서 지방자치제가 실시되는 것을 계기로 지역 단위에서 적극적으로 권장되어야 할 것이다.

그리고 특히 국가나 지방자치단체의 공공시설물에까지 확대 적용되고 반드시 실천 되도록 공공기관이 솔선해야 마땅할 것이고, 앞으로 건설되는 신도시 계획의 경우도 적용되게 되어야 하겠다.

한편, 이러한 권장 사항을 적극 유도하는 방안으로서 국가나 지방자치단체에서는 우수한 시설에 시상(Good Design상)하는 제도를 실시하는 것도 바람직하겠고, 현재 시행하고 있는 회화나 조각 등 미술장식과 공연장, 전시장의 설치 외에도 건축물의 설계와 디자인에 예술성을 제고하는 내용도 보완되는 것이 바람직하겠다.

또한, 장식물의 예술성과 품위를 높이기 위해서는 건물주가 임의로 작품과 작가를 선정하게 할 것이 아니라 전문가로 자문기구를 설치하여 운영하는 방법으로 개선하는 것도 필요하리라고 본다.

2) 지역문화 행정기반의 정비와 확충

문화행정을 지방분권화하여 중앙정부의 획일적인 시책을 하향식으로 시행하는 것을 지양하고, 자치단체 단위의 지역 실정에 적합한 지원육성 행정으로 전환해야 된다. 그리고 자치단체의 행정 체계가 강화되고, 지역문화의 잠재력을 발굴 활용하기 위한 지역문화 발전 계획을 연구 개발해야 한다.

(1) 지역문화 행정의 방향 전환

중앙집권적인 문화행정을 지방에 분산하여 탈중앙집중과 중앙의존주의를 지양하고 지역특성을 고려한 지원육성 행정으로 전환해야 한다.

새로운 지역문화 행정의 역할은 주민의 문화활동에 대하여 행정은 좋은 지원자가 되어야 한다는 것이다. 문화창조의 주체는 말할 것도 없이 지역에 살고 있는 주민 한 사람 한 사람이다. 행정은 이러한 주민들의 삶속에서 이루어지는 창조적인 문화활동을 측면에서 지원하는 것이 중요한 일이다.

한편, 문화를 누리는 것도 그 지역에 살고, 지역에서 생활하는 지역주민이다.

행정의 역할을 이들 주민들에게 문화활동이 원활하게 이루어질 수 있도록 시설을 정비한다든가 지도자를 파견하고 정보를 제공하는 일이다.

그러므로 문화행정은 바람직한 것과 그렇지 않은 것을 분류해서 지시하거나 통제하는 것이 아니며, 실적과 효율 일변도적인 집행이나 관리를 위한 지도 감독만을 의미하는 것이 아리라 지원하고 육성하는 행정이 되어야 한다는 것이다.

(2) 종합행정 체제의 구축과 문화행정 영역의 광역화

지역문화 행정의 방향 전환에 뒤따라야 할 과제는 문화행정을 위한 종합행정체제의 구축과 문화행정 영역의 광역화가 필요하다.

새로운 지역문화행정에는 개인의 창조적 삶과 지역문화의 진흥이라는 새로운 문제가 첨가해서 제기되고 있는 것이다. 그런데 창조적 삶과 지역문화의 진흥이라는 두 개의 문제는 단순한 것이 아니어서 지역행정의 모든 분야와 관련을 맺고 있으므로 행정영역이 광역화되어야 한다.

광역 자치단체의 경우도 필연적으로 기획조정, 정보의 수집과 공급, 지도자의 육성과 파견 등 행정의 역할이 광범해질 것이므로 민간의 적극적인 참여와 협력을 얻기 위한 민간의 활력과 인재의 활용을 꾀하는 체제를 구축해야 한다.

그러므로 문화행정을 더 이상 부수적이고 종속적인 행정 분야로 보지 말고, 지역개발과 지역발전이라는 적극적인 행정 분야로 인식을 전환하고, 지역행정 전반에 걸쳐 문화적이 ㄴ안목을 높이고, 지역개발을 위한 종합적인 행정체제로서 다른 행정 분야와 협조체계를 도모하는 행정의 문화화를 지향해 나가야 할 것이다.

(3) 지역단위의 문화발전계획 입안추진

지방자치제의 실시와 지역문화 발전과의 상관관계는 매우 다양하게 나타날 것으로 예상되지만, 특히 필요한 것은 이제까지의 지역문화 행정에서 별로 시도되지 못했던, 지역단위의 문화예술 조사연구를 강화하여 특징적이고 자치적인 지역문화 발전계획을 구상하고 입안하여 실천에 옮겨나가는 일이다.

지역주민의 요청에 부응하는 문화행정을 전개해 나가기 위해서는 장기적인 안목에 입각한 다양한 문화영역을 포괄하는 기본적인 지침이 필요하게 된다. 여기에서 문화에 관한 시책을 체계화하고 기본방안을 구상할 필요가 생기는 것이며, 이것은 그 시책주제가 기초자치단체 단위로 추진되는 것이 더욱 바람직하다.

주민의 문화에 대한 다양한 요구와 의견을 파악하고 지역의 문화적인 잠재역량을 찾아내기 위해서는 각종 조사, 연구와 집회를 가질 필요가 있다. 조사의 내용은 지역주민의 문화의식, 활동실태, 문화 대 이용실태, 행정에 대한 요망사항 등을 들 수 있겠으며, 연구의 대상으로는 지역의 역사, 지리, 자연환경, 사업, 문화유산, 민속, 전통예술, 관광자원 등과 지역문화발전과의 관계 등을 들 수 있다.

이와 같은 조사와 연구의 결과를 토대로 지역문화의 현상과 문제점을 지역주민, 전문가, 행정당국이 공동으로 연구 토론하여 지역문화 발전에 관한 구체적인 방안을 구상하고 계획을 수립해야 한다. 이렇게 함으로써 전국적인 획일적 문화현상을 탈피하고 지역 특성을 살린 고유한 특징 문화가 지역적으로 확산 개발되고 우리 문화의 다원적이고 독특한 발전이 밑기둥이 되는 지름길이 될 수 있는 것이다.

(4) 지역문화 행정 조직의 개편과 기능의 확대 강화

문화부의 발족을 계기로 앞에서 거론한 지역문화 행정의 방향 전환과 종합 행정 체제 구축 및 행정영역의 광역화와 지역문화발전 계획의 입안추진 등 새로운 문화행정 과제를 효율적으로 추진하기 위하여 지방문화행정 전담기구를 확대 개편하고 기능과 영역을 확대 강화해야 할 것이다.

먼저 직할시와 도의 경우는 현재 문화예술과로 개편(1989. 9)되었으나 일부 직할시에는 국 단위로 확대하는 것이 마땅할 것이고, 국(또는 과)에는 문화와 문화재과(또는 계) 이상의 과(또는 계)를 들 수 있게 하고, 문화업무와 관련 있는 업무를 통합해서 새로운 조직을 설치하는 방안도 강구해볼 필요가 있다. 예컨대 문화관광국을 설치하여 문화, 관광, 공원, 체육, 새마을 등의 업무를 관장케 하는 방안 등이다. 여하튼 새로운 문화부의 직계와 관장업무의 보조를 맞추어 지방문화행정 조직도 중앙에 상응하는 개편이 있어야 한다.

다음 구·시·군의 경우도 각기 문화과를 두게 하고 과에는 문화재와 문화계 이상의 계를 두게 하며 지역특성을 발휘할 수 있게 하는 것이 바람직하다.

(5) 지역문화 행정 직원의 전문화와 문화행정 교육의 강화

지방문화 행정기관에 종사하는 인력의 전문화 문제는 당면한 과제 중에서도 시급을 요하는 것이다. 임용 당시에 전문인력을 선발하는 제도적인 장치가 없고, 보임기간이 짧은 데서는 전문화를 기대하기 힘든 형편이다. 그러므로 궁극적으로는 문화예술 행정직의 직렬선정이 요구되며, 경우에 따라서는 특정 업무에는 학예직이나 별정직을 보임하는 방안도 강구해 볼 수 있다.

현실적으로 가능한 방법은 문화행정직에 종사하는 사람들에 대하 교육을 강화하는 것이다. 그러기 위해서는 가급기관이 자체교육을 강화해야 할 것이며, 중앙공무원 교육관정의 지방공무원 교육관정에 문화행정 과목이 대폭 증설 확대되어야 함은 말할 것도 없다. 문화부의 발족과 더불어 문화행정 전문연수기관이 설립되는 것이 바람직한데 현재 문예진흥원 문화발전 연구소의 문화행정 연수과정을 확대 운영하여 정부 차원의 공식 문화행정 교육기관으로 전화하는 방안도 검토해 볼 수 있다.

그리고 앞으로 문화행정의 영역이 광범화하고 그에 따른 인력의 수요가 증가될 전망이고 보면 고등교육기관에서 직전교육체제가 갖추어져 전문인력을 양성해야하는 시기가 도래될 것을 감안할 때 대학 및 대학원 과정의 신설이 요망되고 또 배출되는 인력을 흡수할 수 있는 제도적인 조치가 연구 검토되어야 한다.

(6) 공공문화기관의 활성화

문화에 관련된 공공기관의 역할은 앞으로 점점 더 중요해 진다고 본다.

문화예술과 관련된 조직은 민간의 활력을 주축으로 해서 전개하는 것이 더욱 바람직하다는 점에서 이러한 공공기구는 행정과 민간의 협력으로 그 기능이 더욱 기대되는 것이므로 공공문화기관의 활성화가 요망된다.

① 이를 위하여 현행 '문화예술진흥법'의 "문화예술진흥위원회"규정을 개정하여 민간주도의 위원회로 그 구성과 운영방식을 개편하고, 위원회 기능은 문화정책에 대한 심의와 건의 그리고 가용재원(문예진흥기금)의 집행에 대한 신의 의결권을 부여하여 문화의 분권화와 자율화를 위한 제도적 장치로 강화되어야 할 것이다.

특히 지방문예 진흥위원회는 관주도를 제어하고 문화의 전문성과 지역성 그리고 지역주민의 자율성을 제고하기 위하여 위원의 구성과 위원장의 선출방법을 개선하고 심의, 의결기능을 강화해야 한다.

그리고 현재 지방의 경우 특별시, 직할시, 도 단위로만 구성케 되어 있는 문예진흥위원회를 구·시·군의 중간 자치단체 단위까지 확대하여 지역문화발전을 위한 공공기관으로서의 기능을 확산해 나가는 것도 바람직한 방안이다.

② 다음으로는 지역문화원의 기능을 활성화해야 한다.

현행 '지방문화사업조성법'을 전면 개정하든가 또는 '문화예술진흥법'에 통합하여 문화원을 명실 공히 지역문화의 거점조직으로 집중 지원하여 활성화시키는 일이다.

문화원의 이사회와 집행부 구성을 지방문예진흥위원회가 지역행정기관과 연계하여 공공의 공익기관으로서의 위상을 재정립하고, 회관과 시설을 확장,

확보하여 다양한 문화활동을 복합적으로 추진하는 기관으로 발전시키고, 이를 위한 재정적 지원과 집행부직원의 신분을 보장해주는 방안이 강구되어야 할 것이다. 그리고 현재 시·군 단위의 일부지역에만 설치된 문화원이 전국의 시·군 단위는 물론이고 특별시와 직할시의 구 단위까지 문화원을 설치해 나가도록 해야 할 것이다.

③ 지역 공고문화기관의 활성화와 관련하여 추가해서 제안하고자 하는 것은 지역 문예진흥원의 설치문제이다.

물론 이 경우에는 막대한 관리비와 인건비 등 제정문제가 수반되는 만큼 광역자치단체단위로 시범적 및 단계적으로 권장하는 방법도 가능하리라고 여겨진다. 다만 이러한 민간과 공공기관이 활성화됨으로로써 문화행정의 전문성과 지역문화의 자율성과 특수성을 보완하는 효과는 매우 크리라고 보인다.

3) 지역문화 시설기반의 확충

부족한 문화시설과 중·소도시 단위의 예술 활동 거점으로서의 문화공간이 확충되어야 하고, 기존문화시설의 보완정비와 문화시설의 기능과 역할분담 및 전문화가 이루어져야 한다.

아울러 문화시설의 서비스 기능을 제고하여 주민에게 봉사하는 프로그램이 개발되어야 한다.

(1) 지역문화시설의 운용전략과 제도 개선 방안

① 입체적인 운용체제와 연계망 구축방안

- 시, 도 종합문예회관을 광역지역 단위의 문화활동 거점으로 운용하고, 중간지역 단위의 시민회관, 군민회관, 구민회관, 문화원 등과 연계망을 구축하는 운용체제가 이루어지도록 육성해야 한다.
- 종합문예회관은 지역문화센터로서 종합적이고 복합적인 문화활동과 보급기능을 강화하기 위하여 지역특강 프로그램을 비롯하여 각종 문화예술 프로그램을 개발 하고 지역 내 군소 문화시설에 프로그램을 보급, 지원함은 물론 타지역간

또는 중앙과의 프로그램 교류를 추진하고 연계하는 프로그램 뱅크의 기능이
확충되어야 한다.

- 시·군 문화회관이나 지방문화원 및 기타 공공문화시설들은 종합문화회관과
연계성을 강화하여 프로그램을 공급받는 동시에 소지역의 문화활동의 중심이
되도록 기능을 보강해야 한다.

- 기존 문화시설의 대부분이 다목적행사용 시설임을 감안하여 시설내부에 예술
활동에 필요한 기자재와 장치 등을 구비하여 지역예술 단체가 다양하게 활용
할 수 있게 하고, 지역주민들이 문화교육장이 되도록 함으로써 시설의 가동률
과 관객증대에 노력을 경주해야 한다.

② 문화시설 운영조직과 인력의 전문화 방안

- 현재 지역문화시설의 운영조직과 인력이 시설의 유지관리에만 치중되어 있는
현상을 지양하고, 문화 창출과 보급기능을 최대화하는 '살아있는 시설'로 전환
하기 위하여 조직과 인원을 재구성하여 프로그램 기획, 프로그램 제작, 시설기
자재 조작, 프로그램 보급과 관객 유치의 업무를 전담하는 조직이 필요하며, 여
기에 종사하는 사람들에 대한 신분과 생계가 보장되어 사명감을 갖고 종사하
게 하는 정규상근제도가 시행되어야 한다.

- 공공문화시설 요원들의 전문화를 위해서는 시설운영의 직무교육과 기술교육
이 확충 되어야 하고, 교육을 체계적으로 담당하는 교육연수기관도 필요하며,
지역출신의 예술계 전문대학이나 대학교 졸업자들을 흡수하는 방안도 강구해
볼 필요가 있다.

- 새롭게 시도해 볼 수 있는 운영 방안으로서, 현재 지방공무원으로 보임하여 관
리운영하는 방법을 개선하여 일본에서 시행하고 있는 독립된 법인제나 프랑스
에서 시행하고 있는 관장 중심의 운영방법으로 전환해 보는 것이다.

　이 경우 시설의 소유권은 물론 지방자치단체가 갖고 ,운영권만을 독립시키
는 것이며, 자치단체는 회관운영협의체에 참여하여 자문하는 형식을 도입한다
는 전제이다.

　이렇게 함으로써 운영자에게 사업의 목적과 성과에 책임을 지우고 운영의
예술성과 경영성을 충분히 발휘하게 하고자 함이다. 이와 같은 방안은 현재

우리나라의 지방종합문예회관이 시설 면에서는 프랑스의 각종 문화원과 대동 소이 하나 그 운영과 기능 면에서는 현격한 차이가 있기 때문에 제안하는 것 이다.

③ 지역문화 시설에 대한 재정지원 확대 방안

프랑스의 경우도 재정문제가 가장 핵심적인 문제로 대두되고 있으나, 시설의 건 설은 중앙정부와 지방정부가 공동으로 부담하고, 시설운영의 경상비와 프로그램 기 획, 제작 및 공연비까지도 국가와 도, 시가 공동으로 부담해 오다가 최근(1983~)에는 점차 지방 정부의 부담을 증대시키고 있는 추세였다.

이에 비추어 우리나라의 경우도 지방재정의 자립도가 어느 정도 안정 상태에 이 르기까지는 중앙정부의 지원이 대폭적으로 지속되어야 할 것으로 보이는 바, 특히 운 영자금에 대한 지원이 전무 하였던 점을 감안할 때 중앙정부와 지방정부 차원의 인식 전환이 필요하다.

프랑스는 '지원은 하되 간섭은 하지 않는다'는 원칙을 고수하기는 하나 재정적인 부담을 경감시키기 위하여 문화원 운영에 경영기법을 동비하고 있다는 점에 유의하 지 않을 수 없는 바, 운영 체제를 개선하여 책임운영 방법을 도입함으로써, 자체 수입 증대에 자극을 주는 것도 바라바다고 생각된다.

④ 프로그램의 개발과 시설가동률의 제고 방안

프랑스의 경우 각 문화원이 자체 개발 제작하는 프로그램은 연간 2~3편에 불과 하다. 그러나 각 문화원이 제작하는 프로그램은 다른 문화원에 선택의 자료로 제공된 다. 전국의 각급 문화원은 제공된 자료에서 각기 자기 문화원의 다음연도 프로그램을 최소한 1년 전에 임의 선정하여 연간 프로그램을 확정하게 된다. 지금 1987~1988년 의 통계에 의하면 전국의 55개 문화원에서 총 2만 504회의 공연을 실연함으로써 1개 문화원당 373회의 공연실적을 나타내고 있었다.

위와 같은 현황을 감안하여 우리나라 지방문예회관의 프로그램과 가동률 제고를 위해서 다음과 같은 방안을 구상할 수 있겠다.

— 국·시립(서울) 단체의 공연물을 지방문예회관으로 순회공연 하는 기회 확대

- 중앙에서만 개최되는 예술행사(연극제, 무용제, 음악제 등)의 지방순회 개최 방안
- 국제예술 행사의 지방순회 확충
- 지방시, 도립 단체의 공연물을 다른 시, 도와 교류 확대
- 주요 민간예술단의 지방순회 기회 확대 및 지원강화 등이다.

이상과 같이 우선은 순회 교류 확대를 위해서 프로그램 뱅크제도(연간 전국단체의 공연내용을 총망라하여 보급)를 도입하여 운영하고, 장기적으로는 지역단위의 문예회관에서 독자적인 프로그램을 기획 제작하여 자기지역 내에서는 물론이고 다른 지역에까지 판매하는 제도로 육성해 나가고자 하는 단계적 전략이다.

이러한 방안들은 우선 지역주민들에게 수준 높은 예술접촉 기회를 증대시키고, 지방문예회관의 가동률을 제고하여 운영상의 기술적, 경영적 경험을 체득케 하고자 하는 단계적 추진전략의 일환이다. 다만 지방종합문예회관의 프로그램 개발과 활용에 있어서 정부와 지방자치단체의 재정적, 행정적 지원과 관심이 필요하다.

(2) 지역문화 시설의 서비스 기능 제고 방안

① 시설 관리 운영의 경직성 탈피
- 관료주의적 타성을 지양하고 봉사정신으로 전환
- 행정일변도의 운영에서 융통성 있는 운영으로 개방화
- 시설의 관리 유지보다 활동 프로그램에 적극적인 예산 투입(건립, 개관 이후에는 휴고나 상태에 빠지는 폐단을 없앰)
- 각종 시설의 관장은 문화예술을 이해하는 인사로 하고, 부관장은 행정관리가 담당케 하는 방안
- 운영을 제3의 기구에 위임하여 경영성을 제고하는 방안
결국 문화시설 운영의 활성화는 사람에게 달려 있다는 점에 유의해야 한다.

② 주민의 일상생활에 파고드는 프로그램의 개발과 실시
- 생활주변의 문화를 보전, 전승, 개발하는 프로그램 제공
- 누구나 이용할 수 있는 자유롭고 개방된 프로그램 제공

− 학습과 교육과 참여의 계기를 제공하는 프로그램 개발

− 예술 감상과 주민의 창조활동을 자극, 유발하는 프로그램 개발

− 지식과 정보를 제공하고 편의를 제공하는 프로그램 전개

− 지역사회의 역사와 전통과 특성을 살리는 프로그램 개발

− 대화와 사교, 취미와 여가선용의 프로그램 개발

이상의 프로그램은 각종 문화시설에 다 같이 적용되는 방안이다.

③ 박물관, 사적지, 향토사료관 등의 사회교육 강화

− 완전 개방된 교육과 학습의 장을 마련한다는 취지의 프로그램 가발

− 사실 정보전달이 아니라 직접 체험하는 프로그램 제공

− 부분보다 전체를 이해하고 자극을 받을 수 있는 프로그램 개발

− 지역사회의 원초적인 특성을 이해하고 미래 문화를 창조하는 프로그램 개발

− 위인 현창 사업 등 애향심과 역사교육 효과를 높이는 프로그램 실시

− 조사, 연구를 통해 가치를 인정받는 자료를 수집, 소장하는 일

④ 도서관, 과학관 등의 서비스 기능 제고 방안

− 무엇이든, 어디서든, 누구든지 이용할 수 있는 서비스 제공

− 최신의 지식과 정보를 신속하고 풍부하게 공급하여 이용자의 조사, 연구활동
  지원

− 대출 예약제, 무료 관외 대출제를 실시하여 주민들의 자료요구를 증대시킴.

− 청소년 특히 아동의 독서요구에 부응하는 철저한 아동서비스 강화(아동도서 기본
  목록집 작성, 우량도서 소개 등)

− 지역 내 도서관의 네트워크 구성과 기능 분담 및 상호 협조 체제 강구(예: 시 · 군
  의 도서관을 중핵도서관으로 하고 읍, 면 또는 리, 동의 도서관과 연계체제를 수립하여 자료의 상
  호활용방안 강구, 이 경우 읍 · 면 · 리 · 동의 도서관은 기존건물의 일부로도 가능함.)

− 주민생활에 직결시킬 수 있는 전 지역 서비스망 구축(이동도서관, 자동차 도서관 활
  용 강화)

− 전 자료의 개가식진열과 컴퓨터를 통한 검색서비스

− 비디오, 레코드, 테이프 청취석 설치 등 자료의 다양화 지향

- 각종 강좌, 강연회, 레크리에이션 프로그램 운영
- 예산 부족, 빈약한 장서, 부족한 직원무제 해결방안 강구

⑤ 미술관을 시민문화의 고양과 창조의 거점으로
- '열린 미술관' 또는 '시민 갤러리' 지향: 감상하는 장소만이 아니라 주민의 제작, 발표, 학습하는 장소가 되게 하고, 전시실 이외에는 모두 무료로 이용하게 함.
- 잠재적 수요자를 개발하는 적극적 활동 특정집단만 이용하는 것이 아니라 주민에 대한 서비스를 확대하여 지역의 매력을 창출함.
- 숨은 작가를 발굴하고 육성, 현창하는 기능 강화,
- 소장품, 전시내용에 지역의 독자성을 중요시하고 계획적, 장기적으로 고려함.
- 국내외 미술관과 교류하여 이해 증진에 기여하는 역할 강화

⑥ 공연장(극장, 음악당, 종합문예회관 등)의 기능 확충
- 문화시설의 토착화 지향: 일방적인 감상만이 아니라 연습실을 핵으로 하는 주민의 예술활동 확산과 새로운 창조 활동의 산실로 전환
- 다양한 주민 예술활동 프로그램의 운영: 문화세미나, 강좌, 감상회, 초청공연, 실기교실, 청소년 연극감상회, 인형극 교실, 학생연극제, 영화강연회, 학교음악 콩쿠르, 청소년 합창단, 바이올린 교실, 클래식 발레교실, 주민합창단, 시민극단 등 이때에 선택은 지역특성에 따르게 위임하는 것이 바람직하다.

⑦ 체육공원, 청소년센터
- 지, 덕, 체와 예술 감수성 함양의 공간으로 체육공원과 조각공원 또 체육공원과 문화마당의 결합, 청소년 회관과 예술공간의 결합 등 복합기능 제고
- 휴식과 여흥을 통한 재생산력의 충전도장이 되게 운영해야 함.

(3) 신규 문화 시설 확충 방안

① 대형, 다목적 시설의 건설 억제
지역 사정과 활용 면을 고려한 장르별, 중, 소규모 전문시설을 건설하는 것이 바람

직하다. 지방자치제가 실시되면 성급하고 경쟁적인 대형, 다목적 홀을 양산할 우려가 있는 바 이를 억제하는 것이 마땅하다. 외국에서의 다목적, 대형 홀에 대한 방성을 우리에게 교훈을 주는 것으로 받아들여야 할 것이다.

② 문화단지 개념의 도입

신규시설을 건립 조성할 경우 일정구역 내 또는 인근구역 내에 건립함으로써 문화단지(문화의 거리 또는 지역문화 광장)를 조성하여 이용자의 활용도를 높이는 방향으로 추진되어야 한다. 특히 신도시건설의 경우는 필연적으로 반영할 것은 물론이고, 새로운 시설을 건립해 나갈 경우에도 적용되는 것이 좋다.

③ 지식과 정보 및 학습시설 확충

도서관, 과학관 등의 시설을 지역특성에 따른 전문 분야별로 확충해 나가는 것이 바람직하다.

④ 문화 보존과 교육장 시설 확충

박물관, 사적지, 향토사 박물관, 미술관, 기념관 등을 지역특성을 고려해서, 대상 선택은 지역에 위임하여 확충해 나간다.

⑤ 예술활동의 거점과 주민참여 시설 확충

극장, 음악당, 종합문예회관 등 주민에게 예술접촉 기회를 제공하는 시설을 지역 실정에 맞게 건립해 나간다.

⑥ 체육 및 레크리에이션 공간 확충

체육공원, 야외놀이마당, 청소년회관, 예술촌 등을 청소년 및 일반주민의 생활문화 공간으로 활용하게 확충한다.

⑦ 민간문화시설 건립유도

기업이 문화시설을 건립 운영할 수 있는 방안을 강구하고 이를 적극적으로 유인하는 제도가 필요하다.

4) 지역문화 창조기반의 확충

지역예술인들의 활동을 촉진하기 위하여 발표 공연 기회를 확충하고, 자기고장에서도 안심하고 창작 활동에 전념할 수 있는 예술단이나 그룹을 육성 지원함으로써 지역예술인들의 창조역량을 높여야 한다.

(1) 예술단체의 육성과 지원 강화

① 지역단위(시·도립)의 예술단 조직 운영
- 교향악단, 오페라단, 합창단, 발레단, 무용단, 극단, 가무단, 국악단, 국악 합창단, 창극단, 민속예술단 등을 조직 운영하는데 일시에 여러 개의 단체를 조직할 것이 아니라 단계적으로 추진하는 것이 바람직 함.
- 조직의 우선순위는 지역 특성과 여건에 맞는 것으로서 발전가능성이 있는 것부터 시작함(예: 호남의 국악 등).
- 단체가 조직된 경우 전용시설(기존시설 또는 신설)을 갖추고 예술인을 훈련, 양성하는 기능을 병행케 하여 궁극적으로는 전국 제1의 단체로 육성함.

② 자생적인 민간예술단을 적극 지원
- 소규모 예술단체 및 지방예총, 문화원 활동 지원강화

③ 공연 및 발표 기회의 확충 지원
- 공연 예술의 경우 문화시설의 염가대관 및 공연금 지원
- 문학의 경우 동인지 및 문학잡지 지원 등

④ 지역예술단과 지역기업과의 연계활동 강화
- 예술과 기업이 공동으로 행사 개회
- 기업의 예술활동 지원권장 및 적극 유도

(2) 지역 예술 행사의 확충과 교류 확대

① 전국 규모의 지방예술행사 확대와 지역순회 개최

현재 전국 시방연극제민 시행되고 있는바, 전국지방무용제, 전국지방음악제, 전국지방국악제 등을 창설하여 순회 개최함.

② 중앙문화예술 행사의 지방 개최 및 순회 확대

(현대 미술대전, 연극제, 무용제가 순회하고 있음.)
- 중앙예술행사의 지방순회 개최(격년으로 지방개최 등)
- 행 지방순회공연 지역을 확대(현재 5~6개 도시)
- 중앙미술관, 중앙박물관 등의 소장품을 지방에 순회 전시하는 방안

③ 국제 예술행사의 지방유치 및 지역 주최의 국제행사 개최
- 외국예술단 공연의 지방순회 확대
- 지방에서도 국제예술 행사를 주최하는 방안

④ 지역 간 공연, 전시행사의 교류 확대

(3) 지역 예술인들의 창작의욕과 창조역량 제고

① 지역 예술인들의 재충전(연수, 교육 등) 기회 확충
- 세미나, 워크숍 등을 통한 연구와 연수 등 재교육 기회 확대
- 중앙시찰 또는 해외시찰(연수)기회 확대지원
- "창작의 집(예술인존)" 등 창작 활동 공간 제공
- 연고 예술인 초청 활용 등으로 자극 유발
- 중앙과 연계되는 문화예술 정보망을 구축하여 정보 제공

② 지역예술인들의 사기 진작
- 지역문화 예술상을 확대하여 업적을 현창

- 시, 도립 예술단체에 활동기회 확대
- 생활안정과 복지증진시책 강구

5) 지역 문화 향수기반의 확충

지역주민의 문화의식을 고양하고 문화예술의 수용능력을 계발하는 문화촉매운동과 사회교육의 활성화를 도모해야 하겠으며, 지역사회의 각종 문화시설의 기능이 체계화 되고 활성화 되어야 한다. 또한 지역 내 각급 학교와 문화기관 단체들 간에 유기적인 협력관계가 이루어져야 한다.

(1) 문화향수시설의 체계화 및 활성화

① 도서관 기능의 활성화: 도서관은 정보센터의 기능, 평생교육의 장, 문화활동의 중심지, 여가활동의 차원으로 운영되어야 함.
② 박물관의 사회문화교육기능 강화: 박물관도 사회문화 교육시설로 탈바꿈해야 하는데, 특히 지역사회자체를 박물관하는 프로그램을 창출해야 함.
③ 지역사회 공공시설(커뮤니티시설)의 주민문화 거점화: 시민회관, 군민회관, 구민회관, 청소년회관, 복지회관, 새마을회관 등을 문화회관 기능으로 전환시킴.
④ 지방문화원 시설의 활성화: 시설보완과 프로그램 창출, 지역문화의 독창성 유지발전, 미설치 시·군·구에 문화원 설치
⑤ 각종 문화시설에 대한 프로그램 공급 강화 및 창출 기능 제고: 프로그램 창출기구 및 송출의 제도화, 지역단위 문화시설에서 프로그램 창출기능 발휘 및 재정지원 강화

(2) 지역고유 문화의 개발과 문화적 관심과 자긍심 고취

① 지역전통에 근거한 생활주변 문화에 대한 인식 제고: 전설, 설화 민요, 방언, 음식 등을 조사 연구하여 보급함으로써 생활문화 기반 구축
② 향토문화의 보존과 애호정신 유발: 축제, 문화유산, 향토사연구, 전통공예 및

전통산업 개발

③ 지역문화 관광 자원 개발: 민속, 축제, 유적, 명승지들을 문화관광 자원화

(3) 문화 촉매운동의 적극화

① 지역의 문화예술 유휴인력을 문화촉매요원으로 활용: 퇴임한 교육자, 연고예술인, 대학생 및 대학졸업자 등
② 지역 내 각종 문화시설을 촉매거점으로 활용: 문화시설의 각종 서비스를 사회교육활동과 연계
③ 아마추어 예술활동의 활성화 촉진 및 참여확대 유도: 지역 주민이 요구하는 예술활동을 촉매 프로그램으로 실시
④ '국민문화예술제'행사 구상: 전국 지역단위 아마추어 예술제 개회

(4) 학교시설의 개방과 지역문화교육 및 연구활동 확대

① 학교시설의 개방으로 주민 문화활동을 유도하고 지도하는 프로그램 운영
② 대학에 개방대학, 시민대학, 문화강좌 등을 확대 개설
③ 대학의 지역문화연구활동을 적극화하고 그 연구결과를 주민에게 보급 확산
④ 각급 학교 교육에 지역 사회단원 설치교육, 교육자치계화 병행하여 지역사회 문화교육 강화
⑤ 초등학교 학예회 부활

(5) 기역 언론기관의 문화기능과 역할 제고

① 문화예술의 정보제공과 비평, 계도활동 강화
② 언론기관의 문화강좌 개설과 서비스 제공 확대

(6) 지역문예단체 및 문화기관의 협력체제 구축

① 각 기관 단체들의 역할분담과 협조 체제 구축

② 단체들 간의 경쟁으로 인력과 자원의 소모성과 중복성 지양

③ 지역문예단체의 사회교육기능과 주민봉사기능 강화

(7) 문화가족 사회의 확산

① 각급, 각종 문화동호인의 그룹활동 강화

② 주민에게 파고드는 생활문화 프로그램 강화

4. 나가는 말

문화정책의 최종 목표는 국민 개개인이 그가 속하고 있는 지역사회의 일상적인 생활 속에서 문화를 향수하고, 문화창조에 참여하고, 문화적인환경에서 정신적인 안위와 기쁨을 얻어 만족한 생활을 누리게 하는 것이라고 본다.

더욱이 지방자치제를 실시하게 되는 우리나라도 지방시대를 맞이하게 되었다. 지방시대 또는 지방화의 시대라는 말은 지역의 모든 생활환경을 정비하고 개선해 나가는 정책의 핵심에 문화적 주체성과 지역적 특수성을 도입해야 한다는 기대를 포함하고 있다고 본다.

특히, 우리나라와 같이 지방문화가 사각지대화하고 있는 현실에서는 국토의 균형 발전과 사회 제 분야 간의 균형 발전이라는 점에서 지방문화의 발전과 활성화는 국가 사회 발전의 핵심적인 과제라고 하지 않을 수 없다.

그러나 우리는 이제까지 문화발전에 접근하는 방법, 그 자체에 문제점이 있었다는 것을 반성할 필요가 있다.

국가정책의 비중에 있어서 문화 분야에 대한 인식의 결여와 부자와 빈약, 지역문화에 대한 무관심, 행정주도형의 문화시책 등이 그것이다.

물론, 문화는 그 개념 자체가 그러하듯이 복잡하고 다양하며 광범위하고, 또 문화는 만들어지는 것이 아니라 생성하는 것이기 때문에 국가나 정부가 문화물 창조할 수는 없는 것이다. 그러나 국가는 문화의 생성을 돕고, 끊임없이 생성되는 창조활동과 공동의 유산인 과거의 작품들을 전수 보급하는 것을 지원하고, 모든 국민이 문화예술

을 접하고 참여할 수 있게 하는 환경을 조성해줄 의무가 있는 것이다.

이러한 관점에서 지역문화 기반을 확충하는 방안을 재정기반, 행정기반, 시설기반, 창조기반, 향수기반의 측면에서 살펴보았다.

재정기반의 확충은 지방문화 기반 확충의 관건이라고 본다. 왜냐하면, 이무리 좋은 청사진이 마련된다고 하여도 그것을 실천해서 이룩할 수 있는 것은 투자가 뒷받침되지 않고서는 사문화 되거나 공염불에 지나지 않기 때문이다. 과거의 문화 정책이 모두 구두선에 불과했었다는 지적도 이를 두고 하는 말이라고 본다. 문화부가 독립된다는 것만으로 문화가 발전되는 것은 아니다. 그에 상응하는 투자가 뒤따라야만 한다. 그러므로 정부와 지방자치단체는 획기적인 문화부가 의지를 실천으로 보여야 할 것이다.

행정기반의 확충은 지역문화 행정의 분권화로 특수성을 살리게 하고, 새로운 행정영역으로서 문화행정의 전문성을 제고하고 이를 위한 교육훈련의 필요성을 강조하지 않을 수 없다.

지방자치 시대에 걸맞은 행정제도가 하루 속히 정착되는 것이 바람직하다고 본다.

시설기반 확충의 측면이야말로 국가와 자치단체가 맡아야 할 기본적인 업무라고 말해도 과언이 아니다. 그러므로 지방 문화시설이 활성화되기 위해서는, 중앙정부의 대폭적인 투자와 지원, 지방정부의 투자증대와 적극적인 관심, 문화시설(특히 지방 문예회관) 운영 체제 및 제도개선과 적극적인 문화예술 프로그램 창출 노력, 기업과 지역주민의 적극적인 참여와 관심 촉구 등이 있어야 하리라고 본다. 특히 지방 문화시설의 운영제도 개선과 관련해서는 문화부, 내무부, 지방자치단체 간에 긴밀한 유기적인 협조체제를 강구해야 할 것이다.

창조기반 확충 면에서는 지역의 예술인들이 안정된 조건에서 지역에서 충분한 창조활동이 가능할 수 있게 지원하는 것이다. 창작발표 및 공연의 무대를 확충하고, 연구와 재충전의 기회를 제공하고, 창작지원을 확대해야 할 것이지만, 이 경우 어디까지나 '지원은 하되 간섭은 않는다'는 원칙이 지켜져야 할 것이다.

마지막으로 향수기반의 확충은 문화예술 내용물의 양적이고 질적인 향상과 향수자인 지역주민의 향수능력 제고에 초점이 주어진다. 내용물의 양적·질적 향상은 그 선행되는 조건이 앞에 열거한 재정·행정·시설·창조 기반의 확충·행정다고 보며, 향수 능력의 제고는 지역주민에 대한 문화예술 인식을 제도하고 문화를 통한 주민의 자긍심을 일깨우고, 사회문화 교육을 통한 감수성의 배양운동과 더불어 주민들 자신의 의욕적인 향수노력이 병행되어야 할 것이다.

여하튼 지역 문화정책도 이제는 어느 한 부분에 시각을 고정시키고 평면적이며 단선적으로 접근해서는 안 된다.

국가사회 발전계획이 총체적인 균형 발전을 지향해야 한다고 볼 때 지방문화의 균형 발전은 단편적이며 가시적인 문제에 집착할 것이 아니라 거시적인 장기적 안목에서 출발해야 할 것이다. 그러므로 지난날의 소극적이고 좁은 의미의 문화예술로만 보던 인식을 불식하고 문화정책과 문화행정의 영역도 넓게 보고 지역사회 발전의 종합행정으로 지행해 나가야 할 것이다.

이상과 같은 본인의 소견에 입각해서 정주시의 문화발전을 위하여 무엇이 필요하고 무엇이 가능한가 하는 것의 선택은 오로지 정주시민과 시당국의 소임이라고 생각하면서 다소의 참고나 발상의 시발점이 된다면 감사하다고 느끼는 바이다.

6. 지역문화시설의 기능과 역할

이종인(한국문화예술진흥원 문화발전연구소장)

1. 문화시설의 새로운 기능

전통적인 의미에서 문화시설의 기능은 문화적 유산을 보존하는 장소(박물관, 미술관, 도서관, 자료관 등)이거나, 음악 · 무용 · 연극 등 예술활동의 발표공간(공연장 등)이라는 좁은 의미로만 해석되어 왔다. 따라서 문화적 유산이나 예술활동에 담긴 문화적 · 지적 전통과 국민일반의 삶의 양식에 담긴 문화적 양식 등은 외면돼왔던 것이 사실이다.

그러나 현대적 의미에서의 문화시설의 기능과 역할은 단순한 문화유산의 물리적 보존이나 예술발표의 공간뿐만 아니라 문화시설을 통해서 이루어 질수 있는 문화교육 · 문화전수 · 문화적 참여기회를 높일 수 있는 기능과 역할을 포괄해야 한다는 것이다.

왜냐하면 문화예술이란 창조자와 향수자가 서로 유리된 상태에서는 결코 발전할 수 없으며 양측이 서로 공생관계에 있는 것이다. 그러므로 문화시설들의 필수적인 기능과 역할은 창조자들에게는 그들의 작품을 최고의 조건에서 발표할 수 있는 기회를 제공해 주는 일이고, 향수자(관객)들에게는 문화예술이 생활 속에서 필요한 이유를 깨닫게 해주는 동시에 문화예술을 이해하고 즐길 수 있는 능력을 키우고 분위기를 조성해 주는 문화교육과 문화매개기능을 충분히 발휘하여 살아 움직이는 시설로 탈바꿈

해야 한다는 것이다.

대표적인 유형의 문화시설들의 바람직한 기능과 역할을 살펴보기로 하자.

2. 박물관

박물관은 사회교육기관이 되어야 한다. 박물관의 기능은 ① 자료의 수집 기능, ② 자료의 정리 · 보관기능, ③ 자료의 조사 · 연구기능, ④ 자료의 교육 · 보급기능을 갖고 있다. 그러므로 박물관은 단순하게 자료를 수집해서 진열하여 사람들에게 보이는 것으로 끝나는 것이 아니라 앞에 말한 네 가지 기능을 충실히 해야 한다.

과거의 박물관은 한번 보고나면 더 볼 필요가 없게 되어 있었다. 그러나 오늘의 박물관은 흥미 없는 사람들에게도 평생교육의 관점에서 볼 때, 박물관을 활용하지 않으면 손해를 본다는 인식의 보급이 중요하다. 따라서 박물관은 대중에게 내일과 미래사회에 살아갈 수 있는 새로운 풍토를 조성해 주기 위한 대중의 학교, 대중의 대학이 되어야 한다는 것이다.

박물관의 전시활동이 중요하지 않다는 것이 아니라, 박물관의 전체 활동을 통해 볼 때는 전시활동은 그 일부에 지나지 않는다는 것이다. 연구활동을 중핵(中核)으로 해서 그 성과를 모든 정보활동과 수단을 동원해서 대중에게 보급하고 교육시켜야 한다. 이렇게 될 때 박물관은 역사적 전통과 풍토를 기초로 한 새로운 지역사회 문화창조라는 미래지향성을 살려나갈 수 있을 것이다.

이렇게 되기 위해서 박물관은 하나의 자료를 모으기 위해서도 그 자료를 철저히 조사하지 않으면 안 된다. 조사되지 않은 자료는 아무리 모아도 그 자료의 최종적인 가치는 결정되지 않는다. 가치가 결정되지 않은 것은 이용도 안 된다. 유래를 모르는 자료는 이용자에게 아무런 도움이 안 된다. 유래를 알 수 있는 자료와 정보가 집적되어서 비로소 전시가 가능한 것이다. 그저 아름답기 때문에, 크기 때문에, 작기 때문에, 흥미롭기 때문에 전시한다는 것은 의미가 없다. 전시되는 테마는 그에 관한 연구논문이나 보고서가 있어야 한다. 개개의 자료에 관해서도 나름대로의 정보가 있어야 한다. 물론 박물관에 소장된 자료가 모두 그래야만 한다.

전시는 정보전달의 수단이고 그 정보는 큐레이터(學藝員)가 만들어 내야 한다. 이런 의미에서 박물관 활동은 큐레이터의 질과 수에 비례한다고 볼 수 있는바 가장 중요한 일은 큐레이터를 확보하고 양성하는 일이다. 이와 같이 박물관은 세우는 것보다 그 활동이 문제다. 그러므로 박물관을 건설해서 개관할 때까지는 넉넉하게 투자하고 개관 뒤에 활동예산을 줄이는 어리석음은 없어야 한다.

3. 도서관, 자료관

종래의 도서관이나 자료관은 우중충한 건물 안에서 자료를 열람하는 일이 대부분이어서 책을 문화유산으로만 소장·보존하는 곳이라는 인상이 깊었다. 그러나 오늘날에는 "무엇이든, 어디에서나, 누구든지"이용할 수 있게 자료를 제공하는 것이 기본적인 목표가 되고 있다. 장바구니를 든 주부가 어린아이를 데리고 들어가서 가벼운 마음으로 이용할 수 있는 생활주변에 있는 시설이 되어야 한다.

원격지에는 이동도서관이 순회해서 대출과 예약을 서비스 하는 등 이용자 본위의 서비스를 넓혀야 한다. 한편 도서관을 이용해서 강좌와 강연회 및 레크리에이션 등 주민들의 일상생활에 파고 들어가는 활동을 적극적으로 전개해야 한다. 도서관이라고 해서 단순히 서적만을 수장하고 활용할 것이 아니라, 영상·음향자료도 함께 수장하여 이용할 수 있게 하는 동시에 각종 자료를 컴퓨터를 활용하여 검색하고 열람할 수 있게 하는 전산화 작업도 착수하여 명실상부한 정보센터의 기능을 수행해야 한다.

특히 중소도시의 공공도서관은 자료를 찾는 모든 사람과 그룹에 대해서 효과적이며 비용이 적게 자료를 제공해 주는 동시에 주민들의 자료요구를 증대시키는 것이 목적이 되어야 하고 그를 위해서 관외 대출과 아동서비스, 전역(全域)서비스를 기본 기능으로 하는 것이 바람직하다. 또한 지역도서관은 지역특성을 살리는 독특한 포인트를 찾아서 지역도서관 고유의 역할에 눈을 돌려야 할 것이다. 예컨대 공업도시에서는 공업기술에 관한 자료를, 농업지역에서는 농업에 관한 자료, 산간지역에서는 임업에 관한 자료, 광산지역은 광업에 관한 것, 어촌이나 항구지역에서는 수산업과 항해에 관한 자료 등 전문성을 살리는 특장화 작업이 지역발전에 이바지 하고 지역 주민들의 적극적인 호응과 이용을 유발 할 수 있을 것이다.

4. 미술관

　종래의 미술관은 역사적 유물이나 이미 인정받은 미술품의 수집·보관·전시의 기능을 갖는 것으로 여겨왔다. 그러나 현대의 미술관은 수집과 보관·관리의 폭과 기술을 넓히면서 대중들을 위한 전시와 교육 프로그램, 안내와 홍보 등 종합적인 기능을 가져야 한다고 생각되고 있다. 왜냐하면, 미술품을 대하고 미술문화를, 향유할 수 있는 가장 실질적인 장소가 미술관이며, 수집된 미술품을 보존하고 연구하며 일반 화랑과는 달리 수시로 미술사적인 의의를 지닌 전시를 마련하여 대중의 문화적 삶에 도움을 주는 장소가 미술관이기 때문이다.

　또한 미술관의 개념 자체도 변화되고 있다. 실험성과 진취적 성격의 전시공간이나, 도심의 환경조형 공간과 자연속의 야외공간의 개념으로까지 확대되고 있다. 그러므로 이제 미술관의 개념은 일정한 틀이나 획일적인 성격의 것이 아닌 다양한 성격으로 변하고 그 기능도 미술품의 보관·정리와 의례적인 전시에 국한되지 않고 미술과 일반대중과의 관계를 중요시하게 되고 있다. 따라서 미술관은 공연장과 함께, 아직 평가받지 못하고 있는, 그러나 우수하고 장래성 있는 작가와 작품을 발굴·발견하는 장소이기도 하고, 국제적인 이해를 증진시키는 데 유력한 공간이기도 하며, 나아가서는 정치적·경제적인 교류와는 달리 평화적인 국가·민족 간의 마음과 마음의 교류 공간이기도 하다.

　미술관은 이익추구형 기관도 아니고, 공영기업도 아니며, 평생교육의 기관이고 공공서비스의 기관이다. 그러므로 최소의 경비로 최대의 효과를 어떻게 올리느냐 하는 것이 문제이다. 미술관의 가치는 거장의 작품을 수장한다거나 명화만을 수장했다고 하는 데 있는 것이 아니라, 무엇을 왜 보여줄 것인가, 대중에게 어떻게 보급하고 교육할 것인가, 그리고 그것이 대중과 지역사회에 어떻게 기여할 수 있는가에 따라서 그 가치가 인정될 것이다.

　특히 우리나라와 같이 지역미술관이 전무한 상태에서 앞으로 세워질 지역미술관은 어떤 미술관을 지향할 것인가 하는 이념과 목적이 뚜렷해야만 할 것이다. 지역주민은 그 지방을 이해하고 지방을 통해서 성장한다. 미술관은 지역사회의 문화적 중심의 하나이고, 살기 좋은 지역이나 지역의 매력을 창조하는 거점으로서 문화센터의 역할을 해야 한다. 그를 위해서는 어떤 특정집단만이 이용하는 시설로 만족한다거나,

취미시설로만 볼 것이 아니라 지역주민에게 서비스하는 기능이 확대되고, 기업에서 말하는 잠재적 수요자를 개척하는 것과 마찬가지로 적극적이고 과학적인 경영기법을 활용해서 미술관 활동을 활성화시켜 지역주민과 집단이 활용 할 수 있는 사회적 필요 재(必要財)로까지 향상시키는 노력이 필요하다.

그러므로 지역미술관은 건립초기부터 지향하는 이념과 목적을 뚜렷이 하고 그에 따라 계획적인 소장품의 체계를 수립하고 비용을 효율적으로 하면서 지역의 개성과 독립성 그리고 다양성을 살리는 지역독자성의 관점을 중요하게 여겨서 건립함으로써 중앙미술관의 지방분점이 되지 않게 하는 것이 바람직하다.

5. 공연장

공연장 역시 몇몇 예술인만을 위한 발표의 장소로서 만족할 수는 없다. 오늘날의 공연장은 예술인들의 살롱이 아니라 프로와 아마추어의 교량역할을 해야 한다. 즉 창조자와 향수자 간에 매개기능을 해야 한다는 뜻이다. 특히 우리의 경우 80년대 이후에 전국 각지에 크고 작은 공연시설들이 건립되고 있으나 문화시설의 기본이념이나 방향설정의 미숙함과 경험부족으로 예술활동을 수용하기에 미흡하다는 하드웨어적인 측면과 운영과 관리상의 전문성 결여로 효율적인 운영이 이루어지지 않는 소프트웨어적인 측면까지 양면에서 많은 문제점들이 지적되고 있는 것이 사실이다.

공연장이 예술창조자들에게 최고의 조건에서 그들의 작품을 발표할 수 있게 되기 위해서는 공연 장르에 알맞은 전문적인 전용(專用)홀로 시설되어야 한다. 이것도 할 수 있고, 저것도 할 수 있는 다목적 홀은 편리하고 유용한 것 같지만 실제로는 어느 쪽에도 쓸모가 없는 무목적 홀이라는 인식을 가져야 하겠다.

프로시니엄무대와 무대 막, 각종 걸개장치와 복잡한 조명설비 등은 연극이나 오페라, 발레에는 없어서는 안 되겠으나 음악연주에는 필요가 없을 뿐더러 오히려 음향에 방해가 되는 쓸모없는 장치물들이다. 반대로 음악에는 알맞은 소리의 잔향이 연극에서는 대사를 불명료하게 하는 원인이 되기도 한다. 오페라의 경우는 중간 정도의 잔향이 바람직하다. 이렇게 볼 때 다목적 홀은 아주 상반되는 조건의 어느 것에나 만족시킬 수 있는 것이 아니라 어느 것도 만족시킬 수 없다는 것은 명백하기 때문에 무목적 홀이다. 그러므로 앞으로 건립되는 공연시설은 경쟁적인 대형의 다목적 성격을 버리고 중소형의 전문시설로 추신해 나가는 지혜를 살려야 한다.

공연장이 프로와 아마의 교량역할을 하기 위해서는 주민들에게 서비스하는 활동을 전개해 나가야 한다. 그러기 위해서는 공연 프로그램에 관한 홍보활동과 관객유치에 적극적이어야 하고, 시설을 개방하여 문화강좌와 세미나, 실기교실과 예술강좌, 청소년 연극강습회나 인형극교실, 주민 합창지도나 각종 악기별 강습회 등 예술교육활동을 적극 전개하여 지역주민들에게 예술감수성을 길러주고 잠재적 관객을 개발해 나감으로써 예술활동이 주민들의 생활 속에서 살아 움직이게 하는 것이 필요하다. 그리고 공연장의 로비와 주변 환경을 전시공간으로 가다듬어 보다 많은 주민들이 부담 없이 찾아와서 휴식을 취하고 만남과 토론의 공간으로 조성하는 일도 주민들에 대한 하나의 서비스 기능이 될 수도 있다.

6. 지역문화시설의 활성화 방안

우리나라의 지역문화시설들이 앞에서 말한 기능과 역할을 충분히 발휘하여 살아 움직이는 시설로 발전하기 위해서는 삼부족(三不足) 현상이 극복되어야 한다고 생각된다. 삼부족 현상은 첫째로 물적 부족(物的不足) 현상이다. 물적 부족 현상에는 문화시설물이 부족하다는 것과 문화시설물에 담아야 할 작품이 없다는 것이다. 즉 문화시설의 하드웨어와 소프트웨어가 아주 빈약한 현상을 말한다. 두 번째는 인적부족(人的不足) 현상이다. 인적 부족 현상은 문화시설을 관리하고 운영하는 전문요원이 부족하고, 문화시설을 활용하는 예술창조와 예술관객이 부족하다는 것이다. 세 번째는 금전부족(金錢不足) 현상이다. 즉 돈의 문제로서 첫 번째와 두 번째 현상을 타개하기 위한 재정적 투자가 빈약하다는 것이다. 이러한 현상들을 극복하기 위한 방안들을 간략하게 약술하면 다음과 같다.

7. 문화투자를 위한 정책배려와 진취적 자세

우리나라의 현실엘 비추어 볼 때 지방재정의 자립도가 개선되기 까지는 중앙정부 차원의 지원이 대폭적·지속적으로 증액되어야 할 것이다. 시설의 건축비는 물론이고 시설의 운영자금과 프로그램 활동비에 대한 지원도 고려되어야 한다. 특히 지방자치제의 실시와 더불어 지방비의 문화투자가 증액되기 위해서는 지방정부와 지방의회의 인식전환이 필요하다.

한편 지역문화시설들은 주어진 예산범위 내에서 안이하게 관리만 하면 된다는 의식을 버리고 진취적인 재원확보방안을 강구해야 한다. 적극적인 경영활동과 기업·주민·단체 등 민간 차원의 문화활동 지원을 유도하는 등 창의적인 운영자금확충에 노력을 기울여야 할 것이다.

8. 운영체제의 개선과 전문요원양성

선진외국의 경우 문화시설들은 민간주도형으로 운영되면서 경영성을 발휘하고 있다. 우리의 경우 공공지방문화시설들은 전적으로 지방공무원들이 직접 운영하는 형태를 취하고 있는 실정이다. 그러므로 앞으로 새로 건립되는 문화시설들은 시범적으로 민간주도의 위탁운영체제를 도입하여 전문경영능력을 발휘케 하여 예술성과 경영성을 살려나가는 방안을 시도해 봄직도 하다.

그리고 문화시설의 운영조직을 시설의 유지관리 차원의 편제에서 예술성과 시설활용의 극대화 및 주민서비스 향상을 위한 전문적 기능을 발휘 할 수 있는 조직편제로 전환해야 하리라고 본다. 조직편제만 개편된다고 해서 문제가 해결되는 것은 아니다. 문제는 종사자 개개인의 전문성과 창의성이 있어야 한다. 그러므로 큐레이터를 비롯한 예술기획제작전문가, 관객관리 및 홍보활동 전문가, 시설기자재를 조작 운영하는 예술기능직을 양성교육하고 확보하는 일이 급선무이다.

9. 다양한 프로그램 개발과 시설가동률 제고

문화시설이 활성화되기 위해서는 다양한 프로그램을 개발하고 시설을 지속적으로 가동시켜 나가는 일이다. 프로그램의 개발은 예술적인 프로그램과 일반시민을 위한 사회교육적인 서비스 프로그램으로 대별할 수 있다. 즉 문화시설의 목표는 예술작품의 창작과 그것의 주민보급이라는 두 가지 목적을 동시에 추구하는 것이다.

예술적인 프로그램은 문화시설 자체의 프로그램 기획, 제작 등 프로그램 창출기능을 강화하는 한편, 프로그램 뱅크제도와 같은 방법으로 중앙과 타지방 프로그램의 교류를 확대하고, 국제적인 예술 프로그램을 지역단위에서 구상하는 등 그 방법은 다양하다. 그리고 지방예술인들이 자기고장에서 예술활동을 할 수 있게 하기위한 지역단위의 예술전속단체를 육성하는 것도 프로그램의 질적 향상과 다양화에 기여할 수 있는 방안이기도 하다.

사회교육적인 프로그램은 문화교육 프로그램이나 주민문화활동 지원 프로그램을 적극화하는 일이다. 문화학교운동은 문화가족운동과 연계함으로써 보다 큰 상승효과를 거둘 수 있을 것이다. 다만 문화학교 프로그램들은 각종 문화시설들이 획일적이기보다는 개별적인 시설의 상황과 여건 및 특성에 맞는 다양하고 특색 있는 교육 프로그램과 지원 프로그램을 개발하는 것이 바람직하다. 뿐만 아니라 각 시설들이 이동 프로그램을 개발하여 능동적이고 적극적으로 국민을 찾아가는 자세로 일반주민의 생활문화를 향상시키고 문화 예술에 대한 관심과 참여의욕을 기르는 데 노력해야 할 것이다.

10. 홍보활동의 강화와 관객확보

선진제국의 각종문화시설들의 홍보활동의 다양성과 적극성, 그리고 예외 없는 관객회원 제도와 그 관리방법은 우리와는 판이하게 다른 점이 많다. 그리고 이러한 활동들이 단순하게 관객을 많이 유치하고자하는 일회성 활동이 아니라 장기적이고 지속적인 예술인구의 저변확대를 위한 계획적이고 의도적인 활동인 동시에 부족한 운영자금을 조금이라도 더 충당하기 위한 적극적인 방법으로 활용하고 있다는 점에 유의할 필요가 있다.

어떤 문화시설이건 간에 홍보를 전담하고 관객과 회원을 관리할 요원이 있고, 그들은 아주 전문적인 자질까지 갖추고 있다. 다양한 홍보물과 다양한 전달수단을 농원하는 기법은 우리도 본받아야 할 일이라고 생각된다.

이상과 같은 활성화 방안에 못지않게 우리에게 필요한 것은 정치지도자와 고위행정관료 및 뜻있는 여론지도층 인사들의 문화시설에 관한 인식의 전환이다. 특히 지방문화시설이 지방문화의 진흥과 지역발전의 거점으로서 얼마나 중요한 역할과 기능을 하는가 하는 것에 대한 인식을 새로이 하고, 적극적인 참여와 지원이 전제되어야 하리라고 본다.

7. 지역문화 생활화와 지방문화원

이종인(한국문화예술진흥원 문화발전연구소장)

1. 1992 지역문화시책과 문화원의 운영방향

(1) 1992 지역문화 활성화 시책방향

① 모든 지역과 계층에 문화혜택을 미칠 문화공간을 확충하여 지역·계층 간 균형 있는 문화향수 기회 확대
② 지역문화 예술의 창조성을 고양하고 지역의 역사와 전통에 바탕한 특색 있는 사업의 발굴·추진을 통해 지역사회발전에 기여
③ 지역문화 애호계층의 확대와 문화운동을 통해 밝고 활기 있는 사회분위기 조성

(2) 1992 지방문화원 운영 및 활동방향

① 지역주민의 삶의 질을 높이는 생활문화센터로의 기능과 역할강화
② 문화원조직에 향토문화예술인의 참여를 확대하여 문화원활동의 전문성 제고
③ 향토애에 바탕을 둔 특성 있는 향토고유문화의 보존육성사업 중점 추진
④ 청소년과 주부를 위한 다양한 문화 프로그램 개설로 문화교육장으로 개방
⑤ 문화원 운영 재정 확보 대책 강구

2. 지방문화원의 운영 및 활동과제

(1) 문화원운영의 쇄신과 활성화방안

① 운영 재원의 확충

○ 정부: 연차적으로 운영비 및 사업비 등 지원금 증대

    — 1992년 국고 16억 7,500만 원(지방비 16억 7,500만 원 별도)

○ 문화원: 재정자립을 위한 지방문화원 후원회 등 조직 강화

    — 지역 및 출향 기업인, 상공인, 지역유지, 공공단체장 등

② 시설개선과 합리적 운용

○ 정부: 연차적인 시범문화원 지원확대를 통한 시설개선

    — 1988~1992년까지 55개원 지원(1992년도 15개원 지원)

○ 문화원: 자체시설 개선노력과 합리적 운용방안 강구

    — 생활문화공간의 역할을 할 수 있는 시설 개선

    — 문화사랑방의 공휴일 개방과 프로그램 다양화

    — 청소년, 지역주민들의 친숙한 활용공간화

    — 기자재 취급 전문인사의 자원활동(운영위원 위촉 등) 강화

③ 문화원 조직개선 및 운영능력 제고

능력 있고 활동력 있는 인사들의 실질적인 참여와 지원역할 강화

    — 지역문화에 관심과 열의를 가진 문화원 회원의 지속적인 확대

    — 문화예술 분야 및 행정 분야 전문 인력의 운영요원 영입확보

    — 문화원의 각종위원회의 조직보강과 역할증대 및 민주적 운영

    — 각종 프로그램에 자원봉사자의 적극 참여기회 확대 등

④ 지방자치단체와의 유대강화와 지원유도

    — 지방의회, 지방정부에 대한 문화원활동 의식제고

― 지방자치단체의 지방문화육성 지원활동 적극 권장 등

(2) 지역문화센터역할의 제고

① 활동영역의 확대와 전문화
― 청소년 및 주민들을 위한 문화 프로그램 개발·운영
― 각종 문화예술 정보자료의 수집과 서비스제공
― 지역문화예술행사의 계호기 및 주도 등

② 지역 내 타문화시설·단체 등과의 협력체제 강화
― 도서관, 박물관, 학교, 문화예술단체 등과 공동사업개발추진

③ 권역별
― 자매결연사업추진(문화사업의 상호협력)
― 공동사업개발과 상호순회개최(시·도 협조)
― 세시 민속놀이 등 계기행사의 공동개최 등

(3) 문화의식 함양사업 중점추진

① 전통 및 생활문화 프로그램 개발·보급
― 지역전통 민속예술 시연 및 세시 풍속놀이 생활화 추진
― 생활문화 교양강좌운영(문화학교와 연계)

② 문화예술관련 사회교육활동 강화
― 지역문화원 문화학교운영
― 지역교육기관·단체들과 공동추진
― 교양강좌, 세미나, 전시회 등과 연계추진

③ 문화인물 현창사업 및 행사 추진

― 자랑스러운 역사적 문화인물 선정 · 발굴현창

― 업적 · 생애 등을 재조명하고, 추모 · 현창할 수 있는 사업과 행사를 개발하여
추진

(4) 향토고유문화의 보존 · 발전

① 향토사료의 조사 · 연구 및 보급

― 조사 · 연구, 사료집 발간보급, 유적 · 사적지 순례 등

② 향토민속축제의 계승발전

― 축제의 원형운구 및 현대적 개선으로 주민민속놀이로 정착화

― 지역을 상징하는 대표적인 문화관광 차원으로 발전

③ 지역특장 향토문화 발굴 · 육성 · 보급

― 특산물, 문화재, 문화인물, 문화축제 등

― 특장문화 전승 · 보급을 위한 커리큘럼 개발육성

(5) 애향문화활동의 전개

① 출향인사 애향문화활동 유도

― 출향인사 명단파악, 문화원 후원회원 등으로 영입, 애향예술활동 권장 · 유치 등

② 내 고장 소식지 발간 · 보급

― 향토문화소개 · 내 고향 소식 등을 지역주민 출향인사에 배포하여 애향심과 관
심 고취

③ 향토문화 유공자 발굴 · 격려

― 지역 언론사, 관련기관 · 단체 등과 공동추진

(6) 청소년 정서 함양과 애향심 고취를 위한 사업전개

① 방학기간 중 청소년 문화 프로그램 중점개발 추진

－ 교양강좌 및 실습(충효, 예절, 전통문화, 향토사 등)

－ 지역연고 선현·향토유적탐방 등 현장교육

※ 지역 및 출향인사 자녀대상으로 방학 중 개설

② 좋은 책 읽기 운동전개

－ 고전읽기 강좌개설 및 실습병행

－ 청소년의 귀감이 되는 인물 재조명

③ 청소년이 직접 참여하는 문화예술행사 개발·보급·시행

－ 농·어촌 청소년 대상사업 중점 발굴

－ 각종 문예행사의 지역대회 및 전국대회 실시

④ 지역 간의 청소년 문화 프로그램 교류확대

－ 문화유적탐방 등 공동사업 추진

⑤ 청소년예술 감수성교육 활동 강화

－ 문화원 문화학교와 지역학교의 공동사업으로 추진

－ 움직이는 문화학교 형식의 교육·감상기회 확산

(7) 지방자치단체(시·도 및 시·군)와의 협조

① 문화원 활성화를 위한 여건조성

○ 시·군 등 자치단체 문화사업의 위탁확대

－ 관주도(행정주도) 문화사업이라는 인식불식에 기여

－ 문화예술사업의 전문성 제고에 기여

○ 지역 내 기업체·공공기관단체 등과의 결연 주선
　　－ 문화원 활동에 대한 지역참여분위기 제고에 기여
　　－ 운영 및 활동비 보조에 기여

② 합리적인 지원금 관리 및 집행
－ 국고 및 지방비의 적기교부와 합리적인 집행
－ 지방비의 문화원 경상운영비 지원증액 노력

3. 문화원의 사회문화육성활동 기능 강화

(1) 문화교육은 문화창조의 불가결한 조건

① 문화교육은 지역주민의 문화활동 참여기회를 확대하려는 활동: 문화참여 및
향수기회확대에 기여
② 문화교육은 지역고유의 문화적 가치를 되찾아보자는 활동: 지역문화발전을 통
해 지역사회발전에 기여
③ 문화교육은 도덕성과 가치관회복을 위한 사회교육활동: 밝고 활기 있는 사회
분위기 조성에 기여

따라서 지역문화교육활동은 지역문화를 창조하기 위한 문화원의 중추적인 기능
과 역할이어야 함.

(2) 지역문화교육의 방향

① 지역의 문화적 전통을 찾아 가꾸는 일
－ 지역문화의 기본재산인 전통문화에 주목하는 함
－ 향토문화연구, 연구 성과의 보급으로 주민공유의 재산으로 활용

② 독창성 있는 오늘의 문화를 창조하는 일

- 문화란 죽은 전통이 아니라 살아있는 창조력
- 살아있는 문화란 생활 속에서 이용되고 활용되어 새로운 창조를 낳는 모체가
  되어야 함.
- 그러므로 문예강좌, 청소년 문학교실, 노인대학, 주부교실 등이 더욱 활성화되
  어야 함

③ 문화교육(문화활동)의 장애요인 극복

○ 문화는 모든 주민의 것이라는 점을 인식시켜 나가야 함.
    - 의식과 의욕의 문제로서: 시간과 돈과 친구와 장소가 없다.
    - 한가한 사람이 하는 것이지 바쁜 사람이 하는 것은 아니라는 생각
    - 의욕 있는 사람들까지도 문치보고 자기들끼리 모여 살롱 활동화
    - 문화는 농민, 근로자, 주부, 청소년, 노인 등 모든 주민의 것이라는 인식전환
      역할

○ 문화는 어렵고 재미도 없다고 느끼는 생각을 불식, 계도하는 일
    - 물질적 풍요에서 불편을 모르는 계층의 생활목표가 단순한 향락으로 치닫
      고 있음.
    - 문화는 본래 생활에 여유와 즐거움을 주는 것이고, 누구나 자기가 좋아하는
      문화활동에 참가할 수 있는 것이고, 인생의 충실감을 맛볼 수 있는 것이라는
      점을 계도해 나가는 일.

○ 교육제도상의 저해요인과 사회교육에 대한 투자확대
    - 입시 위주의 학교교육의 개선
    - 학교를 졸업하고 난 뒤의 사람들에 대한 사회문화교육에 투자확대
    - 각급 문화기관, 사회단체, 민간 차원의 문화교육활동 확대
    - 문화원의 문화교육이 더욱 적극화되어야 한다는 당위성 발견

(3) 문화교육센터로서의 문화원의 존재의의

○ 문화원은 지역문화육성의 거점으로 존재해야 함
 - 문화활동과 문화교육을 활성화하기 위해서는 각종 문화서클이나 취미그룹 등 문화활동 동호인 가족을 네트워크화(문화가족운동)
 - 문화가족운동을 주민들에게 널리 보급하고 홍보하면서
 - 문화활동을 외면하는 주민들을 문화의 마당으로 끌어들이는 역할

① 문화원은 주민평생교육의 거점이 되어야
 - 유아~노인에 이르기까지 교양과 취미에 더해서 생활 속에 문화와 예술을 생활화하고 창조할 수 있는 단계로까지 끌어올리는 것.
 - 평생교육의 최종목표는 주민 개개인에게 자기실패, 독자적 문화 창출

② 문화원은 주민문화의 발신기지로서의 거점이 되어야(지성 차원)
 - 문화교육은 지적이고, 예술적인 가치를 주민들의 마음속에 심어주는 것.
 - 교육받은 주민은 다시금 밖을 향해서 문화를 방출하고 발신하게 됨.
 - 지역문화교육은 지역을 풍요롭게 하고, 주민의 생활수준을 높이고, 독자적인 지역문화 창출에 필요 → 문화 발신 → 지역문화 발전에 기여
 - 지성활성화, 지역발전의 원동력으로서 발신기지인 동시에 지성활성화센터

③ 문화원은 민주시민의 교육도장(사회 · 정치적 차원)
 - 앞으로 문화교육활동: 문화원 주체, 주관, 운영 → 주민 주체, 주관, 운영으로
 - 주민에 의한 주체적인 학습 프로그램 운영과, 주민에 의한 주체적인 프로그램 관리
 - 문화원과 주민과는 더욱 친밀해지고, 활기가 넘치게 됨.
 - 더 나아가 민주시민의식과 민주역량 배양에 효과적
 - 지방자치제 정착에 기여하고 지역문화의 자생력(自生力), 자립기반 구축에 기여

4. 나가는 말

① 모든 국민에게 문화를 보급하고 문화민주주의 실현하는 한국적 문화교양주의 추구

② 오늘의 시대는 문화예술이 소수의 몇몇 사람들에 의해서 창조되고 향유되는 시대는 이미 아니다.

③ 사회적인 측면에서 볼 때 우리 사회의 병리현상을 문화적으로 극복하려는 목적에 부응하는 것.

④ 주민들의 삶의 질(어떤 문화를 생활화?), 즉 질적인 삶을 추구하는 운동

⑤ 전국의 문화원은 지역문화 교육운동의 중심기관이 되어서

- 과거부터 전개하고 있는 사회교육활동을 한층 더 심화·발전시켜야

- 문화교육체제가 미비하고 산발적인 우리 현실에서 주민들이 일상생활 주변에서 손쉽게 문화교육에 접할 수 있는 곳이 문화원이다.

- 지역의 역사, 전통, 지역적, 독자성을 살린 문화교육 프로그램 개발 주민 요구에 부응하는 교육활동 전개

⑥ 그러기 위해 학습정보제공과 지도자율성, 자원봉사활동, 지역 내 문화기관, 행정과 협조, 연계체제구축 등 해결하는 한편 주민들의 자발적 참여와 자립적으로 운영하는 센터로서 21세기의 주민생활을 설계하는 향토 문화교육기관으로 발돋움할 것을 기대함.

8. 지역문화행정

이종인(한국문화예술진흥원 문화발전연구소장)

1. 들어가는 말

① 지방자치제 실시와 문화예술계의 우려

— 지방자치의 경험부족과 지역문화에 대한 인식부족 및 지방재정의 취약

— 예산삭감 또는 운영기구축소 등 문화활동을 위축시키는 우려

② 의식전환이 필요

— 문화투자는 항상 뒤편으로 밀려나가서는 안 된다는 점

— 문화활동은 낭비가 아니라는 점

— 문화활동이 지역발전의 중요한 요소가 된다는 점

— 지역문화는 중앙문화의 하위개념이 아니라는 점

— 다양하고 특색 있는 지역문화의 개화는 국가 · 민족문화를 살찌운다는 점

— 균형발전이라는 면에서 지역문화발전은 국가발전의 중요과제라는 점 등

③ 지역문화의 의의

지역문화는 지역적 특수성으로 인하여

－ 지역주민의 일체감과 자긍심, 주민통합과 애향심을 함양

－ 지역주민의 자발성과 창의성, 참여와 자주성을 유발

－ 결과적으로 지역발전의 활력소가 되고, 국가발전의 요소가 됨.

④ 지역문화의 문제점

－ 문화예술인, 문화예술활동, 문화시설 등이 서울에 편재한 불균형 상태

－ 지역문화가 자생력 미약으로 중앙문화의 일방적 소통과 모방 · 획일화 현상

－ 지역주민에 대한 문화혜택과 수준 높은 예술에 접할 기회의 소외현상

－ 지역문화 투자의 소극성

－ 경제적 · 물량적 성장에 치중함으로써 문화발전의 중요성 간과 현상

2. 지역문화행정의 제 문제

1) 지역문화행정의 원칙

(1) 주민 자치의 원칙: 주민책임의 자주성

① 지역문화란 주민자치의 기초단위 또는 일상생활권역에서의 문화활동이다. 주민의 구체적인 생활기반인 지역의 자연적 · 역사적 개성을 바탕으로 주민들이 생활여건과 생활환경 · 생활양식을 개선해 나가면서 삶의 질(質)을 향상시키고 정신적으로 위안을 받기 위한 행동이다.

② 문화생활이나 문화활동은 주민의 자발성 · 창의성 · 책임성을 전제로 하기 때문에 지역문화는 주민책임의 자주적인 활동이다. 그러므로 주민과 행정이 각기의 책임과 한계를 명확히 해야 함.

③ 민주화(시민화) · 지방화 시대에 있어서는 정치적 · 행정적 분권화와 주민자치가 전제가 되고, 하부단위의 자율성에 관심을 두어야 함.

④ 경제 · 사회 · 정치를 포괄하는 '민주자치에 의한 민주문화 형성'이라는 것이 주민의 목표인 동시에 지역문화행정의 목표이기도 하다. 즉, 지역문화행정은 지

역주민의 문화적 복지를 도모하고 문화생활 향상을 목적으로 하는 행정이다.

(2) 기초자치단체 주도의 원칙: 문화정치의 분권화

① 문화정책·문화행정의 제1원칙은 지방분권화이다
- 문화적인 민주주의와 문화복지를 실현시키기 위해서는 정책의 목표나 행정의 수단은 지역적 차원에서 논의되고 고안되어야 함.
- 중앙정부는 새로운 요구나 새로운 현실에 민감하게 반응하고 적응하기에 적합하지 못하다.
- 선진제국의 문화행정이 지방자치단체의 독자적인 행정영역으로 정착
- 정치적인 의미에서 지방자치를 '풀뿌리 민주주의', 문화적인 의미에서 문화의 지방자치는 '풀뿌리 문화주의'
- 특히 기초자치단체는 문화행정의 기초단위로서 실제적인 행정시책 의 주체가 되어서 기본적인 지역문화발전계획을 입안(立案)하고 현실적인 프로그램들을 지역특성에 맞게 집행하는 역할을 담당해야 함

② 분권화에 부응하는 지역문화행정의 방향
- 앞으로의 지역문화행정은 ① 지역문화의 자치화·자립화, ② 지역문화의 개성화·특성화, ③ 지역문화의 다양화·다원화를 지향해 나가야 함. 이러기 위해서
- 자치단체의 문화행정은 지역실정과 특성에 맞는 주민문화 형성의 기반조성과 조건정비를 목적으로 하는 지원·조정행정을 지향
- 지역문화의 잠재역량을 발굴·활용하기 위한 종합적인 지역문화발전계획을 주민과 더불어 지역단위에서 연구개발하고 실천해 나가야 함.
- 중앙정부의 획일적인 지시나 시책을 하향식으로 시행하거나, 중앙의 보조금에만 의존하는 형태를 벗어남으로써 중앙행정의 위임이나 하청행정을 상장(上場)해야 함.

③ 문화행정 분권화의 의의와 목적
- 지방자치단체로 하여금 지역주민에게 제공하는 문화서비스의 유형을 증가시
  키기 위함이다. 지역실정에 맞는 정책목표나 행정수단을 지방의회의 결정에
  따르게 함으로써 책임을 분권화시키는 것.
- 문화예술 부문에 대한 자치단체의 권한을 증대시키기 위함. 중앙정부의 권한
  을 분산·감소시키는 것.
- 지방자치와 지방의회가 문화예술 분야에 할애하는 재원을 증가시키기 위함.
  중앙 의존을 탈피하고, 지역 스스로 문화투자를 증대하여 지역문화의 자율적
  이고 자립적인 기반을 구축해 나가는 것.
- 문화활동의 전국적인 균형발전을 위함. 문화격차해소와 문화혜택의 불균형적
  이 배분을 시정하는 것.

(3) 행정혁신의 원칙: 행정체질의 개선

① 문화행정은 '행정 자체의 문화화'를 전제로 함
- 이제까지의 행정은 관주도·집권형의 보조금이나 지시에 의존하는 법제만능
  주의적이었다.
- 관주도·집권형 행정이 GNP를 끌어 올리는 경제성장에는 도움이 되었으나 지
  역환경, 국토구조, 문화기반을 파괴했다.
- 시민문화형성이라는 요청에 대응해서 행정의 자치화·분권화가 필요
- 문화행정의 과제는 '시민문화의 육성·지도', 즉 타책에 의한 주민문화에의 개
  입이 아니라, 행정의 내부혁신으로서의 행정의 문화화가 과제다.

② 문화행정은 행정 전역의 체질전환을 의미함
- 문화행정은 건설행정, 복지행정, 교육행정이라고 부르는 것과 같은 종(縱)적인
  개별행정으로는 성립할 수 없는 것임.
- 문화행정은 종적 행정체질과 행정기술을 혁신하기 위한 횡적 전략행정, 즉 제2
  의 기획·조정의 성격을 지닌 행정이다.
- 문화행정을 전략적 횡(橫)적 행정이라는 인식하에 자치단체의 문화행정조직을

자유롭게 선택하고, 강화해야 함.

— 예: 스태프 제, 라인 제, 프로젝트 팀제 등

③ 문화행정은 지역종합성을 포함한 총체행정이다

— 문화행정이 목표로 설정한 주민자치에 의한 '주민문화의 형성'은 주민의 구체적인 생활기반인 지역의 자연적·역사적·경제적 개성 속에서 새로운 주민생활양식을 조성해 나가는 것임.

— 그러므로 지역문화행정은 주민생활의 지역종합성을 포함한 총체행정이 되어야 함.

— 따라서 지역종합성을 추구하기 위한 제혁(製革)과 정책의 책임은 기초자치단체에 있으며, 기초자치단체의 문화행정은 종래의 국가주도형의 관치(官治)와 집권적인 종적행적을 횡(橫)적으로 종합·조정하는 데 힘써야 한다.

2) 지역문화행정의 대상과 영역

① 지역의 문화적 이미지 창출
  — 지역의 자연·역사성 등에 관련된 지역특성을 표상하는 상징 창출
  — 예 1: 시가(市歌)·시화(市花)·상징마크·상징동물·상징적인 예술 등
  — 예 2: 도로, 표지판, 수종(樹種), 가로수, 간판, 건물 등에 이르기까지의 주민합의에 의한 상징정책(디자인·폴리시) 확립 등
② 문화예술행사 계획과 개최
③ 주민문화협의체 설치운영(토론)의 광장 설정
  — 공공 및 민간문화협의회 설치: 지역문화예술위원회 등
  — 시민 간, 주민과 행정 간, 행정자치 내부의 문화토론 적극화
  — 주민의 문화의식 확대, 지역문화예술인의 체질개선, 행정 내부의 변화 등 문화수준이 높은 여론형성과 행정의 문화화에 기여함.
④ 지역개발사업·지역건설사업에 문화성 투입
  — 지역의 문화잠재력을 종합적으로 발굴·체계화 하여 여기에 문화성을 평가하여 지역사회개발사업에 반영·투입함.

⑤ 문화개발에 민간기구와의 협력체제 구축

⑥ 지역문화시설의 체계적 정비와 관리운영체제 확립

⑦ 지역문화정보를 수집·보관과 주민에 대한 서비스 제공

⑧ 문화자원(재(財)·서비스·정보 등)의 유통체계 형성과 이용의 촉진

⑨ 문화예술인, 민간문화단체 활동의 지원방법 확립과 지원 실시

⑩ 지역사회와 행정에 필요한 인재의 양성교육

3) 지역문화행정의 발전조건

(1) 필요하고 중요한 조건

① 행정직원의 마음가짐

– 역사감각, 시대감각, 사명감, 신념이 있어야 함.

– 문화행정이 일시적인 유행이 되지 않기 위해서는 사상과 정렬이 있어야 함.

– 문화행정이 필요하고 중요하다는 시대적인 인식과 역사감각이 있어야 함.

② 문화행정의 원칙을 명확하게 해 둘 것.

– 문화행정의 최종목적은 개성적인 문화의 뿌리를 가진 지역사회개발이다.

– 지역사회 개발의 주체는 주민(시민)이다. 행정이 주민자치에 의한 주민문화의
창조에 참가하는 것이지, 주민이 행정에 참가하는 것은 아니다.

– 이제까지 주민을 객체로 보아온 대상행정(관치행정)을 180° 전환해야 한다. 문화
행정을 유행처럼(슬로건처럼) 부르짖는 것은 문화행정이 아님.

– 기본적인 사고방식으로써 행정 전반에 걸쳐 문화적 관점에 의한 자기혁신, 즉
행정의 문화화가 필요하다.

– 행정의 역할에는 한계가 있다는 것을 자각하는 일

– 문화행정은 주민생활에 보다 더 가까운 구·시·군 등 기초자치단체가 기본이
다. 광역자치단체의 문화행정은 중앙행정의 연락사무소의 역할

– 문화행정은 종적인 상부관청에 의한 보조금이나 지시에 의한 획일 행정이어서
는 안 된다. 문화행정은 지역문화의 하나로서 지역의 풍토·역사·전통에 알

맞은 개성적인 형태로 추진해야 한다.
- 문화행정은 단순하게 문화적인 사업을 관리·운영하는 부문행정의 총체행정
이다.
- 문화행정은 눈에 보이지 않는 것, 계량화되지 않는 것에 가치를 인정하려는 것
이므로 행정 자체의 문화적 수준을 끌어올리는 일이 불가했다.
- 문화행정은 사람의 문제이고, 그런 사람을 낳게 하는 사람이 중요하다. 문화행
정은 사람의 요소가 매우 크다. 따라서 주민과의 교류가 중요하고, 직원의 용
기가 중요하다.

③ 문화행정에는 교과서가 없다
○ 문화행정은 창조적으로 개척해 나가는 시대적인 과제다.

○ 자치단체 문화행정의 '노하우'는 선진자치단체에서 축적하고 있다.
- 자치단체 간의 상호교류를 통해서, 정보와 경험을 나누고, 문제의식을 촉발
하고, 지혜를 배워서 자신을 갖게 하는 것이 필요
- 일본의 경우 '전국문화행정회의(全國文化行政會議)'가 1977년부터 실시되고
있음.
- 국제적인 선진문화시책의 경험에서 배우는 것도 좋다.
이상과 같은 준비를 갖추었을 때 비로소 전략적인 개별문화시책의 선택이
가능해질 수 있다.

(2) 주의할 사항

① 문화행정은 일과성의 유행현상이어서는 안 된다.
- 표면적인 것, 일면적인 것이 문화행정이라고 착각해서는 안 된다.
- 문화행정을 단순한 아이디어 행정이라고 보는 견해는 시대인식의 결여
- 시행착오는 있을 수 있으나 성급한 비판에 동요되지 말고 꾸준히 실천

② 문화행정은 획일적인 것이어서는 안 된다.
- 문화행정은 중앙정부 주도의 교본행정이어서는 안 된다.

- 단순한 모방은 좋지 않다. 다양하고 개성적이며 독창적이어야

③ 문화행정은 행정을 위한 행정이어서는 안 된다.
○ 문화행정은 무엇을 위한 것인가? 행정만의 것이어서는 안 된다.
    - 기관장(지사 · 시장 · 군수 등)의 인기를 얻기 위한 것이어서도 안 됨.
    - 행정담당부서의 권한을 확대하기 위한 것도 아님.
    - 공무원의 일감을 만들기 위한 것도 아님.
○ 문화행정의 목적은 주민의 행복에 있음.
    - 개성적인 문화에 뿌리박은 지역사회를 건설하기 위해 행정이 한계를 알고
      일정한 역할로 참가하는 것임.
    - 그러므로 문화행정은 행정만의 것으로서 관청 내부에서만 집행되는 행정이
      어서는 안 된다는 의미

3. 지역문화 육성방안

1) 지역문화에 대한 투자확충

(1) 국고의 투자확대

① 문화재정 확충의 가장 확실한 방법은 국고와 지방비의 투자 확대
    - 현재 우리나라의 문화부 예산은 정부예산의 0.4% 정도에 불과(1992년도 정부
      예산 33조 2,000억 원 중 1,436억 원으로 0.43%)
    - 10년 이내에 정부예산의 1% 수준으로 증액되게 노력
    - 증액되는 정부 예산의 일정비율을 지역문화 보조금으로 책정
② 프랑스의 경우 문화성 예산이 정부예산의 1% 수준이고, 문화성 예산의 50% 정
  도가 지역문화활동에 보조되고 있음.

(2) 지방비의 투자확대

① 지방재정의 자립도가 저조한 현 상황 아래서 투자증대는 불투명
   - 지역문화발전이 지역사회발전에 직간접적으로 유인하는 효과로 인식하고 노력
   - 1990년도 기준으로 볼 때 총 지방예산 13조 3,376억 중 문화예산은 1,910억 원으로 불과 1.4%에 그치고 있음.
   - 향후 10년 이내에 5~10%까지 증대시켜야 할 것임.
② 프랑스의 경우 연간 지방비의 문화예산이 1조 8,000억 원 내외이고, 일본의 경우 1조 5,900억 원 내외의 적극성을 엿볼 수 있음.

(3) 기타 재원의 확충

① 지역문예진흥기금의 적극적인 조성
- 시 · 도 단위 기금(1991년 말 현재 426억 원 조성)의 지속적인 확충
- 기초자치단체 단위의 기금조성방안을 시도할 필요가 있음.

② 민간의 문화투자 적극유치
- 지역기업, 지역유지 등의 문화활동 지원방안 강구 및 유치
- 구 · 미 · 일(歐 · 美 · 日) 등의 기업 메세나운동의 예
- 미국의 경우 연간 민간기부금이 3조 원 이상임.

2) 지역문화시설 확충과 운영개선

(1) 시설확충과 정비

① 중 · 소 도시 단위의 문화활동 거점으로서의 시설확충
- 공개도서관: 231개관 → 500개관으로 (인구) 10만 명당 1개관
- 장서수준 1인당 0.12권 → 1인당 1권으로

　－ 종합문예회관: 4개 완공, 7개 진행 중, 4개 추가(15개 회관)

　－ 국립지방박물관: 7개관 → 8개관 추가(15개관)

　－ 지방문화원: 179개원 → 31개원 추가(210개원)

② 기존문화시설의 보완 정비

－ 기존 시설들이 대부분 다목적 행사용 시설인 바 이를 보완 정비해야 함.

－ 신규건립 시설들은 장르별 중 · 소규모의 전문시설이 바람직함.

－ 성급하고 경쟁적인 대형의 다목적 시설은 효용가치가 없음.

(2) 운영개선

① 운영조직과 인력의 전문화가 필요

　－ 현재 대부분의 지방문화시설의 운영조직과 인력은 시설의 유지 · 관리적 차
　　원에 머물고 있는 실정

　－ 문화창출과 보급기능을 최대화하는 '살아 움직이는 시설'로 전환

　－ 프로그램의 기획 · 제작, 프로그램의 보급과 관객유치, 기자재 조작운영, 관
　　리유지 등의 기능을 전문화할 수 있는 조직 구성

　－ 종사자들의 신분과 생계보장으로 사명감과 의욕고취

　－ 시설요원의 직무교육과 기술교육 및 전문가 양성제도 확립

② 운영예산의 적극적인 확보대책과 자체수입 증대 노력

③ 프로그램의 개발과 가동률 제고방안 강구

④ 기본적인 운영체제에 대한 재검토

　－ 전문가의 책임운영제 또는 민간단체 위탁운영제 등

3) 지역문화 창조활동의 활성화

① 지역예술인들의 발표 · 공연기회 확대 지원

　－ 각종 예술행사 개최 및 연구활동 지원 등

② 지역단위의 예술단을 조직 육성하는 일

　　－ 지역예술인이 자기 고장에서도 안심하고 예술활동을 할 수 있음.

③ 지역기업 및 민간단체들과의 연계활동을 주선, 강화.

　　－ 후원회 및 회원제도 등의 도입과 정착

④ 전국규모의 지역예술행사 기획운영 및 순회교류

⑤ 중앙문화행사의 지방유치 및 순회확대

⑥ 지역단위에서 국제적인 예술행사 기획 및 주최

⑦ 지역예술인들의 재충전기회 확충과 지원방안 강구

4) 지역주민의 문화향수 및 참여기회 확충

① 문화매개운동과 문화교육의 활성화

－ 문화예술의 사회교육(문화학교)을 통한 국민정서함양과 수용능력 개발

－ 도서관은 정보센터·평생교육의 장으로서 기능해야

－ 박물관은 지역문화의 전통과 새로운 지역문화창조의 교육도장

－ 공연장은 지역주민의 창조역량을 계발하는 예술교육의 도장

－ 각종 문화시설이 지역문화 학교운동을 적극화하여 주민들의 문화의식 제고,
　자긍심 고취, 예술의 수용능력 개발에 노력해야 함.

② 주민들의 생활문화기반을 풍요롭게 제공

－ 각종 아마추어 활동과 동호인 및 그룹활동 권장 지원

－ 문화촉매요원의 자발적인 활동권장 및 유도로 봉사활동 전개

③ 지역의 문화관련 기관단체들과의 협조체제 및 참여확대

－ 지역의 각급 학교는 지역문화 교육과 지역문화연구에 기여

－ 지역의 언론기관은 문화정보 제공과 문화비평활동을 통해 지역주민의 문화의
　식과 문화수준 향상에 기여해야 할 것임.

5) 지방문화원의 활성화

① 지방문화원에 대한 시책의 중점
- 지역문화의 균형 있는 발전을 도모코자 하는 중추기관임.
- 지역문화의 센터로 육성하여 청소년 및 지역주민에 대한 문화사업 추진

② 운영재원의 확보
- 연차적으로 사업비 및 운영비 등 보조금지원 증대
- 재정자립을 위한 후원회조직 강화

③ 시설의 연차적 개선
- 시범문화원 선정 시설개수(1992년까지 55개원 개보수비 지원)

④ 조직개선 및 운영능력 배양
- 능력 있고 활동력 있는 원장 영입
- 문화예술 및 행정의 전문인력을 운영요원으로 확보
- 지역문화 발전에 관심과 열의를 가진 회원 확보
- 총회의 민주적 운영
- 후원회, 운영위원회, 자문기구 등 조직 강화

⑤ 사업 및 활동방향 전환
- 향토문화의 보존과 애호정신을 기르는 독창성 있는 향토문화사업 전개
- 청소년 문화사업과 문화학교운동을 중점적으로 추진

⑥ 지방문화원 육성을 위한 지방자치단체의 지원 강화
- 각종 지역문화사업을 문화원에 대행시켜 관주도행사의 부정적 인식불식
- 지역주민의 효과적인 참여방안 강구
- 청소년을 위한 문화사업에 대한 적극적인 협력 필요
- 자치단체장(특히 시장·군수)의 관심과 독려 및 육성의지가 절대적으로 필요

4. 나가는 말: 지역문화의 목표

① 뮤화는 그 개념 자체가 그렇듯이 복잡하고 다양하며 광범위함.

② 문화는 만드는 것이 아니라 생성되는 것이기 때문에 국가나 지방성부가 문화를 창조할 수는 없는 것임

③ 그러나 국가와 지방정부는 문화의 생성을 돕고, 끊임없이 생성되는 창조품과 공동의 유산인 과거와 현재의 작품들을 보존·전수·보급하는 것을 지원하고, 모든 국민이 문화예술을 접하고 참여할 수 있는 환경을 조성해 줄 의무와 책임이 있는 것임

④ 특히 지방정부(기초자치단체)는 지역주민의 문화참여조건을 조성하고 지원하는 일차적인 의무와 책임이 있는 것임.

⑤ 지방자치, 지방시대, 지방화의 시대에 있어서 지역의 모든 생활환경을 개선하고 정비해 나가는 지역사회개발정책의 핵심에는 문화적인 인식과 안목, 지역적인 특수성과 주체성이 도입되어야 함.

⑥ 그러므로 지방자치시대의 지역문화정책의 목표는
　－ 문화민주주의를 기반으로 하는 문화복지의 구현
　－ 지역주민의 공감을 바탕으로 하는 자발적인 문화참여권의 신장
　－ 문화를 통한 국민생활의 질 향상과 창조적인 국민정서 함양
　－ 지역문화 발전을 토대로 한 민족문화의 창달이라 할 것임.

⑦ 지역문화 발전과 진흥은 지역사회 발전뿐만 아니라 국가사회 발전의 핵심적인 과제로서 지역정책상이나 국가정책상이나 우선정책으로 인식되고 실천되어야 함.

대한지방행정공제회, 『지방행정(地方行政)』, 1994. 10.

9. 지방문화 육성을 위한 문예진흥원의 기능과 역할

이종인(한국문화정책개발원 연구실장)

1. 들어가는 말

한국문화예술진흥원은 민족문화의 계승·발전과 새 문화창조를 위한 문화예술의 창작·보급 활동을 지원하여 문화예술을 진흥함을 임무로 하고 있다. 이와 같은 임무를 수행하기 위하여 진흥원은 ① 문학·미술·음악·전통예술·연극·무용·영화·출판 등의 창작·보급 활동 지원, ② 민족고유문화의 발전을 위한 조사·연구 지원, ③ 문화예술의 국제교류를 위한 사업과 활동 지원, ④ 문예진흥기금의 조성 및 관리, ⑤ 기타 문화예술의 진흥을 목적으로 하는 사업 및 기금축적을 위한 사업 등을 그 기능으로 하고 있다.

위와 같은 문예진흥원의 임무와 기능은 문학예술의 창작활동이 보다 더 활성화되도록 지원하고, 국민 모두의 문화적 삶의 질을 높여 새로운 시대의 새로운 문화를 직접 향수하고 참여함으로써 궁극적으로 풍요롭고 윤택한 미래를 창출하기 위한 지원이라고 집약할 수 있을 것이다.

문예진흥원은 지난 1973년 창립 이래 현재까지 21년 동안 위와 같은 임무와 기능을 근간으로 문화예술진흥의 재정적 바탕이 문예진흥기금의 조성·관리·운영과 지원체제의 확립·정비 및 다양한 지원 프로그램을 통해 문화예술진흥을 위한 지원기관의 가능을 수행해 오고 있다.

현재 문예진흥원은 ① 창조적 예술활동의 지원 강화, ② 문화의 활성화를 위한 매개활동 확산, ③ 통일을 대비하는 문화여건 조성, ④ 우리 문화의 세계화를 위한 국제교류 확대, ⑤ 지방을 대비 문화에 부응하는 문화통일의 여건 조성, ⑥ 안정적 재정자립을 위한 기금확충 등을 중점사업으로 추진하고 있다.

이 글에서는 이상과 같은 문예진흥원의 일반적인 기능과 역할에 기초하여 지난 21년간 문예진흥원이 지방문화 진흥을 위해 지원·투자한 현황과 실적을 간략히 검토하고, 앞으로 지방문화 육성을 위한 문예진흥원의 기능과 역할에 대하여 필자의 소견을 피력해보고자 한다. 다만 여기에 전제적으로 고려하고자 하는 것은 개방적·국제화 및 정보사회화라는 시대상황의 변화와 이제 내년으로 다가온 본격적인 지방자치시대의 도래, 그리고 문화예술활동 지원의 일반원칙과, 문화정책과 문화행정의 지방분권화라는 시각에서 논하려는 것을 부연해 둔다.

2. 문예진흥원의 지방지원 현황과 실적

문예진흥원의 지방지원 현황과 실적을 검토함에 있어서 사업유형의 항목구분과 사업명칭은 「1994년도 문예진흥원 업무현황」 자료에 기초하고 실적내용은 『문예진흥원 20년사』(문예진흥원, 1993. 10)에 근거하였음을 밝혀둔다.

1) 지역문화 창작활동 진작 지원

(1) 지역문화시설 확충 지원

지역문화시설(공간)은 지역문화발전의 핵심적인 요소라 하겠다. 그러나 그동안 우리나라의 문화시설은 대도시, 특히 서울에 집중된 현상이었고 지방에는 이렇다 할 공공문화시설이 미비하고 부족한 실정이었다. 1984년 지방문화 활성화 계획이 정부정책으로 본격화함에 따라 지역문화시설 확충지원이 시작되었다.

1984년부터 1994년에 이르는 동안 문예진흥원에서는 시·도별 종합문예회관(10개소), 특장전문시설(9개소), 중소도시 문화공간(38개소), 기존문화시설 개보수(18개소), 무형문화재 전수회관 개보수(8개소) 등 총 83개의 문화시설 건립 및 개보수에 총 437억 7,900만 원을 지원하고 있다.

이와 같은 지역문화시설의 확충은 지역예술인과 단체활동의 활성화, 중앙예술단체의 지방공연무대 확대 및 문화시설을 중심으로 하는 지역단위의 전속예술단체 구성 등이 긍정적인 효과를 나타내고 있다고 보인다.

(2) 지역문학활동 지원

지역문학활동을 위한 대표적인 지원사업은 문학동인지 발간 지원이다. 이 사업은 문학동인들의 창작활동을 활성화시키고, 발표지면을 확보해 주는 사업이다. 1979년부터 지원되기 시작했던 이 사업은 1994년도에도 100개 동인지를 지원하는데 지방동인지를 우선적으로 지원하고 있다. 1979년부터 1992년까지의 지원실적을 보면 총 930개 동인지에 5억 6,000만 원을 지원했는데 지방동인지 737개지(79.2달러), 서울동인지 193개지(20.8%)의 비율을 나타내고 있다.

(3) 지역미술활동 지원

대표적인 지역미술활동 지원사업은 시·도 미술대전(14개 시·도)과 시·도 미술대전 수상작품전(서울 및 지방 2개 도시 순회), 그리고 지방작가 초대전 등이 있다. 시·도 미술대전은 1976년부터 현재까지 지원되고 있으며, 시·도 미술대전 수상작품 순회전시는 1984년부터 계속 지원되고 있다.

(4) 지역공연예술활동 지원

1994년도 지역공연 예술활동 지원은 음악, 연극, 무용, 전통(국악) 등 4개 부문에 총 96건을 지원키로 되어 있다.

이 사업은 88서울올림픽을 계기로 전국적으로 활발해진 각 지역의 공연예술활동을 확산·발전시키기 위하여 1988년부터 지원하기 시작하였으며, 특히 1991 연극 영

〈표 1〉 지역단체공연 지원 현황

(단위: 천 원)

분야＼연도	1988	1989	1990	1991	1992	계
음악	2,000	4,000	6,000	12,500	51,000	75,500
연극	10,000	5,000	5,000	11,000	23,000	54,000
무용	3,000	4,000	6,000	10,000	12,500	35,500
전통(국악)	4,000	5,000	5,000	11,500	22,500	48,000
계	19,000	18,000	22,000	45,000	109,000	213,000

자료: 문예진흥원 20년사, p.298.

화의 해, 1992 춤의 해, 1994 국악의 해 등을 맞이하여 해마다 지원건수와 지원금이 증가되고 있다(〈표 1〉 참조).

한편 공연예술의 창작품 개발과 공연단체를 연계 육성하기 위해서 1985년부터 실시되고 있는 공연예술창작 활성화 지원사업은 1985년부터 1992년까지 총 지원건수 89건 가운데 지방작품이 8건으로 나타나고 있다. 1985녀에는 국악협회부산지부, 1986년 부산창작발레단, 1990년 광주 이상준무용단, 1991년 극단마산, 극단 황토 레퍼토리 시스템, 부산소극장 오페라단, 1992년 대구 소라댄스앙상블, 광주 손준영 무용단 등 8개 단체가 9,100만 원의 지원금을 받은 바 있다. 이와는 별도로 공연예술 창작활성화사업의 일환으로 지역공연예술 워크숍 및 심포지엄에 1989년부터 1991년에 걸쳐 10개 단체에 2,550만 원이 지원되기도 했다.

(5) 전국연극제·무용제 지원

금년으로 12회를 맞이했던 전국연극제는 지방연극에 활력을 불어넣기 위한 제도적인 지원사업으로 실시하게 된 것이다. 1983년 5월 부산에서 첫 회를 시작하여 매년 개최지를 바꾸어 가면서 개최되고 있는 이 연극제는 지방의 독특한 풍속을 배경으로 한 우수한 작품들이 무대에 공연됨으로써 지방연극이 급속히 신장되는 성과를 거두고 있는 지방연극지원사업의 대표적인 사업이다. 1983(1회)년부터 1992(10회)년까지의 실적만 보더라도 참가극단이 연 130개, 관람객 연 17만 3,400여 명에, 지원금도 9억 9,000만 원을 넘고 있으며, 이 연극제에서 최우수상을 수상한 단체는 매년 서울에서 개최되는 서울연극제에 초청 공연되고 있다. 이러한 결과 전국연극제는 민족연극 중흥과 연극예술의 지역 간 균형, 창작극 활성화 등의 효과를 가져다 준 신선한 충격과 새로운 인식을 심어주게 되었다는 평가를 받고 있는 성공적인 사업이라 할 수 있다.

전국무용제는 1992 춤의 해를 계기로 지역무용예술의 진작과 지역 간 격차를 해소하기 위하여 마련된 지원사업이다. 1992년 첫 회는 부산에서, 제2회(1993)는 대전에서, 제3회(1994)는 광주에서 개최된다. 이 사업도 전국연극제행사와 마찬가지로 우리 무용예술의 획기적인 발전의 밑거름이 되기를 기대하는 무용계의 숙원사업이었던 만큼 앞으로의 발전에 주목할 만한 사업이라고 하겠다.

(6) 지역문화예술제 행사 지원

① 전국민속예술경연대회

전국민속예술경연대회는 전국에 흩어져 있는 잊혀져가는 민속예술을 발굴하고 그 지방의 주민들로 하여금 재현하고 보존·전승케 하기 위한 축제이다. 1958년에 시작된 이 대회는 금년에는 제35회 대회를 춘천(10월)에서 개최한다. 1991년을 기준으로 살펴보면, 그동안 이 대회에서 발굴된 민족예술은 총 281종목이고, 이 가운데서 국가 및 시·도 지정 무형문화재가 된 것이 64종목에 이르고 있다.

특히 이 행사가 우리의 정치·사회적 여건이 급변하는 와중에서도 꾸준히 되어온 것은 우리의 민족적 자긍심과 강인한 연대감으로 지속된 것이라고 하겠다. 이로 인하여 각 지방에 묻혀있는 고유의 전통문화유산을 전국적으로 넓게 발굴·소개했으며, 우리 것에 대한 새로운 인식과 활력을 넣어주고 매몰되어가는 민족예술을 순수예술의 경지로 승화시키는 데 기여했다는 평가도 있는 반면, 경연을 의식하여 순수·전통성을 손상시킨다는 우려의 소리도 있다.

문예진흥원이 지원을 시작한 1974년도부터 1986년까지는 1,000만 원 내외를 지원했고, 1987~1989년에는 3,000만 원 내외, 1990년 이후에는 5,000만 원 이상을 지원하고 있다.

② 지역문화제 지원

지역문화제는 지방 고유의 전통을 살려 향토색 짙은 공동체의식을 심고, 애향심

<표 2> 지역별 지역문화제 지원현황(1974~1992)

지 역	문화제
경기	세종문화큰잔치(여주), 서해안풍어제(인천), 화홍문화제(수원), 여주답교놀이(여주), 행주대첩기념제(행주), 다산문화제(남양주), 동구문화제(구리)
강원	영월단종제(영월), 대현이율곡선생제(강릉), 삼척죽서문화제(삼척), 정선아리랑제(정선), 현산문화제(양양), 양양문화제(양양), 강릉단오제(강릉), 치악문화제(원주), 양양민속원놀음(양양)
충남	백제문화제(부여), 은산별신제(부여), 상록문화제(당진), 매헌문화제(예산), 이충무공탄신 기념문화제(아산), 류관순열사 추모제(천원), 공주장승제(공주), 면암 춘추대의제(청양), 기지시 줄다리기(당진), 서산문화제(서산), 홍주문화제(홍성), 온양문화제(온양), 금산인삼제(금산)
충북	난계예술제(영동), 우륵문화제(충주), 속리축전(보은), 중봉충렬제(옥천), 강서농자놀이(청주), 충북예술제(충북 전역), 마한민속제(익산)
전남	진도영등제(진도), 진남제(여수), 보림문화제(장흥), 지리산 약수제(구례), 남도문화제(전남 전역), 강강술래향토축제(해남), 광산 고싸움(과산), 다향제(보성), 다향제(진도), 금릉문화제(강진)
전북	전주대사습놀이 전국대회(전주), 전라예술제(전북 전역), 벽골문화제전(김제), 모양성제(고창), 춘향제(남원), 삼동굿놀이(남원), 풍남제(전주), 마한민속제(익산), 의암주논개제전(장수)
경남	개천예술제(진주), 한산대첩기념제(충무), 3·1 민속문화제(창녕), 천령문화제(함양), 가야문화제(고성), 밀양아랑제(밀양), 처용문화제(울산)
경북	신라문화제(경주), 대가야문화예술제(고령), 안동민속축제(안동), 한 장군문화제(경산), 소가야문화제(고성)
제주	한라문화제, 영등굿
서울	한글기념제, 남이장군대제(용산)

자료: 문예진흥원 20년사, p.321.

을 고취하며, 지역의 자긍심과 주체성 확립에 기여한다는 취지를 갖고 있다. 1989년 현재 전국에 325개의 지역문화제 행사가 있는데 해마다 행사가 늘어가고 있으며, 이들 행사는 초기에는 관(官)주도로 개최되었으나 80년대 이후에는 관·민 합동 또는 민간주도형으로 변해가고 있다. 문예진흥원에서는 1974년부터 1994년까지 모두 688개 행사를 지원했다(<표 2> 참조).

③ 향토축제 육성 지원

향토축제 지원은 각 시·도 별 지역문화제 행사 중에서 지역별로 가장 전통적인 민속놀이를 대표적인 향토축제로 개발·육성하기 위하여 시·도 별로 1종씩 선정하여 중점적으로 지원하는 사업이다.

1983년부터 전국에서 12개 종목을 지원하고 있는데 매년 1종목당 300만 원씩 지원한다. 1983~1994년까지 연 138개 종목에 총 4억 800만 원을 지원했다(〈표 3〉 참조).

〈표 3〉 지역별 대표 향토축제 내역

지역별	축제명	축제내용	근원지
경기	답교놀이	답교·여흥	송파
강원	강릉단오제	서낭당제, 무당굿, 관노가면극	강릉
충북	농자축제	농요, 농악	청원
전북	삼동굿놀이	삼동굿, 지네밟기, 동제, 농악	남원
전남	강강술래	노래, 춤	해남
	고싸움놀이	당산제, 농악, 줄다리기	광산
경북	안동민속축제	농요, 춤(모심기·모내기)	안동
경남	밀양아랑제	wpid, 백중놀이, 무안용호놀이	밀양
제주	영등굿	걸궁놀이, 영등굿, 민요, 약마회	제주
서울	남이장군당제	당굿, 걸립패, 여흥	서울
인천	서해안풍어제	배연신굿, 대동굿	황해도

자료: 문예진흥원 20년사. p.324.

④ 지방종합예술제 특장 부문 경연대회 지원

이 사업은 전국 각 시·도에서 개최되고 있는 종합예술제 가운데서 각 시·도 별로 특색 있는 경연종목 1종씩을 선정하여 14개 종목을 매년 지원하고 있다. 이 사업은 해당 종목 분야의 신인발굴과 지역예술인의 창작의욕 고취 및 재충전의 기회를 제공해 준다. 1983년부터 1994년까지 21억 3,592만 원이 지원되었다(〈표 4〉 참조).

〈표 4〉 지방종합예술제 및 특장 부문 내역

시·도별	종합예술제	주 관	특장 부문	개최시기
부산	부산무대예술제	부산문화방송	부산음악개막콩쿠르	7월
대구	달구벌예술제	음악협회 대구지부	전국성악경연대회	10월
인천	제물포예술제	예총 인천지부	제물포사진대전	9월
광주	무등문화제	예총시지부	한국화공모전	11월
대전	한밭문화제	대전시조시인협회	전국한밭시조백일장	10월
경기	경기종합예술제	예총 경기지회	난파음악제(작곡)	4월
강원	강원종합예술제	예총 강원지회	전국합창경연대회	10월
충북	충북예술제	무용협회 충북지부	전국대학무용경연대회	9월
충남	백제문화제	백제문화선양위원회	전국시조경창대회	10월
전북	전라예술제	예총 전북지부	전국농악경연대회	10월
전남	남도문화제	국악협회 전남지부	전국국악경연대회(판소리)	6월
경북	신라문화제	국악협회 경북지부	전국국악대제전(기악)	10월
경남	개천예술제	예총 진주지부	개천한국무용제	11월
제주	한라문화제	한국방송공사 제주방송국	전국민요경창대회	10월

자료: 문예진흥원 20년사, p.359.

2) 지역문화향수기회 증진과 문화촉매활동 지원

(1) 문화의 지역균점화를 위한 순회활동 지원

① 미술작품 순회전시

대한민국미술대전 수상작품 순회전은 1982년부터 지방도시를 순회하고 있으며, 이밖에도 우수미술작품 지역순회전이 지원되고 있다. 우수미술작품 지역순회는 1989년부터 1994년까지 28건이 지원되었다.

② 공연예술 지역순회

서울연극제 대상수상단체 지방순회공연은 1982년부터 매년 6개 내외의 지방도시를 순회공연하고 있으며, 서울무용제 대상수상단체도 1982년부터 매년 6개의 지방도시를 순회공연하고 있다.

한편 1986년부터는 소규모공연단의 지역순회공연 지원이 실시되어 공연예술의 접촉기회가 적은 지방 소도시를 위주로 순회공연하고 있다. 1993년도에 15건, 1994년도에는 16건이 지원된다. 이와는 별도로 벽지어린이를 대상으로 하는 인형극 및 아동극 순회공연은 1993년도에 12건, 1994년도에는 15건을 지원한다.

(2) 지역문화단체 활동 지원

① 지방문화원 지원

문예진흥원은 1974년부터 1988년까지 지방문화원의 사업 가운데서 지역사회교육, 애향운동, 경로효친사상 선양, 향토자료 수집·보존, 고유민속예술발굴사업 등을 지원하였는데 기간 중 연 1,818개 문화원에 총 37억 7,660만 원을 지원하였다. 1989년 이후에는 국고지원으로 환원되었고, 1987년부터 새롭게 지원되기 시작한 지역문화코너 자료보급지원만을 중점 지원하고 있다. 이 사업은 매년 20개 문화원을 그 지원대상으로 하고 있는데 지역문화의 거점으로서 지역문화활동의 매개체 역할을 담당할 수 있게 육성하는 것을 목적으로 하는 사업이다.

② 지방예총지부사업 지원

전국의 지방예총지부사업에 대한 문예진흥원의 지원실적을 1981년부터 1992년까지 살펴보면 총 777개 사업에 16억 8,853만 원을 지원한 것으로 나타난다.

③ 지역문예동호인 활동 지원 및 내 고장 문학인 기념사업

1988년부터 지원하기 시작한 지역문예동호인 활동 지원은 주로 문학을 중심으로 한 시화전 및 시낭송회 등이 주류를 이루고 있는데 1988~1994년까지 총 204건이 지원되었다. 내고장문학인 기념사업은 1993년도에 7건, 1994년도에는 10건이 지원된다.

④ 지역문화학교 활동 지원

전국의 각급 문화기관에서 실시하고 있는 문화예술사회교육에 대한 지원은 1990

년도부터 '문화학교'라는 명칭으로 지원되고 있는데, 1993년도에는 55개 학교, 1994년도에는 82개 학교로 그 지원대상이 늘어나고 있다. 이는 앞으로 더 증가될 추세를 보이고 있는 새로운 사업이다.

(3) 문화촉매 및 전문인 양성을 위한 교육 · 연수

① 지역무대기술요원 연수

전국의 문화시설에 종사하는 기술요원에 대한 체계적인 이론과 현장실습 등을 통한 자질향상, 최신정보의 제공 등을 위주로 전문인력을 양성 · 재훈련하는 연수 프로그램 2가지를 문예진흥원이 운영하고 있다. 전국무대예술인연수는 지역 무대기술 스태프 요원을 위한 2주 과정의 무대장치 · 조명 · 음향 · 무대일반의 교육 프로그램인데, 1984년부터 시작하여 1994년까지 연 950여 명이 이수하였다. 금년(1994)부터 신규로 개설된 지역무대종사자 현장연수 프로그램은 3~4개월 과정으로 중앙의 종합문화시설에서 실제 공연물 제작에 참여하여 공동작업하는 연수교육이다.

② 지역문화행정요원 연수

전국의 시 · 도, 시 · 군을 비롯한 공공문화단체에 종사하는 문화행정요원에 대하여 이론과 실무를 겸비하게 하고 문화예술 프로그램을 기획 · 운영하는 능력을 배양하기 위한 지역문화행정요원 연수는 연3회 5박6일의 과정으로 진행된다. 1985년에 개설된 이래 1994년까지 연 2,300여 명이 이수하였다.

③ 전국 청소년문화촉매요원 연수

전국의 고단 · 기업체 근로청소년 및 농 · 어촌 청소년단체에 종사하는 문화활동 지도요원을 육성하기 위한 청소년문화촉매요원 연수는 매년 2회씩 5박 6일 과정으로 실시되고 있다. 1983년부터 시작된 이 연수과정에서 참여했던 이수자는 1994년까지 연 2,200여 명에 달하고 있다.

3) 지방문예진흥기금 조성 지원

　1984년 정부의 지방문화 활성화 계획에 의거하여 지방문예진흥기금이 문예진흥기금 지원과 광역자치단체(시·도)의 자체 조성으로 마련되었다.

　1991년 말 현재 조성목표액 362억 4,900만 원을 초과하여 426억 1,500만 원이 조성되었는데, 진흥원의 지원금은 1개 시·도 당 9억 7,500만 원씩 총 133억 원이 지원되었고 시·도 자체 조성액은 총 293억 1,500만 원이다. 이 기금은 그 이식금을 1992년도부터 지방문화예술활동 지원금으로 활용되고 있다(〈표 5〉 참조).

〈표 5〉 지역문화예술진흥기금 조성현황(1991. 12.31 현재)

(단위: 백만 원)

시·도 \ 구 분	조성 목표액	조성실적		계	진도(%)
		기금지원	자체조성		
부산	2,800	975	2,132	3,107	111
대구	2,400	975	1,552	2,527	105
인천	2,252	625	1,650	2,625	117
광주	1,950	975	1,414	2,389	123
대전	2,000	975	1,255	1,880	94
경기	3,500	975	4,182	5,157	147
강원	2,200	975	1,937	2,912	132
충북	2,400	975	1,407	2,382	99
충남	3,000	975	1,925	2,900	96
전북	2,000	975	2,215	3,190	160
전남	3,700	975	3,265	4,240	115
경북	3,097	975	2,619	3,594	116
경남	3,250	975	2,925	3,900	120
제주	1,700	975	837	1,812	107
계	36,249	13,300	29,315	42,615	118

자료: 문화부 제공, 한국의 문화정책 1992. p.79.

3. 문예진흥원의 새로운 지방지원 전략

1) 본격적인 지방자치제에 부응하는 지원행정의 분권화

이제 본격적인 지방자치제가 실시되는 시기를 앞두고 있다. 민주화와 지방화시대에는 정치적·행정적 분권화와 주민자치가 전제되고, 하부단위의 자율성에 관심을 두어야 한다는 것은 주지의 사실이다. 특히 문화정책이나 문화행정에 있어서는 지방분권화가 제일의 원칙이다. 문예진흥의 목표를 국민개개인의 문화수준 향상에 둔다면, 일상적인 주민생활권역 중심의 지역문화 진흥이 최우선의 과제가 된다. 더욱이 문화생활이나 문화활동은 지역주민들의 자발성과 창의성 및 책임성을 전제로 하기 때문에 중앙기구는 새로운 요구나 새로운 현실에 민감하게 반응하고 적응하기에 적합하지 못하다. 그러므로 문예진흥 지원행정의 지방분권화가 필요하다는 결론에 도달한다고 하겠다. 지방자치제 시대의 문화활동은 주민들이 주체가 되어 자신들의 문제를 함께 논의하고 결정하며 그 결과에 대한 책임도 져야 하기 때문에 지원행정의 지방분권화는 너무도 당연한 귀결이다. 따라서 앞으로의 지역문화육성을 위한 문예진흥원의 기능과 역할은 첫째, 지역문화의 자치화와 자립화, 둘째, 지역문화의 개성화와 특성화, 셋째, 지역문화의 다양화와 다원화를 지향해 나가야 하는 것이다.

이러한 지향목표를 달성하기 위해서는 "지원은 하되 간섭하지는 않는다"는 지원방법의 일반원칙은 물론이고, 문화활동의 주민자치 원칙과 지원행정의 기초자치단체 주도의 원칙이 적용되어야 할 것이다. 이러기 위해서 문예진흥원(중앙)의 획일적인 지원시책을 하향식으로 시행하는 것을 지양하고, 자치단체 단위의 실정과 지역특성에 적합한 지원육성방안을 강구해야 할 것이다. 그리고 이것은 문예진흥원의 역할만으로는 어려운 일이겠으나, 자치단체의 문예진흥지원행정체제가 강화·정비되는 것이 바람직하겠으며, 지역문화의 잠재역량을 발굴·활용하기 위한 종합적인 지역문화발전계획을 지역단위에서 연구·개발하여 실천해 나갈 수 있도록 하는 직간접적인 지원방안이 강구되고 기초자치단체 단위의 문예진흥기금 조성방안을 지원하는 방법도 구상해봄직한 일이다. 이는 반드시 중앙의 기금지원만을 의미하는 것이 아니라 지역메세나 운동을 통한 민간의 참여를 지도하는 방법도 있을 수 있다.

2) 국제화 · 개방화 시대에 대응하는 지방지원 전략

오늘날의 시점에서 국제화와 개방화의 문제는 국가나 중앙 차원만의 문제가 아니라 전국 각 지역의 문제로 대두되고 있으며, 또 그러한 추세를 보이기 시작하고 있다. 더욱이 "문화의 경쟁시대"라고 까지 일컬어지는 21세기를 목전에 두고 지역문화의 국제화와 개방화는 우리 문화의 경쟁력 제고에도 없어서는 안 될 주요한 부문이고, 또한 중요한 과제가 아닐 수 없다.

그동안 문예진흥원의 지역문화 지원에서 가장 취약하고 등한시했던 분야가 바로 이 분야이었다고 볼 수 있다. 다행히 최근 몇 년 사이에 전국의 각 지역에서 활발한 국제교류와 국제문화행사가 태동되고 있는 현상을 보이고 있다. 앞으로 문예진흥원은 이러한 지역의 노력을 북돋고 뒷받침해 줄 수 있는 지역문화 국제화 프로그램은 다각도로 개발하여 적극적으로 지원해 나가는 것이 새로운 지역문화지원의 전략이 되어야 하겠다. 선진제국의 각종 국제문화예술제 및 행사들의 대부분이 지역 차원에서 행해지고 있다는 선례들을 볼 때 우리도 이것이 불가능한 것은 아니라고 확신할 수 있다.

3) 정보화 및 첨단 미디어시대에 부응하는 지원 전략

정보화 및 첨단뉴미디어 시대에 부응하는 문예진흥원의 지방 지원과 관련된 프로그램은 뉴미디어를 매개로 하는 문예 프로그램, 컴퓨터 보급에 대응하는 문화예술의 소프트웨어 개발보급과 아울러 전국에 산재하고 있는 각종 문화예술 자료들을 데이터베이스화하고 이들 문화정보를 전국적으로 전달하는 네트워크체제를 정립하여 전국 각 지역에 서비스하는 일이 중요한 과제이다.

이를 위하여 현재 문예진흥원에서 추진하고 있는 문화예술 데이터베이스 전산화 작업은 앞으로 박차를 가하고 더욱 활성화 되어야 할 중요한 미래지향적인 작업이라고 하겠다. 다시 말해서 문예진흥원은 전국 어느 지역에서 누구나 국내외의 각종 문화예술정보를 공유하고 활용할 수 있는 서비스 기능의 창출에 노력해야겠다는 것이다.

4) 지역문화 생활화 거점으로서의 문화시설 지원 전략

문예진흥원이 지난 10여 년 동안에 437억 원 이상의 기금을 지원하여 전국적으로 83개의 문화시설을 새로 건립하거나 개·보수하였다는 것은 앞에서 살펴본 바와 같다. 그러나 이와 같은 문화시설의 양적인 팽창에도 불구하고 질적인 면과 운영 및 활용 면에서 문제점들이 지적되어 오고 있다. 따라서 기존 시설들이 성급하고 경쟁적인 대형 다목적 시설의 양상을 띠고 있는 바, 앞으로 건립되는 시설들은 지역사정과 활용 면을 고려하여 중·소규모의 전문시설을 건립하는 데 주력하는 것이 바람직하다. 또한 문화시설의 운영조직과 인력의 전문화가 요망된다.

그리고 각종 문화시설들은 지역문화행동의 거점으로서 "살아 움직이는" 기능과 역할을 할 수 있도록 육성·지원되어야 할 것이다. 왜냐하면, 문화시설은 ① 지역사회에 문화활동의 씨를 뿌리고 싹을 키워 나가는 곳이 되어야 하고, ② 지역에 아마추어 문예활동의 물결을 일으켜 파급시키고, ③ 전문예술·예능인과의 만남의 장을 만들어 문화수준을 높이고, ④ 문화활동 프로듀서를 양성하고, ⑤ 지역 나름의 특색 있는 문화운동을 전개하여 문화적인 지역분위기를 조성하고, ⑥ 자유롭고 자주적인 시민(住民)문화활동을 활성화시킴으로써 문화적인 지역사회를 형성하는 '주체(主體)'가 되고 '거점(據點)'이 되어야 하기 때문이다.

그렇게 되기 위해서는 문화시설에 그러한 역할을 수행해 낼 수 있는 전문 스태프진이 배치되어야 한다. 그리고 이들의 활동이 더욱 의미 있는 활동이 되기 위해서는 문화시설의 직원뿐만 아니라 시민과 지역문화단체가 제휴·협력함으로써 비로소 지역문화활동 거점으로서의 문화시설 본래의 목적을 달성할 수 있는 것이다.

따라서 문예진흥원은 지역문화시설의 〈행정요원 및 기술 스태프를 위한 교육연수〉, 〈아트 매니저 양성강좌〉, 〈문화 프로듀서 육성연수〉 등의 교육과 재충전기회 제공에 집중적인 지원이 있어야 할 것이다.

5) 지역문화 창조활동의 활성화 전략

지역예술인들의 활동을 촉진하기 위해서는 발표와 공연기회를 확충·지원하여 지역에서 안심하고 창작활동에 전념할 수 있는 전문예술단이나 그룹을 지원 육성하

며, 지역에서도 전국 규모 및 국제 규모의 예술행사를 주최할 수 있게 지원하는 한편,
지역예술인들의 재충전 기회 확충과 사기진작 방안이 강구되고 지원되는 것이 바람
직할 것이다.

6) 지역주민의 문화향수 및 참여기회 확대지원

지역주민의 문화의식을 고양하고 문화예술의 수용능력을 개발하는 문화매개운동
과 문화교육의 활성화가 필요하다. 이러기 위해서 지역의 각종 문화시설과 문화 예술
기관·단체의 문화학교활동을 적극적으로 지원하는 한편, 주민들의 아마추어 예술활
동과 각종 문화동호인의 그룹활동 및 청소년문예활동을 적극 권장하고 촉진시키는
지원 프로그램을 마련하여 지원해 나가는 데 새로운 인식과 관심을 가져야 하겠다.

4. 나가는 말

이상에서 그동안 문예진흥원의 지방문화육성을 위한 지원현황과 실적을 개관하
고, 앞으로의 지원방향에 관해 간략하게 거론해 보았다. 그리고 지난 기간의 지원실
적에 관한 평가는 지면관계로 생략하였는데, 이것은 아마도 진흥원 당국이 20년 지원
사업에 대한 종합적인 평가작업이 있을 것으로 기대해 본다.

어떻든 간에 문예진흥원은 지난 21년 동안 거의 불모지나 다름없던 우리의 지방
문화에 밑거름이 되는 지원사업을 지속함으로써 오늘날 전국적인 지역문화의 태동을
이끌어 온 것만은 부인할 수 없을 것이다.

다만 여기에서 몇 가지 당부하고나 하는 것은 다음과 같다.

첫째, 지방문화지원은 일과성의 유행현상이어서는 안 된다는 점이다. 시행착오는
있을 수 있으나 성급한 비판에 동요되지 말고 꾸준히 실천해 나가는 자세가 필요할
것이다.

둘째, 지원 프로그램은 획일적인 것이어서는 안 된다는 점이다. 중앙주도의 하향
식 지원 프로그램은 자칫하면 단순한 모방에 그치기 쉬운 것이다. 다양하고 개성적이
며 독창적인 프로그램은 지역단위에서 찾을 수 있는 것이다.

셋째, 지방문화 지원행정은 지원을 위한 행정이어서는 안 된다는 점이다. 개성적인 전통과 문화에 뿌리박은 지역문화를 육성·진흥시키기 위한 지원이 되어야 한다.

넷째, 지역문화지원은 지역문화의 자립기반조성에 중점이 주어져야 한다. 지방자치제의 본격화를 앞두고, 그동안 지나치게 중앙의존적이었던 지역문화에 자립기반을 조성시키는 효율적인 지원체제와 지원 프로그램이 강구되어야 할 것이다.

10. 광주·전남의 문화산업 육성방안

이종인(한국문화정책개발원 연구실장)

1. 문화전략과 지역개발

(1) 개성 있는 지역개발

본격적인 지방자치제의 실시에 즈음하여 '지방시대', '지방자립의 시대', 또는 '지방경쟁의 시대'라는 말이 자주 쓰인다. 돌이켜 보면, 그동안 강력한 중앙정부의 전국 획일적인 시책이 일방적으로 추진됨에 따라서 전국 어디를 가나 같은 모습을 나타내고 있다.

21세기를 눈앞에 둔 오늘의 시대는 보다 다양한 가치관이 존중되고 요청되는 시대라고 생각된다. 이제부터는 개성 있는 지역건설이 무엇보다도 요망된다고 할 수 있다. 개성적일수록 전국에도 통하고 또한 세계에도 통하는 것이라고 본다. 그러기 때문에 개성 있는 지역개발은 세계화의 첫걸음이다.

이런 생각을 염두에 두고 지역개발에 임하려면 제일 중요한 일은 무엇보다도 30~50년, 아니 50~100년 후의 지역계획을 어떻게 그리느냐에 달려 있는 것이다. 우리들 각각의 자치제에서 지역의 정체성(Community Identity)을 어떻게 이룩해 나갈 것인가, 그리고 그 지역정체성을 이룩해 나가는 데 도대체 무엇이 장애요인이 되고 있는가,

그 장애요인을 하나씩, 하나씩 제거해서 10년이라면 10년 후의 우리 지역을 어떻게 만들겠다는 청사진을 그려 나가는 것이 가장 우선하는 일이라고 생각된다.

오늘의 사회는 이미지에 의해서 사람도 움직이고, 물건도 움직이는 시대이다. 지역정체성 위에서 어떻게 지역 이미지를 만들어 갈 것인가 하는 것이 중요한 관건이된다. 하와이를 예를 들어 본다. 하와이는 실제로는 고온다습하고 겨울에는 비가 많이 오는 곳이다. 그런 하와이가 우리들에게는 무역풍이 부는 상하의 낙원이라는 이미지로 정착되고 있다. 하와이 사람들은 20세기에 접어들면서 '하와이안'이라든가, '훌라춤'이라는 것을 생각해 냈고, 먹는 것으로는 '마이타이'라는 것을 내세웠고, '카메하메하 대왕'의 역사를 아주 잘 활용했으며, 그리고 '마우이 섬(이 섬은 실은 평범한 산과 같은 섬이다)'의 석양을 인상적인 풍경으로 내세웠던 것이다. 그리고 여기에 〈하와이〉라는 뮤지컬 영화가 대히트 해서 더욱 잘 알려지게 된 것이다. 어쨌든 하와이의 이미지는 완전히 만들어 낸 것이라고 해도 과언이 아니라고 한다. 이런 점을 생각할 때 역시 지역의 종합적인 이미지를 창출해 나가는 것은 매우 중요한 일이다.

지역의 이미지를 창출하는 조건으로 첫째가 풍토이고, 둘째가 경관, 셋째는 역사이고, 넷째는 음식물이며, 다섯째는 음악이라는 다섯 가지 조건을 들기도 한다. 어떻든 이런 조건들은 모두가 우리들의 생활주변에서 아주 가까운 곳에 있는 것들이다. 그러므로 우리들의 눈앞에, 우리들의 발 앞에 있는 소재를 소중히 여기면서 지역 이미지를 창출해 나가는 것이 필요하겠다.

(2) 한국 제일 만들기 운동

'한국 제일 만들기 운동'이라는 것은 어떤 제품이거나 한국제일의 것을 만들자는 것만은 아니다. 그것이 전부는 아니다. 앞으로 자치제가 다루어 나갈 여러 과제들, 예컨대 복지문제, 농림업문제, 행정개혁 등에서도 그것이 전국제일이라는 모델이 될 만한 그런 지역을 건설해 나가자는 의미이다. "광주를 보라!", "전남을 보라!"라고 말해질 수 있는 지역개발을 해 나가야 한다는 것이다. 광주가, 전남이 하나의 모범이 될 만한 일들을 모든 분야에서 추진해 나가야 한다는 것이다. 무엇인가 새로운 아이디아를 짜내서 모델이 될 만한 한국제일의 것을 만드는 것이 세계 제일로 나가는 첫 걸음이다.

산업의 각 분야에서도 제일이 되기 위한 운동이 필요하다는 것은 말할 나위도 없다. 특히 전남지방의 산업구조상 농수산업이 가장 큰 비중을 차지하고 있다고 알고 있는데, 농업의 예를 들어 보더라도 앞으로는 농업이 언제까지나 1차 산업으로 머물 수는 없다. 농업도 3차산업화 되어야 하겠다는 것이다. 즉 농업도 시설농업에서 하이테크농업으로, 그리고 가족농업에서 기업 농업으로 선진화되어야 한다. '1군 1산업' 정책 또는 '1촌 1품' 정책도 제일이 되기 위한 시책이라고 이해해도 무방할 것이다. 특히 담양의 죽세공, 목포의 행남자기, 보성의 용문석, 영광의 굴비, 해남의 옥석공예, 화순의 가구, 강진의 청자, 나주의 배, 진도의 진돗개, 영암의 참빗, 순천의 나전칠기 등은 지역의 특산품이라는 점에서 한국 제일 만들기의 귀중한 소재가 되리라고 본다. 다만 이와 같은 것들도 상품화 단계의 3차산업화의 경우에 따라서는 관광의 소재 및 관광 상품으로서의 개발을 고려할 수 있는 것이다. 이것이 바로 지역산업의 문화전략이라고 할 수 있다.

문화예술 부문에서의 한국 제일 만들기 소재도 이 지역에는 풍부하다. 판소리와 한국화의 전통이 바로 그것이다. 뿐만 아니라 이미 작년부터 실시하고 있는 '국제무용제'와 같은 것은 지방 차원에서 개최된 첫 번째 국제무용행사이다. 더욱이 금년부터 개최되는 '광주 비엔날레'는 한국 최초의 국제비엔날레라는 점에서 이미 한국제일이 되었다. 이와 같은 문화이벤트는 국내뿐 아니라 세계를 향한 정보의 발신지, 문화의 발신지가 되는 것이요 세계화의 길이다. 다만 이러한 이벤트가 단순한 예술행사로만 끝날 것이 아니라, 문화와 산업과 관광이 접목되는 종합적인 지역개발사업으로 발전시키는 것이 문화전략이라고 할 것이다.

앞으로의 시대에는 산업은 산업, 관광은 관광, 예술은 예술이라고 따로따로 분리해서 생각하는 것은 바람직하지 못할 것이다 총체적인 것, 종합적인 것으로 생각하는 가운데서, 하나의 전체 문화로 생각해 나가는 가운데서 산업의 진흥도, 관광의 진흥도, 예술의 진흥도 이루어진다. 하나의 예를 가정하고 생각해 보자. 광주·전남지역은 앞으로 공단입지가 증가됨에 따라 많은 기업을 유치해야만 할 것이다. 그런데 우수한 기업이 모이고 우수한 인재가 모이게 되는 기업입지조건은 과거와 같이 값싼 노동력이 많으니까 간다, 또는 풍부한 물이 있으니까 간다는 노동력입지시대와는 전연 다른 인재입지, 생활환경입지의 시대가 되었다는 것이다. 가령, 고주에 가게 되면 아이들 학교가 마땅치 않다, 역시 아이들은 서울의 학교에 다니게 하는 것이 좋겠다, 이렇게 되어 부인은 서울에 남게 되고 단신으로 부임하게 되는 경우가 있다면 이것은 바람직하지 못한 일이다. 그런 의미에서 교육의 환경도 좋게 해야 하고, 교통 환경도 좋게 해야 하며, 문화적으로도 향기 높은 예술을 향수할 수 있는 환경이 조성되어야 한다. 서울의 '예술의 전당'에 가야만 제대로 오페라를 감상할 수 있다고 하게 되면 안 된다. 광주문예회관에서도 예술의 전당과 같은 수준의 예술을 향수할 수 있다고 할 때 비로소 사람과 기업이 모이게 되는 것이다.

(3) 지역개발과 지역문화행정

1985년 7월 3~4일, '매력 있는 지역을 만드는 교류회의 1985'의 기조강연에서 당시 구마모도 현 지사 호소가와(전 일본 총리) 씨가 강연한 내용의 일부를 인용하겠다. "우리 현에서는 전국에서 처음으로 지사실에 '환경문화기획실'이라는 문화담당 전문기구를 설치하여 문화문제에 종합적으로 대처하고 있다. 문화의 문제는 흔히 교육위원회에서 문화재보호의 문제라는 정도로 취급하는 경우가 많지만 그렇게 취급해서는 안 되는 것이고, 보다 더 적극적으로, 종합적으로 다루어야 하는 것이라고 생각한다. 문부성의 하나의 부국으로 문화청이 있다는 것은 참으로 우스운 이야기이다. 오히려 문화성 속에 문부청이 있어야 마땅하다는 것을 나는 자주 강조하고 있다. 교육도 문화의 한 부분이라는 정도로 다루는 것이 지자체에서도 필요하지 않은가 생각하고 있다." 이 말을 인용한 이유는 지방자치체에서 문호행정의 중요성을 강조하고자함이다.

그러면 문화행정의 대상과 그 특징은 무엇인지 살펴보겠다. 문화행정을 단순한 예술문화행정이라는 좁은 의미에서가 아니라 자치제의 종합계획 속에서의 문화행정과 시책이라는 넓은 의미에서 본다면 참으로 그 대상과 범위가 넓은 것이다. 대표적인 것들을 보면, 문화헌장의 재정, 디자인정책의 설정, 지역개발운동과 인재육성, 문화회의 설치, 넉넉한 마음과 창의성 육성, 평생교육, 생활에 뿌리박은 문화창조, 스포츠·오락 활동의 진작, 숲과 물의 보전, 아름다운 도시경관정비, 개성 있고 매력적인 환경조성, 주민의 자주적 문화활동진작, 문화활동의 조건정비, 문화적 유산의 계승과 활용, 문화시설의 정비, 문화재의 보호, 문화단체의 육성 등이다.

문화행정의 특징은 첫째로, 문화창조의 주체로서 주민의 자주적인 활동에 중심을 두고, 이런 활동을 가능하게 하는 시설이나 조건을 갖추어 주는 것이다. 즉, 특정한 좁은 의미의 '문화'가 아니라 폭넓은 '시민문화', '생활문화', '일상문화'라는 차원에서 생각해야 한다.

둘째는 종래의 토목 · 건축이라는 하드(딱딱한)적인 '물건 만들기' 차원이었던 지역 개발에 소프트(부드러운)한 '마음'이나 '아름다움', '디자인', '풍요로움' 등을 첨가하는 것이다. 즉, 문화라는 눈으로 종래의 '건설행정'을 재인식하는 것이고, 사람, 조직, 정책 등을 포함해서 재인식해 나가야 한다는 것이다.

셋째는, 행정의 기능을 넓힌다는 것이다. 이제까지의 XX행정이라는 경우는 흔히 행정의 범위를 한정시키기 위해서 있었던 것이다. 그러나 문화라는 총체적인 분야에 관련지운다면, 그렇지만도 않다. 그렇다고 '무엇이나 모두다 행정이 한다'는 것은 아니다. 어디까지나 주민 측에 서서 주민의 힘이 유효하게 발휘될 수 있게 협동하는 관계를 만들어야 한다는 것이다. 행정의 기능을 넓힌다는 것은 보다 자유로운 종합적인 견지에서 예산을 쓰는 방법, 법령을 활용하는 것, 행정내의 인재를 활용하는 방법을 생각하고, 주민과 지역을 위해 노력할 수 있게 재편성, 재교육하는 것이다.

이상과 같은 지역문화행정의 특징을 고려한다면 '행정의 문화화'가 전제되어야 하겠다. 행정의 문화화라는 것은 행정 전체에 문화적인 시각을 도입하는 것이다. 즉 횡적이고 종적인 질(質)을 창조하려는 행정체질의 재편, 그리고 주민에게 대해서 열리고 유연하며 실천적인 서비스해정으로 전환해 나가는 것을 의미한다. 행정이 주민독자의 문화활동에 관여할 수 있는 것은 첫째는 장소의 제공, 둘째는 정보의 제공, 셋째는 기회의 제공뿐이다. 그러나 보다 더 적극적으로 행정이 관여해야 할 분야는 지역개발, 지역건설의 문제이다. 지역개발이란 종합적으로 자기들이 살고 있고, 활동하는 '마을'의 환경을 가꾸는 것이다. '살고 있는 사람'에게는 우선 살기 편하게 해주는 것은 당연한 일이지만, 진정으로 '이곳에 살고 있어서 좋다'고 생각하는 마음이 되게 하는 것이고, '내가 살고 있는 곳은 아주 좋은 곳'이라고 다른 사람에게 자랑할 수 있는 마을을 만들어 가는 것이다. 그러므로 지역개발은 보다 종합적으로 장래를 내다본 이념과 방향성을 가지고 시민과 더불어 공동작품으로 이룩해 나가는 것이 바람직하다.

2. 문화산업과 문화관광개발

(1) 문화산업에 대한 관심고조

21세기는 문화의 시대, 첨단정보의 시대가 될 것이라는 점에 대해서 이견을 제시하는 사람은 없을 것이다. 이와 아울러 문화산업에 대한 관심과 중요성이 고조되고 있는 것도 사실이다. 작년 5월 17일 과학기술자문회의는 영화 · 비디오 · CD롬 등의 영상매체가 21세기의 고부가가치 산업으로 각광을 받게 될 것이라는 전제에서 영상산업육성진흥책과 문화산업보호육성책을 대통령에게 건의한 바도 있다.

확실히 정보화시대에서 문화전쟁의 무기는 소프트웨어이다. 미국의 할리우드 영화, 홍콩의 무술영화, 일본의 만화영화 및 컴퓨터게임, 프랑스의 패션디자인, 이태리의 산업디자인은 세계를 석권하고 있는 문화상품들이다.

우리는 언제까지나 세계문화의 소비시장에 머물 수는 없다. 우리도 세계시장에 당당하게 내놓을 수 있는 문화상품을 개발해 내야한다는 것이 문화전쟁시대의 우리의 생존전략이다. 우리의 문화전통은 짧은 것도 아니다. 세계문화를 감싸 안으면서 우리 문화를 세계화시키고 우리의 문화상품을 세계로 진출시키는 것이 새로운 문화전략의 지향이 되어야 마땅한 것이다.

그런데 문화산업에 대한 통일된 개념은 아직 없는 실정이다. 문화산업에 대한 개념적 정의에 대한 해석은 나라에 따라 다를 뿐 아니라 한 나라 안에서도 예술장르별로 그 해석의 정도가 다르다. 또 문화산업은 그 속성상 산업화와 과학화와 밀접한 관련이 있기 때문에 시대에 따라서 그 대상과 성격이 변해 왔다. 불과 20~30년 전만해도 문화산업에 포함되는 대상 분야는 출판, 인쇄, 신문, 방송, 영화 등이 고작이었으나, 오늘날에는 전자제품 및 뉴미디어, 광고, 디자인, 관광 등의 문화적 측면을 고려하여 이들 분야까지 모두 문화산업으로 보는 시각이 강해졌다. 이밖에도 각종 문화예술용품(악기, 카메라, 화구, TV · 라디오수상기 등) 의 생산을 포함시키는 예도 있다.

그러나 현행 우리나라 문화체육부 문화산업국의 사무분장내용에 나타나고 있는 대상 분야를 살펴보면 문화상품, 출판, 인쇄, 영화, 영화관, 문화 · 광고영화, 영상음반, 영상뉴미디어, 그리고 출판 · 영상음반의 유통구조, 외국간행물 · 외국영화 · 오국영상음반의 수입 등이 포함되어 있다. 그리고 관광국이 그년에 교통부로부터 문화체육부로 이관되었다.

이렇게 볼 때 통념상의 문화산업과 정책상의 문화산업의 대상 분야가 일치하지 않고, 그 한계도 모호함으로 문화산업을 논할 때 혼선이 빚어지기도 하고 그 범위도 불확실한 것이 현실이다. 이점, 문화산업의 범위와 한계에 관한 연구도 앞으로의 과제로 넘겨야 하겠다.

(2) 지역문화산업의 육성

지방자치는 지역의 산업구조를 재정비하고 새 출발할 수 있는 기회가 될 수도 있다. 따라서 이러한 기회에 관심의 대상이 되고 있는 문화산업과 그 육성문제를 지역 차원에서 공론화하고 연구 발전시켜 나가야 할 것이다. 거의 불모지와 같은 현시점에서 지역문화산업을 육성하기 위해서는 관련 인력과 인재를 양성하고, 연구개발의 기반을 조성하는 것이 관건이 되리라고 본다.

다행이도 광주지역에는 과학원과 연구단지가 조성되기 때문에 지역 차원의 산·학 협동방법을 잘 활용한다면 앞으로의 전망은 밝다고 생각된다. 이밖에도 장기적으로는 지역의 대학에 유망한 분야의 문화산업관련 전문학과를 신설하는 일이 필요하다. 예컨대 '영상문화학과'라든가, '전자출판학과', '소프트웨어개발학과' 등의 명칭으로 특화된 학과를 신설하여 인재를 양성하는 것이 바람직하다. 단기적으로는 현재의 인적 자원으로도 가능한 지역특화 분야를 선정하여 집중투자하고 연구 개발하는 방안도 있을 수 있다. 이러한 경우 간과할 수 없는 것은 지역의 인재를 지역대학에 유치할 수 있는 인센티브제도를 지역기업과 협력하여 마련하는 것이 중요한 일이다.

다음으로는 지역의 경제인이나 기업이 문화산업의 중요성을 인식하고 관심과 투자에 열의를 보여야 할 것이다. 이를 위해서 기업인을 대상으로 한 홍보활동과 이해 제고방안이 강구되어야 할 것이다. 그 한 방안으로서 지역의 기업인, 유지, 예술인, 지식인, 교수 등이 참여하는 문화산업추진위원회와 같은 모임을 구성하고, 그 모임이 주최가 되어 세미나를 개최한다거나 연구모임을 통해서 장래의 지역특장문화산업의 가능성과 그 육성방안 등에 관한 여론을 환기시킬 필요가 있다. 여기에는 CATV와 지역민방 및 지역신문이 적극 참여하여 활기찬 공론화의 광장을 마련할 필요성이 있다.

이밖에 광주·전남지역의 지역특산물을 소재로 한 문화상품개발과 보급의 적극화가 필요하다. 이것은 토산품을 소재로 제품자체의 현대화와 디자인 및 포장의 세련화, 그리고 제품의 다양화 등을 통하여 상품가치를 높이고 광고 선전을 적극화하여 널리 국내외 시장으로 유통시키는 전략을 강구해야 할 것이다.

(3) 문화와 관광의 접목: 문화관광

관광은 문화산업이다. 그리고 관광이야말로 부가가치가 가장 높은 산업이다. 서해안시대에 대비해서 전남북지역은 앞으로 중국을 비롯한 동남아지역의 관광객을 유치한다는 차원에서도 관광산업의 개발육성이 필요하다. 그러기 위해서는 관광단지의 조성, 관광시설의 정비확충, 육·해상교통망의 확충과 국제공항개설, 그리고 관광 상품의 개발, 지역주민의 의식과 봉사·친절정신의 함양 등 산적한 과제들이 많을 것이다. 그러나 지역의 세계화를 위해서도 관광산업은 반드시 육성되어야 할 필요성이 충분한 것이다.

그러나 우리는 이 시점에서 이제까지의 관광행태에 대한 반성과 관광의식에 대한 새로운 인식이 필요하다고 생각된다. 그동안의 관광이 구경하고 노는 향락적인 소비관광이었다면 이제부터는 보고, 배우고, 느끼고, 생각하는 한 차원 높은 단계로 올라서야 되지 않겠는가 하고 생각한다. 즉 생산적이고 교육적인 관광으로 지향하자는 것이다. 그러기 위해서는 문화와 관광을 접목시킨 사회교육으로서의 문화관광을 진작시키는 것이 그 방안이라고 생각되어 문화관광을 강조한다.

(4) 문화관광 프로그램 개발

① 문화관광 대상 조사

문화관광 프로그램을 개발하기 위해서는 먼저 그 대상과 자원을 조사해야 할 것이다. 예상되는 대상의 유형을 구분하면 다음과 같다. ① 궁궐지, 도성, 성터, ② 고분 및 능, ③ 사찰 터, 건물터, 전통건조물, 역사지점, ④ 패총, 주거지 등 선사유적지, ⑤ 지역축제, ⑥ 도요지, ⑦ 민속마을, ⑧ 국·도립공원, ⑨ 절, ⑩ 천연기념물 도래지, ⑪ 명승, 천연기념물, ⑫ 산업시설, ⑬ 토산품 산지, ⑭ 역사적 인물의 생가, 관련 장소 등을 들 수 있을 것이다.

② 문화관광 주제 설정

관광대상과 자원을 조사한 다음에는 권역과 특색 있는 주제를 부여하여 주제관광의 코스를 설정하는 작업이 필요하다. 이 작업은 다음과 같은 순서로 추진하는 것이 효과적이겠다.

○ 권역설정: 교통조건, 자원조건, 관광기간 등을 검토하여 대권역, 소권역 등으로 설정할 수 있을 것이다.

○ 권역중심지 선정: 위에서 설정된 권역의 중심지를 선정한다.

○ 관광자원별 테마 코스설정: 관광자원의 성격에 따라 몇 가지주제를 부여하고 코스를 설정한다. 예시하면 다음과 같은 것이 있을 수 있다.
  − 신명의 길: 민속축제, 풍물, 국악, 전통공연, 세시풍속 등
  − 충렬의 길: 충성과 절개를 보인 국난극복의 선열 등
  − 깨달음과 진리의 길: 종교, 학문, 예술 등 문화창달 인물 및 관련된 사적, 사찰, 향교, 서원, 생가, 기거지 등
  − 번영과 풍요의 길: 산업현장, 과학유적 · 유물, 특산 · 토산품산지 등
  − 자연과 국토사랑의 길: 산, 강, 바다, 섬, 정원 · 공원, 풍류지

③ 문화관광 프로그램(광주 · 전남 지역의 예시)

○ 권역 및 권역중심지
  − 대권역: 광주
  − 소권역: 영광 · 목포 · 완도 · 광양

○ 자원별 코스
  − ①−1, 판소리: 지역 내 판소리 명인 · 명창의 고향 · 생가 등
  − ①−2, 축제: 진도강강술래 · 진도다시라기 · 진도씻김굿 · 광산고싸움 · 남도문화재
  − ②−1, 민중운동: 동학관련지~5 · 18 성역까지
  − ②−2, 이순신: 좌수영부근 일대의 전적지
  − ③−1, 고산 윤선도 · 다산 정약용: 해남보길도~강진
  − ③−2, 오지호: 광주 지산동 화실~화순 독산면 생가

- ③-3, 강진: 무위사~김영랑 생가~다산초당~가마터 등
- ④-1, 광양제: 제철소일원
- ④-2, 토산품: 담양 · 영광 · 해남 · 화순 · 강진 등
- ⑤-1, 무등산~담양호~장성호~영광해수욕장
- ⑤-2, 남해안 도서지역 일주 등
- 주제코스는 상설코스와 임시코스로 운영할 수도 있다.

④ 활성화 방안

이상의 관광코스 및 관광자원을 실용적으로 활성화시키기 위해서는 다음과 같은 관광기반조성 조치가 필요하리라고 생각된다.

먼저 필요한 것은 관광대상물의 시설과 내용 및 주변 환경을 정비하고, 안내판 · 도로 표지판에는 영어와 한자를 병기하고, 주차장 및 편의시설들이 갖추어져야 한다. 필요시에는 기념품판매소도 설치한다. 안내 팸플릿, 관광지도, 설명문 등이 세련되게 제작되어야 하겠으며, 외국인을 위한 외국어(영어, 일어, 중국어 등)판도 제작되어야 한다.

관광안내자, 현장담당자 그리고 현지주민들에 대한 교육이 필요하다. 각종 매체를 통한 홍보활동을 강화하고, 경우에 따라서는 해외홍보도 적극화시켜 나가야 하겠다. 지역 민방이나 CATV로 하여금 관광안내 비디오도 제작 활용할 수 있다. 또한 관련된 관 · 민 각급기관 단체의 협조체제가 원만하고 적극적이어야 한다.

권역중심지에는 적정규모의 호텔이나 숙박시설이 있어야 하겠고 관광버스, 도로 정비, 관광안내센터 등이 갖추어 있어야 할 것이다. 경우에 따라서 다른 시 · 군과도 연계된 활동이 있을 수도 있어서 관광대상별 또 주제코스별 관광협의체를 민 · 관 공동으로 구성 운영하는 방안도 강구되어야 할 것이다.

3. 관광·문화의 접목과 진흥

(1) 관광조직과 활동

독일은 지방자치제가 강력한 힘을 가지고 있기 때문에 관광에 있어서도 예외는 아니다. 독일의 자치체는 매우 독립된 지위를 확보하고 활동하고 있다. 지방자치체의 행정조직 면에서 보더라도 주(州)라든가 시(市)·군(郡)·읍(邑)에는 관광국 또는 관광협의회라는 것이 있는데 그 지위도 아주 높고 조직도 크며 돈도 있고 활동폭도 매우 넓어서 많은 사람들의 존경을 받고 있다.

바바리아 주의 수도 뮌헨을 예로 들어보기로 한다. 독일에는 인구 100만 명 이상의 도시는 세 개 밖에 없다. 제일 큰 것이 서(西)베를린의 200만 명, 그리고 함부르크와 뮌헨이 130만 명이다. 이 130만 명의 뮌헨시를 하늘에서 들어가면 뮌헨공항에 닿는데 여기에는 시(市)의 관광안내소가 나와 있다. 또 아우토반(고속도로)으로 뮌헨 시에 들어가면 그곳에도 시의 관광안내소가 있어서, 만약에 들어가는 사람이 렌터카를 타고 있어서 안내자가 없다고 하는 경우에는 파일럿 서비스(안내자)가 호텔까지 안내해 준다. 유럽에는 대형 관광버스가 달리고 있고, 2층 버스도 있는데 익숙하지 못한 운전사는 100만 도시 속을 달리기 어렵다. 이럴 때는 즉시 파일럿 서비스가 달려온다. 이러한 서비스를 제공해 주고 있다. 한편 철도로 들어가게 되면 이 도시에서 가장 큰 관광안내소가 역에 설치되어 있다.

그리고 아무리 작은 마을, 인구 3,000명의 마을에서도 자치체가 운영하는 관광국이 마을 한 가운데, 혹은 철도역에 반드시 설치되어 있고, 그곳에 가면 모든 것이 해결되는 것이 독일이다.

관광안내소 창구의 업무라는 것은 시(市) 관광업무의 극히 일부에 지나지 않는다. 물론 호텔을 찾아주거나, 예약을 해 주고, 팸플릿을 제공하고, 행사안내정보 등 여러 가지 정보를 제공해 주고 있지만 시 관광국의 보이지 않는 곳에는 관광세일즈 프로모션과도 있어서 관광PR활동에도 주목할 만한 것이 많다.

뮌헨 시는 관광경제와 시의 선전에 힘을 쏟고 있어서 관광국의 직원수는 약 100명이다. 다른 시·군·읍도 이 정도로 많지는 않지만 적지 않은 업무와 관제를 관광국에 부과하고 있다. 이점 독일의 지방자치체 행정에 있어 관광에 대한 인식이 높다는 것을 의미하는 것이라고 하겠다.

관광국 또는 관광협회의 일은 단순히 도착한 사람에게 정보를 제공해 주는 것만
은 아니다. 본래 각시의 관광국이 가지고 있는 임무는 세일즈 프로모션과 PR활동이
고, 그것으로 보다 많은 관광객을 유치하고 나아가 경제적으로 마을을 윤택하게 한다
는 것이다. 그래서 시(市)의 관광국은 큰 행사, 축제의 중심조직으로서의 역할을 하고
있다.

뮌헨의 옥토버 페스트(매년 9월 말부터 10월에 걸친 16일간에 열리는 세계 최대의 맥주축제)의
주최자는 뮌헨 시 관광국이다. 이 축제는 6,000~7,000명이 들어 갈 수 있는 대형 텐
트 7개를 설치하여 독일 전국에서 업자가 모여들게 되는데 여기에서 소비되는 맥주는
16일 동안에 500만 리터, 소시지는 28만 페어, 닭 60만 마리, 소 53마리에 달한다. 입
장객은 580만 명에 달한다. 이것을 매년 개최하고 있는 것이다. 580만 명이 모여드는
축제를 매년 개최함으로써 얻어지는 경제적인 효과는 가히 짐작할 수도 없을 것이라
고 생각된다.

이와는 별개로 시 관광국에는 마케팅과가 있어서 국내외의 여행시장을 조사하고,
관광촉진을 위한 전략도 스스로 강구하고 있다. 팸플릿 작성으로부터 포스터 작성,
전문업자용 세일즈 안내장을 만들거나, 연구여행자를 받아들인다거나, 세계관광견본
시에 시 자체로서 참가하여 PR을 하기도 한다.

뮌헨 시는 일본어만으로도 4종류의 관광 팸플릿을 출간하고 있다. 그리고 매년 한
번은 반드시 일본에 시장조사를 하러 오고 있으며, 시장, 시청간부, 시의원들도 관광
선전을 하고 있고, 외국의 자매도시와의 행사도 관광국이 도맡아 하고 있다.

하이델베르크는 관광국이 아니라 관광협회라는 것이 있어서 관광선전촉진을 하
고 있다. 회의장도 가지고 있어서 국제회의장의 세일즈까지도 하고 있다. 그뿐 아니
라 관광협회는 여행회사도 운영하고 있다. 하이델베르크의 일본인 숙박자수는 외국
인 중 미국인 다음으로 2위를 차지하고 있기 때문에 일본이 중요한 시장이 되고 있다.
그러기 때문에 이 관광협회의 전무이사는 매년 두 번씩 일본을 방문하고 있는데, 그
중 한 번은 하이델베르크 시장이 정치적인 목적이 아니라 순전히 관광선전 때문에 일
본을 찾아와서 업계인사들과 간담회를 열거나, 데이코쿠호텔에서 '알트 하이델베르
크 위크'라는 행사를 개최하고 있을 정도이다.

세계적으로 인기가 높은 '로맨틱 가도'라는 관광루트가 있다. 이 루트의 절정은 로

텐부르크라는 인구 1만 2,000명의 마을이다. 이 마을에서는 전숙박수의 반 이상이 외국인이다. 제일 많은 것이 미국인이고 그 다음이 일본인이다. 20년 전에는 이 마을은 일본에서 알려지지도 않은 곳이었다. 그러나 그 무렵부터 일본어 팸플릿을 만들고 있었다. 작은 마을이지만 이곳의 관광국장도 2년에 한 번은 일본을 찾아오고 있으며, 2번에 한 번은 시장도 반드시 함께 오는 열의를 보이고 있다.

이상과 같은 몇 가지 예를 들어보았지만 독일의 지방자치체는 아무리 작은 곳이라도 반드시 관광국이나 관광협회를 두고 있어서 자기고장의 관광에 대해 매우 큰 비중을 두고 있음을 알 수 있다. 오늘날 우리는 세계화를 위해 새 출발을 하고 있는데 이를 위해서도 자치단체의 관광기능을 강화해서 해외에 지속적으로 관광선전을 전개한다면 그 것 자체가 세계화로 통하는 길이 아닌가 생각된다. 관광은 단순히 경제적인 면에서 만이 아니라 또 다른 하나의 높은 목표로서 상호이해라는 것이 있다. 일방통행이 아닌 쌍방향의 이해를 증진할 수 있다는 점에서도 중요한 세계화의 과제라고 하겠다.

(2) 광관루트의 전략

독일에는 명칭이 붙은 관광가도가 많은데 그 가운데서 '로맨틱 가도'라는 것을 살펴보겠다. 이 루트는 벨츠부르크부터 로텐부르크를 거쳐 알프스까지 350km의 루트이다. 이 가도에는 로텐부르크와 같은 중세도시가 진주목걸이와 같이 이어져 있어서 그야말로 로맨틱하기 때문에 로맨틱가도라고 이름붙인 것은 너무나 당연한 듯하다. 이 350km의 가도 사이사이의 마을과 마을사이에는 밭이나 숲이나 목장 등의 자연경관이 그림과 같이 널려있다고 상상하면 된다.

이 가도는 350km에 걸쳐 철도가 통하지도 않는다. 개인 관광객을 위해서 봄부터 가을까지 일방행으로 하루 2번의 정기버스가 양방향에서 출발하고 있으며, 단체 관광객은 탈 수 없게 되어 있다.

로맨틱 가도는 2,000년 전 로마 군단이 지나다닌 비아 클라우디아라는 가도와 일부 합치되고 있고, 일부는 중세의 통상로에 연한 가도이다. 통상로였기 때문에 도중에 시가 생기고 그 시가 발달하여 크게 되고 교역이 번창해져서 자유권을 획득하고, 성벽을 구축하여 독립하게 된 것이다. 그러한 성곽도시가 지금도 많이 남아 있는 것이다. 이것이 이 가도의 관광자원이 된 것이다.

이밖에도 산물별(産物別)로 이름을 붙인 것도 있다. 예를 들면 독일 바텐의 '와인 가도' 또는 '유리 가도'라는 것도 있고, 중세독일에서 생산했던 암염을 실어 날랐던 가도로 '소금의 길'이라는 것도 있다. 또 문학과 관련된 것으로 헤르만 헷세라든가 쉴라 같은 사람들이 태어난, 또는 자라난 마을들을 연결한 '슈바벤 시인가도'라는 것도 있다. 또는 '뉴베룬겐 가도', '로렐라이 가도', '지그플리드 가도'라고 하중세독설이나 동화에 관련된 것도 있다.

여하튼 자연발생적인 이름을 그대로 쓴다고 해서 관광의 선전이 되는 것은 아니고 이것을 이용해서 가도에 연해 있는 시·군·읍이 일치협력해서 관광선전을 하고 있다. 이것이 독일의 특징이다. 위에서 말한 명칭을 붙인 가도는 전부가 조직화 되어 있다. 각각의 가도에 연해있는 시·군·읍은 협회의 멤버가 되어있고, 돈을 출자하고, 회의를 열고, 인기가 있다고 생각되는 가도는 국내는 물론 해외에도 선전을 하고 있다. 이러한 설정과 활동의 목적은 어디까지나 관광촉진, 세일즈프로모션, 지역경제의 진흥이라는 것이다.

눈을 안으로 돌려서 우리의 경우를 생각해 보자. 우리나라도, 아니 광주·전남도 다른 지방이나 외국이 팔릴만한 루트가 많이 있지 않겠는가 하고 생각한다. 하나하나의 개별적인 마을이라면 지명도가 낮을는지도 모르겠으나 무엇인가 루트를 구성한다면 팔리지 않을까 하는 생각이다.

다시 로맨틱 가도의 이야기로 되돌아가자. 이 가도는 44년 전에 협회가 조직되어서 명칭이 붙은 가도로서는 독일에서도 가장 오래된 것이다. 외국에서도 가장 알려진 가도이고, 정회원은 24개의 시·군·읍으로 이루어져있다. 이밖에도 주(州)의 경제성, 관광국, 그리고 지역의 관광조직, 법인과 같은 것들이 준회원으로 참여하고 있다.

'로맨틱 가도'도 협회이기 때문에 훌륭한 약관도 가지고 있다. 그 속의 '설립목적'이라는 항을 보면, '로만티셰 슈트라세'라는 가도명칭은 관광브랜드 네임이다. 가도에 연한 휴가지의 진흥이 목적이다. 회원의 협력으로 판매촉진, 공동 선전활동을 한다. 상호의견교환을 해서 서로가 개선을 도모한다"고 되어있다. 이 협회의 1년간의 예산은 그리 많지는 않아서 약 1억 원 정도인데 10개 국어의 팸플릿을 찍어내고 있고, 거의 여기에 다 쓰이고 마는 정도이다. 인접한 여러 나라와 미국, 일본에도 때때로 가서 프로모션을 하는데 그때에는 그때마다 별도로 자기들이 돈을 내서 임기응변적으로 단결해서 일하고 있다.

이상과 같은 독일의 관광가도의 예는 다른 나라에서도 점점 더 본받아서 캐나다, 프랑스, 벨기에 등에 보급되고 있다. 소비자 쪽에서 본다면 하나하나의 마을이라는 포인트에서 얻어지는 여행이 아니라 명칭을 듣기만 한 것으로도 대체적인 가도의 상상이 가능해져서, 선(線)과 면(面)이 넓어지는, 상상이 가능한 매우 편리한 유인요인이 강한 세일즈방법이라고 생각한다.

(3) 고도보존 · 도시개발과 관광

어떤 가도에서나 팔리는 것은 자연풍광과 거리의 경관이다. 독일 사람들은 옛것을 귀중하게 여긴다고 하는데, 이것은 우리도 마찬가지라고 생각된다. 그럼에도 불구하고 우리나라에서는 역사적인 것들이 점점 없어지고, 옛것이 사라지며, 조화가 깨지고 있다는 것을 어떻게 보아야 할 것인가. 다시 한 번 생각할 문제가 아닌가 한다.

독일에 가서 가장 재미있는 것은 옆 마을로 옮겨 가면 이미 성격이 다르다는 것을 발견할 수 있다는 것이다. 하나의 마을에서 다음의 마을로 이동하면 지붕색깔이 다르거나, 거리 전체의 경관이 다르다는 것이다. 우리 한국인들도 조화를 좋아하는 국민이라고 하지만 요즘에 와서는 좀처럼 조화를 이룬 마을이 눈에 뜨이지 않는 것도 사실이다. 예스럽고, 차분하며, 조화를 이룬 풍경은 사람의 마음을 가라앉히고 부드럽게 해 준다. 바로 이런 것이 관광자원이다.

독일의 하노버라는 마을은 전후의 도시계획으로 훌륭한 환상도로, 거리의 숲, 또는 인공호수가 만들어져 매우 기능적인 깨끗한 마을이다. 그러나 이것만으로는 전연 관광의 대상이 되지 않는다. 아무리 기능적인 마을이라고 하더라도 거리의 중심에는 한 점의 옛것을 남겨놓고 있다. 프랑크푸르트는 세계적인 국제금융도시로 탈피하여 '독일의 맨해튼'이라고 불리지만 시민들은 약 10년 전에 시의 한 모퉁이에 사람들이 휴식할 수 있는 장소, 마음의 고향으로 간직하고 싶은 곳, 커뮤니케이션의 장소를 갖고 싶다는 욕구가 일어나서 그것을 위해 가장 좋은 것이 무엇인가 논의 끝에 역시 옛 거리가 제일 좋겠다는 생각에서 거리 중심에 옛것을 살리는 구획을 넓혔다고 한다.

뮌헨이라는 도시는 결코 관광을 위해서 거리를 예스럽게 바꾸누 것이 아니라 시민이 그것을 원했기 때문에 그렇게 한 것이지만 그 결과가 대도시로서는 독일 제일의 관광도시가 되었다는 것이다. 독일에서는 이렇게 하는 것을 '재개발' 또는 '거리를 다시 세운다, 재건'이라고 부른다고 한다.

인구 1만 명의 로텐부르크 시(市)는 이미 1900년에 고도보존(古都保存), 경관보호를 위한 엄격한 조례를 제정하고 있다. 이것은 다른 도시의 모범이 되고 있다. 1차 세계대전 전에는 로텐부르크라는 곳은 독일에서도 볼만한 도시라는 것이 널리 퍼져 있었고, 그 이름은 국경을 넘은 외국에서도 유명했었다고 한다. 그런데 1945년 3월 2일(2차 대전 종전 2개월 전)에 폭격을 받아 마을의 40%가 파괴되었다고 한다. 먹을 것도 없었을 때인데도 시민들은 곧바로 다시 옛날의 마을을 되찾자는 노력을 했다고 한다. 그래서 지금의 로텐부르크는 40%가 파괴되고 다시 복원한 마을이지만 마을의 경관과 분위기, 조화는 옛날과 꼭 같다고 한다. 복원한 것이어서 오리지널하지는 않지만 많은 사람들이 즐겨서 이 마을에 찾아오고 있다고 한다.

이 마을은 어느 곳에 서서 어디에 카메라를 대도 그림이 된다고 한다. 전체경관이 아주 훌륭하다. 이런 마을이 사람들로 하여금 관광으로 이끄는 것이 아닌가 생각된다. 조화를 이룬 경관이라는 것은 먼저 자기가 살고 싶은 마을이고, 또 자동적으로 관광자원이 된다고 본다.

참고로 1900년에 제정된 로텐부르크 시(市)의 경관조례 내용을 간략하게 소개해 보고자 한다. "낡은 기념비와 같은 성벽에 둘러싸인 우리 마을의 특색 있는 성격, 옛날대로의 경관 및 무수하게 현존하는 부분, 이것이 이 10년 이래 해를 거듭할수록 세계 각국에서 수천이라는 방문자를 이끌고 있다"고 하여 자기들 마을의 경관이 국제적인 관광의 진수가 되어 있다는 것을 인식하고 있다. "금후 방문자의 증대가 예상되어 관광은 시민에게 경시할 수 없는 수입원이 될 것이다. 우리 마을의 유례없는 성격을 파괴와 변화로부터 지키기 위해 로텐부르크 시의회는 이것을 자치경찰의 건축조례로서 이 법을 공포한다"고 적고 있다. 이미 1900년에 역사적 경관이 관광경제에 있어서 중요한 것이라는 것을 주목하고 있음을 알 수 있다.

이 법은 1900년의 법률이지만 지금까지도 살아있다. 1장에서는 도로나 가옥의 경관과 마을 전체의 조화를 깨뜨리는 것, 바꾸는 것을 금지하고 있다. 2장에서는 밖에서 보이는 건물의 부분수리나 변경을 일체 금지하고 있다. 6장에서는 색깔을 규정하고, 8장에서는 가령 성벽의 밖이라고 하더라도 마을 전체의 경관과 풍광에 관련되는 것일 경우는 새로 짓거나 변화시키는 것을 규제하고 있다. 12장에서는 당국이 모든 건축,

수리 및 개축예정을 심사해서 결정을 내린다고 되어있다. 이런 일들이 가능한 것은 지금과 같은 민주주의 시대가 아니었기 때문에 강제가 가능했을 것이라고 생각할는지 모르지만 이 마을은 1274년부터 시제(市制)를 취하고 있다.

현재의 법률은 보다 더 엄격하다고 하는데 예를 들면, 선전물을 밖에 두는 것, 세우는 것, 거는 것, 즉 광고나 간판에 관한 조항까지도 아주 세밀히 규정하고 있다. 간판이나 선전장치의 재질까지도 규제해서 나무, 철, 구리, 브론즈제는 가능하나 반드시 표면은 광택을 내서는 안 된다고 되어 있고, 물론 플라스틱 간판 같은 것은 절대 허가되지 않는다. 하다못해 자동판매기는 건물 입구 안이나 상점 안에 설치해야지 도로에는 절대 놓아서는 안 된다고 되어있다. 건물열보다 10cm 안으로 놓을 것, 건물열과 나란히 놓아서는 안 된다. 돈을 넣는 곳이 건물의 도로 쪽을 향하고 있어서도 안 된다는 등 자세한 규정이 있다고 한다. 이 밖에도 음식점 외부에 음식종류와 가격을 표시하는 안내판도 $0.2m^2$ 이하의 크기로, 두께도 8cm 이하, 간접광으로 조명해야 한다는 데까지 엄격하다.

4. 지역의 개성창출

(1) 지역 개성을 연출하는 시설

① 도시건설 정채
- 건축과 도시건설: 건축설계부터 건물은 하나의 물리적인 물체로서 주변에 영향을 끼친다는 생각을 가지고 도시 전체와의 관련에서 건축해야 한다.
- 도시를 보는 눈: 도시를 인구나 교통량, 또는 산업과 지세 등의 수량적인 요소로 생각하는 조감적인 생각뿐만 아니라, 도시 속을 걸어 다니며 도시를 체험적으로 보고 느끼고자 하는 도시생활의 개인적인 체험을 기반으로 해서 도시를 생각하는 시각도 병행해야 한다.
- 공학적 발상으로부터 문화적 발상: 도시계획을 단순히 공학적으로만 생각해서 인구나 교통량과 같은 수량적인 데이터에 의한 전국 획일적인 개발은 어느 곳

을 가거나 같은 풍경을 만들게 된다. 이것은 도시나 마을이나 지역을 단순히 기능적으로만 생각하고 그곳에서 생활하고 있는 사람들이 자기들의 것이라는 의식이 반영되지 않은 점이 많다. 이제부터의 도세계획은 그 지역의 개성, 지역성을 잘 반영시킬 수도 있다.

— 부분으로부터 전체로: 이제까지는 전체로부터 부분으로 도시계획이 진행되었다고 할 수 있다. 그러나 앞으로는 부분으로부터, 매우 작은 곳의 디자인에서 시작해서 전체로 향해 나가야 하겠다. 이렇게 함으로써 그곳에 살고 있는 주민들이 자기지역에 대한 애착을 갖게 될 것이고, 그곳에 뼈를 묻어도 좋다는 일종의 정주(定住)의식이 생기게 된다. 인간관계를 소중히 여기고, 지역의 주민의식 고양에도 깊이 관련되는 것이라고 생각된다.

② 지역개성 연출의 재산

— 도시재의 발견이 지역개성 연출의 제일보: 요즘은 도시계획은 지나치게 안전이나 건강이나 경제성과 같은 것들을 우선적으로 취급하기 때문에 확실히 어느 정도는 편리성과 효율성을 얻을 수가 있다. 그러나 기존의 도시가 가지고 있던 외잡한 에너지라고 할까, 앞과 뒤가 있는 다중성과 같은 것들을 잃어가고 있다고 느껴진다. 거리가 도시라고 하는 것은 앞과 뒤, 정(政)과 부(負). 같은 그늘진 부분도 있을 때 비서 매력 있는 것이 되지 않겠는가 하는 생각이 든다. 좋든 나쁘든 간에 어느 지역이든 그 지역에서 소중하게 여겨지는 기억물이 있을 수 있으며, 혹은 그 지역만의 정경이 있을 수 있다는 것을 생각할 수 있다.

그런 의미에서는 하나의 전주도 작은 마을의 재산이라는 것을 유념해 둘 필요가 있다. 건축물과 같은 도시의 부품, 도로와 같은 시설, 다리, 역, 그 밖에도 도시 전체에 걸쳐 그 지역만의 고유한 재산들이 각기의 도시에 다른 모양으로 존재하고 있다. 이러한 도시의 재산을 발견한다는 것이 지역의 개성을 발견하는 데 우선 제일 필요한 일이라고 생각한다. 그런 것을 발견한 다음에는 그것을 지키고 보전해 나가는 것이 둘째로 중요하다. 이런 재산이 없다고는 말할 수 없을 것이어서 어떤 곳에서든지 그런 재산을 찾는다면 반드시 나올 수 있다. 그러나 요즘의 뉴타운, 신도시와 같은 곳에는 그런 재산이 극히 드물 것이다.

그런 곳에서는 의당 그 도시의 고유한 재산을 새롭게 만들어 나가는 데 힘을 쏟아야 할 것이다.

– 문화에 따라서 시설의 형태가 다르다: 도시의 시설물은 건축물 이외에도 도로, 다리, 공원, 시장, 동물원, 식물원, 묘지와 같은 도시재가 많다. 그러나 이런 것들은 언어, 역사, 풍속, 습관 등 문화가 다른 경우에는 사물에 대한 생각이 다르고, 생활감정이 달라서 같은 기능의 시설물이면서도 다른 인상을 받게 되는 시설들이 있다. 이런 시설들이 관광의 포인트가 되는 것이다.

– 문화란 인간의 생물적인 환경정비: 최근에 들어서 여러 곳에서 숲을 가꾸자, 개울에 고기가 되돌아오게 하자는 등의 자연회귀, 환경 운동이 벌어지고 있다. 자연이란 무엇인가를 생각해 보면 그것은 인간을 포함한 산 물건의 총체라고나 할까 생물학적으로 필요한 전체의 환경이라고 할 수 있다. 그래서 이러한 인간의 생물적인 환경정비가 문화라는 것이 아닌가, 단순한 과학기술의 진보발전은 문화라고 할 수 없다고 생각한다. 우리들이 도시 또는 도시시설에 관해서 생각할 때도 이런 시각이 중요하겠다. 지역주민에게 쾌적한 환경이 우선해야 한다고 생각한다.

③ 인간적인 문화의 전개

– 도시재를 연결하는 네트워크로서의 길의 중요성: 도시에 있어서 중요한 것은 도시재를 연결하는 네트워크라고 생각한다. 그것들이 각각 별개로 존재하고 있어서 아무런 맥락이 없다면 그 파급효과라는 것도 없을 것이다. 이런 시설들을 연결하는 데 효과적인 것이 길이다. 하나의 도시 가운데서도 몇 개의 시설을 유기적으로 연결시키는 길이 필요하다.

인간에게 쾌적한 환경으로 길을 생각해 보면, 길은 먼저 걷기에 적합한 길이어야 한다. 길의 기능은 여러 가지가 있겠으나 예를 들어 산책에 적절한 길에 관해서 생각하면, 목적 없이 어슬렁어슬렁 걷는다는 것은 생물로서의 인간이 걷는 즐거움이 있어야 한다. 단순한 이동이 아닌, 조깅이나 마라톤과 같은 건강을 위해서도 아닌 산책한다는 것을 스스로 즐기려는 것이기 때문에 바람과 햇빛을 피부로 느끼게 되는 그런 길이 중요한 것이라고 생각한다.

우리들 인간이 가장 기쁨을 느끼는 것은 시각, 청각, 후각, 촉각, 미각이라는 5각에 즐거운 자극을 받았을 때일 것이다. 인간은 항상 이런 5각을 동원시킬 수 있는 행위를 찾고 있는 것이 아닌가 한다. 인간은 움직임에 의해서 되도록 많은 환경원천에서 가장 흥미 있는 자극을 얻고자 하는 것이 아닌가 싶다. 그러므로 쾌적한 자극을 줄 수 있는 도로환경이 중요한 것이다.

아름다운 인간우선의 보행자길이 필요하다. 미술관이나 박물관, 문예회관 또는 도서관이라는 시설들만이 문화를 뒷받침해 주는 것이 아니라 이런 시설을 연결하는 인간적인 길의 네트워크가 지금 제일 요구되는 것이 아닌가 생각된다.

— 박물관으로서의 길: 길 그 자체를 박물관이라고 생각해 볼 수도 있다. 예컨대 거리의 상업시설(상점 점포)을 설계할 경우 인테리어를 포함해서 되도록 미술관적인 인상을 주어서 길을 가는 사람들이 문득 들어와서 아름다운 것을 보거나 아름다운 디스플레이를 즐기면서 지나갈 수 있게 할 수 있지 않은가 하는 생각이다. 그런 것들은 가로에 면한 진열장의 디자인이나, 디스플레이의 문제, 또는 건물 전면의 디자인, 간판 등과 같은 것을 포함해서 좀 더 적극적으로 점포를 가꾸어 나가는 것이다. 길의 포장도 아무리 걷더라도 피곤하지 않고, 눈으로 보아도 아름답고, 지각적으로도 만족한 그런 특색 있는 포장디자인도 필요할 것이다.

④ 자연의 연출과 문화

— 소리의 시설, 색의 시설: 거리에는 아주 많은 소리가 있다. 특히 현대의 도시에서는 자동차의 소음이 가장 중요한 문제라고 생각된다. 자동차의 소음은 인간의 귀에는 쾌적하지 않다. 한편 열심히 살아가고 있는 사람들의 소리, 바람의 소리, 새소리와 같은 소리는 사람의 존재, 생물의 존재, 자연의 존재감을 주는 소리들은 아주 쾌적감을 준다. 낙엽의 소리, 물의 소리, 분수의 소리는 시원한 감을 준다. 교회나 절의 종소리는 엄숙한 기분을 갖게 하고, 시장의 북적대는 소리는 생활의 생생한 부분을 연출한다.

이밖에도 색이나 재질에 의해서 시설에 통일성을 줌으로써 도시의 개성을 창출하는 것도 중요한 요소가 된다. 꽃이나 나무와 같은 자연도 도시의 개성을 창출하고 관광명소를 만드는 데 활용될 수 있다.

- 인간에게 쾌적한 마을을 가꾸는 것이 최대의 문화활동: 마을 가꾸기는 일종의
도시경영이라고도 한다. 경영을 위해서는 여러 가지 그 지역의 특질을 잘 알지
않으면 안 된다. 그것이 전제조건이다. 자기가 팔고자 하는 상품을 잘 알지 못
하고는 그 상품을 팔수가 없는 것이다. 외부사람보다도 먼저 자기들 스스로 그
상품을 잘 알게 됨으로써 자기들 마을에는 이러이러한 것이 있다고 자랑할 수
있게 되는 것이 첫걸음이다. 자랑거리를 발견하고, 발견하면 그것을 가꾸는 데
힘을 쏟아야 할 것이다. 만약에 아무것도 없다면 만들어 낼 필요가 있을 것이
다. 그럴 때 어떤 것을 만들 것이냐 하는 하나의 원칙으로는 역시 인간을 위해
서 어떤 환경이 중요한다, 생물학적인 인간의 5감에 호소하는 시설 만들기가
필요하다는 생각이다. 그런 점에서 인간에게 쾌적한 마을을 가꾸는 것이 최대
의 문화활동이라고 하겠다.

(2) 꽃에 의한 도시의 개성창출: 일본 도야마 현 도나미 시의 경우

① 튤립에 의한 도시건설

- 도나미 시(市)는 일본 도야마(부산) 현 도나미 평야의 중앙에 위치한 인구 4만여
명의 전원도시이다. 도나미에서 가장 유명한 것은 튤립이다. 물론 튤립 이외에
도 여러 가지 구근류(球根類)의 꽃이 많이 생산되고 있다. 그래서 현의 구근조합
본부도 도나미에 있고 시험장도 있다. 도야마 현에서는 전국의 약 40%의 튤립
을 생산하고 있는데 약 5,500만 구(球) 정도 된다. 이것은 이웃 니가타 현과 비
슷한 숫자이기도 하지만 일본에서 외국으로 수출하는 튤립의 구근은 100%가
도나미의 것이다.

- 도나미와 튤립: 튤립은 수익성이 아주 높아서 쌀농사 짓는 것보다 수익이 좋
다. 그래서 종전에는 논에서 쌀과 튤립을 번갈아 재배했으나 정부의 쌀 감산정
책에 따라서 튤립재배가 더 많아지고 있다. 튤립이 도나미에서 번성하게 된 이
유는 모래질의 토질 때문이다. 점토와 모래가 섞인 토질과 눈이 오기 때문에
튤립 구근을 겨울 동안 동면시킬 수 있는 기후 덕분이라고 한다.

　시내에 튤립 시험장이 들어서고 나서 시험장의 포장을 사람들에게 보여주기

위해 '튤립 페어'라는 튤립축제를 1952년에 시작한 것이 매년 4월 하순부터 5월 상순에 걸쳐 축제를 열게 되었다. 이 기간에 일본 전국에서 40~50만 명의 손님이 찾아들고 외국에서도 관람객이 오게 되었다. 축제행사로는 외부에서 가수를 부르기도 하고, 미스·튤립 선발, 노래자랑 등을 하고, 찾아온 손님들이 돌아갈 때 밖에 심어 놓은 튤립을 파가게끔 하고 있다. 회를 거듭할수록 선전 PR이 되어 널리 알려지고 있다.

– 플라워 시티 구상의 이념: 도나미에는 튤립축제를 제외하고는 별다른 관광자원이 될 만한 것은 아무것도 없었다. 무엇인가 다른 것은 없을까 하고 생각해 보아도 별다른 생각이 떠오르지 않았다. 결국은 튤립으로 돌아가서 튤립을 근간으로 하는 튤립이라는 하나의 자원과 지역주민의 인간성, 기후풍토 등을 활용하는 지혜를 짜내자는 것이 이 구상의 기본이었다.

이 구상의 기본이념의 하나는 당시 시장(市長)의 공약 중의 하나였던 '마음의 행정'이라는 것과 꽃을 이용한 '플라워 시티' 구상과 어딘가 상통하는 것이 있다는 점이었다. 고도성장이 가져온 여러 가지 사회문제에 대응해서 행정으로서도 마음의 문제를 내세운 시책을 추진하려고 했던 것과 상통했던 것이다.

다음 두 번째는 도나미시의 상징인 튤립을 중심으로 꽃을 통한 하나의 포인트, 즉 테마의 특징, 개성화를 노린 것이었다.

셋째는 꽃이라는 것은 눈으로 보아도 아름답고, 마음에도 호소하는 것이 있다. 다행하게도 도나미에는 튤립을 중심으로 하는 꽃이 많다. 이것들이 장래 지역의 산업진흥에 연계되게 하자는 것이었다.

네 번째는 자연과 향토애, 또는 고향을 자랑할 만한 것을 갖고 싶다는 것이었다. "내 고향에는 튤립이 있다"고 자랑할 수 있는 것을 현실화 시킨 것이다. 이와 같은 구상은 당시 시의 상공관광과의 한 직원에 의해서 구상하고 실현할 수 있었다.

② 꽃에 의한 산업진흥

– 튤립을 활용한 물산 만들기: 도나미에는 토산품이 거의 없었다. 그래서 꽃이 가득한 마을 가꾸기의 관련 사업으로서 토산품의 개발에 착수했다. 그 결과 '튤립 모나카', '튤립 향수', '튤립 구근 캔', '튤립 꽃무늬 넥타이' 등을 개발 했고, 계

속 연구하고 있다.

- 플라워·라인 상화선: 상화선(常花線, 죠오하나 셍)이란 원래 '성단선(城端線, 죠오하
나셍)'이라는 것이 정식명칭이다. 이것을 25년 전부터 '상화선'으로 읽기 시작
하고 옆으로 써서 'フラワ·ライン(플라워·라인)'이라고 읽게 되었다. 이 철도
가 통과하는 각 시정촌(市町村)에는 튤립을 위주로 여러 가지 꽃이 있기 때문에
그런 꽃들을 각 역에 심어서 항상 꽃이 있는 철도라는 뜻으로 통용된다. 앞으
로 21세기를 향한 도야마 현 3대 도전 중의 하나로 '일본제일의 꽃과 푸름의
현', 도나미 시의 4대 목표중의 하나로 '녹음이 풍부한 꽃의 마을 도나미' 운동
이 계속된다.

③ 꽃에 의한 문화 선양

- 플라워 도시교류: 일대일이 아니라 복수의 도시와 만난다는 것으로 인해 화제
성이 있을 것이라는 생각에서 꽃의 도시 교류구상을 하게 되었다고 한다. 서로
무엇인가 배우는 것이 있을 것이라는 점에서 인구가 비슷하고 꽃의 이벤트를
갖고 있는 세 개의 도시(야카미타 현의 장정(長井) 시), 시즈오카 현의 하전(下田) 시, 가고시
마 현의 화박정(和泊町))를 선정해서 1983년 4월에 사업을 시작했다. 주요사업내용
은 서로 꽃을 심벌로 해서 지역개발을 창조하는 일, 각 지역의 이미지를 높이는
일, 산업의 진흥으로 연계하는 일 등이다.
- 꽃을 통한 관광개발의 꿈: 시설 부문에서는 조금이라도 더 오래 튤립을 볼 수
있게 하기 위한 온실건립과 전천후의 플라워센터건설 등은 시(市)의 종합계획
에 포함되어 있다. 그밖에도 튤립 전문 자료관을 설치하고, 생산을 늘리기 위
해 꽃 재배 지도센터를 유치하고자 한다. 그리고 시내의 시설안내 표지판을 특
징 있게 만들어 보기위해 연구 한다.

　플라워 도시교류도 시청, JC, 상고회의소와 같은 단체가 중심이 되어 교류하
고 있는데 앞으로는 스포츠교류, 또는 특정의 꽃을 결정한 학교 간의 교류, 해
변지역과의 교류 등도 구체화하고자 한다. 또한 다른 지역과 상호 직원을 어느
정도 장기간 교류하는 것도 검토 중이다. 꽃의 심포지엄도 매년 지속적으로 개
최해 나갈 것이다.

5. 나가는 말

살기 펴하고, 살고 싶고, 살고 있는 것을 자랑스럽게 생각하는 내 고장을 만들고 내 고장의 문화를 가꾸어 나가기 위해서는 먼저 시민의식이 확립되어야 한다. 시민은 지역개발과 지역문화창조의 주역이다. 일상적으로 내 고장을 잘 가꾸어 나간다는 의식과 행동이 지속 되지 않는 한 내 고장의 발전은 기대할 수 없다. 우리 고장은 이곳에 살고 있는 모든 사람들이 동참하여 가꾸어낸 공동작품이라는 의식이 투철해야 한다. 시민은 행정에 대한 요구체가 아니라 스스로가 책임주체이고 행정을 시민의 것이 되게 하는 주체임을 지각해야 한다.

다음은 자치체의 행정이 변혁되어야 한다. 행정은 시민의 공동사무국으로서 주체적으로 일하는 체제를 갖추어야하고, 창조적인 일을 창안하여 시민과 협동해 나가는 유능한 인재를 육성하고 확보해야 한다.

마지막으로 필요한 것은 리더십이다. 이것은 시민 측이나 행정 측에도 다 같이 필요하다. 그러나 특히 행정에 더 필요하다. 시민들에 대해서 열린 행정이라는 것은 무엇이든 시민의 주문에 응한다는 것과는 다르다. 목소리만 큰 압력단체의 힘에 끌려다니기만 해서는 안 된다. 지역개발과 지역문화 창달은 현재를 위해서 필요한 동시에 지금은 잘 모르더라도 장래에 필요한 것을 찾아 나가야 한다. 현재의 역학관계에 영합하는 것만으로는 지역의 발전은 기대하지 못한다.

지역문화 창달과 지역개발이라는 것은 시간이 걸리는 일이다. 오랜 기간에 걸쳐 쌓아 올리지 않으면 안 된다. 그것은 일시적인 성과나 실적에 얽매이지 않고 지역의 생활과 문화를 질(質) 쪽에서 생각하는 비전을 가진 리더십과 이것을 계속해 나가는 사람과 조직이 있어야 한다.

지역개발은 지역의 문화를 창조해 나가는 일이다. 시대의 흐름이나 현실의 과제에 대응해 나가면서도 피동적으로 이끌려 다녀서는 안 된다. 스스로가 확고한 목표를 세워서 시민과 더불어 하나씩 하나씩 목표를 향해서 노력을 쌓아나갈 때 지역의 문화도, 새로운 내 고장도 창출되는 것이다.

11. 지역문화사업의 활성화 방안

지역문화합동운동과 지방문화원의 새로운 역할

이종인(한국문화정책개발원 연구실장)

1. 들어가는 말

우리의 경우 1980년대 후반 이래 각지에 문화예술회관이 건립되고, 정부나 지방자치단체의 문화사업 확충 등으로 인하여 지역주민에 대한 문화적인 기회가 증대되고 있다. 그리고 한편으로는 지역주민들의 자발적인 문화예술활동도 적극적으로 전개되고 있다.

그러나 문화기관이나 문화단체 그리고 주민문화그룹들은 상호 간의 정보교환이나 협력·협조도 없이 같은 지역에서 제각기 활동하고 있으며 행정과의 대화도 원활하지 못한 것이 현실이다.

물론 중앙정부와 지방자치단체의 새로운 문화사업 전개나, 기업의 문화예술에 대한 재정적인 지원의 조직적인 움직임도 필요하고 무시할 수도 없다는 것은 자명한 일이다. 그러나 오늘의 시점에서 문화의 생산자나 소비자의 입장에서 주민의 문화적 향수를 실현 한다는 공공적인 목적을 위해 지역의 문화적 기회를 확충하고, 문화적 자립성을 강화하기 위한 노력이 필요한 것이 아닌가 생각된다.

이러한 배경에서 지역에 뿌리를 박고, 지역의 문화를 창출하는 협동형의 새로운 문화운동의 하나로서 전문가, 공공기관의 직원들, 주민문화단체들이 각각의 역할을 제휴하고 네트워크화 하는 '문화합동' 운동을 생각해 보고자 한다.

오늘 이 자리에서는 문화협동운동의 필요성과 그것을 추진하는 전략과 방법, 그리고 담당 중추기관으로서의 역할 등에 관하여 살펴보기로 하겠다.

2. 문화합동에의 관심

유럽에는 '문화합동조합'이라는 것이 있다. 이것은 노동자협동조합의 하나로서 자리 잡고 있어서 예술문화, 출판, 방송, 학교 밖의 다양한 교육활동의 영역에서 자발적인 사업으로 확장되고 있다. 특히 이탈이아에서는 법적인 조치도 있어서 많은 '문화합동조합'이 생겨나고 있다.

이곳에서는 문화를 영리사업의 대상으로 보는 것이 아니라 소비자(문화의 향수자)와 함께 행정과는 별개의 입장에서 지역의 공익성을 높이는 사업내용을 창조, 공급하여 지역의 문화를 발전시키는 합동운영방식의 사업체로 정착하고 있는 것이다.

이웃나라 일본에서의 '문화합동'에 대한 관심은 위와 같은 협동조합방식을 원점으로 하고 있다. 양질의 상품을 만드는 사람과 쓰는 사람이 협동창조하여 영리적이지 않은 공급시스템을 형성함으로써 생활의 질을 높인다는 사회운동 이념을 예술문화·지역문화의 분야에서도 실험하고자 하는 것으로 보인다.

일본의 문하운동에는 창조자와 향수자의 협동창조라는 면에서는 반드시 협동조합방식을 위하지는 않지만, 많은 경험이 축적되고 있다. 주민에 의한 영화제작과 상영운동, 주민과 음악가나 극단의 협동창작과 공연 등의 경험은 일본적인 '문화합동'의 전개로서 확산되고 있다. 이러한 방식은 공공문화회관의 사업에도 포함되어 전문가와 주민의 조인트공연, 지역을 주제로 삼은 주민참가형의 뮤지컬, 연극의 창작 공연 등이 각지에서 펼쳐지고 있다.

이러한 방법은 주민들에게는 예술적 체험을 쉽게 해 주고, 창조집단에게도 국민생활이나 지역에 관심을 뿌리 내리게 하는 모티브(동기)를 깊게 하는 하나의 방법이 되기도 하기 때문에 창조형태의 혁신이라는 의미를 가졌다고 할 것이다. 특히 이런 활동을 예술적인 활동에 한정하지 않고 유아나 고령자, 장애자 등을 대상으로 하는 치료적 교육방법(아트 세라비)으로 까지 넓힌 문화활동으로 생각할 때 협동창조에 의해 새로운 세계가 열린다는 점이 주목된다. 이와 같이 문화합동의 한 측면으로서의 협동 창조에 커다란 가능서이 보이기는 하지만 지역에서 예술문화의 비영리적인 공급과 향수 시스템을 형성한다거나, 주민생활의 문화적 향상의 관점에서 지역문화를 가꾸는 활동에는 여러 가지 문제가 많을 것인데 이것을 해결하는 방법을 찾고 현실화시키는 일이 문화원이 말아야 할 과제이다.

3. 문화합동의 문제점

다시 말하자면 '문화합동'이란 창조자와 향수자의 협동, 행정·공공기관과 주민과의 협동, 주민자신들 간의 협동이라는 세 가지 협동을 축으로 한 다면적인 접근의 모색을 통해서 지역의 문화창조기반을 강화하고, 모든 사람에게 문화적 향수가 가능하게 하는 지역사회를 어떻게 만들어 나갈 것인가 하는 것이 중심과제이다.

그런데 우리나라에서는 아직도 극단이나 악단에 대한 공적지원, 특히 운영지원 제도가 없고, 감상단체나 아마추어 단체도 단순한 임의단체로 간주되어 공공시설을 이용한 감상활동의 경우도 아무런 혜택을 못 받는다. 예술작품의 경우는 일반상품과 비교할 때 평가의 기준이 창조능력이나 생명활동과 관련되어 있기 때문에 시장에서 공정하게 평가하기 위해서는 자유방임에 맡겨서는 안 되고, 공공활동에 의한 사회제도구축이 필요한 것이다.

공공문화시설·공공문화회관들이 거의 대관에 의존하고 있어서 예술창조거점(문화적 생산사업체)으로서의 역할을 하지 못하고 있다는 점. 극단이나 악단에 대한 사업체로서의 공적지원이 미진하다는 점. 지역 격차를 시정하고 감상 기회를 업혀서 지역문화진흥에 기여할 수 있는 감상단체들에 대해서도 공공적 성격을 인정하지 않고 있다는 점. 이러한 문제점들에서 볼 수 있는 바와 같이 문화활동격차는 창조·보급·향수의 과정이 기본적으로 시장논리에 의존하고 있어서 복지나 교육의 영역과는 달리 창조단체나 감상단체에 대해서 그 활동에 공공성을 부여하는 제도적인 관행이 형성되어 있지 않은 것이 큰 문제이다.

이와 같이 문화활동에 있어서의 시장논리의 지배적인 메커니즘에 대해서 창조단체나 감상자의 입장에서 지역 또는 국민생활에 있어서의 문화의 공익성을 지키고, 문화예술의 공공적인 발전방법을 실현한다는 과제가 널리 의식화 되는 것과 아울러 창조자와 향수자의 협동창조인 문화협동에 관한 인식이 바로 잡히고, 폭넓은 관심이 확산되어야 하겠다.

최근 여러 자치체에서는 문화회관이 설립되어도 당초부터 그 목적이 애매하고, 운영이나 사업의 기획도 시민부재의 행정기준으로 추진되는 경우가 많다. 그 지역에 뿌리내린 문화를 가꾸기 위해서는 그 지역에서 활동하는 문화의 담당자가 주체가 될 수 있는 문화예술진흥시책이 필요한 것이다. 그러나 현재로서는 행정과 주민단체와의 대화는 물론이고 주민문화단체 상호 간의 대화도 충분하지 못한 상황이다. '문화협동'은 이러한 지역의 상황에 응하여 지역문화를 육성 개발하는 주체가 되기 위해서 여러 가지 지역문화운동을 잘 엮어서 네트워크화 하고자 하는 의미를 지니고 있는 것이다.

4. 문화협동의 과제

문화적인 지역건설에는 행정과 주민 문화단체 간의 '새로운 관계 창출'이라는 과제가 대두된다. 여기에는 전문적인 직무를 수행하는 것이 기대되는 개개의 공직자(공무원)의 자기형성의 문제를 포함해서 지역의 문화창조와 보급·향수의 과정을 뒷받침하는 지역 시스템과 그곳에서 일하는 다양한 인재의 역량 형성방법이 과제가 된다. 다시 말한다면, 문화활동이 국민스스로의 참가와 창조를 기저로 해서 자립적으로 이루어지는 것을 원칙으로 한다면, 또한 자주적인 문화단체와 행정이 '상호 자립적인 입장에서 협력'하는 관계를 유지하면서 제휴해서 지역의 문화진흥을 이룩한다는 것을 염두에 둔다면, 우선 먼저 무엇보다도 지역의 여러 문화단체가 어떠한 인재와 역량을 길러 왔는가라는 것에 주목하지 않으면 안 된다.

지역문화운동의 담당요원들 가운데서 지금 지역 네트워크를 어떻게 구축할 것인가에 관심이 있는가, 그것은 단순히 행정과 단체 또는 단체상호 간에 어떻게 제휴·협력할 것인가 하는 조직문제에 머물지 않는다. 바꾸어 말한다면, 사람이 어떻게 자라나는가, 사람과 사람이 어떻게 결합하는가, 그곳에 새로운 지역문화를 가꾸는 구상이 어떻게 싹트고 있는가 하는 문제이다. 이런 점에 관해서 가설적으로 다음과 같은 다섯 가지 과제를 설정해 본다.

첫째, '지역에 뿌리를 둔' 문화운동의 관점을 깊게 한다는 과제다. 문화의 창조·보급·향수의 과정은 반드시 지역과 밀접한 연관이 없이도 성립된다. 오히려 연관이 없는 경우가 더 많을 지도 모른다. 그러나 문화활동에 있어서의 '지역의 발견'은 그것 자체가 창조의 새로운 기반형성을 의미한다. 문화의 과정이란 무엇인가, 모든 국민이 문화적 생활에 참가할 수 있는 권리를 보장하기 위한 시스템은 어떠해야 하는가, 지역자체가 문화적 창조력·발신력(發信力)을 갖기 위해서 전문가·행정·주민의 각자가 어떻게 협력하고 역할을 해야 하는가, 이러한 지역문화정책의 기본문제들에 관해서 문화담당자들의 풍부한 지역인식과 지역을 개척하는 방법론이 제기되어야 한다는 것이다.

둘째, 좁은 의미의 아트 매니지먼트에 가까운 영역의 문제로서 문화사업의 기획·운영론 및 사업체의 조직론에 관해서 주민들 쪽에서 그것을 구상하는 과제이다. 이 문제에 관해서는 주민들이 지역의 공공문화회관의 운영에 직접 참여하는 가운데서 모색되는 기획·운영방법의 터득이라든가, 주민을 주체로 하는 사업체나 문화단체의 운영에서 실천적으로 체득될 수 있는 것 들이다. 우리는 지방문화원의 운영을 통해서 이러한 인력을 양성할 수도 있는 것이다. 여하튼 지역문화의 담당자들이 철저한 구상력을 가지고 개척자들을 확대해나감으로써 이를 통하여 아트 매니지먼트가 단순한 전문직의 성격이 아니라 구상력을 가지고 지역에서 열심히 일하는 실천의 도달점으로서 집단적으로 얻게 되는 역량이라는 것이다.

셋째, 협동조합방식에 입각한 문화활동의 특색과 그 가능성에 관해서 좀 더 깊이 연구해 보자는 과제이다. 협동조합의 경우 조합원의 자발적인 활동으로서의 문화활동과 협동조합의 사업으로서 전개되는 문화활동의 두 개의 측면이 있고, 이 두 개의 측면이 제각기 흩어진 것이 아니라 이념적으로 통일되어 추진되는 경우, 시설·재정·인적조직 등의 면에서 임의의 문화단체보다도 안전성을 갖고 다면적인 문화활동을 대규모로 전개할 수 있는 가능성을 갖고 있다는 점에서 이 분야에 새로운 관심을 가져야 하겠다.

넷째, 문화활동에 있어서의 세대 간의 협동방법을 추구한다는 과제이다. 특히 중·고등학교 학생이나 근로 청소년들과 지역주민들을 지역문화의 담당자로서 어떻게 육성해 나갈 것인가라는 문제는 오늘날 매우 중요한 과제중의 하나이다. 어린이들로부터 어른들까지 모든 사람이 참가하는 문화활동이라고 할지라도 현실적으로는 청년이나 고령자, 일에 지친 남성근로자들이 빠지고, 어머니들과 아이들이 주체가 된 감상활동이나 문화서클활동이 압도적으로 많다. 문화 예술에 대하여 가장 풍부한 감수성을 갖는 10대로부터 20대 전반의 청년들이 지역에 등장하는 길이 막혀있다. 입시경쟁에 의하여 인간성을 형성하는 장이 닫혀있어 다른 연령의, 다른 직업의 사람들과 교류하는 기화를 갖지 않고 사회로 배출되는 것은 평생 동안 문화활동에 참가하는 가능성의 싹을 잘라버리고 마는 정도의 심각한 사태라도 해도 과언이 아니다.

이러한 문제에 관해서는 청소년집단이 우수한 지도자나 친구들과 만나고 학교에서 얻을 수 없는 인간관계와 문화적 경험을 통해서 인간성을 함양해 나가야 할 것이다. 그런 점에서 지역사회가 협동적인 동시에 교육적인 인간집단을 형성할 수 있는 문화협동사업을 전개하는 것이 바람직하다는 말이 된다.

다섯째, 지역에서의 여러 가지 협동관계를 어떻게 만들 것이냐 하는 과제가 있다. 특히 지역문화단체와 행정의 관계에서는 행정 측의 위치가 충분하지 못하고, 각 부서의 담당자의 이동도 빈번하기 때문에 운동담당자들의 시야를 넓히는 것과 발상의 전환에 마이너스 요인이 크다. 그리고 또 지역문화진흥이 자치단체의 중요한 과제로 부각됨에 따라서 지방문화원이나 예총지방지부 등 문화예술의 사회교육관계 단체들에게도 새로운 기능과 역할이 기대 되고 있다. 특히 지방문화원은 각각의 지역실정에 부합되는 지역문화 네트워크를 행정·문화단체·창조단체·주민들과 형성해 나가는 지역문화협동의 중추적 역할을 담당해야 할 것이다.

5. 문화협동운동의 추진전략

그러면 구체적으로 지역에서 문화협동을 어떻게 실천해 나가야 할 것인가, 또 어떻게 하면 더욱 발전해 나갈 수 있을 것인가 하는 문제에 관해서 살펴보기로 한다.

첫째는 지역에 뿌리를 내린 자발적·자생적 문화활동이 활성화 되어야 하겠다는 것이다. 즉 주민들 스스로에 의한 문화활동이 활발히 전개되고, 일반화·생활화 되어야 한다. 최근 전국 각지에서 활발히 전개되고 있는 문화학교운동, 문화예술강좌모임, 직장문예활동그룹, 주부합창단, 음악감상 모임, 연극감상 모임, 사진 및 비디오 촬영 모임, 공예 및 미술실기 모임 등 각종 아마추어 문예활동 동호인 그룹이나 유사한 임의단체들이 더욱 많아져야 한다. 그리고 각각의 그룹이나 단체들은 그 회원(성원)수를 늘려 나가야 한다. 회원을 늘려 나간다는 것이 지역과 마을을 변화시키는 요소가 된다는 점을 인식하고 한 사람 한 사람씩 늘려 나가는 것이 중요하다.

두 번째 단계는 지역의 모든 주민을 시야에 넣는 활동으로 발전되어야 한다. 자발적인 문화활동의 초기단계에서는 아무래도 관심이 있고 취향에 맞는 사람들만 모이게 된다. 그러나 지역에서의 문화활동이 그 단계에서 끝나서는 의미가 없다. 국가사회이건 지역사회이건 간에 어느 사회에나 소외된 연령층이나 집단층이 있기 마련이다. 예컨대, 노인층, 근로자계층, 미진학 청소년층, 어린이들 등 다양한 세대화 계층이 문화활동과 문화향수에서 소외되어 있는 경우가 많다. 문화활동은 이들 계층에까지 시애를 넓히는 활동방법을 찾아야 한다. 어린이나 청소년계층의 생활, 특히 그들의 문화상황(문화환경)은 매우 큰 문제이다. 가정만으로 해결되지도 않고 그렇다고 학교만으로도 해결할 수 없는 것이 오늘의 현실이다. 그러므로 문화활동을 통해서 어린이나 청소년들의 심성을 넉넉하게 키워나가야 하지 않겠는가 하는 생각을 하게 된다.

셋째는, 창조자와 향수자가 손을 잡아야 한다. 즉, 향수자나 창조자가 함께 문화예술을 생각하면 가꾸어 나가야 한다는 것이다. 알기 쉬운 실례를 하나 들어보자. KBS가 자랑하는 〈열린음악회〉라는 프로그램이 서울에서만 열리지 않고 몇몇 지방도시에서 개최되었을 때, 그곳에 모인 청중들의 환희와 즐거움, 그리고 일체감은 감격적인 장면이 아닐 수 없었다. 이것은 무엇을 의미하는가? 자기들이 보고 듣고 싶었던 것을 직접 볼 수 있었다는 감동이 아니겠는가? 그것은 문화·예술이라는 것이 자기들이 생활에 없어서는 안 되는 것이라고 생각하고 있다는 의미일 것이다. '풍요로운 생활'의 테마 중의 하나로 예술을 생각하고 있다는 의미일 것이다. 향수자에게 이렇게 즐거운 것이라면 그 기회를 더 넓혀 나가야 할 것이다. 이런 점에서 창조자와 향수자가 손을 잡아 나가는 데는 두 가지 측면에서 노력을 해야 할 것이다. 먼저 창조자들의 입장에서는 자기들의 직능과 재능을 누구를 위해서 발휘할 것인가를 재음미해야 할 것이다. '누구를 위해, 무엇을 위해 존재하는가?' 예술의 사회성, 공공성의 역할을 생각하고 '주민과 함께하는 예술'이라는 의식을 가져야 하리라고 생각한다. 그리하여 되도록 자주 전국의 각 지역을 순회하는 등 주민들에게 직접 노출되는 기회를 마련하는 것이 바람직한 일이다. 한편, 전문직업예술인이나 단체의 공연이 향수자들에게 큰 자극을 준다는 점에서 향수자 측에서는 의식적으로 예술감상 기회를 자주 마련하는 일이 필요하다. 그러나 이 경우 개개의 향수자가 개별적으로 감상기회를 조직하고 구상하기는 힘들다. 그러므로 향수자층을 대표할 수 있는 가급 사회단체나 기관들, 예컨대 농협, 수협, 축협, 소비자 단체, JC, 직장 및 노동조합 등이 적극적으로 감상기회를 유치하고 조직화할 필요가 있다. 여하튼 창조자와 향수자가 일체가 됨으로써 쌍방이 자극을 주고받으며, 보다 더 수준 높은 예술 창조와 향수의 기회를 확산시켜 나가자는 것이다.

네 번째는 협동운동의 모색이다. 여러 가지 활동과 목적을 가지고 있는 직업예술·예능실연가들의 직능단체와 문화단체나 감상단체가 어떤 네트워크를 만들어야 하는가, 어떻게 손을 잡아야 할 것인가 하는 것이 매우 중요한 일이 아닐 수 없다. 즉 예술가단체(창조자)나 일반문화단체들이 지역에서의 사회적 책임을 느끼고, 문화는 모든 사람의 것이라는 생각에서 서로 협력관계를 보다 더 의식적으로 만들어 갈 필요성이 있다고 본다.

사실 이제까지의 경험에 비추어 보면 문화원이나 예총지부 등의 조직들은 상호 견제와 경쟁의 상태에 있었다고 볼 수도 있다. 문화협동이나 네트워크라는 문제와 연계해서 생각 할 때는 조직 간에 경합하지 않고 제휴해 나가는 것이 좋겠다는 생각이다. 그러기 위해서는 조직의 중심에 있는 사람들이 스스로 변해야 할 것이다. 하나의 감상회를 추진하기 위해서도 창조자 측과 솔직한 의견을 교류하면서 기반을 다지는 데 힘을 합해 나가야 하겠다.

다섯째는 지역문화단체와 자치체의 협동이 필요하다. 지역문화단체의 중심적인 책을 맡은 사람들이 힘을 모아 상황을 인식하고, 배우고, 시야를 지역 전체로 돌려서 자치체의 직원들로부터 정보를 얻거나, 법률전문가, 재정전문가들과 함께 연구하면서 문화활동을 전개해 나가야 할 것이다. 이런 점에서 자치제와의 관계가 중요한 것인데 어느 의미에서 자치제는 예술활동에 '벽'이 되어 왔다는 인상을 주기도 했다. 물론 지역에 따라서는, 특히 인구가 적은 지역에서는 행정과 함께 문화운동을 발전시키는 일이 자연스럽게 이루어지는 예도 드물지 않다. 혹시 이런 일들을 '행정과의 유착'이라고 보는 시각이 있을 수도 있겠지만, 그 지역의 문화단체가 지역사회 안에서 확고한 사회적 위치를 다지고, 심의위원이나 전문위원으로서 적극적으로 행정에 참여하고 있다면 별문제일 것이다.

지역의 문화는 개개의 단체가 '하고 싶은 것을 한다'는 단계로부터 주민들에게 정말로 필요한 것이 무엇인가를 제안하고, 행정이 책임을 질 것은 책임을 져서 '공공성'이라는 내실을 다져나가야 한다. 아울러 자치제는 문화예술활동에 대한 지원을 열의 있게 확충하고, 지역에 필요한 것이 무엇인가라는 시책을 강구해 나가는 것이 바람직하다.

여섯째, 문화활동에 대한 공익성을 인정해 나가야 하겠다. 문화단체에 있어서 자주성이라는 것은 무엇보다도 중요한 것이다. 그러나 단체 외부사람들과 무슨 일을 하고자 할 경우, 행정과의 관계에서는 현실적으로 '임의단체'라는 문제 때문에 지역의 자생적인 단체나 그룹들이 많은 애로에 부딪치는 경우가 많다. 실제로는 많은 공익적인 활동을 전개하고 있으나 그것에 걸맞은 정당한 평가를 받지 못해서 고생스럽고 후회스러움을 느끼는 경우가 있다. 그러므로 문화단체가 자주적인 문화운동이라는 성격을 확고하게 지키면서 '공익성'을 가진 부분을 법적으로 인격을 가질 수 있게 하는 방법이나, 법인화 방법이 연구되어야 할 것이다. 왜냐하면 '인격 없는 사회단체'라는 임의단체는 토지나 건물(공연장 등)을 가질 수도 없기 때문이다. 이점 여러 나라에서는 '비영리 문화법인'으로 신청하면 인가해주고, 자주성을 지키면서 활동하고 있다는 예를 참고하는 일도 좋을 듯하다.

일곱째는 문화요원에 대한 사회적 인식이 높아져야 한다. 각종 문화단체나 예술인 단체에 진정으로 전임의 사무직원이 있느냐고 반문할 때 대답은 애매하다고 생각한다. 그런 일에 종사하고 있는 사람들은 자기는 직업인이라고 생각하더라도 사회적으로는 인정되지 못하고 있는 것이 아닌가 생각된다. 이들에게는 아무런 법적지위나 사회적 위치가 인정되지 않고 있다. 지역의 문화를 담당하는 사람을 기르기 위해서도 이들에 대한 사회적인 인식이 높아져야만 하겠다.

여덟째, 지역에 문화예술활동의 정보네트워크를 구축해야 한다. 오늘날 각 지역에는 여러 가지 형태의 문화예술단체가 산재하고, 여러 가지 활동을 전개하고, 그 경쟁도 심한 경우가 많다. 그러나 이러한 활동들이 네트워크 되어있지 않으므로 많은 혼란을 일으킨다. 예컨대 공연의 내용과 작품의 수준 면에서 걸러지는 기회가 없다든가, 입장료 문제 등에도 혼선이 빚어지고 있다. 이러한 일들은 시설을 가지고 있는 쪽에도 문제가 있겠으나, 예술 · 예능단체 쪽에도 의식개혁이 필요하다고 생각된다. 조잡한 내용을 덤핑가격으로 공연하는 등의 처사가 이제는 불식되어야 하겠다. 이렇게 되기 위해서는 예술단체가 가격을 정하고, 감상단체가 네트워크를 만들어 “폭리”를 방지해야 할 것이고, 이러한 정보가 공개됨으로써 예술활동이 제 길을 찾을 것이나. 이런 의미에서 예술활동의 협동, 네트워크라는 것은 예술단체 간의 제휴와 지역에서는 감상운동이나 문화운동을 하고 있는 사람들이 향수자의 입장에서 협동의 태세를 갖추어 나가야 한다는 것이다.

마지막으로 모든 사람에게 문화적 향수기회를 넓혀 나가야 한다. 우리나라의 마지막 문예진흥 지원대상에서 ‘감상단체는 제외되는’ 경향이 짙다. 영국의 예술기금의 목적은 두 가지가 있는데, 하나는 ‘창조의 질을 높인다’는 것이고, 또 하나는 ‘향수능력의 고도화’라는 것이다. 후자의 ‘향수능력의 고도화’에 관한 지원방법은 지역의 비영리 프로모터나, 학교에 지원하고 있다(영국에는 감상조직과 같은 단체는 없음). 말하자면 공익성을 가진 프로듀서에게 지원금을 주고 있는 것이다. 이런 점에서 볼 때 보다 많은 사람들이 쉽게 예술을 감상할 수 있는 지원 방법도 개선되는 것이 필요한 일이다.

6. 나가는 말: 문화원의 새로운 역할

이상에서 문화협동의 문제점과 과제 및 추진 전략 등을 간략하게 살펴보았다. 그렇다고 해서 이제까지 지역사회에서 협동형태의 문화활동이나 문화사업이 없었던 것은 아니다. 그러나 이제부터의 문화협동은 진정으로 생활 속에서 필요한 것을 주민들 스스로가 만들어 간다는 것을 원점으로 하는 협동이어야 한다고 생각한다. 말단인 지역, 기초가 되는 지역에서의 협동이 필요한 동시에 새로운 차원의 문화원으로써, 새로운 차원의 연합회로써 오늘의 시대에 대응하여 의식적으로 문화협동의 방향성을 내세울 필요가 있다고 본다. 협동의 방법은 지역 내의 각기의 단체들은 상대방의 주체성을 인정하면서 상대방의 활동과 공통부분이 있을 때 마음먹고 손잡아 나가야 할 것이다. 한 지역 안에는 여러 조직이 있고, 그들 나름대로 다채로운 활동을 전개하고 있는데 각각의 단체가 전개하고 있는 활동의 테마가 공통적일 때에는 협동이 가능할 것이다.

이런 점에서 우리 문화원은 지역문화협동의 중심적인 역할을 맡는 것이 바람직하겠다. 말하자면 문화원은 지역문화협동의 프로듀서로서, 그리고 중개자로서의 '복덕방' 기능을 맡아야 할 것이다. 그것을 위해서 지역주민의 자발적인 문화활동이 각 방면에서 활기 있게 전개될 수 있도록 도움을 주어 문화예술인구의 저변확대에 노력함으로써 문화향수자층을 두텁게 해 나가는 데 힘써야 할 것이다.

그리고 문화원은 향수자·감상자를 대표하는 단체로서의 역할을 맡아 창조자·예술인을(예총 등)과 손잡고 내 고장의 문화를 풍요롭게 하는 활동을 협동으로 전개해 나가는 방법을 찾아야 할 것이다. 이러한 활동에는 기업과 주민과 행정의 참여와 연계방안도 주선하고 설득시켜 나가는 중매자의 역할도 필요할 것이다.

또한 문화원은 지역문화협동의 정보센터와 프로그램 뱅크의 역할도 맡아야 할 것이다. 지역 내의 각종 주민문화활동단체의 활동상황과 프로그램들을 파악 수집하여 상호공유 할 수 있게 정보를 제공하고, 필요시에는 상호연계를 주선하는 일도 맡아야 할 것이다.

문화원은 지역문화활동, 특히 주민들의 문화활동의 고충처리 센터의 역할을 해야 할 것이다. 경우에 따라서는 재정적인 지원, 장소사용 알선, 행정절차의 문제, 전문적인 예술가의 지도알선 등 해정과의 관계를 대행 또는 지도하는 역할도 필요한 것이다. 나아가서 문화활동 전문요원을 훈련하고 양성하여 주민 문화활동을 지원하는 방안도 검토되어야 하겠다.

여하튼 정보화시대, 지방의 시대를 맞이한 오늘의 시점에서 지역문화사업에 있어서도 한 차원 높은 문화협동운동이 필요하며 이 운동의 핵심주체가 문화원이라는 점을 재삼 강조한다.

12. 지방화 시대의 문화행정과 그 역할

이종인(한국문화정책개발원 연구실장)

1. 지역문화행정의 제 문제

1) 지역문화행정의 원칙

(1) 주민(시민)자치의 원칙: 주민책임의 자주성

① 지역문화란 주민자치의 기초단위 또는 일상생활권역에서의 문화활동이다. 주민의 구체적인 생활 기반인 지역의 자연적·역사적 개성을 바탕으로 주민들이 생활여건과 생활환경·생활양식을 개선해 나가면서 삶의 질(質)을 향상시키고 정신적으로 위안을 받기 위한 행동이다.

② 문화생활이나 문화활동의 주민의 자발성·창의성·책임성을 전제로 하기 때문에 지역문화는 주민책임의 자주적인 활동이다. 그러므로 주민과 행정이 각기의 책임과 한계를 명확히 해야 함.

③ 민주화(시민화) 시대에 있어서는 정치적·행정적 분권화와 주민자치가 전제가 되고, 하부단위의 자율성에 관심을 두어야 함.

④ 경제·사회·정치를 포괄하는 '주민자치에 의한 주민문화형성'이라는 것이 주

민의 목표인 동시에 지역문화행정의 목표이기도 하다. 즉, 지역문화행정은 지역주민의 문화적 복지를 도모하고 문화생활 향상을 목적으로 하는 행정이다.

(2) 기초자치단체 주도 원칙: 문화행정의 분권화

① 문화정책·문화행정의 제1원칙은 지방분권화이다

- 문화적인 민주주의와 문화복지를 실현시키기 위해서는 정책의 목표나 행정의 수단은 지역적 차원에서 논의되고 고안되어야 함.
- 중앙정부(中央政府)는 새로운 요구(要求)나 새로운 현실에 민감하게 반응하고 적응하기에 적합하지 못함.
- 선진제국의 문화행정이 지방자치단체의 독자적인 행정영역으로 정착
- 정치적인 의미에서 지방자치를 '풀뿌리 민주주의', 문화적인 의미에서 문화의 지역자치는 '풀뿌리 문화주의'
- 특히 기초자치단체(구·시·군)는 문화행정의 기초단위로서 실제적인 행정시책의 주체가 되어서 기본적인 지역문화발전계획을 입안(立案)하고 현실적인 프로그램을 지역 특성에 맞게 집행하는 역할을 담당해야 함.

② 분권화에 부응하는 지역문화행정의 방향

- 앞으로의 지역문화행정은 ① 지역문화의 자치화·자립화, ② 지역문화의 개성화·특성화, ③ 지역문화의 다원화를 지향해 나가야 함.
- 이러기 위해서 자치단체의 문화행정은 지역실정과 특성에 맞는 주민문화형성의 기반조성과 조건 정비를 목적으로 하는 행정을 지향

(3) 행정혁신의 원칙 : 행정체제의 개선

① 문화행정은 '행정자체의 문화화'를 전제로 함

- 이제까지의 행정은 관(官)주도·집권형의 보조금이나 지원에 의존하는 중앙집권적 관주도 행정이었다.
- 시민문화 형성이라는 요청에 대응해서 행정의 자치화·분권화가 필요

② 문화행정은 행정전역의 체질전환을 의미함

– 문화행정은 종적행정체질과 행정기술을 혁신하기 위한 횡적(橫的) 전략행정, 즉
   제2의 기획 · 조정의 성격을 지닌 행정이다.
– 문화행정을 전략적 횡적 행정이라는 인식하에 자치단체의 문화행정조직을 자
   유롭게 선택하고, 강화해야 함(예: 스태프 제, 라인 제, 프로젝트 팀제 등)

③ 문화행정은 지역종합성을 포함한 총체행정이다

– 문화행정이 목표로 설정한 주민자치에 의한'주민문화의 형성'은 주민(住民)의
   구체적인 생활기반인 지역의 자연적 · 역사적 · 경제적 개성 속에서 새로운 주
   민생활양식을 조성해 나가는 것임.
– 그러므로 지역문화행정은 주민생활의 지역종합성을 포함한 총체행정이 되어
   야 함.
– 따라서 지역종합성을 추구하기 위한 제도와 정책의 책임은 기초자치단체에 있
   으며, 기초자치단체의 문화행정은 종래의 국가주도형의 관치(官治)와 집권적 종
   적행정을 횡적(橫的)으로 종합 · 조정하는 데 힘써야 한다.

2) 지역문화행정의 대상과 반성

① 지역의 문화적 이미지 창출
② 문화예술행사의 계획과 개최
③ 주민문화협의체 설치운영
④ 지역개발사업 · 지역건설사업에 문화성 투입. 지역의문화잠재력을 종합적으로
   발굴 · 체계화 하고, 여기에서 문화성을 평가하여 지역사회개발사업에 반영 ·
   투입함.
⑤ 문화개발에 민간기구와의 협력
⑥ 지역문화시설의 체계적 정비와 관리운영체제 확립
⑦ 지역문화정보의 수집 · 보관과 주민에 대한 서비스 제공
⑧ 지역사회와 문화행정에 필요한 인재의 양성교육

3) 지역문화행정의 발전조건

(1) 필요하고 중요한 조건

① 행정직원의 마음가짐
- 역사감각, 시대감각, 사명감, 신념이 있어야 함.
- 문화행정이 일시적인 유행이 되지 않기 위해서는 사상(思想)과 정열(情熱)이 있어야 함.
- 문화행정이 필요하고 중요하다는 시대적인 인식과 역사감각이 있어야 함.

② 문화행정의 원칙을 명확하게 해 둘 것.
- 문화행정의 최종목적은 개성적인 문화의 뿌리를 가진 지역사회개발이다.
- 지역사회 개발의 주체는 주민이다.
- 행정의 역할에는 한계가 있다는 것을 자각하는 일
- 문화행정은 주민생활에 보다 더 가까운 구·시·군 등 기초자치단체가 기본이다.
- 문화행정은 단순하게 문화적인 사업을 관리·운영하는 부문행정이 아니라, 모든 행정 부문에 관점을 두는 횡적인 종합화의 총체행정이다.
- 문화행정은 사람의 문제이고, 그런 사람을 낳게 하는 사람이 중요하다.

③ 문화행정에는 교과서가 없다
- 문화행정은 창조적으로 개척해 나가는 시대적인 과제다.
- 자치단체 문화행정의 '노·하우'는 선진자치단체에서 축적하고 있다.

2. 지역문화시설의 제 문제

1) 지역문화시설에 대한 비판

① '지방문예회관 세우면 뭐 하나': 공연프로그램 없어 '개점휴업' 속출할 듯(중앙일보, 1995년 4월 22일자)

② "지방자치시대를 맞이해 지방문예회관이 잇따라 세워지고 있지만 공연 프로그램 부족으로 '개점휴업' 상태가 예상된다."

③ "지방 문예회관의 경우 단 한명의 공연담당을 두고 각종행사 대관과 공연장 관리에만 급급할 뿐 자체 기획은 엄두도 내지 못하고 있는 실정이다."

④ "공연장이 없어 애태우는 각종 공연단체 유치 등 소프트웨어 개발에도 눈을 돌려야 한다는 여론이 높다."

2) 지역문화시설의 문제점

(1) 관장의 문제

① 문화시설은 관장(책임자)의 견식이 무엇보다도 중요하다.

② 그러나 대부분의 문화회관은 지역문화에 대한 식견이 없는 사람이 임명되어 단기로 교대를 거듭하고 있다.

③ 이로 인하여 문화회관이 행정의 재산으로만 관리되어 지역문화활동의 구심체 역할을 하지 못하고 있다.

(2) 관리운영규칙의 문제

① 규칙이 회관직원의 보신(保身)방패가 되어 있다. "규칙이기 때문에 안 됩니다", "규칙이기 때문에 막을 내려 주시오" 등

② 개관·폐관시간, 휴관일 등에 융통성이 없다.

(3) 다목적시설의 문제점

① 현재 지역문화회관의 대부분은 다목적 회관이다.

② 다목적은 무목적으로 대(貸)의 면에서 아무 쓸모가 없게 된다.

③ 행정 측에 확고한 사고방식이 없고, 인재가 없기 때문이다.

④ 이제부터는 개성 있는 양질의 전문 홀을 계획적으로 확충해 나가야 함.

(4) 대홀(大 Hall)주의의 문제

① 현재 우리나라의 지역문예회관의 대부분은 객석수가 많은 대홀 위주로 건립되어 있다.

② 대홀은 1년에 몇 차례(각종 기념식 등) 밖에 객석을 채울 뿐이다.

③ 대홀은 쓸모가 적다. 문화홀은 큰 것이 작은 것을 겸할 수 없다.

④ 공공문화홀은 흥행적 채산을 넘어서 주민에게 양질의 문화를 서비스하는 곳이다.

(5) 무대시설의 문제

① 무대구조의 결함, 무대설비의 결함에 관한 비판이 많다.

② 연극이나, 연주의 실제를 모르고 건립하기 때문임.

(6) 부대설비와 전문 스태프의 문제

① 객석과 무대만 있다고 해서 문화홀일 수는 없다.

② 연습장, 휴게실, 도구창고, 자료실 등의 부대설비가 필요하다.

③ 그리고 그곳에는 전문 스태프가 배치되어야 한다.

(7) 운영시스템의 문제

① 행정주도의 운영체제에 대한 근본적인 재검토가 필요하다.

- 관리와 운영을 완전히 민간에 위임하는 제3섹터형(법인화)
        - 관리는 행정, 운영은 민간이 맡는 제2행정섹터형(반관반민)
    ② 운영조직과 인력의 전문화가 필요하다.
        - 시설의 유지 · 관리 차원에서 문화창출과 보급기능의 최대화로 전환
        - 프로그램 기획 · 제작, 프로그램 보급과 관객유치, 기자재조작운영, 시설관
          리와 일반행정 등으로 전문화 할 수 있는 조직구성 강화
        - 직무교육, 기술교육 강화 및 전문가 양성제도 확립
    ③ 종사자들의 신분과 생계보장으로 사명감과 의욕고취
    ④ 운영예산의 적극적인 확보와 자체수입의 증대 노력
    ⑤ 프로그램개발과 시설가동률 제고 및 주민서비스기능 제고방안 강구

(8) 회관 주변환경의 문제

① 문화홀이 문화적인 분위기를 뿜어낼 수 있게 주변환경을 조성해야 한다.
② 종합행정의 주변환경 조성이 필요하다.
③ 문화회관이 '개점휴업' 상태라는 비판은 결국은 사용할 수 없는 '구조'와 '규모'
   의 문화회관을 세웠기 때문이고, 사용하기 힘든 '관리'와 '운영방법'이기 때문이
   라고 할 수 있다.

3) 문화회관에 대한 관념의 전환

일반적으로 문화회관은 "1년에 몇 편의 공연을 주최하고 그 나머지는 대관을 해주
는 곳"이라고 생각해 왔다. 그리고 "문화회관을 무엇 때문에 세웠는가?" 또 "무엇을 하
는 곳인가?"에 대해서 기본적으로 관념을 달리해야 하겠다는 것이다.

(1) 자체사업(자주사업)이란 주최 공연사업이 아니다

① '문화회관의 자체사업'이라고 하면 '주최 공연사업'이라고 생각하고 있다.
② 그러나 자체사업이란 주최 공연 사업만을 의미하는 것은 아니다.

③ '개점휴업'이란 비판 때문에 '무언가 공연사업을 하지 않으면'이라는 정도의 인식으로는 자체사업이라고 할 수 없다.

④ 왜냐하면 그러한 사업에는 지역문화의 목적의식이 빈약하기 때문이다. 또한 막연하게 '주민에게 낮은 요금으로 일류 예술의 감상기회를 제공하기 위해서'라는 것도 자체사업이라고 할 수 없다.

(2) 문화회관의 자체사업이란 무엇인가

① 문화회관의 자체사업이란, '문화회관의 설치 목적을 실현하기 위해서 이루어지는 여러 가지 일들의 총칭'이다.

② 문화회관의 설치목적은 '지역의 문화진흥', 즉 '문화적인 지역을 만드는 것'

③ 자체사업은 지역의 문화상황에 따라서 다르게 나타나고, 지역의 문화상황이 바뀌면 자체사업도 바뀌지 않으면 안 됨.

④ 자체사업에는 정해진 형태도, 매뉴얼도 없다.

(3) 자체사업의 유형

① 주민의 자발적 문화활동을 활발하게 하기 위한 사업

− 주민 스스로 연희하고, 노래하고, 춤추고, 대화하는 활동을 위해서 주민들과 제휴해서 연극제, 합창 콩쿠르, 음악페스티발, 무용발표회, 예술주간 등을 다양하게 전개한다.

− 지역 아마추어 문화활동을 활성화시키는 사업

− '빌려주는 집'이 아니고, 지역문화를 창출하는 '거점'이 되기 위한 사업

② 지역에 문화활동의 씨를 뿌리고 가꾸는 '양성'과 '지원' 사업

− 연극학교, 음악교실, 강습회, 공개 레슨, 예술교육 프로그램 등

③ 지역에 오리지널한 문화를 창출하는 사업

− 지역의 전통가 특장을 살린 문화창조운동

④ 전문예술·예능을 감상하게 하는 사업

　　— 지역에서 일류 예술공연을 감상하는 기회를 제공

　　— 주최공연, 공동주최방식, 기입과 세휴 등의 방법 등

⑤ 문화프로듀서를 양성하는 사업

　　— 지역문화 일꾼을 기르는 일(지역문화 프로듀서 양성 강좌), 예술주간 운영 세미나, 무
　　대기술 강습회, 광고선전 강좌 등

4) 문화회관은 무엇을 하는 곳인가?

① 지역에 문화활동의 씨를 뿌리고 싹을 틔우고,

② 지역에 아마추어 문화활동의 물결을 일으키고 넓히며,

③ 프로의 예술예능과의 만남의 장을 만들어 수준을 향상시키고,

④ 문화 프로듀서를 양성하고,

⑤ 지역 나름의 문화운동을 전개하여 문화적인 지역환경을 조성,

⑥ 자유롭고 자주적인 주민문화활동을 활발하게 해서 주민들의 감성이 넉넉해
　　지고, 라이프스타일이 바뀌어 지역이 문화적으로 되게끔 하는 거점이 되어야
　　한다.

　　따라서 문화회관은 지역을 문화적인 지역으로 만들기 위해 능동적으로 활동하는
'주체'가 되어야 한다. 그렇게 되기 위해서는 문화회관에 그러한 스태프가 배치되어
있어야 한다. 즉 문화회관 요원들의 활동이 참으로 의미 있는 것이 되기 위해서는 회
관직원들만으로는 불가능하다. 주민, 문화단체와 제휴·협력이 필요하다. 문화회관
이 주민과 문화단체에 의한 지역문호의 거점이 되었을 때 비로소 문화회관의 본래의
목적을 달성할 수 있다.

13. 지방자치와 문화행정

이종인(한국문화행정연구소장)

1. 문화정책과 문화발전

1) 문화정책의 개념

① 문화정책이란 문화발전 및 문화활동의 근거가 되는 집행원리와 행정 · 예산 · 절차들의 총체를 의미함(UNESCO).

② 문화발전이란 정부기관이 문화발전이라는 공적목표를 달성하기 위하여 형성한 행동방안 또는 지침이다.

③ 위에서 보았듯이 문화정책은 문화 그 자체가 아니라 문화발전에 관련된 분야에 한정된다.

2) 문화발전이란?

① 문화발전이란 인간의 관념과 이상 및 여러 창작물들을 전달 · 보급함으로써 사회생활의 질을 향상시키기 위해 취해지는 제반 수단을 말함.

② 문화발전의 3차원

- 문학·예술적 차원의 발전: 문화적 요소가운데 가장 강력한 예술을 되도록
  많은 사람들에게 전달·보급할 수 있어야 함.
- 실존하는 문화의 발전: 환경이 개인에게 미치는 문화적 영향을 생각할 때 문
  화환경이 개선·향상되어야 함.
- 국민의 문화수준향상: 지식과 문화와의 관계로서 교양 있는 국민은 단순한
  지식만이 아니라 그가 아는 모든 것을 자기의 개인적 철학 속에 통합시킨 인
  격을 갖춘 사람이어야 함.
- 결국 문화정책이란 문화발전 계획을 의미한다고 하겠다.

3) 문화정책의 영역과 기능

① 문화정책의 영역

문화발전의 내용과 결부시켜 문화정책의 영역을 크게 나누어 보면 다음과 같다.
- 문화적 및 예술적 영역
- 일상생활의 환경 영역
- 교육과 문화와의 관계에 영향을 미치는 활동 영역

② 문화정책의 기능

문화적·예술적 및 역사적 유물의 ① 보존과 전승기능, ② 교육과 훈련기능, ③ 연
구와 창작기능, ④ 보급과 확산기능의 네 가지 기능이 있으며, 이들 기능가운데 "보급
과 확산" 기능이 많은 사람들을 예술적·지적활동이나 예술작품에 접근시키기 때문
에 새로운 문화정책의 기능으로서 가장 중요한 위치를 차지하고 있다.

4) 문화정책의 목표

① 문화생활의 민주화와 문화수요 창출
- 예술적 자원을 널리 보급해서 일반대중의 접근기회 확대
② 문화매체의 질을 향상시키는 것

③ 문화예술의 창작기반을 조성하는 것

④ 전통문화예술을 보존하고 발전시키는 것

⑤ 문화적 생산을 위한 국민의 잠재력을 개발하는 것

⑥ 문화의 국제교류와 자주문화형성

5) 지역문화행정의 대상과 영역

① 지역의 문화적 이미지 창출

　　－ 지역의 자연·역사성 등에 관련된 지역특성을 표상하는 상징 창출

② 문화예술행사의 계획과 개최

　　－ 지역특성을 살린 문화제, 국제행사 등 문화예술 이벤트 개발

③ 주민문화협의체 설치운영(만남과 토론의 광장)

　　－ 공공 및 민간문화협의체 설치 운영: 지역문화발전위원회 등

　　－ 주민 간, 주민과 행정 간, 행정자치제 내부의 문화토론 등

④ 지역개발·지역건설에 문화성 투입

　　－ 지역의 문화적 잠재력을 종합적으로 발굴·체계화·문화성 평가하여 반영

⑤ 문화개발에 민간기구와의 협력체계 확립

⑥ 지역문화시설의 체계적 정비와 관리운영체계의 재정립

⑦ 지역문화정보의 수집·보완과 주민에 대한 서비스 제공

⑧ 문화자원의 유통체계형성과 이용의 촉진 및 확산

⑨ 문화예술인 및 민간문화단체의 활동지원과 육성

⑩ 지역문화행정에 필요한 인재육성

⑪ 지역주민에 대한 문화예술교육과 창의성 육성 및 자주적 문화활동 촉진

⑫ 개성 있고 매력적인 환경조성과 도시경관 정비

⑬ 문화재보호와 문화유산의 계승활용

⑭ 문화투자의 확충과 문화활동의 조건정비 등

2. 지역문화행정의 주요과제

1) 문화정책의 분권화와 지역문화진흥

① 문화정책의 분권화: 문화정책 형성의 제1원칙은 지방분권화
- 문화발전의 초기단계에서는 중앙집권이 필요하겠으나 기초작업이 끝나면 지방분권화 단계로 넘어간다.
- 중앙정부는 주로 통일적이고 전국적으로 처리할 필요가 있는 업무(기획, 지도, 조정, 권고, 감독)와 대규모 재원이 투자되는 업무
- 행정적 업무는 지방자치단체의 소임: 자치체의 지역문화발전계획을 입안하고 현실적인 프로그램을 지역특성에 맞게 진행

② 분권화의 의의와 목적
- 지방자치단체(의회)로 하여금 지역주민에게 제공하는 문화서비스 유형을 증가시키기 위함.
- 문화예술 부문에 대한 자치단체의 권한을 증대시키기 위함
- 지방자치단체와 지방의회가 문화예술 분야에 할애하는 예산을 증가시키기 위함.
- 문화활동의 전국적인 균형 발전을 위함.

③ 지역문화진흥의 방향
- 지역문화의 자치화 · 자립화, 개성화 · 특성화, 다양화 · 다원화
- 주민자치와 주민책임의 자주성 원칙에 입각하여 지역실정과 특성에 맞는 주민문화 형성의 기반조성과 조건정비
- 지역문화의 잠재역량을 발굴 · 활용하기 위한 종합적인 지역문화발전 계획을 주민과 더불어 지역단위에서 연구 · 개발 · 실천
- 중앙정부의 획일적인 지시나 시책을 하향식으로 시행하거나, 중앙의 보조금에만 의존하는 형태를 벗어남으로써 중앙정부의 위임이나 하청행정을 지향하여 창의성을 발휘해야 함.

2) 개성 있는 지역문화개발: 지역의 문화적 이미지 창출

① 오늘의 시대는 이미지에 의해서 움직이는 시대이다. 그러므로 지역정체성 (Identity) 위에서 어떻게 지역 이미지를 창출해 갈 것인가 하는 것이 관건이다.

② 지역문화의 정체성을 이룩해 내기 위해서는 지역문화의 잠재역량을 발굴 · 조사하고 이를 토대로 기초자치단체 차원에서 문화발전계획을 고안 · 수립 · 집행하는 것이 마땅함.

③ 지역 이미지 창출의 조건들은 풍토(지리적 환경), 경관(자연환경), 역사(전통, 유적, 유물, 인물, 사건), 생활문화(의식주), 예술(음악 · 무용 등) 등이다. 이것들은 모두가 생활주변 가까운 곳에 있는 것들이다. 그러므로 우리들의 눈앞에, 발 앞에 있는 소재들을 소중히 여기면서 지역 이미지를 창출해 나가는 것이 필요하다.

④ 지역 이미지를 표상하는 방법은 노래(시가), 꽃(시화), 나무(시목), 상징마크(로고), 상징동물, 도로표지판, 가로수 수종, 간판모양, 건물디자인 등 상징적인 디자인 풀리시 설정 등으로 나타낼 수도 있고, 상징적인 예술을 설정할 수도 있다.

하와이의 예를 들어 보자, 하와이는 실제로는 고온다습하고, 겨울에는 비가 많은 곳이다. 그런 하와이가 우리들에게는 무역풍이 부는 상하의 낙원이라는 이미지로 정착되어 있다.

하와이 사람들은 20세기에 접어들면서 '하와이언', '훌라춤'을 생각해냈고, 먹는 음식으로는 '마이타이'를 내세웠으며, '카메하메하 대왕'의 역사를 활용했고, 평범한 '마우이' 섬의 석양을 인상적인 풍경으로 선전하며, 〈하와이〉라는 뮤지컬영화를 대히트시킴으로써 더욱 알려졌다.

⑤ 개성 있는 지역문화를 토대로 한 새로운 아이디어들은 국내뿐 아니라 세계를 향한 문화발신으로 지역문화의 세계화 전략으로 발전시킬 수도 있다.

3) 창조활동에 대한 지원과 예술인의 지위향상

① 예술인의 실정
- 현대사회의 문화생활은 창조에 기초를 두고 있다.
- 그런고로 창조자가 사회에서 차지하는 위치는 두드러진 것이다.

- 그러나 현대의 자유경제체제 속에서 예술가들은 외곽으로 밀려나고 있고, 그들의 작업대가로 얻을 수 있는 수입은 몇몇 사람을 예외로 하고는 저소득 노동자와 비교해도 나을 것이 없다.
- 이러한 결과로 창조작업을 지속하기 위해서는 제2의 직업을 얻거나 타인의 재정적 원조에 의존하게 되며, 법적·사회적·경제적인 조건이 불안전한 실정임.

② 예술인에 대한 새로운 인식
- 오늘날 우리 사회의 가장 큰 과제중의 하나는 '삶의 질'을 향상시켜야 한다는 것이다.
- 이 '질'의 가장 중요한 형태를 주는 것은 직업으로 하는 예술가의 존재는 필요불가결한 존재이다.
- 예술가는 건축가나 기술자처럼 '일상생활이 환경을 창조'하는 사람들 중의 하나인 것이다.
- 이러한 자격으로 예술가는 당연히 다른 직업인들과 마찬가지로 정당한 대가를 받고 사회보장의 혜택을 받아 마땅하다. 그러므로 창조활동에 대한 지원은 사회의 중요한 임무중의 하나이다.

③ 창조활동지원의 원칙
- 창조의 자유가 보장되지 않고서는 예술이란 존재할 수 없다.
- 그러므로 창조활동지원이 예술을 보호한다는 미명 아래 예술가를 거느리며, 대가를 요구하고, 작품생산을 지시해서는 안 된다.
- "영향력을 행사하지 않는 지원(앙드레 말로)"
  "창작행위에 개입해서는 안 된다(스웨덴의 팔메)"
  "국가의 개입은 조건 없는 재정적 지원에 국한(유고슬라비아)"
  "어떤 정부도 위대한 예술작품을 탄생하게 하는 마력은 없지만 적어도 예술의 개화를 촉진시키는 풍토를 종성하는 것(미국의 존슨)"

4) 지역문화시설의 제 문제

(1) 지역문화시설에 대한 비판과 문제점

① '지방문예회관 세우면 뭐하나'라는 비판
- 공연 프로그램 없어 '개점휴업' 속출할 듯(중앙일보, 1995년 4월 22일자)
- "단 1명의 공연담당을 두고 각종행사 대관과 공연장 관리에만 급급할 뿐 자체 기획은 엄두도 내기 못하고 있는 실정"
- "공연장이 없어 애태우는 각종 공연단체 유치 등 소프트웨어 개발에 눈을 돌려야 한다는 여론이 높다"

② 문화시설 관정의 견식이 무엇보다는 중요하다
- 지역문화에 관한 식견과 열정이 없는 사람, 단기교대 등이 거듭되고 있다.
- 이로 인하여 문예회관이 단순한 행정재산으로만 관리되어 지역문화활동의 구심체 역할을 하지 못하고 있다.

③ 회관관리운영규칙이 직원의 보신방패가 되어 있다
"규칙이기 때문에 안 됩니다": 개관, 폐관, 휴관일, 대관료(사용료) 등 융통성이 없다.

④ 현재 지역문화회관의 대부분은 다목적 회관이다
- 다목적은 무목적으로 질의 면에서 쓸모가 없다.
- 이제부터는 개성 있는 양질의 전문홀을 계획적으로 확충해 나가야 함.

⑤ 현재 지역문화회관의 대부분은 대홀(大 Hall) 위주로 건립되어 있다
- 대홀은 1년에 몇 차례(각종 기념식 등) 밖에 객석을 채울 뿐이다.
- 대홀은 쓸모가 적다, 문화홀은 큰 것이 작은 것을 겸할 수 없다.
- 공공문화시설은 주민에게 양질의 문화를 서비스하는 곳이다.

⑥ 무대구조와 무대설비의 결함에 관한 비판이 많다.

연극이나 연주의 실제를 모르고 건립하기 때문이다.

⑦ 객석과 무대만 있다고 해서 문화홀일 수는 없다.

– 연습장, 휴게실, 도구창고, 자료실, 분장실 등 부대설비를 갖춰야

– 그리고 그곳에는 전문 스태프가 배치되어 있어야 함.

⑧ 운영방법과 제도의 문제점

○ 행정주도의 운영체제에 대한 근본적 검토가 필요하다.

    – 관리와 운영을 완전히 민간에 위임하는 제3섹터형(법인화)

    – 관리는 행정, 운영은 민간이 맡는 제2행정섹터형(반관반민)

○ 운영조직과 인력의 전문화

    – 시설의 관리 · 유지 차원에서 문화창출과 보급기능의 최대화로 전환

    – 프로그램 기획 · 제작 부문, 프로그램 보급과 관객유치 부문, 기자재조작운영 부문, 시설관리와 일반 행정 부문 등으로 전문화된 조직구성으로 강화해야 함.

    – 직무교육, 기술교육의 강화와 전문가 양성제도 확립

    – 종사자들의 신분과 생계보장으로 사명감과 의욕고취

○ 경영기법의 도입

    – 운영예산의 적극적인 확보와 자체수입 증대 노력

    – 프로그램 개발(자체사업)과 시설가동률 제고 및 서비스기능 제고

    – 문화홀 주변환경 조성으로 문화적인 분위기를 살리는 일

    – '개점휴업' 상태라는 비판은 결국 사용할 수 없는 '구조'와 '구모'의 회관을 세웠기 때문이고, 사용하기 힘든 '관리'와 '운영방법'이기 때문이라고 할 수 있다.

(2) 문화시설에 관한 관념의 전환과 기능

① 그동안 우리는 문화회관은 "1년에 몇 편의 공연을 주최하고 그 나머지는 대관을 해주는 곳"이라고 생각해 왔다. 그리고 "문화회관을 왜 세웠는가" 또 "무엇을 하는 곳인가"에 대해서도 기본적으로 생각을 바꾸자는 것이다.
  － 문화회관의 설치목적은 '지역의 문화진흥', '문화적인 지역을 만드는 것'이다.
② 문화회관의 기능은 지역에 문화활동의 씨를 뿌리고 싹을 틔우며, 지역에 아마추어 문화활동의 물결을 일으키고 넓히며, 프로의 예술예능과의 만남의 장을 만들어 수준을 향상시키고, 문화 프로듀서를 양성하며, 지역 나름의 문화운동을 전개하여 문화적인 지역환경을 조성하고, 자유롭고 자주적인 주민문화활동을 활성화시켜 주민들의 감성이 넉넉해지고 생활방식이 바뀌어 지역이 문화적으로 되게끔 하는 거점이 되어야 한다는 것임.

5) 문화투자의 확대

① 국가 문화 예산의 증액

－ 정부예산중 문화예산 비율 1% 조기 실현(현재 0.5% 내외)
－ 증액되는 정부예산의 일정비율을 지역문화 보조금으로 책정
－ 프랑스 문화성예산은 정부예산의 1%(1989), 그 50%가 지역보조

② 지방비의 문화투자 확대

－ 지방재정의 자립도가 저조한 가운데 투자증대는 불분명
－ 1990년 기준 지방예산 중 문화예산은 1.4%에 불과(1,900억 원)
－ 향후 광역자치단체는 3%, 기초자치단체 5% 수준으로 유도
－ 프랑스의 경우 5% 선을 유지하고 있음.

③ 중앙 문예진흥기금의 확충

－ 현재 3,000억 원의 기금적립목표로 조성하고 있는 목표액을 5,000억 원 수준으로 조기조성 실현

- 현재 약 2,000억 원 적립, 년 간 350억 원 내외로 지원하고 있음.

④ 지역문예진흥기금의 확충
- 시 · 도 단위의 기금(약 450억 원)의 지속적인 확충 조성
- 기초자치단체 단위의 기금조성활성화 유도(현재 부천시, 남원시, 나주시, 여수시, 강진군, 의령군, 등에서 조례제정 시행)

⑤ 민간문화투자의 적극유치
- 기업메세나(Mécénat)운동의 활성화 및 지역 확대
- 한국메세나협의회(1994년 설립) 1995년도 926억 원 투자
- 민간 문화투자에 대한 세제혜택 확대(현재 문예진흥기금에 대한 기부 시 손비처리 제도)
- 미국의 경우 비영리 단체에 대한 기부금을 개인의 경우 소득의 5%, 법인의 경우 소득의 10%를 한도로 소득세를 공제해 주고 있음. 이러한 조세 우대조치가 재단, 기업, 개인의 기부행위를 일상적인 사회풍토로 만들고 있음(연간 7조 원 내외).

3. 나가는 말: 행정의 문화화

① 문화행정은 행정체질의 개선, 즉 행정자체의 문화화를 전제로 한다
- 문화행정은 시민문화에의 개입이 아니라, 행정 내부혁신으로서의 행정의 문화화가 과제이다.
- 시책을 집행하고 제도를 만들고 운영하는 행정직원의 문화성이 높아야 한다.
- 문화행정은 그 결과만이 아니라 그 과정이 중요하고 그것이 문화적이어야 한다.
- 문화행정은 전례답습과 법규에 얽매인 형식적이고 획일적인 행정에서 벗어나 개성화의 시각이 필요하다.
- 문화행정은 기능과 효율성 위주의 행정체질을 벗어나서 즐거움과 아름다움, 그리고 여유가 있는 인간적인 감성이 도입되어야 한다.

② 문화행정은 행정전역과 관련되는 종합행정이어야 한다

- 문화정책이 해결해야 할 과제들은 거의 모두가 종합적인 해결수단을 필요로
  한다.
- 그러므로 문화행정은 교육행정, 복지행정, 건설행정 등으로 불리는 종적인 개
  별단위행정으로는 성립할 수 없다.
- 문화행정은 종적인 개별행정 체질(부처이기주의)과 행정관행을 혁신하기 위한 횡
  적 전략행정, 즉 제2의 기획 · 조정의 성격을 지닌 종합행정이 되어야 한다.
- 특히 지역문화행정은 주민생활의 지역종합성을 고려해야 함으로 더욱 종합행
  정의 성격이 강하다.
- 따라서 지역종합성을 추구하기 위한 제도와 정책의 책임은 기초자치단체에 있
  으며, 기초자치단체의 문화행정은 종래의 국가주도형 집권적 종적행정을 횡적
  으로 종합 · 조정하는 데 힘써야 한다.

14. 지역문화 창달과 지역축제

이종인(한국문화행정연구소장, 중앙대학교 객원교수)

1. 이제 문화에 눈을 돌리자!

오늘날 우리 사회는 물질문명의 기형적인 발달로 말미암아 현저하게 상실되고 있는 인간성을 회복시켜야 한다는 것이 당면한 최우선 과제의 하나이다.

경제발전과 산업화는 부(富)의 축적과 소비유혹을 급증시키는 동시에 생활방법의 확일화뿐만 아니라 생활환경의 모든 여건을 동질화함으로써 인간의 창조력을 감퇴시키고 결과적으로 인간성을 메마르게 하고 있다. 이러한 상황 아래서 우리는 이 문제의 심각성을 우려하지 않을 수 없고, 문화발전을 통하여 상실된 인간성을 회복시켜야 한다고 생각하게 된다.

이제 우리는 사회발전과 국가발전의 개념 속에 인간조건의 순수 경제적 측면을 넘어서서 사회문화적 측면을 포괄적으로 수용해야 한다. 왜냐하면 사회 · 국가적 발전이란 참다운 인간적 삶을 가능하게 할 수 있는 '삶의 질(質)을 높이고 민족적 · 국가적 존엄성과 긍지를 고취시키는 데 기여할 수 있을 때 비로소 참된 의미를 지닐 수 있는 것이기 때문이다. 그러므로 문화 발전은 '국가사회의 총체적인 발전'이라는 개념 속에서 경제발전과 동렬(同列)에서 추진되어야 한다.

그러기 위해서는 문화투자가 항상 뒤편으로 밀려나기만 해서도 안 될 것 이며, 문화활동을 소비로 보기만 해서도 안 될 것이다. 특히 지역문화를 중앙문화의 하위개념으로 보아서는 안 되며, 다양하고 특색 있는 지역문화의 개화(開花)가 국가와 민족문화를 풍요롭게 하는 원천이라는 점을 인식하고 균형 있는 지역문화를 발전시켜야한다. 이것이 우리가 안고 있는 오늘날의 과제중 하나이다. 왜냐하면 지역문화는 지역적인 특수성으로 인하여 ① 지역주민의 일체감과 자긍심 － 통합과 애향심을 함양하고, ② 지역주민의 자발성과 창의성 － 참여와 자주성을 유발시키고, 결과적으로 지역사회 발전의 활력소가 되는 것이다. 그런 의미에서 우리 모두는 문화로 눈을 돌려야 한다.

2. 지역문화의 창조적 개발

(1) 지역사회는 문화의 모체이다

문화란 도대체 '어디에' 있는 것인가? 다시 한 번 생각해 보자. 일반적으로 문화란 소위 '문화인'이나 학자·예술가들이 다루는, 무언가 고상하고 우아한 것이라고 생각하는 경향이 많다. 물론 그들의 지적이고 미적인 생산물은 문화의 일면을 대표하는 것임에는 틀림이 없다. 그러나 문화란 어느 특정부류 인간만의 전유물도 아니고, 단순한 장식품도 아니다. 문화는 인간생활을 넉넉하게 하는 것이다. 문화가 살아 움직여서 우리에게 의미 있는 것이 되기 위해서는 그것이 우리의 몸 주변에 있지 않으면 안 된다. 우리나라의 문화는 서울이나 경주에만 있는 것이 아니라, 우리들의 일상 속에, 즉 지역사회 속에 있는 것이다.

원래 한 나라를 대표하는 문화란 지역의 풀뿌리 문화를 토양으로 해서 피어난 특출난 최고의 꽃과 같은 것이다. 그 꽃에 영양분을 주어온 지역의 뿌리를 간과해서는 안 된다. 그러므로 우리들이 일상생활을 살아가는 현장으로서의 지역사회야말로 우리 문화의 모체요, 모태라는 점을 잊어서는 안 된다.

(2) 문화의 주체는 주민이다

앞에서 언급한 바와 같이 문화는 결코 일부 특수계층의 것만도 아니고, 또 서울이나 대도시에만 있는 것도 아니다. 문화는 지역사회 속에 있고, 그 지역에 살고 있는 사람들의 것이다. 문화의 주체는 지역주민 이외의 다른 무엇은 아니다. 그렇다면 문화의 주체라는 밀은 어떤 의미를 갖는 것인지 생각해 보기로 하자.

먼저 생각할 수 있는 것은 여러 가지 문화를 받아들이는 사람, 즉 향수자(享受者)로서의 지역주민이라는 역할이다. 문화의 성과를 주민 누구나가 받아들여 즐길 수 있게 된다면, 생활의 충실감은 아주 커질 것이다. 오늘날에는 신문 · 잡지 · 라디오 · 텔레비전 · 인터넷 등 매스컴(mass-communication) 수단이 발달하여 안방에서도 국내외의 문화에 접할 수가 있다. 그러나 그런 것들의 대부분은 '복사(copy)'된 문화이며 직접 눈으로 보고, 귀로 듣고, 손으로 만질 수 있는 문화는 아니다. 지역에서도 '진짜(生)'문화를 많은 주민들이 즐길 수 있게 되는 것이 바람직한데, 이런 의미에서 지역주민의 문화향수권은 국가나 자치단체의 책무라고 하겠다.

다음으로 주민이 문화의 주체라고 말할 때 특히 강조할 것은 문화의 창조자로서의 주민의 역할이다. 문화란 단순히 받아들이는 사람의 입장에서 향수하는 데 그쳐서는 안 된다. 적극적으로 창조에 참여해서 함께 만들어 내는 데 그 의미가 있다. 문화는 스스로 그것에 참여 · 창조함으로써 그 '맛과 멋'이 깊은, 참다운 문화로 살아날 수 있게 되는 것이다.

과거 우리의 지역사회는 풍부한 문화창조의 장(場)이었다. 고을과 마을 곳곳에 축제가 있었고, 예능이 있어서 그것을 즐기는 행사가 한 해의 생활을 즐겁게 했었다. 그러나 일제와 광복과 6 · 25를 거치고 급속한 근대화의 과정에서 지역문화는 밀려나고 말았다. 그리하여 지역주민들은 점차 문화창조자로서의 위상을 잃고, 중앙문화의 향수자의 지위에 머무는 결과가 되고 말았던 것이다. 이제 우리는 다시 한 번 지역사회의 문화적 가치를 되찾고, 주민 스스로의 손으로 만들어 내는 문화활동에 확신을 갖고 임해야 할 시점에 도달했다. 주민은 문화의 소비자이기 전에 문화의 생산자로서의 지위를 되찾을 필요가 있다. 문화의 주체란 이런 의미여야 하겠다.

(3) 문화창조의 실천전략

그러면 어떻게 주민을 '위한' 문화를 주민이 '직접' 만들어 낼 수 있을까? 여기서 중요한 것은 문화는 단지 어느 한 사람이 만드는 것이 아니라는 점이다. 문화는 사람들

사이의 관계와 커뮤니케이션 가운데서 생긴다는 사실을 알아야 한다.

모름지기 문화창조의 출발점이 되는 것은 '활력 있는 인간집단'이다. 예술가나 학자들도 그 주변에 많은 협력자와 자극적인 친구들을 갖고 있는 것과 마찬가지로 지역사회에서도 사람들이 힘 모아 일하는 가운데서 생활의 여유로서의 문화가 새겨나게 된 것이다. 과거의 우리 사회에서 노래나 춤을 비롯한 여러 가지 예능과 민속을 발전시킬 수 있었던 것은 그 바탕에 경작을 위한 공동노동이 여러 가지 형태로 조직되어 있었기 때문이다. 사람들은 자기 마을을 위해 힘을 합쳐 일하고, 그것으로 얻어진 여유를 즐기고, 또한 상호유대를 강화하기 위해 노래와 춤을 만들어 냈던 것이다.

오늘날 지역문화가 활발하지 못한 근본 이유의 하나는 지역사회에서 사람 간의 유대가 희박해졌다는 데 있다. 문화창조의 실천전략은 먼저 '인간적 커뮤니케이션'을 회복하는 갖가지 활동에서부터 시작하지 않으면 안 된다.

현재 지역사회에 존재하고 있는 클럽(club) · 그룹(group) · 서클(circle) 등 주민들이 자발적이고 자주적으로 만든 모임들이 그 활동의 기반이다. 그러한 모임들이 협소적인 살롱(saloon)에 머물지 않고 상호연락과 협조를 밀접히 해서 공동의 목표를 찾아가야 하겠다.

① 행정의 역할

이제까지 우리나라의 지역문화행정은 역사 · 문화의 보존이라는 과제에 힘을 기울여 온 것이 사실이다. 유서 깊은 건설물이나 유적지의 보존. 이런 것들은 지역주민에게 지역의 개성을 느낄 수 있게 하는 활동인 동시에 외래방문자에게는 관광자원으로서의 가치를 갖는 것임에는 틀림이 없다. 그러나 그동안의 문화행정이 과연 얼마만큼 충실했고 실효를 거두었는지 반성하지 않을 수 없는 일이다. 이러다 보니 역사성이 짙은 지역문화의 보존도 제대로 이루어지지 않은 상황에서 창조적인 지역문화의 개발에는 더더욱 힘이 미치지 못했다는 점을 지적하지 않을 수 없을 것이다.

앞으로의 문화행정의 역할을 요약하면 다음과 같은 것을 들 수 있다.

① 주민문화활동의 주체는 어디까지나 주민이고, 행정은 매개자라는 자세를 견지하여 주민의 여러 가지 문화활동에 '열린 자세'를 가져야 할 것이다.
② 그러기 위해서 주민의 문화활동과 관련된 정보를 적극적으로 조사 · 수집하고,

그것을 널리 제공하는 '문화정보센터의 역할'을 맡아야 한다.

③ 사람과 사람이 만나는 곳으로부터 문화가 길러진다는 데 유의하여 주민 상호 간의 '만남의 장(문화시설, 문화마당 등)'을 만드는 일, 문화활동을 향유하는 기회(축제, 이벤트 등)를 마련하는 일이 필요하다.

④ 주민문화활동이 그대로 자치단체 문화행정의 중심이 되게 하기 위하여 주민이 행정에 참여하는 방법을 다각적(주민문화회의, 문화행사 아이디어회의, 기획자 모집 등)으로 마련하는 일도 필요하다.

⑤ 문화에 대한 넓은 견해와 관심을 가진 동시에 새로운 생각(아이디어)과 네트워크의 조직력을 갖춘 인물을 자치단체의 문화행정담당직원으로 앉히는 것이 필요하다.

⑥ 지역 내의 각종 문화시설을 총점검해서 주민문화활동 추진당사자들이 보다 사용하기 쉬운 시설이 되도록 시설내용이나 운영방법의 근본적인 개혁도 추진해야 한다.

② 주민(민간)의 역할

지역사회가 생생한 문화창조의 장이 될 가능성은 이제부터 더욱 커질 조짐이 나타나고 있다. 그런데 지역사회에서 활동하는 각종 단체들 중에는 반강제적인 가입방식으로 인하여 만성화되고, 경직화된 운영형태의 단체들도 없지 않다. 보다 바람직한 것은 주민 각자가 자율적으로 자유롭게 선택해서 가입하고, 그들 멤버들의 커다란 즐거움을 체험하는 그런 단체가 필요하다. 기존의 단체들은 문호를 개방함과 동시에 주민들로 하여금 가입하고 싶도록 하는 운영방법과 프로그램을 개발하여 보다 많은 호응과 지지를 받을 수 있게 하는 것이 바람직한 일이라 하겠다.

한걸음 더 나아가 지역문화운동은 주민 쪽에서 시작되고, 그 뒤에 행정을 움직여 지역사회 전체를 움직이는 운동으로 발전하는 것이 바람직하다. 특히 문화활동의 소프트웨어는 행정 쪽에서가 아니라 주민 쪽에서 나오는 것이 좋다. 문화를 생산하는 창조적인 힘은 주민의 교류와 상호자극 속에서 길러지는 것이다.

따라서 이제부터의 문화창조 과제는 지역사회 속에 있는 '문화의 싹(맛과 멋)'을 어떻게 찾아내고 어떻게 풍요롭게 가꾸어 내느냐는 데 있다. 이런 의미에서 문화창달 계획은 기초자치단체 단위에서 주민과 행정이 협력하여 입안(立案)·집행되는 것을 원칙으로 해야 한다고 말할 수 있다. 즉 행정의 역할도 주민과 공동작업이 되어야 한다는 것이다. 행정이 스스로 문화를 창조하기 위해 주도적 역할을 하는 것이 아니라 문화창조의 주체는 어디까지나 주민이고, 행정은 주민문화활동의 매개기능을 하는 데 그 존재이유가 있다. 특히 매개기능을 담당하는 유능한 행정인의 활발한 활동이 필요하다. 행동력을 갖춘 행정가와 역시 유능하고 독창적인 주민활동가와 단체가 있다는 것을 발견할 수가 있다. 이와 같은 행정과 주민의 협동관계는 행정의 전례답습주의나 무사안일주의를 뛰어넘어서 독자적인 문화전략을 성립시키는 원동력이 되는 것이다. 그러기 때문에 이제부터는 행정(官)만을 바라보고 행정에만 의지하려던 구태를 탈피하여 지역주민들 스스로가 지역문화창조의 주체라는 점을 새로이 인식하고 적극적으로 참여하고 목소리를 높여나가야 하겠다.

3. 개성 있는 지역축제의 개발

(1) 축제와 지역의 문화적 이미지

역사가 오래된 지역사회라면 반드시 전통을 갖고 있고, 새로 조성된 신도시에서도 몇 년이 지나면 자연발생적이거나 인위적으로라도 축제가 생겨난다. 축제는 말할 것도 없이 즐거운 모임이고, 사람과 사람들이 서로 만날 수 있는 마당이다.

그런데 이러한 지역축제는 지역이라는 공동체사회를 중심으로 형성되어 지역의 문화전통을 내포하고 있는 지역문화의 총체이다. 바꾸어 말하면 지역축제는 지역문화를 가장 적절하게 담아낼 수 있는 그릇이라고 할 수 있다. 따라서 지역의 문화적 전통에 근거한 문화요소의 발굴과 이것을 축제에 반영하는 것은 지역축제의 활성화와 지역주민의 자발적 참여를 유도하는 데 반드시 필요한 일이라고 하겠다.

한편 오늘의 시대는 이미지에 의해서 움직이는 시대라고 하여도 과언이 아닐 것이다. 그러므로 지역축제의 관건은 지역의 정체성위에서 개성 있는 지역 이미지를 창출해 나가는 것에 있다고 할 수 있다. 지역 이미지를 표상하는 개성 있는 지역축제의 창출요건으로는 다음과 같은 것이 있다.

① 풍토: 지리적 환경과 그에 따른 생활방식과 주민의식 등
② 경관: 자연환경과 명승지 등
③ 역사: 전통 문화, 유물, 유적, 역사적 인물, 역사적 사건 등
④ 생활문화: 음식, 복식, 주거 등
⑤ 예술: 음악, 무용, 전통연희, 놀이, 농악 등

(2) 지역축제 활성화를 위한 고려사항

① 축제요소의 발굴

앞에서 지적한 바와 같이 지역축제는 지역공동체사회를 중심으로 형성되어온 지역문화의 총체라고 할 수 있다. 이러한 차원에서 보면 전통문화요소의 발굴은 지역축제에 지역주민의 자발적인 참여를 촉진시키고, 그럼으로써 지역축제가 지역문화를 가장 적절하게 담아낼 수 있는 그릇이 되게 할 수 있다. 따라서 지역의 문화적 전통에 근거한 축제요소의 발굴과 축제에의 반영은 지역축제의 활성화를 위해서 반드시 필요한 일이다.

② 프로그램 구성

현행의 지역축제는 일부를 제외하면 축제마다 고유한 특성이 별로 부각되지 않고 있다. 지역축제는 독창적이고 다른 지역에서는 흉내 낼 수 없는 프로그램을 통하여 지역의 문화 이미지를 구축해야만 한다. 서산이 마늘의 고장이라면 마늘의 풍작을 기원하는 '제례의식' 프로그램과, 마늘재배와 관련된 금기사항이 있다면 그러한 '일놀이' 프로그램을 구성하고 지역의 미인들을 대상으로 한 '마늘 아가씨 선발대회'를 개최하며 마늘 재배농을 대상으로 한 '마늘 품질대회' 및 '마늘 특판장' 설치운영과 '난장'을 개최하여 푸짐한 마늘 음식 먹거리와 마늘 술을 팔면, 그것으로 얼마든지 훌륭한 지역축제가 될 수 있다. 여기에다 다른 프로그램을 일부 포함시키면 훌륭한 지역축제가 될 수 있다.

③ 축제의 개최시기와 장소

역사적으로 보면, 우리나라의 전통축제는 원래 상원(上元), 단오, 추석, 동지 등 세

시풍속과 연계되어 개최되었기 때문에 대체로 사시사철 골고루 분산되어 개최되어 왔다. 그런데 현행 지역축제 중 50% 이상이 서산문화제와 마찬가지로 10월에 개최되고 있다. 기후나 계절적 요인을 무시할 수는 없지만 농업지역이라면 농번기를 피해야 축제참가자들이 홀가분하게 참여할 수 있고, 또 축제 마당에 와서도 흥이 나는 법이다. 오늘 내일 일 걱정이 태산 같다면 축제를 즐기기는커녕 축제가 하나의 '일거리'가 되고 만다. 또 크게 보면 우리나라의 지역축제가 이와 같이 특정시기(10월)에 집중적으로 개최되는 것은, 축제를 하나의 문화관광상품이라는 측면에서 고려해 본다면 관광자원의 낭비가 아닐 수 없다.

축제의 장소 문제도 과거처럼 전승 현장만을 고집할 수는 없다. 축제에 참여하고 보기위해 오는 사람들의 열기를 분산시킬 수 있으므로 너무 산만하게 여기저기에서 동시다발적으로 개최하는 것은 바람직하지 못하다. 오늘날의 현실에 비추어 볼 때 광장이나 공설운동장과 같은 특정 장소로 집약시키는 것이 오히려 좋을 것이다.

④ 축제의 주도자(주최/주관)

지역축제의 개최는 지방자치단체가 직접 주최하는 것들도 다소 발견되지만 대다수 자치단체에서는 원칙적으로 민간단체에서 개최하는 형식을 취하고 있다. 그러나 축제에 직접 참여하는 주민들이나 대다수 국외자(局外者)들은 어떤 경우이든 행정기관이 직접 주최·주관하는 것으로 이해하고 있다. 실질적인 주민자치의 경험이 짧은 우리로서는 아직 지역축제를 완전한 주민자율에 맡겨본 경험이 없기 때문에 지금까지 관행적으로 자치단체의 행정기관이 지역축제를 주도하는 것으로 보인다.

그러나 행정기관이 실질적으로 주도하는 지역축제는 중앙집권적인 관료제의 일반적인 부작용을 그대로 답습할 위험이 있으며, 지역축제를 '행사를 위한 의례적인 행사'로 전락시킬 가능성이 많다. 그러므로 행정관청은 행사의 광역홍보와 주민동원 등 행정기관으로서의 일반적인 업무를 수행하는 데 그쳐야 한다.

⑤ 주민참여

지역축제의 주인은 지역주민이어야 한다. 이를 위해서는 축제판을 절제된 공간에서 탈피하여 대동놀이판으로 변화시킬 것이 요구된다. 우리의 축제전통은 원래가 이러한 공동체사회의 대동놀이판의 전통이 유지되어왔다. 그러나 축제전통이 단절되고 오랜 기간 문화적 전통이 단절되었다가 70년대부터 90년대 사이에 행정기관에 의해 급조된 지역축제가 우후죽순처럼 등장하기 시작하면서 오늘날의 왜곡된 축제양식이 생겨난 결과이다. 따라서 앞으로의 지역축제는 주민들의 자발적인 의지로 참여하고 그들이 주인으로 행세할 수 있는, 약간은 무질서한 놀이판으로 만들어 나가야 한다. 즉 지역축제를 주민들의 흥겨운 한마당 대동놀이판으로 만들기 위해서는 축제의 프로그램을 연출된 배우들에게만 의존하는 '세련된' 프로그램 구성에 집착하지 말고 지역주민들이 가급적이면 많이 참여할 수 있는 프로그램을 구성해야 할 것이다.

⑥ 재원대책

지역축제의 개최에는 재정의 확보문제가 가장 빈번이 부딪히는 문제점중의 하나이다. 축재의 훌륭한 소재와 알찬 행사기획이 있더라도 예산문제에 막히면 그 해결책은 많은 경우에 행사 규모의 축소를 통해 해결해버린다. 이러한 측면에서 볼 때 재정 확보 문제는 지역축제의 성공적인 개최를 위한 필수 전제조건일 수밖에 없다. 그런데 지역축제라는 것은 사실은 지방자치단체와 그 지역주민을 위한 일이다. 주민들을 위한 축제의 재정은 행정기관이 부담해야 하는 것이므로 행정기관이나 지방의회의 협조는 필수적이다. 다만 축제의 주관단체도 그냥 지원만 쳐다볼 것이 아니라 장기적으로는 축제기금을 비축하려는 노력을 해야 한다. 행사의 직접비용은 행정기관의 지원금으로 쓰고, 기타 입장료를 받는 방안이나 수익사업을 개발해서 남는 이익금을 얼마씩이라도 비축해서 기금을 세워야 한다. 아울러 현행법으로는 '기부금품모집규제법'이 있어서 일반적인 기부금은 금지되지만, '문예진흥기금 지정기탁금 제도'를 활용하면 가능한 방법도 있다.

⑦ 홍보대책

현행 지역축제의 홍보방법은 주로 시정홍보자료나 플래카드 등 직접광고매체를 활용하고 있다. 일부 대도시를 제외하면 이러한 매체를 통한 홍보방법은 어느 정도 효과를 달성할 수 있는 방법이기도 하다. 그러나 이러한 홍보방법은 주민을 상대로 축제를 알리는 최소한의 효과가 있을 뿐 주민들을 축제의 참여자로 유인하거나 외부인들에게 지역축제를 알리는 방법으로는 미흡하다.

앞으로 자치단체나 축제주관단체 차원에서는 지역축제를 해당지역 주민들만의 축제로 끝나게 하지 말고 출향인사나 외부관광객들을 상대로 한 광역홍보를 추진해야 한다. 이 경우에 행사 일정이나 주요 프로그램만 형식적으로 소개하는 데 그칠 것이 아니라 지역의 역사와 환경적 특성, 지역 내의 관광지 안내 등 여러 가지 자랑거리를 내세워 보다 많은 관광객들을 유치할 수 있도록 해야 할 것이다. 더 나아가 이러한 홍보대책 외에도 지역축제의 고객개발을 위해서는 잠재고객을 염두에 둔 사진 자료집, 비디오 녹화 테이프, 인터넷과 같은 컴퓨터 통신망 활용, CD롬 타이틀 개발 등 다양한 차원의 각종 홍보 매체를 개발하여 활용할 필요가 있다.

15. 바람직한 문화도시

이종인(한국문화행정연구소장)

1. 문화도시란 무엇인가?

며칠 전(10월 15일) 건설교통부가 내놓은 우리나라의 도시통계자료에 의하면 1996년 말 현재 우리나라 전체 인구 4,634만 9,000명 중 87.1%인 4,037만 8,000명이 시·읍·면 등 도시계획 구역 안에 살고 있는 것으로 나타났다. 이것은 우리 국민 100명 중 87명이 전 국토의 14.9%에 불과한 도시지역에 살고 있는 것을 의미한다. 이렇게 되면 도시문제는 이제 전 국민의 문제가 되는 것이다.

그동안 도시건설이라고 할 경우 그것은 행정이 해야 할 일로만 생각해 왔던 것이 사실이다. 도시의 물리적 인프라, 즉 도로, 포장, 학교, 공공건물 상하수도 주택개발 등을 정비하는 것이 도시건설의 중심이었기 때문에 주민들은 행정에 대해서 '저것이 없다', '이것이 없다'는 등 없는 것을 타령하는 존재이었다. 물론 아직까지도 이러한 수준의 문제가 남아있기는 하지만, 어느 정도까지 이것들이 정비된 현 단계에서는 이제까지와는 전혀 다른 요구가 주민들로부터 나오기 시작하고 있었다', 것이 무엇인가 하면 "우리 시에는 훌륭한 호수공원이 있습니다"라고 말했을 때 다른 도시주민들이 "아! 그곳에 살고 계시는 군요"라고 알아준다거나 "참 좋은 곳이지요"라고 칭찬해 주는 것, 그런 것을 요구하게 되었다는 것이다.

이와 같은 것들을 주민의 문화적 욕구라고 말할 수 있다. 1인당 국민소득 1만 달러 시대를 맞으면서 우리 국민들은 삶의 질에 있어서 물질적 풍요(30.9%)보다는 정신적인 여유로움(69.1%)을 선택하고 있다는 것이 1995년도의 조사에서도 나타나고 있다. 요컨대 주민들은 이곳에 살아서 좋다는 생각을 갖고 싶어 하고 있는 것이다. 그것은 '충실한 시간을 보낼 수 있는 장소'이기를 바라는 것이라고 하겠다. 그러므로 좋은 도시에 살고 있다고 주민들이 생각할 수 있게 하는 것이 도시건설의 기본이 되는 것이다.

그렇다면 문화도시란 무엇인가. 소박한 의미로 말하자면 도시의 환경과 시설들이 문화적인 복지를 충분히 누릴 수 있어서 살기에 편하고 계속 살고 싶고, 살고 있는 것을 자랑으로 생각하는 그런 도시인지도 모르겠다.

① 문화란 가장 좁은 의미로는 예술과 학문 등 인간 활동의 매우 세련된 부분이며, ② 문화란 마음의 풍요, 여유로움이라는 의미로서 이른바 경제적 효율성, 합리성의 가치와 대치되는 것, ③ 가장 넓은 의미로서 문화는 한나라 또는 한 지역(도시)의 생활양식 내지는 인간의 행동양식이라고 한다.

문화의 개념을 위와 같이 정의한다면, 문화 도시란 첫째로는 문화예술과 관련된 자원(소프트웨어)과 시설(하드웨어)이 풍부하고 그것을 활용하는 예술인 및 주민들의 활동이 왕성한 도시를 말하며, 둘째로는 그곳에 살고 있는 주민들이 풍요로움과 여유로움을 느끼고 즐길 수 있는 정서적이고 정신적인 가치가 높아서 '살 맛'이 나는 도시를 말하며, 셋째로는 문화예술을 활용하여 도시의 전체적인 이미지가 도시의 개성과 그 도시다움을 나타낼 수 있게 하여 다른 도시와 차별성을 부각시킬 수 있는 문화적 정체성이 확실한 도시라고 잠정적으로 정의해 본다.

그동안 우리나라 도시들은 지역의 문화자원을 활용하여 도시의 이미지를 긍정적으로 개선하고, 도시의 경쟁력을 높이려는 사례는 그리 많지 않았다고 할 수 있다. 이것은 도시 발전 전략을 문화적인 시각에서 접근하지 않았기 때문이라 하겠다. 최근 들어 지방자치제가 점차로 정착하게 됨에 따라서 도시를 홍보하고 도시 이미지를 개선하기 위한 마케팅 전략으로 문화예술을 활용하는 자치단체들이 하나 둘씩 늘어나고 있다. 광주시의 '광주비엔날레'나 고양시의 '꽃축제'와 같은 이벤트가 그 좋은 예라고 하겠다. 이러한 이미지 전략은 도시의 정체성을 확립하고 도시주민들의 정서적 공감대를 형성할 뿐만 아니라 도시의 경제·사회적 발전에도 긍정적인 효과를 창출한다는 점을 인식해야 하겠다.

2. 문화도시 형성을 위한 전략

(1) 도시문화환경 조성

문화도시는 도시민의 삶의 질을 향상시킬 수 있는 문화적인 환경을 갖추어야 한다. 도시문화환경은 문화 인프라, 문화 프로그램과 활동, 예술적 경환, 그리고 행정체계 등으로 구성된다.

① 문화 인프라의 확충과 운영 및 경영의 혁신

문화 인프라는 문화시설과 문화유산 등 문화활동이 이루어 질 수 있는 기반시설과 자원을 말한다. 문화체육부의 문화공간 분류에 의하면 공연시설(종합공연장, 일반공연장, 소공연장, 영화관, 야외공연장 등), 전시시설(박물관, 미술관, 전시실, 화랑, 야외전시장 등), 지역문화복지시설(시·군·구민회관, 복지회관, 청소년 시설 등), 문화보급전수시설(문화원, 국악원, 전수회관, 문화사랑방), 도서관(국립·공립대학, 학교, 전문 특수도서관 등) 등이 여기에 속한다. 도시의 문화수준이 높아지기 위해서는 이러한 문화 인프라가 확충되어야 한다. 그리고 이러한 시설들을 매개로 어떠한 문화적 가치가 제공되는가 하는 것이 더욱 중요하기 때문에 시설내용의 충실과 더불어 그것의 운영 및 경영의 혁신이 요망된다. 특히 공공문화시설들은 관료제의 비능률성과 경직성을 극복하고 민간 부분의 효율적인 경영기법과 전문성을 도입하여 고개 지향적(주민지향적) 경쟁력 있는 조직으로 탈바꿈할 필요가 있다. 공공법인화, 마케팅 개념의 도입, 문화교육과 문화정보 서비스 기능의 강화 등이 그 방안이다.

② 문화예술 프로그램 및 활동의 활성화

문화 프로그램과 활동이란 실제로 지역사회 안에서 이루어지는 다양한 각종 프로그램을 말하는데, 여기에는 직접적인 문화예술 행위로 나타나는 공연활동과 전시활동 회에도 주민의 문화예술활동을 지원하는 교육 프로그램(문화학교 등)과 문화정보 서비스 활동도 포함된다.

공연·전시 프로그램은 전문예술가들에 의한 수준 높은 공연·전시활동이나 축제와 같은 이벤트 등이 활발히 전개되어 주민들이 이를 향수할 수 있는 기회가 확충되어야 하는 한편 주민들 스스로가 공연·전시활동을 전개하는 아마추어 활동과 각종 축제에 주민이 직접참여 할 수 있는 프로그램이 확충되는 것이 더욱 바람직한 일이다.

이밖에도 문화학교의 각종 강좌 프로그램을 비롯하여 향토사연구 및 향토문화교실, 전통사상과 전통예술의 발굴과 전수 프로그램도 훌륭한 문화교육 프로그램이 될 수 있다. 특히 지역의 개성과 역사성을 살린 지역축제 이벤트는 주민에게 도시공동체의식을 형성하는 촉진제 역할을 한다는 점에서 중요한 문화 프로그램이다. 전통적인 지역사회에는 예로부터 내려오는 축제가 있기 마련이지만, 최근 새롭게 개발된 신도시(고양시와 같은)에는 전래되어온 뚜렷한 축제가 없을 경우도 있다. 이런 곳에서는 인위적으로라도 새로운 축제를 구상할 수 있다(고양시의 꽃축제 등). 다만 이때에 유의해야 할 점은 주민들의 의견을 폭넓게 수렴하여 많은 주민들이 공감대를 형성하여 적극적으로 참여할 수 있는 프로그램을 개발하고, 축제의 운영주체도 행정(관)이 아닌 민간이 담당하는 것이 바람직한 일이다.

③ 예술적 경관으로 도시의 개성창출

예술적 경관이란 도시 공간 그 자체가 아름다운 예술성과 인간미 넘치는 정서성을 지녀야 한다는 의미이다. 문화의 거리, 예술의 거리, 아름다운 건축물, 문화광장과 녹지공원 정돈된 가로조경 등이 여기에 속한다.

문화도시는 아름답고 여유 있는 공간을 갖춘 도시이다. 도시의 문화경관은 그 자체로 그 속에 살고 있는 사람들에게 문화와 예술을 제공한다. 도시의 공간구조는 이용자들이 편하고 정감 있게 이용할 수 있는 인간적인 문화를 존중하는 구조를 갖추어야 한다. 이점에서 도시의 디자인화는 생활비와 도시미를 창조하는 지름길이다. 잘 정리된 도로와 아름다운 가로수와 건물들, 도시의 스카이라인과 녹색의 공간, 이런 자연환경과 조화를 이룬 도시의 외관적 요소가 아름답고 개성이 있어야 문화적 환경을 갖추었다고 할 수 있다.

이를 위해 도시정책은 효율주의나 기능주의에만 얽매일 것이 아니라 보다 인간적이고 질적인 문화친화적 도시계획과 도시발전 전략으로 전환되어야 하겠다. 즉 공학적 발상으로부터 문화적 발상으로 전환하자는 것이다. 도시계획을 수립할 때부터 문화시설 설치계획이 포함되고 문화예술지구가 설정되어야 할 것이다. 그리고 도시정책의 과정에 문화예술 부문의 인사가 참여할 수 있어야 할 것이다.

④ 행정체제의 문화화

행정체제는 문화환경을 구성하는 문화 인프라, 문화 프로그램 및 활동, 예술적 경관들을 정책적으로 활성화하기 위한 각종 지원체제, 경영체제, 조직 및 인력체제, 재정, 법과 제도 등을 의미한다. 이 밖에도 전문적이고 참신한 프로그램 기획활동이나 마케팅 활동 등도 여기에 해당된다. 그리고 여기에서 말하는 행정체제는 정부나 자치단체정부 외에도 비영리법인 및 민간 부문의 활동까지 모두를 포함시키는 넓은 의미로 생각하기로 한다.

문화도시는 일반도시정책과 문화정책이 연계되어 문화예술이 도시를 활성화하는 데 참여하고 있는 도시다. 문화도시의 문화정책은 개성화, 다양화, 인간화, 감성화, 네트워크화 등 삶의 질을 추구하는 것이다. 따라서 도시정책과 도시행정의 가치도 물질적 · 경제적 가치를 추구했던 양(量)의 사상에서 정신적 · 문화적 가치를 중시하는 질(質)의 사상으로 전환하는 '행정의 문화화'가 이룩되어야 하겠다.

(2) 개성 있는 도시의 문화적 이미지 창출

오늘날의 시대는 이미지에 의해 움직이는 시대라고도 할 수 있다. 그러므로 도시정체성을 토대로 해서 어떻게 도시 이미지를 창출해나갈 것인가 하는 것이 문화도시형성의 또 하나의 전략이다.

도시 이미지는 그 도시의 역사와 문화 그리고 경제 · 사회적 특성 등 다양한 요인들을 토대로 하여 그 도시가 연출하는 모든 행동에 의해서 결정된다. 도시 이미지의 문화적 자원(요소)으로는 문화유산, 박물관, 전통예술, 역사적 사건이나 역사적 인물 역사적 건물, 문화공간 및 시설 문화예술 축제 및 이벤트, 문화예술인 거리의 문화환경, 건축물의 전망, 자연경관, 지리적 풍토, 의식주 등 생활문화 등 다양하다. 이러한 도시의 문화적 이미지는 도시의 총체적인 이미지를 한층 선명하게 부각시키고 긍정적인 인상을 심어주게 될 뿐만 아니라 도시의 경제적 조건을 마련하고 도시생활의 특성을 규정하는 데 중요한 역할을 한다.

예컨대 경주·공주·부여 등 문화유적이 집중분포하고 있는 도시는 역사도시로서의 이미지를 갖게 되고 문화유산관광객을 유치하게 되며, 그렇게 되면 지역경제에도 기여하게 되는 것이다. 앞에서도 언급한바와 같이 지역축제와 같은 이벤트도 그 도시의 역사와 문화를 표상하는 행사이기 때문에 도시 이미지를 확립하는 데 활용될 수 있다. 가능하면 생각나는 것이 '강릉 단오제'인 것처럼 말이다. 문화시설 규모와 절도 도시 이미지에 영향을 준다. 흔히들 '시드니' 하면 '오페라 하우스'를 연상하게 되는 것도 이러한 사례에 해당된다. 연상하게 되는 것도 이러한 사례에 해당된다. 가로시설물과 건물의 형태와 구조, 색상 등도 외래방문자의 인상에 영향을 준다. '파리' 하면 '개선문'과 '에펠탑'을 생각하게 하는 것 등이다. 박물관은 문화적인 매력을 창조한다. '런던'의 '대영박물관', 파리의 '루브르박물관' 등이 그 예가 된다.

도시의 경관도 도시 이미지 형성의 요소가 된다. 도시전체의 스카이라인 랜드마크의 유무 및 특성, 건물군의 주변자연경관과의 조화, 도로와 가로경관, 가로의 패턴과 건물의 질, 가로수, 공원·녹지 등 도시경관은 그 곳에 살고 있는 주민들의 일상생활과 밀접히 연결되어 도시인의 생활환경을 이루게 된다. 예컨대 독일의 '로맨틱가도'라는 관광루트의 중심도 시인 '로덴베르크'라는 도시가 그러한 곳이다.

이상에서 살펴보았듯이 도시정체성은 도시 이미지 형성에 미치는 중요한 요인이다. 이러한 도시정체성이 도시 이미지로 발전하기 위해서는 일종의 커뮤니케이션 수단인 '로고(상징마크 등)'나 도시디자인, 정책, 도시정체성형성 사업(CIP: City Identity Program)을 개발·추진하여 도시주민과 외래방문객들에게 전달함으로써 도시 이미지를 형성해 나가야 한다. 이러한 프로그램들의 예로서 시가(市歌), 시화(市花), 시목(市木), 상징동물, 가로수 수종 도로표지안내판, 간판모양, 상징적인 예술, 상징ㅈ거인 문화재, 상징적인 경관, 상징적인 건조물, 상징적인 특산품, 상징적인 산업, 상징적인 문화상품 등을 설정하여 표상하는 것들이다.

이러한 도시 이미지 형성을 위한 자원들은 모두가 생활주변 가까운 곳에 있는 것들이다. 그러므로 우리들의 눈앞에, 발 앞에 있는 소중한 자원들을 찾아내고 가꾸어서 도시 이미지를 창출해 나가는 곳이 문화도시이다. 그러기 위해서 도시문화정책은 지역문화의 잠재역량을 발굴·조사하고 이것을 토대로 기초자치단체 차원에서 문화

벌전계획을 고안·수립 집행해 나가는 것으로부터 출발해야 하겠다.

그동안 우리나라에서 문화예술을 활용한 지역 이미지 창출전략은 주로 문화유과 전통연예에 한정되어 왔으나 최근에는 각종 문화예술 이벤트 등에도 확대되고 있는 추세이다.1989년부터 시작한 '춘천세계인형극제', 1995년부터 시작된 '부산영화제' 등을 들 수 있다. 개성 있는 지역문화를 토대로 한 새로운 아이디어들은 국내뿐 아니라 세계를 향한 문화발신으로서 지역문화의 세계화 전략으로도 발전할 수 있다.

(3) 문화도시 형성을 위한 행정과 주민의 역할

① 행정의 역할

문화도시를 지향하는 행정의 역할을 요약하면 다음과 같다.

- 주민문화활동의 주체는 어디까지나 주민이고, 행정은 매개자라는 자세를 견지하여 주민의 다양한 문화활동과 문화적 요구에 '열린 자세'를 가지고 지원해야 할 것이다.
- 그러기 위해서는 주민의 문화활동과 관련된 정보를 적극적으로 조사, 수집 연구하고 이것을 널리 서비스하는 '문화정보센터'의 역할을 해야 할 것이다.
- 사람과 사람이 만나는 것으로부터 문화가 길러진다는 점에 유의하여 주민 상호 간의 '만남의 장(문화시설, 문화마당 등)'을 마련해주고, 문화활동을 결집하는 기회(축제, 이벤트 등)를 마련하는 것이다.
- 주민문화활동이 그대로 자치단체의 문화행정에 반영이 되고 중심이 되게 하기 위하여 주민이 행정에 참여하는 방법을 다각적(주민문화회의, 문화행사 아이디어 회의, 기획·전문가 활동 등)으로 마련해야 할 것이다.
- 자치단체의 문화행정 담당요원들은 문화에 대한 넓은 시야와 관심을 가진 동시에 새로운 발상과 네트워크의 조직력을 갖춘 인물들로 총동원해야 할 것이다.
- 지역 내에 존재하는 각종 문화시설들을 총점검해서 주민문화활동의 추진 당사자들이 보다 쉽고 편리하게 사용할 수 있도록 시설내용과 운영방법을 근본적으로 개혁하는 노력이 있어야 한다.

② 주민의 역할

지역문화의 주체는 주민이다. 주민이 문화의 주체라고 할 경우에는 두 가지의 기능이 있다. 그 하나는 주민은 문화의 향수자라는 기능이고, 또 하나는 주민은 지역문화의 창조자라는 기능이다. 다시 말하면 주민은 문화의 소비자인 동시에 생산자를 것이다. 이제까지의 주민들은 주로 문화향수자로서의 기능에만 머물러 왔다고 볼 수 있다. 앞으로는 문화창조자로서의 기능을 되찾아서 문화도시 형성에 적극적으로 참여하자는 것이다.

지역사회가 생생한 문화창조자의 마당이 될 가능성은 이제부터 더욱 커질 조짐이 나타나고 있다(오늘의 모임도 그런 조짐이다). 그리고 실제로 지역사회 안에는 수많은 단체들이 활동하고 있다. 연령, 계층, 취향별로 조직된 클럽, 서클, 동아리 모임 등 많은 단체들이 다양한 문화예술활동을 하고 있다. 이러한 단체들이 주민들의 에너지를 모아서 '지역문화'를 창출해내고 있는 것이다. 바람직한 것은 주민 각자가 자율적으로 자유롭게 선택해서 가입하고, 그들 멤버들의 의지에 의하여 유연하게 운영되고, 그 활동에 투입한 에너지 이상의 커다란 즐거움을 체험할 수 있는 그런 단체가 필요하다. 그렇게 되기 위해서는 자발적인 문화매개(촉매)요원이 필요하고, 기존의 단체들은 문호를 개방함과 동시에 주민들로 하여금 가입하지 않을 수 없게 하는 운영방법과 프로그램을 개발하여 보다 많은 호응과 지지를 받을 수 있게 되는 것이 필요한 일이다.

한 걸음 더 나아가서 문화도시운동은 주민(민간) 쪽에서 시작되고, 그 것이 행정을 움직여 지역사회 전체를 움직이는 주민(시민)문화 운동으로 발전하는 것이 바람직하다. 특히 문화활동의 소프트웨어는 행정 쪽에서가 아니라 주민 쪽에서 나오는 것이 좋다. 문화를 생성하는 창조적인 힘은 바로 주민의 교류와 상호자극 속에서 길러지기 때문이다. 그러므로 이제부터는 행정만을 바라보고 의지하려는 구태를 탈피하고 지역주민스스로가 지역문화 창조의 주체로서 문화도시 형성에 적극적으로 참여하고 목소리를 높여나가야 하겠다.

3. 나가는 말

최근에 우리나라에서도 '삶의 질' 향상이라는 총체적인 복지문제가 국가정책의 핵심과제로 대두되면서 문화정책에서도 문화복지가 주요가치로 부각되고 이에 따라 문화 친화적인 도시정책을 추구해야 한다는 논의가 시작되었다.

문화친화적인 도시정책이란 한 마디로 말해서 도시의 제반정책을 문화적인 시각에서 접근함으로써 도시민의 문화적 삶을 위한 환경을 조성하고 아름답고 정감 있는 도시공간을 창출하는 것을 의미한다. 지방화, 세계화, 정보화가 진전되는 현대사회에서 도시는 이제 획일화의 틀을 탈피하고, 도시의 개성과 특성을 살리고, 문화적인 삶의 품격을 유지할 수 있는 새로운 틀을 정립해야 할 시점에 이르렀다. 앞으로의 도시정책은 효율주의나 기능주의보다는 인간주의적이고 질적인 접근방법을 필요로 하고 있다고 하겠으며, 그 접근방법의 하나가 '문화도시형성'이라는 방법이다.

이러한 차제에 '고양YMCA'가 오늘 이 자리에서 21세기 문화도시 고양을 위한 시민포럼을 개최하게 된 것은 매우 의미 있는 일이 아닐 수 없다. 특히 고양시는 '일산'이라는 대규모 신도시단지를 포함하고 있어서 아직까지도 도시의 정체성이 확실하지 못하다는 점(본인의 생각)과, 이 모임이 행정기관이 아닌 민간단체에서 개최하였다는 점이 더욱 뜻 깊다고 하겠다. 그리고 이러한 노력들은 문화도시를 형성하는 첫걸음이 된다는 점에서 매우 바람직한 일이다.

다만 오늘 이 자리에서 도시정책이나 도시 계획에는 문외한인 본인이 아직 '문화도시'의 개념도 채 정립되어 있지 않은 상태에서 횡설수설한 것이 도움이 될지 의심스럽고 송구스럽다는 마음으로 끝을 맺고자 한다.

16. 풀뿌리 문화운동의 중요성과 방향

문화원과 문화학교의 역할을 중심으로

이종인(한국문화행정연구소장)

1. 풀뿌리 문화운동의 중요성

정치적인 의미에서 지방자치의 가치를 정치적 훈련장으로서 지역주민의 정치적 능력을 기르고, 정치적 지도자를 양성하는 수단이 되기 때문에 민주주의의 기초라고 해서 '풀뿌리 민주주의'라고 부르고 있다.

문화정책과 문화행정의 제일원칙도 지방분권화이다. 왜냐하면 문화적인 민주주의와 문화복지를 실현시키기 위해서는 정책의 목표나 행정의 수단은 지역적 차원(기초자치단체 차원)에서 논의되고 고안되어야 하기 때문이다.

그러므로 문화적인 의미에서 지역문화는 문화의 기초라는 점에서 '풀뿌리 문화'라는 말로 표현할 수 있을 것이다.

민주화 시대, 지방화 시대에 있어서는 정치적·행정적 분권화와 시민자치가 전제가 된다. 지역문화활동이란 시민자치의 기초단위 또는 일상생활권역에서의 문화활동이다. 즉 시민의 구체적인 생활기반인 지역의 자연적·역사적 개성을 바탕으로 시민이 자주적으로 자기 책임 하에 생활여건과 생활양식을 개선하고 부드럽고 여유 있으며 아름다운 문화적 가치를 추구하면서 '삶의 질(質)'을 향상시키기 위한 활동이다. 이런 의미에서 지방문화활동이란 '풀뿌리 시민문화운동'이라고 말할 수 있다. 그리고 그 목표는 '시민자치에 의한 시민문화형성'이며, 그 목적은 지역시민의 '문화복지'를 도모하고 '문화생활을 향상'시키는 것이다.

지역문화, 즉 풀뿌리 문화는 지역적인 특수성으로 인하여 ① 지역시민의 일체감과 자긍심(통합과 애향심)을 함양하고, ② 지역시민의 자발성과 창의성(참여와 자주성)을 유발시키고, ③ 결과적으로 지역사회발전의 활력소(원동력)가 되기 때문에 그 중요성이 인정된다.

특히 지역문화를 중앙문화의 하위개념으로 보아서도 안 되겠으며, 다양하고 특색 있는 지역문화의 개화가 국가·민족문화를 풍요롭게 하는 원천이 된다는 점에서 풀뿌리 문화운동의 중요성을 재삼 강조하지 않을 수 없다.

2. 풀뿌리 문화의 기반과 주체

(1) 지역사회는 풀뿌리 문화의 텃밭

문화란 도대체 '어디에'에 있는가? 원래 문화란 인간의 일상생활 가운데서 형성된 것이다. 인간의 욕구는 단순한 것으로부터 차원이 높은 것으로 심화·확대해 나가게끔 되어있다. 그리고 이 에너지와 방향성이야말로 문화를 창조해 내는 원동력인 것이다. 인간은 생활유지의 욕구를 나타내기 마련이다. 그리하여 일상생활을 영위하는 가운데서 생활에 깊이 뿌리내린 문화를 만들고 가꾸어 왔다.

문화가 살아 움직여서 우리에게 의미 있는 것이 되기 위해서는 그것이 우리들의 몸 주변에 있지 않으면 안 된다. 우리들의 일상 속에, 즉 지역사회 속에 있는 것이다.

농촌은 농촌대로, 어촌은 어촌대로 각기 생업을 바탕으로 한 생활 속에서 만들어 낸 예능과 민화와 민요와 같은 생활의 지혜들을 나름대로 갖고 있기 때문이다. 모름지기 인간생활이 영위되는 곳에는 반드시 그에 따른 미와 지의 창조, 즉 '풀뿌리 문화'의 창조가 있었다. 우리의 지역사회에는 각기 그 지역의 개성에 물들여진 독특한 예능이나 지혜가 있어서 그 지역의 문화를 낳게 하였다. 어느 지역이나 그 지역 나름대로의 '풍물과 풍습'이 있고 '맛과 멋'이 있다. 이러한 광범한 여러 지역의 다양한 문화가 축적됨으로써 나라 전체의 문화도 넉넉하게 꽃피울 수 있었던 것이다.

한 나를 대표하는 문화란 지역의 '풀뿌리 문화'를 토양으로 해서 피어난 특출한 꽃과 같은 것이다. 그 꽃에 영양분을 주어온 지역의 뿌리를 간과해서는 안 된다. 그렇기 때문에 우리들이 일상생활을 살아가는 현장으로서의 지역사회야말로 '풀뿌리 문화의 텃밭'이요, 문화창조의 모체라는 점을 상기하지 않을 수 없다.

(2) 풀뿌리 문화의 주체는 시민(주민)

흔히들 문화란 소위 '문화인'이나 학자나 예술가들이 다루는, 무엇인가 고상하고 우아한 것이라고 생각하는 경향이 많다. 물론 그들의 지적이고 미적인 생산물은 문화의 일면을 대표하는 것임에 틀림은 없다. 그러나 문화란 어느 특정부류의 인간만의 전유물도 아니고 단순한 장식품도 아니다. 또 문화는 서울이나 대도시에만 있는 것도 아니다. 문화는 지역사회 속에 있고, 그 지역사회에 살고 있는 사람들의 것이다.

문화의 주체는 지역주민 이외의 다른 사람에게 있는 것이 아니다. 문화의 주체라는 말은 두 가지 의미를 갖는다. 그 하나는 향수자로서의 주체이고, 다른 하나는 창조자로서의 주체이다.

먼저 문화 향수자로서의 지역주민이라는 면에서 생각하면, 문화주체로서 문화향수권이 신장되어야 한다. 문화의 성과를 시민 누구나가 받아들여 즐길 수 있게 된다면 생활의 충실감은 아주 커질 것이다. 오늘날에는 매스컴 수단이 발달하여 전국 어디에서나 안방에서도 국내외의 문화에 접할 수가 있다. 그러나 그런 것들의 대부분은 복제(copy)된 문화이며, 직접 눈으로 보고, 귀로 듣고, 손으로 만질 수 있는 문화는 아니다. 지역에서도 '진짜(生)' 문화를 많은 주민들이 즐길 수 있게 되는 것이 바람직한데 이런 일들은 국가나 지방자치단체의 책무가 크다고 하겠다.

주민이 문화의 주체라고 할 때 특히 강조할 것은 문화의 창조자로서의 주민의 역할이다. 문화란 단순히 받아들이는 사람의 입장에서 향수하는 데 그쳐서는 안 된다. 적극적으로 창조에 참여해서 함께 만들어 내는 데 그 의의가 있다. '문화'라는 말은 '문(文)'으로 '화(化)'한다고 풀이할 수 있다. 여기에서 '문'이라고 하는 것은 인간적인 삶이나 정신적인 가치라고 할 수 있다. 이 '문'을 향해서 스스로 변화해 나가는 능동적인 자세야 말로 문화의 원동력이 되는 것이다. 이런 의미에서 풀뿌리 문화운동은 풀뿌리

'시민문화화' 운동이라고 해도 과언이 아닐 것이다. 문화는 스스로 그것에 참여·창조함으로써 그 '맛과 멋'이 깊은 참다운 문화로 살아 움직일 수 있는 것이다.

과거 우리의 지역사회는 풍부한 문화창조의 장(場)이었다. 고을과 마을 곳곳에 축제가 있었고 예능이 있어서 그것을 즐기는 것이 생활을 즐겁게 해 주었다. 그러나 일제와 광복과 6·25를 거치고, 급속한 근대화·산업화의 과정에서 풀뿌리 문화는 외면당하고 소외되었다. 그 결과 지역주민들은 문화창조자로서의 위상을 잃고, 중앙문화와 복제 문화의 향수자의 지위에 머물게 되고 말았다. 이제 다시 한 번 지역 사회의 문화적 가치를 되찾고 주민 스스로의 손으로 만들어 내는 문화활동에 확신을 갖고 임해야 하겠다. 시민은 문화의 소비자이기 전에 문화의 생산자라는 지위를 되찾아야 하겠다. 문화의 주체란 이런 의미이다.

3. 풀뿌리 문화운동의 실천전략

어떻게 하면 시민을 위한 문화를 시민이 직접 만들어 낼 수 있는가?

이 물음에서 중요한 것은 문화는 단지 어느 한사람이 만드는 것이 아니라는 점이다. 문화는 사람과 사람들 사이의 관계와 커뮤니케이션 가운데서 생성된다는 사실을 알아야 하겠다. 모름지기 문화창조의 출발점이 되는 것은 '활력 있는 인간집단'이다. 문화는 어느 특정한 개인이 만든 것이 아니라 많은 사람의 창의와 연구의 결정이었다.

풀뿌리 문화운동의 실천전략은 먼저 '인간적 커뮤니케이션(만남과 대화)'을 회복하는 각종 활동에서부터 시작하지 않으면 안 된다. 이를 위하여 공공 부문에서는 집회장소나 시설, 교통수단 등의 환경을 정비해야 할 것이며, 시민들은 스스로 '사람들의 커뮤니케이션'과 '인간적 네트워크(net-work)'를 조성하는 여러 가지 활동에 힘을 기울여 나가야 한다.

현재 지역사회에 존재하고 있는 가존 클럽·그룹·서클 등의 동호인모임들은 주민들이 자발적이고 자주적으로 만든 문화운동의 활동기반이다.

이러한 모임들의 폐쇄적인 살롱(saloon)에 머물지 않고 상호연계와 협조를 밀접히 해서 공동의 목표를 찾아내야 한다. 문화는 이런 사람들의 생생한 활동 가운데서 조금씩 그러나 확실하게 가꾸어지는 것이다. 이를 위해서는 행정의 책임 있는 역할과 함께 시민(주민) 상호 간의 역할도 중요하다.

지방자치제의 부활 이후 지역사회가 생생한 문화창조의 장이 될 가능성은 더욱 커질 조짐이 나타나고 있으며, 실제로 지역사회에는 각종 단체들이 활동을 전개하고 있다. 이러한 단체들이 많은 시민의 에너지를 모아서 '풀뿌리 문화'를 창출해 내고 있다. 그러나 이런 단체들 중에는 만성화되고 경직화된 운영형태의 단체들도 없지 않다. 바람직한 것은 시민 각자가 자율적으로 자유롭게 선택해서 가입하고, 그들의 의지에 의해서 유연하게 운영되고 참여자들에게 커다란 즐거움을 체험하게 하는 그런 단체가 필요한 것이다.

이렇게 되기 위해서는 행정의 지도·지원과 더불어 유능한 문화매개요원이 필요하다는 것은 말할 나위도 없겠거니와 기존의 단체들은 문호(門戶)를 개방함과 동시에 시민들로 하여금 참여하지 않을 수 없도록 하는 운영방법과 프로그램을 개발하여 보다 많은 호응과 지지를 받을 수 있게 하는 것이 바람직한 일이라고 하겠다.

특히 문화원은 풀뿌리 문화운동을 실천하는 데 가장 적합한 기능과 역할을 담당한 단체라고 생각된다. 문화원은 스스로 '인간적인 커뮤니케이션'과 '인간적인 네트워크'를 조성할 수 있는 기능을 갖고 있는 동시에, 지역사회속의 여러 소그룹과 그룹 간에 매개역할을 하고 그룹과 그룹의 네트워크도 조성할 수 있는 역할을 할 수가 있다. 즉 문화원은 지역사회의 '활력' 있는 '인간집단'으로서 풀뿌리 문화운동의 실천거점으로 거듭나야만 하겠다는 생각이다.

4. IMF 시대와 풀뿌리 문화시민운동

IMF 구제금융 조치가 취해지자 우리 사회에서는 구한말의 '국채보상구구운동'을 본받아서 '나라사랑 금 모으기' 운동을 비롯하여 각가지 구국운동이 요원의 불길처럼 솟아오르고, 과소비와 호화 사치풍조가 수그러들어 한때는 민족의 저력을 실감케 하는 듯 했다. 그러나 이러한 긴장이 150여일이 지난 최근에는 IMF 조치 이전을 방불케 하는 등 긴장이 풀리는 조짐이 되살아나고 있어서 뜻 있는 사람들을 서글프게 하고 있다.

돌이켜 보건대 오늘날 우리가 겪고 있는 국가적 위기를 초래하게 된 원인은 우리

경제추제들이 정신과 물질을 잘못 관리한데서 기인했다고 해도 과언이 아닐 것이다. 정부·기업·개인이 집단적 이기주의와 물질적 욕구를 스스로 제어할 힘을 갖지 못한데서 온 것이라고 하겠다. 정신적인 풍요 없이 경제적인 풍요만을 자랑해온 결과 소비가 미덕이고, 예절도 모르고, 도리도 잃어버린 데서 온 것이다. 즉 정신이 지배하는 사회가 아니라 물질이 지배하는 사회였다. 나보다도 다른 사람을 먼저 생각하고, 나눔의 생활을 실천하며, 물질의 힘보다 정신의 힘을 값지게 여기는 사회였다면 IMF 시대는 오지 않았을 것이다.

오늘날 우리가 처하고 있는 국가적 위기를 극복하기 위하여 문화원과 문화학교가 해야 할 중요한 역할 중의 하나가 근검절약·상부상조·공동체의식 등 전통문화를 되살려서 이것을 현대적인 의미로 계승 발전시키는 사회교육운동으로서 풀뿌리 정신 시민운동을 심화 발전시키는 일이다.

역사적으로 우리 민족은 자발적인 협동체를 운영하면서 근검절약하고 상부상조하면서 더불어 살아온 전통을 지니고 있다. '두레', '품앗이' '계', '향약'이라는 민간협동체는 우리 조상들이 생활하는 데 필요한 수단으로서 과거 1,000년 이상의 장구한 세월에 걸쳐 내려온 사회생활의 기반이었고 생리화된 조직체였다. IMF 시대를 슬기롭게 극복하기 위해 민족전래의 생활방식을 재음미하고 이를 토대로 오늘의 시대에 계승 발전시켜 나가는 시민문화운동이 필요한 소이도 여기에 있다.

IMF 시대의 풀뿌리 문화시민운동은 문화학교의 사회교육을 통하여 실천할 수 있을 것이다. 문화학교는 시민의 정신계발과 생활태도의 개선으로 근검절약하고 상부상조하면서 더불어 살아가는 생활의 지혜를 찾아내기 위한 'IMF 시대 생활문화강좌'를 통하여 문화시민을 양성해 나갈 필요가 있다. 이 강좌의 지향목표는 시민 개개인의 주체성 있는 성숙한 인격을 갖춘 '문화시민화' 이다. 인간이란 발전의 주체인 동시에 목적이다. 이러한 인간은 경제적인 동물일 뿐만 아니라, 무한히 다양한 욕구와 가능성을 지닌 구체적인 인격체이다. 가장 드높은 인간의 욕구, 즉 인간으로서의 존엄과 인간답게 되고자 하는 욕구에 대응하는 것이 문화이기 때문에 '문화시민화운동'의 필요성은 아무리 강조하여도 끝이 없다.*

---

* 문화시민이 갖추어야 할 인격의 내용, 생활문화강좌의 내용, 문화학교의 운영방향 등에 관해서는 『우리 문화』 3월호의 필자의 글 "IMF 시대 문화원의 사회교육" 참조.

5. 나가는 말

문화원은 풀뿌리 문화운동의 거점이다. 그리고 문화원은 다른 지역문화 단체나 시설과 달리 종합성을 기대할 수 있다는 장점을 지니고 있다. 문화원의 종합성은 시민의 생활을 있는 그대로 받아들일 수 있는 종합성을 가지고 있다. 즉 시민생활에 직접 접하고, 시민 개개인의 인간적 발달을 지적(知的) 측면에서나 창조적 측면에도 역할을 할 수 있는 종합성을 지닌다. 그러므로 문화원은 풀뿌리 문화운동을 실천하는 거점이라고 하겠다.

한편 문화원은 사회교육시설의 하나이다. 사회교육은 인간이 현재와 미래의 생활을 개척하고 적응해 나가는 지혜와 기술을 연마하고 창조해 나가는 데 필요불가결한 것이다. 문화원 문화학교도 시민의 학습욕구를 조직화하고 그것을 실현하기 위한 다면적인 힘을 통합적으로 형성해 나갈 수 있는 종합성을 지니고 있다. 문화학교는 시민의 문화적 능력을 기르고 문화적 지도자를 양성하는 수단이라는 점에서 풀뿌리 문화운동의 중핵(中核)의 위치에 높여 있다고 하겠다.

특히 오늘날과 같이 시대가 변하고, 사회가 위기에 처해 있고, 생활이 어렵고 복잡한 시기에 문화원과 문화학교가 해야 할 일이 무엇인지 시야를 넓혀서 생각하자. 문화원은 시민과 가장 가까운 문화단체이며, 주민과 가장 가까운 문화교육시설로서 풀뿌리 문화운동과 풀뿌리 시민학습의 거점으로 자리매김하여 시민문화화운동을 전개하는 것이 이 시대가 요구하는 문화원의 역할이고 사명일 것이다.

17. 지역문화축제 이대로 좋은가

이종인(한국문화행정연구소장)

　내년을 문화관광부가 '지역문화의 해'로 정함에 따라서 이와 관련된 매스컴의 보도가 잦아지는 가운데 지난 10월 말경 모 일간지의 사설란에 '흥청망청 이벤트 지방축제'라는 사설이 게재되었다. 내용을 요약하면, 전국 232개 지방자치단체에서 벌이는 축제는 무려 600여 건이 넘는데 막대한 예산지원과 인력동원에 비해 그 효과가 미심쩍다는 것이다. 구체적으로 지적한 내용을 살펴보면, 현재 시 · 도가 경쟁적으로 벌이는 축제들은 역사성도 없이 급조한 것들이 많으며, 그 배경에는 선출직 단체장들이 차기 선거를 겨냥한 업적과시 욕심도 없지 않다는 것이다. 또한 봄 · 가을철에 집중되는 각종 축제로 교통통제, 학생동원, 기업협찬 요구, 입장권 할당 등 무리한 일들이 민원을 야기하고 있다는 지적이 있었다.

　이상과 같은 문제점을 해결하기 위해서는 첫째, 철저한 사후평가를 통하여 성공한 축제는 집중 지원하되 이름뿐인 행사와 낭비가 심한 축제는 과감히 중단 시키는 조치가 있어야 하고, 둘째, 준비도 충분하지 않은 지역축제를 세계적 행사로 치르겠다는 오기를 버려야 한다. 그리고 셋째로 지역주민과 혼연일체가 외는 축제가 되기 위하여 주민생활 속에 의미를 담는 잔치마당이 되어야 하고, 중앙정부 차원에서 지방자치단체의 방만한 사업과 사후점검 없는 행사를 통제해야 한다는 것이었다.

　이러한 지역축제에 관한 비판과 대안 제시는 '지역문화의 해'를 맞으면서 깊이 새겨들어야 할 좋은 충고라고 하지 않을 수 없다. 성공적인 축제를 만들기 위해서는 우선 '개성 있는 지역축제'를 만들어야 한다. 역사가 오래된 지역사회라면 전통적인 축제가 반드시 있게 마련이고, 새로 조성된 신도시에서도 몇 년이 지나면 자연 발생적이거나 인위적으로라도 축제가 생겨난다. 축제는 말한 것도 없이 즐거운 모임이고, 사람과 사람들이 서로 만나게 되는 마당이다. 그래서 노래나 춤이나 갖가지 예능들이 축제와 더불어 발전되어 왔던 것이다.

그러므로 축제는 어느 의미에서 지역문화창조의 시발점이라고 할 수 있다.

지역축제는 지역이라는 공동체 사회를 중심으로 형성되어 지역의 개성 있는 문화전통을 내포하고 있는 그릇이라고 할 수 있다. 따라서 지역의 문화 전통에 근거한 문화요소의 발굴, 발견과 이것을 축제에 담아내는 것은 지역축제의 활성화와 지역주문의 자발적인 참여를 촉진시키는 데 반드시 필요한 전제조건이라고 하겠다.

오늘의 시대는 이미지에 의해서 움직이는 시대라고 해도 과언이 아닐 것이다. 그러므로 지역축제의 관건은 지역의 정체성 위에서 개성 있는 지역 이미지를 창출해 나가는 것이 있다고 하겠다. 지역 이미지를 표상하는 개성 있는 지역축제의 창출요건은 다음과 같은 것을 들 수 있다.

첫째, 지리적 환경과 그에 따른 생활방식과 주민 의식 및 사고방식 등의 풍토적 요건과 둘째, 자연경관과 명승지 등 경관적 요건, 셋째, 전통문화, 유물, 유적, 역사적 사건, 역사적 인물 등 역사적 요건, 넷째, 의식주 등 생활 문화적 요건, 다섯째, 음악, 무용, 전통연희, 놀이 등 예술적 요건이 필요하다. 이러한 요건들 중에서 역사적 요건과 예술적 요건을 갖춘 축제의 하나로는 수상도시 베니스에서 해마다 열리는 가면축제가 있다. 이 축제는 고대 로마의 제사의식에서 유래된 것으로 축제를 통해 평민과 귀족 간의 갈등을 완화시키는 역할을 해온 것으로 지금까지 이어지고 있다. 이 축제가 유독 인기를 끌고 있는 것은 유럽의 인본주의 문화가 가장 발달했던 14~17세기의 역사적 전통을 그대로 간직하고 있어서 이탈리아 문화의 우수성과 독창성을 확인할 수 있고, 화려한 원색의상과 갖가지 기묘한 모습의 가면이 축제를 더욱 세련되고 고급스럽게 만들어 준다. 그리고 연출이나 작위적 진행이 철저히 배제됨으로써 모든 참석자들이 관람객이자 주연으로 참여할 수 있기 때문에 지금까지 인기를 모아 많은 관광객의 발길을 잡는 축제로 자리 잡고 있다.

이와 같은 축제요건들은 모두가 지역주민의 생활 주변 아주 가까운 곳에 있는 것들이다. 그러므로 주민들의 '눈앞에, 발아래' 있는 소재들을 소중히 여기고 찾아내어 지역 이미지를 살린 축제를 창출해야 한다. 이렇게 될 때 지역축제도 훌륭한 문화상품이 되고 관광자원으로도 될 수 있으며, 나아가서는 세계를 향한 지역축제로 발전할 수 있을 것이다.

우리나라에서 지역축제를 활성화하기 위해서는 지역축제의 창출요건을 찾아내는 것과 함께 다음과 같은 대책이 마련되어야 한다.

① 축제요소의 발굴

지역의 문화전통에 입각한 바와 같이 지역의 역사·인물·생업·자연·풍토·예술 등 민속지난 향토지의 내용이 되고 있는 모든 자료들을 수집하여 그러한 소재들에서 오늘날의 삶에 의미가 있는 활용 가능한 요소들을 찾아내는 일이 선행되어야 한다.

② 프로그램의 구성

오늘날의 지역축제는 일부를 제외하고는 축제마다 고유한 특성이 부각되지 않는다. 지역축제는 독창적이고 다른 지역에서는 흉내 낼 수 없는 프로그램을 통하여 지역의 문화적 이미지를 표상하는 데 주안점을 둘 필요가 있다. 지나친 욕심으로 잡다한 프로그램을 나열식으로 구성하려는 것은 바람직하지 못하다.

③ 축제의 개최시기와 장소

우리나라의 전통축제는 원래 세시풍속과 연계되어 대체로 사시사철 골고루 분산 개최되었었다. 그런데 현행 지역축제의 50% 이상이 '문화의 달'인 10월에 집중 개최되고 있다. 기후나 계절적 요인을 무시할 수는 없지만 농번기를 피한다든가, 축제의 의미를 살리는 개최시기가 필요하다. 축제를 문화관광상품이라는 측면에서 생각해도 축제가 일정기간에 집중되는 것은 자원의 낭비이다.

축제의 개최장소 문제도 여러 곳으로 분산하여 이곳저곳에서 동시다발적으로 개최되는 것은 바람직하지 못하다.

④ 축제의 주체

우리나라의 지역축제는 지방자치단체가 직접 주최·주관하는 것들도 다소 있기는 하나 대다수의 자치단체에서는 원칙적으로 민간단체가 주최하는 형식을 취하고 있다. 그러나 실질적으로는 행정기관이 주최·주관하는 경우가 많다. 바람직한 방향은 지역주민의 운동체로서의 축제운영주체가 형성 되어야 하겠으며, 행정기관은 축제의 재정지원과 질서유지 및 민간단체들 간의 조정자 역할을 담당하는 등 지원업무를 수행하는 데 그쳐야 할 것이다.

⑤ 주민의 참여

일본의 '마츠리'나 '봉오도리'가 남녀노소를 가리지 않는 지역주민의 축제인 데 반하여 우리나라의 축제는 '꾼'들의 놀이를 주민들은 구경만 한다고 말하고 있다. 일본은 '마츠리의 나라' 라 불릴 만큼 연중 축제가 끊이지 않는다. 그중에서 삿포로의 '유키마츠리(눈축제)'는 민·관·군이 협동해 꾸려가는 진정한 '시민의 축제'라는 특징을 지니고 있다. 거대도시로 변하는 요즘은 시민 참여 기회가 점차 줄어들어 이를 막기 위해 '전시관망형'에서 '참가체험형'으로 축제형태가 바뀌어 나가고 있다고 한다.

이렇듯 지역축제의 주인은 지역주민이어야 한다. 그러나 우리의 지역축제는 많은 경우 잘 다듬어지고 세련된 출연자들의 연회가 주민을 단순한 구경꾼으로 전락시키고 만다. 주민의 적극적인 참여를 이끌어 내기 위해서는 축제판을 '절제된 예술적 양식'에서 탈피하여 '대동놀이판'으로 변화 시켜 주민들이 직접 꾸며나가는 자발적 의지를 심어 나가야 하겠다.

18. 2001, 지역문화의 해

지역문화의 현안과 대안

이종인(한국문화행정연구소장)

1. 들어가는 말

필자는 금년도 '지역문화의 해' 추진위원회 상임위원이라는 직책을 맡아 왔음을 기회로 '2001, 지역문화의 해'를 맞이하여 추진위원회 중심으로 한 해 동안 진행된 사업과 그 내용을 종합적으로 소개·정리하여봄으로써 지역문화정책(행정)에 하나의 자료를 제공해 보고자 한다. 다만 최종적인 사업의 결과와 평가에 관한 언급은 다음 기회로 미루지 않을 수 없다는 점을 이해하기 바란다.

정부는 지역 간의 문화격차를 해소하고 각 지역의 문화전통을 새롭게 조명하여 재창조할 수 있는 계기를 마련하고 지역주민들의 문화향수권을 신장하기 위하여 금년을 '2001, 지역문화의 해'로 지정하였다(2000. 8. 18). 2000년 9월~11월 초까지 준비단을 운영하여 전문가들의 사전 준비를 거쳐 11월 10일 추진위원회가 발족(위원장 이중한 외 위원 25인)되어 주요 사업을 수립·확정하였던 것이다.

'2001, 지역문화의 해'의 엠블럼은 지역문화의 균형적 발전과 지역 주민의 단합된 모습들을 형상화한 것이며, 여섯 가지 색상의 원형을 기본으로 하고 있는 유선형은 다양한 지역의 문화를 표현하고, 원형의 기본 틀과 어우러져있는 나선형의 형태는 지역주민의 적극적이고 자발적인 참여로 지역 문화가 발전하는 모습을 역동적으로 표현하고 있는 것이다.

추진위원회는 지역문화의 해의 주제를 '사람 · 삶터 · 어울림'으로 정하고, 슬로건으로 '21세기 출발, 지역문화로부터'와 '함께 창조하는 지역문화, 함께 누리는 공동체 문화'로 정하였으며, '지역문화'의 영문표기를 'Regional of Civic Culture'로 정하였다.

한편 추진 위원회는 '지역문화의 해' 사업추진의 기본 방향을 ① 지역문화의 창조력 제고, ② 지역문화의 정체성 확립과 활성화, ③ 지역주민의 참여의식 확대, ④ 젊은 세대의 지역문화 창조 계기 마련으로 설정하였다.

이러한 기본방향에 따라 추진사업의 기본전제로서 첫째 주민들이 스스로 만들고 개발하는 문화활동, 둘째 지역주민의 문화향수권을 증진하는 일, 셋째 전시성 정책행사 및 중앙에서 일방적 · 획일적으로 시달되는 사업과 일회성 사업 지양, 넷째 사업 기획의 현장성 · 합리성 · 진실성 확보, 다섯째 실현가능하고 실질적인 핵심사업 위주, 여섯째 지역마다 독창적인 사업 등을 지원하기로 하였다.

2. 지역문화의 개념과 의의

추진위원회가 구성되고 몇 차례의 회의가 진행되는 동안에 가장 큰 쟁점은 '지역문화'의 개념에 관한 것이었다. 추진위원회는 지역문화의 개념을 정의하기 위한 전제로서 '지역'과 '문화'라는 어의에 관하여 다음과 같은 입장을 수용하기로 하였다.

첫째, 지역이란 정치 · 경제 · 사회 · 문화적인 특성을 공유하는 일정한 공간 영역을 말한다. 이 공간적 영역에 사회적 연대가 인정될 때 이것을 지역사회라고 한다. 즉 지역사회는 '지역성'과 '공동체성'이라는 두 가지 요소를 지닌다. 그런데 '지역'을 규정하는 범역은 통상 행정적 범역을 사용하고 있는 것이 상례이다. 그러나 현실적인 면에서 '지역'이라는 범역은 정치 · 경제 · 사회 · 문화의 제 영역에서 여러 가지로 그 범위를 넓힐 수도 있고, 좁힐 수도 있는 동시에 중층화되기도 하고, 사이버스페이스까지로 확대되어 가는 점도 인정하지 않을 수 없다.

둘째, 문화란 "사회 또는 사회적 집단을 특징짓는 독특한 정신적 · 물질적 · 지적 그리고 감성적 특성의 총합체이며, 예술과 문학만을 의미하는 것이 아니라 삶의 방식, 기본적인 인권, 가치체계, 전통과 신념을 포함하는 것이다"라는 유네스코 스톡홀름회의(1998. 3. 30~4. 2)의 문화개념에 따르기로 하였다.

위와 같은 전제하에서 추진위원회가 잠정 정의한 지역문화의 개념을 전국의 문화활동가 100명을 초청한 '2001, 지역문화의 해 대토론회: 백가쟁명'에 부의 · 토론하여 합의된 개념은 다음과 같다.

"지역문화란 주민의 구체적인 생활기반인 지역의 자연적 · 역사적 · 사회적 특성을 바탕으로 주민들 스스로가 생활환경과 생활양식을 개선해 나가면서 삶의 질을 향상시키기 위한 활동의 소산 또는 그 과정"이라고 뜻을 모았다.

다시 말하면, 지역문화란 '일정 지역에 살고 있는 사람들에 의하여 습득된 지식 · 신앙 · 예술 · 윤리도덕 · 관습 등의 모든 능력과 습관을 포함하는 총체'로서 일정 주민이 오랜 세월 동안 공동체 생활을 영위하는 과정에서 이루어진 특징적인 생활양식을 의미한다고 볼 수 있다.

그러므로 지역문화는 그 지역적인 특수성으로 말미암아 지역주민의 자긍심과 애향심 및 일체감과 주민통합을 유발하고, 지역주민의 자발성과 참여의식 및 창의성과 자주성을 함양함으로써 지역사회 발전의 활력소라는 의의를 지닌다고 하겠다.

이러한 의미에서 지역문화는 주민자치의 기초단위인 일상생활의 권역에서 가꾸어진 기층문화이며, 공간적 개성과 사회적 공동체성(연대성)을 지닌 문화이고, 주민의 자발성 · 창의성 · 책임성을 전제로 하기 때문에 주민책임에 의한 자주적인 활동이라는 특성을 지닌다.

추진위원회는 이상과 같은 지역문화의 개념과 그 의의에 따라서 지역문화의 해 추진위원회가 지향하고자하는 7가지 입장을 제주도에서 거행된 '지역문화의 해' 출범식(2001. 2. 4)에서 다음과 같이 천명한 바 있었다.

① 각 지역의 고유한 특성을 뿌리로 한 지역문화의 특수성을 튼튼히 함으로써 민족문화와 세계문화의 다양성을 증진시켜야한다.
② 지역문화예술에 대한 애착과 자긍심은 지역 자치의 뿌리임을 자각하고 삶의 터전을 문화적 자존심으로 새롭게 일구는 실천적 운동을 전개해야 한다.
③ 문화적 삶이란 스스로 참여하여 창조하는 삶 그자체이다. 지역의 자생적 문화단체활동을 최대한 활성화시키기 위해 각 문화주체는 책임과 의무를 다해야

한다.

④ 중앙정부와 지방자치단체의 문화적 발상을 대전환 시키기 위해 국민적 차원에서도 지역문화 진흥의 중요성을 새롭게 인식해야 한다.

⑤ 지역문화는 독자적인 자격으로 스스로의 존재를 주장함으로써 자립화·자치화, 개성화·특성화, 다양화·다원화를 지향하는 것이 바람직하다.

⑥ 각 지역의 문화는 과거로부터 전해오는 것만이 아니라 지금 그 지역에 살고 있는 주민들 스스로가 새로이 만들고 개발하는 것도 포함된다. 따라서 각 지역의 주민들은 자신들의 공동체적 결속을 다지고 정체성을 확인하기 위해 다양한 방식으로 문화적 활동을 전개할 수 있도록 자율적인 노력과 여건을 갖추어 나가야 한다.

⑦ '지역문화의 해'를 맞이하여 지역의 문화적 전통을 새롭게 재조명해 보는 기회로 삼고 이를 활성화하는 방안을 모색하는 계기가 되어야 한다는 등의 입장을 밝혔다.

3. 지역문화의 해 주요 추진사업

(1) 2001 지역문화의 해 대토론회: 백가쟁명

이 토론회는 '지역문화의 해'에 대한 이해증진과 참여분위기를 확산시키기 위하여 지역형장의 문화활동가들의 목소리를 반영하고 '지역문화의 해' 지정취지에 대한 공감대를 형성하고자 하는 데 목적을 두었던 것이다. 전국의 지역문화활동가(지역문화 예술인 및 단체·문화관련 학자 및 향토사연구가·문화행정 및 문화시설요원 등) 100명을 초청하여 1월 18일~19일까지 대전시(유성)에서 1박 2일 동안 함께 숙식을 같이하며 지역문화에 대한 주장과 의견을 개진하는 백가쟁명(百家爭鳴)식 발제·토론을 개최하였다.

토론회는 7개 분과로 나누어 진행되었는데 각 분과의 주제는 ① 지역문화의 이념 및 정책, ② 지역문화예술 창작활성화 방안, ③ 지역문화행정의 현안 및 대안, ④ 지역문화시설의 현안 및 대안, ⑤ 지역문화활동의 현안 및 대안, ⑥ 지역문화인력의 현안 및 대안, ⑦ 지역문화축제와 문화관광의 현안 및 대안 등이었다.

이 토론회를 통하여 지역문화의 문제점이 무엇이고 그 대안은 무엇인가 하는 데 관한 방향성을 가늠할 수 있게 되었으며, 지역문화현장에서 활동하고 있는 활동가들의 소외감 해소를 통한 참여분위기를 확산할 수 있는 계기가 조성되었다고 평가된다. 뿐만 아니라 이 토론회는 전국적인 지역문화관계자 간의 긴밀한 대화와 교류의장이 되어 지역문화인력의 네트워크 형성의 효과도 적지 않았으며, 토론 결과는 '지역문화의 해'사업 추진의 기본방향으로 활용되었던 것이다.

(2) 지역문화현장에서 시작하는 '지역문화의 해' 출범식

추진위원회는 그동안 각종 '예술의 해' 선포식을 서울(중앙)에서 개최했던 의례적인 행사를 탈피하여 지역문화 현장에서 '지역문화의 해'의 취지를 십분 발휘할 수 있게 하자는 데 의견을 일치하였다. 그리하여 국토의 최남단인 제주도에서 2월 3~4일 제주시의 '탐라입춘 굿놀이'와 북제주군의 '정월대보름 들불축제' 현장에서 상징적인 출범식을 개최하여 지역문화에 대한 범국민적인 관심을 제고하고, 지역문화를 새롭게 조명하는 계기를 마련하여 지역주민의 참여를 극대화하고자 하였다.

(3) 지역문화 현장탐방 및 대화

광역시를 제외한 9개도와 육지와 다른 환경에 처해있는 도서지역을 대상으로 각 지역의 특성을 나타낼 수 있는 지역문화와 현장을 탐방하여 심층적으로 소개하는 한편, 지역문화의 현안과 대안을 현장애서 민간지역문화활동가와 지역문화담당행정요원들이 함께 토론·점검하여 자치단체의 지역문화정책에 반영시키고자 하는 목적으로 추진된 사업이었다.

이 사업은 추진위원회가 주최하고 각 도에서 협조·주관하여 1개 도당 3개 지역을 2박 3일간씩 방문·탐방하고 출향인사 및 지역문화예술인의 초청강연과 '지역문화 현장세미나'식 방법으로 추진되었다. 현장세미나에서는 각 시·군별로 민간인 지역문화활동가들이 해당지역의 지역문화 현안과 대안을 발표하고 참석한 자치단체장 및 문화부서 정책책임자들이 함께 토론하고 의견을 조정·수렴하는 방법으로 추진하였다.

3월부터 12월까지 진행된 이 사업은 3월에 강원도(원주·고성·강릉), 4월에는 충청남도(논산·청양·당진), 5월 백령도(전국 12개 도서지역), 6월에는 전라남도(영암·담양·순천), 7월 제주도(제주), 8월에는 경상남도(산청), 9월 충청북도(영동·충주), 10월에는 전라북도(부안·정읍·전주), 11월 경상북도(문경·영주·봉화), 12월에는 경기도(포천)에서 진행되어 157개 시·군 400여 명이 참여하였다.

이 사업을 통하여 지역문화활동가들과 지역문화정책담당요원들이 해당지역의 문화현안과 대안에 관하여 진지한 토론과 폭넓은 의견 수렴으로 자치 단체의 문화활성화를 위한 적극적인 정책반영의 계기를 마련하였으며, 지역문화예술인의 상호 교류 및 인적 네트워크 형성과 대화의 장을 마련하는 기회가 되었다.

(4) 지역문화의 해 종합웹사이트 운영

정보화 네트워크를 활용하여 지역문화정보의 교류를 촉진하고 '2001, 지역문화의 해' 사업의 홍보·안내·의견수렴 등 사업의 추진효과를 높이고, 사업내용을 기록축적하기 위하여 1월 31일 종합 웹사이트(http://region2001.org)를 개설하였다. 개설 이래 15만여 명이 방문(1일 평균 600명 이상)하고 많은 의견이 게시판에 게시되고 있다.

이 홈페이지에는 지역문화의 사업내용을 비롯하여 지역문화관련자료 등 25개 이상의 메뉴가 수록되고, 지역문화의 해 각종공모사업 및 추천 웹사이트 등이 포함되어 있다.

홈페이지 개설로 지역문화의 해 추진사업의 내용과 결과를 전 국민에게 공개한다는 점에서 사업의 공공성을 제고하고 있으며, 일회성으로 끝날 수 있는 사업을 기록하여 자료로 남기는 정보기록화 효과를 거두고 있고, 자료를 지역과 공유하는 정보분산화 효과, 사이버스페이스에서 지역 간 교류협력의 네트워크 형성의 틀을 마련하고 있다고 평가된다.

(5) 지역문화 컨설팅 지원

추진위원회는 '지역문화의 해'의 추진 사업은 하드웨어나 예산 중심의 지원사업 형태에서 탈피하고, 지역문화의 기획력과 전문성 강화를 위한 지원에 중점을 두고자

하여 '지역문화 컨설팅 지원' 사업을 추진하기로 하였다. 이 사업은 그동안 문화예술회관의 건립 등 하드웨어 중심의 지역문화육성정책을 뒷받침 할 수 있도록 하기 위하여 지역의 문화예술체 문화공간 운영자 등에게 전문적 지식과 정보를 지원하여 현안과제로 지적되어온 지역문화예술 프로그램의 기획 및 운영개선과 활성화를 도모코자 하는 것이 목적이었다.

구체적인 추진내용과 방법은 다음과 같았다. ① 지역문화공간 및 문화행사 프로그램 컨설팅: 프로그램의 질을 높이기 위해 문화기획 전문인력을 중심으로 컨설팅팀을 구성하여 축제 · 공연 · 전시 · 관객개발 · 디자인 등에 자문 활동, ② 지역문화공간 및 지역문화 예술단체의 조직과 운영에 대한 컨설팅, ③ 지역문화 인력에 대한 교육 · 워크숍: 축제 기획인력, 단체 · 공간의 운영인력 · 지역문화교육인력에 대한 교육 · 워크숍 개최 등의 방법으로 추진되었다.

이 사업을 위하여 전문가 95명으로 컨설팅팀을 분야별로 구성하였고, 3~12월까지 63건의 컨설팅을 완료하였다. 컨설팅 대상은 전국 각 지역에서 컨설팅 요청이 있었던 기관 · 단체를 대상으로 하였으며, 컨설팅은 지역 현장에서 무료(컨설팅료와 여비 등 추진위원회 예산에서 전액부담)로 진행되었다.

이상과 같은 지역문화 인프라와 콘텐츠에 대한 컨설팅을 통하여 평소 지역문화의 현안과제로 지적되어 온 기획력과 전문성을 강화시킴으로써 지역문화 공간의 운영개선과 가동률 제고, 지역특성을 살린 주민참여형의 내실 있는 지역문화 프로그램에 기여하였다. 또한 지역문화 기획 · 운영의 지식정보지원과 네트워크 형성 및 지속적인 지역문화 활성화의 기반을 구축하는 데도 기여하였다고 생각된다.

컨설팅을 받아 본 많은 기관 · 단체들이 이 사업의 지속적인 유지가 필요하다는 요구를 하고 있는 바 정책당국의 고려가 있어야 할 사안이라고 부연해 둔다.

(6) 지역사회 소규모 특성화 프로그램 발굴지원

이 사업은 지역특성을 반영하는 주제나 다른 지역과 정치 · 경제 · 사회 · 문화적인 차별화된 기획으로 지역문화 발전 및 활성화의 잠재성이 높은 프로그램을 지역사회에서 발굴하여 지역특성화 사업으로 정착시키고, 지속적으로 발전시켜 나갈 수 있는 소규모 사업을 발굴하여 지원한 사업이다.

3월과 5월 두 차례에 걸쳐 대도시지역을 제외한 시·군단위에서 마을동제 등 지역 주민이 모두 참여하는 전통적인 축제행사나 현대적 프로그램 등을 신청 받아 100건을 선정하여 98건을 지원하였다.

지역으로부터 좋은 반응을 받은 이 사업을 통하여 지역만의 특성과 정체성을 담은 상징적인 프로그램을 발굴·착시키는 계기를 마련하였으며, 지역주민들에게 지역문화에 대한 자긍심과 애향심 고취에 기여하였다고 평가된다. 많은 지역에서 이와 같은 사업에 대한 지원이 계속 되기를 희망하고 있는 사업의 하나이다.

(7) 지역문화 예술단체 활동 활성화 지원

지역에서 활동하고 있는 전문·아마추어 예술단체들의 지역 내·외 순회교류 프로그램을 지원하여 지역예술단체의 활동을 활성화시키고 다양한 프로그램을 주민들에게 향수할 수 있는 기회를 제공하고자 목적한 사업이었다.

전국의 전문예술단체 및 아마추어 예술단체에서 166건의 신청을 받아 76건을 선정 지원하였는데 지역 내 순회의 경우는 문화소외지역을 찾아가는 활동에 중점을 두었고 지역 간 교류의 경우는 자매결연지역 등 다른 시·도를 찾아가는 교류활동에 중점을 두고 선정하였다. 프로그램의 내용은 주제와 작품성이 두드러지고 지역특성을 살린 참신성과 기획성에 중점을 두었다.

이 사업을 통하여 지역을 근거로 활동하고 있는 예술 단체들의 사기양양과 프로그램의 활성화에 기여하였으며, 지역 내의 문화격차 해소와 지역 간의 교류증진, 지역주민의 문화향수권 신장 및 지역문화예술인구의 저변확대에 기여하였다고 평가된다.

(8) 지역주민 대상 향토문화 강좌 상설 운영

이 사업은 추진위원회가 직접 주관한 사업은 아니지만 전국 각 지역의 각종 문화기관과 연계하여 추진한 사업이었다. 지역의 청소년 및 일반주민을 대상으로 향토문화강좌(주로 문화강좌)를 상설 운영하여 지역문화에 대한 관심과 이해를 높이고 청소년과 지역주민들이 지역공동체 구성원으로서 지역발전에 기여할 수 있도록 하는 데 목적이 있다.

전국의 지방문화원(212개), 문화의 집(58개), 박물관(26개), 도서관(58개), 기타(20개) 등 총 370여 개의 기관에서 지역의 향토사·민요·풍물·문화재·민속·생활문화 등 지역특성에 맞는 3,700여 개의 다양한 강좌가 상성 운영되어 강좌와 실기·체험탐방 및 전시회·발표회를 개최하고 있다.

(9) 사이버 이벤트 프로그램 공모

사이버 세대인 젊은이들을 대상으로 '2001, 지역문화의 해' 공식 홈페이지를 활용하여 지역문화관련 사이버 이벤트 프로그램을 운영함으로써 젊은 세대의 지역문화에 대한 관심을 제고하고 적극적인 참여를 유도코자한 사업이다.

① 문화도시 꿈꾸기, '가상문화도시 건설'안 공모

이 공모에는 모두 21개의 아이디어가 기초시나리오 형태로 점수되어 9개의 수상작품이 선정되어 12월 21일 지역문화의 해 폐막식에서 시상되었다. 수상작의 선정 기준은 '지역문화의 해'가 지향하는 문화의 개념에 입각하여 청소년들이 좋아할만한 콘텐츠 유형(영화·게임) 등으로 구현될 경우 얼마나 입체적이고 역동적인 결과가 나올 것인가에 초점을 두고 선발하였다.

② 지역문화 선도 웹사이트 추천 공모

8월 1일~9월 30일로 마감했던 이 공모에는 38명의 네티즌들이 총 45건의 지역문화 소개 웹사이트를 추천했고 이 가운데서 10개의 홈페이지를 우수 홈페이지로 선정·시상했고, 그 내용을 '지역문화의 해' 홈페이지에 소개하여 지역문화 홈페이지의 모델로 제시하고 있다.

(10) 청소년 중심 지역문화 영상공모

청소년 및 대학생 등 영상 세대를 대상으로 지역문화를 소재로 한 영상물을 공모하여 젊은 세대들이 우리 문화의 기본토양인 지역문화를 새롭게 인식하고, 관심과 애정을 기울일 수 있는 동기를 부여하고자 시도된 사업이었다.

① '영상세대 카메라 출동(청소년 부문)'

만 13세 이상 만 18세까지 해당되며 모두 11개의 작품이 응모되어 4개 작품이 입상되었는데 대부분의 작품이 문화재와 지역축제를 소재로 하고 있었으며, 형식은 다큐멘터리가 많았고, 뮤직비디오 형식도 1편 있었다.

② '영상세대 카메라 출동(성년 부문)'

만 19세 이상 만 30세 미만을 대상으로 했으며 모두 12개의 작품이 응모되어 4개 작품이 입상되었는데 역사와 풍속을 대상으로 한 작품이 많았으며, 형식은 역시 다큐멘터리가 많았고, 뮤직비디오 형식도 2편 있었다.

③ '작은 것이 아름답다(지역주민 부문)'

이 부문은 연령제한 없이 지역주민 누구나 자신들이 거주하는 지역의 문화를 소재로 한 작품을 대상으로 하였는데 모두 23개 작품이 응모되어 9개 작품이 입상되었고, 축제·인물·속·문화재 등 소재가 다양하였다.

이상의 수상작품에 대한 시상식은 12월 21일 지역문화의 해 폐회식에서 거행되었다.

(11) 지역문화 활동사례 격려지원

추진위원회는 한 해 동안 추진한 각종사업과 활동을 통하여 발견한 바람직한 지역문화활동으로서 '지역문화의 해'의 취지에 걸맞은 수범적인 프로그램 활동을 선정하여 지원함으로써 그들의 노고를 격려하고, 지역문화활동의 방향성을 제시하여 파급효과를 넓히고자 하였다.

선정대상은 '지역문화의 해' 사업을 추진하는 과정에서 추진위원들이 직접 접촉·확인한 프로그램 가운데서 선정하였으며 그 대상은 다음과 같으며, 이에 대한 격려금(각 200만 원씩)은 12월 21일 폐막식에서 전달되었다.

① 기벌포 예술제(충남 서천)

기벌포 문화예술원은 문화활동이 활성화되지 못한 지역에서 15개 이상의 개별적인 문화예술단체 회원들을 결합시켜 처음으로 기벌포 예술제를 주최함으로써, 지역 문화예술인들이 지역문화 활성화의 토대를 마련했다는 점이 긍정적으로 평가됨

② 담양향토연구자료 발간 작업(전남 담양)

담양향토문화연구회(회장 이해섭)는 40년간의 향토사 연구를 통해 41권의 향토사자 료집을 발간하였으며, 이를 통해 지역의 역사성을 밝히고, 주민들의 정체성 형성에 크게 공헌한 점이 높이 평가됨.

③ 밤마리 오광대 문화마을(경남 합천)

지역주민들에게 문화의식을 심어주고, 삶의 질에 대한 동기 부여와 참여를 유도 하였으며 지역문화사업에 있어 관과 민의 관계를 정립하는 모델을 제시해 줌.

④ 삼국시대 산성 연구(충북 단양)

단양지역에 집중된 삼국시대 산성을 십 수 년간 직접 현지조사를 통하여 지역의 역사성과 지역문화의 형성과정을 밝히고, 지역문화자원으로서의 활용 등에 대안을 제시한 점이 높이

⑤ 숲과 마을 미술축전(강원 원주)

환경 생태운동과 예술, 지역주민의 삶 등을 조화롭게 일치 시키려는 노력이 눈에 띄며, '지역문화의 이해'의 이상과 부합됨. 관광수익을 염두에 두지 않고 미래의 대안 을 제시한 점이 높이 평가됨.

⑥ 영주문화연구회(경북 영주)

주민 자치 문화활동으로 문화전수 역량이 높고, 문화 전 분야에 대해 관심을 넓혀 가며 꾸준한 활동을 함. 또 각종 기금 수령 경험이 낮고 회원 자비로 모임이 운영된다 는 점이 평가됨.

⑦ 임실 신안 미술인 창작촌(전북 임실)

전북지역 뿐만 아니라 전국적으로도 드문 미술인창작촌을 마련하여 지역문화예

술인들에게 창작 열의를 고취시키고 지역관광 기반을 조성한 민간 창작촌이라는 점
이 높이 평가됨.

⑧ 주민참여연극 〈진도에 또 하나의 고려 있었네〉(전남 진도)

진도의 중년 여성을 중심으로 진도의 연극화하여 지역주민의 정체성과 문화적 자
부심을 고취하고, 그녀들을 예술활동의 주축이 되게끔 함으로써 마침내는 스스로 문
화창조 기회를 마련한 과정이 높이 평가됨.

⑨ 책마을 조성과 북페스티벌(강원 영월)

강원도 영월군 오지에서 폐교를 활용하여 책박물관을 건립하고, 북 페스티벌을
계획하고 있는 지역문화활동가의 노력이 높이 평가받음. 특히 책 박물관의 경우 국
내 희귀자료가 많이 전시되고 있으며, 보존대책이 미흡하여 격려지원의 필요성이 절
실함.

(12) 2001 지역문화의 해 대토론회: 백화제방

'2001, 지역문화의 해'를 총결산하는 대토론회를 '지역문화의 시대, 새로운 출발'이
라는 주제로 처음의 백가쟁명식 토론회와 대비하여 백화제방(百花齊放)식 토론회로 마
무리 짓기로 하였다.

전국에서 100명의 문화활동가와 232명의 지방자치단체 문화관련공무원 등 400여
명이 12월 20일~21일까지 1박 2일 동안 서울 올림픽파크텔에서 지역문화의 실제적
이고 구체적인 발전방안 위주로 토론회를 개최하고 '지역문화의 시대, 새로운 출발 선
언문'을 채택키로 하였다.

이 토론회는 ① 지역문화 프로그램, ② 지역문화 공간, ③ 지역문화 인력, ④ 지
역주민참여, ⑤ 지역문화유산, ⑥ 지역문화재원 등 6개 분과로 나뉘어 진행되는데,
토론회에서 집약된 의견들은 정부와 지방자치단체에 지역문화정책 대안으로 건의될
것이다.

4. 지역문화의 현안과 대한

　'2001, 지역문화의 해'를 추진하는 과정에서 지역문화활동가들이 제기한 '지역문화의 현안과 대안'은 '대토론회: 백가쟁명'을 비롯하여 '지역문화 현장탐방 및 대화', '컨설팅 지원' 등을 통하여 많은 의견들이 제안되었는바 구체적인 내용은 앞의 사업보고서 및 별도로 연구·정리된 「지역문화의 현안과 대안연구」라는 보고서에 종합적으로 수록되어 있다.

　요약해서 정리하면

　　① 지역문화의 유사성 탈피와 정체성을 살리는 문제
　　② 빈곤한 지역문화 프로그램을 개발·육성하는 문제
　　③ 개점휴업 상태의 문화공간을 활성화 시키는 문제
　　④ 지역 주민이 지역문화의 주체로서 적극 참여하는 문제
　　⑤ 지역문화인력의 전문화 문제
　　⑥ 문화콘텐츠의 네트워킹 문제
　　⑦ 사라지고 있는 문화유산의 보존과 활용문제
　　⑧ 지역문화재원을 확충하는 문제 등이 주요한 문제점으로 제기되었다.

　위와 같은 각각의 현안문제에 대한 대안은 '백가제방' 토론회에서 집약·정리될 예정이므로 여기에서는 유보해 두기로 한다.

19. '문화 · 역사마을 만들기' 사업의 의의와 방향

자율 · 참여 · 분권의 실험무대

이종인(한국문화행정연구소장)

1. 사업의 배경과 현황

(1) 배경과 의의

우리 산하의 방방곡곡에는 유구한 역사와 문화를 간직한 마을이 수 없이 많다. 특히 마을문화란 그 곳에서 삶을 영위해 온 주민들의 일상생활을 통해 가꾸어온 풀뿌리 문화로서, 마을마다의 개성과 창의성, 그리고 공동체성의 특성을 지니고 있는 것이다.

그러나 안타깝게도 문화와 역사의 소중함을 알지 못한 채 그 가치를 경기하는가 하면, 급속한 서구화와 도시화의 영향으로 아예 퇴색해 가는 경우도 비일비재한 현실이다. 국가적 차원의 문화 · 역사 보존정책은 부분적으로는 강구되고 있으나 마을단위의 보존 · 육성책은 미미했던 실정이다. 유형의 문화유산(근대유산 포함)을 잘 보존하는 일도 분명 중요한 일이지만 생활 속에 살아 숨 쉬는 역사문화자원을 발굴 · 보존하고 이를 계승 · 발전시켜 우리의 삶을 더욱 윤택하게 가꾸는 일은 아주 소중한 일이라는 자각에 이른 것이다.

이러한 배경 아래 문화관광부는 2002년도부터 중 · 장기적인 '문화환경 가꾸기' 계획으로 '문화환경 진단 및 컨설팅' 사업과 더불어 '문화·역사마을 만들기' 사업은 그 첫 번째 시도로서 장기적 전망에서 '마을문화의 전통'을 보존하고 되살리려는 새로운 전개라는 데 의의가 있다.

'문화·역사마을 만들기'는 오랜 역사와 문화의 다양성과 각 마을의 개별성을 바탕으로 우리의 소중한 삶의 터전을 문화·역사가 살아있는 마을로 재창조하고, 문화적 품위와 향기가 그윽한 한국적 모듬살이를 구현하고자 하는 의미 있는 사업이라고 하겠다. 마을주민의 자발적 참여에 의한 향토문화역사의 실질적인 문화자치(문화분권)를 실현하고, 마을을 문화·역사공동체로 만들어 잊혀 가는 전통을 잇고, 사라져 가는 아름다움을 발굴·복원하고, 보존·계승·개발하는 작업이 될 것이라는 점에서 그 의의는 더욱 크다고 하겠다.

이렇게 해서 전국 방방곡곡의 마을마다 '우리만의 것(한국적)'이라 일컬어질 수 있는 마을을 되살려 새로운 가치를 부여하는 소중한 계기가 될 것이다.

(2) 기본계획과 현황

2002년 10월에 문화관광부가 발표한 '문화·역사마을 만들기' 사업의 기본계획에 의하면, 사업의 목적을 첫째, 지역주민의 자발적 참여에 의한 향토문화의 역사복원 및 보존·선양으로 문화자치를 실현하고, 둘째 5,000년 민족문화 역사의 우수성과 다양성을 바탕으로 우리 삶의 터전을 문화·예술·역사가 살아있는 마을로 가꾸어 문화적 품위가 있는 삶을 구현해 나가고자 한다는 데 두고 있다.

사업의 주체는 전국의 지역문화원이 주관이 된 시(군·구) '문화·역사마을 만들기 추진협의회'가 주도하게 하고 문화관광부와 전국문화원연합회가 지원주체가 되는 것으로 구성하여 주민의 문화자치를 실질적으로 보장하고 있다.

기본계획에 예시된 지원대상사업은 다음의 각 항목에 해당되는 사업으로서 현재 삶이 유지되는 '사람이 살고 있는 마을'로서 지속성이 있는 마을의 사업을 대상으로 하게 되어 있다.

① 마을 문화의 특수성 또는 독창성을 지닌 문화요소를 발굴·보존·전승하는 사업으로서 철저한 기초조사와 고증을 거친 콘텐츠에 우선지원.

② 위의 사업을 통해 지역의 청소년과 일반 주민이 현장체험을 통해 문화를 향유할 수 있는 프로그램을 개발하는 사업.

③ '문화·역사마을 만들기' 사업을 특화된 문화 콘텐츠 사업으로 발전시키고 문화산업과도 연계 될 수 있도록 하는 사업.

④ 기존의 사업과 상충되지 않는 범위에서 새로운 아이디어와 프로그램을 개발하여 지역문화를 더욱 특화시킴으로써 기존사업과 차별성이 있는 마을을 창조하는 사업.

⑤ 마을주민의 적극적인 참여와 의지를 통해 그 마을만의 고유한 향토문화 보존·계승뿐만 아니라 주변 지역과 연계하여 시너지 효과를 거둘 수 있는 사업.

⑥ 교육·홍보·체험·문화관광 활성화 등에 연계된 다양한 소프트웨어로 개발할 수 있는 사업.

⑦ 일회성이 아닌 지속적인 사업 등을 예시하고 있다.

이상과 같은 사업목적과 사업내용에 근거하여 지원 대상사업을 선정하는데 다음과 같은 심사기준을 설정하고, 각 항목별 가중치를 두고 5단계 척도로 평가하여 합산하는 방법을 택하여 선정하였다.

① 기획의 창의성과 특수성(20점)

② 사업의 역사성과 전통성(20점)

③ 전통의 보존성과 계승성(20점)

④ 사업 프로그램의 합목적성(10점)

⑤ 추진주체 및 자치단체의 의지와 능력(10점)

⑥ 지역주민의 참여와 호응도(10점)

⑦ 사업의 기대 및 파급효과(10점) 등이 있다.

현재 사업이 진행되고 있는 마을은 전국에 걸쳐 17개 마을(2002년도 선정 3개 마을, 2003년도 선정 14개 마을)은 다음과 같다.

① 충남 태안

'태안반도의 역사 소금마을', 전통성 · 독창성 · 희소성을 지닌 재래식 자염생산의 역사마을, 자염제조 체험 프로그램, 갯벌체험 교육 프로그램, 연안생태계 탐험 프로그램 등

② 전북 장수

'산촌의 전통적 생활문화 보존 성암마을', 책보만 한 하늘만 보이는 산간오지의 청정지역, 산촌마을 전통생활 체험프로, 전통민속(화전 · 상여놀이) 체험마당, 성암마을 역사문화기행 프로그램 등

③ 경남 합천

'밤미리 오광대 발상지 마을', 서민들의 애환과 해학의 한마당, 탈장승깎기 체험 프로그램, 탈춤놀이 프로그램, 오광대 탈춤교류 네트워크 구축 등

④ 제주 서귀포

'서귀포 법한 잠녀마을', 해녀들의 삶을 잇는 탐라의 격전지, 잠녀마을 보존 프로그램, 어린이 해양 프로그램, 사이버 해녀박물관 프로그램 등

⑤ 충남 공주

'봉현 농경문화 마을', 전통농법과 세시풍속 체험을 통한 농경문화복원, 논농사 · 세시풍속체험학교, 전통농법 재현, 사계절 농촌문화체험 프로그램 등

⑥ 서울 도봉

'도봉산 서원마을', 수려한 계곡과 암봉을 배경으로 한 서울에 소재하는 유일한 서월, 도봉서원 마을 축제, 서원마을 역사탐방, 사이버 서원마을 구축 등

⑦ 경북 안동

'선비문화의 전통 군자마을', 선비문화의 전통 600년, 선비문화 체험학습장, 체험

프로그램 개발, 유교문화권 마을축제 개발 등

⑧ 제주 북제주

'1만 8천 신들의 본향 송당마을', 한국의 올림포스 제주도 신들의 본향, 당굿 원형 복원, 송당리 신화마을 축제, 신화마을 체험 문화관광 프로그램 등

⑨ 경기 여주

'싸리산 오금리 도예마을', 600년 생활도자기의 요람, 도자기 만들기 체험 학습장, 생활도자기 콘테스트, 도자기답사 여행 프로그램 등

⑩ 경남 거제

'수산리 별신굿마을', 고달픈 어민들의 애달픈 소망, 수산별신굿 및 어촌문화 체험장 조성, 별신굿 재현 및 보전·전승, 어촌체험 프로그램 등

⑪ 충남 서산

'탑곡리 박첨지놀이 마을', 유일하게 전래되는 꼭두각시 민속인형극, 박첨지놀이 마을박물관 조성, 체험학습의 날 운영, 마을대동회 박첨지놀이 한마당 등

⑫ 전남 강진

'사당리 청자마을', 천년의 비색 강진 고려청자의 성지, 화목가마체험, 문양제작프로, 가마터 답사 프로그램, 청자소재 경연대회 등

⑬ 전남 영광

'옛 돌담길 효동마을', 영화 〈백치 아다다〉, 〈벙어리 삼룡이〉의 촬영지, 효동마을 지표조사, 농촌 전통생활문화체험, 옛 서민들의 삶을 체험하는 마을학교 등

⑭ 경기 수원

'화성 24반 무예마을', 정조 대왕이 펼쳤던 왕권의 상징, 상설무예 프로그램 운영, 장용영과 24반 무예사료조사, 무예훈련과정 재현 등

⑮ 경북 고령

'달맞이 문화·역사마을', 가야금이 울리는 대가야의 고도, 월막리 달맞이 문화축제, 체험학습 프로그램, 월막마을 조사 등

⑯ 전남 영암

'모산역사마을', 반가문화가 새겨진 좌청룡 우백화의 신비한 길지, 열두마을 무레 조직 운영, 모산제 개최, 선비문화 재현 및 체험 프로그램 등

⑰ 강원 춘천

'춘천 의병역사마을', 살을 갈고 뼈를 깎아 만세, 만세, 의병만세, 의병훈련장 조성, 의병순례 체험 프로그램, 충의 역사문화교실 운영 등

2. 사업의 추진 방향과 방법

(1) 추진방향

어느 지역이나, 어느 마을이나 그 지역만의 독특한 문화와 역사가 있기 마련이고, 이러한 지역성은 그 지역을 다른 지역과 구별되게 하는 고유성과 차별성을 의미함과 동시에 문화의 다양성을 나타내기도 하는 것이다. 또한 지역성은 그 지역의 역사적인 맥락과 자연환경 적인 맥락과 주민활동을 통하여 독특한 문화적 삶의 방식으로 뿌리 내리고 있는 것이다.

'문화·역사마을 만들기'는 잊혀져가고 멸실되어 가는 우리 마을문화의 본질을 회복하기 위하여 다양한 콘텐츠를 개발·육성하고, 살아있는 문화역사마을을 가꾸어 감으로써 가까이는 마을 주민들의 삶의 질을 향상시키고, 넓게는 이 땅을 찾는 모든 이들에게 우리 문화유산의 가치를 인식시켜 반만년의 역사와 현재가 공존하는 우리 문화의 우수성을 전 세계에 발신하는 방향을 지향하는 것이라고 하겠다.

다시 말한다면 '문화·역사마을 만들기' 사업의 목표는 다음과 같이 요약할 수 있다.

① 마을 역사문화의 우수성과 독창성 및 다양성을 바로 알고, 가구고, 생활화하
  는 것
② 마을 문화역사의 창조주체인 주민의 자율적·자주적 참여를 통한 향토문화 운
  동의 활성화와 문화자치의 달성
③ 마을 문화역사의 복원·보존·계승 및 창조적 개발로 문화적 삶을 구현하는 것
④ 마을 문화·역사자원의 문화콘텐츠화로 삶의 질을 향상하고, 문화 한국을 구
  현해 나가는 것 등

(2) 추진방법

'문화·역사마을'이 지역성을 살릴 수 있는 중요한 요소는 지역성을 잘 나타낼 수
있는 콘텐츠를 선별하고 사업목적에 잘 부합되도록 활용하는 것이라 하겠습니다. 마
을에 알맞은 콘텐츠를 찾는다는 것은 지역의 자원을 개발하고 활용한다는 것 외에도
지역에 어울리는 자원을 찾아서 창조해 나가는 것을 의미하기도 한다.

그러므로 '문화·역사마을 만들기' 사업의 구체적인 계획수립에 앞서 지역성을 살
리는 콘텐츠를 선별하기 위해서는 마을의 문화자원 전반에 관한 조사·연구·평가가
선행되어야 하며, 마을문화의 콘텐츠, 즉 마을문화의 소재는 다음 몇 가지의 문화자
원에서 찾을 수 있을 것이다.

① 환경문화자원

자연적 환경(산, 내(川), 명승 경관 등), 풍토적 환경(지리·기후·풍토), 사회적 환경(역사·
산업·전통) 등

② 역사문화자원

역사적 유적·유물, 역사적 사건과 인물, 전통문화·축제 등

③ 생활문화자원

의식주 생활, 세시풍속·설화·전설·민요·민속·토산품·특산품 등

④ 예술문화자원

마을 예술활동, 출신·연고 문화예술인과 관련된 특성, 마을을 소재로 한 예술작품과 관련된 특성 등이라 하겠다.

찾아낸 마을 문화의 소재, 즉 선별된 마을 문화의 콘텐츠를 가지고, 어떻게 '문화·역사마을'을 가꿔야 하는가 하는 점에 대해 생각해 보기로 하겠다.

① 주민주도의 자발적 문화운동으로 자율성이 확보·보장

문화·역사마을 만들기는 마을 주민의 삶의 터전을 가꾸는 것이며, 주민을 위한 것이므로 지속 가능한 마을 만들기를 위해서는 주민의 자발적인 참여가 필수적입니다. 관(官)은 무대를 마련해 주고, 연출과 무대감독 및 배우는 주민이 맡아야 합니다. 즉 주민에 의한 주민을 위한 풀뿌리 문화운동이 되어야 한다는 것입니다. 이런 점에서 마을 가꾸기는 마을주민과 마을문화단체(NPO) 그리고 행정(관)이 상호보완적인 공조체제가 유지되는 것이 바람직한 일이다.

② 마을문화의 고유한 정체성과 독창적 이미지를 구축

마을문화와 역사의 재인식으로 마을주민의 자긍심이 재고되어야 한다. 우리 마을만의 이야깃거리, 볼거리는 주민들의 삶에 반영되어 자긍심과 애향심을 불러일으키게 되는 것 이며, 외지인에게는 찾아가 보고 싶은 선망의 대상이 되게 하여 관심과 이해를 촉진시키는 계기가 되는 것 이다. 그러므로 마을의 고유한 정체성과 독창적 이미지는 정보화 사회의 문화발신으로 연계되어 마을의 활성화에 크게 기여할 수 있는 요소라 하겠다.

③ 마을의 특성과 기존 문화자원의 적극적 활용으로 효용성 극대화

마을 가꾸기는 한 가지 콘텐츠 그 자체만으로 성공하기는 매우 힘든 면도 없지 않게 있다. 그러므로 마을에 존재하고 전승되는 문화적 자원들을 집적하고, 이를 접목하여 특화된 마을문화와 생활양식을 창조해 나가야 하겠다. 예컨대, '전통적인 농경 생활문화를 보존' 하는 마을을 지향한다고 할 경우, 단순한 보존에 그치지 않고, 지역

의 자연환경이나 문화역사자원을 농사에 활용하여 대량생산이 아닌 수작업에 의한 다품종 소량생산 방식으로 질 높은 농산물과 서비스를 제공한다면 마을주민의 소득 향상이라는 파급효과도 거둘 수 있는 것이다.

④ 문화와 전통의 생활화로 삶의 질을 향상시키는 동기

'문화·역사마을 만들기'는 마을 발전과 문화발전의 조화를 통하여 주민의 문화복지, 즉 삶의 질을 향상시키는 데 그 의미가 있는 것이다. 특히 최근에 관심과 의식이 집중되어있는 '웰빙'을 위해서 '문화마을'이 그곳에 살고 있는 주민들에게는 '떠나고 싶지 않은 마을', '살아서 즐겁고 행복한 마을'이 되어야 하겠으며, 떠났던 사람들에게는 '다시 돌아가고 싶은 곳'이 되고, 외지인에게는 '찾아가 보고 싶은 곳', '부러운 마을'이 되는 것이어야 하겠다. 잊혀 가는 문화와 전통을 되살려 오늘의 생활로 재창조해냄으로써 더불어 살아가는 마을 문화를 구현하는 것이 삶의 질을 한층 더 높이는 길이라고 생각해 본다.

(3) 추진과정

다음으로는 사업의 실질적인 추진과정 또는 추진단계를 차례대로 생각해 보기로 하겠다.

① 1단계: 추진조직의 구성
- 먼저 기초자치단체(시·군·구)별로 추진협의회를 구성하여 지역 내에서 대상마을을 선정 할 필요가 있다.
- 대상마을이 선정되면 해당마을에 실행위원회(또는 자문위원회)를 구성함으로써 주민의 자발적인 참여 및 발의를 보장하게 된다.
- 마을 실행위원회 아래 추진사무국(문화원이 대행할 수도 있음)을 두어 실무를 전담하는 조직체계를 갖춘다.

② 2단계: 마을의 현황파악 및 문화자원 조사·연구
- 마을 만들기의 테마를 찾기 위한 조사·연구(직접 또는 용역)를 철저히 하고 그 보

고서를 발간한다.

- 발간된 보고서에 의하여 마을 콘텐츠를 찾고, 마을 주민을 위한 교육·홍보자료로도 활용하게 된다.

③ 3단계: '마을 가꾸기'의 기본이념과 테마설정

조사·연구 보고서에 근거하여 '문화·역사마을' 만들기의 기본방향(장기 비전 포함)을 짜고 마을의 테마를 설정하는 단계이다.

④ 4단계: 주민참여의 동기부여

사업의 취지와 그 의의에 관한 주민의 공감대와 참여 분위기 조성 및 이해확산을 위하여 마을 주민의 조직화와 네트워크 형성, 토론회·세미나 및 교육·홍보활동을 전개해야 한다.

⑤ 5단계: 실현가능한 프로그램개발 및 기획

- 마을 가꾸기(조성·복원·준비물 등) 프로그램의 개발
- 마을 행사(축제·민속·예술·이벤트 등) 프로그램의 개발
- 교육·체험·관광 및 홍보 프로그램의 개발
- 재원조달(보조금·지원금·자체자금 등) 프로그램 및 방안 마련

⑥ 6단계: 실행계획·예산의 확정과 사업실시

중·장기적 계획 아래 연차별 계획을 확정하고 사업을 실시한다.

⑦ 7단계: 사업평가 및 환류

사업집행 중 중간평가와 사업 후 평가(자체평가 혹은 외부평가)를 실시하여 그 결과를 차기 년도 사업에 반영하는 것이다.

3. 마을 만들기의 공통적 특징과 성공의 열쇠

(1) 마을 만들기의 공통적 특징

① 고유가치의 재발견과 재평가

마을 만들기는 마을 고유자원의 가치를 문화적인 관점에서 재평가하는 것으로부터 시작된다고 할 수 있다. 오랫동안 방치되었거나 잊혔던 문화적 가치를 높게 평가하거나, 높게 평가받음으로써 그것을 매개로 사람과 사람 사이의 커뮤니케이션이 이루어지면서 마을이 활기를 되찾는 경우기 있다.

마을 도처에 남아있는 문화자원과 노하우를 새로운 시각에서 재평가하고 마을 전체의 설계와 생활에 활용하려는 시도가 폭넓게 추진되고 있음을 찾아 볼 수 있다. 이러한 고유가치의 재평가는 생업의 질에 대한 재검토로 이어질 뿐만 아니라 예술성의 측면에서도 새롭게 평가되고, 창조적 환경을 조성하는 요소가 된다.

② 창조적 네트워크와 제도적 장치

성공적인 마을 만들기의 사례를 살펴보면, 그곳에는 두려워하지 않고 아이디어와 자금을 동원하여 도전하는 사람들의 네트워크와 프로젝트 등을 발견할 수 있다. 마을 만들기가 순조롭게 진행되고 있는 곳에서는 주민과 NPO(비영리단체)와 행정기관의 제휴가 잘 이루어지고 있음을 볼 수 있다.

특히 문화예술 분야의 창조적 문제해결에 노력하는 네트워크는 주민이나 NPO(문화단체) 및 자원봉사자 등 민간 부문인 경우가 많고, 또한 그것이 더 바람직한 것이기 때문에 공적 부문(행정)이 이러한 시민 차원의 움직임을 적극적으로 지원하고, 공공정책의 대상으로 삼아야 할 필요가 있는 것이라고 생각된다.

③ 지역 간 교류와 문화발신(文化發信)

마을 전통문화의 가치가 마을 밖의 사람들에 의해서 재발견되거나, 외부와 접촉함으로써 새삼 그 가치를 새롭게 인식하는 경우가 많다. 이와 같이 특정지역의 창조적 네트워크는 끊임없이 외부로부터 창조적인 자극을 받으며 발전하는 모습을 볼 수 있다. 오늘날 문화·역사마을 만들기 과정에서 마을과 마을, 마을과 도시, 마을과 해외를 포함하는 다양한 교류와 접촉이 이루어지고 있는 것은 바람직한 일이라 하겠다. 이와 같은 교류는 안으로는 다른 곳의 노하우를 벤치마킹하는 효과가 있으며, 밖으로 는 우리 마을문화를 밖으로 발신하는 효과가 있는 것이라 하겠다.

④ 마을 만들기의 노하우 형성과 발전

'문화·역사마을' 만들기 과정에서 문화 인프라는 설비(시설)·제도·활동·예술· 교육·정보·커뮤니케이션의 흐름 등 하드 요소와 의사결정과정에 영향을 미치는 소 프트 요소인 마을의 전통(고유가치·정체성 등)이 깊이 연관되어 있는 것이다.

따라서 마을 만들기는 당초계획대로 진행되진 않는 경우가 많다. 많은 성공과 실 패의 반복, 그리고 시행착오를 극복해 나갈 줄 아는 창조적인 시도가 필요한 것이다. 그러므로 노하우(성공과 실패의 경험)의 형성, 축적, 계승, 발전이라는 관점에서 볼 때 마 을 만들기의 계획과 추진과정은 반드시 일률적일 수도 없고, 항상 수정 가능한 변동 성을 내포하고 있다는 점에 유의할 필요가 있다고 생각한다.

(2) 마을 만들기의 성공열쇠

마지막으로 '문화·역사마을' 만들기의 성공열쇠는 무엇인지 결론을 대신하여 생 각해 보고자 한다.

① 참신하고 독특한 테마(콘텐츠) 찾기

마을 만들기의 첫걸음인 문화가치의 재발견과 재평가는 발상을 전환하는 자발적 깨우침에서 시작된다. 지역주민과 자치단체 직원이 스스로 조사·연구하여 마을 실 적에 적합한 테마를 찾고 개발계획을 세우는 것이 바람직한 일이다. 이를 위해서 창 조적인 아이디어맨과 창조적 리더십을 갖춘 선도자가 필요한 것이다.

② 주민의 자발적인 참여가 필수조건

마을 만들기는 주민의 삶의 터전을 가꾸는 것이며 주민을 위한 것이다. 따라서 지 속가능한 마을 만들기를 위해서는 주민의 자발적인 참여가 필수조건이므로, 마을 만 들기 사업은 1차적으로 마을 주민들의 자발적 욕구와 활동이 요구되는 것이다.

이를 위해서 사업의 취지와 기대효과, 마을문화의 가치와 의미 등에 관해서 토론하고, 교육과 홍보를 통해서 이해와 참여를 촉진하는 한편, 마을에 대한 자긍심을 갖게 함으로써 마을 만들기의 홍보요원화를 도모할 필요가 있는 것이다.

③ 마을 만들기를 주민문화생활운동으로 승화

마을 만들기는 주민에 의한 주민주도의 주민자치적 문화운동이어야 한다. 그러나 문화만으로는 지속적인 마을 만들기를 진행하는 데 있어 많은 어려움이 있다. 문화마을 만들기를 통하여 주민들에게 돌아가는 혜택이 감지되거나 가시화될 때에 재발성과 자생적인 문화생활운동으로 승화 될 수 있으므로, 마을환경과 역사문화를 활용한 새로운 소득원을 개발 할 수 있는 프로그램이 필요한 것이라 하겠다. 이런 점들이 충족될 때, 마을 만들기 운동이 주민에 의한 주체적인 마을재생운동으로 승화될 수 있다고 생각한다.

④ 교류와 접촉으로 노하우 쌓기

'문화 · 역사마을' 만들기에는 교과서가 있는 것도 아니며, 일정한 법칙이 있는 것도 아니다. 마을과 마을사이의 교류, 마을과 도시와의 교류, 마을과 해외와의 교류를 통해서 정보네트워크와 접촉기회를 발전시켜, 그것을 통해 노하우를 학습하는 것이 아주 중요한 일이라고 생각된다.

특히 비용과 시행착오의 리스크를 줄인다는 의미에서도 선진마을의 축적된 노하우를 벤치마킹하는 것은 매우 중요하고도 필요한 일이라고 하겠다. 즉, 실패와 성공의 경험을 학습을 통해 창조적 아이디어로 발전시키자는 것이다.

⑤ 마을외부의 응원자 구축

'마을 만들기'라고 해서 '마을' 만의 힘으로 성공하는 것은 매우 어렵다. 마을 밖에서의 협력 · 협조 · 지원자를 구축하여 적극 활용하는 지혜를 발휘해야한다.

행정기관(시 · 군 · 구청 · 의회 등)과는 주민과 더불어 NPO와 파트너십을 이뤄 공조체제를 가지고 나가야 하며, 특히 행정은 주민과 NPO의 자율성과 전문성을 보장해 주면서 적극 지원해야 한다.

이 밖에도 문화예술기관·단체, 학교의 교사와 학생, 지역 언론기관, 기업체 각계의 전문가, 각종 사회단체 등의 협력과 지원방안을 찾아야 한다.

특히 농·어촌지역의 마을에는 주민의 대다수가 노령자임을 감안하여 젊은 문화활동가와 젊은 자원봉사자들의 적극적인 참여와 협력을 강구해야 할 필요가 있다.

(3) 마을 만들기와 주민참여

'문화·역사마을 만들기'는 첫째 단계에서 5,000년 우리 문화·역사의 뿌리를 찾는 작업으로부터 시작하여, 둘째 단계에서는 옛것을 되살리면서 살아 숨 쉬는 문화·역사마을을 가구고, 셋째 단계에서는 각각의 마을에서 독창적이고 다양한 문화콘텐츠를 개발·육성하며, 넷째 단계에서는 이것들을 토대로 마을의 문화적 품위를 높임으로서 마을주민들이 '삶의 질'을 향상시킨다는 단계적 목표 아래서 추진되는 것이 바람직하다고 생각한다.

위의 목표를 구현하기 위한 마을 만들기의 전략적 추진수단으로는 다음과 같은 것들을 생각해 볼 수 있겠다. 첫째, 마을 만들기는 주민주도의 자발적 문화운동이기에 자율성이 존중·보장되어야만 주민에 의한 주민을 위한 풀뿌리 문화운동이 가능할 수 있다. 둘째, 마을문화의 정체성을 살리면서 독창성 있는 마을문화의 이미지를 구축 할 수 있는 주제를 설정함으로써 마을의 문화와 역사에 대한 재인식과 마을주민의 자긍심을 제고시켜야 할 것이다. 셋째, 마을 특성과 기존문화자원의 활용으로 효율성을 극대화하기 위해서 마을에 존재하거나 전승되는 다양한 문화적 자원을 접목하여 차별성 있는 마을을 가꾸어 나가야 할 것이다. 넷째, 마을 문화의 생활화로 삶의 질을 향상시킴으로써 문화복지를 구현하는 전략으로 추진되어야 한다.

이상과 같은 '문화·역사마을 만들기'의 목표와 추진전략을 성공적으로 이끌기 위해서는 적극적인 주민참여가 관건이다. 마을 만들기는 발상을 전환하고 주민의식을 개조하는 데서 시작된다. 그러므로 참신하고 독창적인 마을주제 찾기 단계부터 주민의 참여와 호응이 필요하다. 마을 만들기는 주민주도의 주민자치적 문화운동이므로 주민이 생각하고 자율적으로 이끌어 나가는 것이기 때문에 자발적인 주민참여가 요구된다. 마을 만들기는 마을의 주민 스스로가 사업의 목적과 기대효과에 관한 가치와 의미를 이해하고 받아들였을 때 비로소 주민문화 생활운동으로 승화될 수 있다는 점에서 모든 주민이 자발적으로 참여하는 것이 제일 바람직하다고 생각된다.

이상과 같이 '문화·역사마을 만들기' 는 1차적으로 마을 내부의 사람 만들기가 선행되어야 하는데 이를 위하여

① 주민회의 및 토론회와 주민의 자체교육을 통하여 사업의 취지와 목적, 그리고 마을 역사와 전통의 가치와 의미 등에 관한 이해와 합의를 거쳐 사업의 주제(테마)와 프로그램을 도출하고 다 함께 협력해 나가는 분위기를 조성하는 한편,

② 사업추진의 구심적 역할을 담당할 리더를 선정하고, 주민의 역량을 조직화하여 마을현장에 실행위원회와 같은 실질적인 활동 집단을 구성할 필요가 있고,

③ 전 주민이 마을에 대한 자긍심을 가지고 마을 만들기 사업을 자랑스럽게 설명할 수 있는 홍보요원이 될 수 있어야 할 것이다.

'문화·역사마을 만들기'는 내부의 사람 만들기와 병행하여 2차적으로는 외부의 응원자(협력·협조·지원자)를 만들 필요가 있다. 지역의 자치단체(행정기관)와 각급의회(시·군·구·면)를 비롯하여 문화예술기관·단체, 지역 내 학교, 지역 내 NGO 활동가 및 각계 전문가, 지역 언론기관, 지역 내 기업, 지역출신 및 연고 인사 등의 협력·지원방안이 다각적으로 다양하게 마련되게 해야 할 것이다. 특히 농어촌 지역의 마을에는 주민대다수가 노령인구 이므로 젊은 층의 지원이 적극적으로 이루어져야 한다.

(4) '문화·역사마을 만들기'의 또 다른 의미

새로 출범한 '참여정부'는 '자율·참여·분권'의 3대 가치를 국정지표의 하나로 내세웠으며, 문화관광부의 문화정책도 이를 실현하는 데 초점을 맞추고 있다고 보인다. 그런데 공교롭게도 '문화·역사마을 만들기'에는 이 3대 요소가 모두 포함되어 있다는 점에 의미를 부여하고자 한다. 그리고 이 3요소는 각기 독립된 별개의 개변이 아니라 상호연계성을 가지고 달성될 수 있다는 점에도 유의할 필요가 있다. 다만, '자율'과 '참여'에 관해서는 앞에서 언급한 것으로 가름하고 여기서는 '분권'에 관해서 좀 더 생각해 보는 것으로 한다.

참여정부가 '분권'을 표방한 이후 우리 사회의 각 분야에서 각계의 관심자들이 이

문제에 관하여 열띤 토론을 벌이고 있는 것이 지금의 현실이며, 토론은 앞으로도 계속될 것으로 보여 아직 이렇다 할 공론에 도달하지는 못한 실정이다.

문화예술계의 그동안의 토론을 종합해보면, 문화분권은 지역문화 활성화와 문화민주화의 수단으로서 "지역실정에 알맞은 정책결정의 다원화와 자율성 확보를 위해, 문화시설·문화행사·문화정보·문화창조·문화향유의 분산을 위해서, 중앙재원의 분배에 의한 지방재원의 확충을 위하여, 주민의 참여증진을 위해서" 문화집중으로부터 분산을 이끌어 내는 것이라고 잠정결론을 내릴 수 있을 것 같다.

필자도 오래전부터 문화정책의 제1원칙은 '분권화'라는 점을 주장해 왔다. 그 이유는 풀뿌리 문화주의를 실현하고, 자발성·창의성·책임성이 전제가 되는 문화생활의 변화에 보조를 맞추어 민감하게 반응하려면 중앙정부의 무거운 관료적 성격은 부적합하기 때문에 지역적 차원에서 논의되고 고안되어야만 하며, 문화계획은 기초자치단체 단위에서 입안·수립되어야 한다고 주장해왔다.

어떻든 '문화·역사마을 만들기' 사업은 생활권역인 마을단위의 문화분권운동의 성격을 갖추고 있다는 점에서 '참여·자율·분권'의 실험무대라는 또 하나의 의미를 가지고 있다고 하겠다.

20. 지역의 여가문화 전략

이종인(한국문화행정연구소장)

1. 여가의 필요성과 그 의의

최근에 와서 우리 사회에서는 여가에 대한 국민적 관심이 고조되고 있으며, 경제 수준의 향상에 의해 자기생활을 개성하려는 노력이 나타나고, 진정으로 넉넉한 삶의 방식을 찾고자 하기 때문에 여가를 필요로 하게 되는 경향이 더욱 높아지고 있다. 이에 따라 여가의 충실은 국민복지의 중요하고도 긴급한 정책과제로 대두되고 있는 것이다.

참여정부의 문화관광부는 '21세기 새로운 문화의 비전: 창의 한국'을 발표한 바 있는데 그 가운데 '5대 기본 방향' '27대 추진과제'에서 제1방향 '문화참여를 통한 창의성 제고'의 3번째 추진과제인 '문화활동증진과 여가 문화의 질 향상' 이라는 과제로 다루어지고 있다. 그 세부 과제는 ① 여가의 중요성에 대한 사회적 인식향상, ② 계획적이고 다양한 여가활동을 할 수 있는 여건 조성, ③ 사행성 산업관련 사회적 부작용 최소화 장치 마련, ④ 종합적인 여가 정책기능 강화 등이다.

여가시간은 개인의 인격이 가장 자유롭게 실현되는 시간 이며 이러한 여가시간을 어떻게 활용하느냐에 따라 개인의 삶의 질이 결정된다고 볼 수 있다. 따라서 국민모두가 여유롭고 풍요로운 여가 생활을 누릴 수 있는 환경을 조성하는 것은 국민 복지의 중요한 요소의 하나라는 점에서 여가문화, 전략의 필요성이 강조된다고 하겠다.

건전하고 생산적인 여가활동은 개인의 창의성 제고와 기업의 생산성 향상을 통해 국가 경쟁력을 높이고 가족의 유대감과 사회의 통합성을 제고함으로써 건강하고 안전한 사회를 건설하는 데 기여한다는 점에서 여가의 의의를 찾을 수 있다. 즉 여가의 충실은 국가의 경제·사회에 좋은 영향을 끼친다는 점에 그 의의가 있는 것이다.

첫째, 고령화 사회의 도래를 맞이하여 여가의 충실은 고령자의 건강관리와 삶의 대책에 중요한 일환으로 연계된다.

둘째, 여가활동을 통해 지역사회형성, 지역문화의 계승·발전이 기대된다. 또한 지역권내의 리조트 정비 등을 통하여 지역경제의 진흥을 이룰 수 있다.

셋째, 여가 관련 지출은 내수 진작으로 경제성장에 크게 기여할 수 있다.

넷째, 높은 경제수준에 여유로운 국민생활을 구축하는 것은 국제 사회에서 보다 좋은 국민상을 형성하는 데 연계된다.

2. 여가 충실을 위한 문제해결과제와 시책

여가시간의 증대와 소득의 증가에 따라서 당연한 일이지만 여가에 대한 관심과 의욕이 높아지고 있다. 특히 주 5일제 근무제도의 시행은 이를 더욱 증폭 시키고 있는 현실이다. 여가란 말할 것도 없이 개인의 주체적인 문제이기 때문에 그 선택과 행동양식은 개인에게 맡겨진다.

개인의 능력으로서는 아무래도 한계가 있기 마련이므로 행정(국가나 자치단체)에의 요망이 강하게 나타나게 되는 것이다.

여기에서 행정에 요망하는 과제, 즉 여가 충실을 위한 문제해결의 과제를 살펴보면 다음과 같이 요약할 수 있다.

① 노동만을 중요시하고 여가를 가볍게 생각하는 경향이 강한 국민의식의 문제
② 긴 노동시간과 짧은 자유시간의 문제
③ 여가 향수 능력의 부족(여가 생활에 익숙지 못한 고령층) 문제
④ 매력 있는 행사(이벤트), 여가 공간, 시설의 낙후, 여가 서비스에 관한 인력 부족

문제

⑤ 시설 사용 요금, 교통비, 숙박비 등 여가 코스트가 높은 문제

⑥ 여가에 대한 공적 대응의 문제 등을 꼽을 수 있다.

앞에서 언급했듯이 여가 문제는 어디 까지나 개인의 자유재량에 속하는 것이지만 국가를 비롯한 행정의 역할도 커서 주민들이 스스로의 여가를 개발·창조해 나가는 것을 지원 할 필요가 있다. 특히 자치단체는 여가에 대한 욕구의 정확한 파악과 그에 기초한 시책을 입안하고 실행하는 것이 요구된다. 지역의 특성에 따른 독자적 아이디어의 발굴과 수행이 가능함으로써 지역 활성화를 도모해야 할 것이다. 중요한 시책을 요약해 보면 다음과 같다.

① 여가시간의 확대(근로시간 단축, 휴가의 증대)

② 평생생활 설계 시스템 개발(생활 설계, 여가 카운슬러 등)

③ 여가 관련 서비스의 개선(시설 정비, 네트워크화)

④ 건전한 민간여가 사업의 육성, 매력적인 리조트 개발·확보

⑤ 여가 행정 추진체제의 정비(법, 조례, 기구 등 점검)

⑥ 여가에 관한 주민 욕구 반영(여가를 생각하는 모임 등 육성)

⑦ 개인, 가정, 지역사회의 여가 프로그램 개발·보급·지원 등을 들 수 있다.

3. 주민과 함께하는 여가문화 전략

(1) 주민의 의식계발

오랫동안 신장을 보이지 않았던 여가시간도 주 5일제가 실시되면서 크게 진전을 보이는 상황이 되고 있다. 그리고 이에 따라서 사람들의 여가 의욕과 의식도 급속히 현재화 하고 있다.

새삼스럽게 말할 필요도 없지만 인생 80년 시대가 다가오면서 여가 생활의 넉넉함과 여유를 낳는 중핵적 역할을 한다는 의식이 높아지고 있다. 많은 사람들이 여가

의 중요성과 유용성에 관한 의식을 갖기 시작하고 있다. 이것은 청년, 봉급생활자, 주부, 고령자 등 성별, 연령을 불문하고 공통적으로 나타나고 있는 현상이다. 여가는 단순히 노동으로 부터의 해방이나 휴식을 의미하는 것이 아니라 자기 개발의 소중한 기회가 된다. 여가는 자신의 성취, 원만한 인간관계, 사회적 통합뿐만 아니라 삶의 질 제고를 위한 중요한 요소로서 ‘21세기 자기 경영 전략’이라는 인식이 확산되고 있는 것이다.

그러나 오늘 날 현실의 일상생활 가운데서 여가를 충분히 활용할 수 있는가 라는 질문에는 반드시 그렇다고 대답하기는 어렵다. 정확히 말한다면 여가의 유용성은 알고 있지만 그 활용은 어려워서 할 수 없다는 사람이 많을 것이다. 왜 이런가 하면, 그것은 여가에 관한 지식과 기술을 이제까지의 생활 속에서 취득하지 못했기 때문이다. 여가를 활용하기 위해서는 독자적인 기술을 필요로 한다. 처음부터 하기 쉽고 재미있는 여가 활동은 많지 않은 것이다.

여가는 그 성격상 개인적인 것이지만 개인의 책임만으로 넘긴다면 언제나 갭(gap)은 메워지지 않는다. 그러기 때문에 누군가가 여가의 필요성과 중요성을 알려주는 동시에 ‘갭’을 메우기 위한 계발활동이 필요한 것이다.

(2) 여가 프로그램 제공

그러기 위해서 먼저 착수해야 할 것은 의식계발의 장을 마련하는 것이다. 여가 문제의 연구자들에 의한 강연회, 세미나, 심포지엄 등이 지역 내에서 자주 개최함으로써 이것에 관심 있는 주민이 찾아와서 연구자(전문가)의 성과를 듣고, 도움이 되는 것을 받아들이게 해야 한다.

또 여가는 매우 실천적인 과제이기 때문에 지역에 살면서 여가 활동을 유효하게 활용하고 있는 사람들의 체험담을 듣는 장소를 마련하는 것도 중요하다. 실천자는 반드시 연설을 잘하지는 못할지언정 활동을 시작한 동기, 동료(멤버) 만들기, 활동의 성과, 즐거움, 시간을 쓰는 방법 등을 말해 줄때 초심자는 많은 도움을 받게 된다.

여러 차례에 걸친 세미나에 의해서 여가는 무엇인가, 활동범위, 무엇을 배울 수 있는가, 지식과 기술의 취득, 장소 확보, 시간 만들기, 동료 만들기, 성과 발표 등 얼마든지 제공할 소재가 있을 수 있다.

(3) 여가정보의 수집과 제공

다음으로 중요한 것은 정보이다. 정보는 현대 사회에 있어서는 범람하고 있다고 해도 과언이 아니다. 정보의 소비자와 생산의 관계는 확실히 생산과잉 상태이다.

중요한 것은 어떤 목적을 위해 도움이 될 수 있는 의도를 가지고 본인의 의지가 움직여 수집·정선함으로써 비로소 정보가 되는 것이다. 여가 활동을 위해 여가 정보를 수집하고 선별하여 가공해서 사용하기 쉽게 재구성하는 것이 바람직하다.

지역사회 단위(도봉구)에서 여가 정보지, 정보 소스를 명시한 핸드북, 시설·사업·사람·그룹·서클 등의 내용을 소상하게 소개하는 리플릿 등을 발간해 나가는 것도 좋을 것이다.

(4) 그룹 및 서클의 파악

요즘에 와서 사람들의 여가 의식은 가정을 둘러싼 일상생활권으로서의 커뮤니티에 주목하는 경향이 강해지고 있다. 이러한 활동 중에는 한 가정 내에서 이루어지는 여가 활동도 있으나, 활동을 몇 사람이 함께하는 것이 즐겁다고 해서 사람과 사람이 여가활동으로 연결되어 연대하는 일이 늘어나고 있다.

지역 내에 흩어져 있는 이러한 그룹·서클을 조사하여 활용하는 것이 효과 적이다. 일반적으로 각 지역에는 크고 작은 스포츠 활동 그룹, 문화·학습 서클, 자원봉사 그룹, 소비생활 그룹 등이 활동하고 있는 데 이러한 그룹, 서클을 파악하여 집중적으로 활용하자는 것이다.

(5) 시설건설에 관한 연구

이제까지는 프로그램, 정보, 서클 등 소프트 분야의 일에 관해서 언급하였으나 조건정비로서의 하드 분야도 잊어서는 아니 도리 것이다. 이 면에서는 우리나라 우리 지역사회(도봉구)의 수준은 매우 낮은 편이다.

여가시간이 짧고, 여가에 드는 비용이 결핍 되었던 시대에는 사람들은 텔레비전을 보든가 독서를 하는 등 소극적인 활동에 머물고 있었다. 그 때문에 여가 활동의 장으로서의 넓은 공간이나 특별한 설비도 그리 필요로 하지 않았던 것이 사실이다. 그러나 현대에 와서 사람들의 활동은 적극적인 방향이 점점 더 강해지고 있다.

이렇게 되면서 여가 활동의 그릇은 불가결하게 되고 있다. 각종 스포츠 시설, 문화시설, 학습시설 등이 필요하다. 공공시설뿐만 아니라 민간 시설도 필요하다. 다만 이 자리에서는 특히 도봉구의 문화·역사마을과 관련하여 '도봉서원'의 복원을 강조해 두고자 한다.

(6) 여가문화 전략과 문화 해설사

위에서 여가 문화의 전략에 관하여 기본적인 원론을 소개해 보았다.

이 자리에 함께하신 여러분들은 도봉구의 문화·역사마을 만들기 사업인 '도봉서월마을 만들기'의 해설사로 봉사하기 위한 교육을 받고 계신 줄 알고 있습니다. 위에서 소개한 내용들이 여러분들의 하시는 일에 도움이 되었으면 하는 바람입니다.

어느 지역이 그 지역의 독특한 문화가 있고, 이것을 다른 말로는 '지역성'이라고도 합니다, 지역성은 그 지역을 다른 지역과 구별 되도록 하는 고유성과 차별성을 의미함과 동시에 문화의 다양성을 나타내기도 하는 것입니다.

따라서 도봉문화의 지역성 살리기는 건강한 지역문화 환경의 조성을 의미할 분 아니라, 이 지역을 방문하고 싶은 장소로 만드는 매력 요소의 창출을 의미하는 것이기도 합니다. 따라서 여러분들은 도봉문화 매력창조자로서의 역할을 하셔야 하리라고 생각합니다.

지역의 특성은 그 지역의 역사적인 맥락, 생활문화적인 맥락, 지역주민의 활동 등에서 나타나게 됩니다. 지역성을 잘 나타낼 수 있는 문화자원(콘텐츠)을 선별하고, 목적에 잘 부합되도록 활용하는 것이 지역성 살리기의 중요한 요소입니다.

도봉구에서는 지역성 나타내는 콘텐츠로 도봉서원과 도봉산을 활용하여 도봉문화를 재창조하려고 한다는 점에서 여러분들은 도봉문화의 재창조자라는 사명감도 가지셔야 하리라고 믿습니다.

도봉서원은 역사문화자원입니다. 지역주민들이 지역의 역사문화 자원의 가치를 이해하고, 이를 보호하고 가꾸어 나가는 것은 문화·역사마을 가꾸기의 성패를 좌우하는 중요한 부분입니다.

따라서 여러분들은 지역의 역사문화 자원이 주민들의 정체성 함양과 공동체 형성을 도와 결과 적으로는 삶의 질 향상에 기여함과 동시에 관광산업 등 실질적인 경제적 이익에 기여한다는 것을 인식시키는 교사의 역할도 담당하셔야 하겠습니다.

결국은 여러분이 지역문화와 지역주민(관람자, 여행자)을 매개시키는 매개자로서 문화촉매자의 역할을 하셔야 될 것으로 생각 됩니다. 다만 이때에 부탁드리고 싶은 것은 여러분들이 찾아오는 주민들이나 방문객들에게 역사관을 심어주고, 무엇인가 '체험을 통한 추억'을 만들어 주실 것을 부탁드리고 싶습니다.

21. 역사문화자원과 지역문화정책

이종인(한국문화행정연구소장)

지역사회 안에 소재하거나 잠재해 있는 문화적 자원과 문화적 가치를 소중히 여기면서 지역 이미지를 창출해 나가고자 하는 것이 지역문화정책이다.

그렇기 때문에 역사문화자원은 지역문화정책의 일차적인 대상이 된다. 그러나 얼마 전까지만 해도 지역문화정책에서 역사문화자원은 보존에만 집착해 왔다고 해도 과언이 아닐 것이다.

1. 지역문화와 역사문화자원

지역문화란 주민의 구체적인 생활 기반인 지역의 자연적, 역사적, 사회적 특성을 바탕으로 주민들 스스로가 생활환경과 생활양식을 개선해 나가면서 삶의 질을 향상시키기 위한 활동의 소산 또는 그 과정이라고 정의할 수 있다(2001 지역문화의 해 대토론회). 다시 말하면, 지역문화란 일정 지역에 살고 있는 사람들에 의하여 습득된 지식, 신앙, 예술, 윤리도덕, 관습 등의 모든 능력과 습관을 포함하는 총체로서 일정 주민이 오랜 세월 동안 공동체 생활을 영위하는 과정에서 이루어진 특징적인 생활양식을 의미한다고 할 수 있다.

그러므로 지역문화는 지역적인 특수성으로 말미암아 지역주민의 자긍심과 애향심 및 일체감과 주민통합을 유발하고, 지역주민의 자발성과 참여의식 및 창의성과 자주성을 함양함으로써 지역사회발전의 활력소라는 의의를 지닌다. 이러한 의미에서 지역문화는 주민자치의 기초단위인 일상생활의 권역에서 가꾸어진 풀뿌리 문화이며, 공간적 개성(지역성)과 사회적 공동체성(연대성)을 지닌 문화이고, 주민의 자발성, 창의성, 책임성을 전제로 하기 때문에 주민 책임의 자주적인 활동의 소산이라는 특성을 지니고 있는 것이다.

문화는 이미 환경에 대한 부단한 적응과 극복과정에서 나타난 결과물이다. 인간은 자연적, 지리적 조건과 환경에 적응하거나 도전하거나 극복하면서 자신들의 생존방식을 선택하며 살아왔다. 그러므로 지역은 최우선적인 문화의 일차적인 기반(풀뿌리)인 것이다. 따라서 지역문화란 일정 시대의 일정지역에서 그들만이 만들어낼 수 있었던 특수한 내용이라고 하겠다. 즉 지역문화는 지역민들이 그들의 역사 진행 과정에서 선택하여 자기화한 생활양식이요, 가치관이요, 생명력이라고 할 수 있다.

그런데 지역의 정체성과 지역 이미지를 창출하고 문화현상을 결정하는 배경에는 여러 가지 요소들이 있는데 이것들을 '문화자원'이라고 할 수 있다. 이러한 문화자원의 유형을 필자는 풍토문화자원, 역사문화자원, 생활문화자원, 예술문화자원, 관광·여가문화자원, 문화시설자원 등으로 분류할 수 있다고 생각한다(한국의 향토문화자원, 2000). 물론 이와 같은 문화자원의 유형분류는 좀 더 연구하고 토론할 필요가 있겠으며, 또 각 유형이 독자적으로 어떤 문화현상의 결정요소로 작용한다고 단정 지을 수도 없으며, 이들 요소들뿐만 아니라 문화의 주체가 되는 시민(인간)이 생각하고 결정하고 선택하며 이끌어간다는 점을 간과해서는 안 될 것이다.

역사문화자원에는 지역사(내 고장의 어제와 오늘), 역사적 유물·유적, 역사적 사건과 현장, 역사적 인물, 전통문화 유산 등 유형·무형의 문화유산들이 포함될 수 있다. 이러한 역사문화자원의 전통적 가치(동질성; 정체성, 특수성)는 이미 과거의 역사경험 속에서 충분히 평가된 결과물이다. 오랜 시간 동안 주민들에 의하여 실험, 점검되고 평가받으면서 살아 계승된 생명력 있는 우리의 가치관이자 우리의 모습으로서 지역문화의 확실한 뿌리인 동시에 미래의 가능성을 예시해 주는 텍스트인 것이다. 이러한 의미에서 지역의 역사문화자원을 개발·전승시킨다는 것은 지역문화의 특수한 가치관과 생명력을 현재와 미래에 투영하여 활용할 수 있도록 함으로써 지역민의 동질성과 공감대의 기반인 지역적 정체성을 마련하기 위한 것이다.

2. 역사문화자원과 지역 문화정책의 기능

오늘의 시대를 독창성 있는 지역문화의 시대라고 하고 있다. 이렇게 말할 때, 지역정체성 위에서 어떻게 지역 이미지를 창출해 나갈 것인가 하는 것이 지역문화 정책의 과제가 된다. 지역의 문화적 정체성을 이룩해 내기 위해서는 지역문화자원을 통하여 지역문화의 잠재역량을 조사, 발굴, 개발하여 이를 토대로 기초자치단체 단위에서 문화발전 계획을 고안, 수립, 집행하는 것이 지역문화정책의 기능이다. 즉 지역사회 안에 소재하거나 잠재해 있는 문화적 자원과 문화적 가치를 소중히 여기면서 지역 이미지를 창출해 나가고자 하는 것이 지역문화정책이다.

그렇기 때문에 역사문화자원은 지역문화정책의 일차적인 대상이 된다. 우리 조상들은 그들 나름대로의 마을, 고을, 지역에서 오랜 역사 가운데 때로는 성장하고, 때로는 뒤처지면서 지역풍토에 적응한 다양한 생활체계를 이룩해 왔다. 지역에 따라서는 그것이 고대사회이든, 중세사회이든, 또는 근세사회이거나 근·현대사회이거나 간에 각각의 시대가 다름에 따라 그 성격이 변하였을 수도 있다. 그러나 그것에 의해서 지역의 특성을 토대로 한 마을의 개성을 쌓아 올려 지역사회를 특색지우며 오늘에 이른 것이다. 역사문화자원들은 이것들의 거울이고 뿌리인 것이라 할 수 있다.

그러나 얼마 전까지만 해도 지역문화정책에서 역사문화자원은 보존에만 집착해 왔다고 해도 과언이 아닐 것이다. 그것도 중앙정부 차원에서만 말이다. 역사적 유적지나 유서 깊은 건조물의 보존, 전통예능이나 축제의 유지, 민속자료의 수집과 향토자료관 및 박물관의 건립, 몇몇 전통산업이나 특출한 전통기술의 보호와 같은 활동들이 그것이다. 물론 이러한 보존, 유지, 보호활동들이 주민에게 지역의 개성을 느낄 수 있게 하는 활동인 동시에 외래 방문자에게는 관광자원으로서의 가치를 주는 것임에는 틀림이 없다. 그러나 그동안의 지역문화정책은 이러한 역사성 짙은 지역문화의 보존에만 연연해 왔다는 비판이 많다. 즉 창조적인 계승개발과 활용이 부진했다는 점을 반성하지 않을 수 없다.

한편 근대화다, 산업화다, 경제개발이다, 도시화 등으로 인한 무분별한 개발에 의한 역사문화자원의 파괴, 철학을 잃은 자연경관 자원의 파괴현상은 문화자원의 죽음을 재촉하고 있다. 지역문화정책은 이러한 파괴행위에 대응하여 역사문화자원을 비롯한 문화자원들을 어떻게 지켜야 할 것인가에 대한 대안을 마련하는 것도 시급한 과제이다.

역사문화자원에 관한 문화정책의 기능을 다음 다섯 가지고 요약해 보고자 한다.

첫째, 역사문화자원의 발굴 보존 및 계승 발전과 창조적 활용.

역사문화자원이라고 할 때 우리는 흔히 문화재라고 부르는 유형적인 미술품이나 골동품으로 집중 논의하는데, 이를 벗어나 무형의 문화유산들(역사적 인물, 정신사적 유산), 지역특성이 강한 생활문화와 민속, 오늘을 살아가는 근 현대문화 등으로까지 범위를 넓혀 이를 체계화하고 차별적인 문화특징을 두드러지게 하여 문화가치를 극대화하여 창조적으로 활용할 수 있게 해야 한다. 즉, 역사문화자원을 역사적인 지적자산이나 유산, 지역사회와 관련된 정보와 그 속성, 지역사회에 관한 새로운 사실, 지역고유의 생활상 등으로 확대하여 이를 조직화하고 활용할 수 있게 하는 것이 지역문화정책의 기능이다.

둘째, 역사문화자원의 연구 개발 촉진 및 지원.

지역의 역사문화자원은 그 자체가 다양한 종합적 구도를 가지고 있으므로 구조적 종합적 모습으로 연구 파악해야 할 분야이다. 단순하게 지역의 특수한 역사문화자원을 찾아내 설명하는 것도 중요하지만, 그 특수한 내용들도 지역의 전체적인 문화정서와 흐름 속에서 드러난 특징이기 때문에 그러한 특징을 나타낸 배경을 종합적으로 연구 파악할 필요가 있다. 그러나 지역 현장에는 전문 인력이 부족하고 협조체제가 미약하며 연구성과의 발표, 활용체계도 미진하다. 문화정책은 이러한 연구 개발을 활성화시키는 지원기능도 필요하다.

셋째, 역사문화자원에 관한 교육과 보급 확산.

지역의 역사문화자원은 우선 지역의 개성을 재인식시키고 그것을 재생시키는 데 그 의의가 있다고 하겠다. 그러기 위해서는 먼저 지역의 문화와 역사를 지역문화의 주체인 지역 주민들이 알아야 되는 것이다. 즉 지역의 역사와 그곳에서 삶을 영위했던 조상들이 이룩해 낸 문화를 이해하고, 그곳에서 지역적 특성을 찾아내어 미래의 전망을 생각하는 싱크탱크의 역할이 필요하다. 이를 위하여 문화정책은 지역역사문화자원에 관한 학교교육과 사회교육의 체제를 갖추고 교수요원을 양성하고, 지역문화의 정보화로 보급 확산에 힘써야 하겠다.

넷째, 역사문화자원의 문화 산업화.

문화산업을 강조하고 중요시하는 오늘날 이미 몇몇 지역에서 역사문화자원을 활용한 문화콘텐츠를 특화하여 문화산업을 육성하는 움직임이 태동되기 시작했다. 문화정책은 세계화의 추세 속에서 지역문화의 정체성과 문화경쟁력을 자원화와 상품화라는 산업적 활용을 위한 심층적이고 구체적인 정책적 대응을 요구받고 있다. 역사문화자원이 지닌 보편성과 특수성이 있는 문화콘텐츠의 상품적 가치와 그 의미, 그리고 그 활용방안을 적극적으로 모색하는 정책기능이 요망된다.

다섯째, 역사문화자원의 문화관광화.

관광산업은 21세기의 핵심 산업인 고부가가치 산업으로 발돋움하고 있다. 이에 부응하여 역사문화자원과 관광을 접목시켜 시너지효과를 높이는 문화관광산업을 육성 발전시켜야 한다. 종래의 관광이 구경하고 노는 향락적인 소비성 관광이었다면, 이제부터는 보고, 느끼고, 배우고, 체험하고, 생각하면서 재생산의 원동력이 될 수 있도록 한 차원 높은 단계로 올라서야 한다. 주5일제 근무제도가 실지되며 여가시간과 관광패턴도 바뀌고 있는 오늘날 생산적이고 교육적인 문화관광을 활성화시키는 것도 문화정책의 새로운 기능 중의 하나이다. 지면관계상 역사문화자원정책의 기능과 관련하여 다음 두 가지 사항을 첨언한다.

3. 정책주체 간의 역할분담과 협조체제

역사문화자원에 관한 문화정책의 주체는 국가, 광역자치단체, 기초자치단체, 민간(기업·단체·개인) 등으로 구분할 수 있다.

문화재정책일 경우 국가지정문화재와 시·도지정문화재로 명확하게 구분되기 때문에 관리업무가 확연히 분담되어 있어 별 문제가 없을 것 같다. 그러나 어느 쪽에서도 지정하지 않은 비지정문화유산이면서 보존할 가치와 필요가 있는 문화유산일 경우 잘못되어 방치될 수도 있는 우려가 있다.

이러한 경우 지방자체단체가 우선적으로 보호, 보존하는 조치를 위하는 것이 바람직하겠다. 뿐만 아니라 지정문화재가 아닌 근대문화유산의 보존에 각 정책주체들이 보다 적극적인 관심을 가져야 하겠다.

서울에는 개발붐을 타고 근대문화유산은 절멸상태라서 안타깝다. 정책주체 간의 역할분담과 협조체제가 필요하다.

4. '박물관지구' 개념의 도입

'박물관지구'란 어떤 특정지역 전체를 '박물관지구'로 설정하고 그곳의 문화적 환경과 전통을 부존하고, 적극적으로 활용하여 개성 있는 지역개발을 지향하는 것이다. 이러한 박물관지구 개념은 최근에 클로즈업 되고 있는 에코뮤지엄(Eco-museum-Human Ecological Museum)과 같은 개념이라고 할 수 있다. 에코뮤지엄이란 생활환경 박물관이라고도 하는 것으로써 일정한 문화권을 구성하는 지역의 문화를 보존 육성하여 지역사회의 발전에 기여하는 것을 목적으로 한다.

지역주민의 생활자체가 살아있는 전시라는 점에서 종래의 박물관 개념과는 전연 다른 것이다. 이러한 구상에 입각한 박물관 건설은 프랑스에서 시작되어 유럽과 미국, 일본 등에 보급되고 있다. 일본 이와태(岩手) 현 도오노(遠野) 시에서 추진한 '민속박물관공원구상'은 시민센터의 기본구상에 입각하여 7개 촌(村)에 각각의 특색을 갖춘 시설공원을 정비하려는 것이다.

그 중심이 되는 시설은 지구센터, 지구 공민관, 체육관, 운동장, 노인 아동센터, 그리고 민속자료관 등으로서 중앙에 있는 시민센터의 기능을 각 지구에 배치하여 지역개발의 거점으로 삼으려는 것이다. 이 구상은 물론 시민을 위한 시설이지만 동시에 관광자원으로 개발하려는 데 목적이 있다.

1971년 프랑스의 앙리 리비에르에 의해 제창된 에코 뮤지엄의 넓이는 하나의 문화권을 단위로 하여 주민생활의 모든 것을 포함하여 설치하기 때문에 종래의 박물관에서는 상상할 수 없는 넓이를 차지하게 된다. 예를 들면 프랑스 동북근경 근처의 프락멘디드 뮤지엄은 약 25km 사방의 넓이에 달해서 이 문화권에는 2개의 면과 14개의 종이 포함되고 15만 명의 사람이 살고 있다.

22. 지방문화원의 어제, 오늘, 내일

이종인(한국문화행정연구소장)

1. 어제의 문화원*

1945년의 해방, 1950년의 한국전쟁을 겪으면서 우리 사회는 극심한 혼란기를 경험했다. 이념의 갈등은 분단이라는 비극을 가져왔고, 분단된 조국 속에서 남한은 재건에 몸부림치는 상황이었다. 이 과정에서 자연스럽게 미국공보원(USIS)의 영상기 기자재 등을 지원받아 전국 각지에서 영사활동과 전시활동을 연계한 국정홍보역할을 수행하는 문화관, 문화원, 공보관 등의 이름을 가진 78개의 순수 민간문화기관들이 1950년대 말까지 전국적으로 설립되기에 이른다. 당시로서는 뜻 있는 인사들이 나선 '국혼수호와 민족문화재건'운동의 시발점이었다고도 할 수 있다. 자연발생적인 자발적 문화운동으로 향토문화운동과 상록수운동을 통하여 주민들의 자주 · 자활의식을 제고하는 데 기여했다.

1960년대는 문화원이 공인을 받는다는 연대였다. 5 · 16 이후 1961년 말 당시 공보부와 민간 문화기관 관계자 연석회의가 열리고, 1962년(1. 23) 대전에서 '한국문화원

---

*　이 글에서 '어제의 문화원'은 시기적으로 문화원 초창기인 1950년대부터 1994년 〈지방문화사업조성법〉이 폐기될 때까지고 설정하였다.

연합회'가 창립되어 비영리 사단법인체로 발돋움하고, 1964년 말까지 전국의 사설문화원이 사단법인 등록을 마쳤다. 1965년(7. 11)에는 비영리법인인 지방문화원이 지역사회의 문화계발을 위하여 전개하는 각종 지역문화사업을 보호·육성하기 위한 〈지방문화사업조성법〉이 제정 시행되어 문화원이 정부보조금을 받게 되었다. 이 시기에는 정부시책 홍보와 각 지역의 특색 있는 농악과 민요의 활성화에 주력했다. 1965년 말까지 지방문화원은 102개원으로 증가했다.

1970년대는 문화원 운영시책이 재정비되면서 문화원 성격과 진로를 재정비하면서 문화원 본연의 향토문화 창달에 박차를 가하게 된 시기였다.70년대 초기에는 69년대 후반에 무분별하게 신설된 문화원 중 일부 문화원이 부실 문화원으로 정리되는 일도 있었다. 또한 1972년에는 정부보조가 중단되는 곤경을 겪기도 하였으나 자주적 노력으로 본연의 목적사업에 충실함으로써 새로운 문화원의 진로를 모색할 수 있었다. 이 때문에 정부와 학계의 새로운 인식을 얻으며, 1974년도에 문예진흥기금이 지원되기 시작하였고, 1976년에 국고지원이 재개되고, 이 무렵부터 지방비 지원도 시작되었다. 1970년대 말의 문화원수는 126개원이었다.

1980년대는 경제와 문화의 균형발전에 대한 의식이 확산되면서 지방문화원의 활성화 지원이 확대되고, 문화원이 설치되지 않는 시·군에 대한 문화원 설립 권고시책으로 1979년 126개원이 1984년에는 145개원, 1988년에는 185개원으로 늘어났다.

1990년대에 들어와 문화부가 독립출범하고 문화부의 〈문화발전 10개년 계획〉에 의거 지방문화원을 지역문화의 거점으로 육성한다는 시책에 따라 지방문화원의 사업이 확장·강화되었다. 이에 부응하여 지방문화언의 조직 강화와 회원확장운동이 전개되었다.

이상으로 '어제의 문화원'의 발자취를 극히 간략하게 살펴보았다. 초창기부터 90년대 중반까지 초창기에는 무에서 유를 창조하려는 '국혼수호화 민족문화 재건'의 정신적 무장으로, 어려웠던 과도기를 슬기롭게 대처해왔던 문화원은 헌신과 봉사로 지역사회에 뿌리를 내려 민족문화유산의 보존과 계승, 향토문화 창달에 앞장서서 자율적으로 향토사료의 조사·정리, 전통문화진흥의 구심체적 역할을 담담하면서 향토문화의 재조명을 통한 지역문화시대의 기초를 닦아 왔다는 공적은 긍정적으로 평가하여 마땅하리라고 생각한다.

2. 오늘의 문화원[*]

　1994년에 지방문화원은 일대 전환기를 맞는다. '지방문화사업조성법'이 폐지되고, 지방문화언을 건전하게 육성·발전시킴으로써 균형 있는 지방문화를 진흥하겠다는 취지로 〈지방문화원진흥법〉이 대체 입법된 것이다. 이 법에 근거하여 지방문화원과 전국문화원연합회가 법인체제를 갖추게 되었다. 지방문화원은 이 법에 의거 전국의 시·군·구 단위에 1개원씩 설치되는 특별법인으로 국가와 지방자치단체가 그 육성의 의무를 진다고 명시하고 있다. 또한 이 법에 의하여 지방문화원에 대한 문화관광부 장관의 권한이 광역시·도지사에게 위임됨으로써 지방문화원의 지자체 예속현상을 우려하는 소리도 있다.

　1980~1990년대를 거치면서 지방문화원은 지역문화의 거점으로서 위상이 부각되며 그 기능과 역할이 점차 확대되어 왔으나, 아직도 이러한 역할과 기능을 효과적으로 수행하지 못하고 있다는 지적이 많다. 이와 같은 지적은 지방문화원의 기능과 역할에 대한 주민과 문화계의 기대치에 비해, 재정, 인력, 시설 및 기자재 등 활동자원이 미비하며, 그 결과 프로그램 기획능력이나 마케팅 등 경영(운영)능력이 낮은 수준에 머무르고 있다는 데서 그 원인을 찾을 수 있겠다.

　이상과 같은 내부적인 문제점을 내포하고 있는 지방문화원은 민주화 이후 개혁과 혁신을 부르짖고 있는 외부의 문화기관·단체들로부터 비판과 타도의 대상이 되고 있다는 데 문제의 심각성이 있다는 것을 간과해서는 안 될 것이다.

　오늘의 문화원은 내·외로부터 변화를 강요받고 있으며, 외부기관·단체들과의 치열한 경쟁 상태에서 살아남을 수 있는 대안을 강구해야만 할 시기에 처해 있다고 생각된다.

　가장 대표적인 비판의 소리는 '지방문화원은 어느 특정인의 사조직이냐? 지방토호세력이나 지방유지들의 공직퇴임 후의 양로원이냐? 지역문화의 기득권자들의 견고한 폐쇄성으로 인하여 젊은 사람들은 근접하기도 힘든 벽이다.' 라는 등의 비판의 소리를 자주 들었다. 이와 같은 비판들은 아마도 지방문화원장들 가운데 장기간 근속했

---

[*]　'오늘의 문화원'은 시기적으로 1994년 〈지방문화원진흥법〉이 제정·시행된 시기부터 현재까지로 설정하였다.

던 원장들이 많았던 것에 기인한 것이 아닌가 생각된다. 본인이 생각건대 그런 원장님들의 오랜 동안의 봉사정신과 지역문화에 대한 애착심과 그 공적들을 간과한 탓인지는 몰라도 여하간 외부의 인식은 공격적이고 비판적이다.

또 다른 형상은 문화시설과 문화인력이 부족한 농어촌이나 산촌지역에서는 지방문화원의 역할과 기능이 긍정적으로 평가받고 있지만, 대도시나 웬만한 중도시 지역에는 문예회관, 도서관, 박물관, 전시장, 문화의 집, 주민자치센터 등의 문화시설과 예총, 민예총, 문화연대 등 많은 단체들의 활동으로 그 기능과 프로그램들이 중복되기도 하고 유사하기도 하여 경쟁관계에 놓이게 되고, 그에 따라 지방문화원도 이제 사업으로 평가받고, 그 기준에 따라 지원되어야 한다는 소리가 높다. 그리고 이것은 이미 시행되고 있는 지역도 많다.

마지막으로 한 가지를 더 지적해 보면, 현재의 지방문화원진흥법에서는 1시·군·구에 1개 문화원씩만 허용하고, 이에 대하여 국가와 지방자치단체가 육성·지원하도록 되어 있어서, 같은 지역 내의 여타 문화시설과 문화단체들과의 형평성의 문제가 거론되고, 지방문화원을 공간(시설)의 개념으로 접근할 것이냐, 아니면 문화단체의 한 주체로 접근할 것이냐의 문제제기와 더불어 〈지역문화진흥법〉의 제정움직임이 전개되고 있어서 지방문화원진흥법의 존폐여부와 지방문화원의 행로가 어떻게 변할 것인지, 지금이야말로 지방문화원의 위기요, 갈림길에 서있는 것이 아닌가 생각된다.

3. 내일의 문화원: 변화에 대응하기 위한 지방문화원의 자성과 자구 노력

"변화에 적응할 줄 아는 자만이 살아남을 수 있다"는 말은 다만 기업에만 국한되지 않는다. 오늘의 세계에서는 모든 사회조직에 해당되는 말이며, 지방문화원에도 적용되는 말이다. 과거에는 지방문화원이 지역의 주요 문화기관이자 중추적인 문화시설이었다. 앞에서도 언급하였듯이 오늘에는 문화원 이외에도 많은 종류의 문화시설과 문화단체들이 생겨나서 경쟁 상태에 놓여 있는 것이 현실이다.

앞에서 지적한 여러 문제점을 해결하고, 지방문화원의 활동을 활성화시키기 위해서는 일차적으로는 육성을 책임진 국가와 지방자치단체의 재정적, 물질적 지원이 미흡했다는 점을 들지 않을 수 없다.

그렇다고, 정부에게 모든 책임을 전가할 수도 없는 일이 아닌가 싶다. 혹시나 지방문화원과 연합회가 법률적인 근거에 안주하여 스스로의 자구노력을 게을리 하지 않았는지 반성할 필요는 없는가!

문화원사업의 확장과 효과적 추진을 위한 전문 인력의 확충, 프로그램의 다양화와 질적 수준의 제고, 주민참여를 위한 노력, 지역문화의 정체성 찾기 등 기본적 목적사업의 강화와 함께 시대상황의 변화에 적응하여 사회교육기능의 강화, 정보화 사업의 추진, 노령자 및 여가시간의 증대에 대비한 생활문화의 진작, 운영의 합리화와 효율적 경영을 통한 자체수입 확대를 위한 경영자원의 개발 등의 문제에 관하여 문화원 내부의 자체적인 역량과 직원들의 열성적이고 창의적인 노력을 경주했는지도 다시 한 번 자성해 보아야 하겠다.

외부의 비판의 소리에 대하여는 원장의 임기를 4년으로 하고 1차에 한하여 중임할 수 있다는 정관조항에 의하여 작년부터 30~40명의 원장들이 교체되고 있어 다행스러운 일이기도 하다. 아울러 사무국장 인건비를 국고와 지방비로 3년 계약 건으로 지원하게 되어 지방문화원에 전문적인 식견을 가지고 있는 사무국장들이 채용될 수 있게 되어 그 성과와 결과를 기대할 수 있어 이 또한 다행한 일이다. 이러한 원장 임명과 사무국장 채용과정의 공개성과 투명성에도 많은 신경을 써야 하리라고 본다.

원장 선임제도에 대한 한 예로 '프랑스 문화의 집'의 관장 선임방법을 소개하겠다. 프랑스 문화의 집 관장은 완전한 공개공모 경쟁체제를 택하고 있다. 응모자는 임기 내에 추진 할 사업계획서와 운영계획서를 제출하고, 심사위원회에서 심사하여 선임한다. 원칙적으로 중임제도는 없고, 다른 사람들과 동일한 조건으로 응모하여 선정되면 중임 할 수 있게 된다. 임기는 3년이다.

원장, 사무국장 뿐 아니라 일반 직원들까지도 문호를 개방하여 널리 인재를 구하는 것이 필요하다. 부탁하고 싶은 일은 문화원 구성원에 '젊은 피를 수혈'하는 일이다. 지역문화를 사랑하고, 정열과 패기 있는 젊은이들이 필요하다. 뿐만 아니라 문화원의 폐쇄성을 비판하는 소리와 관련하여, 문화원은 지역사회의 전 주민에게 열린 마음으로 대하고, 다양한 주민들의 요구와 의견을 프로그램의 기획단계에서부터 참여할 수 있게 하여 주민의 주인의식을 고양시키고, 지역사회 안에 다양한 소그룹(동아리 등) 활동을 전개할 수 있게 해야 한다.

　　문화원 문호의 개방은 지역 내 문화시설과 문화단체에도 적용하여 상호역할분담과 협력체제를 구축하는 등 네트워크를 형성하는 것이 바람직하다. 주민과의 네트워크, 시설과의 네트워크, 단체와의 네트워크는 문화원의 숨은 자산이다.

　　마지막으로 지방문화원은 무엇을 하는 곳인가에 관하여 이야기하겠다.

　　① 지방문화원은 지역에 문화활동의 씨를 뿌리고 싹을 틔우는 곳

　　지역문화의 기본은 우선 지역의 개성을 재인식하고, 그것을 재생시키는 것이다. 그러므로 지역의 역사와 문화를 이해하는 것으로부터 시작되어야 한다. 우선 지역의 특성, 지역의 개성을 파악하는 것이 지역문화의 핵이다. 지방문화원은 이러한 지역문화의 핵을 지역주민들에게 심어서 주민 스스로 지역의 역사와 생활문화를 이해하고, 자주적으로 지역문화를 일으키게 하는 곳이어야 한다.

　　② 지역에 아마추어 문화활동의 물결을 일으키고 넓히는 곳

　　지역문화 창조의 출발점은 '활력 있는 인간집단'이다. 문화는 사람과 사람과의 관계와 커뮤니케이션 가운데서 생성된다. 지방문화원은 지역의 인간적 커뮤니케이션을 회복하는 프로그램(교육, 토론, 감상, 체험 등)을 통하여 지역사회에 다양한 동아리모임들(클럽, 그룹, 소규모 집단)의 문화활동을 진작시키는 곳이다. 이와 같은 소규모 아마추어 활동들은 주민에 의하여 자발적이고 자주적으로 형성된 문화활동의 기반이 되는 것이다.

　　③ 프로와 아마추어의 만남의 장을 만들어 수준을 끌어 올리는 곳

　　아마추어 문화활동이 진전되다 보면 각 멤버들은 스스로 쓰고, 그리고, 발표하면서 그들의 성장을 평가 받고자 하게 된다. 문화원은 이런 때 전문예술인이나 작가들과의 만남의 기회를 주선하여 그들의 성취물을 평가받고, 수준을 끌어 올리게 된다. 이 경우 문화원은 그들 작품의 발표마당까지 마련해 주는 것이 더욱 바람직하다.

　　④ 지역문화활동을 선도할 지역문화 프로듀서(PD)를 양성하는 곳

　　지방문화원은 문화원 내부 직원뿐만 아니라, 지역주민 가운데서도 문화활동을 이

끌어 나가는 자질을 가진 사람을 발굴하여 문화활동의 기획자, 조직자, 운영자 등을 양성해 나가는 곳이기도 하다.

⑤ 독창성 있는 문화활동을 전개하여 문화적 지역 분위기를 조성하는 곳

이제 지역문화의 과제는 지역정체성(개성) 위에서 어떤 지역 이미지를 창출해 낼 것이냐이다. 지방문화원은 지역 나름대로의 독창성 있는 지역문화 운동(축제, 문화마을, 역사마을, 생태마을 등)을 주민과 함께 전개하여 지역을 문화적으로 가꾸는 운동본부의 역할을 하는 곳이다.

이렇게 하여 자율적이고 자주적인 주민문화활동이 활발하게 될 때, 주민들은 감성이 넉넉해지고, 생활문화가 바뀌어 문화도시·문화마을로 탈바꿈 할 수 있는 것이다. 지방문화원은 이렇게 되게끔 하는 데 능동적으로 매개 활동을 하는 촉매자의 위치에 있는 것이다.

참고문헌

문화관광부, 『예술의 힘』, 2004.
문화관광부, 『창의한국』, 2004.
이종인, "문화정책과 문화행정", 강의자료, 2005.
이종인, "지역문화 컨설팅", 강의자료, 2005.
전국문화원연합회, 『전국문화원연합회 40년사』, 2002.
한국문화정책개발원, 『지방문화권 운영실태 조사 연구』, 1996.

23. 지방문화원에 바란다!

변화에 대응한 지방문화원의 사명

이종인(한국문화행정연구소장)

1. 사회 · 문화환경의 변화와 지역문화

21세기에 들어오면서 우리들의 생활은 커다란 변화를 겪고 있다.

첫째로는 물질에서 정신으로 가치관의 면에서 큰 변화가 일어나고 있다. 이런 것들은

'실리 · 효율'로부터 '여유 · 쾌적', '놀이 · 감성', '소비의 개성화 · 고급지향'이라는 현상으로 나타나고 있다.

둘째로는 역사를 통하여 변하기 어려운 것(전통적인 것)과 시대와 더불어 변하는 것(현대적 유행 등), 즉 변하지 않는 것과 변하는 것의 조화 속에서 새로운 생활문화가 형성되고 있다.

셋째로는 최근에 와서 쾌적성의 문제가 지역사회에서 중요한 정책과제로 대두하고 있다. 즉 생활의 주체인 국민(주민) 개개인이 미적 감각을 세련화시키고, 인간성 문제에 관심을 기울이며, 지구환경의 파괴를 우려하면서 문화적 관심을 높여 문화예술 활동에 대한 참여의욕을 불러일으키고 있다. 이와 같이 문화와 환경이 긴밀하게 연관되어 문화성이 높은 생활공간의 형성을 요구하는 쾌적성 정책은 도시정책, 환경정책,

문화정책 등의 복합영역이라고 할 수 있으며, 특히 문화정책은 그 연결고리의 위치에 있다.

넷째로는 국제화·지구촌화의 물결에 의하여 우리 문화의 정체성확립의 필요성이 그 어느 때 보다 더 요구되고 있다. 이것은 우리 문화의 전체의 특성을 명확하게 하는 동시에 지역문화의 고유성확립과 독자성의 발휘를 요청하는 것이라고 할 수 있다. "가장 세계적인 것은 가장 한국적인 것" 이라는 말에서 "가장 한국적인 것은 가장 지역적인 것"이라고 할 수 있다.

다섯째로는 지식정보화시대가 되면서 창의와 문화가 우리 사회의 중심가치로 부상하고 있으며, 이에 따라 민·관의 협력에 의한 특색 있는 지역문화의 계승·발전 노력의 필요성이 강조되고 있다. 한편 멀티미디어 기술의 발전은 지역주민의 문화창조에 대한 참여욕구를 확대하고 있으며, 노령인구의 증가와 주 5일제 근무의 실시, 젊은 층의 참여형 지역문화활동 등은 지역주민의 문화창조의 시간적 제약여건을 완화시키는 요인으로 작용할 소지가 크다. 또한 문화와 산업의 결합이 긴밀해져서 문화예술이 뒷받침된 부가가치가 높은 제품들이 필요하게 됨과 동시에 문화산업의 영역이 넓어지고 있다.

여섯째로는 위에서 살펴본 사회·문화환경의 변화상황 가운데서 국민(주민)들은 생활문화의 충실을 요구하고 있다. 생활문화란 사람들이 생활을 영위함에 있어서 한정된 시간·공간·물질을 사용하여 꾸려나가는 생활의 양식이라고 할 수 있다. 생활문화의 전개장소는 개인, 가정, 직장, 지역, 국가사회, 국제사회 등 여러 공간에서 펼쳐지겠으나 비교적 중요한 마당은 '지역'이다. 생활문화의 발현형태는 일상의 의식주생활을 보다 쾌적하면서도 미적(美的)인 것을 추구하고자 하는 행동과 그것을 지탱하는 경제적, 사회적 활동이라고 할 수 있다.

지역문화정책은 지역 내의 문화적 하드웨어와 문화적 소프트웨어를 연결시키는 연결고리로서 작용할 필요가 있다. 특히 예술은 지역문화 전체의 수준을 끌어 올림과 동시에 지역의 품위를 나타낸다. 한편 생활과 단절된 곳에 예술은 존재하지 못하고, 생활문화도 예술에 영향을 준다는 것에 유념해야 한다. 그러므로 문화예술과 생활문화는 상호보완 관계에 있는 것이다. 자치단체의 문화정책에서도 문화예술을 중심영역으로 하면서도 이것을 지탱시키는 생활문화, 즉 주민생활 전반에 종합적인 배려가 있어야 할 것이고, 이점에 관해서는 지방문화원의 역할도 중요하다는 점을 강소해 준다.

다시 한 번 요약 정리해 보면, 21세기의 현실은 우리에게 전혀 새로운 차원의 문제를 제기하고 있다. 삶의 목적이 양적인 풍요에서 질적인 풍요로 바뀌면서 제반 사회활동의 부수적인 영역에 속했던 문화예술이 사회의 중심영역으로 자리하게 된 것이다. 정보통신과 뉴미디어 혁명, 광범위한 문화 산업의 번창, 개인의 노동시간 단축과 자유시간의 확대, 문화적인 자아실현의 욕구 등을 통하여 문화는 정치와 경제의 한 가운데로 진입하고 있다.

참여정부는 이러한 시대적 흐름에 부응하기 위해 '자율 · 참여 · 분권'이라는 정책 목표 아래 우리 사회의 각 영역에서 창조성과 자율성을 높여갈 수 있는 여건조성에 주력할 것을 천명하고 있다. 그렇다면 지방자치단체에서도 이에 부응하여 높아진 지역주민의 문화지향을 받아들이고, 지역의 문화적 주체성과 자율성의 확보를 목표로 하여 문화정착을 지역정책의 중요한 기둥으로 자리매김해야 할 것이다. 적어도 이념상으로는 문화를 상위개념에 두고, 이것을 원점으로 하면서 각종 정책을 전개함으로써 문화적인 자율과 문화적인 참여와 문화적인 분권을 이룩하는 것이 지역문화정책의 기본방향이라고 생각한다.

2. 지방문화원의 현황과 문제점 및 외부의 비판

현재의 지방문화원은 1994년에 제정 시행된 〈지방문화원진흥법〉에 근거하여 지방문화원과 전국문화원연합회가 법인체제를 갖추고, 국가와 지방자치단체가 그 육성을 책임지고 있는 유일한 지역문화진흥을 목적으로 한 조직기구이다. 현재 전국의 시 · 군 · 구 단위에 224개의 문화원이 설치 운영되고 있다.

동법에 명시되어 있는 지방문화원의 사업은 다음과 같다.

① 지역고유문화의 계발, 보급, 보존, 전승 및 선양
② 향토사의 조사 · 연구 및 사료의 수집 · 보존
③ 지역문화행사의 개최
④ 문화에 관한 자료의 수집 · 보존 및 보급

⑤ 지역전통문화의 국내외 교류

⑥ 지역문화에 관한 사회교육활동

⑦ 지역환경보존 등 지역사회 발전을 위한 문화활동

⑧ 기타 지역문화발전에 기여할 수 있는 사업 등

문화원은 위와 같은 사업을 위하여 향토사연구소, 문화학교, 문화의집(위탁), 향토사료관, 예덕관, 자료실 등 부설기관을 운영하고 있으며, 매년 전국향토문화연구 발표회를 개최(연합회)하고, 기타 지역의 문화시설과 단체와 협력하여 사업을 수행하고 있다.

1980~1990년대를 거치면서 지방문화원은 지역문화의 지역거점으로서의 위상이 부각되며 그 기능과 역할이 점차 확대되어 왔으나 아직도 이러한 역할과 기능을 효과적으로 수행하지 못하고 있다는 지적이 많다. 이와 같은 지적은 지방문화원의 기능과 역할에 대한 주민과 문화계의 기대치에 비해, 재정, 인력, 시설 및 기자재의 활동자원이 미비하며, 그 결과 프로그램 기획능력이나 마케팅 등 경영능력이 낮은 수준에 머무르고 있는 데서 그 원인을 찾을 수 있겠다. 이러한 전제하에 지방문화원의 현안문제점을 몇 가지 찾아보자

첫째, 지방문화원 상근자현황을 보면 대부분 원장, 사무국장 그리고 일반 직원 한두 명으로 운영되고 있다. 전국지방문화원의 상근자 평균은 원장포함 3.39명, 무급인 원장을 제외하면 2.39명이다. 그리고 일반직원들은 보수가 낮고, 신분이 불안정하기 때문에 사기가 높지 않고, 전문성을 높이기 위한 교육훈련 체계가 갖추어져 있지 못하다.

둘째, 지방문화원의 재정은 그 규모가 작을 뿐만 아니라 재원구조가 다양하지 못하고, 재정자립도도 매우 낮은 편이다. 재원은 국고, 지방비, 문예진흥기금, 자체수입 등으로 구성되는데 각 재원의 지원 비율이 연도별로 기복이 심하여 지속적인 사업추진이 어려운 현실이다. 최근 1~2년간에는 로또기금이 투여되고 있다.

셋째, 지방문화원 중 독립원사를 갖고 있는 곳은 전체의 15% 내외에 불과하고 그 외의 문화원은 지방자치단체의 건물을 임대받아 사용하고 있다. 이에 따라서 프로그램에 맞는 공간을 활용하지 못하고, 공간에 맞춘 프로그램을 운영할 수밖에 없다는 제약이 따른다.

넷째, 지방문화원은 문화학교 사업이 전개되면서 지역주민들에게 긍정적인 반응을 얻고 있으나, 그 주요대상이 주부·여성에 한정되어 있다는 한계를 안고 있다.

다섯째, 지방문화언은 초창기부터 향토문화에 관한 조사 및 자료발간, 향토문화제 등 각종 문화행사 등을 추진하여 많은 업적을 축적해 왔으나, 이러한 지역문화자원을 홍보하고 보급하기 위한 시청각 매체화 작업은 미흡한 수준에 머물러 있고, 특히 이러한 지역문화자원을 활용한 재창조활동이 미흡했다는 문제점을 안고 있다.

이상과 같은 내부적인 문제점을 내포하고 있는 지방문화원은 민주화 이후 개혁과 혁신을 부르짖고 있는 외부의 문화기관·단체들로부터 비판과 타도의 대상이 되고 있는 것이 작금의 현실이라는 점을 간과해서도 안 된다고 생각한다.

가장 대표적인 비판의 소리는 지방문화원은 어느 특정인의 사조직이냐? 지방 토호세력이나 지방유지들의 공직퇴임후의 양로원이냐? 지역문화의 기득권자들의 견고한 폐쇄성으로 인하여 젊은 사람들은 근접하기도 힘든 벽이다, 라는 등의 비판의 소리를 자주 들었다. 이와 같은 비판들은 아마도 지방문화원장들 가운데 장기간 근속했던 원장들이 많았던 것에 기인한 것이 아닌가 생각된다. 본인이 생각건대 그런 원장님들의 오랜 동안의 봉사정신과 지역문화에 대한 애착심과 그 공적들을 간과한 탓인지는 몰라도 여하간 외부의 인식은 공격적이고 비판적이다.

또 다른 형상은 문화시설과 문화인력이 부족한 농어촌이나 산촌지역에서는 지방문화원의 역할과 기능이 긍정적으로 평가받고 있지만, 대도시나 웬만한 중도시 지역에는 문예회관, 도서관, 박물관, 전시장, 문화의 집, 주민자치센터 등의 문화시설과 예총, 민예총, 문화연대 등 많은 단체들의 활동으로 그 기능과 프로그램들이 중복되기도 하고 유사하기도 하여 지방문화센터도 경쟁관계에 놓이게 되고, 그에 따라 지방문화원도 이제 사업으로 평가받고, 그 기준에 따라 지원되어야 한다는 소리가 높다. 그리고 이것은 이미 시행되고 있는 지역도 많다.

마지막으로 한 가지를 더 지적해 보면, 현재의 지방문화원진흥법에서는 1시·군·구에 1개 문화원씩만 허용하고, 이에 대하여 국가와 지방자치단체가 육성·지원하도록 되어 있어서 같은 지역 내의 여타 문화시설과 문화단체들과의 형평성의 문제가 거론되고 있으며, 지방문화원을 공간(시설)의 개념으로 접근할 것이냐, 아니면 문화단체의 한 주체로 접근할 것이냐의 문제제기와 더불어 〈지역문화진흥법〉의 제정움직임이 전개되고 있어서 지방문화원진흥법의 존폐여부와 지방문화원의 행로가 어떻게 변할 것인지, 지금이야말로 지방문화원의 위기요, 갈림길에 서있는 것이 아닌가 생각된다.

3. 변화에 대응하기 위한 지방문화원의 자성과 자구 노력

"변화에 적응할 줄 아는 자만이 살아남을 수 있다"는 말은 다만 기업에만 국한하지 않는다. 오늘의 세계에서는 모든 사회조직에 해당되는 말이며, 지방문화원에도 적용되는 말이다. 과거에는 지방문화원이 지역의 주요 문화기관이자 중추적인 문화시설이었다. 앞에서도 언급하였듯이 오늘에는 문화원 이외에도 많은 종류의 문화시설과 문화단체들이 생겨나서 경쟁 상태에 놓여있는 것이 현실이다.

앞에서 지적한 여러 문제점을 해결하고 지방문화원의 활동을 활성화시키기 위해서는 일차적으로는 육성을 책임진 국가와 지방자치단체의 재정적, 물질적 지원이 미흡했다는 점을 들지 않을 수 없다. 그렇다고, 정부에게 모든 책임을 전가할 수도 없는 일이 아닌가 싶다. 혹시나 지방문화원과 연합회가 법률적인 근거에 안주하여 스스로의 자구 노력을 게을리 하지는 않았는지 반성할 필요는 없는가!

문화원사업의 확장과 효과적 추진을 위한 전문인력의 확충, 프로그램의 다양화와 질적 수준의 제고, 주민참여를 위한 노력, 지역문화의 정체성 찾기 등 기본적 목적사업의 강화와 함께 시대상황의 변화에 적응하여 사회교육기능의 강화, 정보화사업의 추진, 노령자 및 여가시간의 증대에 대비한 생활문화의 진작, 운영의 합리화와 효율적 경영을 통한 자체수입 확대를 위한 경영자원의 개발 등의 문제에 관하여 문화원 내부의 자체적인 역량과 직원들의 열성적이고 창의적인 노력을 경주했는지도 다시 한 번 자성해 보아야 하겠다.

외부의 비판의 소리에 대하여는 원장의 임기를 4년으로 하고 1차에 한하여 중임할 수 있다는 정관조항에 의하여 작년부터 30~40명의 원장들이 교체되고 있어 다행스러운 일이기도 하다. 아울러 사무국장 인건비를 국고와 지방비로 3년 계약 조건으로 지원하게 되어 지방문화원에 젊고 전문적인 식견을 가지고 있는 사무국장들이 채용되고 있어 그 성과와 결과를 기대할 수 있게 하여 이 또한 다행한일이다. 이러한 원장임명과 사무국장 채용과정의 공개성과 투명성에도 많은 신경을 써야 하리라고 본다.

원장선임제도에 대한 한 예로 '프랑스 문화의 집'의 관장 선임방법을 소개하겠다. 프랑스 문화의집 관장은 완전한 공개공모제를 택하고 있는데 응모자는 임기 내에 추진할 사업계획서와 운영계획서를 제출하고, 심사위원회에서 심사하여 선임하고, 원칙적으로 중임제도는 없고, 다른 사람들과 동일한 조건으로 응모하여 선정되면 중임할 수 있게 된다. 임기는 3년이다.

원장, 사무국장뿐 아니라 일반직원들 까지도 문호를 개방하여 널리 인재를 구하는 것이 필요하다. 부탁하고 싶은 일은 문화원구성원에 젊은 피를 수혈하는 일이다. 지역문화를 사랑하고, 정열과 패기 있는 젊은이들이 필요하다. 뿐만 아니라 문화원의 폐쇄성을 비판하는 소리와 관련하여, 문화원은 지역사회의 전 주민에게 열린 마음으로 대하고 다양한 주민들의 요구와 의견을 프로그램의 기획단계에서부터 참여할 수 있게 하여 주민의 주인의식을 고양시키고, 지역사회 안에 다양한 소그룹(동아리 등)활동을 전개할 수 있게 해야 한다. 문화원 문호의 개방은 지역 내 문화시설과 문화단체에도 적용하여 상호역할분담과 협력체제를 구축하는 등 네트워크를 형성하는 것이 바람직하다. 주민과의 네트워크, 시설과의 네트워크, 단체와의 네트워크는 문화원의 숨은 자산이다.

마지막으로 지방문화원은 무엇을 해야 하는 곳인가에 관하여 이야기 하겠다.

① 지방문화원은 지역에 문화활동의 씨를 뿌리고 싹을 틔우는 곳

지역문화의 기본은 우선 지역의 개성을 재인식하고, 그것을 재생시키는 것이다. 그러므로 지역의 역사와 문화를 이해하는 것으로부터 시작되어야 한다. 우선 지역의 특성, 지역의 개성을 파악하는 것이 지역문화의 핵이다. 지방문화원은 이러한 지역문화의 핵을 지역주민들에게 심어서 주민 스스로 지역의 역사와 생활문화를 이해하고, 자주적으로 지역문화를 일으키게 하는 곳이어야 한다.

② 지역에 아마추어 문화활동의 물결을 일으키고 넓히는 곳

지역문화창조의 출발점은 '활력 있는 인간집단'이다. 문화는 사람과 사람과의 관계와 커뮤니케이션 가운데서 생성된다. 지방문화원은 지역의 인간적 커뮤니케이션을 회복하는 프로그램(교육, 토론, 감상, 체험 등)을 통하여 지역사회에 다양한 동아리모임들

(클럽, 그룹, 소규모 집단)의 문화활동을 진작시키는 곳이다. 이와 같이 소규모 아마추어 활동들은 주민에 의하여 자발적이고 자주적으로 형성된 문화활동의 기반이 되는 것이다.

③ 프로와 아마추어의 만남의 장을 만들어 수준을 끌어 올리는 곳

아마추어 문화활동이 진전되다 보면 각 멤버들은 스스로 쓰고, 그리고, 발표하면서 그들의 성장을 평가받고자 하게 된다. 문화원은 이런 때 전문예술인이나 작가들과의 만남의 기회를 주선하여 그들의 성취물을 평가받고, 수준을 끌어올리게 된다. 이 경우 문화원은 그들 작품의 발표마당까지 마련해 주는 것이 더욱 바람직하다.

④ 지역문화활동을 선도할 지역문화 프로듀서(PD)를 양성하는 곳

지방문화원은 문화원 내부직원 뿐만 아니라 지역주민 가운데서도 문화활동을 이끌어나가는 자질을 가진 사람을 발굴하여 문화활동의 기획자, 조직자, 운영자 등을 양성해 나가는 곳이기도 하다.

⑤ 독창성 있는 문화활동을 전개하여 문화적 지역분위기를 조성하는 곳

오늘 지역문화의 과제는 지역정체성(개성) 위에서 어떤 지역 이미지를 창출해 낼 것이냐이다. 지방문화원은 지역 나름대로의 독창성 있는 지역문화운동(축제, 문화마을, 역사마을, 생태마을)을 주민과 함께 전개하여 지역을 문화적으로 가꾸는 운동본부의 역할을 하는 곳이다.

이렇게 하여 자율적이고 자주적인 주민문화활동이 활발하게 될 때, 주민들은 감성이 넉넉해지고, 생활문화가 바뀌어 문화도시, 문화마을로 탈바꿈 할 수 있는 것이다. 지방문화원은 이렇게 되게끔 하는 데 능동적으로 매개활동을 하는 촉매자의 위치에 있는 것이다.

참고문헌

문화관광부, 『예술의 힘』, 2004.
문화관광부, 『창의한국』, 2004.

이종인, "문화정책과 문화행정", 강의자료, 2005.

이종인, "지역문화컨설팅", 강의자료, 2005.

전국문화원연합회, 『전국문화원 연합회 40년사』, 2002.

한국문화정책개발원, 『지방문화권 운영실태 조사연구』, 1996.

24. 지방자치 10년과 지역문화정책

이종인(한국문화행정연구소장)

1. 지방자치제 10년의 국가 지역문화정책

(1) 문민정부(1993~1997)

중단되었던 지방자치제가 다시금 부활하여 실시되기 시작한 1995년은 문민정부의 중간기간에 속한다. 문민정부 문화정책의 기조는 ① 규제에서 자율로, ② 중앙에서 지방으로, ③ 창조계층에서 향수계층으로, ④ 분단에서 통일로, ⑤ 보다 넓은 세계로 라는 다섯 가지였다. 이러한 정책기조에 따른 정책 목표는 ① 민족정기의 확립, ② 지역문화 활성화와 문화복지의 균점화, ③ 문화창조력 제고와 문화환경 개선, ④ 문화산업 개발 ⑤ 한겨레 문화조성과 세계화 등 다섯 가지였다.

문민정부 지역문화정책의 특징은 '삶의 질' 세계화를 위한 문화복지 기본구상(1996)에 따른 '문화의집' 개설, 관광의 문화화를 위한 문화관광축제 육성, 광주비엔날레와 부산국제영화제 신설, '민예총'의 제도권 편입 등을 통하여 지방자치제 실시에 따른 지역문화 활성화의 계기를 마련하게 된 것이라 하겠다.

그러나 문민정부의 지역문화정책 역시 성과 위주의 관제적 요소를 극복하지 못함으로써 자율화를 전제로 하는 지역문화 역량을 증진시키는 데는 미치지 못한 것으로 평가된다.

(2) 국민의 정부(1998~2002)

국민의정부 문화정책은 '창의적 문화복지국가 건설'이라는 기조와 '지원은 하되 간섭은 않는다'는 원칙하에 ① '문화의 힘'으로 제2의 건국, ② '문화가 중심가치'가 되는 지식정보사회 구축, ③ 문화주의를 통한 '성숙한 민족공동체' 형성, ④ 문화정체성과 보편성의 조화로 '열린 문화' 구현이라는 네 가지 목표를 지향하였다.

국민의 정부 문화정책 가운데 지역문화정책과 관련된 과제는 '문화복지의 실질적 구현을 통한 삶의 질 향상'과 '문화기반시설의 확충과 운영개선' 및 '문화를 기반으로 지역 간 균형발전과 사회통합추구'의 과제였다고 하겠다. 이러한 과제들의 구체적 실천방안으로 평생문화학습 환경 조성을 위한 문화기반시설의 역할 확대, 문화복지 기반 조성, 문화소외계층 지원, 문화자원봉사활동 육성, 문화예술교육과 문화 프로그램 개발, 도·농 간 문화격차 해소, 문화·관광 프로그램 확대, 문화환경 가꾸기 및 문화·역사마을 만들기 사업들을 추진하였다.

금융과 외환위기로 인한 IMF 관리체제라는 무거운 짐을 지고 출범한 국민의정부에서는 상대적으로 문화정책 부문이 소외될 수밖에 없었던 것이 사실이다. 국민의 소비생활 위축과 어려운 경제 사정으로 인해 문화예술 지원이 위축됨에 따라서 문화·관광 등의 분야에 심각한 타격을 받았다. 1999년 하반기 이후 국민경제가 다소 회복 국면에 접어들면서 출판·공연계를 비롯한 문화산업과 관광 분야를 활성화시키기 위한 각종 지원정책을 추진하는 한편, 과거의 정부가 약속만 해놓고 실현하지 못했던 문화예산1%확보라는 과제를 2000년도에 실현했다는 것은 특기할 만한 일이었다.

그리고 2001년 '지역문화의 해' 사업을 통하여 우리나라 지역문화의 현황과 문제점을 파헤침으로써 지역의 정체성 확립과 지역특성화 사업을 육성하기 위한 지역문화 진흥기반을 조성할 수 있는 계기를 마련할 수 있었다는 점도 기록할 만한 일이었다고 하겠다.

그럼에도 불구하고, 국민의정부 문화정책은 문화산업과 문화관광에 편중되어 '문화·예술=돈'이라는 상업성을 팽배하게 하지 않았나 하는 부정적인 평가도 없지 않다. 문화발전의 정점이라고 할 수 있는 기초예술의 창조활동 지원이 상대적으로 소외되었다는 점을 지적할 수 있겠다.

(3) 참여정부(2003~2007)

참여정부의 문화관광부는 2004년 6월, 분권·자율·참여의 국정지표와 변화된 문화환경, 현장의 목소리 등을 수용한 문화·예술·관광·체육·청소년 분야의 의제를 집대성한 『창의한국』(21세기 새로운 문화비전)과 『예술의 힘』(새로운 한국의 예술정책)을 발표하였다.

문화비전을 제시하고 있는 『창의한국』에서는 ① 문화참여를 통한 창의성 제고, ② 문화의 정체성과 창조적 다양성 제고, ③ 문화를 국가발전의 신성장동력화, ④ 국가균형발전의 문화적 토대구축, ⑤ 평화와 번영을 위한 문화교류 협력증진이라는 다섯 가지 기본방향과 이를 구현하기 위한 27개의 추진과제가 포함되어 있다.

새로운 예술정책을 천명하고 있는 『예술의 힘』에는 4대 기본방향에 14개 추진과제가 포함되어 있는데 그 내용은 〈표 1〉과 같다.

〈표 1〉 참여정부 4대 기본방향과 14개 역점 추진과제

4대 기본 방향	14개 역점 추진과제
1. 향유자 중심의 예술활동 강화	① 예술교육을 통한 문화향유 능력 개발 ② 생활 속의 예술참여 활성화 ③ 예술의 공공성 제고
2. 예술의 창조성 증진	④ 장르별 예술 창작 활동 지원 확대 ⑤ 새롭고 실험적인 예술활동 지원 ⑥ 남북 및 국제예술교류를 통한 예술의 지평 확대 ⑦ 국립예술시설·단체의 기능 활성화 및 특화된 예술 환경 조성
3. 예술의 자생력 신장	⑧ 예술인에 대한 사회적 예우 강화 ⑨ 예술전문인력의 체계적 양성 및 재교육 ⑩ 예술의 산업적 발전 지원 ⑪ 개성 있는 지역문화 진흥
4. 열린 예술행정체계 구축	⑫ 예술지원시스템을 현장 중심으로 전환 ⑬ 예술재원의 안정적 확충과 효과적 활용 ⑭ 예술진흥을 위한 법과 제도 개선

(사)한국민족예술인총연합, 『16개 광역시/도 문화예술진흥정책 현황조사 연구』, 2004. 11.

『창의한국』의 과제 중에서 지역문화정책과 직간접적으로 관련 있는 과제는 ① 문화예술교육을 통한 문화역량 강화, ② 문화활동 증진과 여가문화의 질 향상, ③ 문화적인 노후생활 보장, ④ 사회적 취약계층의 문화권 신장, ⑤ 문화유산의 보존과 전통의 현대적 계승, ⑥ 예술의 창조적 다양성 제고, ⑦ 문화산업의 고도화, ⑧ 관광산업의 전략적 육성, ⑨ 지역의 문화역량 제고, ⑩ 쾌적하고 아름다운 공간환경 조성, ⑪ 문화시설의 균형적 확충과 운영의 활성화, ⑫ 국민에게 다가가는 문화정보체계 구축, ⑬ 지역문화의 역동적 특성화, ⑭ 농어촌의 문화환경 조성, ⑮ 국제교류확대를 통한 문화다양성 증진 등이라 하겠다.

『예술의 힘』의 과제 중에서 지역문화정책과 직간접적으로 관련 있는 과제는 ① 예술교육을 통한 문화향유능력 개발, ② 생활 속의 예술참여 활성화, ③ 예술의 공공성 제고, ④ 예술인에 대한 사회적 예우 강화, ⑤ 예술의 산업적 발전지원, ⑥ 개성 있는 지역문화 진흥, ⑦ 예술지원시스템의 현장중심 전환, ⑧ 예술재원의 안정적 확충과 효과적 활용, ⑨ 예술진흥을 위한 법과 제도 개선 등이라 하겠다.

참여정부의 본격적인 문화정책의 집행은 이제 시작된 단계이므로 좀 더 지켜보아야 하겠으나, 그동안 2004년을 '지역문화 살리는 원년'으로 삼고, 지역문화의 자생기반 조성, 지역별 문화성장 거점육성, 특성화된 관광자원 발굴, 농어촌 문화역사마을 가꾸기, 소외계층의 문화활동 지원 확대 등의 사업을 추진하였으며, 2005년에는 관광레저도시 조성, 지역문화산업기반 확충, 지역문화의 역동적 특성화, 지역문화공간의 문화화를 위한 환경개선 및 인프라 구축, 소외계층을 찾아가는 문화사업 등을 추진하였다.

한편 1973년부터 모금되기 시작했던 문예진흥기금의 모금이 종료되면서 2004년에 로또복권 수익금이 문예진흥기금으로 출연되기 시작했으며, 한국문화예술진흥원이 한국문화예술위원회로 2005년에 전환되어 새로운 문화예술지원체제 및 제도가 시작되었다.

참여정부는 2004년 1월 '지방분권특별법'과 '국가균형발전특별법'을 제정함으로써 지방자치제를 근간으로 균형적인 지역발전을 추진할 수 있는 토대를 마련하였으며, 각 시·도별 경쟁력을 높일 수 있는 특성화의 계기를 제공한 것이다. 분만 아니라 '고도보존에 관한 특별법'은 지역문화의 역사적 특성을 유지할 수 있는 근거가 되는 법이라 하겠으며, '문화중심도시조성위원회', '문화예술교육지원법' 등도 직간접적으로 지역문화 정책과 연관되는 법·제도이다. 그리고 입법추진 중에 있는 '지역문화진흥법' 과 '문화기본법' 등 참여정부에 들어와서 법률과 제도적 정비가 대대적으로 진행되고 있는 것이 특징이라 하겠다.

위에서 살펴본 바와 같이 1995년 지방자치제 실시 이후 10년간 꾸준한 지역문화 정책을 전개해옴으로써 지방자치단체가 지역문화를 지역 발전의 중요한 자원으로 인식하고, 지역주민의 문화적 삶에 관심을 갖기 시작하고, 문화시실과 문화 프로그램의 다양화 및 양적 팽창으로 바야흐로 지역문화의 활성화 계기를 마련하게 된 것은 다행한 일이라 하겠다. 그러나 아직까지도 중앙과 지방, 지역과 지역 간의 문화적 불균형 문제는 심각하게 남아 있고, 중앙 의존적 지역발전 기대감도 상존하고 있으며, 열악한 지역문화 재원과 지역주민의 문화역량 부족 등이 지역문화 발전을 저해하는 요소로 지목되고 있다. 따라서 앞으로 중앙정부, 광역자치단체, 기초자치단체 사이의 문화업무 분담 및 재정 이양 등 문화분권에 관한 심도 있는 연구, 문화 예술지원에 필요한 국고의 적정규모와 지방자치단체에 대한 국고지원방식, 문화예술지원체계와 지원제도, 지방자치단체 문화예술진흥재원의 조성과 유도를 위한 법제 연구 등 여러 사안에 관한 전면적 재검토와 개선책 마련이 중앙정부의 몫으로 남아있다.

2. 광역자치단체의 지역문화정책 추진현황과 문제점

(1) 지역문화예술진흥기구

우리나라의 경우 중앙정부 차원에서는 문화관광부가 문화행정을, 한국문화예술진흥원(2005년 한국문화예술위원회로 전환)이 문예진흥사업을 전개해왔다. 그동안 문예진흥원이 정부로부터의 독립성이 부족하다는 것과 중앙정부와 지방정부, 중앙문예진흥기구와 지방 문예진흥기구 사이의 정책적 열할 분담과 협력 방안이 미비하거나 분명하지 않다는 것이 문제점으로 지적되어 왔다. 이것은 우리의 지방자치가 일천한데다 중앙정부 중심의 행정체제가 강고하게 유지되어 온데서 그 이유를 찾을 수 있을 것이다. 그러나 갈수록 지방자치가 중요한 정치·사회적 과제로 되어 있고, 참여정부가 지방분권과 국가균형발전을 핵심과제로 삼고 있는 등 지방자치가 가속화될 것으로

전망되어, 문화 부문의 분권과 더불어 중앙정부 → 광역자치단체 → 기초자치단체로
이어지는 행정체계 간의 명확한 역할 분담과 협력체계 구축은 시급하고 필요한 과제
가 되고 있다.

광역자치단체의 경우 문예진흥을 위한 기구로는 자치단체 문화행정조직과 '문화
예술진흥위원회'라는 민·관 합동의 문예진흥기구를 조례로 규정해 운용하고 있다.
이 위원회는 대부분의 조례에서 해당 지역의 문화발전계획을 수립한다는 역할을 부
여받고 있으나 사실은 자치단체장의 자문 역할에 불과하거나, 위원회 자체가 열리지
않거나 구성조차 되지 않고 있는 실태에 놓여 있다. 이러한 현실에서 광역자치단체의
문예진흥 체계를 살펴보고 그 나아갈 방향을 모색해 보기 위한 노력이 필요한 사항임
을 강조해 둔다.

광역자치단체의 지역문화정책 추진현황과 문제점을 살펴보는 이 항목의 내용은
『16개 광역시·도 문화예술정책 현황조사 연구』(2004. 11. 한국민족예술인총연합)에 근거
하여 서술하는 것임을 밝혀둔다.

① 문화행정 조직

광역자치단체의 문화행정 조직의 특징은 다음과 같다.

첫째, 대체적으로 문화예술진흥, 체육, 청소년, 문화재, 문화산업, 관광 등을 다루
는 행정조직으로 문화관광부 직제와 유사한 직제를 갖추고 있다. 그러나 이러한 직제
들이 이제까지의 관행상 자기영역에 관한 종적인 관점의 아집으로 총체적인 문화정
책 수행을 위한 종합행정의 관점에 방해요인이 될 수 있다는 문제점을 안고 있다. 자
치단체 차원의 문화정책은 시민(주민)의 생활상의 요구에 부응해야 한다는 점을 감안
할 때 문화정책의 역할과 임무는 구체적이고 총체적 관점에서 이루어져야 한다. 특히
최근에는 문화산업, 문화관광, 문화축제 등 문화경제의 영역으로 문화행정의 외연이
넓어지고, 복지·보건·환경 등 다른 부문과의 연계성도 넓혀 나가야 하는 시점에서
문화행정은 자기 부서 내에서뿐만 아니라 다른 부서와의 유기적 정책수립과 횡적인
협력체계를 갖추는 종합행정을 지향해야 한다고 본다. 이러한 시스템 구축과 협력체
계를 이룰 수 있는 직제를 고민해야 할 시기라고 생각한다.

둘째, 행정조직 산하에 별도로 다양한 문화기관들을 두고 있으며, 이 기관들은 재
단법인을 설립하여 행정과 거리를 두고 운영되기도 하지만, 아직 많은 경우 행정의

직접관장 아래 운영되고 있다. 별도 법인 설립을 통한 운영의 경우라 할지라도 대체로 자치단체장의 영향력에 따라 기관 운영이 좌우된다는 지적이 많은 것도 사실이다. 자치단체장의 의사에 따라 기관 운영자가 결정되는 경우가 대부분이며, 상당 부분은 퇴직 관료가 임명되는 사례가 많으며, 설사 공모를 통한 경우라 할지라도 예산결정권을 행정과 의회에서 가지고 있는 한 자율성과 독립성을 확보하기가 쉽지 않다.

이러한 점에서 각종 문화기관의 운영책임자는 투명한 공모제로 문화예술에 관한 이해와 조예가 깊은 전문경영자 선임하여 행정과 의회로부터 자율성과 독립성을 가지고 책임 운영할 수 있는 임명제도의 정착이 아쉽다 하겠다.

② 문화예술진흥위원회

첫째, 위원회의 목적과 기능은 자치단체의 문화예술진흥에 대한 기본 시책 및 계획을 심의 · 자문하고, 전문 예술법인과 단체의 지정 · 취소에 관해 심의 · 자문하며, 문화예술진흥기금의 조성과 심사 등을 시행하고 있다. 이밖에도 문화상 심사(부산), 전통문화예술 전승 · 개발(대구), 지역축제 · 문화행사의 육성 · 지원과 문화중심도시 관련 국비 지원사업에 관한 사항(광주) 등도 포함된다. 그러나 위원회의 권한과 의무를 명시하지 않고 있거나, 재정적 실무적 지원을 뒷받침할 수 있는 체계가 마련되어 있지 않다는 문제점이 있다. 즉, 위원회의 위상이 단체장의 자문기구 정도에 불과한 실정이다

둘째, 위원회의 구성은 자치단체장이 일방적으로 선임하도록 되어있는 경우가 대부분이고, 위원장은 자치단체장 또는 부단체장 등 공무원으로 되어 있으며, 위원은 문화예술 생산자(특정 예술단체 임원 등)에 편중되어 구성되고 있는 것으로 나타났다. 또한 지역의 각 분야 공공기관장들 중심으로 당연직 위원을 과다하게 구성하고 있는 비민주적 관행이 눈에 띈다. 이러한 위원회는 정치적 이해관계와 폐쇄적 담합에 들러리 구실밖에 할 수 없다.

셋째, 위원회를 유명무실하게 만드는 요인 중의 하나가 위원회의 회의에 관한 조항이다. 대부분의 자치단체가 회의를 위원회의 회의에 관한 조항이다. 대부분의 자치단체가 회의를 위원장이 소집하도록 되어 있고, 위원들의 요구에 의한 소집을 원천적으로 불가능 하게 만든 자치단체도 적지 않다. 또한 일부를 제외하고는 회의록자성이나 그 공개를 의무화하지 않고 있다. 앞으로는 회의를 정례화 하고, 기록 작성과 공개

를 의무화하도록 조례와 시행규칙을 다듬어야 할 것이다.

위원회에는 지역주민들의 의견을 반영하기 위한 계층별, 세대별, 성별 등의 대표성을 갖는 지역의 다양한 시민단체 대표들이 포함되어야 하겠으며, 지방의회의 관련 상임위 소속 의원, 문화행정부서의 정책 결정에 책임과 권한을 가진 관료도 당연직으로 포함하는 것이 바람직하겠다.

③ 문화재단

광역자치단체가 설립한 문화재단은 서울·경기·인천·경기·강원·제주 등이다. '지역문예진흥'이라는 문화재단 본연의 설립목적은 공통적이지만 대상사업에서 인천문화재단의 경우는 지역문화예술인력 양성과 문예진흥기금 조성·운용이 명시적으로 언급되어 있는 반면, 서울문화재단의 경우는 두 가지 모두 대상사업으로 명시하고 있지 않는 것이 특이하다. 한편 기초자치단체에서도 문화재단을 설립했거나 준비 중인 사례가 적지 않은데, 기초자치단체의 문화재단 설립 목적은 자치단체 산하의 문화시설이나 문화예술사업의 위탁운영을 위한 경우가 대부분이다.

재단의 기금은 경기문화재단이 1,175억 원(2003년 말), 강원문화재단이 76억 원, 제주문화재단이 80억 원으로 나타나 있어 수도권과 비수도권의 재정 규모의 차이가 크다. 이러한 재정 규모의 차이는 재단의 구성 인원수에도 반영되어 경기문화재단이 49명(2003년 말)임에 비하여 강원문화재단은 6명에 불과한 것으로 나타났다. 재정규모가 작다보니 재단의 실질적 기능이 위축되고 있으나, 문화재단이 문예진흥사업에 투입되는 비용에 대해 인건비 등 경상유지비에 투입되는 비용이 과다하다는 평가를 면치 못하고 있는 실정이다.

각 문화재단의 이사회는 14~19명 내외로 구성되어 있는데 강원문화재단을 제외하고는 당연직 이사가 선임직에 비해 많은 비율을 점하고 있으며, 자치단체가 기금을 출연하기 때문에 당연직 감사는 공무원이 맡는 경향이다. 이사장은 자치단체장이 당연직으로 맡는 경우와 단체장의 재량에 따라 선임하는 경우로 나뉘고 있으나, 재단의 실질적인 권한은 자치단체장에게 주어져 있는 실정이다. 이사는 지방의회 의원, 공무원, 대학교수, 문화원·예총·민예총 등 문화예술계 인사, 언론인 등으로 구성되는데, 서울시의 경우 여성유권자연맹 회장이 포함되어 있는 것이 이채롭다. 전체적으로 볼 때, 문화예술계 인사보다 비문화계 인사가 많다는 데 비판의 소리가 있다.

자치단체가 공공문화재단을 설립하는 이유가 민간의 전문성과 효율성을 활용하고자 하는 취지라는 점에서 볼 때 공무원과 지방의원의 과다한 점유는 본래의 취지를 희석시키게 된다. 그러므로 공무원 등의 당연직 이사는 최소화시켜야 하겠으며, 문화재단을 자치단체장의 정치적 이해관계에서 자유롭게 할 수 있는 제도와 방법을 고민해야 하겠다. 아울러 문화재단의 설립취지에 반하는 자치단체장의 정치적 결정에 따라서 사업을 대리 집행하는 위임 방식도 지양하여, 문화재단이 본연의 운영원칙과 독립성을 가지고 장기적 문화발전계획을 수립하고 추진하는 데 걸림돌이 없어야 할 것이다.

문화재단의 문예진흥기금 심사 및 심사위원회 구성방법과 지원사업 평가에 관하여 경기문화재단의 사례를 살펴보기로 한다.

경기문화재단의 경우는 심사원칙 심사위원회 구성, 평가방법 등이 구체적으로 명시되어 있다. 심사는 1, 2차로 나누어 진행되는데, 1차는 재단 직원이 자체 심사하고, 2차는 장르별 학계 인사, 평론가, 현장 활동가 등 해당 분야의 전문가를 배수로 추천하여 재단 대표이사의 최종결정으로 분야별(장르별) 3인씩 선정하여 구성된 심사위원들이 심사하는 것을 원칙으로 하고 있다. 이러한 원칙과 심사체계는 다른 문화재단에 비해 돋보이는 점으로 나타나고 있다. 첨언하여 심사의 공정성과 형평성 제고를 위해 심사위원과 심사내용을 공개하는 것이 바람직하다고 생각된다.

예술의 수월성 증진이 국가 차원의 문화정책의 임무에 해당되고, 문화예술의 보급·확산에 관한 사항은 자치단체의 문화정책에 보다 더 부합되는 임무라고 한다면, 문화재단의 공공지원에 대한 심사원칙에 문화 향수자인 시민의 관점과 욕구가 반영되는 것이 필요하고 본다. 문화 향수자들의 욕구 충족과 이를 통한 문화예술의 저변 확대는 궁극적으로 문화예술의 질을 높이도록 하는 힘이 된다는 점을 감안할 때, 이런 원칙이 반영되어야 한다는 당위성이 있다고 할 수 있을 것이다.

(2) 지역문화예술정책 수단

여기에서는 지역문화예술의 현황을 파악하기 위한 정책수단으로 ① 지역문화예술에 관한 기초 조사 및 중장기 문화발전계획 수립현황, ② 예술단과 관련 조례 현황, ③ 광역자치단체 단위의 축제 개최 현황, ④ 시민참여 현황, ⑤ 지역 내 문화네트워크

현황, ⑥ 지역문화인력 양성 현황 등에 관하여 언급하기로 한다.

① 문화예술 기초조사 및 중장기 문화발전 계획 수립

전국 16개 광역자치단체의 '문화지표 조사' '문화예술인 실태조사', '문화정책과 문화행정에 대한 주민 만족도 조사' 등의 실시여부를 조사한 결과는 일부 자치단체를 제외하고는 한가지의 조사도 실시하지 않은 것으로 나타났다. 지역 실정에 적합한 문화정책과제를 설정하고, 중장기 문화발전계획을 수립하기 위해서는 해당지역의 문화자원과 문화적 잠재력 및 문화적 현황을 파악하는 일이 무엇보다 우선되어야 마땅하다. 또 그래야만 즉흥적이고 추상적인 문화정책이 아닌 과학적이고 실효성 있는 문화정책을 수립·시행할 수 있는 것이다.

반면 중장기 문화발전계획은 16개 광역자치단체 중 13개(2004년 기준) 자치단체가 이미 수립했거나 수립중인 것으로 나타났다. 그러나 이것들도 기초조사에 충실하지 않은 계획을 개연성이 매우 높다고 생각할 수밖에 없을 것 같다. 그리고 계획의 수립과정에 지역의 문화 주체들이 얼마나 참여했는지 의심스러워 지역의 특성과 주민의 욕구가 제대로 반영되었는지도 모를 일이다. 기초조사와 지역문화 주체들이 참여한 가운데 지역 특성을 살려나갈 수 있는 문화 발전계획이 필요한 것이다.

기초조사와 중장기 문화발전계획이 광역자치단체 단위에만 국한되는 것이 아니라, 문화분권과 문화자치의 측면에서 더욱 바람직한 것은 기초자치단체 단위에서 실시되고 수립되어야 한다는 점을 강조해둔다. 왜냐하면 문화정책과 문화행정의 분권화는 기초자치단체 단위에서 전개되어야 하기 때문이다.

② 전속예술단 현황

자치단체가 설치한 예술단은 몇몇 특정 예술 장르에 지나치게 편중(무용단 11개, 교향악단 10개, 국악단 10개 등) 되어 있다. 그리고 다른 자치단체가 가지고 있기 때문에 나도 가져야 하겠다는 구색 갖추기식 단체 설립이 난립되고 있다는 점도 지적된다. 이와 같은 현상들은 특정 장르의 문화예술인들의 세력이나, 자치단체장의 취향에 따른 것이기도 할 수 있다. 예산의 규모와 현실적 조건도 예술단의 장르 결정에 영향을 미치기도 한다. 예산의 제역은 예술단원에 대한 적절치 못한 대우를 유발하며, 단원으로 하여금 개인 레슨과 과외활동으로 내모는 경향을 형성하게 된다.

이와 같이 지역 특성, 지역민의 문화적 욕구, 예술의 다양성, 문화발전의 전략을 외면한 백화점식 예술단 설립은 제 기능을 발휘하지 못함으로써 부족한 문화예산의 낭비를 초래하게 된다. 오히려 지역 특성과 주민의 문화적 욕구에 기반 하는 한 개의 예술단만이라도 전략적으로 육성·발전시켜 국내 제1의 예술단으로 키우고, 나아가 세계적인 예술단으로 발전하게 하는 전략이 필요하다고 생각된다.

예술단의 조직 구성에 있어서는 단장과 운영(자문)위원회, 당연직 위원의 대부분이 행정관료들과 특정 예술단체의 임원들로 구성되어 있다. 이러한 조직 구성방식은 예술의 자율성을 훼손하는 결과를 가져오며, 예술단의 도구화를 초래하고, 지역문화예술 전문인력의 성장을 방해하며, 시민참여를 봉쇄함으로써 오히려 유명무실한 존재로 전락하게 할 우려가 있기도 하다.

예술단 운영조례도 제정되지 않은 곳이 있으며, 조례의 내용에도 위에서 지적했듯이 비민주적인 요소가 포함되어 있다. 따라서 합리적이고 민주적인 예술단 운영조례를 제·개정하여 예술단의 설립, 운영, 예산 등에 관한 안정적인 제도화가 이루어져야 하겠다.

③ 축제 현황

축제 현황을 보면 강원도와 충청남·북도를 제외한 나머지 13개 광역자치단체에서 모두 시·도 단위의 축제를 개최하고 있는 것으로 나타났다. 축제의 주최는 별도의 축제조직위원회를 구성한 경우, 자치단체와 축제 내용과 관련 있는 단체와 연대하는 합동 주최, 자치단체에서 독자적으로 운영하는 관주도형 축제로 구분할 수 있다. 축제의 성패는 주민의 참여를 통한 자율성과 전문성 제고에 달려 있는 만큼 자치단체의 직접적인 개입은 최대한 배제되어야 할 것 이며, 특히 자치단체장의 정치적 이용은 금물이다.

축제는 일반적으로 종합예술적 성격을 갖게 마련이어서 기획인력, 연출인력, 기술인력, 연희예술가 등이 망라되어 참가하게 되며, 연희예술가 만이 아니라 문화향수자인 일반 주민들의 적극적이며 자율적인 참여가 전제되고 있다. 그러므로 축제는 그 자체가 지역문화의 그릇이라는 의미가 있는 동시에 지역의 총체적 문화역량을 키울 수 있는 기회이기도 하다. 따라서 축제를 치를 때는 지역의 문화자원을 동원·연계하고, 주민 교육과 문화전문인력 배양을 위한 계기 전략이 필요한 것이다.

그러나 여태까지의 우리 지역축제는 관 주도와 일부 연희예술인 및 특정 단체들의 전유물인양 되어 버려 지역주민은 단순한 향수자로서의 구경꾼으로 전락하여 축제의 참뜻과 기능을 상실하고 만 것이 작금의 현실이다. 앞으로의 지역축제는 지역의 역사와 자연을 배경으로 한 독창적인 콘텐츠를 주제로 하여 모든 주민이 자발적으로 참여하는 차별화된 주민축제로 육성 개발함으로써 향수자로서 뿐만 아니라 창조자로서의 주민문화권리를 되찾게 할 필요가 있다고 생각한다. 이렇게 함으로써 지역축제의 문화관광 자원화와 문화 산업화의 길도 열릴 수 있으며, 세계적인 축제로 발돋움할 수 있는 기틀도 잡혀 나갈 수 있을 것이라 하겠다.

④ 시민참여 및 평가 현황

자치단체가 설립한 예술단이 운영하는 프로그램에 대한 주민참여제도를 살펴보면, 주민들이 참여할 수 있는 제도를 갖춘 자치단체는 서울을 비롯한 5개 자치단체이며, 여타의 자치단체는 주민참여 제도가 없는 것으로 나타났다. 이는 자치단체가 시민참여의 필요성을 인식하지 못하고 아직도 행정 편의주의에 머물러 있음을 의미하는 것이라 하겠다.

한편 참여제도를 가지고 있다는 자치단체의 경우도 소극적이고 제한적 참여에서 벗어나지 못하고 있어 문화에 대한 시민참여의 중요성을 충분히 인식하지 못하고 있는 것으로 생각된다.

문화행정에 대한 사후평가를 실시하고 있는 자치단체는 16개 자치단체 중 7개 자치단체로 나타났다. 사후평가는 공무원이 한다는 곳과 전문가에게 의뢰한다는 곳이 1개 자치단체였다. 그리고 시민참여를 통한 평가는 극히 미미한 사례가 있을 뿐이다. 이러한 점에서 향후 문화행정 및 지원사업에 대한 평가에 시민참여를 개방하는 한편 평가방법과 평가결과를 정책에 반영하는 환류과정에 대한 제도적 개선에 노력해야 할 것이다.

⑤ 네트워크 현황

광역자치단체 단위의 문화시설 간 네트워크를 실시하고 있는 곳은 서울과 대구 단 두 곳에 불과한데 제도화되었다기보다는 업무협력의 수준에 머물러 있었다. 서울은 문화정보 및 업무자료를 교환하고 있으며, 대구는 문화예술 행사 추진 일정과 장소를 협의하는 것이었다. 광역자치단체와 기초자치단체 문화시설 간의 네트워크를 실시하고 있는 곳은 서울이 유일하였으며, 이 역시 업무협의 수준이다. 문화행정기구와 민간예술단체와의 네트워크를 구축하고 있는 자치단체는 서울, 대구, 강원도 세 곳으로 나타나고 있다. 그러나 이것 역시 특정 예술단체와 관의 협의구조라는 데 문제가 있다.

특히 지역 내 문화시설과 문화자원의 네트워크는 문화사업과 문화시설의 중복투자를 막음으로써 시너지 효과를 발휘하기 위해 반드시 필요한 일이라 할 수 있다. 그러나 자치단체의 현황은 이러한 네트워크를 전혀 구축하지 못하고 있어 예산의 낭비와 비효율에 노출되어 있는 문제점을 해결하는 데 힘써야 하겠다.

⑥ 지역문화인력의 양성 현황

지역문화의 자생적 발전을 위해서는 무엇보다도 지역에서 활동하는 예술가, 문화기획자, 문화 촉매자, 문화연구자, 문화시설의 운영자 및 기술요원 등 다양한 문화인력이 필요하다. 문화시설을 운영하는 것이나, 문화예술 프로그램을 만드는 것도 사람이 하는 일이기 때문이다.

지방자치제 이후 우리나라 전국 각 지역에는 문화예술회관과 구민회관을 비롯하여 문화원, 문화의집 도서관, 박물관, 문학관, 미술관, 자료관, 테마파크 등 공사(公私)의 문화시설과 사회복지관, 청소년수련관, 평생교육관 등의 복지시설들이 증설되고 있다.

그러나 대부분의 자치단체가 인력 양성을 위한 체계적 교육·훈련 시스템을 갖추지 못하고 있으며, 각 대학에서 양성된 전문인력을 흡인하여 안정적으로 배치하는 제도도 마련하지 못하고 있는 실정이다. 이럼에도 불구하고 문화담당 공무원들의 다수가 문화정책과 문화행정 과정에 문화 전문인력의 참여가 충분하다고 응답하고 있어 문제의 심각성을 인식하지 못하는 것으로 나타나고 있다. 참으로 큰 문제점이라 하지 않을 수 있다. 행정의 문화화를 위해서도, 문화시설과 문화기구(단체)의 운영과 문화예술 프로그램 질적 향상을 위해서도 문화예술 전문인력의 양성과 확보 및 배치는 지역문화 발전의 요체라 하지 않을 수 없다.

⑦ 지역문화 재원 및 지역문화 조례 현황

광역자치단체의 문화예산 규모는 총예산(2004년 기준) 대비 평균 5~6% 선으로 나타나고 있으나, 문예진흥사업, 예술단 운영, 문화예술 시설 등 자치단체의 순수 문화예술예산은 총예산 대비 1.7% 내외로 나타난다. 순수 문화예술예산 가운데서 문화시설에 투입되는 예산을 제외한 예산은 그 비율이 현저하게 떨어진다.

한편 전국 광역자치단체의 순수 문화예술 예산을 100으로 보았을 때 서울시는 43.3%로 가장 큰 비율을 차지했고, 충북이 0.7%로 가장 낮은 비율을 차지하는 것으로 나타나 서울 이외 지역의 문화예산 규모의 격차가 매우 심각한 것이 드러나고 있다.

광역자치단체가 시민 1인당 투입하는 순수 문화예술예산의 평균은 1만 4,080원인데 서울의 경우는 1인당 2만 8,830원으로 전국 평균의 2배를 넘어선 반면, 충북의 경우는 3,401원에 불과해 전국 평균의 1/4 수준인 것으로 나타나고 있어 여기에서도 큰 격차를 발견할 수 있다.

10억 원 이상이 투입되는 문화사업을 보면, 대부분이 문화시설에 투입되고 있음을 알 수 있다. 문화활동의 활성화를 위해서는 프로그램 개발과 인력양성 등에 투자가 이루어져야 한다는 상식마저도 망각하고 있는 상태라 하겠다. 아직도 대부분의 자치단체가 경쟁적으로 하드웨어에 집착함으로써 시설은 있되 프로그램은 없는 문화시설이 널려있는 형국이다. 전국 지역문화회관의 약 42%가 연간 100일 미만의 공연 실적을 보이고 있으며, 군 단위 지역의 문화회관으로 갈수록 전문인력, 운영자금, 프로그램 기획, 주민이용도 등이 매우 열악한 실정이다. 이런 상황 때문에 이제는 더 이상 문화시설의 건립에 재정투입을 중단해야 한다는 비판의 소리가 높아지고 있다. 특히 국고지원제도를 전면 개선해야 한다는 것이다. 자치단체에 대한 국고지원은 불균등 고도성장 전략에 따라 발생한 지역 간 격차와 문화적 격차를 바로잡을 수 있도록 개선·정립되어야 한다.

자치단체의 문화예산은 자치단체 예산규모와 재정자립도, 문화에 대한 자치단체장과 행정, 의회의 인식 등이 복합적으로 작용해서 그 규모와 용도가 결정되는 것이라고 본다. 따라서 거시적으로는 지역의 자생적 발전을 바탕으로 한 자립화로 문화예산의 규모가 성장하도록 하는 것이 중요하겠으나, 중앙정부의 합리적 정책을 통해 예산을 증액하는 동시에 효율성을 극대화하는 이중적인 전략이 필요한 것이다. 특히 자치단체별 재정자립도에 따른 국고의 차등지원 방법에 대한 연구는 시급한 과제라고 하겠다.

광역자치단체의 문화예술진흥 조례에는 비민주적 요소가 많으며, 문화예술에 대한 명확한 개념 규정과 정책영역 및 과제 설정이 미흡하다고 할 수 있다. 또한 정책과제를 실현하기 위한 정책수단의 올바른 기능을 제도화 하는 특별법 형태의 조례·규칙 등을 정비하여 효과를 발휘할 수 있게 해야 할 것이다. 예컨대 '문화중심도시조성을 위한 특별조례'라든가 '문화지구 조성을 위한 특별조례' 등이다. 어떻든 자치단체 문화예술 조례의 비민주적 요소를 시민참여와 적합성, 실효성을 높이는 방향으로 개정하며, 조례를 준수하는 태도가 요구된다고 하겠다.

⑧ 지역문화행정의 문화화

분권화 시대에 부응하는 자치단체의 문화행정은 첫째, 지역문화의 자치화와 자립화, 둘째, 지역문화의 개성화와 특성화, 셋째, 지역문화의 다양화와 다원화의 방향을 지향해야 한다. 그러기 위해서 자치단체의 문화행정은 지역실정과 특성에 맞는 문화발전계획을 수립하여 주민문화 형성의 기반 조성과 조건 정비를 목적으로 하는 지원·조정행정이라고 할 수 있다.

문화행정의 기능은 지역주민 모두 문화활동에 접할 수 있는 문화향수권의 신장과 지역문화 주체로서 주민의 문화창조권을 증진 할 수 있는 환경 조성, 그리고 문화예술인들이 전문성과 창의성을 발휘 할 수 있도록 하는 구조 조성과 자율성 보장이라고 하겠다. 그러므로 문화행정의 본연의 임무는 적절한 공공예산의 지원과 문화 인프라 구축이라 하겠다. 이러한 임무를 수행하기 위한 지역문화행정의 역할은 '지원은 하되 간섭은 않는다'는 이른바 '팔 길이 원칙'을 지키는 일이다.

지역문화행정은 행정혁신의 원칙으로 전개되어야 한다. 문화행정은 행정 자체의 문화화를 전제로 한다. 주민문화형성과 문화예술인의 창의성 발휘를 위해서 문화행정은 시책에 의한 주민과 예술인에 대한 개입·간섭이 아니라 행정의 내부 혁신으로서의 행정의 문화화가 과제가 된다. 즉 행정 체질의 개선이 필요하다. 따라서 중앙의 지원기관이었던 문화예술진흥원을 '문화예술위원회'로 개편한 것과 발을 맞추어 각 지역에 민간 중심의 상대적 독립기관의 성격을 부당하게 행사했던 권한을 과감하게 위원회로 이양하는 정책적 결정과 법적 근거를 마련하는 것이 문화 행정의 문화화와 민주화를 위한 시급한 과제라 할 수 있다.

그리고 중앙성부와 광역사치단체 및 기초자치단체의 역할과 업무 분담, 중장 문화예술위원회와 광역자치단체 및 기초자치단체의 지역 문화예술위원회의 기능과 역할 분담도 조속히 매듭지을 필요가 있다.

지역문화행정은 총체성을 띤 종합행정이므로 행정 전역의 체질전환을 필요로 한다. 지역하회가 해결해야 할 문화적인 과제는 거의 모두가 종합적인 해결 수단을 필요로 한다. 그러므로 문화행정은 종적(수직적)인 개별 행정만으로 성립되기 어렵다. 지역문화행정은 주민생활의 지역 포괄성을 포함하는 종합행정이 되어야 마땅하다. 지역 종합성을 추구하기 위한 제도와 정책의 책임은 자치단체에 있으므로 종래의 종적 행정을 횡적으로 종합·조정하는 네트워킹에 노력해야 한다.

광역자치단체와 기초자치단체 간, 자치단체와 민간문화예술단체 간의 협의·협력을 비롯하여 각급 자치단체 내부에서 부서 간 협의·협력체제 구축 및 교류가 필요한 것이다. 전문인력과 프로그램의 교류, 지역문화 정보 시스템의 네트워크, 데이터베이스의 공유 및 네트워크 등 새롭게 등장하는 문화행정 수요에도 능동적으로 대처해야 한다.

문화행정은 눈에 보이지 않는 것, 계량화되지 않는 것에도 가치를 인정하려는 것이다. 그러므로 가능성과 경제적 효율만을 추구하려는 시책과 운영방법만으로는 어렵다. 인간적이고 즐거움과 아름다움, 여유와 넉넉함 등 인간미 있는 감성이 문화행정에 도입되는 것도 행정의 문화화이다.

3. 결론: 문화분권과 문화자치의 방향

분권의 목적과 그 방향은 중앙부처 주도의 종적(수직적) 행정 시스템을 주민 주도의 개성적이고 종합적인 행정 시스템으로 개혁하는 것이라 하겠다. 이것을 위해서는 주민자치 확충의 선결조건으로 지방자치단체 자치의 확충이 필요하고, 그 확충 방안으로는 '사무·업무의 이양' 보다 '관여의 축소'에 중점이 주어진다. 이에 따라 기관위임사무제도의 폐지 포괄적인 지휘감독권의 부정, 시달·통보 행정의 배제 등이 필요하다. 이렇게 함으로써 자치 책임이 확대되고, 자치단체 간의 경쟁시대가 도래한다는 것이다.

즉, 전국 획일의 통일성과 공평성을 과도하게 중요시 해온 종래의 '중앙정부 주도의 종적 행정의 획일적인 시스템'을 지역사회의 다양한 개성을 존중하는 '주민 주도의 개성적이고 종합적인 행정시스템'으로 전환 · 개혁하는 것이다.

(1) 자기 결정권의 확충: 규제 완화와 지방분권

지방분권의 목적과 이념은 궁극적으로 지역주민의 자기결정권의 확충을 의미한다. 지방분권은 국가에서 지방으로의 권한 이양이며, 관여의 축소이다. 즉 '관에서 민으로'의 관여 축소로 '관 주도에서 민간 자율로' 의 전환을 추구하는 규제 완화와 축을 같이하는 것이다. 규제완화와 지방분권은 중앙집권형 행정 시스템의 개혁을 추진하는 마차의 수레바퀴와 같아서 쌍방이 병행하여 철저하게 추진되어야 성취된다. 여기에서 주목할 것은,

첫째, 지방분권의 궁극 목적은 주민의 자기결정권의 확충이며, 그 방안은 권한 이양과 관여의 축소라는 점이다. 즉, 주민자치의 확충과 이것의 실현을 위한 당면과제는 자치단체 자치의 확충이라는 것이다.

둘째, 자치단체 자치의 확충방안은 권한 이양과 관여의 축소라는 두 가지 기본 방안이라는 점이다. 여기에서 권한 이양이라는 것은 이제까지 국가기관이 담당하고 있던 사무 · 업무의 일부를 시 · 도, 시 · 군 · 구로 넘기고, 이에 따라 그 집행에 필요한 권한과 재원을 이양하는 것이다. 요컨대 사무 · 업무의 재분배를 통하여 그 반사효과로서 자치단체의 자주적인 재량권을 확충하는 것이다.

(2) 새로운 분권형 행정 시스템의 골격

첫째, 국가와 지방자치단체의 관계를 상 · 하의 주종관계에서 새로운 대등 · 협력관계로 고쳐야 한다. 국가와 지방자치단체를 법제 면에서 상 · 하의 주종관계로 성립시킨 기관위임사무제도를 폐지하는 방향으로 반복적인 개혁이 필요하다.

둘째, 새로운 대등 · 협력관계를 열매 맺기 위하여 이제까지 중앙정부가 포괄적인 지휘감독권을 배경으로 지방자치단체 간의 조정제도와 수속 · 절차 공정 · 투명하게 개선할 필요가 있다.

셋째, 법령에 명문 근거를 두지 않은 지시·통보에 의한 불투명한 관여를 배제하고, '법률에 의한 행정'의 원리를 철저히 한다는 것을 의미한다. 국가에 의한 지방자치단체의 통제는 국회에 의한 사전의 입법통제와 법원에 의한 사후의 사법통제를 중심으로 하여 각 부처에 의한 세부적인 행정 통제를 가능한 축소하는 것이다. 이와 같은 지방분권형 행정시스템의 골격은 바꾸어 말하면, 기관위임사무제도의 폐지, 포괄적인 지휘감독권의 부정, 지시·통보 행정의 배제, 불투명한 중앙부처의 관여를 폐지하는 것을 의미한다.

(3) 지방자치단체의 자치책임과 주민자치

중앙집권형 행정 시스템에서 지방분권형 행정 시스템으로 전환했을 때는 지방자치단체의 '스스로 다스림'의 책임 범위는 비약적으로 확대될 것이 예상된다. 조례 제정권의 범위가 확대되고, 자주과세권을 행사할 여지가 넓어짐에 따라서 주민의 대표기관으로서 지방자치단체의 최종 의사결정에 참여하는 지위에 있는 지방의회와 자치단체장의 책임은 더욱 무거워질 것이다. 그리고 자치단체의 직원도 일상 사무의 관리 집행에 있어서 중앙부처의 지시를 구실로 주체적인 판단을 회피하는 일도 허락되지 않게 될 것이다.

지방자치단체는 이제까지 보다 더 정책 형성 과정에 지역주민의 광범한 참여를 요청하게 되고, 행정과 주민, 관련단체의 연대·협력에 의한 지역 가꾸기와 생활개선에 힘을 쏟아 지역주민의 기대와 비판에 예민하고 성실하게 대응할 책임을 지게 될 것이다. 자치책임에 있어서 자치단체의 자기결정권을 지역주민의 자기결정권에서 시작된다는 점에서 지역주민의 책임과 중요성도 더욱 커져야 한다는 것이 전제 조건이 된다.

(4) 분권형 행정 시스템의 기대효과

중앙정부 주도의 종적인 획일 행정 시스템으로부터 주민 주도의 개성적이며 종합적인 행정 시스템으로 전환되면 그 결과 어떤 효과를 기대할 수 있는지 살펴보고, 우리의 분권형 문화자치 행정 시스템에 기대를 걸어보기로 한다.

첫째, 시·도지사, 시장·군수·구청장이 '국가기관의 입장에서 벗어나' 지역 주민의 대표이고 '자치단체의 수장'이라는 본래의 입장에 철저할 수 있게 되므로 자치단체장은 이제까지 이상으로 지역주민의 의사에 예민하게 대응하게 될 것이다. 지방의회의 권한과 기능이 강화되고, 자치단체장에 대한 감시·견제·비판기능의 중요성이 증대될 것이다.

이러한 일들은 지역 주민에 의한 각종 새로운 문화운동의 전개를 촉진하고, 지역자치에 주민들의 참여를 촉진하게 될 것이라 생각된다.

둘째, 지방자치단체의 행정 서비스가 지역주민의 다양한 욕구에 즉시 응하고 신속하고 종합적인 서비스가 디는 동시에, 지역주민의 자주적인 선택에 기초한 개성적인 것이 될 수 있을 것이다. 이것은 다른 면에서는 지방자치단체가 상호 그 의욕과 지혜와 능력을 경합하는 경쟁 상태를 창출하게 되고, 그것이 다시 자치단체의 자기 개선을 촉진하는 효과도 있다는 것이다.

셋째, 종전까지 국가, 시·도, 시·군·구 사이에서 행해졌던 보고·협의·신청·허가·승인 등의 사무절차가 대폭 간소화되어, 이른바 관·관 절충을 위해 낭비되었던 많은 시간과 인력 및 경비를 절약하고 이것을 행정 서비스의 질과 양을 개선하는 데 충당할 수가 있을 것이다.

1995년에 지방자치제가 부활되고, 2004년에 지방분권특별법과 국가균형발전특별법이 제정·시행됨으로써 이제야말로 본격적인 분권형 지방자치제가 실시될 수 있는 법·제도적 장치가 구비된 것이다. 위에서 살펴본 분권의 목적과 이념 및 방향을 긍정적이고 적극적으로 지역문화정책과 지역문화행정에 반영함으로써 지역문화 발전과 지역문화 활동의 활성화를 위한 자치단체의 구체적인 문화자치방안을 토론하고 입안하는 활기찬 활동이 전개되기를 기대해 본다.

25. 지역문화 활동의 새 틀 짜기
마음을 열고 벽을 허물어 협력 · 참여하는 지역문화활동

이종인(한국문화행정연구소장)

1. 들어가는 말

본인은 이 포럼에서 기조강연을 맡을만한 자격도 없고, 능력도 없는 보잘것없는 늙은이라는 것을 솔직히 고백하면서, 깊은 뜻을 가진 내용의 연설은 기대하지 말아주실 것을 말씀드립니다. 주최 측에서 보내주신 포럼계획서를 살펴보고 본인이 '2001 지역문화의 해' 사업에서 경험한 일을 소개하는 것도 다소나마 도움이 되지 않을까 생각했기 때문에 감히 이 자리에 나오게 되었습니다.

8년 전으로 거슬러 올라가 '2001 지역문화의 해' 추진위원의 명단이 발표되면서 호된 비판과 비난의 소리가 언론을 통하여 빗발쳤던 일, 그리고 한 해 동안의 사업 성과와 효과에 대한 외부의 평가도 부정적이었던 것도 여러분 잘 알고계시리라 생각합니다. 이러한 와중에 본인은 추진위원의 한 사람으로서 상임위원이라는 직책을 맡아 사업을 추진했던 경험이 있었습니다. 당시 추진위원회는 사업 추진의 기본방침으로 지역문화 관련 각계각층의 많은 활동가들을 참여시켜 토론과 교류의 장을 펼친다는 것, 지역현장의 현안과 대안을 찾아보자는 것, 일회성이고 소모적인 전시성 행사는 지양한다는 것 등을 내걸었던 것으로 생각됩니다. 그리하여 '2001 지역문화의 해'는 토론으로 시작하여 토론으로 마감하였던 것입니다.

첫 번째 토론회는 '백가쟁명 대토론회(2001. 1. 18~19, 대전 유성)'로서 전국의 지역문화활동가(예총·민예총·문화연대·문화원·학계인사 등)와 문화행정가 등 100여 명이 모여 7개 분과로 나누어 '지역문화의 현안과 대안'을 토론하였고, 두 번째 토론회는 '지역문화현장탐방 및 대화(2001. 3~12)'로서 지역문화 현장을 탐방하여 지역현장의 당면한 현안을 확인하고 대안을 모색하기 위해 총 10개 시·도 157개 시·군에서 500여 명의 지역문화활동가 및 지역문화정책담당자들이 대화와 토론을 통해 인적 네트워크를 형성하는 데 기여했고, 세 번째 토론회는 '백화제방 대토론회(2001. 12. 20~21, 서울올림픽파크텔)'로서 '지역문화의 해' 사업을 통해 제기된 현안문제들을 6개 분과로 나누어 전국의 문화활동가 300여 명이 모여 대안을 모색하고 '지역문화의 시대'를 열어가기 위한 선언문을 채택하고 사업을 마감한 바 있습니다.

2. '지역문화의 해'가 남긴 것?

앞에서도 잠깐 언급했듯이 '지역문화의 해'에 관한 사후평가가 비록 부정적인 것이라고 할지라도 적어도 본인에게는 감명 깊었던 일화가 몇 가지 있었기에 지루할 정도로 길게 사업을 설명할 것을 양해해주시기 바랍니다.

(1) 일화 1

'백화제방 대토론회'를 마치고, 폐막식을 진행하고 해산하려고 할 때 참석했던 많은 문화활동가들이 이구동성으로 하는 소리가 "지역문화의 해는 이제부터 시작인데 폐회가 무슨 소린?", "지역문화의 해는 앞으로 10년은 지속되어야 한다", "10년이 어렵다면 추진위원회만이라도 존치시켜야 한다." 등 의외의 반응과 아쉬워하는 마음을 보고 감회가 깊었습니다. 그리고 한옆에서는 몇몇 참가자들이 백지에 성명, 전화번호 주소 등을 적으면서 지속적인 만남의 기회를 마련하기 위한 주소록을 작성하기에 바쁜 모습도 아름다웠습니다.

(2) 일화 2

해가 바뀐 2002년도 문화관광부가 주최한 '문화기반 시설 관리운영 평가대회'에 참여하였을 때, 한 문화원의 원장님이 저를 보고 반갑게 인사하며 "덕분에 오늘 수상을 하게 되어 고맙습니다"라는 것이었습니다. 자세한 내용을 듣고 보니 자초지종의 사건은 다음과 같았습니다. 즉 2001년 5월 청소년의 달 문화행사를 치러야 하는데 예산은 얼마 안 되고 머리를 짜보아야 뾰족한 묘안이 떠오르지 않아서 고민하던 차에, 문득 '백가쟁명 대토론회'에 참석했던 동향사람이 생각나서 염치불구하고 찾아가 만나서 사정을 말하고, 도움을 청하자 상대방이 적극호응하고 자기 동료들까지 동원하여 군내에서 가장 성공적인 청소년 행사를 치룰 수 있었고, 그것이 좋은 평가를 받아서 오늘 상을 받게 되었다는 것이었습니다.

사실 그 당시까지만 해도 제도권과 비제도권 간의 갈등, 문화원장이 운동권 출신에게 도움을 청했다는 사실, 또 그 도움요청에 사심 없이 호응해주었다는 사실, 어찌 보면 불가능했던 일들이 '지역문화의 해'를 계기로 맺어진 네트워크의 소산이라고 생각하면서 함께 축하해 주었습니다.

(3) 일화 3

2002년도 늦은 여름 지방문화원이 주관하여 추진하고 있는 '역사문화마을 가꾸기' 사업의 한 현장에 컨설턴트의 자격으로 찾아가 문화원장과 대화를 나누고, 일할 만한 담당자가 있느냐고 질문하였더니, '지역문화현장 탐방 및 대화'의 자리에서 만났던 사람 중에서 한 사람을 점찍어 놓았었는데 곧 와서 일할 수 있게 될 것이라고 하면서 그런 자리를 만들어 주어서 고맙다는 인사를 하는 것이었습니다. 저는 원장님의 열린 마음에 경의를 표했습니다.

(4) 일화 4

2003년 연말경, 경주에 있는 '신라문화원'에서 '지역문화 네트워크 창립총회'가 열리니 꼭 참석해달라는 부탁을 받고 내려갔습니다. 현장에 모인 면면들을 살펴보니 바로 '지역문화의 해'때 만났던 그 멤버들이었습니다. 2002년과 2003년의 2년 동안 몇몇 멤버들이 상호방문하며 현장을 탐방하고 치교를 나누어 오다가 '지역문화 네트워크'라는 느슨한 단체를 만들기로 하였다는 것이었습니다. 순수한 NGO, NPO의 성격을 갖기로 하였다는 것이었습니다. 그 이후 2004년부터 현재까지 5년 동안 1년에 3~4곳의 지역을 순회하면서 모임을 갖고 토론도 하고 현장의 문화·예술활동을 감상·체험해 오고 있습니다.

저는 이 모임의 참여자들을 볼 때 늘 존경과 놀라움을 금할 수 없습니다. 아무리 멀고 교통편이 불편하더라도 찾아오는 일하며, 또 많지는 않지만 숙식비를 부담하면서도 즐겁게 참여하는 성의와 노력은 다른 모임에서 보기 드문 현상이라고 생각합니다. 그야말로 '지역문화의 해'가 맺어준 문화활동가들의 네트워크의 진정성을 나타내는 흐뭇한 실례라고 생각하며 나름대로 대화와 토론으로 화해와 통합의 지역문화활동의 밑거름이었다고 생각합니다.

3. 새 틀 짜기 전략: 열린 지역문화활동을 지향하며

불행하게도 오늘의 우리 사회는 10년 전의 보수와 진보, 좌와 우, 흑과 백의 대결구도가 재현되고 있는 상황입니다. 이러한 상황에서 이념을 넘어선 제3의 대안으로 지역사회 안에서 만이라도 지역문화활동가들의 공조체제가 절실하지 않나 하는 소박한 생각을 피력해 보고자 합니다. 즉, 지역 내 문화활동가 및 지식인들의 교류와 네트워크, 그리고 시민(주민)들과의 연대에 의한 아래로부터의 문화운동을 추구할 것을 제언하는 바입니다.

(1) 지역문화 활동주체들의 열린 자세

각급의 지역사회 안에는 성격이 다른 다양한 문화활동주체들이 있어서 그동안 배타적이며 경원하는 관계에서 대결하는 입장을 보였던 것을 부인할 수 없을 것입니다. 이와 같은 흑백의 이분법, 보수와 진보의 대립, 제도권과 비제도권과의 편 가르기는 지양하고, 상부상조하고 상호 의존하는 관계로 변해야 할 것을 강조하는 것입니다.

각각의 지역에서 해결해야 할 문화적 현안들을 현장에서, 권력이나 이념에 끌려가는 수동적 합의방식이 아니라, 문화활동 주체들의 장점을 살린 아이디어를 묶는 민주적·능동적 합의를 통해 동지의식을 드높이는 미래지향적 안목의 공조체제를 이룩해보자는 것입니다. 주변에서 비판하고 반대만 할 것이 아니라 마음을 열고 벽을 허물어 현장에 뛰어들어 협력하고 참여하는 지역문화 활동의 새 틀을 짜보자는 것입니다.

위와 같은 공조체제를 구축하기 위해서는 지역 내에 '지역문화협의체'와 같은 기구가 필요할 수도 있다고 봅니다. 만약 지역 내에서 문화활동을 전개하고 있는 주체(단체)로서 중립적인 입장이면서도 리더십이 강한 주체가 있을 경우는 그 주체가 주동이 되어 지역 내 여러 주체들을 참여시키는 공조체제구축이 쉬울 수도 있지 않을까 생각됩니다. 그렇지 못한 지역에서는 지역 내의 여러 문화활동 주체의 대표자들이 공동대표의 자격으로 참여하여 협의체를 구성하는 방안도 생각할 수 있을 것입니다. 이 방법은 앞에서 소개했던 '지역문화네트워크'의 운영방법을 차고하실 수도 있을 것입니다.

(2) 시민(주민)의 열린 자세와 생활문화 활동의 진작

시민(주민)은 문화향수자이면서 동시에 문화창조자라는 점에서 지역문화의 주체입니다. 그동안의 우리 문화 정책은 문화향수권 신장에 치우친 나머지 시민을 수동적 구경꾼으로 만드는 데 급급했으며, 능동적 창조자를 기르는 데는 소홀했던 것이 아닌지 반성해 볼 필요가 있다고 생각합니다.

문화주체의 양면성을 증진시키기 위한 새로운 틀 짜기도 필요합니다. 향수자로서의 문화주체를 위한 문화감수성교육의 질적 향상을 도모하고, 창조자로서의 문화주체를 위한 문화창조력 교육을 확충하고, 아마추어 활동을 활성화 시켜 참여의 적극화를 도모함으로써 튼튼한 지역문화의 저변을 확대해 나가는 것이 바람직하다고 봅니다.

한편 시민사회 내의 세대별 및 계층별 갈등을 해소하고 조화롭게 상생할 수 있는 시민의식의 새 틀 짜기도 필요하다고 생각합니다. 신세대와 구세대, 청소년 세대와 노 · 고령 세대 간의 갈등도 서로 상대방을 인식하고 그 장점(젊은 층의 패기와 활력, 노년층의 경험과 경륜 등)을 받아들이는 열린 자세가 필요할 것입니다. 소외계층과는 함께 나누며 봉사하는 생활이 필요할 것이며, 이주민과 다문화가정에 대한 배타적 멸시의 시각을 벗어나서 이해와 상조하는 생활문화의식을 넓혀야 하리라고 생각합니다. 그리고 이런 것들을 위한 지역문화활동가들과 자치단체의 지원과 프로그램도 다양해져야 하겠습니다.

(3) 자치단체 문화행정의 열린 자세와 민 · 관 파트너십

문화의 주체는 지역시민(주민)이라는 점에서 지역문화는 시민책임의 자주적인 활동이라고 하겠습니다. 따라서 자치단체는 시민을 행정의 객체로 보고 다스린다는 관념을 넘어서서, 다양한 시민문화활동에 열린 자세를 견지하면서 시민과 더불어 공동작업으로 시민의 의사와 요청에 부응하는 지원 · 서비스 행정을 전개해야 한다고 생각합니다.

한편 지역문화행정은 시민생활의 지역적 종합성을 포괄하는 종합행정의 성격이 강하기 때문에 행정 전역의 체질개선을 필요로 합니다. 다시 말하자면, 지역사회가 해결해야 할 현안문제들은 거의 모두가 종합적인 해결수단을 필요로 하기 때문에 종적(계선적)인 개별행정수단만으로는 해결하기 어렵다는 것을 경험하셨을 것입니다. 그러므로 자치단체의 문화행정은 이제까지의 종적행정의 틀을 횡적으로 종합 · 조정하는 틀 짜기가 필요하다고 생각합니다.

이와 같은 종합 · 조정 행정의 틀을 하나 소개하겠습니다.

2004년 가을 일본의 고베시청을 방문하였을 때입니다. "협동과 참여의 플랫폼"이라는 표지를 보고 무엇 하는 곳인지 호기심이 나서 들어가 보았더니, 넓은 사무실에 책상 2개씩 모아진 4~5개 그룹이 있고, 한 가운데 큰 회의 테이블이 놓여 있었습니다. 설명을 들었더니, 그곳은 시민 그룹이 스스로 연구하고 발의된 현안사안을 가져오면, 그 사안과 관련된 시청의 각 부서(예: 문화 · 관광 · 교육 · 복지 · 토목 등)에서 2사람씩(계장급 1인, 직원 1인) 나와서 주민대표들과 함께 토론하고 조정하여 계획을 완성하고 상부의 결재를 거치면 사업을 집행하게 된다는 것이었습니다. 그야말로 민 · 관 파트너십의 모델역할을 하는 TFT라는 것을 보고 부럽게 생각했던 기억이 납니다.

(4) 창조도시, 문화도시 등에 관하여

미안한 말씀입니다만 본인은 "아시아 문화중심도시 광주" 에 관한 사전지식이 전무한 상태인 것을 고백합니다.

아시아문화중심도시 계획이 광주시 전체의 도시계획과 어떠한 관계인지, 즉 광주시 전체의 도시계획에 포함된 것인지, 별도의 독립된 계획인지 잘 모르기 때문에 말씀드리기 망설여집니다.

다만 본인은 이 계획이 광주시의 전체적인 통합적 도시계획 속에서 추진되었으면 하는 바람입니다. 그 이유로 『창조도시』의 저자인 찰스 랜드리의 다음과 같은 말을 인용해볼까 합니다.

> "문화계획이라는 것은 단순히 '문화의 계획' —— 그것은 불가능하고 바람직하지도 않고, 또 위험한 시도이다 —— 을 수립하는 것이 아니라, 어떠한 공공정책에 대해서도 문화적인 접근을 시도한다는 것을 의미한다. … 도시에 대한 창의적 접근방식은 정책을 섹터별로 보지 않는다. 그 목적은 정의된 문화자원의 저장고를 어떻게 하면 통합적 지역발전에 기여할 수 있게 할 것인가를 찾는 것이다. 문화자원을 정책형성의 중심에 위치하게 함으로써 이들 자원과 각종 공공정책 사이에 호혜적이고 상승적인 관계가 수립되는 것이다(『창조도시』, p. 250-254)."

본인은 2006년 봄, 일본의 가나자와 시를 방문하고 위에 인용한 글의 내용을 실감할 수 있었습니다. 가나자와는 1995년도에 '가나자와 세계도시 구상'을 책정하고 가나자와의 통합적 도시계획의 지침으로 삼고 있었습니다. '세계도시'란 스스로의 존재를 세계에 주장하고, 스스로의 존재를 세계를 향하여 어필할 수 있는 도시를 뜻한다고 합니다. 가나자와의 개성이라고 할 수 있는 학술·문화, 전통환경, 지역산업 그리고 자연과 복지의 커뮤니티의 토양을 살려 작지만 세계 속에 독특한 빛을 발하는 도시를 지향하고 있다는 것이었습니다.

이 구상은 3개의 기본테마(안전할 것, 아름다울 것, 활력 있을 것) 밑에 4개의 서브테마(세계에 열려있을 것, 개성적일 것, 지적자극이 있을 것, 살기 편할 것)를 설정하고, 18개 과제와 65개 사업, 그 밑에 112개 세부사업으로 구성되어 있었습니다. 놀라운 것은 112개 세부사업 중 51개(45.5%) 세부사업이 문화관련 사업들이어서 문화정책의 비중이 매우 큰 것에 관심이 쏠렸던 기억이 납니다. 이와 같이 '가나자와 세계도시 구상'이라는 통합적인 도시계획 안에서 문화계획이 큰 비중을 차지하고 있다는 점을 참고할 필요가 있다고 생각되어 소개하는 것입니다.

4. 나가는 말

본인은 문화예술정책이 추구하는 목적은 2가지 축이 있다고 생각합니다. 그 하나는 예술의 정점, 즉 예술의 수월성을 추구하는 예술창조활동(종축)이 있고, 또 하나는 문화기반의 확대와 그 수준의 향상을 추구하는 문화보급활동(횡축)이 있다고 봅니다.

본인은 어느 특정장르의 예술인이 아니기 때문에 예술활동에 관해서 언급하기에는 부적절하므로 강연제목에 '예술'이라는 단어를 넣지 않고, "지역문화 활동의 새 틀 짜기"라고 표현하였습니다. 양해하여 주시기 바랍니다.

다만 본인이 지난 3여 년 동안 경험했던 문화행정의 현장에서 보고 느꼈던 것에 근거하여, 문화예술의 보급과 확산을 통한 문화기반(저변)의 확대와 그 수준을 향상시키고자 하는 '문화활동'의 입장에서 말씀드린 것입니다.

끝을 맺으면서 다시 한 번 말씀드립니다. 문화예술의 주변환경이 어떻든, 적어도 지역문화의 현장에서 만이라도, 제도권과 비제도권, 신세대와 구세대, 보수와 진보, 민과 관, 지방과 중앙의 대립과 갈등구조를 깨트리고 서로가 열린 자세로 협력 차여하여 지역문화를 발전시키기 위해 미래지향적인 합심대도(合心大道)의 길을 찾는 틀을 짜자는 것입니다.

내용도 부실하고, 깊은 뜻도 없는 늙은이의 넋두리를 들어주셔서 감사합니다.

26. 지방문화원의 주체적 기본역할

이종인(한국문화행정연구소장)

1. 들어가는 말

　지방문화원의 설립목적은 '지역문화의 진흥을 위한 지역문화사업을 수행하기 위하여' 설립된 법인이다(지방문화원진흥법 제2조). 그리고 지방문화원이 수행하는 지역문화사업은 법 제8조에 9개의 사업이 나열되어 있다.

　그렇다면 '지역문화'란 무엇인가? 그것을 어떻게 인식하고 있는가?

　그리고 '진흥한다'란 '어떤 수단'으로 '어떻게 할 것인가'하는 것이 명확하지 않으면 안 된다. 만약 그것이 명확하지 않으면 '문화원'은 단순한 간판에 지나지 않는 것이다.

　지역문화진흥이란 문화적인 지역을 만든다는 것을 의미한다. '지역이 문화적으로 된다'는 것은 그 지역에 살고 있는 주민들의 '생활양식'과 '생활환경'이 '인간다운'것으로 바뀌는 것이다. 즉 오늘날의 물질과 금전중심의 경제지상주의적인 생활, 일만한 뿐 여유가 없는 생활로부터 인간다운 감성을 열게 되는 것, 아름다움과 즐겁고 너그러움을 가치로 여기는 '마음의 여유'가 있는 생활양식으로 바뀌는 것이다. 즉 '지역문화진흥'이란 지역의 '삶의 질'을 문화적으로 개선하는 것이다.

　그렇다면 문화원이 설치되면 저절로 지역이 문화적으로 되는 것인가? 설치만으로는 안 된다. 설치된 문화원이 주민과 문화단체의 '거점(Center)'이 되었을 때 비로소 지역이 문화적으로 되는 것이다.

'지방문화원의 주체적 기본역할'이란 문화원의 설립목적을 실현하기 위해서 이루어지는 모든 사업에 적용되는 역할이라고 하겠다. 문화원의 설립목적은 '지역문화진흥', 즉 '문화적인 지역을 만드는 것'이지만, 지역의 문화상황에 따라서 주체적 기본역할도 여러 가지로 다르게 나타난다. 그리고 시대와 지역의 문화생활이 변하면 주체적 기본역할도 변하지 않으면 안 된다. 그러므로 주체적 기본역할에 정해진 교과서(매뉴얼)는 없는 것이다. 모든 것이 창조적 시행이라고 생각하는 것이 정답일 것이다.

문화원의 역할을 생각하면서 앞서가는 문화원들의 많은 '시행'을 거울삼아 '주체적 기본역할'을 몇 가지로 유형화 해 보기로 한다.

2. '주체적 기본역할'의 유형

(1) 주민 스스로 문화활동을 활발하게 전개하기 위한 역할

주민의 감성을 개화하고, 인간다운 감정을 기르고, 물질과 금전만이 아닌 마음의 여유가 있는 생활양식을 이룩하기 위해서는 주민 스스로가 문화활동을 즐기는 것이 첫째이다. 문화원은 이에 대응해서 지역의 문화단체·학교·기업·주민회의 등과 제휴해서 각종 주민 문화 예술활동을 다양하게 전개해야 한다.

이것은 지역의 아마추어 문화활동이 활발해지게 하기 위한 것이다. 과거 우리 지역사회는 마을과 고을 곳곳에 축제와 예능놀이가 있어서 그것을 즐기는 행사를 통해 한 해의 생활을 즐겁게 했었고, 주민들은 스스로 참여하여 행사를 만들어 냈던 것이다. 문화는 스스로 참여하여 창조할 때 그 참다운 '맛과 멋'을 느낄 수 있고, 비로소 생명력을 지닐 수 있게 되는 것이다.

문화원은 주민이 찾아오는 '기다리는 집'이 아니라 지역의 문화활동을 창출하는 '거점(센터)'이 되어야 하기 위해 능동적으로 주민들은 물론 문화단체들과 제휴해서 주민을 문화의 소비자이기 전에 문화의 생산자로서의 지위, 즉 문화향수자의 지위를 뛰어넘어 문화 창조자의 지위를 되찾아 주는 역할이 필요하다.

(2) 지역에 문화활동의 씨를 뿌리고 가꾸는 지역문화 사회교육 활동

문화원이 지역문화의 거점이 되기 위해서는 지역에 문화활동의 씨를 뿌리고 가꾸는 지역문화의 사회교육 활동을 심화시키고 적극화 해 나가야 할 것이다. 지역문화 사회교육의 목적은 첫째, 한국적 가치관과 도덕성 회복 및 사회병리현상의 치유, 둘째, 문화예술적 감성교육을 통한 문화격차 해소, 셋째, 문화의 생활화를 통한 한국적 교양주의 확립과 문화창조력 제고라고 하겠다.

과거에는 일부에 국한된 계층만이 문화예술을 즐기거나 관심을 가졌지만, 오늘날에는 국민 모두가 함께 참여하고 누리는 시대로 변해가고 있어 가능한 한 많은 주민들에게 문화예술교육기회를 부여하여 문화에 대한 올바른 인식을 심어주고, 문화예술을 보급·확산할 필요가 있다는 점은 새삼 강조할 필요도 없을 것이다. 다만 그동안의 지역문화 사회교육 프로그램들이 공급자 위주로 짜여 운영되었다면 앞으로는 수요자 위주의 프로그램을 더욱 확충하고, 운영 면에서도 주민의 자율적인 운영제도를 시행함으로써 주민들의 창조역량을 더욱 발휘할 수 있게 유도하는 것이 바람직하다.

어찌됐던 문화예술 사회교육은 문화민주주의 문화전략의 핵심전략이며, 문화권의 신장운동이고, 국민정서함양운동이며, 문화복지 운동이고, 주민의 문화화 운동이라고 하겠다.

(3) 더불어 사는 공동체 문화형성

과거의 우리 지역사회가 노래나 춤을 비롯한 갖가지 예능과 민속을 발전시킬 수 있었던 것은 그 바탕에 경작을 위한 공동노동(더불어 살기)이 여러 가지 형태로 조직(공동체문화) 되어 있었기 때문이라고 할 수 있다. 사람들은 자기 마을을 위해 힘을 합쳐 일하고, 그것으로 얻어진 과실을 나누고, 또한 상호유대를 강화하기 위해 노래와 춤을 만들어 즐겼던 것이다. 이와 같이 문화는 사람과 사람과의 관계와 커뮤니케이션 가운데서 생성되었다.

그러나 오늘날 우리 사회는 지역불균형과 더불어 지역사회내의 노령인구의 팽창, 저소득 및 소외계층의 사회적 세대 간 갈등문제, 결혼이주여성, 외국인노동자, 새터민 등의 차별화 문제 등으로 사회적인 화합분위기가 저해 받고 있는 실정이다.

다행이도 최근 몇 년 전부터 지방문화원이 '실버문화학교', '결혼이주여성 프로그램', '새터민 문화 프로그램'과 같이 저소득·소외계층 배려 프로그램 등을 전개하여 많은 성과를 올리고 있는 것은 바람직한 일이라고 하겠다. 그러나 이제까지의 프로그램들이 각각의 계층 자체만을 위한 프로그램이었다면, 앞으로 이들 계층과 다른 계층과 세대가 함께 어울릴 수 있는 프로그램, 예컨대 노인세대와 청소년 세대, 이주여성과 그 가족 및 마을주민, 외국인 노동자와 일반주민 등이 함께 할 수 있는 프로그램들을 개발·확충해 나가는 것이 더욱 발전적이라고 생각된다.

따라서 지방문화원은 글로벌시대·다문화 시대를 대비한 지역 내 각계·각층의 인간적 커뮤니케이션을 회복하여 더불어 사는 새로운 모습의 공동체 문화창조의 전진기지 역할을 해야 할 것이다.

(4) 지역문화의 브랜드화: 오리지널한 지역문화 창출

지역의 문화원이 각기 그 나름대로 다른 지역과 차별화된 독창적인 문화프로그램을 선정하여 집중적으로 육성·발전시켜 지역을 대표하는 문화브랜드 창조 운동을 전개하는 것이 바람직하다. 오늘의 시대는 독창성 있는 지역문화의 시대이므로 지역 정체성을 바탕으로 어떻게 지역 이미지를 창출해 낼 것인가 하는 것이 지역문화의 과제로 부과되고 있다. 지역문화원이 중추적인 역할을 하면서 지역의 리더들과 주민 및 문화단체들과 제휴해서 지역의 문화콘텐츠를 조사·발굴하여 기획하고 조직화해서 실천해 나가는 지역문화 창조의 협동사업을 추진하는 것이 바람직하다.

가칭 협동사업의 형태로 추진되어온 행사는 프로그램의 소재와 그 표현수단이 다양하며 대표적인 것이 축제이다. 지역축제는 지역이라는 공동체사회를 중심으로 형성되어 지역의 개성 있는 문화전통을 내포하고 있는 지역문화의 응집체이다. 즉, 지역축제는 지역문화를 가장 적절하게 담아 낼 수 있는 그릇이라고 할 수 있다. 따라서 지역의 문화적 전통에 근거한 문화요소를 축제에 담아내는 것은 지역축제의 활성화와 지역주민의 자발적인 참여를 촉진시키는 데 반드시 필요한 전제조건이다.

이와 같이 지역의 정체성 위에서 개성 있는 지역의 문화브랜드를 창출하고, 이것을 국내외로 발신하는 문화 발신기지의 역할을 하는 곳이 지방문화원이다.

(5) 지역문화의 창조적 정보센터의 역할

역사가 오래된 지방문화원은 향토사의 발굴·조사·연구 및 사료의 수집·보존 사업을 통하여 이미 많은 자료들을 수장·전시하고 있다. 뿐만 아니라 문화에 관한 자료의 수집·보존 및 보급사업도 전개하고 있다. 그리고 이와 같은 자료들이 박물관·향도 사료관·자료실·도서실 등의 명칭으로 전시·열람되고 있다. 이와 같은 지역의 자료관(박물관)은 자기인식의 마당이라는 것이다. 즉, 지역의 역사와 그곳에서 삶을 이끌어 온 조상들이 만들어 낸 문화를 이해하고, 그것으로부터 지역적 특성을 찾고 장래의 전망을 생각하는 싱크·탱크로서의 역할을 하게 되는 것이다.

지역문화의 중요한 자원으로 생각하고 자료관을 구성·전시하고, 데이터베이스화 한다면 문화원의 자료관은 단순한 주민교육장이 아니라 지역주민이 스스로 느끼는 곳, 무엇인가 자극을 주는 곳, 도전하는 곳이 될 수 있을 것이며, 다른 지역에서 찾아오는 방문객은 우선 자료관을 방문하고 그곳에서 그 지역의 특성과 문화를 알고자 할 것이다. 이렇게 되면 이곳은 사람과 사람의 교류의 장, 지역과 지역의 교류의 장, 즉 정보교환의 장이 되는 것이다.

이러한 점에서 각 문화원들은 기존에 소장하고 있던 각종 자료들을 체계적으로 정리·전시하여 사용자가 편리하게 사용할 수 있게 배려해야 하겠다.

(6) 지역문화 네트워크 구축과 활용

위에서 제시한 기능과 역할을 효과적으로 추진·달성하기 위해서는 문화원이 중심이 되어 지방자치단체를 비롯하여 관련 있는 문화예술기관·단체, 문화예술시설·공간, 예술단체(인), 학교, 사회단체, 지역소재 기업(인), 주민단체(인) 등과 네트워크를 구축하여 효율적으로 활용할 필요가 있다.

활용하는 방법은 상호 간의 인적교류와 물적 교류(사람과 시설공간 등), 상호 간의 역할분담과 필요할 경우 공동사업개최, 관객 및 교육수강생 독려, 전문지식과 기술의 협조, 조사·연구사업·컨설턴트 의뢰, 후원과 협찬의뢰 등 다양한 방법으로 활용 할 수 있다.

특히 강조하고자 하는 것은 지방문화원의 운영재원을 마련하기 위한 기금조성 네트워크를 활용하여 적극적인 메세나 운동을 전개할 것을 제안한다. 문화원의 기금운동을 전 지역으로 확산·전개하여 부족한 운영재원을 확보하는 것이야 말로 지방문화원의 최우선 과제라 하겠다. 이상과 같은 역할을 수행하기 위해서는 문화원 안에 유능한 '문화 프로듀서'와 '문화경영자'가 있어야 하고, 문화원은 이런 '문화일꾼'을 육성하고 확보하는 역할도 담당해야 한다.

3. 나가는 말

다시 돌이켜 정리해보면, 지방문화원의 역할은

① 지역에 문화활동의 씨를 뿌리고 싹을 틔우며
② 지역에 아마추어 문화활동의 물결을 일으키고 넓히고
③ 더불어 사는 공동체문화를 형성하고
④ 지역 나름의 문화운동을 전개하여 지역의 문화적 위상을 높이며
⑤ 지역문화를 널리 알리고
⑥ 지역사회의 문화네트워크를 구축하고 효율적으로 활용하며

자유롭고 자주적인 주민문화 활동을 활발하게 하여 주민들의 감성이 넉넉해지고, 생활양식이 바뀌어 지역이 문화적으로 새로워지게끔 하는 것이 문화원의 역할이라고 생각한다. 즉, 문화원은 지역을 문화적인 지역으로 만들기 위해서 능동적으로 활동하는 '주체'가 되어야 하겠다.

외국의 문화정책 사례

1. 외국의 문화정책

이종인(한국문화행정연구소장)

문화의 정의가 매우 어려운 것과 마찬가지로 여러 외국의 문화정책의 대상과 주체도 그 역사적, 사회적, 제도적 상위에 따라서 각양각색이다.

유럽에서는 일반적으로 왕후귀족에 의한 문화보호의 전통을 계승하여 정부기관이 직접 지원하는데 그 가운데서도, 예를 들어 중앙집권이 발달한 프랑스에서는 중앙정부의 역할이 압도적으로 크고, 한편 지방분권이 철저한 연방제도를 취하는 독일에서는 문화정책의 중심적 지방은 지방정부이다. 또한 국가 등 정부관여에 대한 의식의 차이에 의하여 문화정책을 맞는 기구를 정부직접 두는 프랑스·독일에 비해, 예술문화의 자유를 보다 명확하게 담보할 수 있는 기관을 독립시켜 별도로 설치하는 것은 미국·영국·호주 등이다.

또 "정책이라고 부를 만큼 거창할 필요까지 있느냐"하는 점에 대해서도 여러 가지 논의가 있는데, 명확한 목적의식에 의하여 국가주도적인 정책을 갖는 프랑스에 비교하여, 민간예술활동과의 연대에 중점을 두는 미국과 같은 예도 있으며, 지원방법도 가지각색이다.

그리고 일반적으로 문화재에 관해서는 사적권리를 제한하는 보호법제를 각 나라들이 정비하여 갖고 있다. 저작권에 관해서도 조약에 의한 국제적으로 통일된 방향을 지향하고 있다. 한편, 최근에 와서, 문화예술을 산업으로 간주하여, 특히 관광과의 긴밀한 관계에서, 경제적 공헌의 측면에서 문화예술지원정책이 논의되고 있으며, 또한 기술진보에 따라 멀티미디어산업에서 문화예술의 중요성이 주목받고 있다. 이와 아울러 교육제도와의 연계도 변화가 일어나고 있다. 문화정책의 대상이 되는 문화의 범위도 나라에 따라 차이는 있으나 확대해 나가는 추세라 하겠다.

따라서 이 장에서는 이상과 같은 각국의 차이점을 배려하여 문화정책의 배경, 기초가 되는 사고방식을 개관한 다음, 문화가운데서도 비영리 문화예술활동에 대한 정부의 직접지원에 초점을 두고 설명하며, 그 밖에 특징적인 동향을 소개하고자 한다.

1. 미국

1) 문화정책의 배경과 경위

(1) 연방정부

미국은 그 건국이념으로부터 일반적으로 연방정부의 기능을 한정시키려는 경향이 있어 문화예술활동은 현재까지도, 지원을 포함하여, 본래 민간센터에 맡겨야 하는 것이라고 생각하고 있다. 역사적으로도 카네기나 멜론 등의 자산가에 의한 예술가에의 경제원조나 기부·증여 등 민간, 즉 개인과 재단에 의한 지원이 정착해 왔다. 따라서 연방정부의 역할은 세제상(稅制上)의 우대조치 등을 통해서 민간에 의한 예술지원활동을 진흥하는 데 있다.

이와 같은 일은, 연방정부는 저작권보호에는 일관되게 열심이었고, 뉴딜정책의 일환으로서의 예술가고용, 냉전시대의 민주주의 메신저로서의 문화예술활동지원 등, 다른 정책의 일부로서, 말하자면 부차적인 모습의 지원이 있기도 하였다. 또 산발적이기는 하지만 연방정부가 직접 지원한 경험도 있기는 하다. 정부에 의한 예술의 직접지원에 관한 최초의 법률은 의회의 건물장식에 자금을 제공했을 때 이고, 스미소니안 기구의 창설이나 케네디무대예술센터의 설치 등, 정부자금이 직접 예술활동에 들어간 예도 있으나, 어디까지나 일관된 정책목적에 의거한 문화지원이라고는 할 수 없는 일이었다.

이와 같은 상황을 바꾸어 연방정부가 직접지원을 계속적으로 시작한 것은 1966년 부터이다. 1950~1960년대의 풍요로운 사회 가운데서 사람들의 문화예술에 대한 욕 구가 높아진 것을 받아들여, 전국적인 문화사업에 자문·조정하는 기관이 필요하다 는 관점에서 1965년 미국예술·인문과학재단(*The National Foundation on the Arts and Humanities*)이 설치되고, 그 산하에 문화예술활동의 공적 지원기관으로서 미국예술재 단(NEA: National Endowment for the Arts)이 설치되었다.

NEA는 존슨 대통령의 '위대한 사회(*Great society*)'의 사상에 근거하여 주로 창조활 동에 대한 연방정부의 문화예술진흥의 중심적 기관으로 출발하였다. 오늘에 이르기 까지의 지원은 원칙적으로 본래의 지원주체인 민간자금과의 대충(*Matching*)으로 이루 어지고 있다. 연방정부에는 문화성(부)에 상당하는 기관은 없다.

이 밖에 연방정부로부터 예산이 직접 배분되는 독립기관으로는 박물관 원조기관 이 있는 외에, 스미소니안 기국, 내셔널 갤러리 오브 아트 등의 국립문화시설이 있다.

(2) 주 정부

미국은 연방제도를 택하고 있기 때문에 문화진흥도 기본적으로 각 주의 권한이 크며, 주에 따라 차이가 많다.

NEA 설치 이전에는 뉴욕이외 몇 개의 주에 설치되어 있던 공적문화예술기관은 그 후 크게 진전하여 현재 50개주 전주와 6특별지구(아메리칸 사모아, 디스트릭 오브 콜롬비 아, 괌, 북 마리아나, 푸에르토리코, 버진 아일랜드)에 설치되어 있어서 각각의 주정부 나름대로 독자의 문화정책이 이루어지고 있다.

특히 1980년대에 각주의 문화예산은 크게 신장하여 1990년도에는 총액으로 약 2 억 7,000만 달러가 되었으나 그 뒤의 불황으로 1992년도에는 2억 100만 달러였다. 각 주에는 약 3,800개의 지방문화예술진흥기관이 있어 각각의 지역사회(커뮤니티)의 문화 예술지원을 수행하는 한 편, 몇 개의 주를 연계하는 컨소시엄이 설치되어 협력하는 체제가 있다.

이들 주 정부 가운데 예술지원에 가장 힘을 쏟고 있는 곳은 최초로 본격적인 공적 지원을 개시하고, 문화예술활동이 고도로 집중해 있는 뉴욕 주이며, 1992년도에는 단 독으로 약 3,100만 달러를 지출하고 있다.

(3) 민간 부문

　문화예술활동은 브로드웨이나 할리우드와 같은 상업적인 활동을 제외하고는 공익(public benefit)을 위해서 행해지는 비영리 활동으로 제도적으로 인식되어 있다. 통상 문화예술단체는 민법법인(民法法人)으로 설립한 뒤, 복지·종교·교육·기타 자선목적을 갖는 내국세입법 제501조 c항 3호에 의한 비영리법인(non-profit organization)으로서 세제우대조치를 받는다.

　내국세입청(국세청)은 단체의 수입이 특정한 개인에 속하지 않을 것, 정치적 선전에 관여하지 않을 것 등의 요건을 갖추었을 때 세제우대조치를 허가하고, 이들 단체는 운영으로 생기는 세입, 수입에 대해 연방세의 공제를 받는 외에 일반적으로 주(州)나 시(市)의 고정자산세, 매상세 등의 공제를 받는다.

　또 이들 단체가 기부금을 받았을 경우, 기부자는 스스로의 과세수입에서 기부금액을 공제 할 수 있는 등, 여러 가지 세제우대조치가 인정된다. 이 세제우대조치는 전통적인 자선정신이 강한 미국에서는 재단으로부터의 기부, 기업의 사회공헌으로서의 자선적 자금원조, 나아가 개인기부의 추진을 제도적으로 담보하는 것인 동시에, 정부에 의한 간접보조라고도 할 수 있다. 또 이 비영리법인의 지위는 NEA의 보조금을 비롯하여 많은 민간재단의 지원금을 받기위한 자격요건이 되고 있다.

　민간자원은 1992년도에는 약 52억 달러로서 공적 직접지출 약 7억 4,000만 달러를 훨씬 넘고 있다.

　그리고 체이스 맨해튼 은행회장이 데이비드 록펠러의 호소로 인하여 기억의 사회공헌의 일환으로서 문화예술지원을 진흥하기 위해 1967년 '예술지원 기업위원회(BCA: Business Commitee for the Arts, 미국의 대표적인 메세나 협회)'가 설립되었다. 기업을 회원으로 하는 이 조직은 민간의 임의 단체이지만 각종 조사, 정보제공, 연수활동을 통하여 기업의 예술지원을 추진하고 있다.

2) 문화예술의 진흥과 지원

(1) NEA(미국예술재단 또는 미국예술진흥원이라고도 함)

NEA는 인문과학 연구진흥을 위한 미국인문과학재단(NEH: National Endowment for Humanities)과 함께 창설된 대통령직할의 독립기관으로서, 문화예술의 진흥, 미국의 유산이 될 수 있는 문화의 보호, 국민에게 예술기회제공을 목적으로 하여, 무용, 디자인, 민속예술, 미술관, 음악 등의 단체에 보조금 형식의 경제원조를 하고 있다. 동시에 주나 커뮤니티를 통한 보조금도 주고 있다. 이것으로서 주·지방의 문화예술진흥기관은 급속히 발전했다고 할 수 있다.

또한 예술가를 포함한 전문가에 의한 NEA의 정밀한 심사제도는 높이 평가되어 주나 지방 문화예술진흥기관의 모델이 되는 동시에 재단 등의 민간지원기관에 판단기준을 제공하고 있다. 또 NEA의 보조금은 일정한 비율의 민간자금을 모을 것을 의무지우고 있음으로써(맷칭·그랜트) 실제 보조금액보다도 훨씬 큰 영향력을 갖게 된다.

그러나 NEA는 상설기관이 아니라 3~5년마다 존속을 승인받을 필요가 있으며, 예산은 매년 의회에서 결정된다. 근년에 호모 섹슈얼한 나체사진을 전시하는 데 원조하는 등, 일부 예술가의 논란을 일으킬만한 활동에 지원한 것들이 센세이셔널하게 보도됨으로써, 일부의 종교단체나 보수적 인사들로부터의 비판에 의해 의회에서도 크게 논란이 있었다. 이로 인하여 1996년도 예산은 40%의 삭감을 감수해야 했다.

(2) 스미소니안 기구

스미소니안 기구(Smithonian Institution)는 영구인 제임스 스미손의 유언에 의한 부동산 기부를 근거로 연방의회법에 의해 1946년에 창설된 독립기관으로서 미국에서 가장 오래된 문화기관이다. '인류의 지식의 증가와 보급'을 목적으로 예술과 과학기술을 포함한 14개의 박물관, 미술관, 연구소 등으로 구성되어 있다. 연간 2,500만 명의 방문자를 맞이하는 내셔널 갤러리 오브 아트, 케네디 무대예술센터도 이 스미소니안 기구 산하에 있다.

2. 영국

1) 문화정책의 배경과 경위

(1) 중앙정부

영국에서는 유럽의 몇 개 나라와는 달리 정부에 의한 공적개입의 경계감 때문에 문화 정책은 방임(laissez-faire)이 바람직하다는 의식이 부리 깊었다. 이 때문에 귀족이나 교회에 의한 지원, 시민혁명·산업혁명 후의 성숙한 중류계급의 관객으로서의 지원이 주류를 차지하고 있었다. 그러나 20세기에 들어서면서 복지국가의 흐름 가운데 차차로 중앙정부의 역할이 커짐과 동시에 문화예술의 감상은 공공서비스의 중요한 일부로서 자리 잡게 되어 정부지원의 필요성이 인식되기에 이르렀다.

정부에 의한 문화예술에의 직접지원이 계속되기에 이른 것은 제2차 세계대전 후이다. 그러나 정부자금은 몇 개의 박물관 등을 제하고, 직접 제공되는 것은 아니고, 예술협의회(Arts Council) 등의 특수법인을 통해서 문화예술사업을 지원하는 방식을 취하고 있다. 이와 같이 지원기관과 정부와의 사이에 거리가 있음으로 해서 문화예술의 자유와 정치적 중립성을 담보하고 있어 '암스 렌스의 원칙(the arm's length principle)'이라고 알려져 있다. 또 대처정권 이후, 문화예술의 국민감상기회를 최대화하는 것과 더불어 민간자금의 도입과 문화예술의 경제에의 공헌이 중요시되기에 이르고 있다.

문화관계의 소관관청은 종래에는 '예술도서관청'이었으나 1992년의 기구개혁에 따라서 새롭게 '국민문화재성(DNH: Department of National Heritage)'이 설치되어 문화재, 방송, 관광, 스포츠 등 분산되어 있던 문화관련행정을 폭넓게 통일적으로 처리할 수 있는 체제가 되었다. 1997년의 기구개편으로 '문화매체체육부(Department for Culture, Media and Sports)'로 명칭이 바뀌었으나 국민문화재성의 업무는 그대로 계승되고, 2001년 이후 경마관련 업무가 추가되었다.

최근의 주요한 문화정책으로는 민간자금도입을 위한 방책 및 공영복권의 도입이 있다. 1984년부터 실시되고 있는 '기업원조장려계획(Business Sponsorship Incentive Scheme)'은 문화예술진흥에 관하여 기업이 기부를 하면 그 활동에 대하여 일정한 비율로 공적원조를 하는 것인데 현재는 '국민문화재성 페어링 제도(the National Heritage Paring Scheme)'

라고 개칭했다.

한편 1994년에 개시된 공영복권은 연간 10억 파운드의 수입을 예상하고 그 가운데서 운영경비를 제외한 나머지가 공익사회사업의 각 분야(스포츠, 문화예술, 자선 등)에 분배된다. 문화예술 분야에서는 연간 4~5억 파운드의 지원을 받는 것으로 추정되며, 건조물, 시설 등의 기본 재산에 충당된다.

기타, 교육고용성에 의한 국어교육이나 직업훈련의 실시, 방위청에 의한 밀리터리 밴드 예산, 각 성청 관련 박물관 등이 있는가 하면, 외국과의 문화교류를 위해서는 브리티시 카운슬(영화문화원)의 외무성으로부터의 지원금에 의해 영국문화를 해외에 소개하고 있다.

(2) 지방정부

스코틀랜드, 웨일즈, 북 아일랜드에 관해서는 역사적, 문화적, 언어적 차이를 감안하여 1960년대부터 권한 위양이 추진되어 왔으나, 예술지원에 관해서는 아직도 직접 재정당국으로부터 각각이 지방을 통괄하는 성청(省office)을 통해서 각 예술협의회에 예산이 배정되어 지방에서 독립된 지원체제를 취하고 있다.

잉글랜드에서는 현재 10곳의 지역예술협회(Regional Arts Boards)에 대하여 1980년대부터 역할과 책임을 대폭 확대 실시하여 국가 및 지방자치단체로부터 지원을 받아 각기 독자의 지원체제를 갖고 있다.

(3) 민간 부문

공익사업(charity)에 대한 기부는 세제상의 우대조치를 받는다. 공적조직인 채리티위원회에 등록되어 정기적으로 감독을 받고 있는 사업일 경우, 문화예술단체는 소득세 등의 면제 및 기부증여에 대한 증여세가 면제된다.

또한 기업지원장려계획 등의 민간지원 장려책이 도입에 의해 1984년부터의 10년간에 기업으로부터 5,600만 파운드의 지원에 대하여 3,700만 파운드를 공적 지출로 맷칭(대충)하여 기업의 문화예술지원을 촉진하는 요인이 되었다.

한편, 기업으로부터의 스폰서십 진흥을 위해 1976년부터 '예술지원기업협의회

(ABSA: Association for Business Sponsorship of the Arts)'가 설치되어 앞에서 언급한 페어링 제도의 운영과 더불어 회원기업에 대한 어드바이스, 기업자원봉사 프로그램(Business in the Arts) 등을 추진하고 있다.

2) 문화예술의 진흥과 지원(영국예술협의회)

2차례의 세계 대전 중 전선과 후방 시민사회의 전의고취 및 예술가 고용을 목적으로 하는 ENSA(Enthertainment National Service Association) 및 CEMA(Commitee for the Encouragement of Music and Arts)의 성공에 의해, 정부에 의한 계속적인 예술지원의 필요성이 인정되어 로이얄 차타에 의해 1946년에 창설된 것이 '영국예술협의회(Arts Council of Great Britain)'였다. 독립된 특수법인으로 예술에 대한 정부원조자금의 중심적 배분기관으로서, 극단, 오케스트라, 무용 등 예술단체를 지원하는 외에 예술활동의 발전, 예술감상 기회의 증진, 정부·지방기관 등에의 조언·협력을 하고 있다. 전에는 영국 전체를 소관하고 있었으나 1994년부터는 잉글랜드에만 한정되어 '잉글랜드예술협의회(Arts Council of England)'가 되었다. 주로 예술창조활동에 대한 지원을 맡고 있다.

이 밖에 몇 개의 국립박물관·미술관에 대해서는 국가로부터 직접예산이 배분되지만 그 밖의 박물관·미술관에 대해서는 '박물관·미술관 위원회(Museum and Galleries Commission)', 공예에 대해서는 '공예협의회(Craft Council)', 영화·텔레비전·비디오 등의 영상문화에 관해서는 '영국영화협회(British Film Institute)'가 각각의 문화예술단체에 지원금을 배분하고 있다.

3. 프랑스

1) 문화정책의 배경과 경위

프랑스는 전통적으로 중앙집권국가로서 문화진흥에서도 중앙정부가 큰 역할을 하고 있으며, 근년에는 특히 문화정책에 힘을 쏟고 있다. 돌이켜보면, 1959년 앙그레 마르로(Andre Malraux: 1959~1969까지 재임)가 문화부장관에 취임한 이래 문화행정을 문화부 중심으로 일원화하는 동시에 문화의 지방분권화를 위해 많은 문화회관을 건립하였으며, 이에 따라 문화부의 책임범위와 예산의 확장이 있었다.

'문화의 집(Maison la Culture: 1960년대)'으로 대표되는 마르로의 지역문화시설확충계획은 계속 이어지면서 '문화활동센터(Centres d'Action Culturell'e: 1970년대)', 그리고 '문화발전센터(Centres de Development Culturelle: 1980년대)'로 발전되어 와서 현재는 '센느 내셔널(scene nationales)' 체제하에 전국의 61개 문화시설들이 운영되고 있다.

1981년 이후의 미테랑 정권하에서는 문화부장관으로 임명된 자크 랑(Jack Lang: 1981~1986, 1988~1993년까지 재임)은 문화예산의 배증을 내걸고, ① 문화에 대한 불평등 축소: 엘리트문화뿐만 아니라 많은 사람이 친근할 수 있는 문화창조, ② 문화의 지리적 불평등 해소: 파리 중심이었던 문화활동을 지방에 보급, ③ 시청각산업의 강화: 영화, TV, 출판, 레코드 등의 미디어산업의 진흥과 보급을 부르짖었다.

특히 1980년대 후반에는 프랑스혁명 200주년 제에 맞추어 미술관과 오페라극장의 증개축 등 대형 프로젝트를 수행하여 예산규모가 비약적으로 확대되고 1989년도에는 문화예산이 국가예산의 1%를 점하게 되었다(1992년도에는 0.98%).

한편, 1987년에는 문화예술지원에 관한 법률이 제정되어, 관·민의 자금협력에 의한 조형예술활동, 박물관·미술관 활동, 연극 활동, 문화재보호활동 등 각종 문화사업이 실시되기에 이르렀으며, 이를 보완하기 위해 기업재단에 관한 법률이 1990년에 제정되고, 기부금에 관한 세제우대조치도 취해지게 되었다.

2) 문화예술의 진흥과 지원

(1) 중앙정부

현재 프랑스에서 문화 분야의 업무를 총괄하고 있는 '문화통신부(Ministe're de la Culture et de la Communication)'는 1959년 이래 문화부, 문화환경부, 교육문화부 등의 변화를 거치면서 오늘에 이르기까지, 문화진흥의 중심적 역할을 해 오고 있다. 이부는 문화예술의 진흥, 문화재보호 외에도 무대예술 분야에서 파리오페라좌, 음악·연극 콘서바토르 및 5대 극장(바스티유, 오데온, 스트라스부르그, 꼬리누, 샤이요)을 소관하는 한편, 지방 민간단체 및 민간 교육기관에 지원·진흥하고 있다.

미술 분야에서는 루브르미술관을 비롯하여 33개의 미술관·박물관을 직접관리하고, 민간 미술관에도 지원하고 있다.

영화에 관해서는 문화통신부가 소관 하는 국립영화센터가 영화입장료 등의 부가가치세 등을 재원으로 영화제작·유통에 지원한다.

프랑스의 문화예술지원정책의 목표는 다음 네 가지로 용약된다. 첫째: 현역예술가들 중 가장 젊은 사람에게 창작의 기회와 작품을 알릴 수 있는 기회가 주어지도록 지원한다. 둘째: 예술가들이 적절한 소득을 얻을 수 있게 해 주어 물질적 상황을 개선시키고, 사회적 위기상황으로부터 보호해 준다. 셋째: 프랑스예술가들이 미래의 예술창작과 관련된 국제적 동향에서 가장 중요한 역할을 할 수 있도록 연건을 조성한다. 넷째: 오늘의 예술을 대표하는 국가적 문화유산을 풍부하게 한다.

이러한 목표를 달성하기 위하여 정부는 지원은 하되, 앙드레 말로의 말과 같이 "국가는 예술을 지도하기 위해 존재하는 것이 아니라, 예술에 봉사하기 위해 존재 한다"는 원칙이 존중되고 있다.

(2) 지방정부

중앙집권국가이지만 1980년대의 지방분권정책이 파급 침투되면서 지방의 문화예산도 점점 증가하여 커지고 있다. 1990년도 지방자치 단체의 총 문화예산은 196억 6,500만 프랑이었는데, 지역권(Regions)에서는 11억 6,500만 프랑, 도(Departments)에서는 41억 프랑, 시·읍·면(Communes)에서는 244억 프랑이었다.

(3) 민간 부문

문화예술활동에 대한 공적지원이 큰 프랑스에서는 각각의 사업수입(가계지출＝입장료 등)은 그리 크지 않고, 민간에 의한 자선활동도 활발하지는 않다. 그러나 근년에 와서는 기업메세나가 활발해져서 1993년도에는 문화 분야에 약 10억 프랑을 환원하고 있다.

한편 1979년에는 '상공업메세나진흥협의회(ADMICAL: Association pour to Development de Meccenat et Commercail)'이 창설되어 기업의 사회공헌을 부르짖게 됨과 동시에 앞에

서 말했던 1987년의 메세나에 관한 법률, 1990년의 기업재단에 관한 법률이 제정되어 국가에 의한 기업지원추진체제가 정비된 바 있다.

4. 독일

1) 문화정책의 배경과 경위

19세기에 근대국가로서 통일된 독일은 문화적으로도 다양한 지역특성을 가져, 비교적 독립성이 높은 주정부의 집합체인 연방국가이다.

문화에 관해서는 독일민족의 우월주의를 표방했던 나치정권하에서 표현의 자유에 대한 제한과 국가의 문화통제에 의해 문화활동이 크게 영향 받았던 것을 거울삼아 '기본법'을 제정하여 연방정부가 문화에 직접 개입하는 것을 금지시켰다.

이 결과 문화는 각각의 주에서 독자적으로 보호·진흥시키게 되었다. 1989년 현재로 볼 때 독일의 문화지출은 전행정비의 0.92%로서 유럽의 국가들 가운데서도 높은 수준이며, 그 대부분이 서·읍·면의 부담이다.

동·서독의 통일은 문화예술지원에 영향을 미쳤다. 연방정부는 통일조약에 근거하여 구동독지역의 문화생활의 존속·안정을 위한 지원을 하여 일시적으로 예산이 확대되었다. 구동독의 주에 대한 문화활동보조만으로도 통일 후 적어도 34억 마르크를 제공한 것으로 나타난다. 한편 구서독의 주정부는 연방정부로부터의 보조가 감소됨과 동시에 구동독의 주에 대한 지원의 필요성 때문에 시·읍·면에서의 지원이 삭감되고 있다. 그리고 연방 정부로부터의 주 지원의 삭감은 계속될 것으로 예상된다.

2) 문화예술의 진흥과 지원

(1) 연방정부

연방정부 내에서 문화예산을 짜는 것은 주로 내무부이다. 그 밖에 외무부, 교육·과학부 등이 있으나 문화부에 해당하는 부처는 없다. 그리고 개별적인 사업에 대한 보조는 하지 않는다.

내무부는 연방 전체에 관한 독일음악협의회, 예술기금 등에 지원, 문화예술관련 법제를 소관 한다.

교육·과학부는 예술계 대학, 지역문화활동을 지원하고 있다.

외무부는 독일문화를 소개하고, 외국과의 문화교류에 관해서는 독일어 보급, 국제 문화교류 및 상호이해 촉진을 위한 괴테인스티류트(독일문화원)가 외무주의 보조를 받아 활동하고 있다.

그리고 각기의 주 사이의 조정과 협력을 위해 주문부장관으로 구성된 회의체가 상설되어 있다.

(2) 지방정부

주 정부는 문화유산의 유지, 예술창조활동의 활성화, 시민의 문화활동 참여촉진을 우선과제로 하여 문화예산을 증가시켜왔다. 전체적으로 보아 민간자금에 대한 기대나, 자금의 운용이 아니라, 문화 인프라정비에 중점이 놓여있다고 한다.

(3) 민간 부문

독일에서는 공적지원이 비교적 크고, 문화예술단체에서 일하는 사람들도 거의가 다 공무원이었다. 공적지원이 당연한 것으로 생각하고 있었기 때문에 기업으로부터의 지원에 관해서는 예술가들 사이에서도 부정적이었으나 정부보조금의 감소로 인해서 생각이 바뀌어가고 있다고 한다.

기업의 문화예술지원에 관해서는 1951년에 독일공업연맹안에 문화부회가 조작되어 문화예술프로젝트를 실시해 오고 있었으나 1990년 하우스 유로파 문화재단 (Kulturstiftung Haus Europa)이 설립되어 앞으로 기업메세나협의회가 설립될 때까지 문화에 있어서의 민간 이니시아티브를 통일독일에 보급할 목적으로 활동하고 있다.

5. 호주

1) 문화정책의 배경과 경위

(1) 연방정부

호주는 독립성이 높은 주의 집합체인 연방국가이지만, 문화예술지원은 연방정부의 책임 분야라 생각되어 있고 문화예술진흥을 담당하는 연방정부의 중심적 기관은 커뮤니케이션·예술장관 밑에 있는 국무부 커뮤니케이션 예술국(DCA: Department of Communication and the Arts)이다.

이밖에 아보리지나 토레스 해협제도 위원회(Aboriginal and Torres Strit Islander Commission), 외무통상부(Department of Foreing Affairs and Trade) 등에서 폭넓은 문화관계 프로그램을 추진하고 있다.

호주는 풍부한 자원으로 혜택 받은 넓은 국토에 적은 인구가 살고 있으며 국가로서의 역사는 짧은 편이지만 연방정부의 지원은 비교적 오래전부터 시작되어 1908년에 연방문학기금이 창설되었다. 그 뒤 변경지역에서의 연극진흥을 위해 호주예술협의회(Arts Council of Australia)가 설치되고, 1968년부터는 연방정부의 자문기관으로서 기존의 단체를 통해서 자금 원조를 계속적으로 추진했다. 1973년에는 이 협의회를 흡수하여 현재의 호주협의회(Australia Council)가 설립되어 각 분야의 예술가에게 지원하고 있다. 그리고 호주오페라 등의 국가를 대표하는 주요한 예술단체에는 이 협의회를 통하지 않고 연방정부가 직접 지원하고 있다.

이러한 직접지원과 더불어 연방정부는 국립의 박물관·미술관 등의 문화수집기관이나 국립연극연구소, 국립영화·텔레비전·라디오학교·호주발레학교 등의 교육기관을 설립하여 자금지원하고 있다.

특히 정부가 힘을 기울이고 있는 분야의 하나가 영화·텔레비전이다. 산업·상업적 관점에서 영화, 다큐멘터리, 텔레비전 등의 제작에 지원하는 호주필름금융공사와 연방정부기관에서 창조성에 중점을 두고 있는 영화제작, 각본, 마케팅을 지원하는 호주영화위원회, 마찬가지로 연방정부기관에서 국익에 도움이 되는 교육이나 다큐멘터리 등의 영화를 제작하는 필름오스트레일리아 보유회사 등등의 커뮤니케이션·예술

장관 소관의 기관들이 있어서 여러 가지 형태의 지원 프로그램을 통해서 영화·다큐멘터리, 텔레비전 프로그램 제작을 지원하고 있다.

근년에 급속히 변화하는 국제경제사회 속에서 다민족국가 호주에서는 국민으로서의 아이덴티티가 커다란 관심사가 되어 있어 기존의 영국문화의 유산이나 아보리지니의 전통적 문화와 더불어 새로운 문화의 창조를 위해서 1994년에 처음으로 문화정책을 표명하기에 이르렀다. 「창조적 국가」보고서가 바로 그것이다. 이 보고서에서는 아이덴티티의 근원으로 문화예술의 진흥과 더불어 문화정책은 경제정책이기도 하다는 생각을 명확히 하였다. 문화는 고용창출과 관광에 도움을 주면서 그 자체가 수출품이며, 다른 수출품에 부가가치를 주는 것으로서 경제적 성공의 기초가 된다고 하여 지방, 민간 부문의 예술진흥을 촉진함과 동시에 우대체제를 강화하기 위하여 유산증여에 대한 세금공제를 실시하게 되어 있다. 한편, 영화, 텔레비전, 멀티미디어산업에 직접 투자하여 커뮤니케이션 기술의 발전과 보조를 맞춘 문화발전을 도모하고 있다.

(2) 지방정부

각 주에서는 나름대로의 문화정책을 갖고 독자적인 문화진흥을 추진하고 있다. 예컨대 세계적으로 잘 알려진 시드니 오페라 하우스는 뉴사우스웨일스 주 정부의 자금에 의해서 건립되어 운영은 관리재단이 맡고 있는데 관리운영비, 수선비 등의 비용은 주정부가 부담하고 있는 것이다.

(3) 민간 부문

기업의 예술지원은 1980년대에 비해서 근년의 경제상황을 반영하여 특히 대기업의 지원이 저조해 지는 등 곤란한 시기를 맞았던 때도 있었다.

2) 문화예술의 진흥과 지원(오스트레일리아 카운슬)

오스트레일리아 카운슬은 특수법인으로서 암스·렌스의 원칙에 입각하여 정부의

예술개입을 피하기 위해 연방성부로부터 직접 자금을 받지만, 지원금 배분은 예술가
를 포함한 심사위원회의 평가에 근거하여 이루어지고 있다.

2. 프랑스의 지역문화시설 운영실태[*]

1. 프랑스의 문화정책과 지역문화시설

프랑스를 흔히 '예술의 나라', '예술가의 천국'이라고 일컫는다. 이렇게 일컫는 데에는 프랑스 문화예술의 다양함이나 예술활동의 활발함에도 그 이유가 있겠지만 예술에 대한 국민들의 의식이 높다는 말도 된다.

2차 대전 후의 어려운 시기에도 수준 높은 현대예술의 창출과 그 보급에 국가와 국민들이 많은 노력을 기울여 온 나라가 프랑스이다. 특히 1960년대부터 '문화의 집' 건립이라는 지방문화시설확충계획의 지속적인 추진을 통해 지방주민들에게 문화적인 자긍심을 고취시키고, 문화예술활동에 적극적인 참여를 유도해냄으로써 문화의 지방자치를 정착시키는 데 성공을 거두었다.

이러한 성과로 말미암아 프랑스의 문화정책과 문화행정은 세계 각국의 선망의 대상이 되고 있으며, 여러 가지 점에서 문화발전의 가능성과 방법론을 제시해 준 본보기가 되고 있다는 것은 주지의 사실이다.

우리나라에서도 1980년대 중반부터 국민문화향수권의 신장과 지방문화의 육성이라는 정책목표의 일환으로 지방문화시설확충계획에 따라서 전국 각 시·도에 종합문예회관이 건립되기 시작했다. 더욱이 이 조사가 이루어졌던 1989년 당시에는 정치적

---

[*]　이 보고서는 문예진흥원이 프랑스·일본·미국 등 3개국의 지역문화시설 운영실태를 조사하여 그 결과를 종합 정리하여 발간한 조사 보고서의 프랑스 편을 수록한 것이다. 프랑스 편은 이종인(문예진흥원 문화발전연구소장)·신현숙(덕성여자대학교 교수)·위옥환(문화공보부 진흥과 사무관) 등 3인이 조사원으로 참여하여 1989. 10. 21~2011. 5'까지 조사 보고한 내용이다.

인 민주화개혁에 따른 지방자치제의 부활이 본격적으로 논의되고 있었으므로 '문화의 지방자치'와 지역문화진흥에 많은 관심이 쏠리고 있었다.

이러한 상황 아래서 선진문화국의 지역문화기관 운영실태 조사를 기획하고 유럽문화를 대표하는 프랑스를 조사대상국가중의 하나로 선정하게 되었다.

조사내용을 프랑스의 지방문화육성정책과 지역문화시설의 운영실태에 중점을 두기로 하고, 조사대상은 프랑스에서 가장 대표적인 지역문화시설로 손꼽히고 있는 각 지역의 '문화의 집'을 선정하였다.

1) 문화정책

프랑스의 문화시설 건설과 운영에 관한 본론적인 내용에 들어가기 전에 현대의 프랑스 문화정책을 간략하게 살펴보기로 하겠다. 아무래도 현대의 프랑스문화정책을 운운할 경우에는 편의상 드골 대통령의 제5공화국 출범으로 탄생된 문화성의 독립시기인 1959년 이후의 문화정책을 거론하는 것이 타당하리라고 생각한다.

(1) 1959~1969년(앙드레 말로 재임기 10년)

1959년부터 1969년까지의 10년 동안 문화성은 앙드레 말로(*Andre Malraux*) 장관이 이끌어 갔다. 그의 업적은 상당한 것이었다.

그는 우선 예술과 문화에 대한 국가정책을 창출시켰다. 그것은 프랑스 문화환경을 변화시키고자 하는 강한 의지를 지닌 정책이었으며, 문화시설계획에 기초한 중장기정책으로서 전국적인 차원의 정책이었다.

신생 문화성의 전 활동영역에서 앙드레 말로와 그의 협력자들은 새로운 영역을 개척하였으며, 지표를 설정하였다. 그리고 이러한 활동방향은 1969년 이후에도 지속적으로 발전되어 갈 수 있는 기반이 되었다.

앙드레 말로의 중요한 지적들은 다음과 같은 세 가지 활동방향으로 포괄할 수 있을 것이다.

① 문화유산의 보호와 활용

역사적 건축물의 복원, 사적지 및 발굴지역의 보호, 박물관 확장과 개략, 민중의 전통과 예술 및 영화유산의 보호활동 확대

② 현역 예술활동 지원

공공예산의 확대, 작곡·조형미술 분야의 예술가와 작가의 생활 및 작업조건 개선, 건축창작 지원, 영화에 대한 의욕적인 정책

③ 문화활동의 지방 분산화 노력과 예술 및 문화의 민주화

지방에 연극활동센터를 창설하기 위하여 제4공화국에서 기획된 활동의 전개, 모든 계층의 주민들에게 개방된 '문화의 집' 건설, 음악발전에 관한 의욕적인 계획의 수립 등이다.

(2) 1969~1981년

1969년부터 1981년까지의 12년간 9명의 장관이 문화성을 이끌어 왔다. 이 기간에 일어난 특징적인 변천사항들만 몇 가지를 살펴보면 다음과 같다.

이 기간 동안 앙드레 말로의 활동노선은 대부분 존중되었다. 그가 창설한 여러 기구도 그대로 유지되었으며, 그가 수립하였으나 시행되지 못한 계획들도 계속 추진되었다.

그러나 '문화의 집' 건설계획은 변경되었다. 마르로의 계승자들은 '문화의 집'보다는 규모가 제한되고 보다 비용이 적게 되는 '문화활동센터' 건립을 선호하였다. 건축유산의 보호정책도 다른 방식으로 전환되어 시범형식으로 복원된 소수 유적에 재원을 집중시키는 대신 작업을 최소한으로 줄일 수 있는 보다 많은 건물을 보호하고자 하였다.

1970년대에 이르러 프랑스 문화사업의 중요한 변화는 대통령의 예술문제에 대한 관여수준을 증대시킨 것이다. 조르주 퐁피두는 대통령이 되자마자 보브르에 문화센터(1977년에 퐁피두센터로 실현됨)을 건립할 계획을 내놓았다. 그의 후계자인 발레리 지스카르 데스텡은 파리의 대건축 계획안에 몰두하였다. 그는 문화유산보호의 우선권을

여러 차례 공언하였다.

1968년 5월 사태의 영향으로 인한 프랑스 사회의 변천은 문화성 장관들로 하여금 새로운 노선에 참여하도록 이끈 요인이 되었다. 예컨대 자크 샤방-델마(*Jacques Chaban-Delmas*) 수상에 의해 임명된 자크 뒤아멜(*Jacques Duhamel*) 문화성 장관이 문화민주화 활동을 새로운 방향에서 시작한 것도 그 좋은 예라고 하겠다.

문화행정(생활)에서 지방자치단체, 특히 코뮌(군)이 담당하게 된 역할은 미셸 기(*Michel Guy*)로 하여금 국가와 지방 간의 관계를 다른 방식으로 생각해 보도록 만들었다. 즉 그는 '문화헌장(Chartes Culturelles)'이라는 새로운 양식을 만들어내게 하였다.

라디오와 텔레비전의 급속한 발달과 프랑스인의 여가 및 일상생활의 변화는 문화성 장관들로 하여금 점점 더 시청각 문제에 중점을 두도록 만들었다.

(3) 1981~1986년(사회주의 문화정책)

1981년 봄 집권당의 변화와 함께 문화정책도 새로운 단계로 접어들었다. 1982년부터 문화예산은 거의 두 배로 늘어났으며, 이로 인하여 문화성 장관은 앞선 두 시기의 유산을 거의 다 보존하면서도 창의적인 발상을 증가시킬 수 있었다.

영화와 시청각 분야에서 공공관여의 확대, 도서관 예산의 확대, 해외문화교류의 증대, 파리의 대형 건물 건설 등이 그것들이다.

이는 소외계층을 이한 문화전개라는 새로운 방향설정에 의한 활동들로서 사회주의적 성격을 띤 것들이다.

(4) 1986년~현재(자유주의 문화정책)

1986년 3월 국회의원 선거후 문화성에 의해 효율적으로 수행된 정책을 선행활동들의 연장선상에 위치한다. 그중에서 주목할 만한 것들은 다음의 세 가지로 요약된다.

① 의무교육기간 동안 아동 및 청소년의 예술교육을 발전시키기 위한 폭넓은 활동
② 1988~1992년의 5개년 동안에 걸쳐 건축유산의 보호를 위한 예산의 대폭적인 증대

③ 사기업을 통한 예술 및 문화재정 증대를 위한 실질적인 조치들이다.

1986년 3월 이래 문화성 장관은 라디오방송과 텔레비전 방송도 담당하게 되었으며, 그에 따라서 3개의 공영 프로그램 회사 중 하나를 민영화하는 것을 포함한 증대개혁을 의회에 일임하게 되었다.

이와 같이 1959년부터 오늘에 이르기까지 많은 문화정책이 공표되고 시행되었다. 이에 따라 이 기간 동안 변화와 지속성이 공존해 온 것이다.

사실 지난 30여 년 동안에 문화성 장관들은 번갈아가며 거대한 계획을 공표하였고 그것이 프랑스의 문화적 상황을 크게 변동시키기도 하였다. '문화의 집' 건립계획, 문화조정기금, 문화헌장, 문화발전 정책 등이 그것들이다. 그러나 이러한 정책의 결과는 당초에 의도했던 수준에 완전하게 미치지는 못했다는 평가도 있다.*

2) 지역문화시설 확충계획

프랑스는 1959년 드골의 제5공화국 정부가 출범하면서 교육성으로부터 문화성이 분리 독립하고 초대 문화성 장관에 앙드레 말로가 취임하면서 강력한 문화저액과 문화행정이 일원화가 이루어지기 시작하였다.

마르로는 취임 이래 '문화의 지방자치', '고급문화의 창달', '수준 높은 현대 예술의 지방 확산' 등을 표방하는 지역문화진흥에 역점을 두어왔고, 이를 실천하기 위한 시책으로 '문화의 집' 건립을 주축으로 하는 지역문화시설확충계획을 추진하였으며, 이러한 마르로의 구상은 그 이후 오늘에 이르기까지 지속성을 가지고 전개되어 왔는데 그 전개과정은 다음과 같은 3단계로 발전되어 왔음을 현지 조사를 통하여 발견할 수 있었다.

※ 이 항목의 내용은 베르나르 구르네(Bernard Gournay)의 『프랑스 문화정책*La Politique Culturelle de la France*』 중에서 발췌요약 한 것임. 이 자료는 문예진흥원 문화발전연구소에서 '문화예술자료'㉞ "프랑스 문화정책의 평가"라는 제목으로 발간되었다.

(1) 1단계: '문화의 집' 건립

'문화의 집(Maison de la Culture)' 건립계획은 1959~1969년에 걸쳐 앙드레 말로가 선포한 주요정책방향 중의 하나이다.

사실 이때까지만 하더라도 프랑스에서는 문화시설의 건립은 아직 일반화되지 못하고 학교라든가 스포츠시설의 건설이 중심적인 일이었다.

마르로는 보다 많은 국민을 창조적인 활동에 스스로 참가하게 하고, 지역 간의 문화격차를 시정하고, 프랑스인의 교양을 향상시킬 것을 목적으로 하는 시설의 건립을 제창하였다. 이것이 곧 '문화의 집' 건립계획이었다.

'문화의 집'은 과거와 현재에 있어서 최고 수준의 각종 문화 서비스물의 제작과 보급을 과제로 삼았으며, 다수의 대중을 위한 시설로서 그 누구도 제외되지 않으며, 그들의 활동영역 또한 한 도시의 주민에 국한되는 것이 아니라 주변의 전 지역으로 확장하는 지역문화활동의 거점조직을 목표로 하였다.

문화성에서는 '문화의 집'과 같은 유형의 종합문화예술회관이 갖추어야 할 건축상의 구비 요건으로, 연극 음악 무용 영화의 공연을 위한 ① 1,000석 규모의 대형 홀, ② 300석 규모의 소형 홀, ③ 전시실, ④ 작은 규모의 비전문적 홀, ⑤ 도서실, ⑥ 음반감상실, ⑦ 만남의 장소 등을 제시하고 있으며, 데파르트망(道 단위)마다 1개소씩 건립되어야 한다고 권고하였다.

이 계획의 특징은 건설비용과 건설후의 운영비를 국과와 지방정부가 50대 50으로 동등하게 부담한다는 것으로서 국가가 50%의 보조금을 활약했다. 또한 '문화의 집'의 업무집행과 운영은 정관을 가진 자율적인 단체에 의해 보장되어야 한다는 점을 못 박고 있다.

이러한 결과로 70년대 초에 9개의 '문화의 집'이 대중에게 개방되었으며, 오늘날 '문화의 집'이라는 명칭을 가진 시설 수는 12개이다. 이들 중 9개소 인구밀집지역(아미망, 부르쥬, 샹베리, 그르노블, 르아브르, 랭스, 랜느, 라로쉘르)에 위치하고 있으며, 3개소는 중소도시(보비니, 크레테이유)에 위치하고 있다(자료 참조).

(2) 2단계: '문화활동센터' 건립

1970년대에 접어들면서 제2차 문화시설확충계획에서는 초기단계의 '문화의 집' 건립계획이 재정적인 부담이 큰 점을 감안하여 건축비용과 운영비가 적게 드는 규모의 '문화활동센터(Centres d'Action Culturelle)' 건립사업으로 전환하게 되었다.

이 계획에서는 시설의 건설비용과 운영경비를 국가(중앙정부)와 데파르트망(광역자치단체) 및 시(기초자치단체)가 각각 1/3씩 부담하게 되었으며, 현재 전국에 25개의 '문화활동센터'가 운영되고 있다.

(3) 3단계: '문화발전센터' 건립

1983년의 수정계획에서는 중앙정부의 재정 부담이 심각해서 시설의 건립과 운영비를 지방자치단체에 완전히 넘기고 중앙정부는 필요한 경우의 프로그램에 한해서 지원하는 '문화발전센터(Centres de Developpement Culturel)'라는 새로운 형태의 문화시설 조성과 재정지원방법의 변화를 시도하게 되었다.

현재 중앙정부의 지원을 받는 '문화발전센터'는 전국 20개에 이른다.

이상 세 가지 형태의 문화시설들은 그 규모와 재원조달방식은 각각 상이하더라도 문화시설로서의 역할과 기능은 대동소이한 것이었다.

한편 이 세 가지 유형의 문화시설들을 통칭 '문화센터'라는 용어로 부르기도 한다. 따라서 프랑스 정부 차원의 지역문화시설에 대한 시책은 이러한 세 가지 유형의 문화센터에 중심을 두고 있었으며, 문화센터 활동의 주목적은 고급문화의 창달과 보급 확산에 있는 것이고 그렇기 때문에 국가가 지원을 하는 것이라고 문화성 관리가 강조하고 있었다.

현재 프랑스의 각 도시에는 위에서 거론한 세 가지 유형의 문화센터 이외에도 정부지원 없이 민간 차원에서 운영되는 '청소년회관' 등이 전국에 3,000여 개 정도가 있는데 이것들은 대부분 문화단체나 지역주민들이 자율적으로 운영하는 자선적 성격의 기관으로서 미취학아동의 학습이나 보육원은 역할도 겸하고, 여름교실 등을 열어 극빈자들의 자녀를 교육하기도 한다.

2. 문화의 집 운영실태

1) 운영과 기능

프랑스의 '문화의 집' 운영의 기본원칙은 지역문화의 창조 및 육성의 장으로서 적극적이고 창조적인 운영을 전개하고 있다.

'문화의 집'은 프랑스 지방문화시설의 대표적인 시설로서 지역의 모든 문화활동을 조장 · 지원 · 육성하는 거점으로서 역할하고 있다.

'문화의 집'시설은 국가와 지방정부의 소유로 되어 있으나 일체의 운영은 국가나 지방정부가 전혀 관여하지 않고 독자적으로 책임운영하고 있다.

'문화의 집'은 각기 그 자체의 정관과 조직에 의해 운영되고, 지역주민과의 직접적인 교류를 통해 주민들의 취향 · 수준 · 요구에 알맞은 프로그램을 운영한다.

(1) '문화의 집'의 기능변화

특기할 사실은 그동안 20여 년간의 '문화의 집'제도를 실행해 오는 광정에서 초기의 종합 문화회관으로서의 '문화의 집'기능에서 여러 가지 단점들을 발견하고 70년대 후반부터는 각 '문화의 집'이 독자적인 몇몇 장르에 중점을 두는 현상이 나타났다는 것이다.

앙드레 말로가 구상했던 바와 같이 지역주민에게 보다 많은 문화향수 기회를 편리하게 제공하고자 했던 다양하고 복합적인 기능(공연장, 콘서트 홀, 전시장, 영화관, 도서관, 탁아소, 식당 등)을 지속적으로 수행하고 있는 '문화의 집'은 12개소 중 4개소 정도에 불과하다.

12개의 '문화의 집' 가운데 8개소의 '문화의 집'에서는 각각 한 가지, 또는 두세 가지의 장르에 초점을 맞춰 이를 중점적으로 개성화 내지 전문화 하여 발전시켜 나왔다. 일반대중의 호응도와 상관하여 순수공연예술의 창작육성을 이을 프로그램을 지속적으로 제작 공급함으로써, 결과적으로는 창작예술의 육성에 일조하고 주민의 예술수준은 향상시키는 데 많은 도움이 되었다고 한다.

현대 조명기술을 각종 예술활동에 접목시켜 나가고 있는 '랭스 문화의 집'이나 연극과 무용을 전문적으로 다루어나가는 '그르노블 문화의 집' 등은 그 좋은 예라 할 수 있다.

이상과 같은 문화의 집의 기능변화는 그동안의 운영과정에서 그 지역에 맞는 형태로 특수하게 변형되어, 초기의 일률적이던 문화의 집의 기능과는 달리 현재는 각기 특징 있는 형태의 가능으로 정착되어 나가고 있음을 볼 수 있었다.

이러한 변화는 극히 자연스런 변화 형태라고 인식되고 있는데, 그 이유는 지역주민의 문화선호 경향, 도시의 성격, 파리와의 인접도 및 영향, 지역의 문화적 배경, 그리고 관장의 독특한 임명제도 등에 따라 각 지역에 맞는 형태로 기능이 특장화되는 것은 당연하고 바람직한 변형이라고 현장관계자들이 설명하고 있었다.

일반적으로 인구가 적은 소도시에서는 '문화의 집'이 그 지역의 유일한 문화시설인 경우가 많으므로 자연히 복합적인 종합기능을 수행하기 마련이며, 도시규모가 크고 기타의 각종 문화시설이 확충된 지역에서는 다른 문화시설의 기능과 중복되지 않는 고유의 특징기능으로 중점화되는 것이 상례라고 한다.

문화의 집 활동이 성과 면에서 볼 때에도 복합적인 기능보다는 중점적인 기능을 수행하는 경우가 훨씬 성과가 크며 아울러 관객과 저변인구의 확보에도 유리하다고 한다. 특히 특성화될 경우 전국적으로 유명한 문화시설이 될 수 있다는 점에서 지역주민의 관심과 호응도는 물론 자긍심에도 큰 영향을 미치나고 평가되고 있었다.

(2) 프로그램 개발 및 연간공연계획

프로그램 개발 및 연간공연계획은 각 '문화의 집'마다 다르지만 공통적인 사항은 모든 프로그램의 제작과 기획, 공연 등 일체의 업무를 '문화의 집'이 독자적으로 결정하며 프로그램의 성정 및 공연일정은 1년 전에 확정하고, 평균 주 3~4회 정도의 공연이 이루어지고 있었다.

'문화의 집'에서 프로그램을 제작할 경우에는 협의체인 관내의 운영위원회에서 작품을 성정한 뒤 연출가를 지명하고, 지명 받은 연출가가 출연자를 선정하여 제작하고 있다. 연출가와 출연자는 상근 직원이 아니기 때문에 이 같은 방법을 사용하고 있다.

프로그램 개발 및 공연계획 수립을 위해서는 사전에 관객취향 등을 조사하고 지역주민의 문화욕구 성향을 파악하여 이를 다각도로 분석한 뒤에 프로그램에 반영시킨다. 그러나 최종 선택기준은 어떤 것이 더 예술적인 가치를 지닌 작품인가에 주어지며 또한 여기에 참여하는 예술가의 최선의 노력이 요구될 뿐이지 관객취향에만 맞추어 나가는 것은 아니다. 이는 상업적인 성향의 텔레비전 제작물과는 다르기 때문이라는 설명이었다.

프로그램의 제작과 공연계획 수립에 있어서 특기할 것은 프랑스의 '문화의 집'에서는 시설의 대관이라는 개념이 없다는 점이다. 모든 공연은 자체기획에 의해서 채워지고 있다.

대개의 경우 각 '문화의 집'이 자체 기획 제작하는 프로그램은 연간 2~3편 정도에 불과한 경우가 많다. 그럼에도 불구하고 1개 문화센터당 연간 373회의 공연실적을 보이고 있다. 이는 다른 문화기관이나 단체에서 제작된 프로그램 중에서 선정하고 유치하고 있기 때문이다. 그러나 이때에도 단순한 대관형식이 아니라 자체기획에 의해 프로그램을 성정 유치하고, 그에 대한 대금을 지불하며, 매표수입과 관객동원 홍보 등은 전적으로 자체가 책임지는 방법으로 운영된다.

이와 같은 방법을 프랑스에서는 프로그램을 팔고, 사고 한다는 말로 표현하며, 다른 문화시설에 팔릴 수 있는 프로그램을 많이 제작하는 곳이 유명한 곳이라고 인식되고 있었다. 조사단이 방문했던 '문화의 집' 가운데서는 '그르노블 문화의 집'이 그 대표적인 곳이었다. 이곳만은 유독 연간 기획 제작하는 프로그램이 10여 편을 넘고 있었다.

(3) 관객동원 및 홍보

프랑스에서도 문화의 지방자치세에 관한 중요한 문제점으로는 언제나 재정문제가 제일의 과제로 대두되고 있는 실정이다. 따라서 관객은 매표수입과 직결되고 매표수입은 재정충당의 기본이 되는 까닭에 '문화의 집' 운영의 중점 과제는 관객확보와 홍보에 놓일 수밖에 없다.

이를 위해 '문화의 집' 운영에는 자연적으로 경영개념과 경영방법이 도입되고 있었다. 효과적인 관객확보와 관리를 위해 '문화의 집'에서는 일차적으로 회원카드를 작성·비치 활용하고 있다.

회원카드는 1년 전에 이미 다음 년도의 프로그램을 확정하고 이 프로그램에 대한 예약을 받을 때부터 관객의 주소, 취향, 희망사항 등을 메모한 개인별 카드를 작성 비치해 두었다가 수시로 각종 공연, 전시계획 등의 자료를 무료로 송부함으로써 문화접촉 욕구를 촉진시켜 고정관객으로 확보해 나가고 있었다.

지역 내의 기업체, 학교, 단체 등을 대상으로 한 관리카드도 비치하고 전담자로 하여금 수시 방문 또는 전화 상담토록 하며 각종 자료를 정기적으로 배포하고 있었다.

이러한 방법에 의해 프로그램별 관객참여도(예약신청률)가 어느 정도 드러나면 그 다음에는 예약이 부진한 프로그램에 대한 집중적인 홍보에 나선다.

대중매체를 통한 선전, 도로벽보판 · 전철 · 국철역 등에 선전포스터 붙이기 등으로 프로그램별 균형을 잡아나간다.

사후 관객 관리방법으로는, 일단 1회의 관람이 이루어진 관객은 다음 프로그램 또는 차년도의 계획 프로그램에 재참여가 이루어질 수 있도록, 관객관리에 철저하고 세심한 배려를 하고 있다.

이를 위해 지역에 따라서는 장르별로 회원제를 실시하여 티켓 구입 시 가격할인, 좌석의 우선 배치 등의 혜택을 부여하기도 한다.

이상과 같은 관객관리 및 홍보를 위해서는 전담부서가 반드시 필요하다.

1개 '문화의 집'당 평균 4~5명 정도의 인원이 전문적으로 관리를 맞고 있으며 따라서 관객관리의 전문화가 보다 현실적으로 이루어지고 있었다.

(4) 운영예산과 재원

현대사회가 다양화되어짐에 따라 국민의 문화욕구 역시 질과 양면에서 다양해지고 있다. 이에 부응하기 위해서는 문화 부문에 대한 투자재원의 증대가 절실히 요망되고 있다는 것은 어느 나라의 경우나 마찬가지이다. 그러나 각 나라가 국가제정상의 어려움으로 인해 정부지원에는 한계가 있기 마련이다.

프랑스의 경우 1989년도 국가총예산중 문화성 예산의 비율을 1%(한화 약 1조 원) 선까지 끌어올릴 수 있었으나 더 이상 증액되기는 어려운 전망이라고 한다. 이러한 상황 아래서 정부는 민간기업의 문화투자를 확대시키기 위하여 1987년부터 관련입법을 추진하여 "기업문화재단 설립에 관한 법률"을 제정하여 시행하고 있으며, 이와는 별도로 기업 측에서도 '메세나(Meccenat)' 운동이 전개되기 시작하여 문화예술진흥에 기여하고 있기도 하다.

여하튼 프랑스 문화성예산의 약 50%는 지역의 문화센터운영비와 문화활동 프로그램 지원예산으로 할당되고 있는 것이 현실이기도 하다.

'문화의 집'운영예산은 초기에는 국가 50%, 지방 50%의 부담으로 충당되어 왔었으나 오늘날에는 평균적으로 국가 30%, 도 30%, 시 30% 그리고 자체수입과 후원회 등에 10% 정도의 부담비율로 운영예산이 확보되고 있는 실정이다.

그러나 각 '문화의 집'별로 그 특성에 따라 달라지고 있으며, 국가는 점차로 지원방식을 바꾸어서 고정지원형식을 탈피하고 지방정부 부담을 늘리게 하는 한편, 중앙정부 차원의 프로그램의 지방공연비용이나 지명도가 낮은 신진작가의 작품 공연비, 또는 흥행성이 낮은 순수예술창작활동비 등을 부담하는 방향으로 전환하고 있다.

중앙정부가 '문화의 집'에 대한 지원금을 결정하는 방법은 해당 '문화의 집'의 시설규모, 사업계획, 운영인원, 광거의 활동실적, 당해 지방정부의 관심도와 부담열의에 따라서 배분하되 지원액이 균일하지도 않고, 전적으로 문화성의 독자적인 판단 하에 결정하고 지원금에 대해서는 사후감사로 끝난다.

따라서 '문화의 집'을 관리운영하는 데 가장 큰 문제는 재정문제이다. 재정규모에 따라 운영인력, 프로그램 제작, 공연계획 등이 크게 좌우되므로 '문화의 집'의 책임자는 재정확보에 최우선 목표를 두고 있다고 해도 과언이 아니다. 이러한 이유로 관장은 대부분 전문예술가가 아닌 문화예술에 열정이 있고, 문화행정 경험이 풍부한 전문경영인이 맡고 있으며, 문화의 집 내의 프로그램 제작을 위해서는 그 기획에 맞는 연출가를 별도로 채용해서 활용하고 있다.

1960년대 '문화의 집' 설립 당시에는 후원을 위한 각종 후원회를 구성했으나, 실질적인 재정후원은 별 성과를 거두지 못하고 문화의 집 운영에 불필요한 간섭만을 초래한 채 현재로서는 유명무실한 존재가 되고 말았다고 한다. 따라서 지금은 후원회 형태가 아닌 개별 기업 대 '문화의 집' 간의 일대일 직접 지원과 협조방식이 채택되고 있다.

'문화의 집'은 자체 공연물에 대한 티켓 판매에 주력하는 한편, 자체 제작 프로그램의 판매를 적극 시도함으로써 단순한 프로그램 교환 차원을 넘어선 제작판매 보급이라는 형태의 고도의 전문화된 프로그램 판매방법을 운영하고 있다는 점은 전술한 바와 같다.

(5) '문화의 집'의 조직과 기구

각 '문화의 집'은 그 특성에 따라 조직과 기구가 약간씩 다르기는 하지만 공통적인
사항을 보면 다음과 같았다.

① 운영협의회

'문화의 집'에는 국가 또는 지방자치단체의 관계자와 지역저명인사로 구성되는 운
영협의회가 있으며 여기에는 이사장이 있으나 모드 비상근이다.

운영협의회에서는 관장을 선출하고 운영사항 전반에 관한 심의 및 의결에 임한
다. 그러나 실질적인 운영은 관장이 책임지고 있으므로 간섭하는 일은 없다.

② 관장

'문화의 집'의 관장은 운영협의회에서 후보자 가운데서 선출하여 추천하면 국가에
서 인준함으로써 임명된다. 대개의 경우 활동계획의 실행기간에 의거하여 관장의 임
기는 2~3년이다. 현행 관장의 임기가 만료될 경우, 관장이 되고자 하는 자는 누구나
각자 자기 나름대로의 '문화의 집' 운영계획서(사업계획)를 해당 '문화의 집' 운영협의회
와 국가(문화성)에 제출한다. 운영협의회와 국가에서는 제출된 운영계획서를 검토 심
사하여 이제까지의 '문화의 집'의 독창성, 이미지 부각의 지속성, 예술성, 경영의 전문
성, 적극적인 실현의지의 유무 및 능력 등을 분석하여 가장 적합하다고 인정되는 자
를 선출하게 된다. 이와 같은 관장의 임명방식은 일방적인 지명이 아니라 일종의 공
모제에 의한 경쟁방법으로서 독창성과 창의성을 살리는 데 크게 기여하고 있다고 평
가된다.

국가와 운영협의회는 일단 관장을 선출 임명한 뒤에는 관장의 임기 내의 모든 운
영사항에 대해서 일체의 간섭을 배제하고 있었다. 그러므로 관장은 임기 내에서는
'문화의 집'의 재정·인사권을 갖고 운영의 모든 책을 지고 일한다. 임기가 끝난 뒤 재
임을 희망할 경우라도 자동적인 재임명은 있을 수 없고, 다른 후보자들과 동일한 조
건으로 운영계획서를 제출하고 심사를 받아야만 한다.

③ 조직기구

각 '문화의 집'에 따라 명칭은 다르지만 대개의 경우 총무부(또는 관리부), 기획창작부(프로그램 운영제작부), 기술부, 섭외 및 고객관리부(홍보부) 등 4개의 부서가 있는 것이 보통이다.

총무부는 일반관리와 예산·회계·인사업무를 담당하는 한편 예술창작부의 기획작품 제작에 대한 행정지원을 맡는다.

기획창작부는 자체기획 작품의 제작업무와 자체생간작품의 판매, 타 지역에서 좋은 작품을 구입하는 1년간 공연·전시작품의 비율조정과 일정확정, 공연시기·공연규모에 따른 임시직원 확보 등의 업무를 담당한다.

기술부는 시설기자재의 관리운영업무를 담당한다.

섭외 및 고객관리부는 고객명단(회원명단) 작성, 고객의 취향 분류, 홍보지 발송 및 홍보활동(TV, 신문, 라디오, 잡지, 벽보, 자체홍보지 발간 등)과 '문화의 집'의 고유한 이미지 관리에 주력한다.

④ 직원의 임용

'문화의 집'의 직원은 국가나 지방자치단체의 공무원 신분이 아니며, 전적으로 관장이 임면한다. 따라서 관장은 재정상태, 조직기구, '문화의 집'의 특성에 맞는 인력을 채용 배치한다.

특히 기술부의 직원을 채용할 경우는 경력과 전공 등을 참작하되 3개원간의 수습기간을 두고 현장에서 복무한 능력을 평가하여 채용여부를 결정하는 것이 통례로 되어 있었다.

상근직원의 수는 '문화의 집'의 경우 30명 내지 60명 정도가 보통이며, 특별한 프로그램일 경우 임시직원을 고용하기도 한다. '문화활동센터'의 경우는 상근직원이 20명 내기 50명 정도로서 '문화의 집'보다는 그 규모가 작다.

프랑스의 각종 문화센터에서 찾아볼 수 있는 특징적인 사항의 하나는 전속예술단체를 두고 있지 않다는 점이다. 앞에서도 언급한 바와 같이 문화센터가 기획 제작하는 프로그램이 있다고 하더라도 연출자(안무자, 지휘자 등) 정지명 하면 그 연출자가 출연자(배우, 무용수, 악사 등) 등 구경하던 작품을 제작하고 공연이 끝나면 해산하는 방법으로 제작되고 있다. 이는 문화센터 내에 전속단체를 두게 되면 경쟁을 통한 창의성을 상실하게 되고 막대한 고정경비가 소요되기 때문이라는 설명이었다.

⑤ 각종 자문위원

대개의 '문화의 집'의 경우 내부기구로서 관내의 사항을 심의 조정하는 운영위원은 두고 있으나, 외부인사로 구성되는 자문위원은 두고 있지 않았다. 이것은 그동안 각종 자문위원회를 운영해 본 결과 실질적이고 생산적인 전문적 자문보다는 자기 분야에 대한 불필요한 아집과 간섭이 가져오는 폐단과 비생산적인 결과를 경험했기 때문에 폐지했다는 설명 있었다. 그러나 이러한 설명을 바꾸어서 생각해 볼 때에 근 30년 가까운 '문화의 집'운영경험이 여기에 종사하고 있는 요원들의 책임감과 예술성 및 전문성 함양에 기여했기 때문일 것이라는 느낌을 강력하게 받을 수 있었다.

(6) '문화의 집'이 지역사회에 끼친 영향

전후 1950년대의 프랑스 역시, 대부분의 지방민들은 문화예술 추구보다 경제적 소득향상에 더 급급한 상황이었다. 고급예술에 대한 접촉기회가 거의 없었던 것은 물론이려니와 그러한 정신적 여유도 없었다.

따라서 '문화의 집' 설립 당시부터 '문화의 집'의 기능과 역할이 당장 지방주민들에게 문화예술 접촉 기회를 일시에 확대시켰다고는 볼 수는 없다.

다만 자기고장에 '문화의 집'이라는 획기적인 문화시설이 건립되었다는 인식과 함께 문화적 자긍심을 일깨워줌으로써 자연스럽게 문화예술에 대한 관심을 촉발시켜나갔다고 할 수 있다. 그리고 이것이 점차 지방주민들에게 호기심과 주체적 문화 향유의식으로 이어져 각종 문화예술행사에 직접 참여하게 되는 동기가 되었다고 볼 수 있다.

현재는 연극을 감상하고 전시회에 참여하는 행위가 경제적 삶을 영위하는 것보다 우선하는 것으로 의식수준이 바뀌어졌다. '문화의 집'은 이러한 지역주민의 문화욕구를 지속적으로 충족시켜줄 수 있도록 계속적이고도 다양한 시도를 추구하는 한편, 자기고장의 지역주민으로서의 일체감과 귀속감을 가질 수 있도록 특장적이고 개성 있는 문화예술 활동을 견지하는 일관성과 변혁을 동시에 제공하는 문화센터로 기능하기 위해 모든 노력을 기울이고 있었다.

이와 같이 프랑스에서는 지방문화시설의 확충정책을 과감하게 전개함으로써 이들 지역문화시설들이 거점이 되어 오늘날 프랑스 전국에 걸쳐 국내외적인 문화활동이 크게 신장되고 있다. 문자 그대로 이제 프랑스의 문화는 파리에만 있는 것이 아니라 전국 어디에나 있다고 할 만큼 큰 변화를 가져왔다.

프랑스의 '문화의 집'과 우리나라에서 현재 각 지역에서 건립하고 있는 종합문예회관이 시설 면에서는 유사성이 많다고 보인다. 그러나 우리나라의 종합문예회관의 조직시스템이나 운영방법 및 운영예산 등은 프랑스와는 판이하게 다르다는 점을 발견할 수 있었다.

이런 점에서 우리나라의 각급 문화시설의 운영문제에 대한 근본적은 개선이 시급한 과제라는 것을 다시 한 번 절감할 수 있었다.

2) 문화의 집 운영사례

프랑스 전역에 걸쳐 산재해 있는 '문화의 집'이나 '문화활동센터' 또는 '문화발전센터'를 전부 조사할 수는 없었으므로 조사단은 '문화의 집'을 중심으로 특징 있는 기능을 수행하거나 독특한 운영방식을 채택하고 있는 다섯 개의 '문화의 집'과 파리 시립극장을 조사 대상으로 하여 각 기관의 특성과 조직·운영·재정 등을 살펴보기로 하였다.

(1) 랭스 문화의 집

① 성격

조사단이 첫 번째로 방문한 곳이 프랑스 동북쪽에 위치한 랭스(Reims) 시의 문화의 집이었다. 랭스 문화의 집의 그 명칭이 '국립 예술 및 기술센터(Centre National Art et Technologie)'였는데, 우리가 상상했던 문화의 집과는 아주 다른 성격을 지닌 문화의 집이었다. 사무실은 17세기에 건축된 수도원학교의 한쪽 건물 2층에 자리 잡고 있었으며, 주된 문화공간으로는 랭스대성당(까네트성당)과 야외공원 그리고 원형 서커스 공연장 등을 사용하고 있다는 것이 관심을 끌었다. 그러니까 특정한 건물을 새로 건립해서 활용하는 것이 아니라 기존의 건물과 공간을 문화공간으로 활용하고 있는 것이었다.

그리고 이러한 일상적인 공간을 문화의 공간으로 바꾸기 위해 랭스문화의 집은 현대적인 조명기술을 예술과 접목시키는 데 혁신적인 노력을 기울이고 있는 곳이었다.

이 문화의 집의 주된 프로그램은 연 1회(9월) 대성당에서부터 야외공원으로 이어지는 스펙터클(공연)로서 일종의 성사극(聖史劇)인데 이때에는 프랑스 전국과 세계도처에서 관심 있는 사람들이 모여든다고 한다. 이밖에도 야외공원과 원형 서커스 공연장에서 연 1~2회 개최되는 연극과 음악공연 등이 있다. 이 모든 공연행사는 조명기술을 무대예술과 퍼포먼스에 접목시킨다는 뚜렷한 창작의도 하에서 추진해 오고 있다는 것이었다.

따라서 랭스문화의 집은 종래의 다양한 종합적 문화활동의 역할에서 벗어나 예술과 기술의 접합이라는 새로운 예술형태를 연구 개발하는 실험예술장소와 같은 기능을 수행하고 있었다. 그러므로 그곳에서는 일반대중의 취향이나 호응도에는 개의치 않고 순수한 실험적인 예술작품의 창작에 전념한다. 이러한 점에서 랭스문화의 집이 지역주민에게 다양한 예술활동에 접촉할 수 있는 기회를 제공하지는 못한다 할지라도 다른 지역에서는 접할 수 없는 새로운 실험예술에 접할 수 있는 기회를 제공하고, 극장이나 영화관에서 접할 수 없는 실험예술을 감상할 수 있는 기회를 제공하는 획기적인 역할을 수행하고 있다고 여겨졌다.

더욱이 전직이 지역에서 조명기구 중소기업을 경영하던 관장과 하버드에서 경영학을 전공했다는 부관장이 일신의 영달과 경제적인 이익을 버리고 작업에 열중하는 헌신적인 노력과 정열이 인상적이었으며, 이들의 이러한 노력이 프랑스에서도 선구자로 꼽히는 '국립예술 및 기술센터'라는 국가지정 시범 문화의 집이 되게 한 원인일 수도 있다는 생각이 들었다.

② 운영현황

랭스문화의 집에서는 관장은 기술적인 운영을 전담하고 있었으며, 부관장은 재정과 경영면을 전담하고 있었다.

운영경비를 전액을 지원받고 있었는데 국가에서 50% 시에서 50%씩 부담한다. 이는 이 문화의 집이 국가지정 시범기관이기 때문이라고 한다.

정기적인 프로그램을 공연할 때에는 경우에 따라서 기업인들이 후원을 하고 있다.

이 문화의 집에서는 지난 8년 동안 전문예술인, 지방저명인사, 기업인들로 구성 (30명)된 운영위원회를 운영해 보았으나 각자의 주장만 고집하고 서로 대립되는 일이 많아서 별다른 성과를 거두지 못했기 때문에 현재는 별도의 운영위원회를 두고 있지 않다.

대 스펙터클을 제작해서 공연할 때에는 임시로 공동추진위원회를 구성하여 실제 공연에 참여하는 기술자, 연출가, 배우, 전문후원자, 문화의 집 관계자 등이 참여했다가 행사가 끝나면 해체한다고 한다.

문화의 집의 성격자체가 실험적이기 때문에 운영체제도 매우 실험적이었다.

조사단이 랭스문화의 집을 방문했을 때 마침 랭스시의회의 의원 한사람이 자리를 함께 하여 대화를 나누는 과정에서 랭스시의 문화예산 비율을 확인한 결과 예산구성 비는 사회간접자본 24%, 교육사업 15%, 후생복지사업 12%, 문화사업 6%, 기타 경상 운영·스포츠 등이 43%의 구성비율을 점하고 있다는 것을 알 수 있었다. 이는 우리나라 지방예산에서 문화사업비가 점하는 비율보다 훨씬 높다.

(2) 르아브르 문화의 집

조사단이 두 번째로 방문한 곳이 모파상의 단편들에 자주 등장하는 영국해협에 면한 르아브르(le Havre) 시였다. 흔히 아브르를 문화항구도시라고 부르듯이 그곳에는 문화의 집 이외에도 도서관, 미술관, 민속회관, 시립극장, 시립무용단, 음악학교 등 각종 문화시설과 문화단체들이 있는 인구 30여만 명의 문화도시였다.

① 성격

아브르 문화의 집은 이 지역의 모든 문화활동의 센터역할을 톡톡히 수행하고 있었다.

시설 면에서는 무대공연시설을 완벽하게 갖춘 1,100석 규모의 대공연장과 500석 규모의 원형무대, 300석 규모의 영화관, 그리고 전시장과 무대장치 제작소 등을 완비하고 있었다. 아브르 문화의 집의 조직은 총무 분야와 전문기술 분야로 나누어지며, 이 두 조직의 상호협조는 매우 능률적이라는 인상을 받았다.

특히 무대기술 분야는 무대감독 2명(감독, 조감독), 조명 7명(부장, 조명기사, 전기설비 기사 등), 음향 4명(비디오 스튜디오 엔지니어, 녹음감독, 비디오 감독 등), 장치 5명(분장·기술 스태프 등) 등으로 구성되어 있다. 이러한 기술 분야와는 별도로 이곳에는 무대장치제작소를 두어 운영하고 있다.

아브르 문화의 집의 무대장치제작소에서는 자체공연에 필요한 무대장치를 제작할 뿐만 아니라 다른 공연장에서 필요한 무대장치들을 주문받아 제작하여 팔기도 하고 대여도 해준다. 이러한 무대장치판매수입이 이곳의 운영재원확보에도 크게 기여하고 있는 설명이었다. 한마디로 무대예술의 거대한 산실 같은 느낌을 주는 문화공간이 아브르 문화의 집이었다.

모든 문화의 집의 관장이 맡는 역할과 마찬가지로 아브르 문화의 집 관장은 예술창작·문화활동육성·지역주민들의 문화향수기회 확대 등을 총괄적으로 관리하는 막중한 임무를 맡고 있었으며, 그 일을 천직으로 여기며 현장에서 뛰는 모습은 보기에도 흐뭇했다. 이와 같이 프랑스 문화의 집의 관장들은 예술창조자와 수용자 모두를 관리하는 고충을 떠맡고 있다.

사설 문화시설이란 그 시설을 살아 있는 문화활동의 공간으로 만들 수 있는 인적자원이 없을 때는 그 시설은 단순한 공간에 다름 아닐 것이다. 그리하여 아브르 문화의 집에서 기술인력을 채용할 때는 모집공고를 하고 이력서를 검토한 뒤 면접시험을 보고 3개월 정도의 현업시험기간을 거친 후에 채용 여부를 최종결정하게 된다. 이렇게 해서 채용된 직원은 지역연수센터의 연수계획에 따라서 전문적인 재교육을 받게 된다고 한다. 이러한 연수센터는 국가나 지방정부 또는 기업의 지원을 받아 운영되고 있다.

이와 같은 전문인력 확보로 인해서 아브르 문화의 집의 영화관에는 간단한 기록영화 필름 정도는 제작할 수 있는 기술실이 설치되어 있었고 무대공간의 깊이나 넓이, 기계장치들이 제대로 갖추어진 대공연장에서는 웬만한 오페라공연도 훌륭하게 치러내고 있었다.

② 운영상황

프로그램을 자체 제작할 경우에는 먼저 연출가를 지명하여 계획서를 제출하게 한다. 제출된 연출계획서는 면밀한 검토과정을 거친 후에 채택여부를 결정하게 되며, 제작된 프로그램은 자체공연 이외에도 시문화관에 제공되기도 한다. 이때에는 시문화위원회와 협의를 거치고 선택의 주도권은 시 문화회관에 주어진다. 자체에서 제작된 우수한 프로그램은 다른 문화의 집 등 문화센터들에게 정보를 제공하고 판매교환 공연도 하게 된다.

아브르 문화의 집의 재정을 보면, 수입 부문은 국가와 시지원금이 65%, 입장료수입이 15%, 무대장치 및 프로그램 판매수입이 20% 정도로 구성되고 있었다. 지출 면을 보면, 인건비 등 경상비가 45%, 프로그램 개발제작비 25%, 공연비 18%, 기타 12%의 비율이었다.

시설가동률은 공연장의 주 2~3회 공연, 음악콘서트홀은 주 1회, 영화관은 연중무휴로 개관하고 있다. 특히 아브르 문화의 집의 영화관은 이 문화의 집의 대표적인 활동영역이다.

(3) 보비니 문화의 집

세 번째 방문한 곳은 파리 근교의 보비니(Bobigny) 문화의 집이었다. 보비니 문화의 집은 1967년 보비니가 시로 승격하면서 시민회관형태로 설립되었다가 1984년에 문화의 집으로 독립된 시설이었다.

① 성격

보미니 시의 집권당은 공산당이었다. 그러므로 문화의 집도 사회주의자들이 중심이 되어 그 운영추지가 다분히 민주 지향적이고 진보적인 성격을 띠고 있었다. 원래 보비니 시의 주민들은 파리외곽의 저소득층이거나 노동자들이기 때문에 처음에는 문화의 집 활동이 시민들의 관심 밖이었다고 한다.

그러나 문화의 집이 진보적 성향의 공연예술, 전위예술을 육성하고 한편으로는 동구권 등 소위 사회주의 공산권 국가들의 예술을 소개한다는 기본 방향 아래 적극적인 활동을 전개하자 오히려 파리의 대학생들과 전문예술가들을 관객으로 확보하기 시작했고 이런 효과가 파급되면서 시민들의 호응도 커지기 시작했다고 분석하고 있었다.

보비니는 파리에서 지하철로 갈 수 있는 거리(우리나라 안양이나 의정부 정도)의 인접도시이기 때문에 파리문화권에 속한다고 볼 수 있다.

② 운영상황

앞에서 언급한 바와 같이 파리와 인접해 있는 도시이기 때문에 관객을 확보하고 중앙저부의 지원을 받는 데 어려움이 많다고 한다. 그래서 재정지원도 국가보다는 지방정부(도)의 지원이 더 많았다. 상근직원은 30명 정도이고 모든 프로그램은 젊은 사람들로 구성된 운영 팀에서 스스로 결정을 내리는데 1984년 이래 주로 연극을 위주로 한 스펙터클을 공연하고 있다.

보비니 문화의 집을 이끌어 가고 있는 사람들은 문화를 통한 사회봉사라는 신념에 확고한 자세를 보여주고 있었다. 그들은 문화의 집은 바로 자유롭고 개방된 정신들의 만남의 장이고, 지역주민들과 예술가들이 동참하는 예술창조의 장이 되어야 한다고 강조한다.

(4) 그르노블 문화의 집

네 번째 방문한 곳은 프랑스 남부지방에 위치한 대학도시 그르노블(Grenoble)에 있는 문화의 집이었다. 일명 르까르고(*Le Cargo*)로 불리는 이곳은 시민들이 자발적으로 '문화의 집' 건립을 중앙정부에 요청하여 1968년에 건립된 특이한 경우의 문화의 집이다.

① 성격

그르노블 문화의 집은 모든 시민의 문화의 장, 만남의 장, 휴식의 공간 등의 다양한 기능을 수행하고 있는 대표적인 문화의 집이다. 대학도시이기 때문에 문화향수자들의 층이 젊고 수준도 높으며, 문화욕구도 강해서 연중 130여 건의 다양한 문화행사가 활발하게 이루어지고 있었다.

그르노블 문화의 집의 활동이 이렇게 활발한 것은 그 위치가 신시가지와 구시가지의 중심에 위치하고 있는데다가 공연장·전시장·영화관·음악홀·도서관 등의 공감과 탁아소·카페·식당 등이 겸비되어 있어서 젊은 부부들이나 직장인들이 아이들을 맡기고 퇴근길에 찾으러 왔다가 자연스럽게 문화활동에 참여할 수 있게 되고, 세계 각국의 대학생들이 자유롭게 실험예술을 선보이고 토론도 하며 영화감상회를 마련하기도 하기 때문이다.

이와 같이 그르노블 문화의 집은 그 시설들이 전문성을 살려 건축되었기 때문에 다양한 문화활동과 고급예술의 수용에도 어려움이 없고, 운영 및 행정 요원들의 문화적 안목과 열성이 높아 지역문화의 활성화에 주역을 담당하게 되었다. 뿐만 아니라 출발부터 시민들의 문화적 욕구가 밑받침되어서 이루어졌기 때문에 '문화의 집'이 지역주민들의 생활공간이자 문화공간이라는 인식도 아주 높았다. 이곳 시민들은 서슴없이 그르노블 문화의 집을 자랑하고, 프랑스 제일의 '문화의 집'이라는 자긍심에 차 있는 모습을 볼 수 있었다.

② 운영상황

설립 초창기에는 공연장, 전시장, 영화관, 음악콘서트홀, 도서관, 어린이놀이터 등 모든 시설을 직접 운영하였으나 현재는 공연장, 영화관, 전시장만 직접 운영하고 카페와 식당은 임대하고 있었다.

대극장은 1,225석의 프로시니엄 무대를 갖추고 음향기기, 방음시설, 무대 이동시설들이 잘 갖추어져 있다.

특히 520석 규모의 중극장은 객석을 가운데 두고 그 주위에 타원형으로 무대를 설치한 다음 공연 시에 객석이 회전되도록 장치되어 있는 실험적인 연극공간으로 유명하다. 320석 규모의 소극장은 영화 상영과 음악회 등으로 활용되는데 음향·방음식 시설이 훌륭하다.

이러한 시설들은 대관은 일체 없고 연간 130년 건의 공연을 모두 자체기획 프로그램으로 충당한다. 영화는 주제별로 선정하여 주당 3~4회를 상영하고 있는데 시내 일반 영화관의 입장료가 35프랑(약 3,500원)인데 문화의 집에서는 15프랑(약 1,500원)만 받고 있었다.

전시장에서는 주로 사진작품만 전시하고 있었는데 이는 일반회화는 시내의 화랑에서 전시하기 때문이라고 한다.

프로그램을 제작하거나 공연계획을 수립할 때에는 반드시 1년 전에 시작조사를 실시한다. 프로그램을 선정할 경우에는 예술자문위원회(상근전문예술가 2명, 외부 전문가 3명으로 구성)와 관장이 협의하여 결정한다. 그러나 이곳에도 다른 문화의 집과 마찬가지로 전속예술단체는 두고 있지 않고 다만 연극과 무용 연출가를 각각 한사람씩 상근시키고 있다.

1988년도의 프로그램 제작현황을 보면 연극 15개 작품, 무용 12개 작품, 음악 5개 프로그램 등으로서 다른 문화센터보다 자체기획제작물이 특히 많은 '문화의 집'에 속하고 있으며 이러한 프로그램들은 다른 문화센터에 적극 소개 판매하고 있어서 이런 점으로 인해 시민들에게 자긍심을 주는 좋은 효과를 거두고 있었다.

이밖에도 20년 동안 계속 되어온 재즈 페스티벌과 1988년도에 시작한 현대음악 페스티벌은 이제 국제적인 행사로 자리 잡고 있다.

이런 점에서 그르노블 문화의 집은 무대예술 육성에 주력하고 예술의 산실 노릇을 하는 것을 특징으로 하고 있었다.

그르노블 문화의 집의 특이한 점이라면 바로 운영상의 묘를 잘 살려서 활용하고 있다는 것이다. 관객 관리카드제 운영이 그것이다. 프로그램 홍보 및 세일즈 강화, 그리고 프로그램 선정을 위한 시장조사 실시 등 과학적이고 종합적인 운영체제는 우리도 배울 점이 많다고 보인다.

그로노블 문화의 집에서 45,000명에 이르는 고객관리카드를 항상 비치하여 두고 각종 자료제공과 프로그램 안내, 설문조사를 통한 취향조사 등을 적극 실시하여 고정관객 확보는 물론 문화인구 저변확대에도 이를 활용하고 있다. 그리고 주소변경 및 관객취향 변화 시에도 항상 정확한 기록을 유지할 수 있도록 최선을 다하고 있다. 개인별 관객 관리카드제 외에도 기업, 학교 등 단체를 대상으로 한 단체 관리카드제도도 실시하고 있으며 이상의 관객관리를 4명의 직원이 전담하고 있다.

프로그램 홍보로는 신문, 벽보 등 관고만을 전담하는 직원 2명이 근무하면서 전문적인 광고를 실시하며 주민들의 문화욕구를 촉진시키는 한편, 기업·학교·관련단체 등에도 전담직원이 직접 방문하여 새로운 프로그램을 소개하면서 홍보하고 있다. 이러한 홍보활동으로 인하여 좋은 프로그램은 기업이 대금을 지불하고 사서 자기 기업이 지원하고 있는 공연장에 보급하게 함으로써 양면후원의 성과를 거두기도 한다.

그르노블 문화의 집의 인원구성을 보면 이 문화의 집의 특성과 운영의 중점방향을 잘 알 수 있다.

상근직원이 총 68명으로서 다른 문화의 집보다는 비교적 많은 직원을 갖고 있다. 부서별로는 기술부 35명으로 가장 많고 그다음이 섭외 및 홍보부에 28명이 배치되고 마지막으로 운영부(총무부)가 5명으로 가장 적은 인원이다. 프로그램에 따라서는 50명 정도의 임시직원을 임시 채용하는 경우도 있다고 한다.

운영경비의 지출내역은 인건비 50%, 예술작품제작비 30%, 시설관리비 20%의 구성비율을 보이고 있었다.

(5) 아미앙 문화의 집

조사단이 방문한 '문화의 집 가운데서 초창기 '문화의 집' 기능을 그대로 유지하고 있는 곳이 다섯 번째로 찾아간 인구 13만 명의 중소도시인 아미앙(Amiens)의 문화의 집이었다. 이곳은 1940년 2차 대전 당시 폭격으로 시립극장이 폭파된 이래 '문화의 집'이 시립극장을 대신해서 지역 주민에게 문화를 전달 보급하는 중추적 역할을 담당하고 있다.

① 성격

아미망 문화의 집은 연극·조형미술·음악·무용·영화·도서관·출판·전시 등 초기 문화의 집의 종합기능을 복합적으로 수행하는 대표적인 문화의 집이다. 따라서 그 시설 내용도 역시 다양하다.

대극장에는 1,100석(앞좌석을 가변시켜 무대변형) 규모의 무대, 로비, 바 , 식당 등이 있다. 영화와 소규모 공연장으로 이용되는 소극장은 230석 규모이다.

전시실은 주로 사진전을 많이 여는데 2층 로비 전체를 전시장으로 활용하고 있다.

음향조정실을 겸하고 있는 디스크 제작실에서는 재즈디스크, CD를 제작하고 있다.

회의실은 회의 및 만남의 장소로 이용되고 있으며, 자료실은 도서관 기능도 겸하고 있다. 또한 사진현상·인화를 위한 사진제작실과 인쇄물의 인쇄와 출판기능을 담당하고 있는 인쇄·출판실까지 갖추고 있는 것이 눈에 띄는 일이었다.

아미앙 문화의 집에는 현재 약 40명의 상근직원이 있다.

② 운영상황

아미앙 문화의 집에서는 자체에서 공연물을 기획 제작하지는 않고 오히려 다른 지역의 공연물들을 유치하여 전달하는 교량역할을 중점을 두는 한편, 디스크·사진·출판물을 제작 보급하는 일들은 다른 문화의 집에서는 보기 드문 기능이다.

아미앙 문화의 집 역시 외부와의 문화교류활동을 통해 지역주민들의 문화적 안목을 일깨우기 위해 국제문화교류활동을 전개하고 있는데, 바로 국제영화페스티벌과 재즈 페스티벌이 그것이다.

1989년 당시 9회째를 맞이하고 있던 영화페스티벌은 매년 한 나라를 주제로 하여 그 나라에 관련되는 필름과 영화를 상영하고 영화인들의 토론회를 개최하는 형식을 취하고 있는데 해를 거듭할수록 지역주민들의 자긍심도 아울러 높아지게 되었다고 한다. 영화제의 개최동기와 개최방법은 다음과 같다.

아미앙 문화의 집은 영화를 통한 세계인의 이해를 촉구하기 위한 방안으로 이 페스티벌을 개최하고 상업적인 인기는 없으나 예술성 있고 그 나라의 문화체취가 잘 표현된 영화를 모아서 페스티벌에서 상영하고 있다.

영화제는 관련국가의 영화전문가, 각국의 평론가, 지역주민의 참가로 축제 분위기 속에서 성대히 치러지고 있으며 영화제가 끝난 뒤에는 문화의 집이 영화 알선매매의 중개인 역할을 담당하기도 한다.

1987년 인도를 주제로 한 영화가 성공을 거두었고 89년에는 미국에서 상영 금지되었던 영화를 모아서 11월 15일부터 개최할 계획이었다.

국제 재즈페스티벌은 88년 5월에 처음으로 개최한 국제행사이다.

방문 당시의 회원은 1만 명 정도로 월간 문화정보신문 배포와 티켓 할인 혜택이 부여되며 회비는 연간 50프랑이다.

개인회원이 30%, 단체회원이 70% 정도를 차지하고 있는데 기업, 학교, 공장, 단체 등 200여 단체의 단체회원은 티켓할인, 좌석 우선배치 등의 혜택을 부여하고 있다.

아미앙 문화의 집의 자체 제작 프로그램은 거의 없고 타 문화센터의 프로그램으로 편성 운영되고 있으나, 프로그램 선정은 예술적인 것 50%, 대중적인 것 50%의 비율로 구성된다. 어떤 경우는 파리 공연에 앞서 지방 소도시에 대한 특별배려로 아미앙에서 먼저 공연되는 일도 있다.

(6) 파리 시립극장: 샤틀레 극장

조사단은 앞에서 살펴본 다섯 곳의 지방소재 '문화의 집' 이외에 파리 시내에 있는 문화시설 중에서 한 곳을 추가해서 조사하였다. 물론 파리 시내에는 국립극장(전국에 7~8개 있음)과 많은 공연장들이 있기는 하지만 그중에서도 지방정부가 운영하는 유일한 파리 시립극장(일명 샤틀레 극장)을 택하여 방문하였다.

① 성격

샤틀레(Chatelet) 극장은 파리 시청 가까이에 위치하고 있다. 옛 건물을 외부만 원형을 유지하고 내부를 완전히 개조한 공연예술 전용극장으로서 대극장 1,000석과 중극장, 소극장 등을 갖추고 있었고, 최신식 무대장치(넓히고 좁힐 수 있는 유동가변식 무대)와 분장실, 기계설비실, 대소도구 제작실이 있었으며 특히 대극장 무대와 똑같은 넓이와 구조의 연습실이 건물 4~5층을 헐어서 만들어 놓은 것이 인상적이었다.

파리 시내에는 각각 특성을 지닌 수많은 공연장과 문화시설들이 다양한 공연활동을 펼치고 있지만 그중에서도 샤틀레 극장은 전통성과 보수적 성격이 두드러지고 소위 전통적인 예술의 고수와 고급예술의 창달, 외국문화예술광의 교류라는 점에 역점을 두고 있다.

② 운영상황

샤틀레 극장에서 파리시의원들과 파리 시청 문화국소속 관계자로 구성된 운영협의회가 있기는 하나 상징적인 기구이고, 운영의 책임은 극장장에게 있다.

극장장(당시의 극장장은 20년간 재임) 밑에는 총무부·홍보부·재무부·기술부의 조직이 있고, 조직 부서와는 별도로 행정·예산·연극·음악(상송) 담당 보좌역들이 극장장을 보조한다.

전속예술단체는 두고 있지 않으며, 프로그램의 구성은 프랑스 전국의 예술단체와 협의하고 초청·협연을 하는 방법을 취하고 있으며, 세계 각국의 대표적인 공연물을 초청 공연한다.

상근직원은 총 68명이었으며, 서비스와 안내 등을 위해서 12명 정도의 임시직원을 채용하고 있었다. 각부서의 직원들은 수시로 외국에 견학을 보내서 견문을 넓히고 정보를 수집하게 하고 있다.

샤틀레 극장의 현직 극장장은 경제학자 출신으로 특히 극장운영에서 매표수입증대에 매우 적극성을 보이고 있었다. 그래서 개인 예약판매와 단체·학교 등을 통한 조직적인 예약판매에 열중하고 있다. 일반홍보로는 TV, 신문, 지하철역 고아고와 연간 매분기별로 프로그램 안내물을 발간(1회 3만 부) 배포하고 있었다.

특히 3만여 명의 고객명단을 카드로 작성하여 관리하기 위해서 전문적인 직원을 채용하여 전담시키고 있었다.

이러한 노력들의 결과 샤틀레 극장은 연간 총운영경비는 70%를 파리시 예산에서 지원받고 나머지 30%는 입장료 수입으로 충당되고 있었는데 이러한 수입금의 비율은 '문화의 집'을 비롯한 다른 문화센터들에서 10~15% 전후를 점하고 있는 것에 비교하면 월등히 높은 비율을 차지하고 있는 것이다.

조사원들이 극장장에 "당신은 무슨 이유로 20년 동안이나 극장장의 자리에 있게 되었는가?"라는 질문에 대하여 "나를 파리시에서 계속 이 자리에 있게 하는 것은, 아마도 수입을 늘리게 함으로써 시 예산 부담을 더 이상 늘지 않게 하기 위해서 인지도 모르겠지요"라는 대답은 충분히 수긍이 가는 일이었다.

극장장과의 대화 가운데 귀담아 들어야 할 것이 몇 가지 있었다. 처음 극장장으로 취임했을 때 자기가 비예술인이었으므로 많은 예술가들 사이에 반발이 많았으나 그들과 똑같은 입장에서 작업도 하고 그들의 고충도 많이 이해하게 되어서 현재는 마찰 없이 잘 협조하게 되었다는 이야기였다. 그리고 그는 극장운영은 특정한 분야의 전문예술인이 맡게 되면 자칫 한 분야에 치우쳐 경영과 홍보 면에서도 소극적이기 쉬우며 또 현대 극장운영에서 필수적으로 대두되고 있는 재정확보를 위해서도 예술을 이해하는 전문경영자가 극장장이 되고 그 밑에 프로그램을 기획하고 제작하는 전문예술인과 홍보와 선전활동의 전문가를 두어서 운영하는 것이 바람직하다는 견해를 자신 있게 말하고 있었다.

〔자료〕 프랑스의 '문화의 집' 현황

① 아미앙

1966년 창설. 예술가와 일반대중을 위한 기관으로서 라이브공연물 *'Spectacle Vivant'*의 보호라는 본래의 임무를 다하고 있다. 그 외에 사진과 도서(*Troix Cailloux*), 음반(*Label Bleu*) 등을 위한 제작공간도 갖추고 있다.

"아미앙 영화의 날(*Journees cinematographiques d'Amiens*)"과 "재즈기간(*Temps du Zazz*)"(1988년에 제7회 페스티벌)을 지원 협력했다.

② 부르쥬

1963년 창설. 창설 초부터 특별히 연극활동에 집중되어 있었으며, 이러한 사명은 정기적으로 재확인된다. '국립연극 아뜰리에(*Atelier Theatral National*)'와 '비이도 창작 아뜰리에 (*Atelier Creation Video*)'라는 2개의 작업실은 공중(公衆)양성, 교육자양성, 배우양성이라는 3가지 임무를 수행한다(연극학교: *Ecole de Theatre*).

③ 샹베리

1964년 창설. 알프스 너머 지방의 문화적 경향을 강하게 띠고 있는 이 '문화의 집'은 건물 자체도 1987년 테시노 주의 건축가 마리오 보따(*Mario Botta*)의 작품으로서, 샹베리와 사브와(*Savoie*)현에 라이브공연물을 공동제작, 보급하는 활동 외에, 과학기술문화와 연관된 전시물, 특히 "산"에 관한 전문적 비디오라이브러리를 갖추고 있다.

④ 크레테이유

1965년 창설. 이 '문화의 집'은 창작 및 수용 정책과 현지 작업을 통하여 전국적 명성 뿐아니라 지역주민의 신뢰를 얻는 것을 사명으로 삼고 있다.

'마기 마랭 극단(*Compagnie Maguy Marin*, 1981년 이후)'과 '국제여성영화제(*Festival International du Film de Femmes*, 1983년 이후)', '브뤼노 베쏭(*Bruno Besson*)'의 정기적 공연은 '예술의 집(*Maison des Arts*)'의 명성과 상징적 이미지에 기여한다.

⑤ 피르미니

이 작은 도시, 르코르뷔지에(*Le Corbusied*)에 의해 세워진 한 건물 안에서, 선별된 라이브공연물과 연극창작물을 보존하면서, 지식의 형성 및 보급에 관한 새로운 프로젝트가 실행되고 있다.

⑥ 그르노블

1968년 창설. 화물선 "보젠스키(*Wogenski*)"를 본떠 구상된 'Cargo(선박이라는 뜻)'는 1986년부터 J.-C. 걀로따에 의해 운영되면서 창작과 보급활동을 연결시킨다. '그룹 에밀 뒤브와(*Groupe Emile Dubois*)'와 '국립알프스드라마센터(*Centre Dramatique National des Alpes*)'의 입성은 이 '문화의 집'에 예술적 도약을 가져온 인상을 준다.

해외진출 의지는 지방의 젊은 극단 및 무용단에 대한 장려와 함께, 그리고 시각예술, 영화, 비디오 등의 영상예술에 대한 관심과 함께 전개된다.

⑦ 라로셸르

1973년 창설. 고대의 수도원 유적 주위에 멋있고 조화 있게 건축된 이곳은 '쇼피노 극단(*Compagnie Chopinot*)'과 '지방무용센터(*Centre Choregraphique*)', '국제영화제(*Festival International du Film*, 1987년에 제15회 페스티벌)' 및 '프랑스 열광' 등과의 특별한 관계를 돈독히 유지해 나가고 있다.

오늘날 이 '라로셸르 문화의 집'에 있어서 연극은 국내 및 국제적 보급과 창작활동을 연계시켜줌으로써 중추적 역할을 한다.

⑧ 르아브르

1961년 창설. 오스카 네메이에르(*Oscar Neimeyer*)에 위해 구상된 공ㄱ나 안에서 시청각 및 영화창작이 현행 프로젝트의 중심이 되고 있다. 라울 뤼즈 주위에는 세계 각국에서 온 영화감독들이 모여 있다.

그들은 르아브르에서 유연하고 효율적인 기구를 발견하게 된다. 소장하고 있는 수많은 해외영화제의 필름들로 인하여 이 '문화의 집'은 국제적 차원을 지닌다.

⑨ 느베르

1970년 창설. 르와르 강과 R.N.7 사이에 위치한 이곳의 활동은 현대무용 위주로 편성되어 있다(무용단의 보급활동을 조직하고 동참하면서). 뿐만 아니라 청년층을 위한 공연물을 제작하고 역사적 또는 조형 예술적 성격의 전시회를 개최한다.

⑩ 랭스

1966년 창설. '앙드레 말로 문화의 집(*Maison de la Culture Andre Malraux*)'을 계승한 '국립예술기술센터(*Centre National d'Art et Technologie*)'가 1987년 1월 1일에 설립되었다. 이 '국립예술기술센터'는 중심축으로서 예술과 공업기술을 접합시키면서, '앙드레 말로 예술의 집'이 해왔던 여러 분야의 창작과 보급활동을 계속 수행한다.

예술과 공업기술의 창조력과 상상력을 접근시키는 독창적 기구인 이 '국립예술기술센터'는 커뮤니케이션의 미개척 길을 탐험하는 혁신적인 시도들을 위하여 일한다.

⑪ 랜느

1963년 창설. 현재 "그랑위뜨(*Grand Huit*)"라는 이름으로 알려진 이 '문화의 집'은 시즌당 8개의 홀에서 400회의 공연이 이루어진다. 피에르 드보슈는 '랜느국립드라마센터'의 관장이기도 하다. 이 '문화의 집'은 "유럽지방들 간의 교류(*Carregour des Regions d'Europe*)", "가장무도회의 검은 가면들(*Jeunes Loups de la Danse*)", "전자예술페스티벌(*Festival des Arts Electroniques*)" 등의 행사를 조직하며, 라이브 록 페스티벌인 "트랜스뮤지컬(*Transmusicales*)"에 참여한다.

⑫ 보비니: 일명 쎄느 쌩 드니

1974년 창설. 1974년 창설 당시 데파르트망(*departement*: 縣) 소속이었던 이 '문화의 집'은 1980년에 오네-쑤-브와(*Aulnay-sous-Bois*)와 보비니에 2개의 설비가 첨가되었다. 1983년, 보비니 시에 의하여 '문화의 집'의 임무가 재규정되었다. 그리고 1985년에는 '국제예술창작보급센터(*Centre International de Creation et de Diffusion Artistique*)'가 설립되었다.

3. 일본 문화정책의 근황

이종인(한국문화행정연구소장)

1. 문화정책의 대상영역과 기능

(1) '문화'와 문화정책의 대상영역

문화청이 대상으로 하는 '문화'는 1999년 개정 전의 문부성(文部省) 설치법에서 "예술 및 국민오락, 문화재보호법에 규정하는 문화재, 출판 및 저작권 기타의 저작권법에 규정하는 권리와 더불어 이에 관한 국민의 문화적 생활향상을 위한 활동을 말한다(법 제2조 제9호)"고 정의되어 있다. 구법상(舊法上)의 규정과 그 밖의 관련 제 규정을 종합적으로 관찰하면 문화의 범위는 '예술', '생활문화', '국민오락', '문화재', '국어', '저작권' 및 '종교'로 정리된다.

한편 최근의 행정개혁에 따라 2001년 1월부터 시행된 새로운 문부과학성(文部科學省) 설치법에서는 문화에 관한 정의가 삭제되었지만 운용상에서는 구법(舊法)의 정의가 거의 그대로 답습되고 있다. 따라서 신법에 있어서도 문화의 범위는 종전과 차이가 없다고 생각된다.

문화청은 이와 같은 "문화의 진흥 및 국제문화교류의 진흥을 도모함과 함께 종교에 관한 행정사무를 적절히 행함"이라는 것을 임무로 하고 있다(문부과학성설치법 제26

조). 이에 따라서 문화정책의 대상영역은 '문화의 진흥과 보급', '문화재의 보존과 활용', '국어의 개선', '저작권의 보호' 및 '종무행정의 운영' 등 다섯 가지로 개괄된다. 이것들의 구현방법 또는 방향은 각각 다르지만 실제적으로는 '문화의 창조'라는 한 점에 밀접하게 연관되고 있다. 그것은 다음과 같은 문화창조의 과정에서 확인할 수 있다.

문화정책의 5개 대상영역은 각 부분에서 상호연관을 맺으면서 각각의 방향을 전개되고 있다. '창조'와 '보급'에 관한 부분은 '문화의 진흥과 보급'으로서 제반 시책이 강구되고 있으며, '전승'에 관해서는 '문화재의 보존과 활용', 즉 문화재보호행정으로서 오래전부터 깊이와 폭을 가지고 전개되어 왔다. 그리고 '신앙'에 관한 부분에 관해서는 종교활동이 조직적 활동으로 행해지기 때문에 종교단체에 법률상의 인격을 부여하고 그 적정한 운영을 위하여 지도조언을 하기 위한 '종무행정'의 범주가 성립되고 있다.

이와 같이 문화청의 문화정책은 '문화의 창조'라는 기본적인 면에서 유기적으로 연관하면서 이것을 원점으로 하면서 다면적으로 전개하고 있는 것으로 파악된다.

(2) 문화정책의 기능

문화정책의 대상영역을 문화정책의 기능이라는 관점에서 본다면 '문화정점의 신장'과 '문화저변의 확대'를 기본으로 하여 여기에 '문화유산의 보존과 활용', '문화의 국제교류' 및 '문화기반의 정비'를 더한 총체로서 파악된다.

문화정책은 구체적으로는 이러한 기능면을 중심으로 전개되고 있지만 그 전제로서 다음의 세 가지가 지적되고 각각에 관해 문화청의 자세가 나타나고 있다.

첫째는 인간에 있어서 문화의 의의이다. 이에 관해서는 "문화는 사람이 사람답게 사는 증거이고, 인간의 본래적, 근원적인 욕구이다. 문화를 향수하고, 스스로 그 창조에 참가하고, 문화적 환경 가운데서 산다는 기쁨을 찾을 수 있다는 것은 고금을 통한 인간의 변함없는 바람"이라고 하고 있다.

둘째는 문화창조의 주체이다. 이에 관해서는 "문화활동은 국민이 이것을 통해서 창조성을 발휘하고 더욱이 개성을 신장하여 자기계발을 꾀하려는 자발적, 자주적 행위이고 문화의 향수도 국민 스스로에게 돌아가는" 것이며 따라서 "문화활동의 주체는 국민자신이다"라고 하고 있다.

셋째는 문화정책의 역할이다. 이에 관해서는 "국민의 자발적 활동을 자극하고 신장시킴과 동시에 국민 모두가 문화를 향수할 수 있게 하기 위한 제 조건을 마련하는 것을 기본에 두면서 개인의 활동으로 한계가 있는 곳에 손을 뻗쳐 그 부족한 면을 채우고, 불균형을 시정함으로써 전체로서의 문화진흥이 이룩될 수 있게 필요한 조치를 강구해 나가는 것"이라고 하고 있다.

문화정책은 위와 같은 전제에서 '문화정점의 신장'을 종축으로, '문화저변의 확대'를 횡축으로 두고 전개되고 있다.

문화정점이란 문화의 정화인 예술을 지칭한다. 예술은 문화의 질을 높여서 문화의 흐름을 낳게 함과 동시에 국민의 문화적 수입을 증대하고 문화적 활동에 중요한 영향을 준다. 다시 말하면 예술은 문화의 정점에 위치하여 문화일반을 견인하고, 그 수준은 한 나라의 문화의 질을 측정하는 척도가 되고, 국가와 국민의 품위를 가장 상징적으로 나타내는 것이라 할 수 있다.

문화저변의 확대는 지역문화의 진흥과 겹친다. 그것에는 지역 간의 문화격차 시정, 즉 보편적이며 공통성을 갖는 문화를 전국에 균점시켜 지역의 평균적 문화수준을 유지·확보하는 것 및 독자성과 고유성을 갖는 특색 있는 문화를 개발하여 지역의 문화적 주체성과 자율성을 확립시켜 나가는 두 가지가 포함된다. 문화저변의 확대에 의해서 문화의 정점은 스스로 높아지고, 정점의 높이는 다시 문화일반의 수준을 끌어올려 저변을 다시 넓힌다. 양자의 상호작용에 의해서 전체로서의 문화향상이 이루어진다.

이상과 같은 기본에 입각하면서 그 구체적인 발현방향은 다음의 다섯 가지로 정리된다.

첫째는 문화기반의 정비이다. 문화진흥을 위한 전반적인 제도(법제·예산·세제·저작권·국어·국자(國子)·종교법인 등을 포함)와 문화에 관한 정보시스템의 정비, 문화단체 등의 조직, 문화시설 등의 물적 기반 정비, 예술가·예술경영담당자 등의 인재육성 등이 여기에 해당된다.

둘째는 예술활동의 장려·원조이다. 직접적으로는 '문화정점의 신장'에 관한 것이다. 예술가 및 예술단체가 고도한 예술활동을 전개하고 창조에의 선구적·야심적인 시도를 가능하게 하기 위한 활동 그것에 대한 재정적 지원이나, 예술제 등 활동의 장(場) 확보 등이 그 내용이 된다. 특히 전자에 관해서는 공·사(公·私) 간의 적절한 파트너십이 앞으로의 큰 과제라고 한다.

셋째는 국민의 문화참여(참가)와 향수기획의 확충이다. 일상생활권에서 구체화가 요청되기 때문에 지역문화 내지는 생활문화의 진흥과 관련하여 '문화저변의 확대'에 도움이 되는 것이다. 독자성과 고유성을 갖는 특색 있는 문화개발과 문화격차의 시정(문화의 균점)을 지향하는 각종 물적·재정적 조치 내지는 지원이 여기에 포함된다.

넷째는 문화재의 보존과 활용이다. 문화재는 일본의 문화와 역사를 상징하고, 장래의 문화향상 발전의 기초가 되는 것이다. 따라서 적절한 보존을 도모함과 동시에 그 활용의 촉진이 요구된다. 특히 문화재는 지역과의 관련이 밀접해서 지역문화진흥의 중요한 일익을 담당하는 것으로서 그 활용을 고려하는 것이 필요하게 되고 있다.

다섯째는 문화의 국제교류의 추진이다. 일본이 국제사회 가운데서 이해를 얻기 위해서는 문화 면에서의 전극적인 역할과 세계문화에의 기여가 요구된다는 것, 또 일본문화가 국제적 평가를 얻고 발전해 가기 위해서는 다원적으로 존재하는 세계의 여러 문화와의 상호교류가 필요하다는 것 등으로 그 촉진은 일본문화발전의 중요한 열쇠가 된다고 하겠다.

2. 문화의 진흥과 보급

(1) 예술진흥

예술진흥은 '예술활동의 기반정비', '예술활동의 장려·원조', '예술활동의 장(場) 확보', '예술가의 육성', '예술의 국제교류' 등 다섯 개의 기둥으로 이루어진다(〈표 1〉 참조).

① 예술활동의 기반정비

이것은 '조직의 형성', '시설의 정비' 및 '정보시스템의 정비' 등 세 가지로 정리된다. 예술활동이 활발히 전개되기 위해서는 활동의 주체인 예술가들로 이루어지는 인적(人的)인 조직이 형성되어야 하고, 또 실제 활동의 무대가 되는 극장 등의 물적(物的)인 시설이 설치되고, 여기에 예술에 관한 정보시스템의 정비가 필요하다. 즉 '사람',

<표 1> 예술의 진흥(문화정점의 신장)

구 분		내 용
예술활동의 기반정비	조직의 형성 (예술단체)	법인의 설립
	시설의 정비	• 미술관, 박물관: 국립미술관(4),국립박물관(3), 신국립미술전시시설(내셔널갤러리), 구주(九州)국립박물관(가칭, 설립 준비 중) • 극장·홀: 국립극장, 신국립극장, 국립조용극장(가칭, 설립 준비 중) • 문화재연구소: 국립문화재연구소(2) • 정보시스템의 정비: 문화정보종합시스템(문화재정보시스템·미술정보시스템, 현대무대예술정보시스템, 전통예능정보시스템), 문화디지털라이브러리, 미디어예술프라자(CG-ARTS협회)
예술활동의 장려·원조	정신적 지원 (후원 등)	후원명의, 문부대신장려상 등
	재정적 지원 (공적 지원)	아트플랜 21[예술창조활성화사업(예술창조특별지원사업, 예술창조기반정비사업), 무대예술지원사업] 등, 예술문화진흥기금
예술활동의 장(場) 확보	발표의 장, 감상의 기회	예술제, 미디어예술제
예술가의 육성	양성 (연수제도)	예술가 해외연수, 예술 인턴십(국내 연수), 오페라 연수(신국립극장)
	현창: 현창제도	문화훈장, 문화공로자, 일본예술원·은사상·일본예술원상, 문화관계자문부대신표창, 문화관계공로자현창, 예술선장, 예술작품상, 우수영화작품상, 창작장려상, 우수미술품매입, 예술제상, 미디어예술제상, 서훈, 포상
예술의 국제교류	예술가·예술단체	예술가해외연수(재개), 해외예술가초빙연수
	국제예술 활동	국제예술교류추진사업(아트플랜 21: 예술창조 활성화 사업), 아시아·아트·페스티벌, 해외전시 등

'물건', '정보'의 기초가 확립되지 않으면 안 된다.

　모름지기 예술을 포함한 문화의 창조는 예술가를 비롯한 국민의 자발적 활동에 기대해야 하고, 그것을 위한 조직도 자유롭고 임의(任意)로 구성되고 운영되어야 한다는 것은 말할 나위도 없다. 그럼에도 불구하고 이들 임의로 조직된 예술단체가 활동의 기반을 —— 인적이거나 경제적으로도 —— 보다 튼튼하게 하기 위하여 '공익법인화(公益法人化)'가 예상되기도 하고 또 현실로 나타나기도 한다. 이것은 법인화에 따라서 단체로서의 영속성이 확보되고 대외적으로도 신뢰성이 높아지는 외에 구성원 측에도 심리적인 안정감이 생기고(정신적 효과) 또 세제 면에서의 우대조치와 특정공익증진법인으로 인정되는 것에 의해서 기부가 쉬워지는(경제적 효과) 등 여러 가지 효과를 기대할 수 있다. 이 때문에 예술단체의 법인화 촉진가 적절한 운영을 위한 지도조언이 행해지고 있다.

물적(物的) 기반인 극장·공연장과 미술관·박물관 등의 시설은 예술문화활동의 거점으로서 매우 중요한 역할을 담당하고 있다. 국가(문화청)에서는 국립국장·신국립국장 외에 미술관 4관, 박물관 3관을 설치하고 있다.

'국립국장'은 아악(雅樂), 가부키(歌舞伎), 분라쿠(文樂), 방무(邦舞) 등 일본 고래의 전통적인 예능의 보존과 진흥을 위하여 1966년에 설치되었다. 대극장과 소극장을 갖고 있는 본관과 연예장(연예자료관, 東京都 千代田區), 能樂堂(시부야 구), 文樂劇場(오사카 시)으로 구성된다. '신국립극장(시부야 구)'은 오페라, 발레, 뮤지컬, 현대무용, 현대연극 등 현대무대예술의 진흥을 위한 전용극장으로서 1997년에 개장했다. 4면 무대를 갖춘 대극장과 중극장, 오픈 스테이지방식의 소극장으로 이루어진 세계최고수준이라 할 수 있는 시설이다. 국립극장은 본래부터 그 자체가 특수법인이었는데 1990년 예술문화진흥기금의 발족에 따라 '특수법인일본예술문화진흥회'가 설치됨에 의해서 명칭은 그대로 동 진흥회의 시설로 자리매김 되었다. 한편 신국립극장은 일본예술문화진흥회의 위탁에 의해 현(財) 신국립극장운영재단이 운영하고 있다.

미술관은 '동경(東京)국립근대미술관', '경도(京都)국립근대미술관', '국립서양미술관', '국립국제미술관'의 4개관이 있다.

박물관은 '동경(東京)국립박물관', '경도(京都)국립박물관', '내량(奈良)국립박물관'의 3개관이 있다.

한편 미술작품과 문화재의 보존에 관한 과학적 조사연구, 유적발굴조사 등을 위한 '동경(東京)국립문화재연구소', '내량(奈良)국립문화재연구소'가 있다.

이상의 각 국립기관들은 행정개혁에 의해 2001년 4월부터 '독립행정법인' 체제로 이행되어 '독립행정법인 국립박물관', '독립행정법인 국립미술관', '독립행정법인 국립문화재연구재단' 등에 소속 운영되고 있다.

이 밖에 '국립조용극장(國立組踊劇場)', '신국립미술전시시설(新國立美術展示施設, 내셔널 갤러리)', '구주국립박물관(九州國立博物館)'이 현재 설립 중비 중에 있다.

정보시스템에 관해서는 '문화정보종합시스템'으로 다음과 같은 4가지 시스템을 정비하고 있다.

'문화정보시스템·미술정보시스템'은 문화청, 국립박물관·미술관 및 국립문화재 연구소가 소유하는 소장품과 문화재에 관한 정보를 데이터베이스화(化)하고 인터넷을 이용하여 정보를 국내외 제공한다.

'현대무대예술정보시스템' 및 '전통예능정보시스템'은 국립극장·신국립극장이 극장에서 공연하는 것을 중심으로 무대예술 전반에 걸쳐 필요한 정보·자료를 수집·보존하고 폭넓게 제공하는 것을 목적으로 하고 있다.

'지역문화정보시스템'은 전국의 공립문화시설·예술가·예술단체의 사업개요, 지방자치단체의 문화행정 등의 정보를 데이터베이스화 하고, 문화청·지방자치단체 등과의 사이에 네트워크를 형성하려는 것이다.

또한 미디어예술에 관한 정보를 제공하는 '미디어예술프라자' 사업[재(財) 화상정보교육진흥협회(CG-ARTS협회)]이 실시되고 있는 것 이외에도 2000년도부터 무대예술공연 등을 최첨단의 디지털기술을 활용하여 보존·집적하고 활용케 하려는 '문화디지털 라이브러리'가 구축되고 있다.

② 예술활동의 장려·원조

예술활동의 장려·원조는 '정신적 지원'과 '재정적 지원'으로 나뉜다. 정신적 지원이란 예술활동 내지 사업에 후원명칭을 부여한다거나, 장려를 위한 상(賞)을 수여하는 것 등을 말한다. 이러한 시책은 그것이 강한 정신적 지주가 되어서 활동이나 사업에 의욕을 환기하고 자극을 주는 데 연계된다.

재정적 원조는 이제까지 일관해서 문화정책의 중심적인 과제였다. 이에 관해서는 '지원행정'이라는 영역을 형성하고 있어서 다음 항에서 설명한다.

③ 예술활동의 장(場) 확보

여기에는 '예술제'와 '미디어 예술제'가 있다. 어디까지나 예술가들에게는 예술활동의 장을 확보하게 하는 동시에 일반국민에게는 감상의 장을 제공한다는 이중의 기능을 하고 있다.

예술제는 1946년 이래 매년 가을에 개최되고 있다. 예술의 제전으로서 널리 일반에게 내외의 뛰어난 예술작품을 감상하는 기회를 제공하고 예술의 창조와 그 발전을 도모하며, 그에 따라 일본문화의 향상과 진흥에 기여할 것을 목적으로 하고 있다. 그리고 참가공연, 참가작품 가운데서 우수한 것을 뽑아 예술제대상, 우수상, 신인상, 방송개인상이 수여된다.

미디어예술제는 1997년도부터 시작되었다. 근년의 멀티미디어의 진전이 문화진흥·보급수단에 커다란 변화를 가져오고, 그 콘텐츠인 컴퓨터그래픽, 애니메이션, 영화 등의 미디어예술이 21세기 일본의 예술문화 전체의 활성화에 견인력이 될 것이라는 인식에 기초한다. 응모작품에 대해서는 미디어예술제 대상, 우수상이 주어진다.

④ 예술가의 육성

예술가의 육성에는 '연수제도(예술 펠로십)'과 '현창제도'가 있다. 연수제도는 직접 예술가 양성에 기여하는 것이고, 현창제도는 뛰어난 창조활동에 상을 주는 것으로서 해당 예술가에 경의를 표시하는 동시에 그 후의 창조활동에 의욕을 환기시키는(또는 후진예술가에 인센티브를 주는) 것을 도모하는 것이다.

예술가의 연수제도에는 해외연수와 국내 연수의 두 제도가 있다. 해외연수제도는 1967년도에 발족하여 각 분야에 걸친 예술가를 해외에 파견하여 전문 분야에 관한 연수기회를 제공하려는 것이다. 국내 연수제도는 1977년도부터 개시되어(1991년도부터 예술 인턴십으로 명칭 변경) 각 분야의 신진예술가에게 국내의 전문연수시설에서 연수와 개인지도를 받는 기회를 주려는 것이다. 이 제도에 의해서 일본의 예술계를 짊어지고 나갈 유능한 예술가가 배출되고 있다. 일본 예술활동의 수준과 인재양성이란ㄴ 가장 기본적인 면을 지탱하고 있는 연수제도의 의의는 매우 크다고 할 수 있다.

한편 1976년 문화청의 보조사업으로 이기회(二期會) 안에 오페라연수소가 개설되었으나 신국립극장의 개장(1977)과 함께 현재는 그 기능이 동 극장으로 인계되었다.

예술가의 현창제도에는 문화훈장, 문화공로자, 일본예술원(은사상, 일본예술원상), 문화관계자 문무대신표창, 문화관계공로자 현창, 지역문화공로자 표창, 예술선장, 예술작품상, 우수영화작품상, 창작장려상, 우수미술품 매입 등의 제도가 있다. 앞에서 언급한 예술제상과 미디어예술제상도 여기에 포함된다. 또 국가 또는 공공에 대하여 공로가 있던 사람에게 서훈이 주어지고 있어서 예술 분야도 그 대상이 되고 있다. 이와 더불어 포장제도가 있어서 특히 자수보장(紫綬褒章)은 예술관계자에게는 커다란 의의를 갖고 있다.

⑤ 예술의 국제교류

예술의 국제교류에 관해서는 종래부터 예술가·예술단체의 교류와 예술활동의 국제적인 전개의 양면에 관심을 두어왔다. 전자는 예술가·전문가의 파견·초빙 등 인물교류를 주로 하고, 후자는 무대예술 등의 국제교류에 의한 예술의 국제적 수준유지·확보 및 발신을 목적으로 한다. 국제교류를 촉진함으로써 일본 예술문화 전체의 발전과 예술문화 면에서 세계에 공헌할 것을 도모하고 있다. 문화재보호에 관한 국제협력도 활발하게 진행되고 있다.

(2) 문화의 보급

문화의 보급은 '지역문화활동의 진흥'과 '예술감상기회의 확보'로 크게 구분된다. 전자는 지역문화의 주체성·자율성의 확립에 도움을 주고, 후자는 문화의 균점이라는 목적에 따른 것이라고 할 수 있다. 문화청의 지역문화정책에서는 종래부터 예술감상기회의 확보에 관한 정책과 병행하여 공립문화회관설치에 대한 보조가 행해져 왔다.

문화회관·미술과·박물관 등 하드 면의 정비는 1980년대에 급속하게 진행되었으나 그 한편에서는 사업전개, 즉 소프트 면의 빈약함이 지적되었다. 그리하여 1990년대에 들어와서 소프트 면에 중점을 두고서 지역문화정책이 전개되고 있다.

① 지역문화 활동의 진흥

이에 관해서는 예술활동의 진흥과 마찬가지로 '기반정비', '장려·원조', '활동의 장 확보', '인재의 육성' 및 '국제교류'의 다섯 가지 기둥으로 구분된다(〈표 2〉 참조).

이 가운데 '지역 어린이 문화활동추진사업'은 문화진흥마스터플랜 속의 '지역 어린이 문화플랜'의 중핵적인 사업으로서 1999년도부터 실시된 것이다. '지역예술발신사업'은 새롭게 지역의 자랑거리가 되고 얼굴이 되는 고도의 창작활동을 전국적으로 발신하고, 다른 지역과의 상호교류를 활성화시켜 지역문화활동의 고도화를 도모하려는 것으로서 2000년도부터 개시되었다. '지역문화정보시스템'은 앞에서 설명한 대로이고, '문화마을 가꾸기 사업' 등은 다음에 설명하기로 한다.

<표 2> 문화의 보급(문화저변의 확대)

구 분		내 용
지역문화 활동의 진흥	기반의 정비	지역문화정보시스템
	장려 · 원조	• 정신적 지원: 후원 등 • 재정적 원조: 문화마을 가꾸기 사업, 아티스트 인 레지던스 사업, 지역 어린이 문화활동 추진사업, 지역예술발신사업, 예술문화진흥기금
	활동의 장(場) 확보	참가 · 발표의 장: 국민문화제, 전국고등학교종합문화제
	인재의 육성	• 양성: 각종연수회 • 현장: 지역문화공로자표창 • 국제교류: 국민문화 국제교류사업, 아티스트 인 레지던스 사업
예술감상 기회의 확보	순회공연	무대예술과의 만남 사업, 이동예술제 순회공연 · 예술체험극장(공문협)
	순회전시	국립박물관 · 미술관순회전 등

② 예술감상 기회의 확보

'무대예술과의 만남 사업'은 종래의 중학교 예술감상교실을 확대하여 1997년부터 실시된 것으로 '마음의 교육'을 추진하기 위하여 소학교, 중학교 및 고등학교의 학교현장에서 뛰어난 예술에 접하는 동시에 어린이들 자신이 참가하는 기회를 제공하는 것이다.

또 종전의 이동예술제(1967~)는 사(社)전국공립문화시설협회에 위탁되어 '이동예술제 순회공연', '예술체험극장'으로 사업이 실시되고 있다.

③ 예술문화진흥기금

1990년 예술문화 관계자들이 고대하던 '예술문화진흥기금'이 설립되었다. 정부출자금 500억 엔, 민간기부금 112억 엔 합계 612억 엔을 원자금으로 하여 그 운용익(運用益)을 가지고 각종의 예술문화활동을 지원하게 되었다. 기금의 운영모체는 일본예술문화진흥회이다. 기금의 창설에 의하여 예술문화활동은 종래에 비하여 비약적인 충실을 보게 되었다. 현재 기금에 의한 지원은 앞에서 언급한 '아트플랜 21'과 함께 예술문화활동의 지원에 있어서 수레의 두 바퀴로 가능하고 있다.

기금은 1990년도부터 사업을 개시하여 그때까지 공적지원을 국가(문화청)에만 의존했던 각조 예술문화활동은 보다 폭넓은 관점에서 지원 받을 수 있게 되었다. 지원 대상 분야는 예술창조보급활동, 지역문화진흥활동, 문화진흥보급단체활동으로 나뉘어 폭넓은 분야가 대상이 되고 있다. 1999년도의 지원금 총액은 13억 1,900만 엔이었는데 예술창조보급활동에 대한 배분이 전체의 74.5%(이 가운데 현대무대예술창조보급활동이 49.8%)를 점하고 있는바 이 분야에 대한 지원의 필요성은 기금의 지원 면에서도 나타나고 있다. 이 밖에 지역문화진흥활동은 13.6%, 문화진흥보급단체활동은 11.9%로 되어 있다.

〈표 3〉 2002(평성 14)년도 예술문화진흥기금 지원사업계획

구분	지원대상활동	2002년도 지원사업
1	예술가 및 예술단체가 행하는 예술의 창조 또는 보급을 위한 활동	예술창조 보급활동 지원
	① 현대무대예술의 공연 기타의 활동	현대무대예술 창조보급활동, 전통예능의 공개활동, 예술의 국제교류활동
	② 예술의 전시, 영상예술의 창조 기타의 활동	미술의 제작활동
	③ 선구적 또는 실험적인 공연, 전시 기타의 활동	영화의 제작활동, 선구적 · 실험적 예술창조활동
2	지역문화의 진흥을 목적으로 하는 활동	지역문화진흥활동 지원
	① 문화회관, 미술관 기타 지역의 문화시설에서 행하는 공연, 전시활동	지역문화시설공연 · 전시활동
	② 전통적 건조물군, 유적, 민속예능 기타의 문화재를 보존하거나 활용하는 활동	역사적 집락(集落) · 거리보존활용활동, 민속문화재의 보존활용활동
3	문화단체가 행하는 문화의 진흥 또는 보급을 위한 활동	문화진흥보급단체활동
	① 아마추어, 청소년, 부인 그 밖의 단체가 행하는 공연, 전시 기타의 활동	아마추어 등의 문화단체활동
	② 문화재인 공예기술 또는 문화재 보존기술의 복활(復活), 전승 기타 문화재를 보존하는 활동	전통공예기술 · 문화재보존기술의 보존전승활동

3. 문화지원에 관한 시책(지원행정)

앞에서 문화의 진흥과 보급에 관한 시책의 전체적인 모습을 살펴보았다. 이 가운데 시설의 정비는 설치자의 입장, 즉 설치자 행정으로 실시되고 있으나 그 밖의 것들은 대체적으로 지원자로서의 입장, 즉 '지원행정'으로 행해지고 있다. 여기에서는 지원행정 가운데 '예술활동의 장려·원조'의 가장 중요한 '재정적 원조'에 관한 여러 사업과 지역 문화활동의 '장려·원조' 및 '활동의 장 확보'에 관한 주요한 사업들을 살펴보기로 한다.

(1) 예술활동의 장려·원조(재정적 원조)

① 아트플랜 21

문화청은 1996년도부터 종래의 예술창조활동지원, 즉 민간예술진흥비 보조금, 일미(日美)무대예술 교류사업, 우수무대예술공연 장려사업, 예술활동 특별추진사업을 개편하여 '아트플랜 21'이라는 이름으로 재편성하여 발본적인 충실을 꾀하였다. 이것은 문화정점(＝예술)의 신장은 국가의 책무라는 것을 보다 선명히 하고 그것에 의해서 예술문화진흥기금과의 역할을 명확하게 하려는 것으로 보인다. 즉 문화청은 국제적인 시야와 전국적인 관점에서 일본의 예술문화의 수준을 높이는 동시에 문화진흥의 기반적인 시책을 추진하고, 반면 예술문화진흥기금은 국민이 예술문화에 가까워지게 하고 스스로 문화를 창조해 나갈 수 있게 국민의 문화활동을 폭 넓게 지원한다는 분담관계이다.

이를 위하여 '아트플랜 21'은 중핵적인 예술단체의 기간적(基幹的)인 활동에 대한 지원을 중심으로 예술문화의 기반정비와 그 수준향상의 역할을 담당하게 되었으며, 그 사업은 '예술창조활성화사업'과 '무대예술진흥사업'의 두 가지로 크게 구분되어 있다.

'예술창조활성화사업'은 핵심적인 사업으로서 일본예술수준을 높이는 데 직접적인 견인력이 되는 공연활동이 기대되는 예술단체에 대한 중점지원과 국제예술교류의 추진, 예술창조기반정비에 지원하는 것이다. 구체적으로는 ① 예술창조특별지원사업, ② 국제예술교류추진사업, ③ 예술창조기반정비사업의 세 가지로 나눠지는데, 특히 ①과 ②의 사업으로 일본예술의 정점을 신장하며 국제적인 전개가 이루어지기를 기대하고 있다.

'무대예술진흥사업'은 일본예술문화진흥회, 즉 예술문화진흥기금에 대한 보조금으로서 예술문화진흥기금을 통해서 일본의 무대예술수준 향상에 기여하는 우수한 공

〈표 4〉 2001(평성 13)년도 예술문화진흥기금지원금 교부현황

(단위: 건, 천 엔)

지원대상 분야		응모건수	교부건수	지원금교부액
예술창조 보급활동	현대무대예술창조보급활동	538	133	351,600
	음악	154	39	88,000
	무용	85	21	42,000
	연극	299	70	211,600
	전통예능의 공개활동	52	26	72,650
	예술의 국제·교류활동	45	19	94,200
	미술의 창조보급활동	43	25	25,850
	영화의 제작활동	65	11	170,000
	극영화	46	9	130,000
	기록영화	16	4	24,500
	애니메이션 영화	3	1	12,500
	선구적·시험적 예술창조활동	203	66	70,350
	소계	946	283	784,650
지역문화 진흥활동	지역문화시설 공연·전시활동	264	165	136,700
	문화회관 공연활동	171	107	81,000
	미술관 전시활동	93	58	55,700
	역사적 집락·거리보존활용활동	14	10	8,900
	민속문화재의 보존활용활동	30	24	20,200
	소계	308	190	165,800
문화진흥 보급단체 활동	아마추어 등의 문화단체활동	329	177	116,800
	전통공예기술·문화재보존기술의 보존전승활동	16	14	37,000
	소계	345	191	753,800
합계		1,599	673	1,104,250

연을 지원하려는 것이다.

'아트플랜 21'의 1999년도 예산총액은 45억 8,300만 엔이었다.

2001년도에는 예술창조보급활동에 7억 8,465만 엔, 지역문화진흥활동에 1억 6,580만 엔, 문화진흥보급단체활동에 1억 5,380만 엔으로 총계 11억 425만 엔이었으며, 2002년도의 예산은 예술창조보급활동에 9억 4,780만 엔이다.

그러나 기금창설 이후의 금리저하 때문에 지원액은 1991년도를 정점으로 하여 매년 감소하고 있어서 이점이 금후의 큰 과제로 되어있다. 이러한 사정으로 인하여 앞에서 말한 '아트플랜 21'의 '무대예술진흥사업'에 대한 보조금이 기금에 교부되고 있다. 1999년도에는 8억 4,800만 엔이, 2002년도에는 9억 96만 엔이 보조금으로 기금을 통해 무대예술 각 분야에 지원되고 있다.

② 예술문화지원재단협의회

1990년대에 들어와서 기업에 의한 예술문화의 지원(메세나)이 성행했다. 메세나 활동에는 다양한 형태가 있는데 그중의 하나로 기업이 재단을 설립하고 예술문화활동을 지원하는 형태가 있다. 1999년 말 현재 문화청이 소관 하는 기업에 의한 예술문화지원재단은 23개 재단을 헤아린다. 이 재단들이 '예술문화지원재단협의회(기업메세나협의회와는 별도로)'를 설립하여 상호제휴하면서 예술문화활동을 지원하고 있다.

이들 23개 재단의 1996년도 지원총액은 11억 4,000만 엔이었는데, 각 재단에서는 '아트플랜 21' 및 '예술문화진흥기금'을 염두에 두면서 이와 경합을 피하고, 때로는 이것을 보완하는 형태로 지원활동을 하고 있다.

(2) 지역문화활동의 장려·원조와 활동의 장 확보

① 문화마을 가꾸기 사업

문화청은 1996년도부터 '문화마을 가꾸기 사업'을 시작하였다. 그때까지 문화청은 지역문화진흥특별추진사업(1990), 신문화거점추진사업(1992), 지방거점도시문화추진사업(1993) 등 연차적으로 소프트 면의 지원사업을 차례로 도입해 왔다.

문화마을 가꾸기 사업은 이 가운데 진행 중에 있던 신문화거점추진사업과 지방거점도시문화추진사업을 통합하여 재편성하고 발본적인 확충을 시도하고 있는 것이다.

　문화마을 가꾸기 사업은 문화적 유산, 풍토 등을 활성화 시키면서 지역에 뿌리내린 특색 있는 예술문화를 창조함과 동시에 뛰어난 예술문화를 신변에서 감상할 수 있게 함으로써 마을 가꾸기를 지원하며 나아가서 지역으로부터 문화의 발신기지를 창조하고 지역문화의 진흥에 기여할 것을 목적으로 하고 있다.

　그 지원 대상 사업내용은 ① 새로운 예술문화의 창조활동, ② 지역문화시설을 활동거점으로 하는 우수한 예술단체의 육성, ③ 예술문화의 지역 간 교류, ④ 지역미술관 등의 기획전, ⑤ 기타 계속적이며 특색 있는 예술문화활동 등으로 되어 있다. 1999년도에는 49개 지역이 대상이었으며 그 내용도 다양하였다.

　문화마을 가꾸기 사업은 종래부터 지역에서는 인식과 노하우가 희박했던 소프트 면에 착안해서 도입된 것이다. 즉 지역에 하드 면의 정비가 거의 갖추어진 것, 문화시설의 운영에 관한 비판이 많았던 것, 최근에 부르짖고 있는 아트 매니지먼트(예술경영)가 지역문화의 진흥에 중요하다는 것, 특히 지역으로부터의 문화발신에는 소프트 면의 충실이 불가결하다는 것 등을 배경으로 하는 것이었다.

② 아티스트 인 레지던스 사업

　'아티스트 인 레지던스 사업'도 전적으로 소프트 면의 충실을 기하여 1997년도부터 시작되었다. 이것은 국내외의 예술가들이 어느 지역에 일정기간 체제하면서 창작활동과 교류를 함으로써 지역의 예술문화 향상의 계기를 마련하는 것, 일본이 국제사회에서 세계문화 창조에 적극적으로 기여할 것이 요구되는 가운데 선진적 상황에 있는 미국 등의 예술가를 초빙하는 것으로 인하여 매우 독창성 있는 예술문화의 창조를 도모함을 목적으로 하고 있다.

　대상사업 내용은 ① 국내외 초빙예술가들의 창작 및 발표활동, ② 초빙예술가에 의한 지역주민에 대상 워크숍의 실시, ③ 대상 분야는 음악·무용·연극·영화·무대예술·회화·도예·조각·사진·문예 등이다. 1999년도에는 15개 지역이 대상이었다.

　예술가에게 지역을 거점으로 창작활동과 지역주민의 지도와 공동제작에 종사하게 한 것은 1990년대에 들어오면서 몇 곳의 지방자치 단체에서 실시되기에 이른 것이었다. 그것은 예술촌이라는 명칭으로 숙박시설이나 소규모 홀, 제작공방 등의 시설군을 건설하는 예에서 보이는데, 지역에 예술문화를 정착시키기 위하여 나름대로 유효한 수단이라고 할 수 있다. '아티스트 인 레지던스 사업'은 이러한 각지의 동향을 적극화하여 지역으로부터의 문화발신에 인센티브를 주는 것으로서 큰 의미를 갖는다.

③ 지역예술발신 사업

2000년도부터 도입된 사업으로서 지역의 자랑거리가 되고, 얼굴이 되는 고도의 창작활동을 넓게 전국적으로 발신하여 다른 지역과 상호교류를 활발히 함으로써 지역문화활동의 고도화를 도모하는 것을 목적으로 하고 있다.

④ 국민문화제 및 전국고등학교종합문화제

'국민문화제'는 1986년도부터 개시되어 오늘에 이르고 있다. 그전까지 지역의 문화활동진흥에 관해서는 지방문화진흥비보조금에 의한 지원조치가 강구되어 왔었으나 지역문화활동 그 자체가 활발해졌으므로 이것을 폐지하고 그것의 전국적인 발표의 장으로서 국민문화제가 개최되기에 이른 것이다. 프로페셔널한 제전인 예술제에 반하여 아마추어의 제전으로 정착되어 매년 문화청 · 개최지(도도부현) · 관계 시정촌(市町村) 등의 공동주최로 각 현으로 돌아가면서 개최되고 있다. 국민문화제는 지역문화활동의 활성화에 기여하는 선구적인 사업으로 자리매김하고 있다. 한편 1977년도부터 고등학생을 위한 '전국고등학교종합문화제'가 매년 각 현으로 돌아가면서 개최되고 있다.

4. 1980년대의 시대인식과 예술문화정책의 상관

1980년대는 '문화의 시대', '지방의 시대', '국제화의 시대'의 세 가지 표어(키워드)가 문화행정의 추진에 큰 의미를 가져 오늘의 문화정책 전개에도 지도이념으로 기능하고 있다. 이 세 개의 표어와 앞에서 살펴본 문화의 진흥과 보급에 관한 시책의 전체적인 틀을 합쳐보면 다음과 같은 구도가 그려진다(〈그림 1〉 참조).

'문화의 시대'란 국민들 사이에서 문화의 지향(志向)이 높아진 것을 나타내는 시대상황의 총칭이라 하겠다. 문화에의 지향은 인간의 본래적이고 근원적인 욕구로부터 나온 것인 동시에 물질적 풍요의 추구로부터 정신적 풍요를 추구하는 방향으로의 전

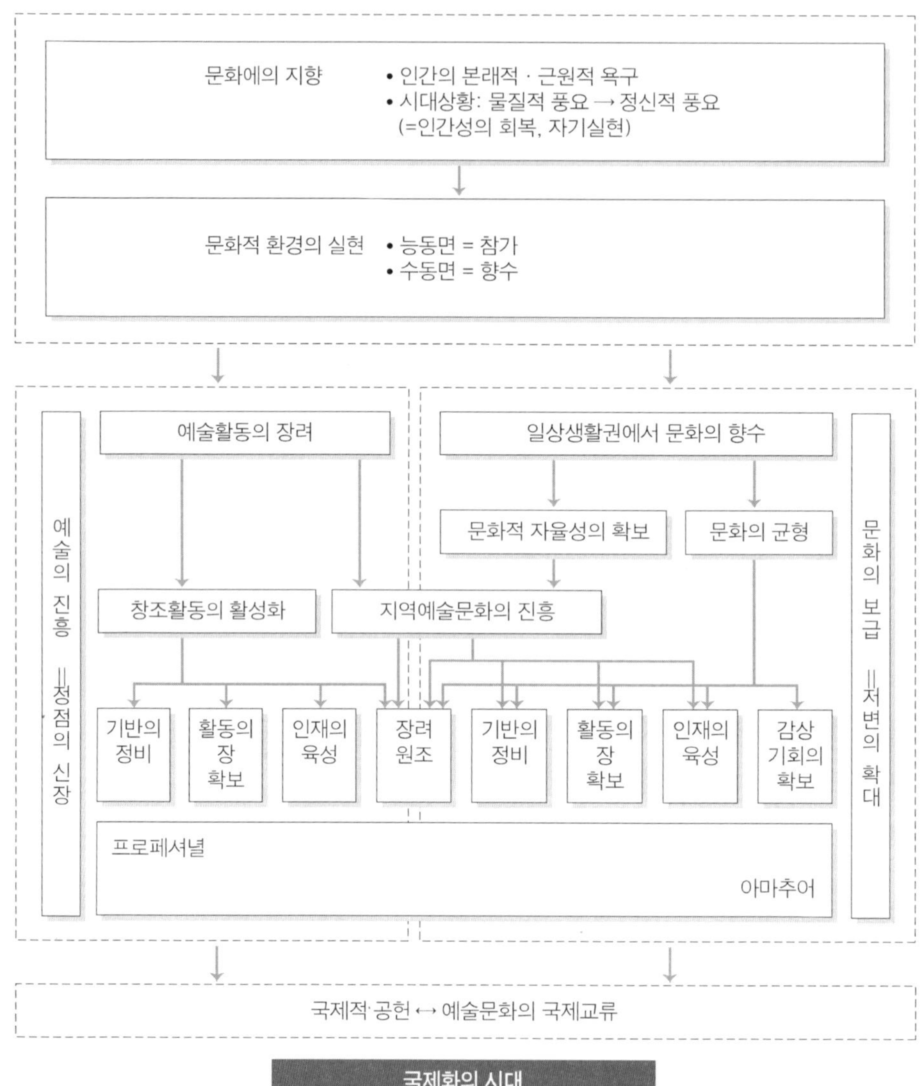

〈그림 1〉 1980년대의 시대인식과 문화정책

환을 의미하고, 인간성의 회복과 자기실현이라는 말에 집약되어 표현된다. 그것들은 다시 문화(활동)에의 참가와 그 향수를 내용으로 하는 문화적 환경이 실현되는 것을 기대하는 것에 다름이 없다. 그리하여 그러한 '문화의 시대'의 요청에 기초한 시책은 중앙 차원과 지역 차원의 두 방향으로 전개된다.

중앙 차원에서는 예술의 진흥, 즉 예술활동의 장려에 의하여 그 정점의 신장을 도모하는 것이 중점적인 과제가 된다. 그것은 창조활동을 활성화시키는 것으로서 네 가지의 구체적인 시책 —— 기반의 정비, 장려·원조(정신적·재정적 지원), 활동의 장 확보, 인재의 육성 —— 등으로 전개된다. 그 대상은 주로 프로페셔널한 예술가를 염두에 두면서도 장려·원조에 관해서는 이에 준하는 예술가군(세미프로)까지 포함된다. 또 한편 중앙 차원에서도 지역예술문화의 진흥에 직접 손을 뻗힐 필요가 있는데 그것으로는 주로 장려·원조의 방식으로 추진된다.

지역 차원에서는 '비장의 시대'가 요청하고 있는 것이 그 내용을 구성한다. 그것은 일상생활권, 즉 생활수준에서의 문화향수의 요청으로 나타난다. 시책의 전개는 2개의 방향 —— 문화적 자율성의 확보와 문화의 균점 —— 으로 향해진다. 구체적으로는 기반의 정비, 장려·원조, 활동이 장 확보, 인재의 육성에 관한 시책이 강구된다. 그 대상은 주로 국민 일반(아마추어)과 지역의 예술문화의 지도자(세미프로)가 된다. 문화의 균점에 관해서는 위의 네 가지 시책과 함께 광범한 감상기회의 확보가 추가된다. 이와 같이 지역에서는 문화의 보급, 즉 저변의 확대에 주로 초점이 모아지게 된다.

중앙 차원과 지역 차원에서 강구된 여러 시책에 의해서 전체로서의 일본예술문화의 정점이 높아지고, 저변이 넓어져 가는 것이 기대되는 것이며, 이것은 다시 '국제화의 시대' 가운데서 그것들의 성과 전체가 국제적 전개와 국제적 공헌을 향하여 표출되기를 바라고 있다는 것이다.

현재도 그 의의를 잃지 않고 있는 1980년대의 세 가지 시대의식과 현행의 예술문화정책을 관련 지우면 대개 이상과 같이 정리할 구 있다. 그러나 이것은 국가(=문화

〈표 5〉 문화청 예산의 추이

(단위: 억 엔, %)

구 분	1990	1991	1992	1993	1994	1995	1996	1997	1998	1999
문화청 예산액	432	460	496	539	596	668	750	828	819	805
전년대비 신장률	5.6	6.3	7.9	8.7	10.6	12.1	12.3	10.4	△1.1	△1.7
전년대비 신장률	0.07	0.07	0.07	0.07	0.08	0.09	0.10	0.11	0.11	0.10
그중 일반 세출에서 점하는 비율	0.12	0.12	0.13	0.14	0.15	0.16	0.17	0.18	0.18	0.19
문부성소관 일반 회계에서 점하는 비율	0.90	0.91	0.93	0.99	10.7	1.18	1.30	1.42	1.41	1.37

청)의 시책에 관한 것이고, 따라서 지역 차원에의 투영도 국가시책에 한정된 것이다. 그러므로 지역에서는 지방자치단체에 의해서 보다 폭넓고, 보다 세밀한 시책이 전개되고 있다는 것은 두말할 나위도 없는 일이다.

〈기타 일본 문화정책에서 고려할 사항〉

일본문화정책에 관하여 좀 더 살펴보아야 할 사항은 많겠지만 시간과 지면관계상 다음 기회로 미루기로 하고, 여기에서는 살펴야 할 과제만을 제시해 보기로 한다.

첫째, ① 국제문화교류, ② 평생교육과 문화, ③ 지역개발과 문화, ④ 산업경제와 문화, ⑤ 정보화 사회와 문화, ⑥ 관광과 문화, ⑦ 사회복지와 문화 등 다른 정책영역과 문화정책의 관계 및 접근성, 둘째, 지방자치단체의 문화행정, 셋째, 문화법제와 문화예산 등이다.

참고문헌

국립박물관본부사무소, 독립행정법인 국립박물관, 2002.

根木 昭,『日本の文化政策』, 勁草書房, 2001.

根木 昭 외,『文化政策槪論』, 晃洋書房, 1996.

文化廳,『我が國の文化と文化行政』, 1989.

일본예술문화진흥회, 일본예술문화진흥회요람, 2002.

4. 문화시설이 문화적인 도시(마을)를 만든다

일본의 사례를 중심으로

이종인(한국문화행정연구소장)

1. 문화시설을 둘러싼 문제제기

1980년대 후반부터 우리나라 각지에 문화시설이 계속하여 건설되었으며, 현재도 건설되고 있다. 그리고 여기에 더해서 최근에는 도시지역에서 기업의 문화시설도 증가하고 있어, 혹자는 '문화시설의 러시 시대'라는 평판도 있다.

이러한 추세 가운데서 특히 공공문화시설들을 둘러싼 몇 가지 문제점들을 살펴보기로 한다.

(1) '개점휴업' 상태라는 비판

첫째 문제점으로는 '개점휴업' 상태라는 '상자(箱子)' 비판이 있다.

① 문화시설 제아무리 많이 세워도 오늘날 문화문제는 아무것도 해결하지 못하고 있다. 세워진 시설의 실태가 그것을 증명하고 있지 않은가?

② 상자를 만드는 것만이 목적인 한, 만든 상자에서 무엇을 할 것인가를 생각하지

않는다면, 아무리 만들어도 헛일이다.

③ 쓸모없는 상자를 만드는 것보다는 다른 일을 하는 것이 좋을 듯하다.

이러한 '상자비판'의 옳고 그름을 어떻게 생각해야 하는가?

(2) 문화시설은 충분한가

둘째 문제점은 '상자비판'이 있음에도 부구하고 문화예술인 및 문화예술활동단체에서는 아직도 문화시설이 부족하다고 하고 있다.

① 연습장 하나 찾기도 힘 든다. 전용 연습장이 필요하다.
② 소리를 질러도 걱정 없는 연습장이 필요하다.
③ 도구를 쌓아둘 장소, 무대장치를 만들 장소도 필요하다.
④ 발표의 장, 교육의 장도 필요하다.
⑤ 콘서트홀, 실내악홀, 객석에서 무대 위의 얼굴이 보이는 설비 좋은 극장과 집회
　시설도 필요하다.
⑥ 어떻든 문화시설의 절대수가 부족하다.

위와 같은 상자비판은 실정을 모르는 '식자의 의견'이라는 반론에 대해서는 어떻게 생각해야 할 것인가?

(3) 문예회관의 실태

셋째의 문제점은 운영되고 있는 문화시설(특히 문예회관)의 현상적인 문제점들을 살펴야 하겠다.

① 대부분의 문예회관은 '자체사업'이라는 명목으로 1년에 몇 편의 '자체기획공연'
　을 하고 그 다음은 '대관'을 한다.
　－ 지역에 대관을 채울 만큼의 문화활동이 길러져 있지 않다면 '대관'은 무의미

하다.

- 지역문화활동을 육성하기 위한 '자체기획공연'을 개발해야 한다.
- '자체기획 프로그램' 개발을 위한 투자가 부족하다.

② 이웃도시의 문예회관과 경쟁하여 뒤지지 않으려고 좌석수를 많게 한 대홀(大 hall)은 1년에 몇 번 써먹지 못한다.

- 지나치게 넓어서 쓸 수가 없다.
- 화려한 개관행사가 끝나고 난 뒤에는 한가롭게 파리만 날리고 있다.
- 대홀을 매울 만한 전문적인 기획자가 부족하다.

③ 관장의 임명에도 문제가 많다.

- 많은 경우 퇴직을 앞둔 공무원이 임명되어 단기간에 교체된다.
- 견식도 부족하고 열정도 없는 관장이 많기 때문에 문예회관이 지역문화의 거점이 되고 있지 못하다(소수이기는 하지만 그렇지 않은 곳도 있다).
- 관장의 임용형태(2003): 자치단체장 임명 65%, 공개채용 9%(공무원 72%, 문화예술인 9%)

④ 전문직원이 부족하다

- 문예회관의 필수적인 운영인력이라 할 수 있는 기획·홍보 분야의 전문인력을 1인 이상 두고 있는 기관은 45%(1인 16%, 2인 29%), 전혀 없는 기관은 52%임.
- 문예회관의 직원 65%는 공무원의 순환보직, 13%만 별도채용

⑤ 관리 본위의 운영으로 사용하기 어렵다.

- 문예회관을 행정의 재산으로 관리하기 때문에 규칙 주의적이고, 융통성이 부족하다.

2. 지역문화시설과 지역문화진흥

(1) 문화시설의 건립목적

공공문화시설의 건립목적은 무엇인가? 행정이 문화시설을 건립하고자 할 때의 건

립계획서에는 거의 빠짐없이 "지역의 문화를 진흥하기 위하여"란 건립목적을 표방하고 있다.

그렇다면 '지역의 문화진흥'이란 무엇인가? 지역의 문화를 진흥하기 위해서는 우선 '지역문화의 형상인식', 즉 '지역문화란 무엇인가' 그것을 '어떻게 인식'하고 있는가 하는 것과 그리고 '진흥한다'란 '어떤 수단으로', '어떻게 할 것인가' 하는 것이 명확하지 않으면 안 된다.

만약 그것이 명확하지 않으면 설립계획은 단순한 작문(作文)이 되고 만다. 단순한 작문이기 때문에 '상자 비판'이 나온다.

(2) 지역문화진흥이란 '문화적인 마을을 만드는 일'

'마을이 문화적으로 된다.'는 것은 그곳에 살고 있는 사람들의 '생활양식'과 '생활환경'이 '인간다운' 것으로 바뀌는 것이다. 즉 오늘날 물질과 금전 중심의 경제지상주의적인 생활, 일만할 따름이고 여유가 없는 생활양식이 인간다운 감성을 열게 되는 것, 아름다움과 즐겁고 너그러움을 가치로 여기는 마음에 여유가 있는 생활양식으로 바뀌는 것이다. 생활환경이 쾌적성 있는 즐거운 분위기로, 아름다우면서 개성 있는 모습으로 바뀌는 것이다, 말하자면 '지역문화진흥'이란 지역의 '삶의 질'을 개선하는 것이겠다.

그렇다면 문화시설을 건립하면 저절로 마을이 문화적으로 되는 것인가? 만드는 것만으로는 안 된다. 만든 문화시설이 시민과 문화단체의 '거점(center)'이 되었을 때 비로소 마을이 문화적으로 되는 것이다.

그러기 위해서 어떻게 하는 것이 좋은 지 생각해 보자.

(3) '상자비판'의 극복

뿌리깊이 번지고 있는 '상자비판'을 극복하지 않으면 '문화시설이 문화적인 마을'을 만든다는 의미를 찾아 낼 수 없다.

상자 비판의 논거는 세 가지로 압축할 수 있다.

① 첫째는 행정의 사고방식에 대한 비판이다. 즉 행정은 문화시설을 세우는 것이 목적이고 세워진 시설을 어떻게 활용할 것인가를 생각하지 않는다는 지적이다. 구체적으로 어떻게 하는 것이 지역문화를 진흥시킬 것인가 하는 설립목적에 관해서 생각하고 있지 않다는 것이다. 그러므로 준공식이 끝나고 나면 관리위주의 '빌려주는 시설'이 되어 파리를 날리게 된다는 의미이다.

또한 무엇 때문에 세운 것인지 불분명하기 때문에 규모도 구조도 운영방법도 시민과 문화단체로서는 사용하기 불편한 시설이 되고 마는 것이다. 말하자면 '소프트가 따르지 않는 하드선행'의 행정의 사고방식을 극복해야 한다는 뜻이다.

② 둘째는 문화시설을 세우는 것보다 지역에 문화활동의 싹을 틔우는 것부터 시작해야한다는 건설자체에 대한 비판이다.

"문화시설은 돈 잡아먹는 벌레다, 건설비가 많이 든다, 매년 들어가는 경비가 많다, 세울 필요가 있는가."라는 문화시설의 불필요론이다.

듣기에 따라서는 전향적인 비판 같지만, 이 때문에 문화시설이 절대부족하게 되어 있는 것이다.

행정의 역할은 조건을 정비하는 것이기 때문에 지역에 문화활동의 싹을 틔우는 문화시설을 계획적으로 건설해나가야 한다.

③ 셋째는 이미 건설되어 운영하고 있는 문화시설의 현상에 대한 비판이다. 앞에서 살펴보았듯이 문화시설의 현상에는 문제점이 많기 때문에 이것을 극복하지 않으면 '상자비판'은 끊이지 않을 것이다.

(4) 문화시설은 아직도 부족하다

문화시설은 아직도 양적으로나 질적으로도 절대 부족한 실정이다. 앞으로 각 지역에 질 좋은 문화시설이 학교 수만큼은 확충되어야 하겠다.

① 발표장 · 연습장은 거의 없다. 진정으로 지역문화진흥을 생각한다면 우선 지역에 문화의 싹을 틔우는 '발표장', '연습장'을 마련해야 한다. 그리고 발표장이나 연습장은 본래 전용(專用)인 것이 바람직한 것이므로 이런 시설은 하나만 있으

면 된다고 생각해서는 안 된다. 아마추어나 프로나 지금 발표장 찾기, 연습장 찾기에 고심하고 있다.

② 도구창고 · 도구제작 장이 없다. 크고 작은 도구나 악기 등의 보관장이 필요하고, 도구제작 장도 필요한 실정이다(예: 무대 예술제작창 등).

③ 용도별 전문문화시설이 필요하다. 일류 최상의 예술예능을 발표하고 감상할 수 있는 문화시설(예: 오페라하우스, 콘서트홀, 실내악홀, 뮤지컬 홀, 연극공연장 등)이 필요하다. '다목적(多目的)은 무목적(無目的)이다'로부터 용도별 전문홀로, '큰 것(大 hall)은 작은 것을 겸할 수 없다'로부터 대 · 중 · 소의 전문홀로 계획적으로 정비해 나가는 것이 바람직하다.

④ 그러나 경우에 따라서는 다목적 · 복합기능의 문화시설도 필요하다. 이상적으로 말한다면 용도별 전문문화시설이 바람직하겠으나 인구 면에서나 재정 면에서 취약한 지역에서는 과도기적으로 다목적 · 복합기능의 문화시설이라도 우선 갖추어야 하겠다.

⑤ 무대예술 관련시설뿐만 아니라 박물관(향토자료관 등 포함), 도서관, 미술관, 공예관, 문학관 또는 첨단기술 미디어 아트의 시설정비도 필요하다.

⑥ 문화시설의 비용은 낭비가 아니다. 그것은 지역문화에 대한 투자이다. 그리고 그 투자효과는 시간이 걸리는 것이라는 점을 명심해야 한다. 이러한 생각을 옳다고 생각하는 행정과 시민이 많으냐, 적으냐 하는 것이 지역의 문화수준을 나타내는 바로미터이다.

(5) 극복해야 할 문화시설의 현상문제들

① 관장의 문제
- 문화시설은 관장의 견식이 무엇보다도 중요하다.
- 가급적이면 공개채용을 통하여 문화예술에 관한 식견과 경영능력이 있는 사람을 임명하는 것이 바람직하다.
- 프랑스 '문화의 집'관장은 100%공개채용하고, 임기 내에는 관장의 책임운영체제를 채택하고 있다.

② 관리·운영 규칙의 문제

- 규칙이 직원들의 신분을 지키는 방패가 되어서는 안 된다. 시설의 목적을 살리
기 위한 서비스기관으로 융통성이 필요하다.
- 개·폐관시간, 휴관일 및 대관규정, 대관료 등이 사용자의 편의를 도모해야
한다.
- 일본 군마 현 다카사키 시는 1990년 4월, 문화단체의 요청에 따라 조례를 개정
하여 직원을 한 사람 늘리고 폐관시간을 23시까지 연장하고 휴관일도 월요휴
관을 없애고 연중무휴로 바꿨다. 이것이 일본 전국으로 파급되었다.

③ 다목적 회관의 반성

다목적은 무목적으로 질의 면에서 결국은 중도파산할 수밖에 없다. 이제부터는
개성 있는 양질의 전문 홀을 계획적으로 정비해 나가야 할 것이다.

④ 대홀주의에 대한 반성

대홀은 1년 동안 몇 차례밖에 만원을 이루지 못한다. 쓸모가 적은 것이다. 문화홀
은 큰 것이 작은 것을 겸할 수 없다. 공공의 문화시설을 건립하는 의미는 흥행적 채산
을 넘어서 주민에게 양질의 문화를 향수할 수 있게 하기 위함이다.

⑤ 무대구조와 설비 및 전문 스태프

무대와 분장실 등 구조적 결함이 없어야 하겠으며, 객석과 무대가 있는 것만으로
문화홀이라 할 수 없다. 연습장·회의실·도구창고·자료실·편의시설 등의 부대설
비가 필요하고 당연히 그 곳에는 전문 스태프가 배치되어야 한다.

⑥ 운영시스템의 문제

- 최근에 와서 문화시설의 관리를 제3섹터에 위탁하는 법인시설이 늘어나고 있다.
- 행정외부로부터 견식 있는 관장을 초빙해서 자유롭고 책임 있는 운영을 위한 '위
탁'이라면, 문화화되어 있지 않은 상태의 행정직영관보다는 훨씬 좋은 일이다.
- 법인시설의 이점은 기획의 자유, 외부기관(기업·언론사 등)과의 공동주최용이,
인사관리의 안정화, 의회의 간섭배제, 수입금의 자체이용 등이 이점이 있다.

- 일본의 경우 1980년대 이후에 건설된 공공문화시설은 거의 모두 '문화진흥재단' 등의 제3섹터에 관리를 위임 했고, 최근에는 과거에 건립된 문화시설도 법인화시키고 있다.
- 문제는 관리위탁의 의도가 '경비절감'과 '적자 줄이기'에만 급급해서는 안 된다는 것이다. 즉, 입장료 상승, 대관료상승을 초래해서는 안 된다는 뜻이다.

⑦ 문화시설 주변의 환경정비

- 문화시설이 눈에 보이지 않는 문화적인 분위기를 도시(마을) 안에 뿜어내기 위해서는 환경(분위기) 조성이 중요하다.
- 문화시설이 적막한 변두리에 있어서, 구경하고 흐뭇했던 기분도 홀을 나오자마자 차가워지고 어둡고 쓸쓸한 밤길을 걷게 할 것이 아니라, 주간에는 경관이 아름답고 야간에는 가로등이 밝고 여운을 즐기며 담화를 나눌 수 있는 카페문도 열려 있는 그런 문화환경 가꾸기가 필요하다.

이상과 같은 많은 문제점 때문에 "문예회관은 사용되지 못하고 파리를 날리고 있어 이것은 시설과잉이다"라고 하는 것은 난센스다. 사용되지 않는 것은 "사용할 수 없는 '구조'와 '규모'의 시설을 세웠기 때문이고 사용하기 힘든 '관리'와 '요금'때문이다"라는 말에 귀를 기울여야 할 것이다.

3. 문화시설에 대한 관념(인식)의 전환

(1) '주체적 기본사업'의 목적의식

흔히들 주체적 문화시설(특히 문예회관과 같은)은 "1년에 몇 편의 '자체기획사업'을 하고 그 나머지는 대관을 해 주는 곳이다", 그리고 "많은 비용을 들여서 만든 시설에서 파리를 날리고 있다면 비판의 소리가 일어나기 때문에 무엇인가 사업을 하지 않으면 안 된다"는 정도로 인식하거나, 막연하게 "주민에게 낮은 요금으로 일류예술의 감상 기회를 제공하는 곳이다"라고 말하는 경우도 있다.

이러한 정도의 인식으로는 '문화시설의 주체적 기본사업'이라고 할 수 없다. 왜냐하면 그러한 사업에는 지역문화를 창조하는 목적의식이 빈약하기 때문이다.

문화시설의 '주체적 기본사업'이란 '문화시설의 설치목적 실현을 위해서 이루어지는 모든 일들의 총칭'이라고 하겠다. 문화시설의 설치목적은 '지역문화진흥', 즉 '문화적인 마을을 만드는 것'이지만 지역의 문화상황에 따라서 주체적 기본사업은 여러 가지로 다르게 나타난다. 그리고 지역의 문화상황이 변하면 주체적 기본사업도 변하지 않으면 안 된다.

문화시설의 '주체적 기본사업'에 정해진 형태는 없다. 즉 매뉴얼은 없는 것이다. 모든 것이 시행적(試行的)이라고 생각하는 것이 정답일 것이다. '문화시설은 무엇을 하는 곳인가'를 생각하면서 선진적인 문화시설의 '시험'을 거울삼아 '주체적 기본사업'을 유형화한다면 다음과 같다.

(2) '주체적 기본사업'의 유형

① 시민 스스로 문화활동을 활발하게 전개하기 위한 사업

도대체 문화시설은 무엇 때문에 세우는가? 시민의 감성을 개화하고 인간다운 감정을 기르고, 물질과 돈만이 아닌 마음에 여유가 있는 생활양식을 획득하기 위한 것이 아닌가! 그러기 위해서는 시민스스로가 문화활동을 즐기는 것이 제일이다. 문화시설은 이에 대응해서 문화단체, 학교, 기업, 마을회의 등과 제휴해서 연극제, 합창제, 음악제, 무용제, 예술주간 활동 등을 다양하게 전개해야 한다.

이것은 지역의 아마추어 문화활동이 활발해지기 위한 사업들이다. 문화시설은 이용하기를 기다리는 '빌려주는 집'이 아니고, 지역에 문화활동을 창출하는 '거점(센터)'이 되기 위해 능동적으로 시민과 문화단체들과 제휴해 나가야 한다. 이에 따라 문화시설의 구조는 '무대'와 '객석' 뿐만 아니라 앞에서 언급한 부대시설과 설비가 불가결하다. 즉, 문화시설의 관념은 '하드'와 '소프트'의 양면에서 바뀌어야 한다.

② 지역에 문화활동의 씨를 뿌리고 가꾸는 양성과 지원사업

문화시설이 지역문화의 거점이 되기 위해서는 다른 사람이 만들어낸 작품을 초청해서 보여주는 것뿐만 아니라 스스로 창조해나가야 한다.

예를 들면 연극학교(효고 현 피콜로 시어터-현립청소년 창조극장), 음악교실(미야키 현 나까니이다 마치 바흐 홀-정립홀), 연극·무용강습회(가나가와 청소년센터), 공개 피아노 레슨(이바라기 미도예술관), 각본 세미나 및 신인 오디션 발표회(가나가와 음악당) 등이다.

③ 지역의 오리지널한 문화창출사업

문화시설을 거점으로 지역의 리더와 직원들에 의한 지역문화창조의 협동사업이다. 이러한 과정 속에서 지역예술인과 직원이 성장하게 되는 사업이다.

예를 들어 후지사와(가나가와 현)의 '시민오페라', 도오노(이와테 현)의 '시민무대', 아마카사키(효오고 현)의 '지카마쓰 가부키', 이이다(나가노 현)의 '인형극 카니발', 아쓰기(가나가와)의 '음악페스티벌', 나라의 '나라마찌 동요교실' 등과 같은 지역 나름의 독창적인 문화창조 운동이다.

이러한 운동을 창출하기 위해 문화시설은 시민·문화단체와 제휴해서 기획·조직하고 회의를 열며 각본을 모집하고, 혹은 전문가에게 위촉하고, 리허설을 반복하고, 포스터를 만들고, 협찬금을 모으고, 홍보선전활동을 전개한다.

④ 프로의 예술·예능을 감상하는 사업

대도시로 나가지 않고도 가까이에서 가족과 함께 느긋한 기분으로 일류의 예술·예능을 즐기고 감동하는 장소를 마련하는 것도 문화시설의 중요한 사업의 하나임에는 틀림이 없다. 그리고 이 사업의 자체 기획사업 뿐만 아니라 고동개최나 협찬방식도 가능하다. 다만 이 사업의 경우, 지역단체나 민간시설(극장)과 경합하는 것이 아니고, 공공시설이기 때문에 '할 수 있고', '해야 할 것은 무엇인가'를 생각하지 않으면 안된다. "몇 사람이 입장했는가?"에 신경 쓰지 말고 지역아마추어 활동가들의 수준을 끌어올리기 위한 '프로와 아마의 만남의 기회'로서 기획하는 것이 바람직하다.

⑤ '문화 프로듀서' 양성 사업

'지역문화의 일꾼'을 기르는 일도 문화시설의 중요한 주체적 기본사업 중의 하나이다. 왜냐하면, 많이 문화적인 분위기를 갖기 위해서는 마을 안에 '문화·예술을 좋아하는 사람'이 늘어나야 하기 때문이다. 그것을 위해서 '사람들을 즐겁게 하는 좋은 사람'이 필요하다. 즉 지역문화의 프로듀서를 양성하는 것이 중요하다. '예술주간운영 및 세미나'개최, 또는 '무대기술(조명·음향·무대) 및 전시기술 강습회'나 '광고·선전강좌' 등을 개최하고 때로는 지역문화를 테마로 한 '연구회 및 포럼'을 개최하며, 앞서가는 지역과 교류도 하고 시찰여행도 기획할 일들이다.

그렇게 하기 위해서는 그것을 할 수 있는 '직원'이 시설 내내 육성되어 있는 않으면 안 된다. 그리고 이것은 시청이나 구청에서는 할 수 없는 현장의 문화시설에서 가능한 일이다.

(3) 문화시설은 무엇을 하는 곳인가?

다시 돌이켜 정리해보면, 문화시설은 다음과 같은 역할을 한다.

① 지역에 문화활동의 씨를 뿌리고 싹을 틔운다.
② 지역에 아마추어 문화활동의 물결을 일으키고 넓힌다.
③ 프로의 예술·예능과의 만남의 장을 만들어 수준을 끌어올린다.
④ 문화의 프로듀서를 양성한다.
⑤ 지역 나름의 문화운동을 전개하여 문화적 마을분위기를 조성한다.
⑥ 자유롭고 자주적인 시민문화활동을 활발하게 한다.

사람들의 감성이 넉넉해지고, 생활스타일이 바뀌어 마을이 문화적으로 되게끔 하는 곳이 문화시설이고 그 거점이다. 즉 문화시설은 '빌려주는 집', '구경하는 집'이 아니라 지역을 문화적인 도시(마을)가 되게 하기 위해서 능동적으로 활동하는 '주체'인 것이다.

(4) 지역 살리기(일으키기)와 박물관

'지역 살리기' 또는 '지역활성화'가 부르짖어지는 것은 지금이야말로 지역의 경제·문화가 지반침하 하여 바닥을 헤매고 있기 때문이다. 따라서 지역 살리기, 지역활성화는 새삼스럽게 새로운 일을 하고자 하는 것이 아니라, 우선 바닥을 헤매고 있는 경제·문화를 재생시키는 것이어야 한다.

우리 조상들은 각각의 마을이나 고을, 또 지역에서 오랜 역사 가운데서 때로는 성장하고 때로는 뒤떨어지기도 하면서 생활을 영위해 오면서 그 가운데서 여러 가지 지역조직과 경제의 모습을 모색하고 지역의 풍토에 적응하는 생활체계를 구축해왔다. 지역에 따라서는 그것이 고대사회일 수도 있어 각기 시대가 다르고 또 성격도 다르게 되었다. 그러나 그곳에서 지역의 특성을 근거로 한 '마을의 개성'이라고 할 수 있는 것을 구축하여 우리 지역사회를 특색지우고 그것에 의해서 수많은 경험을 겪어왔다.

지금이야말로 이러한 교훈을 살려야 할 시기이다. 따라서 우선 지역의 개성을 재인식하고 그것을 재생시키는 것이 기본이 된다고 생각된다. 그 첫 번째는 지역의 역사와 문화를 아는 것으로부터 시작되어야 한다. 우선 마을의 역사적 특성, 마을의 개성을 파악하는 것이 마을 살리기의 핵이다. 이때에 박물관이라는 것이 하나의 건물로서 존재하고 그 소에 전시된다는 형태가 아니라 마을 자체가 하나의 박물관이고 '전시'라는 생각을 할 수도 있으며, 그러한 전시방법과 그러한 박물관이 있어야 한다.

또 하나는 마을 주민 자신이 스스로 마을의 역사와 생활문화를 이해하고 완전히 자주적으로 지역 살리기를 일으켜야 한다. 마을주민의 자발적인 자료수집으로부터 이루어진 민속자료관과 같은 시설은 마을의 활성화, 지역 살리기의 상징(심벌)이고 또한 센터로서의 역할을 하게 된다. 마을주민의 자주적·자발적 마을 살리기, 즉 박물관 만들기는 새로운 유형의 시민운동이다.

박물관이라면 종래에는 낡은 것, 즉 일상으로부터 벗어난 것, 또는 현대에서는 이미 도움이 되지 않게 된 것이 진열된 장소로서의 이미지가 있었다. 그러나 지금은 그러한 시대는 아니다. 문화재라고 하면 종래의 예술문화재에 대응하여 새롭게 생활문화재라는 것이 이정되고 평가되어 그것들이 주요한 박물관자료로서 자리매김 되어오고 있다. 전국적으로 각 지역의 역사·민속자료관 등은 그러한 생활문화재를 수집·보관·전시하는 시설이다.

생활문화재를 중심으로 해서 수집·보관·전시하는 박물관 같은 자료관은 그 지역사회에 있어서의 역할을 충분히 인식하고 운영된다면 지역활성화에 아주 큰 역할을 하고 그 핵이 되는 것이다. 생활문화재라는 것은 우리 민족의 일상생활의 필요에서 기술적으로 만들어낸 신변 가까이에 있는 도구들로서 의식주·생업·통신·운반·단체생활·의례·신앙행사·오락·유희·완구 연고물과 인간생활의 모든 면에 걸친 자료들이다. 다시 말하면 사람들이 생활의 필요에서 제작·사용해 온 전승적인 기구(器具), 조형물의 일체를 말한다.

그러나 전승적인 기구, 조형물 일체라고 하더라도 '물건' 그것만이 아니라 그것들의 발생이나 변천 혹은 사용방법을 설명하는 자료, 예컨대 고고자료라든가 문서·문헌이라든가 회화자료 등을 함께 수집하여 전시해야 한다. 다시 말하자면 이름 없는 백성, 전통적으로 묵묵히 생활을 영위해온 사람들이 만들어 낸 자료를 보완하고 이해를 도울 수 있는 자료 일체를 포함하는 것이다.

백성들이 만들어낸 것은 생활의 체계로부터 최대한의 지혜를 모은 것으로 그것이 전해왔다는 것은 생활의 큰 역할을 해왔다는 의미이다. 우리는 어느 시대에나 항상 새로운 우리 문화를 만들어왔다. 몇 천 년 동안 민구(民具)의 제작에 노력을 투입한 우리 전통은 현대의 공업성립에도 기초적으로 참가하고 있었던 것이다. 이러한 자료를 체계적으로 보아나가면 그곳에는 일정한 법칙이라는 것이 있다. 그 법칙성을 이해한다면 장래의 방향도 찾아낼 수 있는 것이다. 또 아무리 기술이 진보하고 근대적 합리적인 생활태도를 취하면서도 만족되지 않는 것이 과거의 생활태도, 생활기술, 생활용구에서 찾을 수 있는 것도 적지 않다. 예컨대 아무리 우수한 근대의 제분기술을 가지고도 우리가 전통적으로 사용해온 맷돌로 빤 가루에는 그 맛이 미치지 못한다든지 한 때 부엌용품이 플라스틱이나 스테인리스 일색으로 변하여 그것이 근대적 생활인 것처럼 생각되었지만 재래식 바가지나 대(竹)나무 용구에는 그 재질성이 원래의 맛을 지니고 있다는 것이 새롭게 인식되어 이제는 백화점이나 시장에 재래의 재질에 의한 일상용품, 즉 나무, 대나무의 민구가 많이 나타나게 되고 있다. 이러한 민구들이 만들어진 곳이라면 그것이 하나의 계기가 되어 지역산업으로 까지는 못가더라도 지역의 특산물로서의 지역활성화를 위한 하나의 도움이 도리 수도 있을 것이다.

요컨대 지역의 박물관은 자기인식의 마당이라는 것이다. 즉 지역의 역사와 그곳에서 삶을 이끌어온 조상들이 만들어낸 문화를 이해하고 그것으로부터 지역적 특성을 찾고 장래의 전망을 생각하는 싱크 탱크로서의 역할을 하게 되는 것이다.

지역 살리기의 핵으로서 박물관을 생각하고 구성·전시한다면 다른 지역에서 찾아오는 방문객은 우선 박물관을 방문하고 그곳에서 그 땅의 특성과 문화를 알고자 한다. 그러게 되면 그곳은 사람과 사람의 교류장, 지역과 지역의 교류의 장이 된다. 이러한 것은 정보교환의 장이 되는 것이다.

박물관이란 수장고와 전시장을 갖는 건물만이 박물관은 아니다. 지역 전체를 박물관으로 보면서 구성할 필요도 있고, 지역 전체를 대상으로 정비할 수도 있다. 특히 박물관이란 사회교육기관으로서 시민을 교육하는 장은 아니고, 시민·지역주민이 스스로 느끼는 장이다. 즉 무엇인가 자극을 주는 장, 도전하는 장으로 생각해야 한다.

4. 문화가 보이는 마을(일본의 사례)

문화시설이 문화적인 마을을 만드는 '거점'이 되기 위해서는 어떻게 하는 것이 좋은 가를 찾기 위해서 일본의 사례를 몇 가지 살펴보기로 한다.

(1) 미도예술관

이바라키 현 미도(水戶) 시 ── 인구 23만 명(1990년 당시) ── 에서 1990년에 개관된 '미도예술관'은 일본에서 '행정이 관리하는 시설'로부터 '시민과 문화단체의 거점'으로 시도한 첫 케이스라 한다. 시 자치단체의 예산(100억 엔)으로 건축된 이 시설의 관리와 운영은 '미도문화진흥재단'을 설립해서 매년 시 예산의 1%를 거출하여 운영을 맡기고 있으며 시당국은 '돈은 대지만 말은 하지 않는다'는 입장을 내세우고 있다.

관장직을 예술전문가에게 위촉하고 예술총감독제(초대, 스스키 다케시)를 도입했으며 그 밑에 음악·연극·무용·미술 등의 전용시설을 마련하고 각 장르마다 예술 감독을 두고 그 에게 프로그램 기획의 전권을 위임하고 있다.

1975년에 발의되어 10여 년의 준비기간을 거쳐 1986년에 착공, 1990년에 준공된 '미도예술관'은 그것 자체가 민주주의의 소산이라는 점을 자랑하고 있다. 그리고 '미도예술관'은 지역사회의 예술문화진흥에 기여한다는 차원을 넘어서, "범일본적 예술 표현의 거점"으로서 역할하기를 지향하고 있다. 이러한 지향은 미도 시와 연고가 없는 유명예술가들로 하여금 각 분야의 감독을 맡게 한 사실로서도 나타나고 있다.

(2) 효고현립 피콜로 시어터: '연극학교'

'피콜로 시어터'는 효고 현 아마가사키 시(인구 53만)에 있는 '현립청소년창조극장'

의 애칭이다. '피콜로(piccolo)'란 악기 중에서 가장 작은 플루트보다 한 옥타브 높은 소리를 내는 것으로부터 이름 붙여진 것인데, 젊은이들의 사랑을 받는 연극·음악의 탐구 장소라는 뜻을 갖고 있다 한다.

이 시설은 기획으로부터 건설에 이르기까지 지역의 청소년 문화위원회가 참여했던 청소년 문화회관인데 1978년 준공과 함께 재단법인 '효고현문화협회'가 위탁 운영하고 있다. 청소년들을 위한 연극 전용시설로서뿐만 아니라 설계와 시설이 잘된 극장으로 주목 받고 있다.

지하 1층, 지상 4층, 연건평 5.247m², 부지면적 5.330m², 건평 4.418m²로서 대·중·소홀을 갖고 있다. 대홀은 객석 396석, 면적 329m²(무대면적 648m²로 객석의 2배 면적으로 서구식 본격무대로 공연자 우선으로 설계)이다. 중홀은 객석 200석(이동식) 무대면적 225m²로 연극·음악·무용공연 및 연습장, 소홀은 객석 100석(이동식)으로 주로 음악연주·발표회장으로 이용된다. 그 밖에도 분장실 8개, 욕실 2개, 연습실 3개, 전시실, 자료실, 낏차실(36석)이 있다.

주요기획 사업으로는 우수공연예술 초청감상회(프로와 아마추어의 가교역할), 공연예술 실기 지도교실(1년 과정의 야간 연극학교 운영), 문화 세미나 등이 있으며, 다양한 프로그램으로 홀 전체의 이용률이 연간 92%에 이른다. 특히 주목할 것은 이 극장은 '보는 것으로부터 실연하는 것'을 목표로 '실기교실'이 있어 젊은이들로 하여금 조명·음향기기를 조작하거나 무대연기 등의 무대기술교실은 전국적으로 유명하다.

그러나 이 극장이 처음부터 순풍에 돛단배처럼 용이하지는 않았다. 입지조건이나 지명도가 낮은데다가 흔히 있는 공민관 정도의 인식 가운데 홀은 텅텅 비기가 일수였다. 초대 관장으로 스카우트된 야마네 씨는 오랫동안 오사카 마이니치 홀의 업무2과장 자리에서 그 경력과 실적을 인정받아 관장으로 초빙된 것이다. 그는 고심 끝에 본인의 과거인맥을 동원하여 극장을 홍보하기 위해 '명사초청 문화세미나'를 무료로 개최하면서 젊은이들을 끌어들이기 시작했던 것이다.

(3) 나카니이다마치 '바흐 홀': 밭 가운데 음악의 샘

1981년 2월 일본 도오후쿠 지방의 작은 시골마을에 세계적인 '바흐 홀'이 개관되면서 화제가 되었다. '바흐 홀'은 미야키 현 가미 군 나카니이다마치에 있는 '나카니이다마치 문화회관'의 애칭이다. 이 홀의 개관은 '지방문화의 이념과 현실'이라는 면에서 건설을 주도했던 정장(町長) 모도마 준타로라는 이름과 더불어 관심의 대상으로 부각되었다.

젊은 정장 모도마 씨는(1981년 당시 41세) '지방으로부터의 문화'를 주장하면서 '자손에게 문화를 남기기 위하여' 1977년부터 문화회관에 관한 조사연구를 시작하고 자료를 수집하며 기본구상을 세우기 시작했다. 그 당시 이 지역에는 이미 스포츠공원이나 종합체육관은 세웠으나 합창단이나 오케스트라 연주회장은 없었기 때문에 '바흐 홀'을 세우기로 한 것이었다.

'바흐'라는 명칭을 생각했던 것은 천편일률적으로 '○○문화회관'이다, '○○시민회관'이다라는 것은 무엇 하는 회관인지 성격을 알 수 없기 때문에 '바흐'의 이름을 붙여서 '음악홀'이라는 것을 나타내고 클래식음악을 지역문화진흥의 한 기둥으로 삼기로 한 것이었다. 그리고 베토벤과는 달리 바로크시대의 연주형식처럼 작은 편성의 실내악에 가장 알맞은 홀이라는 것을 부각시키기로 한다.

즉 '바흐 홀'이라는 명칭은 이 지역사회의 문화풍토조성의 방향성을 제시하고 우수한 음악을 귀중히 여기는 마을이라는 신호를 주민과 전국에 발신하는 것이라 하겠다. 모도마 정장은 "지금은 아직 음악의 싹은 작지만, 20, 30년이 지나면 예컨대 바흐나 베토벤과 같은 음악을 사랑하는 사람들이 많이 살게 되는 마을이 되고 싶다"고 말했다.

이 홀의 건설과정도 하나의 문화로서 많은 것을 시사해 주고 있다.

① 건설 전문 위원회 설치
기획담당직원의 연구·지도를 위한 전문가, 도시계획·건축가 교수 2인, 음악관계 교수 2인, 작곡가 1인, 지역인 5인, 기술관계 음향 1인, 무대기구 전문가 등으로부터 의견수렴

② 건설위원회
정의회(町議會), 문화협회, 교육위원회, 문화단체, 상공회, 농업단체 등 주민의 각 분야에서 선출, 전문위원회의 정리안건을 토의케 하였다.

그리고 위원들을 유럽에 시찰시키기도 하였다. 회의를 자주 열어 위원들과 전문 위원들의 충분한 토론을 꾀한 것도 하나의 문화과정이었다(2년간).

③ 합의된 골자

- 부지: 도시계획과 관리비를 배려하여 학교·공민관·체육관의 인접지역으로 한다.
- 목적: 주민의 발표회가 음악에 관한 것이 많기 때문에 음악문화의 전통을 기르기 위하여 가장 조건이 까다로운 콘서트홀을 주목적으로 한다. 다만 건축적 연구를 통하여 연극과 같은 음악 이외의 이용에도 대응할 수 있게 한다.
- 객석수: 주민 1만 5,000(상권인구 5만) 인구의 이용 빈도를 고려하여 600석(실제 660석) 전후로 하고 중학생 관람회를 가능케 하기 위해 800석까지 증석할 수 있을 것
- 잔향시간: 음악에서 최적 잔향시간을 얻게 할 것(실제 1~2초 이내, 일본 제일의 음향 효과)
- 자료실: 음악 등의 문화계몽, 교육을 위한 자료실 설치, 서적, 악보, 레코드 등 비치
- 리허설 룸: 일상적인 연습과 분장실로 이용하기 충분한 여유 있는 면적을 확보할 것 등이었다.

④ 건설비

- 비품 포함 7억 5,000만 엔(공사비 6억 250만 엔), 국가·현 보조 1억 3,000만 엔, 나머지 6억 2,000만 엔은 정(町)부담으로 나타났다. 이에 따라 계획단계에서 의회나 주민의 일부가 강한 반대의견을 냈다.
- 문화시설보다 생활환경을 개선하라/예산이 많이 드니 축소하라/파이프오르간은 나중에 설치하라/무엇 때문에 음악홀이냐? 차라리 스포츠시설을 세워라 등 문화거부운동이 있어났다.

위와 같은 반대운동에 대하여 정장(町長) 이하 건설위원회의 정(町)의회 주력 멤버들이 이해와 설득, 홍보로 4년 만에 개관하게 되었다.

⑤ 시설개요

건축연면적 2.344m^2, 철골 철근 콘크리트 4층(일부 5층) 건물, 냉난방시설 설치, 음향적으로는 잔향가변벽, 차음장치를 설치하여 잔향시간은 최대 2초, 실내악홀을 목표로 하고 660석, 파이프오르간 설치, 리허설 룸, 분장실, 자료실 설치, 홀의 음향에 관해서 분장실들 사이에서 당시로서는 "일본에서 최고의 레벨"이라는 찬사를 받음. 스타인웨이 등 그랜드피아노 4대, 독일제 챔발로, 전자 오르간 등 상비

⑥ 바흐 홀의 특징

이 시설의 기본계획이 확정되기 까지 여러 가지 의견이 있었지만 그중 제일 문제가 되는 것은 콘서트홀을 목적으로 좁히는 것이었다. 연극 서클의 대표도 있었고 가요 쇼에도 쓸 수 있게 해 달라는 요망도 있었다. 그러나 이제까지의 다목적홀은 결과적으로 무엇이나 할 수 있으나 어느 것도 최적하지는 않다는 것과 객석수가 많으면 주민의 발표장으로는 쓰기 어렵다는 점을 설득시키는 일이었다고 한다.

그리고 콘서트홀로서의 특징을 살리기 위해 파이프오르간을 도입하고 '음향'을 가장 중요시해서 이곳에 실내악과 오르간 연주에 최적의 홀을 만든다는 생각에서 대규모 무대설비를 필요로 하는 가부키, 오페라, 발레, 대 오케스트라의 공연은 인접하고 있는 고가와시나 센다이 시에 맡기는 방향으로 역할 분담한 것이다.

이 홀의 최대 특징은 잔향 가변벽에 의하여 잔향시간을 2초~1초로 변화시켜 소리의 울림을 해소한 것이다. 1981년 6월에 이 홀에서 공연했던 동독의 '게반트하우스 바흐 오케스트라'의 음악 감독 게르하르트 보세는 귀국 후 "아무리 어려운 요구라도 만족시키는 음향효과를 지니고 있다. 실내악에는 이상적"이라고 절찬하는 편지를 보내왔다.

⑦ 낙성식에서의 감격!

1981년 2월 낙성식은 감격의 한마당이었다. 낙성식에서 이곳 주민인 사도 자매(언니는 맹인)의 2대의 피아노 연주는 박수를 받았고, 기념행사로 '듀크 에이세스와 함께', '동북 민요제', 'NHK실내악', '아사노(지역출신)피아노 리사이틀', 미야키 필하모닉 오케스트라의 '베토벤 No.9' 등이 계속되었다. No.9 연주회는 지역합창단과 아쿠다가와의 지휘로 화제가 되어 '바흐 홀'의 존재를 일약 클로즈업시킨 연주회였다. 개관을 기

다리는 사람들의 믿기지 않는 긴 행렬, 9개월간 연습해온 200명의 지역주민 합창단원의 긴장, 그리고 아쿠다가와 씨의 힘 있는 지휘에 의해서 〈환희의 노래〉는 청중을 압도했다. 감격한 청중으로 홀 안이 숙연해지고 합창단원의 눈에는 눈물이 고였다.

개관 이후에는 '게반트하우스 바흐 오케스트라', '동북대 남성합창단과 지역합창단의 조인트콘서트', '도쿄 플루트 앙상블 아카데미' 등 일본 국내외 악단의 연주가 계속되고 있다.

(4) 보잘것없는 산골마을에서 '세계연극제': 연극마을

도쿄에서 기차와 버스로 8시간 정도, 도야마 현 산골자기에 도가무라라고 하는 인구 1,250명의 한적한 마을이 있다. 이곳에서 1982년 7월 24일~8월 7일까지 일본에서 처음으로 세계연극제가 열려 기간 중에 도회지로부터 젊은 관객이 몰려와 일약 '과밀'한 마을이 되었다. 이름 하여 '도가 페스티벌 1982'라는 연극제로 대성공을 거둔바 있었다.

'도가촌'은 남북으로 좁고 긴 지형을 하고 있고 두 개의 강이 흐르기 때문에 마을개발에 장애가 되고 있는 곳이다. 당시까지만 해도 '갓쇼쓰구리'의 민가가 띄엄띄엄 있을 뿐인 그야말로 '보잘것없는' 마을이었다.

이런 마을에서 '세계 연극제'란 아무도 믿을 수 없었던 쾌거였다. 그것은 '와세다소극장'과의 만남이 계기가 되었던 것이다. 와세다소극장을 이끌고 있는 스스키 다케시 씨가 도쿄 와세다의 극장 계약임차만료를 계기로 새로운 무대를 '도가촌'에 마련하고서부터다. 스스키 씨는 '전위극의 기수', '부조리연극의 기수'라고 불리는 일본의 대표적인 연출가의 한사람이다. 그는 "도쿄사람들은 도쿄에만 문화가 있다고 생각하는 것은 아닌가? 도쿄도 차츰 '도쿄지방'의 시대가 아닌가."라고 생각하면서 1975년에 '도가촌'에 보존되어 온 '갓쇼쓰구리'의 민가에 눈을 돌려 촌 당국과 협의하여 한 채의 '갓쇼쓰구리' 민가를 빌리게 된다.

스스키 씨는 빌린 민가를 개조하여 '도가산방'이라고 이름 붙이고 6년 동안을 계속해서 매년 여름 와세다 소극장의 대표작 〈트로이의 여자〉 등을 공연하였다. 이 공연에는 편도 8시간이 걸리는 도쿄로부터, 그리고 교토로부터 3,000명의 팬들이 달려

왔던 것이다.

① 한산한 마을이 '연극마을'로

연극공연 덕분에 여름의 3, 4일은 마을에 활기가 가득차고 민박이 들어차고 임시 마을버스가 달리고 농협버스까지 동원되는 야단을 떨어야 했다. '도가촌'에는 젊은 사람은 많지 않으나 청년단에서 연극놀이를 시작하고, 개중에는 정말로 와세다소극장에 들어가고 싶어 하는 청년도 있었다고 한다. 공연 전날에는 마을 사람들은 무료로 와세다소극장의 무대를 볼 수 있었기 때문에 〈트로이의 여자〉 같은 것을 보는 와중에 자극을 받았던 것이었다. 이 자극은 단순히 청년들에게 국한된 것은 아니었다. 마을 당국까지 크게 자극을 받아 마을과 현과 극장이 협력해서 홀을 만들고 숙박·연수시설을 세웠다. 마을예산의 5%에 해당하는 7,000만 엔의 비용을 투자하기로 했을 때, 일부에서는 "지나친 것이 아니냐?"는 소리가 있었지만 '연극마을'을 세우고자 하는 결의가 굳어서 마을의회는 이것을 통과시켰던 것이다.

② 세계연극제

이런 시설들이 갖추어지자 스스키 씨의 꿈도 부풀어졌던 모양이다. 그는 1980년부터 세계연극제를 구상했다고 한다. 일본에는 현대극의 교류장이 없는데 다행이 '도가촌'에는 마을로부터 기부 받은 극장도 있고 숙박시설도 있으니 가능하리라고 믿었던 것이다. 그래서 희랍의 야외극장을 모방하나 야외무대를 설치(7,000만 엔을 기채하여) 하는 한편 1982년 4월에는 '국제무대연극연구소'라는 재단법인을 설립하고 스스로 이사장이 되어 '제1회 세계연극제'를 주최·개막한 것이다.

7월 24일 개막 첫날부터 실내극장인 '도가산방'과 야외극장에서 구미, 인도 등 세계 각국과 일본 국내의 일류극단(특히 전위극)들이 공연함으로써 참가극단들과 일반 관객들에게 새로운 경험과 만남과 교류의 마당을 제공하였다는 평가다. 규모가 작은 것이 흠이었지만 시작치고는 대성공이었다.

③ 모두의 협력으로 이루어낸 세계연극제

연극제에 즈음하여 마을 당국의 준비도 대단했다. 마을 사무소 안에 실행위원회를 설치하고 1,000만 엔의 예산을 들여 국제무대예술연구소에 전면 협력했다. 임시진

료소, 경찰관파출소, 식당설치 등…. 이런 비용은 약 500명을 수용할 수 있는 민박 시설이 상시 만원을 이루어 이쪽으로 지불된 수입으로 대체되었을 것이다. 당국과 주민이 모두 협력했다.

④ 연극제의 효과

금전적인 효과를 차지하고도 다음과 같은 파급효과를 가져왔다는 평가다.
- '도가촌'이 전국으로 널리 알려졌다.
- 산골시골에서 세계 각국의 사람들과 접하고 국제적 시야가 넓어졌다.
- 도로·환경이 정비되었다.
- 인구가 5,000~6,000명으로 늘어나서 마을에 활기가 생겼다.

(5) 나라마치 음성관: 동요마을 가꾸기

나라 시가지의 동쪽을 차지하는 48.3헥타르의 지역을 '나라 시 도시경관형성지구'로 지정하고 이곳을 '나라마치'라고 명명하고 있는데 이곳에 '나라 시 온쇼칸'이 있다.

일본에서 처음인 '동요의 집' 음성관은 음악의 부처인 음성보살의 이름을 따서 붙인 이름이다. 음성관은 동요의 발굴과 정보·발신기지로서 노래 소리에 의한 사람 가꾸기와 마을 가꾸기를 목적으로 하는 집이다. 1994년 10월에 나라 시가 설립하고 관리·운영은 재단법인 '나라마치진흥재단'이 맡고 있다.

부지면적은 1,326m², 건평 1,194m²로, 2층의 철골조로 되어 있으며, 연 간 7만 명이 입관할 수 있다. 내부시설은 플레이 룸, 개인 레슨실, 자료실, 홀, 화실(和室), 회의실 등이 있는데, 특히 개인 레슨실과 일부 플레이 룸은 내부에서는 밖이 안보이고 밖에서는 내부가 보이는 유리로 되어 있어 부모들이 밖에서 아이들의 행동을 볼 수 있게 하고 있다.

주요사업 및 활동을 보면 다음과 같다.

① 나라마치 동요교실
- 유·유아로부터 노인세대까지 폭넓은 세대가 참가하여 지역(야마토)의 동요놀이나 문화를 전수하며, 계절에 따른 동요를 부르거나 '나라의 큰부처님' 등 나

라문화를 전하는 동요를 부르며 논다.

- 실버 합창 클래스(제1금요일), 엄마와 함께 클래스(매주 목), 유아 클래스(매주 목),
초등학생 클래스(매주 수), 만남의 시간(제3목), 공기놀이 모임(제2금) 등
- 차 마시기 입문, 크리스마스 모임, 만남(어린이와 노인)의 시간, 나라마치 동요탐
험대, 나라마치 동요페스티벌 등의 행사가 있다.

② 나라마치 소년소녀 합창단

초등학교 1학년~고등학교 3학년생까지의 밝은 노랫소리는 지역의 동요로부터
재즈까지 폭넓은 레퍼토리로 듣는 사람의 마음을 따뜻하게 한다. 또한 지역의 산촌을
탐방하여 동요를 발굴·교류·계승·보급하는 활동에도 적극 참여한다. 그리고 노래
를 통한 국제교류, 지역교류, 장애자와의 만남콘서트 등에도 의욕적이다. 이 밖에도
지역의 각종 행사나 기념식에도 초대되어 공연을 하며, 매주 토요일에 연습한다.

③ 료벤스기

지역에 전해오는 전설(민화)을 소재로 한 창작뮤지컬 〈니가쓰도 료벤스기〉를 공연
하는 시민참가극단 이다. 이 뮤지컬은 1997년에 제작·초연한 이후 2003년 3월 현재
30회의 공연을 했다. 단원은 시민가운데서 일반 공모에 의해서 뽑는다. 이 극단은 뮤
지컬 이외에 많은 공연에 참여한다.

이 음성관에는 직원 10명 중 8명이 음악을 전공한 스태프로서 '노래에 의한 마을
가꾸기'를 지원하며 음악의 지도·기획·연주에 임하고 있었다.

(6) 키시와다 시 '시립문화홀'

오사키의 키시와다 시립문화홀도 운영을 시민에게 위탁함으로써 시민의 문화활
동이 활발해져서 시민문화가 꽃피우기를 도모하고 있다.

시민과 문화단체는 ① 시의 문화사업과 회관의 운영수탁, ② 시 문화기금의 창설,
③ 예술문화정보의 수집, ④ 예술문화의 국제교류를 추진하기 위해 '시민문화사업협
회'를 창설, 운영하고 있다.

1990년 4월 '협회'는 문화회관 개관 5주년 기념 및 협회결성 3주년 기념사업으로 뮤지컬 '흙과 물의 전설'을 기획·제작 발표했다. 3시간짜리 대작으로 입장료 2,000엔으로 두 번 공연하는 성공을 거두었다. 이 작품의 제작에 250명이 참여했다. 시나리오 제작으로부터 작곡, 연출, 그리고 제작비 마련까지 스스로들 해냈다. 제작비는 250만 엔, 연극·합창·민요(춤)·노오·발레·재즈댄스·일본무용·시낭송 등의 장르가 하나의 작품을 통하여 교류했다.

이와 같이 키시와다라에서는 아마추어인 시민문화단체의 여러 가지 문화활동이 발전하는 가운데 독자적인 재정활동으로 문화사업이 전개되고 있다. 특히 '시민콘서트협회'의 활동은 지역문화의 생산과 보급을 지향하는 시민문화사업의 귀중한 실천단체라 할 수 있다.

(7) 다카사키 콘서트 홀: 음악이 있는 고장

군마 현 다카사키 시는 '군마교향악단'의 이름과 더불어 '음악이 있는 고장'의 이미지가 높다. 이곳은 40년 전에 문화시설 건설을 희망하는 시민의 모금운동이 일어나서 시(市)가 이에 응해 당시 시 예산의 1/3을 투입하여 일본에서 처음의 본격적인 콘서트 홀(2,200석)을 건설하여 오늘에 이르고 있기 때문이다.

현재는 '군향(군마교향악단)'을 지원하는 시민의 모임이 조직되어 있고, 1990년도에는 전용 연습홀이 건설되어 시민과 행정과 악단이 일체가 되어 '음악이 있는 고장, 다카사키 마을 가꾸기'를 추진하고 있다.

(8) 후지사와 시 시민문화회관: 시민 오페라

가나가와 현 후지사와 시의 시민문화회관은 소위 다목적 회관이다. 그러나 이 회관을 거점으로 시내에 거주하고 있는 음악가·문화단체·회관직원의 3자가 스크램을 짜서 시민오페라를 결성하고 정착시켜서 "오페라가 있는 문화도시"의 분위기를 마을 속으로 넓혀놓았다.

(9) 이이다시의 인형극 카니발

나가노 현 이이다 시는 사과나무 가로수로 유명하지만, 그것과 더불어 시민·연극인·행정이 일체가 되어 매년 나름대로의 '인형극 카니발'을 개최하고 '인형극 전용홀'을 만들고 '국제 인형극제'를 성공시켜 "인형극 도시"의 이미지를 굳히고 있다. 우리나라의 춘천시와 비슷하다.

(10) 기타 몇 가지 사례

① 이와태 현 도오노 시는 '도오노 이야기'를 주제로 시민이 참가하는 '시민의 무대'를 만들어 감동을 나누고 있다.
② 이시키와 현 가나사와 시는 시민·기업·행정이 문화재단을 설립해서 '실내악 가나사와 앙상블'을 편성하고 전용연습장을 만들어 '전통문화마을'의 이미지에 더해서 '현대문화의 도시' 이미지를 창출하고 있다.
③ 도쿄 구로다구는 신일본교향악단과 구문화회관이 계약을 맺고, '음악마을 가꾸기'를 추진하여 악단과 구민 쌍방에 이익이 기대되는 전례 없는 공공문화회관의 존립방법을 택하여 주목을 받았다.

5. 나가는 말: 문화시설이 문화적인 마을 만들기의 거점이 되는 조건

앞에서 살펴본 바와 같이 '문화마을 만들기'에 공통적인 점은 문화시설을 거점으로 하여 주민과 문화단체와 행정 간에 새로운 관계가 일어나고 있다는 것이다. 그런 곳에서는 이제까지와 같은 권위적이고 형식적인 행정(관리)과는 다른 새로운 질의 변화가 일어나고 있고 또 시민과 문화단체 쪽에서도 지금까지와 다른 움직임이 일어나고 있다는 것이다. 이러한 근거에서 문화시설이 마을을 문화적으로 바꾸는 거점이 되기 위한 조건을 제기해 보고자 한다.

첫째는 문화시설의 행정 내 위치가 바뀌어야 한다. 이제까지는 공공문화시설은 이른바 행정의 '말단시설'이었다. 사업과 예산은 '본청의 본과'에서 결정하고 그 지시와 예산 영달에 종속되어 있었다. 그러나 마을 만들기는 시민과 문화단체인 주체가 직접 연계 되어 있는 현장의 문화시설에서 어떤 사업을 어느 정도로 어떤 방법으로 해야 할 것인지를 결정하는 것이 최상의 방법이다. 본청(행정)의 역할을 그것을 사무적으로 뒷받침하는 것이다. 문화시설이 단순히 '말단의 시설'이 아니라 '정책을 결정하는 현장'으로 변해야 한다.

둘째는 시민과 문화단체와 문화시설의 관계가 바뀌어야 한다. 이제까지의 문화시설은 '행정의 재산'이어서 문화시설과 시민·문화단체와의 관계는 '사용을 허가하고 허가받는 관계'였고 문화시설이 주최하는 문화사업은 시민·문화단체가 '행정의 서비스를 수익하는' 관계였다.

마을 만들기의 주체는 그곳에 살고 있는 시민이고, 문화단체들이다. 행정은 마을 만들기의 사무국으로서 족하다. 그러므로 문화시설은 재산으로 관리되는 건물에서 문화적인 마을 만드는 시민과 문화단체의 행정거점(center)으로 변해야 한다. 거점이 된다는 것은 문화시설을 어떻게 운영할 것인가를 시민과 문화단체와 문화시설의 직원이 협동으로 결정하는 것이다. 협동의 관계로 변하는 것이 제2의 조건이다.

셋째의 조건은 사람의 문제이다. 문화시설의 운영도 사람에 따라 전혀 다르다. 문화시설이 '거점'으로 운영되기 위해서는 매일 매일 전례가 없는 새로운 창조적인 활동이 요구된다. 문화시설에 의욕과 정렬이 있는 전문적인 직원이 있으면 시민·문화단체와 협동해서 문화시설이 거점이 되기 위한 연구, 노력이 계속 될 것이다. 선진적인 문화시설에는 반드시 감성이 풍부하고 정열적이며 문화예술에 대한 식견이 풍부한 직원이 있는 것을 볼 수 있다.

그러나 현재의 행정은 2~3년이면 로테이션으로 인사 이동시키고 만다. 모든 직원을 일반 행정직원으로 육성할 필요는 없다. 요즈음은 전문가를 양성하는 쪽이 행정의 질을 높이는 것일 터인데 말이다!

한편으로는 인재가 자라날 수 있는 여건을 만들지 않으면 안 된다. 이미 문화기획, 아트 매니저 강좌, 문화 프로듀서 세미나, 문화행정강좌 교실 등이 실시되고 있다. 이런 곳에서 재교육받기도 하고, 이런 곳을 다니거나 졸업한 사람을 인턴이나 계약제 또는 직원으로 활용하라!

사람이 자라고, 사람을 기르는 것이 시설을 거점으로 바꾸는 기본이다. 문화시설은 행정의 재산이어서는 안 된다. 문화시설은 시민이 인간다운 감성을 개화시켜서 스스로 생활스타일을 변화시키는 '시민문화의 거점'이어야 한다. 문화시설이 '시민문화의 거점'이 될 때 그 마을, 그 도시가 문화적인 마을, 도시로 바뀔 수 있는 것이다.

5. 21세기 문화시설의 존재방식[*]

일본 다자와고 예술촌 극장 '와라비좌'의 예

이종인(한국문화행정연구소장)

1. 문화시설의 건전경영을 생각하며

우리나라와 마찬가지로 일본에서도 심각한 재정위기에 직면한 가운데 공공문화시설의 경상경비 부담경감이 지방자치단체의 긴급한 행정과제가 되고 있다. 1980년대부터 90년대에 걸쳐 일본 전국에 건립된 공공홀(hall)도 결코 그 예외는 아니다. 그것들은 '홀'이라는 단일 경영자원만 가지고 있는 단품경영(單品經營)의 사업형태를 생각해 보아도 경제환경에 크게 좌우되는 경영체질을 공공홀이 가지고 있다는 것은 의심의 여지가 없다. 민간극장의 경우도 사정의 같다고 하겠다.

그러나 '홀' 경영은 항공회사나 스포츠클럽과 마찬가지로 만석이거나 아니거나 그것에 소요되는 경비가 크게 변하지 않는 전형적인 '장치형 산업'이다. 더욱이 극소에서 행해지는 무대예술의 창조활동은 그 자체가 합리화되기 곤란한 '노동집약형 산업'이어서 홀 · 극장 산업은 이중삼중의 경영적인 제약을 떠안고 있는 것이다.

---

[*]　　이 글은 『지역에 사는 극장』(地域に 生きる 劇場: 200년, 団協出版部)이라는 책 가운데서 에이 키세이(紀生) · 모토스기 쇼조(本杉省三)가 쓴 "한 극단이 만들어 경영하는 3만 평의 시어터 파크: 작은 마을의 커다란 시도, 다자와고 예술촌"을 축약번역한 것임을 밝혀둔다.

이러한 제약을 전제로 안정적이면서 지속적인 창조환경의 유지와 극장 전체의 건전경영을 담보하기 위해서는 경영자원을 어떻게 다양화할 것인가, 동시에 그것들을 어떻게 조직화해서 움직여 나갈 것인가 라는 고도의 매니지먼트 능력이 당사자들에게 요구된다는 것은 말할 것도 없다.

구미의 극장이 놀랄 만큼 큰 레스토랑 스페이스를 갖고 있다거나 현관로비를 이용한 이벤트를 개최하고 있는 것은 그것 때문인 것이다. 다양한 경영자원을 어떻게 조직적으로 활용하여 보다 많은 사람들을 극장으로 오게끔 하느냐, 그리고 어떻게 그곳에서 소비행동을 일으키게 하느냐, 그것을 위해서 얼마만큼 매력적인 공간연출을 꾀하느냐, 또는 구매행동을 야기할 만한 상품을 개발하느냐, 사람들의 욕구에 맞는 메뉴구성을 어떻게 짜느냐, 이런 것들을 생각하는 것이 '장치산업'과 '노동집약형 산업'이 질고로부터 벗어나 결과적으로 예술창조 환경을 갖춘다는 극장경영의 이치를 그들은 잘 알고 있기 때문일 것이다.

돌이켜 보면, 일본의 홀·극장은 민간, 공공을 불문하고 그 경영자원은 '홀' 부분밖에 없다. 전형적인 단품경영형태인 것이다. 무대예술을 보려고 오는 사람만을 상대하고 있어서 그것으로부터의 수익만이 경영기반이라는 취약한 체질을 갖고 있는 것이다. 공공홀에 있는 레스토랑을 임대하여 업자에게 경영을 맡기는 것이 일반적이고, 민간극장에도 작은 커피숍이나 스탠드바가 있는 경우라 할지라도 그곳에서 수익을 올릴만한 스페이스는 아니며, 그러한 경영 의도는 느껴지지 않는다. 결국은 일본의 홀·극장은 자치단체로부터의 후원금이나 기업의 원조금으로 경영되고 있는 것에 지나지 않는다.

홀·극장을 경영논적 관점에서 검증할 수 있는 일본 유일의 극장경영모델이라 할 수 있는 사례가 아키다 현에 있다. 그들 스스로가 '복합적문화사업체'라고 부르는 '다자와고 예술촌'이 그곳이다.

2. 이념과 도전

실제로 방문해보기 전까지는 어떤 곳인지 상상이 되지 않았다고 하는 것이 정직한 말이다. 그리고 그 곳에서 본 첫 인상은 정말로 놀라움의 연속이었다. 극장을 중심으로 실로 각양각색의 기능과 시설이 갖추어져 있다. 마치 하나의 마을을 형성하고 있었다. 그것이 민간의 한 극단이 도후쿠(東北)의 산촌에 이주하여 반세기, 밭 한가운데에 극장을 세우고 1/4세기, 끈질기게 활동해 온 증거이다.

연극은 무대예술이며, 이익을 낳기 어려운 순수한 문화창조활동이라는 주장이 다수를 차지하고 있는 가운데, 자립한 경영을 이루고 있는 모습은 눈을 둥글게 만든다. 극단·극장이 하나의 사업체로 활동하고 있다는 것을 처음으로 목격하고 즐거웠다. 건물을 필요에 따라 그때그때 증설해왔으므로 시설면의 계획성에는 통일감을 주지는 못하지만 공적지원을 받지도 않고 이제까지 쌓아온 노력, 그 인고의 세월을 생각하지 않을 수 없었다.

1951년 도쿄에서 히라다로(原太駅)에 의해 탄생한 극단 '와라비좌(わらび座)'는 2년 뒤에는 민요와 민속무용의 보고인 아키다 현 다자와고마치(秋田縣 田澤湖町, 인구 1만 3,000명)로 그 활동 근거를 옮겨와서 일본전국을 순회한다는 공연형태는 좋게 말하자면 다자와고마치를 발신지로 하는 창조행위였겠으나, 현지 주민들에게는 극단원의 생활은 지역과는 관계없는 외래자에 지나지 않았을 것이다. 연극을 통해 각지의 사람들과 교류를 발전시켜 연극을 사랑하는 사람들과 단원들이 언제라도 모여 즐기는 장소를 만들자는 마음에 하나가 되었다. 민중자신에 의한 자립한 극장을 세우겠다는 이 상주의적이라고 할 수 있는 의지가 전국규모의 각종 지원으로 인하여 현실로 나타나게 되었던 것이다.

3. '문화+관광'의 사업화 시도

그러나 극장을 세우고, 그곳에서 아무리 좋은 것을 만들어 내도 그것만으로 관객이 오는 것은 아니라는 것은 자명했었다. 그래서 극장을 세운 다음해(1975)에는 호텔을 세워 관객을 밖으로부터 적극적으로 불러들이기를 생각했다. 이에 따라 전국에서 와라비좌 팬들이 언제라도 쉽게 모일 수 있는 '와라비좌의 마을'이 실현되었다.

수학여행상도 점점 늘어나서 연간 80공연 정도가 상연되기까지 성장했다. 이러는 사이에 주변농가의 협력을 얻어 농사체험을 실시하기도 하고 스키교실을 추진하는 등 지역과의 연계도 깊어지게 되었다. 이것은 흙에 피부를 접촉할 기회가 없는 도회지의 젊은이들에게는 귀중한 체험이 될 뿐만 아니라, 극단과 지역이 교류하고 관계를 구체화하는 데에도 좋은 윤활유가 되었을 것이다.

한편 예술·문화·교육을 기반으로 한 연극활동만으로는 단원의 생활기반이나 지역과의 교류가 발전하기 어렵다고 생각해서 레저·리조트·관광을 고려한 새로운 사업·시설 조성을 시작하고자 하는 전환점이 된 것이 1992년의 온천시설 '유뽀뽀(ゆぽぽ)'의 개장이었다. 관광·여유·위안이라는, 언뜻 보기에 예술·문화·교육과는 상반되는 활동을 포함해서 종합적인 사업을 전개한다는 것은 문화적 의식이 강한 극단 경영에서는 매우 커다란 결단이었을지도 모른다. 공공시설이 항상 교육성을 내세우고, 민간극단이 예술성·문화성을 추구해 온 것에 반하여, 민간의, 그것도 지방극단이 이것을 이룩했다는 것에 주목하지 않으면 안 될 것이다. 아무도 생각하지 못한 밭 한가운데에 극장을 계획했다는 것이 오히려 천연 새로운 에너지와 지혜를 낳게 되었다고 말할 수 있다.

종래부터 있었던 극장·연습장을 중심으로 하는 무대예술의 창조·제공, 그 감상 기회를 보증하기 위한 숙박시설, 그리고 민속예능에 관한 조사·연구 및 자료수집과 같은 예술·문화활동에 더해서 온천과 레스토랑 시설도 갖추게 됨으로써 다양한 즐거움과 여유를 생활할 수 있는 종합적인 사업을 전개하기에 이르고 있는 것이다.

4. 놀라운 시설군

아키다 현 가쿠노다테 역(角館)에서 자동차로 8분 정도 거리에 있는 '다자와고 예술촌'은 약 3만 평의 부지를 갖는 거대한 '시어터 파크형'의 창조형 시설군이다.

동일 작품을 연간 250회 전후 롱런하는 650석의 '와라비(わらび) 극장'을 중심으로 호텔, 온천시설, 맥주공장과 레스토랑을 비롯한 숙박·음식·매점, 예술촌 브랜드의 가구와 각종 제품을 개발하는 한편, 크래프트 체험을 한다. 삼림 공예관과 크래프트 공방, 현지에서 채집된 화석관, 통산성의 '멀티미디어 콘텐츠 제작사업'이 채택된 디지털 아트 팩토리(민족무용을 데이터베이스화하여 3차원 디지털 무보제작), 아키다 현 인가의 '재단법인민족예술연구소(민요를 데이터베이스화하여 보존활용)', 그밖에도 4개 동의 연습장(그중 1개 동은 합동연습장과 방음시설을 갖춘 21실의 개인 연습실이 있다)과 배우를 위한 훈련장,

대도구·소도구·의상·금속가공의 제작장 등이 줄 서 있다.

또 예술촌 직원을 위한 거주시설, 식당, 매점, 간호원이 상주하는 진료소와 치과병원을 병설한 의료센터, 긴 공연여행에 대비한 보육시설(와라비관) 등의 복리후생시설도 부지 내에 있다. 참으로 놀랄만한 시설내용과 경영자원의 다양화이다.

5. 롱런 공연의 실현

필자가 놀란 것은 영업노력이다. 동일 작품의 롱런화를 와라비 극장이 성립시켰다는 것이다. 예컨대, 1997년과 1998년의 2년간에 걸쳐 후쿠다(福田善之)의 작·연출인 〈능희〉(能姬)를 486회 롱런하여 11만 5,000명의 관객을 동원하고 있다. 1999년 4월 24일부터 2000년 2월 27일까지 〈산신님(山神)이 보낸 것〉(작·연출: 菊池淮)을 230회 상연하여 8만 5,000명의 동원을 목표로 했다고 한다.

이 와라비 극장이 준공된 것은 1974년도로써, 건설비 약 6억 엔은 전국의 와라비 좌 팬으로부터의 선의의 기부와 3년 거치 연리 3%의 '1구좌 1만 엔 대부금'과 극장의 좌석 하나를 사는 형태의 '1만 엔 의자기금'에 의해서 이루어졌다고 한다. 와라비 극장의 의자에는 지금도 의자기금에 응했던 사람들의 이름이 적혀있다. 그 당사자가 와라비 극장에서 관극할 경우 그 자리가 그들의 지정석이 된다는 것이다.

이 극장이 '롱런 공연장'이 된 것은 극히 최근인 1995년부터이다. 그전까지는 '실험극장'이라는 위치에서 인근지역과의 유대관계를 형성하기 위한 봄과 여름의 '와라비제(わらび祭)'와 겨울의 '와라비정월(わらび正月)'에 도합 9스테이지 상연하는 정도였고, 그 외에는 순회공연을 위한 무대연습이나 도구창고, 수학여행생 대상으로 워크숍 발표회장으로 이용되었다고 한다. 아까운 일이었다고 해도 별 수 없었을 때였다. 아직 제휴할 수 있는 다른 경영자원도 부족한 시대였다. 또한 그 이전에 창립자인 하라다로의 극단운영의 방침 전황이 아직 충분히 경영 면에는 반영되지 않았을 것으로 생각되기도 한다.

와라비좌(무대 스태프 20명, 배우 90명) 본체로서 그만한 롱런공연을 성립시키고 그밖에도 4~5팀이 전국순회공연 활동을 하고 있다. 그러나 와라비극장의 롱런공연에는 연간 8만 명을 동원하지 않으면 임금을 지불할 수 없다. 극단 활동 정체로서의 수입은 통상 연 약 13억 엔으로 인건비 비율은 70% 이상이라고 한다. 창조단체의 건전경영의 최초목표인 인건비 비율 40%대 전반에는 아직도 먼 숫자이다.

6. 창조를 뒷받침하는 다양한 경영자원

그러나 그 창조활동을 밑에서 받쳐주고 있는 것이 통상 연간 14억 엔이라는 다른 경영자원으로부터의 수입이다. 그 수입이 다자와고 예술촌의 건전경영에 크게 기여하고 있다는 것은 의심의 여지가 없을 것이다. 따라서 '장치형 산업으로서의 와라비극장'과 '노동집약형 산업으로서의 와라비좌'가 갖는 숙명적인 고질을 다른 경영자원과 제휴시킴으로써 극복하는 이 자립형경영수법은 민간이나 공공을 불문하고 일본의 홀·극장산업이 크게 본받아야 하리라고 말할 수 있다.

예컨대 다자와고 예술촌에는 호텔, 식당, 스낵, 맥주레스토랑 등 접객스페이스가 시설 전체에 약 720석 있다. 이곳에서 서비스되는 식사는 약 25만식(食)에 달한다고 한다. 손님 한 사람 당 2,000엔을 잡더라도 연간 5억 엔의 매상이 된다. 요리의 평판이 나쁘면 조리책임자를 새로 고용하는 등 극단의 여기(余技)로서 접객 스페이스를 경영하지 않는 것이 놀라운 일이다. 구미의 극장에서도 접객담당 매니저나 디렉터가 조직 안에 있어서 최고경영회의에 참석하여 엄한 메뉴체크를 받는다. 필자가 다자와고 예술촌의 숙박시설에서 요리를 먹어본 일이 있었는데 일류장인의 솜씨를 느끼게 하는 맛과 내용이었다.

어림잡아서 다른 시설이용자를 추계해보면, 연간 약 5만 명의 숙박객, 약 4만 명의 맥주동(楝) 이용자, 약 10만 명의 온천 이용자, 그리고 약 7만 명의 각종 워크숍 참가자 등이다. 또 와라비극장의 공연이나 예술촌에 관한 상품개발과 판매도 '삼림공예관'과 '크래프트 공방'을 중심으로 이루어지고 있다. 이런 것들의 수입에 의해서 예술촌 전체로서는 인건비 비율이 약30%로 압축되고 있다. 경영책임자의 말에 의하면 연간 30억 엔을 매상해서 인건비 비율을 25%까지 떨어뜨리고 싶다고 하지만 현시점에서도 충분히 성공사례이다.

7. 지역사회와의 관계형성

한편, 등잔기름 값 정도를 건져보겠다는 동기에서 판 온천과 이에 부수하는 식당 시설이 다자와고 예술촌에 극적인 변화를 주었다고 한다. 다자와고 예술촌의 존재가 주변지역주민의 생활의 일보가 된 것이다. 식당은 각종 축하행사와 신년·망년회에 빈번히 사용되기에 이르고, 온천은 지역주민에게는 대폭할인제도를 베풀어 지역사회의 휴식공간이 되고 있다. 지역주민과의 관계를 말한다면, 앞에서 이야기한 의료시설이 지역의 고령자에 개방되고 있다는 점도 특기할만한 일이다. 읍내까지 나가려면 아무래도 가족의 손을 빌리지 않을 수 없는 고령자에게는 예술촌 안에 있는 의료시설을 손쉽게 이용할 수 있다는 것은 매우 도움이 될 것이라는 것은 생각하지 어렵지 않을 일이다.

또한 고용 면에서도 지역사회와의 관계형성은 충분히 이루어지고 있다. 다자와고 예술촌의 시설근무자 약 340명 가운데 약 45%가 현지인 고용이고, 이 지역에서 출생한 극단 2세라 불리는 극단원을 포함하면 약 60%에 가깝다고 한다. 근린정촌(町村)에서는 최대의 고용을 발생하고 있는 일대산업이다. 과소지역(過疎地域)에서의 고용발생만으로도 평가받을 만하다. 당연한 일이지만 현지의 경제파급효과도 적지 않다는 의미에서도 다자와고 예술촌은 '극장형 산업'의 좋은 사례이다.

이 밖에도 지역사회와의 관계형성의 프로그램으로서는 현지기업의 협찬에 의한 불꽃놀이대회를 포함하는 '섬머 페스티벌', '와라비정월' 등이 있어 다자와고 예술촌을 지역으로 개방하는 것으로 인하여 보다 밀접한 유대관계를 형성하려는 그들의 경영방침이 그곳에서도 이해된다.

8. 21세기 극장시설의 존재방법

그들 자신이 '복합적 문화사업체'라고 부르는 이 다자와고 예술촌의 경영방법을 예술창조단체의 본분에서 벗어나고 있다고 비판하는 사람들도 있을 것이다. 그렇다면 '장치형 산업으로서의 극장'과 '노동집약형 산업으로서의 무대예술'을 어떤 방법으로 계속적, 그리고 안정적으로 경영해 나가면 좋은가 하는 것을 반문하고 싶다. 그 점에 관해서 지나치게 무관심하고, 그리고 무계획적이었기 때문에 민간에서나 공공 부문에서 무모한 홀·극장이 난립하고 있지는 않은지? 또는 창조환경의 열악함을 예술의 무상성(無償性)을 빙자하여 예술창조행위를 성역화 하는 잘못을 범해온 것은 아닌지? 반성할 필요가 있지 않은가.

다자와고 예술촌과 같은 경영자원의 다원화와 조직화는 구미의, 특히 지역극장에서는 당연한 일로 여긴다. 현재와 같은 '변화의 시대'에서는 공공홀뿐만 아니라 사회 전체에 발상의 전환이 강하게 요구되고 있다.

다자와고 예술촌의 모습을 보면서, 홀·극장도, 창조단체도, 자치체에서 파견된 직원이나, 극작가나 연출가나 배우에 의해서가 아니라, 매니지먼트나 마케팅의 전문가를 중심으로 해서 경영되는 시기에 와있지 않나하는 생각을 갖게 한다. 야구장이 '스타디움'이 아니라 '볼 파크'인 것 같이 극장도 '홀'이 아니라 '시어터 파크'적인 발상으로 경영되는 시대적 필연이 지금 우리 앞에 와 있다고 생각해야 한다. 무엇인가 상연하지 않을 때는 문을 닫아버리는 종래의 홀·극장이 경영위기에 빠지는 것은 당연한 귀결인 것이다. 다자와고 예술촌을 특수한 사례로 보는 한, 홀·극장이나 예술창조단체의 관계자는 우물 안 개구리마냥 종래의 상황에서 벗어난다는 것은 결코 불가능할 것이다.

6. 옛것과 새것이 조화를 이루어 나가는 '가나자와'
전통과 창조, 보존과 개발의 사례

이종인(한국문화행정연구소장)

1. 가나자와의 어제와 오늘

가나자와는 사계절의 변화를 느낄 수 있는 곳, 거리의 곳곳에 자연이 남아 있는 곳, 옛 거리 풍경과 새로운 거리 풍경이 공존하고 있는 곳, 먹거리가 맛있는 곳 등등 여러 가지로 표현되는 곳이다. 처음 방문한 필자도 이러한 거리의 매력을 오랜 시간이 아니어도 곧 느낄 수 있었다. 도시 전체가 마치 이러한 표현들을 체감시켜주는 박물관 같은 느낌을 받았던 것이다.

가나자와 시는 일본열도의 거의 중간 부분에 위치한 이시가와 현(石川縣)의 현청소재지로 동해에 면하고 있다. 남쪽은 일본 3대명 산의 하나인 백산白山연봉을 뒤로하고, 도시 양쪽으로 사이강과 아사노 강이 동해로 흐르고 있으며, 시내 곳곳에 깨끗한 생활용수가 흐르고, 일본 삼명원(三名園)의 하나인 겐로꾸엔(兼六園)과 가나자와 성문을 비롯한 옛 거리 풍경과 문화재 등이 남아 있다.

가나자와는 무사계급이 지배하던 에도시대의 약 280년 동안(1583~1868)에 걸쳐 이루어진 가가(加賀, 옛 가나자와 지방의 지명)백만 석의 성하마을로서 도쿄·오사카·교토 다음으로 번성했던 마을이었다. 가가백만석의 세력을 우려한 에도막부가 엄격히 감시했기 때문에 가가번주(가가지방의 영주 · 前田집안)는 무력으로 대응하지 않고 공예를 장려하고 미술품 수집 등 문예진흥에 주력하는 한편, 교육과 학문에 힘써서 많은 서적을 모았기 때문에 천하서 부로서도 유명했다. 명치유신으로 무사계급의 지배가 종식(1869)되고 난 뒤 제2차 세계대전(1939~1945) 때에도 전쟁의 피해를 입지 않았기 때문에 오늘까지도 옛 모습이 그대로 남아 있는 혜택 받은 도시이다.

현재의 가나자와 시는 면적이 467.77km², 인구가 45만 7,600명이고, 교외에 몇 개의 베드타운이 형성되어 있어 주간 인구는 50만 명에 달하고 있다. 산업 구조는 1차 산업 2%, 2차 산업 25%, 3차 산업 73%로 구성되어 있다. 시가지는 가나자와 역을 중심으로 동쪽은 전통적인 마을 모습을 지금도 간직하고 있는 곳이 많으며, 번화가 · 상점 등으로 이루어져 있고, 서쪽으로 가나자와 항구에 이르는 지역은 대규모 상업 지역으로 개박되고 있다. 도시 조성의 기본 원칙에도 보존과 개발의 조화를 지향하고 있다.

2. 가나자와 세계도시 구상

가나자와 시장 야마데 다모츠(出保) 씨는 2006 가나자와시세 요람의 발간사에서 "가나자와 시는 물과 숲의 자연이 풍부한 도시로서 역사와 전통의 혜택을 받아 학술과 문화를 육성해왔다. 여기에 더해서 활력과 개성이 충만한 '세계도시 가나자와'의 창조를 향하여 노력해 나가겠다. 그리고 시민 한 사람 한 사람의 행복을 위해 윤택함과 평안한 시민생활을 보다 풍요롭게 하기 위하여 시민본위에 의한 도시 만들기에 매진하겠다."고 말하고 있다. 여기에서 찾아볼 수 있는 것은 가나자와 시의 기본적인 도시정책의 지향은 '가나자와 세계도시 구상'의 개요를 살피면서 문화정책이 어떤 비중으로 포함되고 있는지 살피기로 한다.

가나자와 시는 1964년 이래 5차에 걸친 장기구상 · 계획을 책정하고, 또한 1985년에는 '시민주체, 풍부한 인간환경의 구축, 국제적 문화산업도시'를 확고한 기본 이념으로 한 '가나자와 시 기본구상'을 정하고, 이것을 지침으로 가나자와 특유의 독특한 도시골격과 문화전통을 유지하면서 시민생활의 향상과 도시기능의 충실한 발전을 추구하는 데 노력해 왔었다. 그러나 거대한 전환의 시대를 앞두고, 1984년에 책정했던

'21세기 가나자와의 미래상'에 대신할 새로운 구상의 필요성을 인식하고 '가나자와 시 문화간담회'의 제언을 받아 이것을 기초로 해서 이제까지 책정해왔던 여러 가지 구상들의 통합정리를 꾀하였다. 그러면서 새로운 장기 구상의 골격초안을 정리하여 '타운미팅', '시민포럼', 각종단체와 간담회를 개최하는 등 폭넓은 시민의견과 제언을 듣고 반영하여 1995년 12월에 '가나자와 세계 문화도시 구상'을 책정하기에 이른 것이다.

이 구상은 국제화·정보화·고령화의 급속한 진전, 또한 지구적 규모의 환경문제, 지방분권 등의 커다란 시대 변화를 맞이하여 새로운 관점과 발상으로 앞으로의 가나자와 시의 종합적인 마치즈쿠리(まちづくり, 도시개발, 마을 만들기)의 지침으로 정리한 것이다. 여기에서 말하는 '세계도시'란 스스로의 존재를 세계에 주장할 수 있는 도시, 스스로의 존재를 세계를 향하여 어필할 수 있는 도시를 말한다. 가나자와는 역사의 흐름을 소중히 여기고, 가나자와의 개성이라고 할 수 있는 학술·문화, 전통환경, 지역산업 그리고 자연과 복지와 커뮤니티의 토양을 갈고 닦음으로써 작지만 세계 속에서 독특한 빛을 발하는 도시를 지향하고 있는 것이다. 즉, 가나자와의 자랑스러운 귀중한 개성을 유지·발전시키고, 도시기반에 충실을 기하며, 윤택한 시민생활을 한층 더 풍요롭게 하고, 내외 도시와의 협력을 진전시켜 이것들에 의해 스스로의 역사에 책임을 지는 동시에 세계적 당면 과제에 적극적으로 대처해 나가는 것을 의미하기도 한다.

이 구상의 기본 주제는 첫째, 세계 속에서 독특한 빛을 발하는 도시 만들기, 둘째, 시민 한 사람 한 사람의 행복을 추구하는 도시 만들기이다. 세계도시의 조건으로는 ① 안전할 것, ② 아름다울 것, ③ 활력이 있을 것, ④ 세계로 열려 있을 것, ⑤ 개성 적일 것, ⑥ 지적 자극이 있을 것, ⑦ 살기 편할 것을 들고 있다. 그리고 전제로 구상인구로 상주인구 57만 명, 주간인구 62만 명을 상정했고, 토지 이용은 '보전과 개발의 조화'를 기본으로 지역 특성에 따른 토지 이용을 추진하는 것으로 구상하고 있다.

첫째는 높은 차원의 도시기능 정비로써 교통체계, 고도 정보 통신 체계, 도심축의 형성, 도심지구의 정비, 재해에 강한 도시 만들기 등이 이 부문에 속한다. 둘째는 자연과 역사를 소중히 여기는 개성 살리기인데 이 부문에는 자연과 역사를 소중히 여기는 개성 살리기인데 이 부문에는 자연과의 공생, 역사와의 만남, 매력 있는 경관의 형성, 전통문화의 고양, 학술과의 연계, 신문화의 창조, 자발·미래형성산업의 육성, 국제·권역교류의 확대 등이 포함되고 있다. 셋째 부문은 넉넉한 인간환경 구축인데 여기에는 복지사회의 실현, 커뮤니티의 재생, 미래를 담당할 사람 만들기, 살기 좋은 환경 만들기, 인권존중과 남녀공동참여형의 사회실현 등으로 구성되어 있다.

문화예술과 관련된 정책 내용은 주로 '개성 살리기' 부문에 집중되어 있으나 그 밖의 부문에도 여러 항목에 포함되어 있어서 '가나자와 세계도시 구상'에서 차지하는 문화정책의 비중이 매우 높은 것을 알 수 있었다.

3. 가나자와 시의 문화정책

위에서 살펴본 '가나자와 세계도시 구상'에 포함되어 있는 문화정책의 주요 내용들을 좀 더 구체적으로 살펴보기로 한다.

(1) 역사와의 만남

성 아랫마을로 거리가 형성되면서 400년 동안 전쟁의 피해를 입지 않았다는 역사를 소중히 한 마치즈쿠리(まちづくり)를 추진하는 '역사와의 만남' 사업으로,

① 역사문화 심벌구역 정비
켄로쿠엔 주변을 역사, 전통, 문화가 숨 쉬는 심벌구역으로 정비한다.

② 역사적 거리풍경의 보전
— 무사나 일반서민의 주택, 찻집거리, 사원군 등의 옛 거리 풍경을 전통 환경으로 보전한다. 이를 위하여 '가나자와 시 옛 거리 풍경 보존조례'를 제정하고, 현재 시 지정 보전구역이 10개 구역이 있고, 이 밖에 '국가지정 중요 전통적 건조물군 보존지구'인 '히가시(東) 찻집거리(일명 'Eastern Geisha District')', '니시(西) 찻집거리', '나가마치(長町) 사무라이 집거리' 등이 보존지구로 되어 있다.
— 역사의 길 재생(역사의 축선이라고 할 수 있는 북국가도, 금석가도 등의 정비)
— '음경(音景)', '향경(香景)'이 있는 마치즈쿠리

③ 역사문화 마을의 창출

중요한 역사적 건조물을 보존하는 '역사문화의 마을'정비

(2) 전통문화의 고양

시민생활 속에서 숨 쉬고 있는 전통문화를 계승·발전시켜 문화도시 가나자와의
참모습을 보여줄 수 있는 '전통문화의 고양'은 그 후계자 양성에 주안점을 둔다.

① 전통공예의 계승·발전
  － 공예박물관 유치 및 설치, 공방군의 정비
  － 젊은 공예가의 확보·육성(가나자와 우다치야마 공예공방 등 운영·지원)

② 전통문화·예능의 계승·발전
  － 연습·발표·교류의 기회창출과 회관 등의 정비(노가쿠(能樂), 호가쿠, 가나자와 스바
    야시 등)
  － 전통예능과 현대 예술의 융합(호가쿠 콘서트와 현대연극의 공연)

③ 민족예능의 보존
  사자춤, 북춤, 봉오도리 축제 등의 보존

④ 생활문화의 재발견
  목수, 석공, 미장, 기와 등 직인의 기술·기능을 보존·계승하는 직인대학교 설립
운영

⑤ 문화유산의 보존·수집
  － 존경각문고 등 가나자와 관련 귀중한 문화유산보존
  － 고문서관, 매장문화재조사 센터의 설치·운영 등.

(3) 신문화의 창조

가나자와의 문화를 한층 더 깊이와 폭을 넓히기 위하여 새로운 문화활동을 육성
하여 전통문화와 신문화가 공존하는 문화도시 가나자와를 세계에 발신하는 '신문화
의 창조' 산업이 있다.

① 새로운 문화의 창조
- 연극, 음악 등 새로운 장르의 활동 전개(오케스트라 앙상블 가나자와 등)
- 문학작품의 연극 · 연상화 등

② 창작환경의 정비
- 창작 · 연습 · 발표의 장으로서 가나자와 시민 예술촌 설치 · 운영
- 창작활동을 지원하는 신문화창생기금 창설('가나자와 예술창조재단'설치, 시민 예술촌
  등 8개 기관 지원)

③ 새로운 문화의 발신
국제적인 영화제, 무대예술제, 컴퓨터예술제, 음악 콩쿠르 개최 등

(4) 국제교류의 확대

널리 세계로 눈을 돌려 교류를 적극적으로 전개하여 세계도시로서의 지위를 높이
기 위한 '국제교류의 확대' 사업으로는

① 자매도시와의 교류
현재 가나자와 시는 세계의 7개국 7개 도시와 자매결연을 맺고 활발한 교류활동
을 전개하고 있다. 자매도시는 미국의 버팔로(1962), 러시아의 이르쿠츠쿠(1967), 브라
질의 포르토 · 알레그레(1967), 벨지움의 겐트(1971), 프랑스의 낭시(1973), 중국의 쓰주
우(1981), 한국의 전주(2002) 등이다.

② 컨벤션의 진흥

국제 페스티벌 개최, 국제적 회의 · 견본시 · 이벤트 유치 등

(5) 매력 있는 경관의 형성

가나자와의 매력이라고 할 수 있는 전통환경을 지키고 다듬어, 보존과 개발의 조화를 이룬 마치즈쿠리를 위한 '매력 있는 경관의 형성' 사업도 문화시책과 관련이 있다고 볼 수 있다.

① 전통적 도시경관의 보전
 - 언덕, 돌담, 광장 등의 조경이나 개천 · 원망경관의 정비
 - 새로운 전통환경 보존구역의 지정이나 전통적 건조물군 보존지구의 지정

② 근대적 도시경관의 창출
건축물의 높이 · 디자인 · 색채 등의 경관 유도

③ 가나자와다운 경관의 창출
복개된 개천을 복원하고 항상 물이 흐르게 하기, 옥외 광고물 정비, 숲의 아름다움 창출, 야경의 연출 등. 가나자와 시에서는 이를 위해 '용수보존조례'와 '사면녹지보전조례'를 제정하여 시행하고 있다.

(6) 새로운 문화 산업의 창출

가나자와의 산업은 기법을 존중하고 학술과 문화와의 관련성이 많았던 결과 독창성과 특이성이 강한 개성 있는 기업이 발전해왔는데 이를 토대로 '새로운 문화 산업의 창출'을 위해 노력하고 있다.

① 가나자와 패션산업도시 선언
전통적으로 내려오던 직물 · 의복산업을 기초로 2004년 6월에 패션도시 선언을

하고, 2006년에는 패션위크를 개최했다.

② 액세서리 · 생활 관련 도구 생산

문진 · 티셔츠 등 뮤지엄 상품의 제품화, 머리장식 · 전통종이우산 · 각종 금박제품 등 관광상품 생산 등

③ 미술인쇄, 영상, 애니메이션 분야

새로운 디자인 개발 · 비즈니스화 등이 추진되고 있다.

4. 시민이 운영하는 '가나자와 시민예술촌'

가나자와 시 다이와쵸(大和町)에 있는 '가나가와 시민예술촌'은 1996년 10월 4일에 개장된 문화시설로, 관리는 가나자와 예술창조단에서 맡고 있다. 연면적 4,322.38m^2, 건축면적 3,261.30m^{2}이다.

① 예술촌의 설치 목적은 문화창조를 담당하는 젊은이들이 서로 모여 새로운 시민 예술을 창조하는 활동을 하고, 시민이 가볍게 연극 · 음악 · 무용 · 미술활동을 연습 · 제작 · 연수 및 성과를 발표하는 장으로 이용할 수 있도록 함으로써 시민문화의 충실한 향상과 풍요로운 지역문화의 양성을 도모하는 데 있다.

② 예술촌의 특색은, 첫째는 옛 방적공장 창고군을 시민의 '기억의 보존'으로 남기는 것과 함께 문화 · 예술활동의 마당으로 재생시켰다. 둘째는 '시민이 주역'을 시설 운영의 기본으로 한다. 셋째는 일본 전국의 공립문화시설로서는 처음으로 '연정무휴 · 24시간' 이용할 수 있는 시설이다. 넷째는 이용자의 경제적 부담의 경감을 생각한 저 요금제도. 다섯째는 공립무화시설 가운데 처음으로 '시민 디렉터제도'를 도입하여 이용자를 대표하는 디렉터로서 민간인을 위촉하여 시민예술촌의 자주적 운영을 원활하게 한다. 여섯째는 이용자의 창작의 자유를 보장함과 동시에 책임을 중시하는 운영 방법을 도입했다는 것 등이다.

③ 예술촌 활동의 기본방침과 방향성을 살펴보면 다음과 같다.

- 지역문화의 거점(시민참가형 예술문화활동)으로서 '시민이 활동하는 즐거움'과 '시내 예술문화활동의 활성화'를 지향한다. 구체적인 프로그램은 연습·제작·연수, 어린이·일반시민 대상의 육성사업, 지역예술 문화활동의 정보수집·제공, 문화자원봉사자의 육성 등이다.
- 풍성함이 거점(감상형 예술문화활동)으로서 '새로운 예술문화의 관점을 발견하는 즐거움'을 지향한다. 연습성과의 발표, 질 높은 연극·음악·무용의 공연, 새로운 표현을 중심으로 한 현대미술전의 개최 등이다.
- 새로운 문화창조의 거점으로서 '우수한 예술작품이나 새로운 예술가가 탄생하는 장으로서의 즐거움'을 지향한다. 높은 예술성을 목표로 한 제작활동, 프로 지향자를 위한 워크숍, 실험적 예술창조활동의 전개 등이다.

④ 방적공장 창고의 겉모습은 그대로 보전하면서 내부를 기능별로 개조한 예술촌의 시설 내용을 간략하게 설명하기로 한다.

- PIT 1, 멀티 공방(148.34m^2): 연극·음악의 연습, 워크숍, 작품 발표장
- PIT 2, 드라마 공방(842.27m^2): 연극의 연습, 제작, 연수, 발표의 장
- PIT 3, 오픈 스테이션(502.91m^2): 자유공간, 휴식·교류·관람, 문 앞 옥외에 수상 스테이지가 있음.
- PIT 4, 뮤직 공방(497.68m^2): 중앙 스튜디오를 둘러싸고 5개의 연습실이 있다.
- PIT 5, 아트(미술)공방(495m^2): 미술의 제작, 전시·연수
- 벽돌정, 예술촌 입구에 있는 이탈리아식 레스토랑
- 시골집(里山の家): 가나자와 시 교외 옛 농가를 이전한 것, 시민의 교류·창작 등 다목적 공간
- 퍼포밍 스퀘어: 예술촌 내에서 유일한 기둥 없는 공연 공간, 대연습실 1, 소연습실 2

이들 시설의 사용요금은 심야(0:00~6:00), 오전(6:00~12:00), 오후(12:00~18:00), 야간(18:00~24:00)으로 나누어 멀티 공방, 드라마 공방, 아트 공방, 시골집 등은 각각 1,050엔이고 작은 연습실 등은 525엔이다. 퍼포밍 스퀘어의 경우와 뮤직 공방의 경우는 이들보다 약간 비싸다.

⑤ 예술촌을 운영하는 데 있어 외부 전문가들이 참여하는 위촉위원은 어드바이저 4인, 종합 디렉터 1인, 아트 매니저 12인이 있다. 이밖에 시민예술촌의 자주적 운영을 원활하게 하기 위해서 시민으로 구성되는 디렉터는 드라마 공방 2인, 뮤직 공방 2인, 아트 공방 2인, 도합 6인인데 이들은 재단에서 위촉하고, 임기는 1년이다. 정례회의가 월 1회이고 수시로 임시회의가 열린다. 이들은 대개가 직업을 가진 시민들로 회의는 야간에 열린다고 한다.

예술촌 디렉터들의 주요업무를 살펴보면, ① 공방운영규칙과 관련된 문제 해결, ② 발표를 목적으로 한 이용자의 신청허가 심사 및 지도·조언, 일정의 조정, 이용자 대응, ③ 공방 독자의 자주사업(액션플랜)의 예산·집행·결산―기획입안, 준비, 강사 섭외, 전단지 작성, 홈페이지 입력, 연간 프로그램(전·후기) 작성 등, ④ 공방의 비품 요구, 비품 정리, ⑤ 후원자(서포터)의 양성·지도·지원·회의 자문, ⑥ 시찰자 대응, ⑦ 어드바이저와의 면담, ⑧ 정보수집과 보관, ⑨ 디렉터호의 참석, ⑩ 사무국과의 긴밀한 연계 등인 바 이러한 업무내용을 볼 때, 과연 시민 예술촌 운영의 주역은 시민이라는 말을 실감하게 한다.

이와 같은 디렉터들의 헌신적인 노력과 이용자들의 협조로 24시간 365일을 개방하고 이용해도 기물 파손이나 도난사고가 없었다는 것을 자랑하는 예술촌 촌장 호소가와 도시히코(細川紀彦) 씨는 그 이유를 "이용자들이 예술촌을 자기 것, 내 것으로 알고 자기 책임 하에 이용하기 때문"이라고 말하고 있었다. 금년 10월이면 개촌 10주년을 맞는 '가나사와 시민 예술촌'의 무궁한 발전을 기대해 본다.

출생

1934년 12월 10일, 충청북도 청원군 남이면 대련리 253번지에서 이범세(父) 씨와 박순이(母) 씨의 7남 1녀 중 셋째 아들로 태어났다. 1942년 청주로 이사하여 대학입학 때까지 이곳에서 자랐다.

학력

1942~1948　청주교동국민학교
1948~1951　청주중학교
1951~1954　청주고등학교
1954~1958　서울대학교 문리과대학 사회학과
1983~1986　단국대학교 행정대학원(석사)

경력

1958~1960　군복무(육군 병장 · 만기제대)
1960~1966　사상계사(편집부장 · 취재부장)
1966~1968　주식회사 유한양행(광고기획)
1968~1972　여원사, 삼화출판사, 출판 · 광고기획 등 자영업
1972~1974　문화공보부 홍보조사연구소(전문위원)
1974~1986　한국문화예술진흥원(지원국장 · 기획실장)
1986~1994　한국문화예술진흥원 문화발전연구소(소장 · 이사)
1994~1996　한국문화정책개발원(연구실장 · 상임이사)

대학 출강

1975~1977	서울여자대학교 강사(광고학)
1985~1999	신구대학 강사 · 겸임교수(출판 · 예술행정)
1986~1998	중앙대학교 사회개발대학원 예술대학원 객원교수(문화정책)
1997~1998	서울대학교 사회과학대학 강사(문화정책론)
1999~2000	서울시립대학교 도시행정대학원 강사(예술행정론)
2001~2002	서일대학 민족문화과 강사(문화행정)
2001~2003	부여 한국전통문화학교 강사(문화재정책)
2001~현재	추계예술대학교 문화예술경영대학원 강사(문화정책 · 지역문화)
2005~2010	성공회대학교 문화대학원 강사(문화정책론)

기타 주요활동

1982. 2	서울특별시 정책자문위원
1983. 10	문화공보부장관 표창
1990. 7	제7차 경제사회발전 5개년 계획 문화 부문 위원
1995. 7	민주평화통일자문회의 위원
1995. 10	강원도장기발전기획위원회 연구기획단 비상임위원
1996. 6	서울시 문예진흥기금사업 현장평가위원
2000. 9	'빛과 생명의 문화광주 2020' 자문위원
2000. 11	'2001 지역문화의 해' 추진위원(상임위원)
2001. 12	보관문화훈장
2002~2004	문화관광부 · 한국문화관광정책연구원 문화환경진단위원회(위원장)
2002. 11	전국문화원연합회 '우리 문화 · 역사마을 만들기' 심의위원
2003. 7	문화관광부 문화기반시설관리평가위원
2004. 2	캄보디아 '앙코르와트 보물전' 조직위원
2006. 8	한국문화관광정책연구원 전략과제추진위원
2006~2008	서울시 '문화 인센티브사업' 평가위원(위원장)
2007. 4	한국문화원연합회 '문화동력연구소' 연구자문위원
2011. 4	한국문화원연합회 '창립 50주년 기념' 준비위원
1996~현재	(사설) 한국문화행정연구소 소장